LES
GRANDS ÉCRIVAINS
DE LA FRANCE

NOUVELLES ÉDITIONS

PUBLIÉES SOUS LA DIRECTION

DE M. AD. REGNIER

membre de l'Institut

SUR LES MANUSCRITS, LES COPIES LES PLUS AUTHENTIQUES
ET LES PLUS ANCIENNES IMPRESSIONS
AVEC VARIANTES, NOTES, NOTICES, PORTRAITS, ETC.

MOLIÈRE

TOME V

PARIS
LIBRAIRIE HACHETTE ET Cie
BOULEVARD SAINT-GERMAIN, 79

M DCCC LXXX

LES

GRANDS ÉCRIVAINS

DE LA FRANCE

NOUVELLES EDITIONS

PUBLIÉES SOUS LA DIRECTION

DE M. AD. REGNIER

Membre de l'Institut

OEUVRES
DE
MOLIÈRE
TOME V

PARIS. — TYPOGRAPHIE A. LAHURE
Rue de Fleurus, 9

ŒUVRES
DE
MOLIÈRE

NOUVELLE ÉDITION
REVUE SUR LES PLUS ANCIENNES IMPRESSIONS
ET AUGMENTÉE
de variantes, de notices, de notes, d'un lexique des mots et locutions remarquables,
d'un portrait, de fac-simile, etc.

PAR MM. EUGÈNE DESPOIS et PAUL MESNARD

TOME CINQUIÈME

PARIS
LIBRAIRIE HACHETTE ET Cie
BOULEVARD SAINT-GERMAIN, 79

1880

DOM JUAN

ou

LE FESTIN DE PIERRE

COMÉDIE

REPRÉSENTÉE POUR LA PREMIÈRE FOIS

LE 15ᵉ FÉVRIER 1665

SUR LE THÉATRE DE LA SALLE DU PALAIS-ROYAL

PAR LA

TROUPE DE MONSIEUR, FRÈRE UNIQUE DU ROI

NOTICE.

Dom Juan ou *le Festin de Pierre* suivit de près *le Tartuffe*. Ce fut la première en date des comédies que Molière fit représenter sur la scène du Palais-Royal, pendant le temps où cette scène était fermée à sa grande comédie de l'hypocrisie. La bonne encre dont il avait écrit celle-ci était encore au bout de sa plume quand il écrivit celle-là. Elle y a laissé sa marque, que l'on reconnaît çà et là fortement empreinte.

On lit dans le *Registre de la Grange* pour l'année 1665 : « *Pièce nouvelle de M. de Molière*. La Troupe a commencé *le Festin de Pierre* le dimanche 15 février. »

La veille de cette première représentation, « trois jours avant mardi gras, » c'est-à-dire le samedi 14 février, Loret, qui ne savait pas encore, à ce qu'il semble, qu'elle fût fixée au lendemain, écrivait dans *la Muse historique* :

> L'effroyable *Festin de Pierre*,
> Si fameux par toute la terre,
> Et qui réussissoit si bien
> Sur le théâtre italien,
> Va commencer, l'autre semaine,
> A paroître sur notre scène,
> Pour contenter et ravir ceux
> Qui ne seront point paresseux
> De voir ce sujet admirable,
> Et lequel est, dit-on, capable
> Par ses beaux discours de toucher
> Les cœurs de bronze ou de rocher;
> Car le rare esprit de MOLIÈRE
> L'a traité de telle manière,

Que les gens qui sont curieux
Du solide et beau sérieux,
S'il est vrai ce que l'on en conte,
Sans doute y trouveront leur compte;
Et touchant le style enjoué,
Plusieurs déjà m'ont avoué
Qu'il est fin, à son ordinaire,
Et d'un singulier caractère.
Les actrices et les acteurs,
Pour mieux charmer leurs auditeurs
Et plaire aux subtiles oreilles,
Y feront, dit-on, des merveilles.
C'est ce que nous viennent conter
Ceux qui les ont vus répéter.
Pour les changements de théâtre,
Dont le bourgeois est idolâtre,
Selon le discours qu'on en fait,
Feront un surprenant effet.
. . . .
. . . Pour mieux s'en assurer,
Soit aux jours gras, soit en carême,
Que chacun l'aille voir soi-même.

On l'alla voir en effet avec un empressement qui ne se ralentit un peu que dans les six dernières des quinze représentations, les seules qui furent accordées à la pièce. Le *Registre de la Grange* ne laisse pas de doutes sur le succès. Voici les recettes qu'il constate :

1665.

La Troupe a commencé *le Festin de Pierre*
le dimanche 15 février.....................	1830 lt
Mardi gras,	17 février, *Idem*................	2045
Vendredi	20ᵉ ..... *Idem*................	1700
Dimanche	22ᵉ ..... *Idem*................	2036
Mardi	24ᵉ ..... *Idem*................	2390
Vendredi	27ᵉ ..... *Idem*................	2108
Dimanche	1ᵉʳ mars, *Idem*................	1208
Mardi	3ᵉ mars, *Idem*................	1088
Vendredi	6ᵉ mars, *Idem*................	1054
Dimanche	8ᵉ mars, *Idem*................	792

n'a-t-elle pas son gentilhomme resté, dans sa dépravation, brave du moins, fier, et fidèle à une sorte d'honneur mondain, comme il convient au fils d'une illustre et antique famille ; son valet poltron, complice à regret, et servant, quoiqu'il les déteste, les crimes de Don Juan ; son Diego Tenorio, qui chez Molière sera Dom Louis, père à l'austère langage, insolemment raillé par le mauvais fils ; ses paysans et paysannes victimes dans leurs chaumières, aussi bien que les seigneurs et les nobles dames dans leurs palais, des fantaisies et des violences du libertin ?

Mais, avant le *Dom Juan*, tout cela avait passé dans les pièces imitées de celle de Tirso, et ne suffit point pour trancher cette question souvent discutée : Molière a-t-il eu ce premier modèle sous les yeux ? « Il est fort douteux, dit M. Magnin[1], qu'*il* ait jamais lu Tirso de Molina.... Que doit-il.... au drame espagnol ? La légende funèbre. » A.-W. Schlegel[2], tout en reconnaissant que le *Dom Juan* « porte la marque de son origine, » ne paraît pas croire non plus que son auteur ait remonté à la vraie source ; sa comédie même « prouve, dit-il, que Molière n'entendait pas trop l'espagnol. » Mais où le prouve-t-elle ? Suivant le critique allemand, dans le contre-sens de ce titre : *Le Festin de Pierre*, traduisant les mots : *El Combidado de piedra*; comme si les premiers, quels qu'ils soient, qui, bien avant Molière, ont donné cours à cette traduction[3], n'avaient pas dégagé sa responsabilité.

1. *Le Dom Juan de Molière au Théâtre-Français*, dans la *Revue des Deux Mondes* du 1ᵉʳ février 1847 : voyez à la page 564.

2. *Cours de littérature dramatique*, traduit de l'allemand, Paris et Genève, 1814, 3 vol. in-8° : voyez au tome II, p. 173, et à la note de la même page.

3. La pièce italienne était, avant notre *Dom Juan*, connue sous le titre de *Festin de Pierre*. On se souvient du vers 130 de la satire III de Boileau :

   Ou comme la statue est au *Festin de Pierre*.

Brossette veut que cette satire ait été composée en 1665. Cependant Boileau a donné sur son vers la petite note suivante, que M. Laverdet a recueillie, et sur laquelle M. Éd. Fournier (*Revue Française*, tome XIII, 1868, p. 178) a déjà appelé l'atten-

D'autre part, Cailhava dit[1] : « Les Italiens prétendent que Molière a fait son *Festin de Pierre* d'après leur *Convié de pierre* : ils se trompent, c'est dans l'original espagnol qu'il a puisé son sujet. » M. Antoine de Latour penche également beaucoup plus du côté de l'Espagne que de l'Italie. Parlant de notre *Dom Juan*, qu'il a très-finement analysé dans la compa-

tion[a] : « J'avois fait ma satire longtemps avant que Molière eût fait *le Festin de Pierre*, et c'est à celle (*sic*) que jouoient les comédiens italiens que j'ai regardé, et qui étoit alors fort fameuse. » Peut-être Dorimond et Villiers n'ont-ils qu'après les Italiens adopté le titre sous lequel Boileau parle de la comédie de ces derniers. Il est à noter que dans les pièces de nos deux traducteurs, comme plus tard dans celle de Rosimond [b], le Commandeur se nomme *Dom Pierre* : dans la traduction du scenario italien aussi (p. 158), comme l'a déjà constaté l'analyse qui en a été faite par les frères Parfaict (*Histoire de l'ancien théâtre italien*, p. 271). Les comédiens italiens s'étaient-ils amusés à faire un jeu de mots, en appelant *Dom Pierre* l'homme de marbre? ou bien Dorimond et Villiers avaient-ils voulu justifier par ce nom le titre que leur avait imposé l'usage, et qui cependant alors aurait dû être plutôt *le Festin de Dom Pierre?* Cet expédient, pour expliquer un titre mal fait sans doute, mais non pas entièrement inintelligible, ne serait ni bien ingénieux, ni bien clair. Nous croirions difficilement à un contresens fait par notre public sur le mot italien *pietra*, qu'on ne pouvait guère confondre avec *Pietro*. Une erreur sur le mot *Convitato* serait moins surprenante, mais le serait encore un peu. Ce qui est probable, c'est que *Festin de pierre* avait paru signifier assez clairement, malgré l'ellipse : *Festin de l'homme de pierre, de la statue*. On ne peut rien conclure de l'usage, qui s'est conservé, d'écrire *Pierre* par un grand P. On voit imprimés avec plusieurs majuscules d'anciens titres, tels que *le Collier de Perles*, et bien d'autres, ne contenant que des noms communs. De toute façon, Molière est hors de cause. Il n'a fait que se conformer à la coutume, sans vouloir, autant que nous, s'en mettre en peine.

1. *Études sur Molière*, p. 122.

[a] On la trouvera à l'Appendice de la *Correspondance entre Boileau Despréaux et Brossette*, publiée par M. Laverdet, en 1858, p. 478.

[b] Nous avons, comme plusieurs fois la Grange, et à l'exemple des frères Parfaict, écrit *Rosimont* par un *t*, aux tomes I, p. 96; II, p. 348; III, p. 17 et 151; IV, p. 356 et 358; mais la finale est bien un *d*, comme le montrent non-seulement les titres des éditions originales de ses pièces, mais encore sa signature au bas de l'acte que nous citons plus bas, p. 50.

raison qu'il en a faite avec le *Burlador*[1], il dit : « Quoi de plus invraisemblable que de supposer que Molière a pu le chercher ailleurs qu'en Espagne, lui qui, à l'exemple de Rotrou et des deux Corneille, a tant de fois puisé à la même source[2]? » Et, de fait, s'il est douteux que *Dom Garcie de Navarre* ait été imité de quelque auteur espagnol, *la Princesse d'Élide* est tirée d'une comédie de Moreto, dont aucune traduction ne paraît avoir existé au dix-septième siècle[3]. La langue espagnole d'ailleurs était alors familière en France aux esprits cultivés. Il est difficile d'admettre que Molière ne la sût pas. L'inventaire fait après son décès[4] signale, dans sa bibliothèque, quarante volumes de comédies françaises, italiennes, *espagnoles*. Le *Burlador* s'y trouvait peut-être.

Sur le fait de la connaissance directe que Molière aurait eue de cette pièce, il ne resterait plus de place au moindre doute, si l'on pouvait recueillir quelques indices d'emprunts faits par lui aux vers de Tirso. On croit en découvrir un dans cette fin de l'acte IV de *Dom Juan* : « Prends ce flambeau. — On n'a pas besoin de lumière, quand on est conduit par le Ciel. » Sous une forme plus théologique, nous trouvons chez Tirso ce dialogue peu sensiblement différent : « Attends, je vais t'éclairer. — Ne m'éclaire pas, je suis en état de grâce[5]. » Il y a malheureusement une objection. Une imitation italienne, antérieure à la comédie de Molière, a, nous le verrons, quelque chose de semblable.

Ceci fournirait-il un argument plus plausible? Dans *le Misanthrope*, joué seize mois après *Dom Juan*, on est frappé de la singulière rencontre des deux derniers vers du sonnet d'Oronte :

> Belle Philis, on désespère
> Alors qu'on espère toujours,

avec ceux de la sérénade donnée par le marquis de la Mota dans le drame espagnol[6] : « Celui qui espère jouir d'un bien, à

---

1. *Études sur l'Espagne,—Séville et l'Andalousie*, tome II, p. 131-141.
2. *Ibidem*, p. 132. — 3. Voyez notre tome IV, p. 93.
4. *Recherches sur Molière...*, par Eud. Soulié, p. 269.
5. Scène xi de la troisième journée.
6. Scène xii de la seconde journée.

force d'espérer désespère. » Si nous en venions à penser que ce fût là une imitation bien avérée du *Burlador*, en même temps qu'elle serait la seule chez Molière, et que nous la rencontrerions comme perdue dans une comédie où nous ne l'aurions pas attendue, il serait piquant et curieux qu'il n'eût voulu prendre à Tirso rien autre chose qu'un trait de mauvais goût, pour avoir occasion de s'en railler. Il n'aurait pas donné là une grande marque de ses sentiments de déférence pour l'œuvre dramatique qui reste le vieux type de tout *Festin de Pierre*.

A vrai dire, comme on est en droit d'alléguer une rencontre fortuite, il ne saurait y avoir dans la chute du fameux sonnet une preuve assez convaincante contre ceux qui veulent qu'il ait ignoré le *Burlador*. Mais nous dirons, comme M. Magnin : « Qu'importe ? » Ce qui n'est pas douteux, c'est que même lue, et, si l'on veut, admirée pour bien des beautés auxquelles un si bon juge n'aurait pu fermer les yeux, la pièce espagnole a pourtant été laissée à peu près de côté par Molière, comme trop fortement empreinte d'un esprit étranger à notre nation, et composée dans un système dramatique tout différent du nôtre. C'était sans doute un drame d'un puissant effet ; mais, outre que Molière n'aurait plus été là dans son domaine, la France ne ressemblait pas à l'Espagne ; et ce n'était point par l'impression de l'épouvante religieuse que chez nous la vieille légende, toute pleine de la foi du moyen âge, était alors devenue populaire. Le grand attrait qu'elle avait pour les spectateurs de nos théâtres s'explique, nous l'avons vu, par la bizarrerie du spectacle et les changements de décors. Il y en avait un autre : la gaieté, à laquelle Tirso n'avait point pensé. Dans les imitations qu'avaient données les théâtres d'Italie, le drame s'était, en maintes scènes, changé en comédie. L'élément comique prit la première place, disons plutôt toute la place, chez nos Italiens de Paris, qui obéissaient ainsi à leur goût et même au nôtre ; et les lazzi d'Arlequin, très-efficaces pour la purgation de toute terreur, dépouillèrent de sa couleur tragique la merveilleuse histoire du convié de marbre. Molière dut regarder de préférence de ce côté. Négligeant volontairement l'ancienne source, il aima mieux, suivant toute vraisemblance, se contenter de celle qui venait d'Italie, et même la prendre là peut-être où elle se trouvait tout près de lui, sur la scène du Palais-Royal : source dérivée, mais pour lui plus commode, car elle s'était singulièrement éloignée des hauteurs tragiques ; et même elle s'était mise à couler beaucoup trop bas pour que le génie de l'auteur de *Dom Juan*, s'il daignait y puiser quelque peu, ne dût pas la ramener vers ces hauteurs moyennes où se tient la bonne comédie.

On a quelquefois supposé que la troupe espagnole qui, en 1660, s'établit, pour un certain temps, à Paris, « avecque comédie et danse, » ainsi que le dit Loret[1], y représenta le drame de Tirso. Rien ne le prouve absolument ; et, si elle l'a représenté, on peut affirmer que l'on y prêta peu d'attention. Les ballets et les castagnettes de Joseph de Prado et de ses camarades furent beaucoup plus goûtés que les ouvrages de leurs poëtes. A cette date, leur langue était moins généralement répandue en France que l'italienne. Pour notre goût d'ailleurs, au dix-septième siècle, comme plus tard au dix-huitième, leurs plus belles pièces de théâtre n'étaient, comme le dit Cailhava du drame de Tirso, que « des monstres dramatiques. » Notre théâtre italien, au contraire, nous plaisait beaucoup.

Nous trouvons partout exprimée au dix-septième siècle, avant et après Molière, l'opinion que *le Festin de Pierre* nous venait d'Italie, non d'Espagne. Rosimond, qui, peu après Molière, donna sur le théâtre du Marais un *Nouveau Festin de Pierre*[2], dit dans son avis *Au lecteur :* « Ce n'est pas d'aujourd'hui qu'on t'a présenté ce sujet. Les comédiens italiens l'ont apporté en France, et il a fait tant de bruit chez eux que toutes les troupes en ont voulu régaler le public. » Shadwell, un peu plus tard, parlait ainsi au début de la *Préface* de son *Libertin*[3], pièce où le même sujet est traité : « Des Espagnols les comédiens italiens l'ont reçu ; de ceux-ci, à leur tour, les Français, qui ont composé quatre pièces distinctes

---

1. Lettre du 24 juillet 1660.
2. *Le Nouveau Festin de Pierre* ou *l'Athée foudroyé*, tragi-comédie en cinq actes, représentée en novembre 1669, imprimée en 1670.
3. *The Libertine*, a tragedy. La première édition est de 1676. Celle que nous avons sous les yeux est de 1692.

sur cette même histoire. » Ces quatre pièces sont celles de Dorimond, de Villiers, de Molière et de Rosimond. Shadwell met donc Molière au nombre des imitateurs des Italiens. Ne doit-on pas tenir compte de ces anciens témoignages concordants? Il semble même qu'on y pourrait joindre le plus irrécusable de tous, celui de Molière lui-même. On lit, en effet, dans les *Observations sur.... le Festin de Pierre*, dont nous aurons à parler plus loin[1] : « Molière a très-mauvaise raison de dire qu'il n'a fait que traduire cette pièce de l'italien et la mettre en françois. » N'est-ce point parler comme si cette excuse et la déclaration que les Italiens ont été ses modèles avaient été recueillies de la bouche même de l'auteur de *Dom Juan*, qui n'a d'ailleurs rien écrit pour la justification de sa comédie ?

Les comédiens italiens que nommait tout à l'heure Rosimond comme ayant apporté en France *le Festin de Pierre*, sont ceux qui étaient en possession du théâtre du Petit-Bourbon, quand Molière vint le partager avec eux, et qui plus tard s'établirent, comme lui, dans la salle du Palais-Royal, où les deux troupes jouaient, chacune à son tour. Quand ils se mirent à donner *le Convié de pierre*, de quelle pièce représentée en Italie l'avaient-ils tiré ? Il avait, avec un grand succès, passé d'Espagne dans leur pays. Shadwell parle en ces termes[2] d'un spectacle de la vieille légende, donné dans les églises d'Italie : « J'ai entendu dire à un gentilhomme digne de foi qu'il y a bien des années une pièce fut faite en Italie sur cette histoire; il l'y avait vue jouée, sous le titre d'*Ateista fulminato*, le dimanche dans les églises, comme si elle faisait partie des dévotions. » Un *Ateista fulminado*, qui aurait été joué dans les couvents d'Espagne, étant également cité, on pourrait bien soupçonner quelque confusion. Quoi qu'il en soit, si ces représentations dévotes ont eu lieu en Italie, elles ne sont à rappeler ici que comme preuve de la grande popularité qu'aurait eue dans ce pays *le Convié de pierre* espagnol; et personne apparemment ne supposera que la pièce jouée dans les églises ait été celle que les bouffons italiens nous apportèrent.

1. Voyez ci-après, p. 38, 40 et suivantes.
2. Dans la *Préface* (3ᵉ alinéa) citée ci-dessus, p. 13.

NOTICE.

On nomme deux anciennes comédies italiennes, dont le titre est semblable : *Il Convitato di pietra*. C'est la fidèle traduction du titre espagnol. Un des auteurs est *Onofrio Giliberto*, de Solofra; l'autre *il Signor* ou *il Dottor Giacinto Andrea Cicognini*, de Florence.

La *Drammaturgia* d'Allacci, à la page 87 de sa première édition, qui est de 1666, cite les deux comédies, celle de Giliberto la première, publiée à Naples, par Francesco Savio, 1652, in-12, celle de Cicognini, imprimée à Venise [sans date].

Il serait intéressant de les connaître l'une et l'autre et de pouvoir les comparer à l'œuvre de Molière, qui les avait sans doute lues, et a pu en tirer, plutôt que du drame espagnol, quelque chose à imiter. Pour trouver celle de Giliberto, nous avons, avec une longue persévérance, fait faire des recherches dans les principales bibliothèques de la France, de l'Italie, de l'Allemagne et de l'Angleterre [1]. A notre grand regret, elles sont demeurées infructueuses. On s'explique difficilement qu'une pièce autrefois très-connue dans les deux pays, et dont une impression (ce n'est peut-être pas la première) est citée avec indication précise de date et de lieu, ne se rencontre plus nulle part jusqu'ici, tandis que la comédie de Cicognini est partout, dans des éditions nombreuses publiées en différentes villes d'Italie.

Ce qui rend moins fâcheux qu'une de ces pièces se dérobe ainsi et nous échappe, c'est qu'elle est très-vraisemblablement celle dont nous avons deux traductions plus ou moins fidèles, l'une de Dorimond, l'autre de Villiers. Sinon, comme ils n'ont certainement pas traduit Cicognini, il faudrait supposer un troisième *Convié de pierre* italien, que nous ne voyons mentionné nulle part [2]. Du modèle qu'ils ont suivi et dans lequel

---

1. M. d'Ancona, professeur à Pise, a bien voulu diriger lui-même ces recherches en Italie, et M. Humbert en Allemagne, avec une infatigable obligeance, dont nous leur sommes très-reconnaissants.

2. Quelque vraisemblable qu'il soit, à notre avis, que la pièce italienne traduite par Dorimond et par Villiers est bien celle de Giliberto, ceux qui voudraient en douter, pourraient remarquer ceci : Allacci (p. 434) cite un drame de Giliberto [a] : *il Vinto inferno da Maria*,

[a] Là et ailleurs encore il nomme Giliberti, non Giliberto, mais il entend bien parler de l'auteur du *Convié de pierre*.

il ne paraît pas trop hasardeux de croire trouver la comédie de Giliberto, il nous semble que les deux imitateurs ou traducteurs français doivent nous donner une idée suffisante pour faire juger de ce que Molière a pu y prendre, et qu'ils ne nous laissent d'incertitude que sur les emprunts de détail, qui ne seraient pas, il est vrai, tout à fait indifférents.

La pièce de Dorimond, comédien de la troupe de Mademoiselle, fut imprimée pour la première fois à Lyon, chez Antoine Offray, en 1659, sous ce titre : *Le Festin de Pierre* ou *le Fils criminel*, tragi-comédie. La *Permission* est du 11 janvier 1659. Cette tragi-comédie avait été représentée à Lyon par la troupe de Mademoiselle en 1658, sans doute pendant le séjour que le Roi, la Reine mère et Mademoiselle firent dans cette ville, où ils entrèrent le 24 novembre pour y attendre la princesse Marguerite de Savoie, dont le mariage avec Louis XIV était projeté[1]. Dans le temps où sa troupe venait de s'établir à Paris, dans la rue des Quatre-Vents, Dorimond y fit jouer sa pièce, en 1661. Elle fut réimprimée à Paris, et publiée chez J.-B. Loyson, en 1665, avec le sous-titre de *l'Athée foudroyé*, substitué à celui du *Fils criminel*[2].

Rap. sa. (rappresentatione sacra). Ne serait-il point permis, dira-t-on, de conclure de ce fait que l'auteur de ce drame religieux aurait aussi fait de son *Convié de pierre* une pièce édifiante, telle à peu près que cet *Ateista fulminato* joué, suivant Shadwell, dans les églises d'Italie? Alors il faudrait renoncer à la reconnaître dans les deux tragi-comédies françaises. Mais il nous paraît plus difficile d'admettre l'existence d'un autre *Convitato di pietra* dont il ne resterait plus trace dans aucune bibliographie, que celle de pièces de genres différents, les unes sacrées, les autres profanes, écrites par Giliberto.

1. Voyez les *Mémoires de Mademoiselle de Montpensier*, tome III, p. 299 de l'édition de M. Chéruel.

2. Des libraires d'Amsterdam, n'ayant pu se procurer le *Dom Juan* de Molière, affectèrent de le confondre avec la pièce de Dorimond, que leurs éditions collectives des œuvres de notre auteur, datées, l'une de 1675, l'autre de 1684, donnent, avec les dates particulières, la première de 1674, la seconde de 1683, et sous ce titre : « *Le Festin de Pierre* ou *l'Athée foudroyé*, tragi-comédie par J. B. P. Molière, suivant la copie imprimée à Paris. » La Bibliothèque nationale a un exemplaire détaché de la pièce de

Bientôt après la pièce de Dorimond, parut celle du sieur de
Villiers, comédien de l'Hôtel de Bourgogne. Elle fut représentée
sur le théâtre de cet hôtel, en 1659, et publiée à Paris, chez
Sercy, en 1660; à Amsterdam, la même année, sous ce titre :
« *Le Festin de Pierre* ou *le Fils criminel*, tragi-comédie. Traduite de l'italien en françois, par le sieur de Villiers. » Dans
l'épître qui la précède, et dont nous avons déjà cité un fragment[1], Villiers dit : « Les François à la campagne (*il veut parler
de la pièce de Dorimond, jouée à Lyon*), et les Italiens à Paris,
qui en ont fait tant de bruit, n'en ont jamais fait voir qu'un
imparfait original, que notre copie surpasse infiniment. »
Comme il s'exprime d'ailleurs modestement sur le mérite de
son ouvrage, il est clair qu'il ne se flatte que d'une fidélité de
traduction plus parfaite que celle de Dorimond et des Italiens
du Petit-Bourbon. Il aurait pu ne pas nommer ceux-ci, qui
n'avaient à peu près rien à voir dans l'affaire; car ce qui nous
est resté de leur scenario ne donne pas l'idée qu'ils l'aient tiré
de la pièce traduite par Villiers. Dorimond, au contraire, avait
réellement travaillé sur le même original. Qu'il l'ait rendu avec
moins d'exactitude, nous n'en pouvons juger, n'ayant pu retrouver le commun modèle; mais il faut croire qu'aucun des deux
imitateurs ne s'en était beaucoup écarté, tant ils se suivent
de près, scène pour scène. Mêmes acteurs, avec des noms
semblables, à l'exception de celui du valet, qui est Briguelle
chez Dorimond, Philipin chez Villiers, et de ceux de quelques
personnages très-secondaires, comme les deux bergères. Nous
avons des deux parts Alvaros, père de Dom Juan ou Jouan,
Dom Pierre, gouverneur de Séville (le commandeur assassiné),
Amarille, sa fille, le pèlerin, le prévôt et les deux archers.
L'action se développe absolument la même et dans le même
ordre, presque sans différence jusque dans les détails.

Grande, on le voit, est la ressemblance; et quand on trouve
un bon nombre de vers presque semblables, avec les mêmes

Dorimond, qui paraît aussi d'impression étrangère; il est intitulé:
« *Le Festin de Pierre* ou *l'Athée foudroyé*, tragi-comédie par I. B. P.
de Molière. Sur l'imprimé à Paris. 1679. »

1. Voyez ci-dessus, p. 6, et note 1 de la même page.

rimes, on se demande si Dorimond n'aurait pu accuser Villiers de plus d'un plagiat. Croire cependant que celui-ci n'ait véritablement traduit que le français du comédien de Mademoiselle, ne paraît pas possible. Un tel pillage eût fait scandale ; et l'assertion de Villiers qu'il s'était attaché de plus près au modèle italien, eût mis le comble à l'effronterie, et eût été trop facilement démentie, ce modèle sans doute étant alors fort connu. Nous ne devons donc pas douter que les deux pièces, si bien d'accord dans le fond et pour les détails essentiels, ne puissent être acceptées comme des reflets presque suffisants de l'original italien, lequel, nous l'avons dit, semble bien être l'introuvable pièce de Giliberto. Voyons rapidement ce qui pour nous s'y trouvera de quelque intérêt.

Ce que le premier acte a de plus digne d'être remarqué, c'est qu'il nous montre en Dom Juan un fils criminel, d'où le sous-titre commun aux deux pièces, et peut-être, malgré le silence des bibliographies sur ce point, emprunté à l'ouvrage italien. Les reproches que Dom Alvaros adresse à son fils sont accueillis par celui-ci avec une si odieuse brutalité, que le malheureux père, comme les spectateurs l'apprendront plus tard, en recevra le coup de la mort. Quelques passages de la pièce de Dorimond feraient même supposer que Dom Juan a pu attenter plus directement aux jours d'Alvaros. De toute façon, le caractère de parricide est imprimé à Dom Juan dans les deux tragi-comédies. Serait-ce pour mieux justifier le tonnerre du dénouement, qui, sur le théâtre d'un pays aux mœurs faciles, aurait pu paraître faire trop de bruit pour quelques femmes mises à mal? Dès ce maladroit début, le spectateur est trop rempli de dégoût et d'indignation pour que les autres déportements du libertin fassent désormais un grand effet. L'auteur italien avait sans doute lui-même commis cette faute. Molière, qui s'est contenté, avec Tirso de Molina, de mettre d'éloquents reproches dans la bouche du père, et de les faire écouter par un fils froidement impertinent, n'a eu garde de changer, de détruire le vrai sujet de la pièce, dont il était déjà difficile, dont il fût devenu impossible de faire une comédie.

Dans l'acte second, Dom Pierre est assassiné *coram populo* par le séducteur de sa fille. Ce meurtre ensanglante pareillement la scène dans le drame de Tirso, mais non dans notre *Dom Juan*, où, pour ne pas trop contrarier l'effet général, qui ne doit pas être tragique, il en est parlé comme d'une histoire vieille de six mois. Après la terrible scène, qui ne dispose pas le spectateur aux impressions plaisantes, la comédie, dans nos deux traducteurs, prend bientôt son tour. Le valet, Briguelle ou Philipin, surpris par Dom Juan, qu'il n'a pas d'abord reconnu, montre une amusante frayeur. Son maître, qui s'est fait reconnaître, le force à changer d'habit avec lui. Pris alors pour Dom Juan, le valet fait peur au prévôt et aux archers, qu'il met en fuite. Molière n'a pas oublié l'échange d'habits; mais, quel que soit l'auteur qui lui ait fourni l'idée du plaisant épisode, il l'a modifié : Sganarelle, qui n'a pas goûté l'invention de son maître, l'a persuadé de se déguiser sous un habit de campagne, et s'est revêtu lui-même d'une robe que Molière désormais ne se fera pas faute d'exposer aux railleries, d'une robe de médecin. Plus comique que le Catalinon de Tirso, le valet des traducteurs de la pièce italienne a une ressemblance un peu moins éloignée avec Sganarelle par sa bouffonnerie, sa poltronnerie et sa gourmandise, faiblement indiquées dans le *Burlador*. Il a, comme Sganarelle, un reste de scrupules et d'honnêtes sentiments, et, quand sa frayeur n'est pas trop grande, il se hasarde à dire des vérités au méchant maître qu'il sert à contre-cœur.

Au troisième acte de Dorimond et de Villiers, Dom Juan, dans une forêt sombre, rencontre un pèlerin à qui il offre sa bourse pour le décider à lui prêter ses habits : scène épisodique à noter, parce qu'elle nous paraît avoir suggéré à Molière l'idée de la belle scène du Pauvre, bien plus originale toutefois et d'un effet tout différent; mais, outre la circonstance pareille de la rencontre dans la forêt, il y a quelques traits de ressemblance dans les physionomies honnêtes du pèlerin et du pauvre.

Dom Philippe, amant de la fille du Commandeur, s'est chargé de la venger et cherche Dom Juan, qui, déguisé sous les habits du pèlerin, est rencontré par lui, et, jouant un rôle de dévote hypocrisie, l'amène à quitter ses armes pour prier plus humblement *les Dieux*, et le tue. Voilà qui avertit Molière qu'il peut songer à faire reparaître Tartuffe sous une nouvelle forme, à la condition de marquer, beaucoup plus fortement, en même temps avec une vérité plus fine que ne l'ont fait ses devanciers, le trait de scélératesse indiqué par eux.

Après le naufrage (acte IV), le Dom Juan des tragi-comédies tient à son valet, qui s'en étonne, des discours édifiants; il n'est pas très-clair, cette fois, que ces discours soient, comme tout à l'heure, hypocrites; le repentir de Dom Juan, sous l'impression récente du danger, peut sembler sincère; il ne dure qu'un moment, et la vue de deux bergères en a vite raison. Mais, s'il a été vrai une seule minute (il ne l'est jamais dans Molière), c'est assez pour que le caractère, tel qu'il doit être chez cet impénitent, soit mal soutenu.

Pour l'instruction d'une des deux bergères séduites, le valet, dans l'une comme dans l'autre traduction, déroule la fameuse liste sans fin, que depuis nous avons vue dans presque toutes les pièces sur le même sujet, mais dont Molière n'a pas fait usage, se souciant peu sans doute de faire rire par une plaisanterie outrée et qui n'était plus neuve. Il a seulement conservé l'avertissement donné par le valet, qui, en trahissant son maître, veut faire acte de charité.

La fin des deux pièces dans les quatrième et cinquième actes se distingue du drame de Tirso moins que le reste; nous retrouvons l'invitation faite à la statue, la table du souper préparée pour le Commandeur dans son tombeau, avec le service noir, les scorpions et les vipères. Remarquons cependant qu'ici c'est le valet qui, sur l'ordre de Dom Juan, convie le Commandeur à souper, et que l'homme de pierre répond par un signe de tête, tandis que, chez Tirso, Don Juan fait son invitation lui-même, et qu'aucun prodige ne l'avertit, en ce moment, qu'elle est acceptée : ce n'est donc pas à la pièce espagnole que Molière a emprunté cette scène.

Les continuateurs d'Allacci (1755) disent que la pièce de Giliberto est en prose. Il n'y a pas à en conclure que les tragi-comédies en vers de Dorimond et de Villiers doivent être les traductions d'un autre ouvrage. La prose, dans une tragi-comédie française, aurait pu choquer comme une dérogation à l'usage. Les devanciers français de Molière, et, après lui, Rosimond, ont cru devoir se conformer à la règle. Elle ne les a pas beaucoup aidés à produire des chefs-d'œuvre. Les vers de

Dorimond nous ont paru encore plus plats et moins faciles que ceux de Villiers, quelle que soit la médiocrité de ceux-ci.

Si c'est bien Giliberto que les deux imitateurs nous font connaître, Molière n'a peut-être trouvé que bien peu d'emprunts à faire à cet auteur italien, celui toutefois, comme il nous a semblé, de deux idées fort heureuses, qui n'y étaient qu'en germe, et qu'il ne s'est pas contenté de développer, mais qu'il a tellement transformées, qu'elles sont tout à fait devenues siennes : la rencontre d'un homme, pèlerin ou pauvre, dans la forêt, et l'hypocrisie de Dom Juan, particulièrement dans la scène avec Dom Carlos, qui rappelle de loin la scène avec Dom Philippe. L'échange d'habits entre le maître et le valet, l'avis donné par celui-ci à une pauvrette abusée de se défier de l'épouseur du genre humain, le valet forcé d'aller parler à la statue et sa frayeur quand elle baisse la tête, ne se trouvent pas seulement chez Dorimond et Villiers, mais aussi dans un autre *Convié de pierre* que Molière a dû avoir également sous les yeux.

Nous avons parlé d'une pièce italienne autre que celle de Giliberto, et qu'il n'était pas aussi difficile de rencontrer. On l'a imprimée à Venise, à Bologne, à Trévise, à Ronciglione, sous ce titre : *Il Convitato di pietra, opera esemplare*, ou *regia ed esemplare*, ou encore *famosissima ed esemplare, del signor Giacinto Andrea Cicognini*. La plupart de ces impressions sont sans date. Parmi celles que possède notre Bibliothèque nationale il y en a une, celle de Ronciglione, qui porte la date de 1671. Un critique[1], qui l'a eue, comme nous, sous les yeux, s'est hâté de croire qu'elle était nécessairement la première, et que, par conséquent, la comédie n'avait pu être jouée plus tôt que l'année précédente. Il s'est trompé. Nous avons déjà dit[2] que la *Drammaturgia* d'Allacci, édition de 1666, cite la pièce de Cicognini, imprimée à Venise, sans date. Si elle eût été toute récente, il est probable que la représentation et la première publication n'ayant point passé inaperçues, quelque indication de la date, omise dans l'impression de Venise, eût été donnée. Mais nous pouvons établir avec plus de certitude

1. Castil-Blaze, *Molière musicien*, tome I, p. 264.
2. Voyez ci-dessus, p. 15.

qu'il faut remonter plus haut que 1665, année où fut joué notre *Dom Juan*. Dans le recueil en sept volumes des comédies de Cicognini que possède la bibliothèque de l'Arsenal, chacune des pièces est précédée d'une dédicace d'un libraire de Rome, Bartolomeo Lupardi. Dans ses dédicaces, la plupart datées de 1663, Lupardi parle du *fameux*, du *grand* Cicognini en des termes qui, même dans un éloge italien, ne permettent guère de le supposer encore vivant. Ce n'est pas tout. La dédicace, datée d'avril 1664, de la comédie *il Principe giardiniero*[1], a ce passage : « Si abondante fut, dans les sujets scéniques, la veine du docteur Giacinto Andrea Cicognini, que, même depuis sa mort, elle répand, comme à torrents, des ouvrages qu'on avait cessé de représenter. Parmi ces nombreuses pièces posthumes qui ont paru, il y en a une intitulée : *Il Principe giardiniero*. » Si l'on s'en rapporte à un ouvrage allemand, l'*Histoire du drame*, par Klein[2], et à une *Histoire littéraire* manuscrite de Cinelli, dont le témoignage y est allégué, Cicognini serait mort en 1650, à Venise. L'exactitude de cette date nécrologique, qui probablement ne s'éloigne pas beaucoup de la vérité, importe peu ici. Il nous suffit de savoir, sans qu'un doute soit possible, qu'en avril 1664 Cicognini ne vivait plus, que sa pièce a donc précédé celle de Molière, et que le texte semblable que nous en trouvons dans toutes les éditions, n'a pu être corrigé ni augmenté par l'auteur, après la représentation de *Dom Juan*.

Si nous avons tenu pour probable que Molière connaissait la pièce de Giliberto dans le texte italien lui-même, il serait peut-être plus difficile encore d'admettre qu'il n'eût pas lu celle de Cicognini, dont il avait, peu d'années avant, dans son *Dom Garcie de Navarre*, imité *le Gelosie fortunate*[3].

Comparé avec l'autre auteur italien, qui, d'après les traductions que nous en avons citées, a tellement fait ressortir chez Don Juan le caractère de fils criminel, Cicognini a moins dénaturé le sujet ; sa comédie, en trois actes et en prose, est mieux conçue et mieux composée. Les premières scènes

---

1. Cette comédie est au tome VII.
2. Tome V, 1867, note de la page 717.
3. Voyez la *Notice* de M. Despois, au tome II, p. 231.

sont fidèlement calquées sur celles du *Burlador*, les dernières aussi, celles qui, dans toutes les variantes qu'on a données du drame de Tirso, devaient rester à peu près invariables. Cicognini a emprunté également au drame espagnol les longs récits faits devant le roi de Castille par le commandeur Oliola (Gonzalo d'Ulloa), son meurtre sur la scène, le naufrage, la pêcheuse séduite et son désespoir. Il a supprimé le rôle du père de Don Juan. Ce qui est de son invention ne manque pas de verve comique. Le valet Passarino jette au milieu de la sombre légende beaucoup de gaieté, par exemple dans la scène où il a avec Don Juan un duel des plus bizarres, et où, celui-ci l'ayant averti qu'il faut quitter Naples, il se lamente sur le macaroni qu'il ne mangera plus. Ailleurs, surpris par Don Juan quand il achève un monologue qui n'est pas à la louange de son maître : « Croyez-vous, lui dit-il, que je ne vous ai pas vu quand vous êtes arrivé? » Tout en donnant à l'idée un autre tour, Molière a une situation à peu près semblable dans la scène IV du second acte. Pour revenir à la scène de Cicognini, Don Juan, dont les soupçons sont éveillés, soumet Passarino à une épreuve. « Suppose, lui dit-il, que je suis le Magistrat (*il Notaro*).... Or çà..., tu ne veux pas dire le nom du meurtrier du Commandeur? » C'est ainsi que l'interrogatoire commence. Le valet d'abord ne sait rien ; mais, quand il est menacé de la torture, il oublie que tout cela n'est qu'une fiction, et va trahir son maître. Rien de pareil dans Molière; mais nous croyons bien qu'il avait pris note de cette scène ingénieuse, et que l'ayant mise en réserve pour une autre occasion, il s'en est souvenu dans *les Fourberies de Scapin* : « Imaginez-vous que je suis votre père qui arrive[1]. » Après l'épreuve de l'interrogatoire, vient l'échange d'habits, dont Molière, nous l'avons dit, a pu prendre l'idée tout aussi bien là que dans l'autre pièce italienne.

Passarino nous paraît plus près encore de Sganarelle que le Philipin et le Briguelle de Villiers et de Dorimond. Molière seul toutefois a donné à son valet un caractère non-seulement très-plaisant, mais de la naïveté la plus vraie et tel qu'il forme un

1. Acte I, scène III. L'idée n'est pas dans Térence, dont cette scène des *Fourberies de Scapin* est d'ailleurs imitée.

excellent contraste avec celui de Dom Juan. Conçues dans un tout autre sens, les deux figures immortelles de Sancho et de Don Quichotte sont à peine plus heureusement opposées.

A la fin de la pièce de Cicognini, Passarino, lorsque Don Juan s'abîme sous ses yeux, s'écrie : « Oh, mon malheureux maître! oh, mes gages! Il est allé chez le diable. A l'aide! au secours[1] ! » On a beaucoup reproché à Molière ce cri de Sganarelle : « Ah! mes gages! mes gages! » qui laisse, a-t-on pensé, le spectateur sous une dernière impression trop peu édifiante. Si les rigoristes, qui ne voudraient pas qu'on pût rire dans un moment si grave, trouvent là une faute, le premier coupable est Cicognini.

Un autre passage de sa comédie semblerait avoir passé presque textuellement dans celle de Molière : « DON GIOVANNI. Dimmi, vuoi lume? — STATUA. Non ho più bisogno di lume terreno[2]. » Mais ce même dialogue est, avec une légère différence d'expression, dans Tirso de Molina[3].

La pièce de Cicognini mêle les dialectes vénitien, bolonais, napolitain[4]. Il serait peut-être subtil de conjecturer qu'elle ait par là suggéré à Molière l'idée du patois de ses paysans, dont, au reste, Cyrano Bergerac avait donné l'exemple dans le Pédant joué, imprimé en 1654.

On ne peut hésiter un moment sur la connaissance que Molière a dû avoir d'une comédie alors aussi célèbre que l'était celle de Cicognini ; mais la preuve n'en est pas dans les rapprochements qu'on peut indiquer entre cette pièce et Dom Juan. Nous la jugerions insuffisante, parce que le canevas des Italiens de Paris fournit les mêmes rapprochements et aurait pu suppléer à la lecture de l'œuvre dont il nous paraît clair qu'il a été tiré. M. Magnin avait déjà conjecturé, sans en paraître tout à fait certain, que ce canevas s'était formé sur le Convié de pierre de Cicognini[5] et non sur celui de Giliberto,

1. Acte III, scène VIII.
2. Acte III, scène V. Comparez notre Dom Juan, acte IV, scène dernière.
3. Scène XI de la troisième journée : voyez ci-dessus, p. 11.
4. Voyez le Catalogue de la Bibliothèque dramatique de M. de Soleinne, tome IV, p. 154.
5. Revue des Deux Mondes du 1er février 1847, p. 564, note 1.

comme d'autres l'ont pensé[1]. En effet, ce qui nous reste du scenario de notre troupe italienne s'éloigne de la pièce que font connaître les imitations de Villiers et de Dorimond, et par beaucoup de traits rappelle l'autre.

Ce scenario dut être particulièrement familier à Molière, étant joué sur le théâtre qui était aussi le sien. Molière prenait sans doute plaisir à ces farces populaires, où il a pu trouver quelques idées fort comiques. Si c'est de là plutôt que de Cicognini que lui sont venus les emprunts qui sont à signaler dans le *Dom Juan*, c'est ce que lui-même probablement n'aurait pas su dire, la double source étant connue de lui, et les deux souvenirs ayant aisément dû se mêler.

Quelle que puisse avoir été la part de la fameuse arlequinade dans les éléments dont paraîtrait s'être formé notre *Festin de Pierre* en tout ce qui n'y est point purement original, il est nécessaire d'en dire ici quelques mots, pour que notre rapide revue des pièces, sur le même sujet, dont Molière a nécessairement eu connaissance, ne soit pas incomplète.

Les frères Parfaict, dans leur *Histoire de l'ancien théâtre italien*[2], disent que le *Convitato di pietra*, comédie en trois actes, fut représenté par les comédiens de ce théâtre « dans les premières années de leur établissement en France. » Ils parlent sans nul doute de leur établissement sous Louis XIV. Suivant une note de Gueullette[3], « *le Festin de Pierre* des Italiens doit avoir été joué par la troupe de Locatelli en l'année 1658, et il eut un succès prodigieux. » D'autres[4] ont proposé la date de 1657, nous ignorons d'après quel renseignement.

---

1. Voyez M. Moland, dans sa *Notice* de *Dom Juan*, p. 344, et dans *Molière et la Comédie italienne*, p. 191.

2. Page 265.

3. On en trouve la copie jointe au *Recueil de sujets de pièces tirées de l'italien*, p. 152 et 153. Voyez sur ce Recueil manuscrit, qui est à la Bibliothèque nationale, notre tome I, p. 48 et 49. Il semble bien n'être, comme l'indique le catalogue de la Bibliothèque, qu'une *copie* de la traduction faite par Gueullette du scenario qui servait à Dominique.

4. M. Moland, *Molière et la Comédie italienne*, p. 191. M. Magnin dit : « vers 1657, » dans la *Revue des Deux Mondes* déjà citée (p. 564, note 1).

Il se pourrait que les frères Parfaict fussent plus près de la vérité. Constantini, dans sa *Vie de Scaramouche*[1], dit que ce comédien, passant par la petite ville de Fanno en Romagne, y choisit, pour débuter dans son nouveau métier, *le Festin de Pierre*, « qu'il estimoit sur toutes les autres comédies à cause du repas qu'on y fait. » Ce devait être vers 1633[2]. Comme Scaramouche se trouva dans les troupes italiennes qui vinrent en France en 1640 et en 1645, il n'est pas improbable que lui et ses camarades y aient dès lors apporté la comédie, dont un des rôles, celui du valet certainement, lui était familier.

Gueullette, dans sa traduction abrégée du scenario italien du célèbre Dominique Biancolelli (p. 153-169)[3], et Desboulmiers, dans son *Histoire anecdotique et raisonnée du théâtre italien* (Paris, 1769, tome I, p. 85-94), nous ont conservé seulement des fragments du scenario, ceux qui font surtout connaître le rôle d'Arlequin, valet de Don Juan. Ce valet était Trivelin, à l'époque où le rôle était joué par Locatelli; il devint Arlequin, quand, Locatelli étant mort, Dominique, qui l'avait doublé de 1662 à 1671, le remplaça, de 1671 à 1688, dans les premiers rôles. En ce temps du comédien qui remplaçait Trivelin, notre *Dom Juan* était connu depuis plusieurs années; et l'on s'est naturellement demandé si, dans une farce toujours ouverte aux changements impromptu et aux nouveaux traits dont on la chargeait, Dominique, dont nous tenons les fragments du scenario, tel qu'il le jouait, n'avait pas beaucoup profité de la comédie de Molière. Le canevas italien ayant pu être sans cesse modifié, M. Moland[4] a fait la remarque que, « si l'on en voulait tirer des conclusions tendant à revendiquer.... la priorité de certains détails, ces conclusions seraient contestables. » Rien de plus juste. Toutefois il n'a pas moins

1. Pages 23 et 24.
2. D'après une note de Gueullette (*Histoire de l'ancien théâtre italien*, p. 11 et 12), Scaramouche, né en 1608, avait vingt-cinq ans lorsqu'il fut, pour la première fois, engagé, hors de Naples, après son mariage.
3. C'est de cette traduction, nous l'avons dit, qu'a été formé, avec addition de quelques notes, le *Recueil* qui vient d'être cité ci-dessus (p. 25, note 3).
4. *Molière et la Comédie italienne*, p. 192.

raison lorsqu'il penche à croire que « le scenario tracé par Gueullette, d'après les notes de l'Arlequin Dominique, nous a conservé assez exactement la physionomie originale du *Convitato di pietra*. » On va voir en effet que ce scenario se tient souvent très-près de la comédie de Cicognini, et que, plusieurs détails qui offrent des ressemblances avec des passages de *Dom Juan*, étant déjà dans la pièce de l'auteur florentin, avant de se trouver dans l'arlequinade, Dominique n'a pas eu besoin de les emprunter à Molière. Mais il reste quelques passages pour lesquels la question de priorité ne peut se trancher ainsi, ceux qui en rappellent quelques-uns de notre *Dom Juan*, sans se rencontrer ni dans Cicognini, ni dans l'autre auteur imité par Dorimond et par Villiers.

On ne pourrait citer le scenario sans retrancher maints traits d'une licence tout aristophanesque, qui donnent une singulière idée de l'indécence tolérée au dix-septième siècle sur ce théâtre italien, privilégié dans ses bouffonneries. Et même ce qui n'encourt pas une semblable censure doit encore être fort abrégé, pour ne laisser place qu'à ce qui peut faire souvenir de Cicognini ou de Molière.

Dans une des premières scènes, voici d'abord qui est purement du Cicognini, non du Giliberto, tel que nous croyons le connaître: c'est le duel plaisant de Don Juan avec Arlequin, qui se jette à terre sur le dos, tenant à deux mains son épée, et la remuant de façon que Don Juan la trouve toujours.

Après le naufrage, Don Juan a fait la cour à la belle pêcheuse : « La pêcheuse (c'est Dominique qui parle[1])…. dit à Don Juan qu'elle compte qu'il lui tiendra la parole qu'il lui a donnée de l'épouser; il lui répond qu'il ne le peut, et que je lui en dirai la raison. Il s'en va, et cette fille se désespère. Alors je lui remontre qu'elle n'est pas la centième qu'il a promis d'épouser : « Tenez, lui dis-je, voilà la liste de toutes « celles qui sont dans le même cas que vous, et je vais y ajou- « ter votre nom. » Je jette alors cette liste roulée au parterre, et j'en retiens un bout, en disant : « Voyez, Messieurs, si « vous n'y trouverez pas quelqu'une de vos parentes. »

Si la liste est, comme nous l'avons vu, dans Villiers, et pro-

1. Page 157 de la copie de Gueullette.

bablement dans la pièce italienne qu'il avait traduite, nous la trouvons également dans Cicognini, et les détails du dialogue sont encore là plus semblables à ceux que nous avons dans le scenario. Mais on peut remarquer, dans ce que nous venons de citer du scenario, un trait qui n'est que là et dans Molière, l'ordre donné par Don Juan à son valet d'expliquer ses raisons à la délaissée. C'est à Done Elvire qu'il dit dans notre *Dom Juan* (acte I, scène III) : « Madame, voilà Sganarelle qui sait pourquoi je suis parti.... Allons, parle donc à Madame. » Nous avons là un des rares passages où l'on ne sait pas si la première idée appartient au scenario, Cicognini n'ayant rien fourni de semblable, ou si Dominique a imité Molière.

Comme dans Cicognini, Don Juan propose au duc Ottavio de changer avec lui de manteau.

Resté seul avec son maître, Arlequin, lui entendant dire qu'il veut aller chez Donna Anna, la maîtresse d'Ottavio, « s'y oppose et lui parle du Ciel. » Il reçoit un soufflet et dit alors : « Allons donc, puisqu'il le faut[1]. » Molière peut avoir trouvé là comme un germe de la scène II de son premier acte, si ce n'est pas Arlequin qui, cette fois encore, n'ayant pas suivi Cicognini, a fait un emprunt à notre comédie.

Don Juan s'introduit dans la maison du commandeur Don Pierre, dont le nom, qui n'est pas dans Cicognini, mais pouvait bien être dans Giliberto, a passé, comme nous l'avons déjà dit, dans trois de nos pièces françaises. Aux cris de Donna Anna, que Don Juan a voulu déshonorer, le Commandeur, son père, arrive et poursuit Don Juan, qui le tue.

Un bando du Roi a promis dix mille écus et la grâce de quatre bandits à qui découvrira le meurtrier de Don Pierre, ce qui est tiré mot à mot de Cicognini. Pendant qu'Arlequin discourt avec lui-même sur l'édit royal, survient Don Juan, à qui il en donne la nouvelle. Suit l'épreuve (nous la connaissons déjà) à laquelle Don Juan soumet la discrétion et le courage de son valet, qu'il menace de la question, après lui avoir dit de supposer qu'il est le Barigel (*il Notaro* de Cicognini). Puis Don Juan et Arlequin changent d'habits.

---

1. Page 158.

Dans une scène qui se passe à la campagne, Don Juan et Arlequin enlèvent les villageoises. En général, ces scènes épisodiques de paysans et de paysannes étaient différentes dans les différentes pièces inspirées par ce sujet ; chacun les arrangeait librement, à sa guise. Molière seul y a mis une charmante et spirituelle observation des mœurs.

La scène de la statue, qui, d'un signe de tête, accepte l'invitation, est telle que nous l'avons vue dans les pièces italiennes, et qu'elle sera dans Molière, où elle s'écarte un peu de celle de Tirso.

Pantalon, qui a le même rôle que Fichetto dans la comédie de Cicognini, fait briller aux yeux d'Arlequin la récompense promise par le bando. Arlequin assure qu'il ne sait rien. « Imagine-toi, lui dit Pantalon (p. 161), que je soye le Roi et que j'interroge... : Sais-tu qui est le meurtrier... ? — Oui, Sire. — Nomme-le, et tu auras la somme promise. — Eh bien, Sire, c'est.... c'est.... c'est Pantalon. » Le dialogue est tout semblable chez Cicognini. Arlequin fait des remontrances à Don Juan, qui fait semblant d'y être sensible. Le valet se jette à genoux, Don Juan l'imite et feint d'implorer Jupiter. Arlequin rend grâce au Ciel de sa conversion. Don Juan se relève, et lui donne un coup de pied. On se souvient de Molière[1] : « Ah ! Monsieur, que j'ai de joie de vous voir converti ! » Nous trouvons donc dans le scenario le valet croyant, qui s'adresse au *Ciel;* déjà, dans un passage signalé plus haut, il a parlé à son maître du *Ciel*, expression qui sent bien son Molière. Cicognini ne met dans la bouche de Passarino aucun sermon de morale ni de religion, aucune exhortation à se convertir. Un moment, celui-ci hasarde quelques conseils de prudence, quelques réflexions, que Don Juan lui commande de garder pour lui, sur l'inconstance de la fortune[2]. Passarino est un mauvais sujet, qui n'a de physionomie distincte que par sa poltronnerie et sa gourmandise. Rien en lui de ce qui rend Sganarelle si original, de ces honnêtes sentiments que son âme vulgaire, mais naturellement bonne, laisse de temps en temps éclater, pour les faire rentrer bientôt dans le silence

---

1. *Dom Juan*, acte V, scène II.
2. Acte III, scène I.

devant la colère du maître. Est-ce donc le scenario qui a donné à Molière l'idée de ce caractère, et celle aussi de l'hypocrisie de Dom Juan, beaucoup plus marquée d'ailleurs chez lui et beaucoup plus sérieuse ? Nous en doutons fort, non-seulement par la raison, qu'il faut répéter, de l'incertitude de date qui rend suspects chez Arlequin les traits où il ne se rencontre qu'avec Molière, mais aussi parce que notre auteur avait pu s'inspirer ailleurs. On n'a pas oublié que les remontrances du valet, déjà fréquentes chez Tirso lui-même, et les grimaces de dévotion auxquelles s'amuse un moment Don Juan, sont dans les tragi-comédies de Dorimond et de Villiers.

Il n'aura sans doute pas échappé que, par un prudent anachronisme, c'est de la religion de *Jupiter* que Don Juan se moque dans le scenario, de celle des *Dieux* chez les traducteurs français d'une des comédies italiennes. Molière n'a pas eu cette timidité, qui, tout en laissant beaucoup trop de transparence au voile, détruisait ridiculement toute vérité.

Au dénouement du scenario, Don Juan « abîme[1] sous terre. » Arlequin s'écrie (p. 166) : « Mes gages ! mes gages ! Il faut donc que j'envoie un huissier chez le diable pour avoir mes gages ? » Dans la dernière scène[2], quand le Roi vient sur le théâtre, Arlequin se met à genoux devant lui, et lui dit (p. 166) : « O Roi ! vous saurez que mon maître est à tous les diables, où vous autres grands seigneurs irez aussi quelque jour ; faites donc réflexion sur ce qui vient de lui arriver. » Il est certain que, malgré la moralité finale si rudement tirée de la catastrophe par Arlequin, celui-ci n'est pas là aussi édifiant que le Catalinon de Tirso lorsqu'il dit[3] : « Que Dieu m'assiste ! Qu'est-ce que cela ? Toute la chapelle est en flammes, et je reste avec le mort pour le garder. En me traînant comme je pourrai, je vais avertir son père. Saint Georges ! saint *Agnus Dei !* ramenez-moi en paix à la maison. »

---

1. Comme on disait jadis pour *s'abîme*.

2. Le manuscrit de Gueullette met ici entre parenthèses : « Elle est supprimée. » Nous ne savons quand elle le fut. Sa hardiesse finit sans doute par sembler excessive.

3. Troisième journée, fin de la scène xvii : traduction de M. A. Royer.

Ceux à qui l'exclamation : « Mes gages ! mes gages ! » parut un scandale dans le *Dom Juan*, en avaient probablement ri chez les Italiens. Ils eurent aussi, l'on s'en souvient, deux poids et deux mesures pour *Tartuffe* et pour *Scaramouche ermite*[1]. Il est vrai qu'Arlequin ne s'arrêtait pas, comme Sganarelle, sur le regret des gages perdus : il finissait par une leçon, mais tellement désobligeante pour les grands seigneurs et les rois, que, si Molière se la fût permise, il n'y eût pas eu assez de cris pour le convaincre de lèse-majesté.

Si la sévérité dont furent l'objet quelques hardiesses de *Dom Juan*, qui n'avaient point paru choquer ailleurs, avait été sincère, au lieu d'être un parti pris des haines et des rancunes, on pourrait dire qu'elle honorait Molière, et que si, en ce genre, on ne lui passait rien, c'était parce qu'il avait donné au théâtre français, jusque dans la comédie, une dignité toute nouvelle. Il était naturel qu'une même plaisanterie ne fît pas le même effet sur ce théâtre épuré par lui, et sur une scène de bouffons.

Au reste, ce n'était peut-être pas à cette dernière scène du canevas que Molière avait emprunté les gémissements burlesques de Sganarelle, mais, ainsi qu'on l'a vu, à la comédie de Cicognini, où nos Italiens les avaient trouvés, comme tant d'autres traits.

Par notre analyse de cette comédie et du scenario, on a pu juger s'il n'est pas évident que celui-ci a été tiré de celle-là. Aujourd'hui, dans la pièce de Cicognini, telle qu'on la joue encore sur les théâtres d'Italie, rajeunie plus ou moins heureusement et modifiée à la moderne, on trouve des emprunts faits au canevas, comme si les bouffonneries de Trivelin et d'Arlequin n'avaient été autre chose que des variantes du texte de l'auteur florentin. Nous avons sous les yeux deux petites pièces imprimées de nos jours, et dont nous devons la communication à M. d'Ancona[2]. Elles attestent la popularité, persistante dans la Péninsule, de l'œuvre de Cicognini et des

---

1. Voyez la fin de la préface du *Tartuffe*, tome IV, p. 383 et 384.

2. Voyez ci-dessus, p. 15, note 1.

lazzi qui, sur les théâtres du Petit-Bourbon et du Palais-Royal, y avaient été ajoutés, et qu'aujourd'hui l'on trouve naturel d'y rattacher, parce qu'ils n'avaient fait que se greffer sur elle. L'une des deux pièces dont nous parlons a pour titre : IL GRAN CONVITATO DI PIETRA, *tragicommedia in tre atti. Novara. Ditta libraria Crotti di G. Miglio* (s. d.); l'autre : IL GRAN CONVITATO DI PIETRA, *dramma tragico in tre atti, ad uso de' piccoli teatrini. Milano. Tip. Motta di M. Carrara* (s. d.). Elles ne diffèrent que légèrement l'une de l'autre. Celle de Novare surtout copie à peu de chose près ou plutôt traduit dans une langue moins surannée le dialogue de Cicognini. On y rencontre de temps en temps des bouffonneries prises dans le scenario, par exemple, celle-ci que débitait Arlequin, et qui est bien connue : « Si tous les arbres n'étaient qu'un arbre, ah! quel arbre! Si tous les hommes n'étaient qu'un homme, ah! quel homme[1]! etc. » Il est plus que probable que, depuis le dix-septième siècle, on n'a guère cessé de représenter en Italie des pièces semblables, où se sont perpétués à la fois *le Convié de pierre* de Cicognini et celui de la troupe italienne de Paris.

Nous avons assez dit comment, avant l'auteur de *Dom Juan*, avait été traité ce sujet fameux dont on s'était engoué en France comme en Italie. Si ce ne fut pas tout spontanément, mais plutôt pour contenter ses camarades, que Molière entreprit à son tour de le mettre sur la scène, il aperçut bientôt quelle comédie il y saurait trouver. Et d'abord il fallait que ce fût une vraie comédie. Il est juste de dire qu'en cela il n'y avait plus guère à innover depuis les Italiens; mais c'était surtout par le rôle du valet qu'ils avaient égayé la sombre histoire. Ce n'était pas assez pour Molière. Le principal personnage lui-même, s'il ne pouvait être question pour lui de faire rire à la façon d'Arlequin, allait devenir beaucoup moins tragique que comique. N'exagérons rien cependant. Telles étaient les conditions nécessaires du sujet, que, si le drame a toujours été, dans le *Dom Juan*, ramené avec beaucoup d'art au ton et aux effets de la comédie,

---

1. Voyez Desboulmiers, *Histoire anecdotique.... du théâtre italien*, tome I, p. 85.

il n'a pu ni dû être entièrement évité. Sans compter l'indispensable scène de la statue, n'est-il pas vrai que celle de Done Elvire (vi⁰ de l'acte IV), celle de Dom Carlos et de Dom Alonse (iv⁰ de l'acte III), et le discours presque cornélien de Dom Louis ont un accent qui n'est pas ordinaire dans les pièces de notre auteur? et peut-être faut-il, dans celle-ci, reconnaître un genre mixte, qui la laisse assez différente d'ailleurs des tragi-comédies de ce temps, et dans lequel Molière s'est trouvé tout à coup passé maître. Il n'en est pas moins certain que, par le caractère dominant, si *Nicomède* et *Dom Sanche* sont des tragédies, *Dom Juan* reste bien une comédie. Molière voulut, de plus, que ce fût une comédie toute française. Il imagina une peinture hardie et profonde de l'homme de cour corrompu, du « grand seigneur méchant homme, » qui, dans le vice et jusque dans le crime, porte encore l'élégance, léger autant que froidement cruel dans ses noirceurs, plein de faussetés lâches, quoique toujours intrépide en face du danger, incomparable dans le triple talent de perdre les femmes, de tenir l'épée ferme et de ne pas payer ses dettes. Il le représenta tel qu'il était de son temps, et qu'on pouvait le voir à Versailles, avec sa perruque bien frisée et des plumes à son chapeau. « Toujours des marquis[1] ! » disait-on à Molière. Oui, ici encore, c'était le marquis, non plus toutefois chargé du rôle de « plaisant de la comédie, » mais effrayant par sa perversité. Il était difficile qu'un semblable scélérat pût, avec l'indignation, provoquer le rire, n'ayant rien du ridicule qui, chez Tartuffe, se mêle à l'odieux. Il a cependant gardé quelque chose de comique; et comment? par son humeur spirituellement railleuse.

Mais cet insolent débauché, plein d'ironie piquante et hautaine, fanfaron d'immoralité et d'impiété, n'est-ce pas le roué de la Régence, que Molière a d'avance connu? Nous n'avons pas besoin de supposer un pressentiment si singulier du prochain avenir. Tout simplement, Molière a su voir ce qui déjà existait à son époque, l'homme de qualité sans mœurs et sans Dieu. M. Sainte-Beuve[2] cite Retz et Lionne comme « de vrais

1. *Impromptu de Versailles*, scène 1 (tome III, p. 401).
2. *Port-Royal*, tome III, p. 303.

originaux du Dom Juan; » non assurément pour faire entendre que Molière ait particulièrement songé à eux; mais il veut donner ces deux exemples, choisis parmi plusieurs autres, des gentilshommes libertins au dix-septième siècle. A ces noms on pourrait joindre ceux des jeunes débauchés qui furent accusés des impiétés de la fête de Roissy, en 1659, Vivonne, Mancini, Manicamp, et le comte de Guiche[1].

M. Michelet a cru devoir donner au *Dom Juan* une véritable portée historique. « Ce qui saisit, dit-il, dans cette fresque brusquée sur l'heure et pour l'heure même, c'est l'audace de l'à-propos[2]. » Il dit encore que là le poëte « porta aux marquis le coup décisif et terrible. » Si l'on baisse un peu le ton, il y a du vrai; mais l'historien s'égare dans une de ses trop subtiles conjectures, dans un des rêves familiers à ses dernières études, lorsque à ce portrait, non pas individuel, mais général, du gentilhomme dépravé, il donne un nom, celui de Vardes. Il imagine tout un roman : Molière, qui savait lire dans la pensée du maître, jouait pour lui le châtiment de Vardes, tel qu'il s'apprêtait; c'était Vardes en personne qui disparaissait dans la trappe. En effet, six semaines après le 15 février 1665, « la main du Commandeur.... serra Vardes,... le plongea au plus bas cachot d'une citadelle[3]. » Cette allusion préméditée à une catastrophe imminente n'a pas plus de réalité que ce que M. Michelet nous dit encore des deux publics, de celui de la ville, qui ne reçut pas bien la pièce, « fut de glace, » et de celui de la cour, qui, « contre Molière, admira Dom Juan, le trouva parfait gentilhomme. » Où est la trace soit de l'un, soit de l'autre de ces accueils tout contraires faits à notre comédie? Où voit-on que Louis XIV, dont Molière aurait deviné et secondé les desseins, ait pris, comme il eût dû le faire dans de semblables circonstances, quelque intérêt à une œuvre, sitôt mise de côté, sans doute par son ordre? Il

---

1. *Mémoires de Madame de Motteville*, édition de M. Riaux, tome IV, p. 147 et 148; *Mémoires de Bussy*, édition de M. Ludovic Lalanne, tome II, p. 89 et suivantes, et, à l'Appendice de ce tome II, p. 419 et suivantes.

2. *Histoire de France*, tome XIII, édition de 1860, p. 68.

3. *Ibidem*, p. 69 et 70.

reste donc seulement ceci d'incontestable, que Molière avait fait une peinture vivante, contemporaine ; qu'il n'avait trouvé son modèle ni dans la vieille Espagne, ni en Sicile, où il feignit de mettre la scène, mais parmi nos courtisans français.

Il traita les accessoires de sa peinture, de manière à ne permettre aucun doute sur le caractère national qu'il lui donnait. On trouve dans ses charmantes scènes de paysans et de paysannes la physionomie, le caractère particulier, les mœurs et la langue de nos campagnes. L'épisode, devenu si populaire par sa vérité comique, de M. Dimanche ne laisse pas chercher les créanciers de Dom Juan ailleurs que dans les boutiques de Paris.

Il s'appropria encore le sujet par une autre innovation. Sans le dénaturer, il trouva moyen de le plier à la pensée qui le préoccupait dans ce temps de lutte contre les persécuteurs, en face de qui son courage ne voulait pas désarmer. Pour leur rendre coup pour coup, il n'eut besoin que d'un développement de caractère qui semblait naturellement suggéré par la logique du moraliste. Dom Juan, à qui l'hypocrisie devait peu coûter parce qu'il était sans religion, devint sans peine un autre Tartuffe, sous un costume différent et sous un nouvel aspect : ainsi la précédente comédie s'est trouvée avoir comme une suite, un redoublement. Un dessein tout de circonstance et la vérité absolue se sont conciliés ici sans rien de forcé et avec un rare bonheur, où l'art triomphe.

L'idée d'un Tartuffe homme de cour était heureuse. Peut-être Molière l'avait-il eue en remarquant un léger trait que nous avons vu indiqué par plusieurs de ses devanciers : ceux-ci, dans quelques scènes où Dom Juan grimace la dévotion, l'avaient fait, nous l'avons dit, plutôt railleur que vraiment hypocrite. Mais les premières scènes du cinquième acte de Molière ont un autre sens, une autre portée. Une ironie de mauvais goût, une méchante plaisanterie n'est plus ce dont il s'agit dans le rôle que joue Dom Juan avec son père et avec le frère d'Elvire. Sa nouvelle infamie met le comble à toutes les autres, au moment où la vengeance du Ciel va tomber sur lui ; et par là, pour la première fois peut-être, il fait désespérer de son salut : Sganarelle le remarque bien, quand il voit son maître embrasser décidément la profession d'hypocrite, et qu'il l'entend en développer les merveilleux avantages. Paraîtrons-nous trop rigoureux si nous disons qu'en cet endroit la fameuse tirade de Dom Juan a peut-être un défaut? Le personnage, ce que nous croyons sans autre exemple chez Molière, y parle, ce semble, moins que l'auteur, et s'adresse plutôt au public qu'au valet, un peu trop simple pour entendre un tel langage. La préoccupation d'une polémique encore toute brûlante est manifeste, et l'a cette fois emporté sur la parfaite vraisemblance. Quoi qu'il en soit, voilà Molière revenu au combat contre les faux dévots, en même temps que, complétant les vices de Dom Juan par « le vice à la mode, » il achève d'un dernier trait la peinture d'une âme noire. Cette dernière forme qu'il a donnée à la scélératesse de Dom Juan n'a rien d'inattendu. Il l'a préparée et fait pressentir de bonne heure, dès la scène III du Ier acte. Là, du reste, et même dans les scènes du cinquième acte, quoi que nous ayons dit de l'hypocrisie de Dom Juan bien autrement prononcée que dans les autres pièces sur le même sujet, elle ne va pas non plus sans beaucoup de moquerie qui s'y mêle. Le jeu sérieux et le persiflage se confondent. Notre hypocrite, toujours moqueur, ne joue point son personnage en pied plat, comme le gentilhomme douteux qui exploite la crédulité d'Orgon, mais en vrai grand seigneur dont le masque de dévotion reste insolent. Cette tartufferie d'homme bien né, une des variétés du genre, qui laisse le caractère conséquent avec lui-même, est surtout marquée avec sa nuance dans la scène où Dom Juan refuse, au nom du Ciel, de donner satisfaction à Dom Carlos par un mariage avec sa sœur, et, ne voulant pas non plus offenser la loi divine par un combat singulier, indique cependant par quelle petite rue il va passer avec son épée, qui sera toujours prête, s'il ne s'agit que de se défendre. Nous avons une autre raison de relever ce trait: Molière, on n'en peut guère douter, l'a tiré de la septième provinciale de Pascal, et a fait de Dom Juan un casuiste de l'école du « grand Hurtado de Mendoza: » nouvelle preuve, après celles qui sont indiquées dans la notice du *Tartuffe*, que Molière ne songeait pas à ménager les jésuites plus que les jansénistes.

Cette seconde campagne contre l'hypocrisie renouvelait le scandale de la première. Mais ce qui fut regardé comme plus scandaleux encore, ce fut l'athéisme marqué en traits audacieux. La comédie ne semblait pas faite pour des peintures si fortes. On se demanda si, dans son irritation contre l'intolérance religieuse, l'auteur n'en était pas venu à se jouer de toute croyance en Dieu. Que ne s'était-il contenté de nous montrer, comme Tirso de Molina, un libertin frivole, qui demeure au fond, comme tout Espagnol, un croyant, un catholique, et qui offense la religion, sans la nier? Faut-il dire cependant que Molière ait entièrement innové en faisant de Dom Juan un athée? Nous avons parlé d'un *auto sacramental* joué, dit-on, avant le drame de Tirso, dans les couvents d'Espagne, sous le titre de *l'Athée foudroyé*[1]. Ce même titre fut donné par Dorimond à sa pièce; comme ce fut seulement en 1665, il se peut que ç'ait été après la représentation de *Dom Juan*[2]. Ce qui du moins est certain, c'est que Dorimond et Villiers avaient déjà donné à leur principal personnage un caractère très-décidé d'impiété. C'est un homme

> Qui se moque de tout, ne craint ni dieux ni diables[3].

Toutefois aucun des devanciers de Molière n'avait mis l'athéisme sur la scène aussi peu déguisé qu'il l'est, sous les insolentes réticences et sous les railleries, dans le dialogue de Dom Juan avec Sganarelle, par lequel s'ouvre l'acte III, et dans la scène du Pauvre.

On ne pouvait nier non plus que, dans la catastrophe, l'impénitence de Dom Juan, plus altière encore chez Molière que chez ceux qui l'avaient précédé, ne laissât une impression de grandeur sauvage qui pouvait paraître dangereuse; et que, sous le feu céleste qui l'écrase, le Prométhée à la perruque blonde n'eût le regard trop ferme pour ne donner aucun doute sur l'effet cherché par l'auteur. Les scrupuleux remarquèrent que les lamentations burlesques de Sganarelle, bien

---

1. Voyez ci-dessus, p. 14. Cet *Ateista fulminado* est mentionné par M. Antoine de Latour dans les *Études sur l'Espagne, — Séville et l'Andalousie*, tome II, p. 102, et par Castil-Blaze, dans *Molière musicien*, tome I, p. 228 et 229.
2. Voyez ci-dessus, p. 16.
3. *Le Festin de Pierre...*, par le Sr de Villiers, acte II, scène IV.

qu'elles ne fussent pas de l'invention de Molière[1], faisaient rire trop tôt après le coup de foudre, pour que le Ciel fût bien sûr d'avoir le dernier mot dans la pièce. Pour défendre et venger la bonne cause, il n'y avait pas même, disait-on, de Cléante, cette fois, mais seulement une foudre suspecte à la rigueur de ne frapper que pour la forme et d'être un vain épouvantail de théâtre, puis un valet trop naïf avec sa religion du Moine bourru et ses raisonnements qui s'embrouillent et se cassent le nez. Tous les zélés, prêts à crier à l'impiété, avaient donc beau jeu. Si Molière, en écrivant *Dom Juan*, n'avait pas oublié la grande querelle du *Tartuffe*, ses ennemis s'en souvenaient autant que lui-même. Leurs rancunes le guettaient, flairant une nouvelle proscription à réclamer.

Voilà pourquoi la carrière de *Dom Juan* fut si courte, et il est inutile de recourir à l'explication donnée par Voltaire[2], qu'une comédie en cinq actes, écrite en prose, sembla une nouveauté inouïe. Quant à la multiplicité des épisodes et aux fréquents changements de scène, où le génie de Molière s'est trouvé tout à coup non moins à l'aise que celui des poëtes les plus hardis des théâtres étrangers, s'il est vrai qu'ils passaient alors chez nous pour de graves irrégularités, ils n'expliqueraient pas non plus un mauvais succès de la pièce : on en avait, dans ce sujet, pris son parti depuis longtemps. Non, aucune méprise du goût public ne fit injustice à *Dom Juan*. S'il vécut peu, c'est qu'il eut, bien que plus silencieusement, le sort que *le Tartuffe* avait eu l'année précédente.

La pièce fut jugée irréligieuse, et ceux qui, sincèrement ou non, en portèrent ce jugement, se firent écouter : ces deux faits sont hors de doute, sans que nous connaissions bien toute l'histoire des réclamations soulevées, des raisons que l'on crut avoir d'y faire droit, et de l'ordre secrètement donné, d'abord de faire des suppressions, puis d'arrêter les représentations de la pièce par une suspension, qui devint définitive. Pour nous faire cependant quelque idée des plaintes qui, au nom de l'intérêt des croyances religieuses, durent s'élever de plus d'un côté, nous avons un libelle qui eut du retentissement

---

1. Voyez ci-dessus, p. 24, 30 et 31.
2. Voyez son *Sommaire*, ci-après, p. 73 et 74.

et dont nous devrons bientôt reparler. La permission de l'imprimer est datée du mois d'avril 1665. Il avait été sans doute écrit dans le temps que la pièce se jouait encore. L'auteur de ce violent réquisitoire nous dit qu'il n'était pas le seul, ni le premier qui eût senti le venin : un ambassadeur s'était écrié que dans cette comédie il y avait bien de l'impiété ; une dame avait dit à Molière : « Votre Figure baisse la tête, et moi je la secoue[1]. » Pour la seconde fois, en moins d'un an, ces timorés ou ces malveillants eurent gain de cause contre Molière, et *Dom Juan* disparut après la quinzième représentation. En plein succès, une mort si brusque n'est pas une mort naturelle ; le coup d'autorité a laissé sa marque visible, bien qu'il eût frappé discrètement, sans scandale. Les faits parlent : dès la seconde représentation, la fameuse scène du Pauvre avait disparu, au moins en partie. Le dénonciateur l'atteste, en même temps qu'il explique en quoi elle avait offensé la piété : « Un pauvre, dit-il (p. 225), à qui l'on donne l'aumône à condition de renier Dieu ; » et il ajoute dans une note : « en la première représentation. » D'autres retranchements paraissent avoir été imposés de très-bonne heure, tous ceux sans doute auxquels se conformèrent plus tard, dans leur premier texte, les éditeurs de 1682, et qui furent alors jugés insuffisants, puisque, après l'impression de ce texte, l'on exigea des cartons.

Après le vendredi 20 mars, avant-veille du dimanche de la Passion, *Dom Juan*, nous l'avons dit, cessa d'être joué. Il est clair que pendant les vacances de Pâques, Molière fut averti qu'il valait mieux le faire de lui-même disparaître de l'affiche.

Dans le temps où la pièce était encore au théâtre, le libraire Louis Billaine avait obtenu, pour la faire imprimer, un privilége, accordé pour sept ans, qui porte la date du 11 mars, et fut présenté à l'enregistrement de la chambre des libraires le 24 mai[2]. Cependant Billaine ne fit point usage de ce privilége, que probablement il reçut avis de laisser sans effet.

Contre cette proscription, qui, par ménagement pour Molière, resta clandestine, l'auteur de *Dom Juan* ne lutta pas

1. Voyez ci-après, p. 230.
2. Voyez le Registre syndical des libraires, Fonds français de la Bibliothèque nationale, n° 21945, f° 38 v°.

comme il avait fait dans l'affaire du *Tartuffe*. Celle-ci restait pour lui l'intérêt principal; et *Dom Juan* ne lui paraissait, tout au plus, qu'un épisode de la rude bataille dont cette petite diversion ne devait pas compromettre les grandes opérations. Il se peut d'ailleurs que, malgré les beautés de premier ordre de sa nouvelle comédie, il en mît lui-même la valeur en quelque doute. Elle n'était, après tout, qu'une improvisation de son génie, jetée à la hâte à ses camarades, qui la sollicitaient. Peut-être aussi les aristarques, plus choqués que ne dut l'être le public de son irrégularité, qui, aujourd'hui seulement, nous semble une liberté si heureuse, l'invitaient-ils à en faire peu de cas. Il y a toute apparence qu'il l'abandonna sans trop de peine ; et nous ne voyons pas qu'il ait cherché sur ce terrain à reconquérir la position enlevée par ses ennemis. Rien de semblable aux placets ni à la préface du *Tartuffe*. Dès lors le spectacle de quelques hostilités assez courtes entre le parti de l'attaque et celui de la défense, à laquelle Molière ne prit aucune part directe, n'offre pas le même intérêt que l'histoire du précédent chef-d'œuvre, victorieux en 1669. Cependant les coups échangés, à l'occasion de *Dom Juan*, ne doivent pas être tout à fait passés sous silence.

Le libelle que nous venons de mentionner a pour titre : *Observations sur une comédie de Molière intitulée* le Festin de Pierre, *par B. A. Sr D. R., advocat en parlement. A Paris, chez N. Pepingué.* 1665. *Avec permission* (en date du 18 avril 1665). Une autre édition suivit de près; elle porte cette fois, au titre, le prétendu nom de l'auteur en toutes lettres : *le Sieur de Rochemont ;* et, au bas de la dernière page, un permis d'imprimer du 10 mai 1665. On connaît encore de la même année, d'une part, une édition, avec quelques adoucissements, et, de l'autre, diverses réimpressions, dont une au moins est une contrefaçon : voyez ci-après, p. 217, note 1.

Ce n'était plus, sinon par échappées, la violence maladroite de Pierre Roullé. L'avocat en parlement entend mieux la rhétorique ; et, comme nous donnons ci-après en appendice son acte d'accusation, on pourra juger de sa très-véritable habileté d'écrivain. Il parle d'abord d'un ton modéré, et l'on voit qu'il a commencé par faire effort pour déchirer doucereusement, au lieu de mordre à belles dents comme le curé de

Saint-Barthélemy. Mais la véhémence ne se fait pas longtemps attendre : « Qui peut supporter, dit-il (p. 220), la hardiesse d'un farceur qui fait plaisanterie de la religion, qui tient école du libertinage, et qui rend la majesté de Dieu le jouet d'un maître et d'un valet de théâtre, d'un athée qui s'en rit, et d'un valet, plus impie que son maître, qui en fait rire les autres ?... Un athée, foudroyé en apparence, foudroie en effet et renverse tous les fondements de la religion, à la face du Louvre, dans la maison d'un prince chrétien. » Bientôt même, comme s'il eût enfin voulu rivaliser avec l'auteur du *Roi glorieux*, le libelliste se laisse entraîner à la grossière injure (p. 220) : « Il faut avouer que Molière est lui-même un Tartuffe achevé et un véritable hypocrite. »

Quel était ce sieur de Rochemont qui, malgré de telles fautes de goût, savait écrire, en qui l'on pouvait reconnaître un style poli, du moins dans un certain sens du mot? Dans la première des réponses qui lui furent faites la même année[1], on l'appelle (p. 235) un « inconnu; » mais on entend assurément par là un auteur plus ou moins bien caché derrière un pseudonyme, puisque, un peu plus loin (p. 236), on lui adresse cette apostrophe : « Cher écrivain, de peur qu'en travaillant à vous attirer cette réputation d'homme de bien, vous ne perdiez celle que vous avez d'être fort habile homme et plein d'esprit.... » C'est assez déclarer que, sous le masque, on reconnaît à qui l'on a affaire. On avait affaire à un janséniste. Le même défenseur de notre poëte ne laisse là-dessus aucun doute quand il dit (p. 233) : « Il traite M. de Molière de démon incarné, parce qu'il a fait des pièces galantes et qu'il n'emploie pas ce beau talent.... à traduire la Vie des Saints Pères. » Le trait va tout droit à Port-Royal : la traduction des *Vies des saints Pères des déserts* en sortait. Nous tenons donc l'essentiel, et nous pouvons nous en contenter ; mais lever plus qu'à demi le voile n'a point semblé impossible. Un critique, qui n'en est pas à faire ses preuves de sagacité, M. Livet, s'en est tout récemment chargé[2] ; y a-t-il réussi ?

---

1. Voyez ci-après, p. 232.
2. Dans un article inséré au *Moniteur universel* du jeudi 14 mars 1878, sous ce titre : *Problèmes moliéresques*.

peut-être. Il a fait attention aux initiales B. A. qui précèdent celles du nom de guerre, Sr D. R. (*Sieur de Rochemont*), et aux mots « advocat en parlement » qui le suivent. Ce B et cet A, ainsi que la profession, lui ont paru ne pas mal désigner l'avocat Barbier d'Aucour, celui-là même dont la plume de polémiste s'attaqua l'année suivante à Racine[1], et qui devait un jour être jugé assez habile écrivain pour entrer à l'Académie française. Le sieur de Rochemont aurait ainsi tout l'air, avec son B et son A, d'avoir tenu à être deviné, et d'avoir un peu fait comme la nymphe qui, avant de fuir derrière les saules, est bien aise qu'on l'ait vue. M. Livet, s'attachant au petit problème, a cherché un surcroît d'évidence dans la comparaison du style des *Observations* avec celui d'autres écrits de Barbier d'Aucour. Les preuves de ce genre sont délicates à manier et difficilement décisives. Nous renvoyons les experts à celles que M. Livet a finement développées.

Ce qui nous importe surtout, c'est qu'un contemporain, qui connaissait bien l'*inconnu*, le savait janséniste. Ainsi, quoique Molière, dans *Dom Juan*, comme dans *le Tartuffe*, eût pris certains traits de sa peinture aux jésuites, tels que les a représentés Pascal, il s'est trouvé, dans le parti contraire, des plumes pour guerroyer contre l'une et l'autre comédie : ce

1. Voyez au tome IV, p. 306-322 de notre édition des *OEuvres de Racine*. A la note 3 de la page 329 du même tome de Racine nous avons dit que, s'il fallait en croire les éditeurs de 1807, l'avocat Barbier n'aurait pris le nom de *d'Aucour* que vers 1676. Le B. A. des *Observations* prouverait le contraire, ou la conjecture de M. Livet se trouverait manquer de fondement. Une erreur des éditeurs de 1807 pouvant être supposée, nous proposons, sans rien décider, la difficulté. Il y en aurait une beaucoup plus grande dans un passage de la seconde réponse aux *Observations*, si, n'y voyant pas un simple badinage, l'on était d'avis que l'auteur de cette *Lettre*, tout en feignant, comme l'autre apologiste, d'ignorer le nom de l'*Observateur*, savait, lui aussi, qui il était, et le connaissait, non pour un avocat au Parlement, mais pour un prêtre. Il parle en effet ainsi (p. 244) : « Peut-être me direz-vous.... qu'il peut avoir appris la vie de Molière par une confession générale? Si cela est..., il est encore plus criminel. » L'avocat Barbier n'entendait personne en confession.

qui force à reconnaître que chacun de ces deux hardis ouvrages avait fait coup double, ou plutôt blessé indistinctement tous les dévots. Le *Dom Juan* s'en trouva mal. Accusé d'offense contre « ce qu'il y a de plus saint et de plus sacré dans la religion » (ce sont les termes de Rochemont; p. 218), non-seulement il dut être retiré de la scène, mais, lorsque, après la mort de Molière, il fut imprimé, la censure le mutila plus sévèrement encore qu'au temps des représentations.

Baillet, encore un ami de Port-Royal, qui n'entendait pas raillerie, s'imagina même, sans aucun regret, qu'il avait été entièrement anéanti. « M. de Molière, dit-il dans ses *Jugements des savants*[1], a.... fait un grand nombre de comédies, tant en vers qu'en prose, que l'on a partagées en sept volumes.... On ajoute une autre comédie, qui porte le titre du *Festin de Pierre*; mais elle ne paroît plus au monde; du moins n'a-t-elle pas été mise dans le recueil des autres, de sorte qu'elle doit passer pour une pièce supprimée, dont la mémoire ne subsiste plus que par les *Observations* qu'on a faites contre cette pièce et celle du *Tartuffe*. » Voilà une comédie enterrée; mais l'inhumation est précipitée. Baillet, peu soucieux de se tenir bien au courant de la littérature du théâtre, ignorait que la pièce qu'en 1686 il supposait disparue avait été recueillie parmi les œuvres posthumes du poëte; son ignorance lui était agréable, et il lui plaisait de croire les *Observations* d'un janséniste le seul souvenir, digne de passer à la postérité, qui marquât encore dans l'histoire dramatique la place où avait été cette œuvre du démon.

Il aurait pu ajouter, sans sortir des cours de littérature de l'austère Port-Royal, que la même mémoire subsistait aussi, non moins amère et malveillante, dans les écrits du prince de Conty. « Y a-t-il, avait dit l'auteur des *Sentiments des Pères de l'Église sur la comédie et les spectacles*[2], y a-t-il

1. Article sur Molière, au tome IV (1686), p. 111 et 112. Voyez, dans notre tome IV, la *Notice du Tartuffe*, p. 320, note 3.

2. Dans l'*Avertissement* qui les précède, p. 24[a]. Ces *Sentiments*, publiés comme œuvre posthume, ne peuvent pas avoir été écrits

[a] Avec *la Tradition de l'Église...*, à laquelle ils font suite, ils ont été paginés à part dans le volume du *Traité de la comédie et des spectacles*.

une école d'athéisme plus ouverte que *le Festin de Pierre*, où, après avoir fait dire toutes les impiétés les plus horribles à un athée qui a beaucoup d'esprit, l'auteur confie la cause de Dieu à un valet, à qui il fait dire, pour la soutenir, toutes les impertinences du monde? Et il prétend justifier à la fin sa comédie si pleine de blasphèmes, à la faveur d'une fusée, qu'il fait le ministre ridicule de la vengeance divine; même, pour mieux accompagner la forte impression d'horreur qu'un foudroiement si fidèlement représenté doit faire dans les esprits des spectateurs, il fait dire en même temps au valet toutes les sottises imaginables sur cette aventure. »

Molière avait déjà montré qu'il n'était pas embarrassé pour se défendre; mais, ayant pour le moment d'autres soins et une autre lutte, il laissa se présenter qui voulut pour relever le gant. On connaît deux champions qui répondirent au sieur de Rochemont. Leurs apologies, dont nous avons déjà cité quelque chose, furent publiées l'une et l'autre en 1665, et, à quelques jours de distance, chez le libraire Quinet. Il serait superflu de les analyser ici, parce que l'intérêt qu'elles offrent comme pièces contemporaines nous a engagé à les donner en appendice, dans toute leur étendue, à la suite des *Observations* qu'elles réfutent. Celle de ces réponses qui a été mentionnée plus haut[1], comme pouvant mettre sur les traces du soi-disant Rochemont, et qui vit le jour la première[2], n'est pas la meilleure. L'écrivain reconnaît lui-même que sa plume est inexpérimentée. L'autre[3], sans être un chef-d'œuvre, est bien supérieure. Robinet nous apprend que celui à qui elle est due était connu par de nombreux ouvrages; il ne le désigne pas autrement. Elle venait de paraître lorsqu'il écrivit sa lettre en vers datée du 9 août 1665. Le premier apologiste avait

bien longtemps après les *Observations* de Rochemont, le prince de Conty étant mort le 21 février 1666.

1. Page 41.

2. *Réponse aux Observations touchant* le Festin de Pierre *de M. de Molière. A Paris, chez Gabriel Quinet, dans la galerie des Prisonniers, à l'ange Gabriel,* 1665. *Avec permission.*

3. *Lettre sur les Observations d'une comédie du sieur Molière intitulée* le Festin de Pierre. *A Paris, chez Gabriel Quinet,* 1665. *Avec permission.*

une avance de dix jours. Voici l'*Apostille* dans laquelle Robinet nous a conservé ces détails :

> Partisans du *Festin de Pierre*,
> Indignés de l'injuste guerre
> Qu'un atrabilaire Docteur [1]
> A faite à son célèbre auteur,
> Je vous avertis qu'une plume
> Artisanne de maint volume
> L'a défendu, mais du bel air,
> En un style énergique et clair,
> Et tout à fait avec méthode,
> Sans citer Digeste ni Code.
> Ne prenez pas Marc pour Renard [2],
> Car ici, raillerie à part,
> Et sans que personne s'offense,
> Ce n'est pas certaine défense,
> Qui depuis dix jours a paru,
> D'un auteur armé non à cru,
> Qui carabinant et peu ferme,
> Effleure à peine l'épiderme.
> Je parle d'un autre galant,
> Je parle d'un autre assaillant,
> Et d'une escarmouche nouvelle,
> Autant vigoureuse que belle :
> Et vous apprendrez chez *Quinet*
> Ce qu'ici vous dit *Robinet*.

Le second champion, dont le gazetier juge l'apologie très-

[1]. Si Robinet prenait le nom de *Docteur* à la lettre, et qu'on le crût bien informé sur ce point, il faudrait renoncer à Barbier d'Aucour. Dans sa *Lettre aux deux apologistes de l'auteur des hérésies imaginaires* (du Bois et Barbier d'Aucour), Racine plaisante sur la supposition qu'il aurait pu faire qu'ils étaient « deux grands docteurs, » tandis qu'ils n'étaient « rien moins tous deux que deux savants théologiens. » Voyez au tome IV de ses *OEuvres*, p. 328. Il se peut que Robinet eût entendu attribuer les *Observations* à quelque véritable *docteur* de Port-Royal. Peut-être aussi ne voulait-il parler que du ton doctoral de cette censure.

[2]. C'est une corruption de l'expression proverbiale : « prendre martre pour renard, » qui est dans Montaigne (livre II, chapitre XXXVII).

vigoureuse, et qui, malgré des apparences bien fortes, n'admettait pas encore, à la date où il écrivait, que le Roi eût mis l'interdit sur le Festin de Pierre[1], nous a conservé une parole de ce prince, très-obligeante pour l'auteur de Dom Juan. Rochemont, dit-il[2], avait fait, avec beaucoup d'adresse, « le dénombrement de tous les vices du libertin ; mais je ne crois pas avoir beaucoup de choses à y répondre, quand j'aurai dit, après le plus grand monarque du monde, *qu'il n'est pas récompensé.* » Quelle que soit la valeur de cette bienveillante remarque, il est probable qu'on n'aurait pas osé l'attribuer au Roi, s'il ne l'avait pas faite ; elle prouverait que, pour le Dom Juan, comme pour le Tartuffe, si Louis XIV ne put s'empêcher de tenir compte des réclamations soulevées, au fond il était du parti de Molière, et ne le gêna qu'à contre-cœur et la main forcée. Rien d'étonnant alors dans le ménagement d'un avis, donné seulement tout bas, de retirer la pièce, et dans la pension accordée à Molière en août 1665[3], qui fut un adoucissement du coup, en écartant tout soupçon de disgrâce.

Et cependant, si Baillet a beaucoup exagéré en prétendant qu'il ne restait plus vestige de Dom Juan, il n'est pas entièrement faux que la pièce pouvait passer pour supprimée, puisqu'on ne se sentit plus libre ni de la représenter, ni de l'imprimer, au moins tant que Molière vécut. Ce fut seulement neuf ans après sa mort, en 1682, que la Grange et Vinot se risquèrent à publier, dans le septième volume de leur édition des *OEuvres de Molière* (premier des *OEuvres posthumes*), cette comédie, tellement oubliée et mal connue alors, que, parmi les autres pièces de notre poëte, des libraires de Hollande avaient remplacé, en 1674, Dom Juan par la tragi-comédie de Dorimond[4]. La Grange et Vinot retranchèrent les passages dont on s'était le plus scandalisé, se conformant

1. Voyez ci-après, p. 249.
2. *Ibidem*, p. 246.
3. Voyez au tome précédent, p. 94.
4. « *Le Festin de Pierre ou l'Athée foudroyé*, tragi-comédie par J. B. P. Molière. Suivant la copie imprimée à Paris. 1674. » Elle reparut encore à peu près sous le même titre en 1679 et en 1683 : voyez ci-dessus, p. 16, note 2.

probablement au texte des dernières représentations. Les retranchements, cette fois, ne satisfirent pas; la police exigea plusieurs cartons après l'impression, peut-être même, à ce qu'on croit, la vente déjà commencée. On a trouvé trois exemplaires seulement qui ont échappé, soit complétement, soit partiellement, à la censure. L'un d'eux, qui n'a aucun carton, a appartenu au lieutenant général de police, Nicolas de la Reynie. « Il a fallu, dit M. Magnin, l'existence des éditions frauduleuses d'Amsterdam, 1683, et de Bruxelles, 1694, pour qu'au dix-neuvième siècle les derniers éditeurs de Molière aient pu nous rendre enfin, à deux cents ans d'intervalle, le texte si péniblement complété du *Festin de Pierre*[1]. » Nous reparlerons, à la fin de cette *Notice*, des éditions que nous avons eues sous les yeux, et dont nous avons fait usage pour la constitution de notre texte et pour l'indication des variantes.

Avant l'impression de *Dom Juan* due aux soins des éditeurs de 1682, cette belle comédie semblait effacée d'autant plus profondément de presque toutes les mémoires, que, non content de l'avoir ensevelie dans les oubliettes de la censure, on avait suscité en 1677, pour en usurper la place, un *Festin de Pierre* fait à son image, et dont l'apparence était très-agréable. Ce que l'on a remplacé, on peut le croire bien tué : il ne l'est cependant que lorsque, en le remplaçant, on le surpasse. Mais il n'est pas facile de faire mieux que Molière. Un élégant et facile versificateur, Thomas Corneille, à bonne intention sans doute, se chargea de remettre sur ses pieds la pièce qui, depuis douze ans gisante, paraissait en danger de ne pouvoir se relever. Comme s'il était de ceux qui en voulaient expliquer la disparition par le tort qu'avait eu Molière de l'écrire en prose, il la rima ; mais il n'ignorait pas qu'il fallait surtout la rendre plus inoffensive, l'expurger. Sa traduction en alexan-

---

[1]. *Revue des Deux Mondes* du 1er février 1847, p. 562. M. Magnin ajoute ceci à la note 1 de la même page : « En 1813, M. Simonnin publia pour la première fois, d'après l'édition de 1683, les scènes que l'on croyait perdues. Voyez *Molière commenté...*, 2 vol. in-12 (1813, tome I, p. 337-344). » J. Simonnin a donné la scène du Pauvre et la fin de la précédente, mais non les autres variantes, sauf cependant le cri répété : *Mes gages!* qui se trouve au commencement et à la fin du dernier monologue de Sganarelle.

drins bien tournés fit sa première apparition, le vendredi 12 février 1677, sur le théâtre de l'Hôtel Guénegaud. Dans *le Nouveau Mercure galant*, où il écrivait lui-même, le succès de son rhabillage décent fut célébré ainsi par son confrère, son compère, de Visé : « Je ne dois pas oublier de vous dire qu'on a fait revivre une pièce dont vous n'osiez dire, il y a cinq ou six ans, tout le bien que vous en pensiez, à cause de certaines choses qui blessoient la délicatesse des scrupuleux. Elle en est à présent tout à fait purgée, et, au lieu qu'elle étoit en prose, elle a été mise en vers d'une manière qui a fait dire qu'elle n'a rien perdu des beautés de son original, qui même y en a fait trouver de nouvelles. Vous voyez bien que c'est du *Festin de Pierre* du fameux Molière dont je vous parle. Il a été extrêmement suivi pendant les six représentations qui en ont été données.... Le grand succès de cette pièce est un effet de la prudence de M. de Corneille le jeune, qui en a fait les vers, et qui n'y a mis que des scènes agréables en la place de celles qu'il en a retranchées[1]. » Il serait injuste de ne pas reconnaître que cette prudence louée par de Visé n'alla pas aussi loin qu'on eût pu le craindre. Si la scène du Pauvre manque, tandis que plus tard les éditeurs de 1682 se contentèrent d'y faire des suppressions; si, après la disparition de son maître dans l'abîme, Sganarelle ne pleure plus ses gages, le grand couplet sur l'hypocrisie est assez fidèlement traduit; et dans la scène 1re de l'acte III on trouve conservée une grande partie de ce qui fut plus tard condamné à disparaître dans l'édition cartonnée de la Grange. Bien qu'en beaucoup d'endroits Thomas Corneille ait effacé, non pas volontairement, nous le pensons, mais par impuissance de traducteur, la marque du maître, en général il se tient de près sur ses traces; et, s'ils n'ont pas la vigueur franche et le relief de la prose à laquelle ils se sont substitués, ses vers, en dépit de quelques chevilles, ne sont pas sans mérite : la contrainte de la traduction n'y a pas trop ralenti la verve. Thomas Corneille nous apprend lui-même qu'il faisait représenter sa comédie sous le nom de

---

1. *Le Nouveau Mercure galant*, année 1677, tome I, pour les mois de janvier, février et mars, p. 33-35.

Molière, ce qui peut-être était moins respectueux qu'il ne croyait. Depuis, l'usage s'est longtemps maintenu d'associer les deux noms sur l'affiche, comme ceux de collaborateurs. Il n'est pas douteux qu'en dérobant à l'auteur de *Dom Juan* sa signature, son traducteur ne songeait qu'à lui rendre modestement hommage. Voici comment il parle dans son avis *Au lecteur* : « Cette pièce, dont les comédiens donnent tous les ans plusieurs représentations, est la même que feu M. de Molière fit jouer en prose peu de temps avant sa mort. Quelques personnes qui ont tout pouvoir sur moi m'ayant engagé à la mettre en vers, je me réservai la liberté d'adoucir certaines expressions qui avoient blessé les scrupuleux. J'ai suivi la prose assez exactement dans tout le reste, à l'exception des scènes du troisième et du cinquième acte, où j'ai fait parler des femmes. Ce sont scènes ajoutées à cet excellent original, et dont les défauts ne doivent point être imputés au célèbre auteur sous le nom duquel cette comédie est toujours représentée. » Le ton de ces courtes lignes est convenable. Mais fallait-il dire que Molière avait fait jouer *Dom Juan* « peu de temps avant sa mort » ? Il ne semblerait pas que 1665 fût si près de 1673. Cette inexactitude de date peut être soupçonnée d'une certaine adresse : la proscription qu'avait soufferte la pièce se trouve ainsi dissimulée, parce qu'on avait un peu de honte d'avoir été chargé de la rendre définitive. « La liberté d'adoucir certaines expressions » est assez plaisamment imaginée. Cette liberté-là, qui devait avoir été commandée, ressemble beaucoup à une servitude. Thomas Corneille a fait ce qu'il devait en revendiquant comme siennes, avec leurs défauts, les scènes ii et iii de son troisième acte, et la scène iii du cinquième. Rien de moins heureux que ces scènes parasites. Il aurait dû s'excuser aussi d'avoir gâté dans l'acte IV la scène pathétique de Done Elvire. Là, pour avoir voulu développer, corriger, il est sorti du ton vrai, le seul touchant.

Il y avait toutefois assez d'agrément dans la versification, et surtout il restait assez de Molière dans toute la pièce, pour que le public fût satisfait. De Visé n'est pas inexact lorsqu'il parle du succès. La recette de la première représentation fut de 1273 livres, 10 sous. Les suivantes attirèrent aussi beaucoup de

Dauphiné peut-être, certainement dans quelque province. C'est une annonce de spectacle que nous avons sous les yeux, et que nous donnons en appendice[1]. Elle est intitulée : *La Description des superbes machines et des magnifiques changements de théâtre du* Festin de Pierre ou l'Athée foudroyé *de M. de Molière.* L'orthographe de l'imprimé, ce sous-titre même de *l'Athée foudroyé*, dont l'inexactitude vient sans doute de quelque confusion avec d'anciennes pièces sur le même sujet, tout prouve que cette espèce de circulaire de comédiens est du dix-septième siècle. Nous la croyons même du temps où Molière vivait encore. Vers le commencement nous y lisons que « ce dernier *Festin de Pierre* a couronné l'œuvre. » Or il ne fut le dernier que jusqu'au moment où fut joué celui de Rosimond (1669); il serait difficile de supposer que la représentation du *Nouveau Festin de Pierre* du théâtre du Marais eût pu rester inconnue des comédiens de province. La circulaire nous paraîtrait donc antérieure à 1669. D'un autre côté, nous ne la daterions pas de ces courtes semaines pendant lesquelles la comédie de Molière se maintint, à Paris, sur le théâtre. Outre qu'on n'aurait pas été prêt sitôt à la représenter ailleurs, il est probable que, dans sa nouveauté, on n'y aurait pas introduit autant de changements que nous en trouvons dans l'annonce. Si nous ne nous trompons pas en pensant qu'il s'agit d'un temps renfermé entre 1665 et 1669, il n'est pas sans intérêt d'apprendre qu'à une époque où la pièce avait disparu de la scène du Palais-Royal, on avait la liberté en province de la montrer au public : ce qui ne s'expliquerait pas, si la suppression en avait été à Paris officiellement signi-

1. Voyez ci-après, p. 256. — Nous en avons trouvé une sorte de fac-simile dans les quelques pièces réunies par M. Soulié, lorsqu'il se proposait de préparer l'édition de Molière. La communication de l'imprimé, qui est de 4 pages in-4°, sans nom d'imprimeur, avait été faite à M. Soulié par M. Gariel, conservateur de la Bibliothèque de Grenoble. Il est tiré d'un recueil de pièces de même format, dont plusieurs sont relatives à Grenoble. Ce doit être une circulaire de comédiens pour annoncer des représentations du *Festin de Pierre*. On ne peut savoir si ces représentations devaient être données à Grenoble, ou dans d'autres villes où la troupe se proposait de passer.

fiée. Mais la troupe de province devait du moins être informée de tout ce qui y avait été jugé dangereux. De là sans doute les altérations, qu'il est naturel de supposer avoir été conseillées par la prudence, ou peut-être même exigées par l'autorité. L'analyse donnée par l'annonce, et qui suit la comédie de scène en scène, n'indique pas la scène du Pauvre. Elle nous apprend, dans la mention de la scène I de l'acte III, que « l'opiniâtreté de Dom Juan dans son athéisme est combattue par de fortes raisons. » Si l'on ne suppose pas les rédacteurs du prospectus merveilleusement naïfs, on avait donc retranché, remplacé même, par une sorte de prédication sérieuse, tout ce qui rend ridicule l'argumentation de Sganarelle et avait fait scandale? On peut noter d'autres changements plus indifférents : Mathurine est devenue *Thomasse*[1]; au quatrième acte, la scène de Dom Louis précède la scène de M. Dimanche, comme chez Thomas Corneille; dans la scène VI du même acte, Molière a fait reparaître Done Elvire, que n'accompagnent pas ses frères; ici c'est au V° acte qu'elle se montre de nouveau, ayant Dom Carlos avec elle; et tous deux prédisent à Dom Juan sa perte. L'acte V, dans l'analyse, s'ouvre par une scène qui n'existe pas dans notre comédie, entre Elvire et son frère. Un peu plus loin, Charlotte et Thomasse, ce qui n'est pas moins nouveau, reviennent en scène, et Dom Juan abuse encore une fois de leur crédulité. Ces différences, et d'autres qu'on remarquera, sont tellement particulières à ce programme, qu'il ne peut s'agir de la comédie de Thomas Corneille jouée sous le nom de Molière. C'est une tout autre transformation, faite avec beaucoup de sans gêne; quant à une ancienne forme donnée à la pièce par l'auteur lui-même, et que nous n'aurions plus, nulle apparence d'y croire.

Quelle que soit la date de ces représentations assez infidèles, ce semble, du *Dom Juan* de Molière transporté en province, une telle reprise est un petit fait si obscur, qu'il ne doit guère compter. On ne saurait dire non plus que la belle prose de notre comédie ait été un moment rendue à la scène par les

---

[1]. Ce nom se trouve dans la pièce de Molière, acte II, scène 1, et Rosimond l'a donné à une des paysannes de son *Nouveau Festin de Pierre*.

Dauphiné peut-être, certainement dans quelque province. C'est une annonce de spectacle que nous avons sous les yeux, et que nous donnons en appendice[1]. Elle est intitulée : *La Description des superbes machines et des magnifiques changements de théâtre du* Festin de Pierre ou l'Athée foudroyé *de M. de Molière*. L'orthographe de l'imprimé, ce sous-titre même de *l'Athée foudroyé*, dont l'inexactitude vient sans doute de quelque confusion avec d'anciennes pièces sur le même sujet, tout prouve que cette espèce de circulaire de comédiens est du dix-septième siècle. Nous la croyons même du temps où Molière vivait encore. Vers le commencement nous y lisons que « ce dernier *Festin de Pierre* a couronné l'œuvre. » Or il ne fut le dernier que jusqu'au moment où fut joué celui de Rosimond (1669); il serait difficile de supposer que la représentation du *Nouveau Festin de Pierre* du théâtre du Marais eût pu rester inconnue des comédiens de province. La circulaire nous paraîtrait donc antérieure à 1669. D'un autre côté, nous ne la daterions pas de ces courtes semaines pendant lesquelles la comédie de Molière se maintint, à Paris, sur le théâtre. Outre qu'on n'aurait pas été prêt sitôt à la représenter ailleurs, il est probable que, dans sa nouveauté, on n'y aurait pas introduit autant de changements que nous en trouvons dans l'annonce. Si nous ne nous trompons pas en pensant qu'il s'agit d'un temps renfermé entre 1665 et 1669, il n'est pas sans intérêt d'apprendre qu'à une époque où la pièce avait disparu de la scène du Palais-Royal, on avait la liberté en province de la montrer au public : ce qui ne s'expliquerait pas, si la suppression en avait été à Paris officiellement signi-

---

1. Voyez ci-après, p. 256. — Nous en avons trouvé une sorte de fac-simile dans les quelques pièces réunies par M. Soulié, lorsqu'il se proposait de préparer l'édition de Molière. La communication de l'imprimé, qui est de 4 pages in-4°, sans nom d'imprimeur, avait été faite à M. Soulié par M. Gariel, conservateur de la Bibliothèque de Grenoble. Il est tiré d'un recueil de pièces de même format, dont plusieurs sont relatives à Grenoble. Ce doit être une circulaire de comédiens pour annoncer des représentations du *Festin de Pierre*. On ne peut savoir si ces représentations devaient être données à Grenoble, ou dans d'autres villes où la troupe se proposait de passer.

fiée. Mais la troupe de province devait du moins être informée de tout ce qui y avait été jugé dangereux. De là sans doute les altérations, qu'il est naturel de supposer avoir été conseillées par la prudence, ou peut-être même exigées par l'autorité. L'analyse donnée par l'annonce, et qui suit la comédie de scène en scène, n'indique pas la scène du Pauvre. Elle nous apprend, dans la mention de la scène I de l'acte III, que « l'opiniâtreté de Dom Juan dans son athéisme est combattue par de fortes raisons. » Si l'on ne suppose pas les rédacteurs du prospectus merveilleusement naïfs, on avait donc retranché, remplacé même, par une sorte de prédication sérieuse, tout ce qui rend ridicule l'argumentation de Sganarelle et avait fait scandale? On peut noter d'autres changements plus indifférents : Mathurine est devenue *Thomasse*[1] ; au quatrième acte, la scène de Dom Louis précède la scène de M. Dimanche, comme chez Thomas Corneille ; dans la scène VI du même acte, Molière a fait reparaître Done Elvire, que n'accompagnent pas ses frères ; ici c'est au V° acte qu'elle se montre de nouveau, ayant Dom Carlos avec elle ; et tous deux prédisent à Dom Juan sa perte. L'acte V, dans l'analyse, s'ouvre par une scène qui n'existe pas dans notre comédie, entre Elvire et son frère. Un peu plus loin, Charlotte et Thomasse, ce qui n'est pas moins nouveau, reviennent en scène, et Dom Juan abuse encore une fois de leur crédulité. Ces différences, et d'autres qu'on remarquera, sont tellement particulières à ce programme, qu'il ne peut s'agir de la comédie de Thomas Corneille jouée sous le nom de Molière. C'est une tout autre transformation, faite avec beaucoup de sans gêne ; quant à une ancienne forme donnée à la pièce par l'auteur lui-même, et que nous n'aurions plus, nulle apparence d'y croire.

Quelle que soit la date de ces représentations assez infidèles, ce semble, du *Dom Juan* de Molière transporté en province, une telle reprise est un petit fait si obscur, qu'il ne doit guère compter. On ne saurait dire non plus que la belle prose de notre comédie ait été un moment rendue à la scène par les

---

1. Ce nom se trouve dans la pièce de Molière, acte II, scène I, et Rosimond l'a donné à une des paysannes de son *Nouveau Festin de Pierre*.

représentations que les comédiens de l'Hôtel de Bourgogne donnèrent à Fontainebleau, en 1677, à Paris, en 1681, d'une rapsodie du sieur de Champmeslé, qui, sous le nom de *Fragments de Molière*[1], avait cousu ensemble quatre scènes de *Dom Juan* et une scène des *Fourberies de Scapin*. Si ce n'était pas seulement un plagiat productif, mais une petite réparation faite à l'auteur de la comédie supprimée, dont peut-être le public regrettait particulièrement les charmantes scènes des paysans et de M. Dimanche, cette réparation, qui ne rendait justice qu'à une courte partie de l'œuvre, était bien insuffisante.

Il faut donc arriver à une époque très-voisine de la nôtre pour trouver sur le théâtre une véritable restauration de l'ouvrage de Molière, tiré enfin de dessous la fâcheuse superstruction des alexandrins de Thomas Corneille.

Ce fut le second Théâtre-Français (l'Odéon) qui eut le premier l'honneur, il y a trente-sept ans, de la réparation tardive faite à l'auteur de *Dom Juan*. Le mercredi 17 novembre 1841, ce théâtre, qui venait de rouvrir depuis trois semaines, le 28 octobre, renoua la chaîne, interrompue pendant cent soixante-seize ans, des quinze représentations du chef-d'œuvre données en 1665, la rattacha même, on peut le dire, à la première d'entre elles; car le texte primitif, autant qu'il est possible de le connaître, fut rétabli. On joua la scène du Pauvre[2]. Si l'on ne peut dire que l'œuvre de Molière ait alors repris possession du théâtre avec tout l'éclat qui eût été désirable, car les rôles ne furent pas tous convenablement remplis et la représentation manqua d'ensemble[3], on fut cependant d'accord pour louer la pensée vraiment littéraire

---

1. Champmeslé a publié ces *Fragments de Molière* en 1682. Nous donnons en appendice les quatre scènes tirées de *Dom Juan*, parce que, s'éloignant beaucoup de notre texte en quelques endroits, elles pourraient faire supposer qu'on les avait tirées d'une copie différente de celle qu'ont reproduite les éditions que nous connaissons.

2. Voyez *le Moniteur* du 27 novembre 1841, et le *Journal des Débats* du lundi 29 de ce même mois.

3. M. Robert Kemp joua le rôle de Dom Juan, Mlle Payre celui d'Elvire. Dans le rôle de Pierrot, M. Léopold Barré « eut, dit *le Moniteur*, les honneurs de la soirée. » — Au moment même où ceci s'imprime, l'Odéon vient de reprendre *Dom Juan*, le 22 mars 1879.

qu'avait eue le directeur du théâtre, M. d'Épagny. La pièce ressuscitée fut représentée plusieurs fois en novembre et en décembre, et le public lui fit très-bon accueil. Le signal était donné, et le premier Théâtre-Français, « la maison de Molière, » ne pouvait longtemps manquer d'y répondre. A son tour, il abandonna l'agréable, mais un peu pâle copie, et revint au brillant et vigoureux original, le vendredi 15 janvier 1847, jour du deux cent vingt-cinquième anniversaire de la naissance du grand poëte. Cette reprise du vrai *Dom Juan* par les héritiers directs des comédiens formés par Molière est celle qui fait époque. Elle eut un plein succès, qui rendit, cette fois, définitive la revanche de la justice et du vrai goût. Depuis, l'œuvre introduite par substitution a disparu, et l'œuvre même du maître est désormais la seule que connaisse la Comédie-Française.

A la représentation du 15 janvier 1847[1], la pièce eut d'habiles interprètes. On voudrait donner, avant leurs noms, ceux des comédiens qui, deux siècles plus tôt, avaient créé les rôles. Mais il ne faut pas imiter ceux qui en ont dit plus qu'ils n'en savaient. Castil-Blaze, dans son *Molière musicien*[2], met en regard des acteurs de 1847 ceux de 1665. Un éditeur allemand de notre *Dom Juan*, M. Adolf Laun[3], adopte la même distribution des personnages. Il s'est imaginé qu'elle avait été tirée du *Registre de la Grange*; et, sans avoir vérifié le fait, il dit expressément, quand les auteurs qu'il a suivis ont eu la modestie de ne mettre personne en possession d'un rôle, de celui du Pauvre, par exemple, ou de Gusman : « Le *Registre de la Grange* ne dit point par qui il fut joué, » comme si dans ce registre les autres acteurs étaient nommés. Cela n'est point. La distribution des rôles se fût peut-être trouvée dans Loret,

1. On y joua, avant *Dom Juan*, une petite pièce de M. Jules Barbier, *l'Ombre de Molière*. A cette brillante fête, qui remettait en lumière un chef-d'œuvre français, dont la source première était un poétique drame de l'Espagne, la jeune infante devenue princesse française depuis trois mois (10 octobre 1846), Mme la duchesse de Montpensier, était présente.

2. Tome I, p. 246.

3. *Molière's Werke.... herausgegeben von Dr Adolf Laun. — Don Juan*. Berlin et Paris, 1876. Voyez p. 100-103, appendice I.

si, après sa lettre du 14 février 1665, citée plus haut[1], il avait pu continuer à remplir, avec son exactitude ordinaire, son devoir de gazetier. Mais ses lettres suivantes, jusqu'à celle du 28 mars, attestent sa mauvaise santé, son « état assez piteux, » comme il dit lui-même (le 22 mars). Il n'allait sans doute plus au théâtre. Lorsque le 23 mai 1665, « sept jours après *sa* sépulture, » il eut « ressuscité » dans les vers de son continuateur de Mayolas, *Dom Juan* était dans la sépulture aussi, et la liste de ses acteurs eût été sans à-propos. En général, les contemporains ont peu parlé des représentations de cette belle comédie, dont les destins furent alors si courts. Aimé-Martin, quand les témoignages lui manquaient pour enrichir ses éditions de la liste des acteurs qui avaient créé les rôles de nos pièces classiques, était dans l'habitude de les remplacer par des conjectures fondées sur les vraisemblances. Nous ne pensons pas que Castil-Blaze et M. Laun aient trouvé une autre autorité que la sienne. Ils l'avaient crue très-sûre, parce qu'elle s'offrait avec beaucoup d'assurance.

La liste que, sur la foi d'Aimé-Martin, ils ont donnée, est celle-ci : la Grange aurait joué *Dom Juan*, Molière *Sganarelle*, Béjart *Dom Louis*, du Croisy *M. Dimanche*, Hubert *Pierrot*, de Brie *la Ramée*, Mlle Duparc *Elvire*, Mlle Molière *Charlotte*, Mlle de Brie *Mathurine*. Ces comédiens et ces comédiennes faisaient tous partie de la troupe du Palais-Royal en 1665. Rien n'est donc impossible dans la distribution supposée ; et même, si la vraisemblance suffisait ici, presque tout y devrait être approuvé. Nous avons, pour *le Festin de Pierre* de Thomas Corneille, une distribution des rôles en 1685[2]. Ce document authentique est intéressant à rapprocher des conjectures d'Aimé-Martin :

<table>
<tr><td colspan="2" align="center">DAMOISELLES</td></tr>
<tr><td>*Elvire*.....................</td><td>Dupin.</td></tr>
<tr><td>*Léonor*....................</td><td>Poisson.</td></tr>
<tr><td>*Pascale*...................</td><td>La Grange.</td></tr>
<tr><td>*Charlotte*.................</td><td>Guerin.</td></tr>
<tr><td>*Mathurine*................</td><td>De Brie.</td></tr>
</table>

1. Pages 3 et 4.
2. *Répertoire des comédies françoises qui se peuvent jouer* (à la cour) en 1685.

HOMMES

D. Juan....................	La Grange.
D. Louis...................	Guerin.
Carlos.....................	Dauvilliers.
Alonze.....................	Du Croisy.
Thérèse, vieille.............	Hubert.
Pierrot.....................	Du Croisy.
La Ramée...................	....
Gusman, écuyer.............	Brecourt.
La Statue..................	La Tuillerie.
Un Maître d'hôtel, deux laquais.	

Nous ne pensons pas que l'omission très-étonnante des personnages de Sganarelle et de M. Dimanche puisse, quelque négligence qu'elle suppose, infirmer pour les autres rôles l'autorité d'un témoignage contemporain.

Le Festin de Pierre versifié n'ayant été considéré, dès l'origine, que comme une nouvelle forme un peu modifiée de la comédie de Molière lui-même, les survivants d'entre les camarades de l'auteur du Dom Juan avaient probablement repris les rôles qu'ils jouaient à la création. Or nous voyons que la Grange faisait en 1685 le personnage de Dom Juan; Mlle Guérin, c'est-à-dire Mlle Molière, celui de Charlotte; Mlle de Brie celui de Mathurine. Il est donc à peu près certain que, pour ces trois rôles, Aimé-Martin ne s'est pas trompé. En attribuant celui de Sganarelle à Molière, il a été dans l'incontestable vérité. Sur ce point, le plus intéressant de tous, le témoignage du libelle du sieur de Rochemont est décisif : « Un Molière..., habillé en Squanarelle (sic), qui se moque de Dieu et du diable [1]. » Pour du Croisy, à qui Aimé-Martin donne le personnage de M. Dimanche, une erreur est assez vraisemblable. En 1685, il jouait les deux rôles de Dom Alonse et de Pierrot. N'en était-il pas de même en 1665, au moins pour le dernier et le seul important de ces rôles? On sait qu'il jouait excellemment les paysans [2].

La liste des acteurs du Festin de Pierre en 1685, intéres-

---

1. Voyez ci-après, p. 226.
2. Voyez dans l'Histoire du théâtre françois des frères Parfaict, tome XIII, p. 249, une note de M. de la Croix.

sante par les indices qu'elle fournit sur celle de 1665, peut paraître le seul souvenir qui soit à mentionner dans cette *Notice*, des représentations d'une pièce très-distincte de notre *Dom Juan*. Dans ces représentations cependant, la tradition des rôles de la comédie de Molière, maintenus au théâtre, dans leurs principaux traits, par le copiste versificateur, a dû se conserver en grande partie jusqu'à l'époque où elle a été recueillie par les interprètes de l'œuvre restaurée. Quelques mots très-courts sur les comédiens qui ont le plus marqué dans *le Festin de Pierre* de Thomas Corneille ne seront donc pas déplacés.

Cailhava[1] cite Bellecour et Mlle Dangeville dans les personnages de Dom Juan et de Charlotte.

En 1777[2], nous voyons un acteur destiné aux rôles tragiques, la Rive, jouer, à une époque encore voisine de ses débuts, le rôle de Dom Juan, et Dugazon chargé de celui de Sganarelle, où il était excellent.

Après la mort de Bellecour (1778), l'homme qui, par le caractère de son talent, se trouva le mieux fait pour représenter le héros du *Festin de Pierre*, fut Molé; et, après Molé, ce fut Fleury, qui, au témoignage de Grimod de la Reynière[3], montrait, en 1798, sur la scène de la rue Feydeau, un Dom Juan plein d'élégance dans la galanterie. On le jugeait toutefois, dans quelques scènes, trop petit-maître; et l'on regrettait que la scélératesse du personnage ne fût pas marquée par lui en traits assez forts. Dans le même temps, Mlle Devienne jouait le rôle de Charlotte avec un parfait naturel et une vivacité pleine de grâce; et Dazincourt était un bon Sganarelle, quoiqu'il n'ait jamais eu la force comique de Dugazon. Dazincourt et Dugazon encouraient tous deux quelques reproches dans la scène où M. Dimanche est éconduit par le valet comme il l'a été par le maître. Ils ne la jouaient pas telle qu'elle est dans Thomas Corneille[4]. Dugazon y ajoutait quelques plaisan-

1. *Études sur Molière*, p. 128 et 129.
2. *Journal des théâtres ou le Nouveau Spectateur...*, tome II de l'année 1777, p. 117 et 118.
3. *Le Censeur dramatique...*, par Grimod de la Reynière, tome II, p. 395-399.
4. Scène VII de l'acte IV.

teries de son cru, sinon du cru d'Auger, autre Sganarelle. Dazincourt allait-il plus loin, en intercalant au milieu des vers une scène en prose? Cette licence, qui pouvait avoir été une ancienne tradition, était peut-être exactement la même que prenait Dugazon[1]. On peut s'étonner de cette prétention d'avoir plus d'esprit que Molière lui-même; car la scène est à peu près la même chez son traducteur que chez lui.

Sous le premier Empire, Fleury, comme on le peut conclure d'une notice du temps[2], représentait encore Dom Juan, à côté de Baptiste aîné, qui jouait sans doute Dom Louis, de Dugazon qui tenait toujours, après tant d'années, le rôle de Sganarelle, et de Baptiste cadet, parfait dans celui de Pierrot.

Damas fut aussi très-goûté un peu plus tard dans le personnage de Dom Juan. Il y mettait la vigueur qui caractérisait son talent; et, dans cette partie de l'interprétation du rôle, il était, dit-on, supérieur à Fleury.

Mais laissons la pièce de Thomas Corneille pour revenir au vrai *Dom Juan* et à la reprise de 1847.

Dans cette belle représentation, les costumes des acteurs avaient été dessinés par Devéria. Celui du Pauvre avait été tiré de l'œuvre de Calot. Voici la distribution des rôles:

DOM JUAN................	Geffroy.
SGANARELLE...............	Samson.
ELVIRE...................	Mme Volnys.
GUSMAN...................	Chéry.
DOM CARLOS...............	Brindeau.
DOM ALONSE...............	Leroux.
DOM LOUIS................	Mainvielle.
UN PAUVRE (FRANCISQUE)...	Ligier.
CHARLOTTE................	Mlle Augustine Brohan.

1. Nous nous demandons si Auger, Dazincourt et Dugazon n'avaient pas emprunté aux *Fragments* de Champmeslé, dont nous avons parlé ci-dessus, p. 54, ce qu'ils se permettaient d'ajouter si bizarrement.

2. Voyez dans les *Documents historiques sur la Comédie-Française pendant le règne de S. M. l'empereur Napoléon Ier*, publiés par Eugène Laugier en 1853, le programme de la représentation du 17 juillet 1806 à Saint-Cloud.

Mathurine................	Mlle Anaïs.
Pierrot..................	Régnier.
La statue du Commandeur....	Maubant.
La Violette	Got.
Ragotin..................	Riché.
M. Dimanche..............	Provost.
La Ramée................	Fonta.
Un spectre...............	Mlle Rimblot.

Plusieurs de ces acteurs de 1847 étaient déjà familiers avec leurs rôles pour les avoir joués dans *le Festin de Pierre* rimé.

Ils n'en avaient pas moins à apprendre et à désapprendre, en passant des teintes affaiblies de la copie aux vives et franches couleurs du modèle lui-même. Pour Geffroy, chargé du rôle de Dom Juan, il l'abordait pour la première fois. M. Magnin dit[1] qu'il l'avait « composé avec beaucoup d'art, » et n'y laissait à désirer « qu'un peu plus d'abandon et de gaieté. » Voici le jugement qu'il porte sur Mme Volnys, Mlle Augustine Brohan et M. Régnier[2] : « Mme Volnys, chargée du personnage sacrifié d'Elvire..., mérite des éloges tout particuliers.... Il est impossible d'avoir plus de naturel, plus de grâce, et d'introduire plus de nuances délicates et variées dans une situation qui, pour toute autre, aurait été monotone. Charmante sous le costume villageois, Mlle Brohan a fait assaut, avec Régnier, d'entrain, de gaieté et de franche passion. On ne saurait mieux rendre qu'ils ne l'ont fait l'un et l'autre cette naïve pastorale du second acte. » La scène du Pauvre fit un grand effet. « Cette courte et belle scène, que n'aurait pas désavouée Shakespeare..., dit encore M. Magnin[3], a été interprétée d'une manière sublime par Ligier, qui, avec quatre ou cinq paroles sorties du cœur, sans cris, sans gestes, a ému profondément toute la salle. » Provost joua fort bien le rôle de M. Dimanche, Samson celui de Sganarelle[4].

Depuis on a vu, dans le rôle de Dom Juan, M. Bressant,

1. *Revue des Deux Mondes* du 1ᵉʳ février 1847, p. 566.
2. *Ibidem*, p. 566 et 567.
3. *Ibidem*, p. 560.
4. *Journal des Débats* du 18 janvier 1847, feuilleton de Jules Janin. — Ligier aussi y est loué dans la scène du Pauvre.

qui n'y a rien laissé à désirer pour la rare élégance; dans le rôle de Sganarelle, ce même M. Régnier dont M. Magnin nous disait tout à l'heure la verve quand il se chargea du personnage de Pierrot : M. Magnin, nous devons l'ajouter, est même resté, dans cet éloge, plutôt au-dessous qu'au-dessus des souvenirs de ceux qui ont vu, en 1847, l'excellent comédien. Mais le rôle, bien plus important, de Sganarelle, ce rôle créé par Molière lui-même, et que M. Régnier d'ailleurs avait joué déjà dans 'la comédie de Thomas Corneille, avant la reprise de *Dom Juan*, était bien celui qui appartenait surtout à son talent. MM. Got et Coquelin aîné se sont, à leur tour, montrés excellents dans le rôle de Pierrot.

Dans l'histoire d'une pièce de théâtre, nommer les modèles, s'il s'en trouve de dignes de ce nom, les précurseurs du moins, les ancêtres, c'est généralement ce qui importe. Il est un peu moins nécessaire de dire les imitateurs, les héritiers. Les notices de notre édition cependant n'ont pas l'habitude de les ignorer tout à fait. Lorsqu'ils sont en grand nombre, comme il est arrivé ici, le fait est digne d'attention : il peut être une preuve du mérite de l'œuvre dont on s'est si souvent inspiré, et de l'impression qu'elle a faite. Ce Don Juan qui est devenu, autant que Tartuffe même, un nom générique, a, depuis Molière, reparu sous bien des formes. Mais il y a là une question qui peut ne pas sembler tout à fait simple. Est-ce toujours de la comédie de Molière, est-ce plus souvent du drame de Tirso qu'est sortie cette postérité ? La confrontation de chacun des ouvrages plus modernes avec les deux modèles ne dit pas tout, ne suffit pas. On peut s'être attaché de préférence à l'un et cependant avoir été amené à lui par l'autre. La question ne serait-elle pas mieux posée ainsi ? Quel est le génie qui, ayant marqué de la trace la plus ineffaçable le type aujourd'hui si populaire, semble avoir suscité le plus d'émules ? La belle légende du spectre de marbre est la gloire de l'Espagne et de son poëte; mais le caractère de Don Juan, par qui a-t-il été vraiment jeté dans ce monde ? Ce caractère, tel que Molière l'a conçu, a, malgré la très-particulière empreinte du siècle et de la nation, trop de traits profonds de l'universelle et éternelle nature humaine, pour que l'effrayant gentilhomme français n'ait pas vivement intéressé en tout temps et en tout lieu.

Il nous semble donc probable que toutes ces figures de Don Juan qu'ont produites à l'envi dramaturges, romanciers, poëtes, musiciens, ont surtout existé grâce à Molière, et que la vigoureuse image tracée par ce grand peintre a plus que toute autre frappé l'esprit de ceux qui, après lui, ont tenté de la renouveler, de ceux-là même, dirons-nous, à qui il a plu de remonter à la première source, et de suivre de plus ou moins près l'ancien original espagnol. Voilà pourquoi ce n'est pas sortir de nos limites que de rappeler rapidement, même quand les points de ressemblance sont à peine visibles, ce qu'est devenue la création à laquelle Molière a communiqué tant de vie.

Il faut citer d'abord la tragi-comédie déjà plusieurs fois mentionnée du comédien Rosimond (Claude la Rose). Elle fut jouée sur le théâtre du Marais, en novembre 1669, sous ce titre : *le Nouveau Festin de Pierre ou l'Athée foudroyé*. L'auteur s'excuse dans son avis *Au lecteur*, avec une modestie malheureusement trop justifiée, d'avoir, après la « touche si considérable » de Molière, mis la main au même sujet. Ce qu'il doit à la belle œuvre, encore si récente, il l'a gâté. Son valet Carrille n'a rien de la bonhomie si amusante de Sganarelle. Les scènes de Paquette et de Thomasse, manifestement empruntées à celles de Charlotte et de Mathurine, en ont laissé échapper toute la grâce naïve. Dom Juan professe l'athéisme plus ouvertement encore que chez Molière ; quand nous disons qu'il le professe, c'est bien le mot. Rien de plus froid que ce docteur en impiété. Malgré l'étalage qu'il fait des plus odieuses maximes, il ne faudrait pas s'imaginer que Rosimond ait été plus hardi, aussi hardi que Molière. Averti certainement des écueils que la comédie du Palais-Royal avait rencontrés, il revint à l'anachronisme dont nous avons déjà remarqué ailleurs la timide précaution, et plaça son Dom Juan dans nous ne savons quel monde païen, où ses blasphèmes ne tombent que sur les Dieux. Sans contestation, la pièce de Rosimond est née sous l'influence de celle de Molière, bien que tout ce qui fait l'originalité de celle-ci ait été hors des atteintes du faible imitateur, qui, du reste, a sur Dorimond et Villiers l'avantage d'une meilleure versification.

Ce que doivent à Molière d'autres ouvrages qui, par leur date, n'ont pas suivi le sien d'aussi près, est moins évident.

Dans son *Introduction* à la comédie de *Dom Juan*, M. le

professeur Adolf Laun, déjà cité par nous[1], nomme les auteurs qu'on peut, à son avis, regarder comme tributaires, dans ce sujet, du génie de Molière. Nous avons tout à l'heure fait remarquer que la grande célébrité de ce chef-d'œuvre a vraisemblablement donné l'éveil à la plupart de ceux qui ont repris le thème de Dom Juan. M. Laun, en éditeur partial, va plus loin : « Tous ceux, dit-il, qui, plus récemment que Molière, ont travaillé sur ce thème, Zamora et Zorrilla, Goldoni et da Ponte (c'est le nom du librettiste de Mozart), Shadwell et Byron, Mérimée et Dumas, surtout Richardson, dans le Lovelace de sa *Clarisse*, ont donné à la figure de leur héros les couleurs que leur avait fournies le poëte français. » Il ne fait de réserves que pour les auteurs allemands, « lesquels, selon lui, bien qu'ils aient emprunté plus d'une nuance à Molière, ont plutôt écrit sous l'influence de la musique de Mozart et sous celle du *Faust* de Goethe, et ont donné au sujet une signification plus philosophique et un coloris plus romantique[2]. » Ne semblerait-il pas qu'à cette exception près, recommandée par l'amour-propre national, on ne rencontrât dans toutes les œuvres si différentes énumérées par l'éditeur allemand, que des répétitions de la belle peinture de Molière? Pour conserver cette illusion, il n'y faudrait pas regarder de près. Disons quelques mots de chacun des auteurs dont M. Laun cite les noms.

M. Taine a très-bien signalé d'essentielles différences entre la physionomie très-française de notre Dom Juan et la physionomie très-anglaise du séducteur de Clarisse Harlowe[3]. Ici toutefois il est manifeste que Molière a excité et inspiré l'imagination de Richardson. Mérimée (*les Ames du purgatoire*[4]) et Alexandre Dumas (*Don Juan de Marana ou la Chute d'un ange*[5]) ont tous deux choisi pour sujet une même légende espagnole très-distincte de celle de Don Juan Tenorio; ils n'y ont pas ménagé le merveilleux; nous accordons d'ailleurs que leur Don Juan de

---

1. Voyez ci-dessus, p. 55.
2. *Molière's Werke. Don Juan, Introduction*, p. 2.
3. *Histoire de la littérature anglaise*, tome IV, p. 114-116.
4. *Revue des Deux Mondes*, 15 août 1834.
5. Mystère en cinq actes, 1836.

Marana ne pourrait se défendre d'avoir appris quelque chose dans la fréquentation de l'autre Juan, qu'il a peut-être connu surtout chez Molière. Quant au héros de Byron, il est évident qu'il ne nous appartient pas : du héros de notre poëte comique il n'a que le nom. Il « n'est point méchant, égoïste, odieux comme ses confrères[1] » ou, si l'on veut, ses homonymes. Byron, dans son poëme étincelant d'esprit, ne s'est pas proposé, à l'exemple de Molière, de peindre fortement un caractère. Un homme à bonnes fortunes lui a suffi pour dérouler autour de cette figure peu marquée d'enfant gâté des femmes, tantôt avec la plus charmante grâce du sentiment, tantôt avec toute l'amertume de la satire et toute l'ironie du scepticisme, les tableaux aux couleurs variées de sa licencieuse fantaisie.

Thomas Shadwell a donné, en 1676, sur le théâtre anglais, une pièce dont le sujet est celui du *Festin de Pierre*. Elle a pour titre *the Libertine*. On a d'abord envie d'y supposer une des imitations les plus incontestables du *Dom Juan* de Molière, parce que Shadwell refaisait volontiers les ouvrages de notre poëte. De ses *Fâcheux* il a tiré *the Sullen lovers*, de son *Avare*, *the Miser*, toujours avec la prétention, hautement déclarée, d'améliorer le modèle qu'il se bornait à gâter. Qu'on lise sa *tragédie* du *Libertin*, on ne l'accusera pas d'avoir trop fidèlement traduit *Dom Juan*. Sans beaucoup de goût pour la tâche qu'il s'était imposée, et avec un grand mépris du sujet, dont l'extravagance, dit-il dans sa *Préface* (3ᵉ alinéa), est l'excuse des irrégularités de sa pièce, il a pris aux Espagnols, aux Italiens, à Dorimond, à Villiers, à Rosimond, qu'il nomme tous, autant, sinon plus, qu'à Molière. A l'exemple de Rosimond, il a donné à son héros deux amis libertins comme lui. Le serviteur de Don Juan, Jacomo, qui lui-même folâtre avec des femmes perdues, tout en ayant à la main, tandis qu'il garde la porte de son maître, un chapelet et un livre de prières, ne rappelle aucunement le naïf et honnêtement plaisant Sganarelle. En général, on ne trouve là aucune peinture vraie des caractères, que Shadwell eût beaucoup mieux fait de copier tout simplement dans l'œuvre qui les avait si admirable-

---

1. *Histoire de la littérature anglaise*, par M. Taine, tome IV, p. 403.

ment fixés. Multipliant les apparitions de spectres, il a prodigué inutilement et éparpillé le merveilleux, et lui a fait perdre tout son effet. Sa pièce, surchargée d'incidents, descend quelquefois jusqu'à la bouffonnerie, manque toujours le comique. Si l'on reconnaît dans Shadwell des couleurs fournies par Molière, c'est qu'on y met de l'obligeance, ou que l'on s'attache à quelques plagiats de détail.

Goldoni, on le sait, était de tous les Italiens le plus moliériste, au moins par son admiration pour notre poëte. Mais les hommages qu'il se plaisait à lui rendre par ses imitations étaient souvent peu éclairés. On ne fut jamais plus en droit de le dire que le jour où il s'avisa d'arranger pour le théâtre de Venise le *Dom Juan* français. Ce fut en 1736 qu'il fit jouer sur cette scène sa comédie en cinq actes et en vers blancs sous ce titre : *Don Giovanni Tenorio osia il Dissoluto*. Molière avait certainement resserré beaucoup la place à faire à la partie merveilleuse de la grande légende, sentant bien que, de son temps, en France, on ne la prendrait pas trop au sérieux, et décidé d'ailleurs à faire dominer l'impression comique. Shadwell, nous l'avons vu, avait moins de goût encore pour le miracle de l'homme de pierre, auquel il aurait volontiers appliqué la critique railleuse d'Horace :

Quodcumque ostendis mihi sic, incredulus odi [1].

Mais si quelqu'un en fut choqué, ce fut surtout Goldoni, qui avait là-dessus tous les scrupules, toutes les délicatesses du dix-huitième siècle. C'était pourtant l'Italie qui nous avait appris à nous intéresser à cette fantastique histoire, et voici qu'en Italie on se fait gloire de la dénaturer, de la détruire comme un sot enfantillage. Goldoni avait tellement honte de la statue qui parle, qui marche, et qui va « souper en ville, » comme il dit dans ses *Mémoires*[2], que, dans sa comédie, il la supprima ; et s'il eut la bonté de laisser la foudre au dénouement, il ménagea du moins avec tant d'art l'emploi dramatique du châtiment surnaturel, que le spectateur restait libre d'y voir aussi bien « une combinaison de causes secondes. » Qu'attendre,

1. *Art poétique*, vers 188.
2. Tome I (1787), chapitre XXXIX.

dans sa comédie entreprise avec si peu de foi, d'un homme plein de mépris, sinon pour l'œuvre, encore trop complaisante au merveilleux, dans laquelle, selon lui, Molière avait eu la faiblesse de compromettre son génie, au moins pour la « mauvaise pièce » du théâtre espagnol? « Je l'ai toujours, dit-il, regardée en Italie avec horreur, et je ne pouvais pas concevoir comment cette farce avait pu se soutenir pendant si longtemps, attirer le monde en foule et faire les délices d'un peuple policé. » Dans cette disposition d'esprit, il n'imagina rien de mieux que de piquer la curiosité du public en introduisant dans l'action de sa comédie une de ses propres mésaventures. Il avait eu le désagrément d'être trompé par une comédienne ; c'est ce qu'il crut avoir de plus amusant à montrer aux spectateurs dans son *Don Giovanni Tenorio*, se flattant d'avoir donné par là « un air de noblesse.... à une ancienne bouffonnerie. » Son ingénieuse rénovation du sujet, il l'appelait « le comique raisonné, » par opposition au « comique trivial. » Ce comique raisonné, il ne l'atteignit peut-être pas très-sûrement dans l'épisode de la Passalacqua, son infidèle ; mais, plus qu'il ne pensait, il atteignit le vrai ridicule. Nous sommes, on le voit, loin de Molière, qui n'avait pas fondé l'intérêt de sa comédie sur de puérils commérages de coulisses, et, tout en évitant de trop insister sur le côté surnaturel, avait su conserver à la donnée traditionnelle tout son grand sens.

Lorenzo da Ponte, dans son très-poétique opéra (*il Dissoluto punito ossia il Don Giovanni*), que Mozart a immortalisé par sa musique (1787), a moins profité du *Dom Juan* de Molière que du *Convié de pierre* de Tirso de Molina et des imitations que l'Italie en avait données au dix-septième siècle.

Parmi ceux que M. Laun a nommés comme ayant peint leur Don Juan d'après celui de Molière, restent deux auteurs espagnols, Antonio de Zamora, qui est du siècle dernier, et Zorrilla, notre contemporain. Ils ont tour à tour supplanté, sur les théâtres d'Espagne, Tirso de Molina, comme Thomas Corneille, sur le nôtre, avait supplanté Molière, mais sans être, ainsi que lui, de simples traducteurs. La comédie de Zamora est intitulée : *No hay plazo que no se cumpla ni deuda que no se pague*, « point d'échéance qui n'arrive ni de dette qui ne se paye. » Ce titre, un peu long, auquel est joint le sous-titre : *y Convidado de piedra*, est tiré du chant que, dans la scène du tombeau, l'auteur du *Burlador* fait chanter par des voix mystérieuses; et cela nous paraît assez marquer que Zamora avait, comme il était naturel, demandé son inspiration à son compatriote, non à Molière; mais on en doutera moins encore, si on lit sa comédie, qui suit plus ou moins, en la compliquant d'incidents nouveaux et d'épisodes mélodramatiques, l'œuvre de Tirso[1]. Aussi l'a-t-on souvent qualifiée en Espagne de refonte (*refundicion*) du vieux drame. Le personnage de Don Juan, chez Zamora, n'a d'autre caractère que celui d'un vulgaire débauché. Il meurt repentant, gémissant, implorant merci, bien peu semblable, on le voit, à notre Dom Juan.

Le *Don Juan Tenorio* de Zorrilla[2], qui est de 1844[3], est maintenant la seule pièce sur ce sujet que l'on continue à représenter sur les principaux théâtres d'Espagne. Elle y est jouée tous les ans, le jour des Morts, où chez nous sans doute on ne songerait point particulièrement à donner notre *Dom Juan*. Le drame religieux (*religioso-fantastico*) de Zorrilla est en deux parties. L'acte III de la seconde a pour titre : *Misericordia de Dios, y apoteosis del amor*. On y voit Don Juan pardonné, et réconcilié avec Dieu, grâce au saint amour de Doña Inès d'Ulloa. Si une telle œuvre est, comme celle de Zamora, une refonte du *Burlador*, c'est une refonte très-libre; mais on voit tout d'abord combien plus encore elle diffère, par son caractère religieux, de la comédie de Molière.

On n'aurait pas de meilleures raisons pour citer comme imitateur de Molière le célèbre poëte russe Pouchkine, qui, à son tour, a fait son *Don Juan*. Romanesques et romantiques, les scènes de Pouchkine[4], dont la poésie, tour à tour ironique

1. Ceux qui ne liront pas Zamora, pourront voir dans les *Études sur l'Espagne*, — *Séville et l'Andalousie*, tome II, p. 128-131, l'idée que donne M. de Latour de sa comédie.
2. Don José Zorrilla y Moral est encore vivant. Il a une grande renommée de talent poétique.
3. C'est du moins la date de sa dédicace : *Madrid, mars 1844*.
4. On en trouvera la version française dans les *OEuvres dramatiques* de Pouchkine, traduites par Michel N***, Paris, Dentu, 1858, 1 volume in-12. Voyez, aux pages 79-139, *le Convive de pierre*.

et pathétique, est d'un effet étrange, mais parfois puissant, appartiennent à un art qui n'a rien de commun avec celui de Molière.

Plus étranger peut-être encore à son art, à son génie, plus éloigné du Dom Juan imaginé par lui, est le nouveau Don Juan dont les imaginations poétiques de notre temps nous ont proposé la bizarre idée. On connaît les vers d'Alfred de Musset, très-jeune encore, où, avec un grand dédain pour une des créations d'un génie dont il a, depuis, si bien montré qu'il savait admirer la franchise et la simplicité autant que la profondeur, il parle du *Don Juan ordinaire*, du *roué français*, et lui oppose ce Don Juan

> . . . . Plus grand, plus beau, plus poétique,
> . . . . que Mozart a rêvé,
> Qu'Hoffmann a vu passer au son de la musique,
> Sous un éclair divin de sa nuit fantastique[1].

Est-il bien vrai que Mozart ait fait ce rêve ? Dans son chef-d'œuvre, aussi fameux au théâtre et aussi profond que celui de Molière, si l'on peut comparer des arts et des moyens d'expression si différents, ceux qui reconnaissent d'admirables traits de passions et de caractères, ne se trompent certainement pas ; mais qu'ils se gardent de trop préciser. La musique la plus claire est comme un ciel où flottent toujours quelques vapeurs auxquelles chaque imagination peut donner la forme de ses caprices.

Sachons donc quel est cet extraordinaire Don Juan, vanté par Musset, et qui est bien plus certainement de Hoffmann que de Mozart. La nature l'a doué, comme le plus gâté de ses enfants, de tout ce qui élève un mortel au-dessus de cette multitude dont il n'y a pas à tenir compte ; elle lui a communiqué une étroite parenté avec *le Divin*. C'est donc mieux qu'un gentilhomme, c'est l'aristocrate de la création. Il a le privilége d'un corps vigoureux, magnifique, d'une beauté qui rayonne de la flamme des pressentiments les plus hauts. Poussé par son ardeur céleste, il s'efforce de saisir tous les fantômes du monde terrestre, dans le chimérique espoir qu'en

---

1. *Namouna* (1832), chant II, stances XXIII et XXIV.

eux il trouvera le contentement de son cœur. Le diable, qui est rusé et se sert volontiers contre nous de nos généreuses aspirations au bonheur sans bornes, lui met en tête que l'amour de la femme peut nous faire sentir, dès ce bas monde, tout ce qui n'est qu'une promesse du Ciel, tout ce qu'annonce le désir infini qui nous met en rapport immédiat avec *le Divin*. Mais cet infatigable chercheur de l'idéal, abusant d'une mystérieuse puissance de fascination, a beau voler sans repos de beauté en beauté, toujours trompé dans son aspiration, il ne rencontre qu'un monde vide et plat; et voilà pourquoi il se venge de tant de douces créatures qui, tour à tour, ont menti à son insatiable espérance, et les brise comme des jouets décevants[1].

Si ce Don Juan-là n'est pas le pur rêve d'une imagination romantique, il n'a pu exister, ou plutôt se voir lui-même sous cette forme, qu'au temps des Renés, temps singulièrement inquiet et malade, où des passions, qui sont de tous les temps, cherchaient à perdre leur vrai nom et à se parer d'un déguisement poétique très-menteur. Ainsi comprises, la débauche et ses innombrables inconstances deviennent tout à fait mystiques, sublimes; et, de même que les amours de Jupiter sur l'Ida, elles se cachent dans un beau nuage d'or, aussi commode qu'il est divin. Nous trouvons un peu plus de vérité humaine, universelle, une philosophie moins transcendante, mais plus juste, dans ce libertin que Molière n'avait pas été observer si loin, à des hauteurs vaporeuses. Ce qu'il a vu, ce qu'il a montré, ce n'est point pour cela une image prosaïquement triviale du vice. Son audacieux mécréant, son insolent grand seigneur est dessiné fièrement; et nous sommes d'accord avec M. Laun[2], lorsqu'il dit : « Dans aucun des caractères du théâtre de Molière (peut-être en exceptant le caractère de Tartuffe), le mauvais côté de la nature humaine n'a été peint

---

1. Voyez *Hoffmann's gesammelte Schriften*, Berlin, 1845, tome VII, *Don Juan*, p. 101-104, *passim*. — Dans son *Don Juan*, poëme dramatique, qui n'a pas été écrit pour la scène, un poëte russe contemporain, le comte Alexis Tolstoy, a tenté de donner la vie au rêve de Hoffmann. Là, nouveau Faust, Juan est un chercheur d'idéal, que Satan mène. Un amour vrai le sauve, et l'envoie dans un cloître, où sa fin est édifiante.
2. Page 11.

en traits aussi forts et aussi vifs que dans celui de Dom Juan, le plus profond, le plus creusé de tous ceux qu'il a retracés, sans excepter le Misanthrope, plus fin dans ses nuances. »

Notre texte reproduit celui du tome VII du recueil de 1682, tome I des *OEuvres posthumes*, tel qu'il était avant d'avoir été corrigé par ordre. Il faut compléter ici ce que nous avons déjà dit des changements exigés. Avant que l'édition de 1682 fût mise en vente, peut-être même la vente déjà commencée, la censure ordonna qu'on y fît un certain nombre de corrections, et particulièrement dans les *OEuvres posthumes*, contenant, entre autres comédies, *Dom Juan*. Cet ordre fut exécuté avec une exactitude si rigoureuse, que nous ne connaissons jusqu'ici que trois exemplaires sans aucun carton : l'un, qui, au temps de la publication, a appartenu à M. de la Reynie, lieutenant général de police, est passé, depuis quelques années, de la bibliothèque de M. de Montalivet, dans celle de son gendre, M. de Villeneuve[1] ; un autre, acquis en 1867 par M. Benjamin Delessert, à la vente de la collection Chaudé, appartient aujourd'hui à M. le baron Bartholdi ; le troisième, à M. Rochebilière.

Le tome VII de l'édition de 1682, acheté, à la vente de M. Regnault-Bretel, par la Bibliothèque royale (aujourd'hui Bibliothèque nationale)[2], est partiellement original, c'est-à-dire incomplètement cartonné. Entre autres passages, les scènes I et II de l'acte III (scène de Dom Juan et de Sganarelle et scène du Pauvre) sont sans aucun carton.

En suivant dans notre texte l'édition de 1682 non censurée, nous avons eu soin de lui comparer l'édition cartonnée. Les éditions françaises ont, jusqu'à celle de 1734 exclusivement, copié celle de 1682 corrigée par les cartons, et, comme d'ordinaire, ne s'en distinguent que par un petit nombre de différences. L'édition de 1734 et toutes celles qui en dérivent, reproduisent également le texte censuré de 1682, ou du moins ne s'en écartent guère, comme en général dans tout le théâtre, que pour la coupe des scènes et les indications scéniques.

---

1. Au sujet de cet exemplaire venant de la Reynie, voyez la *Bibliographie moliéresque* de M. Paul Lacroix, p. 82.

2. Réserve Y 5517.

Nous avons eu, au contraire, à relever de très-nombreuses variantes dans les deux éditions d'Amsterdam, 1683, et de Bruxelles, 1694, dont la première, reproduite par la seconde, a été imprimée, sans aucun doute, sur une copie très-différente. Ces variantes se trouvent particulièrement dans la scène I et dans la scène II (celle du Pauvre) de l'acte III, imprimées intégralement pour la première fois, sans les lacunes de l'édition, même non cartonnée, de 1682. Voici le titre exact de l'édition détachée d'Amsterdam, de 1683, c'est-à-dire de même date que l'édition de la pièce de Dorimond qui est comprise dans le recueil de 1684 (voyez ci-dessus, p. 16, note 2) : *Le Festin de Pierre, comédie. Par J. B. P. de Moliere. Édition nouvelle et toute différente de celle qui a paru jusqu'à présent. A Amsterdam.* M.DC.LXXXIII. Le titre de l'édition de 1694 est identique, sauf cette fin : *A Brusselles, chez George de Backer, Imprimeur et Marchand Libraire aux trois Mores, à la Berg-straet.* 1694. *Avec Privilege du Roy.* Dans ces deux éditions, la pièce est précédée d'un avis *Au lecteur* que nous reproduisons au bas de cette page[1]. Parmi les éditeurs français des *Œuvres de Molière*, c'est Auger qui a le premier, en 1819, ajouté à un texte établi par lui d'après l'exemplaire à demi cartonné de la Bibliothèque royale, les principales variantes relevées dans l'édition séparée d'Amsterdam, 1683, dont nous venons de parler. Voyez ce qu'il dit de

---

1. « L'IMPRIMEUR AU LECTEUR. De toutes les pièces qui ont été publiées sous le nom de M. Molière, aucune ne lui a été contestée, que *le Festin de Pierre*. Car, bien que l'invention en parût assez de sa façon, on la trouva néanmoins si mal exécutée que, plutôt que de la lui attribuer, on aima mieux la faire passer pour une méchante copie de quelqu'un qui l'avoit vu représenter, et qui, en ajoutant des lambeaux, à sa fantaisie, à ce qu'il en avoit retenu, en avoit formé une pièce à sa mode.

« Comme on demeuroit d'accord que Molière avoit fait une pièce de théâtre qui portoit ce titre, j'ai fait ce que j'ai pu pour en avoir une bonne copie. Enfin un ami m'a procuré celle que je donne ici, et bien que je n'ose pas assurer positivement qu'elle soit composée par Molière, au moins paroit-elle mieux de sa façon que l'autre que nous avons vu courir sous son nom jusques à présent[a]. J'en laisse le jugement au lecteur, et me contente de lui donner la pièce telle que je l'ai pu avoir. »

a Cette autre était la tragi-comédie de Dorimond : voyez plus haut, p. 16 et note 2.

la constitution de son texte dans un *Avertissement du commentateur* qu'il a inséré dans son tome IV, p. 161.

Nous avons collationné, pour quelques parties, *les Fragments de Molière*, comédie en trois actes, publiée, en 1682, par le comédien Charles Chevillet, sieur de Champmeslé[1], et dont nous avons parlé plus haut (p. 53 et 54). Nous donnons en appendice[2] les scènes III, IV et V de l'acte I, et la scène V de l'acte II de la comédie des *Fragments*, qui correspondent aux scènes I, II et III de l'acte II, et à la scène III de l'acte IV de *Dom Juan*. Nous ne savons de quel manuscrit Champmeslé s'est servi, ni jusqu'à quel point ce manuscrit différait des copies qu'ont suivies les éditeurs français et étrangers, ni enfin les changements qu'a pu se permettre, dans son plagiat avoué, l'auteur des *Fragments*. Tantôt il reproduit exactement le texte de Molière, tantôt il le tronque et le mutile, obéissant, il est vrai, à la nécessité de rattacher ses emprunts au sujet et à l'action de sa comédie. Peut-être aussi ces omissions, ces altérations résultent-elles plutôt d'un défaut de mémoire du comédien-auteur que d'une intention bien arrêtée. Rien ne prouve, en effet, qu'il ait eu une copie de *Dom Juan* sous les yeux.

Parmi les traductions énumérées dans la *Bibliographie moliéresque*, la version italienne comprise dans la traduction des œuvres par Nic. di Castelli (1696-1698), contient la scène du Pauvre d'après les éditions hollandaises. Les versions nombreuses en d'autres langues sont la plupart du dix-huitième siècle, sauf deux en allemand, une en danois, une en portugais, qui ont été publiées assez récemment, avec tout le théâtre ; et, à part, une en danois, de 1844, une en roumain, de 1846, une en russe, de 1871.

1. *Les Fragments de Molière*, comédie. Paris, Jean Ribou, 1682, in-12, 58 pages et 1 feuillet de titre. — Réimprimé en Hollande, sous le nom du comédien Brécourt : la Haye, A. Moetjens, 1682, in-12, 41 pages.
2. Voyez ci-après, p. 205-216.

SOMMAIRE

DE *DOM JUAN OU LE FESTIN DE PIERRE*
PAR VOLTAIRE.

L'original de la comédie bizarre du *Festin de Pierre* est de Triso[1] de Molina, auteur espagnol. Il est intitulé *el Combidado de piedra*, *le Convié de pierre*. Il fut joué ensuite en Italie, sous le titre de *Convitato di pietra*. La troupe des comédiens italiens le joua à Paris, et on l'appela *le Festin de Pierre*[2]. Il eut un grand succès sur ce théâtre irrégulier : l'on ne se révolta point contre le monstrueux assemblage de bouffonnerie et de religion, de plaisanterie et d'horreur, ni contre les prodiges extravagants qui font le sujet de cette pièce. Une statue qui marche et qui parle, et les flammes de l'enfer qui engloutissent un débauché[3] sur le théâtre d'Arlequin, ne soulevèrent point les esprits, soit qu'en effet il y ait dans cette pièce quelque intérêt, soit que le jeu des comédiens l'embellît, soit plutôt que le peuple, à qui *le Festin de Pierre* plaît beaucoup plus qu'aux honnêtes gens, aime cette espèce de merveilleux.

Villiers, comédien de l'Hôtel de Bourgogne, mit *le Festin de Pierre* en vers, et il eut quelque succès à ce théâtre. Molière voulut aussi traiter ce bizarre sujet. L'empressement d'enlever des spectateurs à l'Hôtel de Bourgogne fit qu'il se contenta de donner en prose sa comédie : c'était une nouveauté inouïe alors, qu'une

---

1. Il y a bien ici *Triso*, pour *Tirso*, et, à la ligne suivante, *Combidado*, et non *Convidado*, dans les deux éditions de l'opuscule sur Molière qui parurent du vivant de Voltaire et dans celle des Œuvres, publiée par Beuchot. L'ancienne orthographe *combidado*, qui se trouve aussi dans Cailhava (*de l'Art de la Comédie*, tome II, p. 179 et 193 ; *Études sur Molière*, p. 123), est celle de tous les dictionnaires espagnols du dix-septième siècle que nous avons pu voir, en particulier du *Trésor*, déjà cité, d'Antoine Oudin. Le mot est très-probablement écrit ainsi dans la première impression, de 1622, de la pièce de Tirso de Molina.
2. Voyez ci-dessus, p. 9, note 3.
3. « Un impie », dans la première édition de Voltaire (1739).

pièce de cinq actes en prose. On voit par là combien l'habitude a de puissance sur les hommes, et comme elle forme les différents goûts des nations. Il y a des pays où l'on n'a pas l'idée qu'une comédie puisse réussir en vers[1] : les Français, au contraire, ne croyaient pas qu'on pût supporter une longue comédie qui ne fût pas rimée. Ce préjugé fit donner la préférence à la pièce de Villiers sur celle de Molière; et ce préjugé a duré si longtemps, que Thomas Corneille, en 1673, immédiatement après la mort de Molière[2], mit son *Festin de Pierre* en vers; il eut alors un grand succès sur le théâtre de la rue Guénegaud; et c'est de cette seule manière qu'on le représente aujourd'hui.

A[3] la première représentation du *Festin de Pierre* de Molière, il y avait une scène entre Don Juan et un pauvre. Don Juan demandait à ce pauvre à quoi il passait sa vie dans la forêt. « A prier Dieu, répondait le pauvre, pour des honnêtes gens[4] qui me donnent l'aumône. — Tu passes ta vie à prier Dieu? disait Don Juan : si cela est, tu dois donc être fort à ton aise. — Hélas! Monsieur, je n'ai pas souvent de quoi manger. — Cela ne se peut pas, répliquait Don Juan : Dieu ne saurait laisser mourir de faim ceux qui le prient du soir au matin. Tiens, voilà un louis d'or; mais je te le donne pour l'amour de l'humanité. »

Cette scène, convenable au caractère impie de Don Juan, mais dont les esprits faibles pouvaient faire un mauvais usage, fut supprimée à la seconde représentation, et ce retranchement fut peut-être cause du peu de succès de la pièce.

Celui qui écrit ceci a vu la scène écrite de la main de Molière, entre les mains du fils de Pierre Marcassus, ami de l'auteur[5].

1. Voltaire aurait-il pu nommer ces pays?
2. L'erreur de date est étrange. Thomas Corneille ne donna son *Festin de Pierre* qu'en 1677.
3. Toute cette fin du sommaire fut ajoutée à la seconde édition donnée par l'auteur (1764).
4. Tel est le texte de 1764. Beuchot a imprimé, avec raison peut-être : « les honnêtes gens ».
5. Il y a des difficultés : Pierre Marcassus était ami, dit-on, non de notre Molière (ce serait une erreur de Moreri), mais de François de Molière, auteur du roman de *Polixène*; et puis il mourut en 1664, quand le *Dom Juan* n'existait pas encore. On a remarqué aussi que Voltaire, qui dit avoir vu la scène

Cette scène a été imprimée depuis[1].

écrite de la main de l'auteur, ne paraît, par ce qu'il cite, en connaître que ce qui avait été conservé par les éditeurs de 1682, avant les cartons. On peut répondre cependant que Molière en a pu faire cette nouvelle copie après qu'on l'eut obligé à des suppressions.

1. De quelle édition veut ici parler Voltaire? demande Beuchot dans une note sur le *Sommaire*. Probablement de celles d'Amsterdam (1683) et de Bruxelles (1694), dont nous avons parlé un peu plus haut (p. 71). Mais il n'a pas fait attention qu'il ne fallait pas dire : *depuis;* car elles ont toutes deux précédé sa visite chez le fils de Marcassus, puisqu'elles sont l'une antérieure à sa naissance, l'autre de l'année même où il est né.

PERSONNAGES[1].

DOM JUAN, fils de Dom Louis.
SGANARELLE[2], valet de Dom Juan.
ELVIRE, femme de Dom Juan.
GUSMAN, écuyer d'Elvire.
DOM CARLOS, } frères d'Elvire.
DOM ALONSE,
DOM LOUIS, père de Dom Juan.

1. Voici quelle est la liste des personnages : 1° dans les éditions de 1683 A (Amsterdam) et de 1694 B (Bruxelles) :

ACTEURS. — D. JUAN. — D. LOUIS, père de D. Juan. — ELVIRE, maîtresse de D. Juan. — D. ALONSE, D. CARLOS, frères de D. Elvire. — GUSMAN, valet de D. Elvire. — SGANARELLE, valet de D. Juan. — LA VIOLETTE, RAGOTIN, laquais de D. Juan. — Mr DIMANCHE. — LA RAMÉE, bretteur. — PIERROT, paysan, amant de Charlotte. — CHARLOTTE, paysanne. — MATHURINE, paysanne. — LA STATUE du Commandeur. — Un Spectre. — Trois suivants de D. Alonse. — Un Pauvre.

2° dans l'édition de 1734 :

ACTEURS. — DOM JUAN, fils de Dom Louis. — ELVIRE, femme de Dom Juan. — DOM CARLOS, DOM ALONSE, frères d'Elvire. — DOM LOUIS, père de Dom Juan. — FRANCISQUE, pauvre. — CHARLOTTE, MATHURINE, paysannes. — PIERROT, paysan. — LA STATUE du Commandeur. — GUSMAN, écuyer d'Elvire. — SGANARELLE, LA VIOLETTE, RAGOTIN, valets de Dom Juan. — MONSIEUR DIMANCHE, marchand. — LA RAMÉE, spadassin. — Un Spectre.

2. D'après l'inventaire publié dans les *Recherches sur Molière* de M. E. Soulié (p. 277), le costume de Molière dans ce rôle se composait d' « un jupon de satin aurore, » d' « une camisole de toile à parements d'or, » et d' « un pourpoint de satin à fleurs. » — Voyez au tome IV, p. 514 et 515, la note relative au mot *jupon*.

PERSONNAGES.

FRANCISQUE, pauvre [1].
CHARLOTTE, } paysannes.
MATHURINE,
PIERROT, paysan.
LA STATUE du Commandeur.
LA VIOLETTE, } laquais de Dom Juan.
RAGOTIN,
MONSIEUR DIMANCHE [2], marchand.
LA RAMÉE, spadassin.
Suite de Dom Juan.
Suite de Dom Carlos et de Dom Alonse, frères.
Un Spectre.

La scène est en Sicile [3].

1. Tel est le texte de tous les exemplaires de 1682, soit cartonnés, soit non cartonnés. Pourtant ce personnage, à la scène où il figure, qui est la seconde de l'acte III, ne porte le nom de Francisque que dans les exemplaires cartonnés; dans les non cartonnés il est simplement nommé, en tête de la scène, un pauvre, puis le Pauvre. On ne s'explique guère comment ces derniers, où ce nom propre ne reparaît pas dans la pièce même, peuvent l'avoir, aussi bien que les cartonnés, dans cette liste.
2. M. Soulié nous a appris que ce nom n'est pas de l'invention de Molière : « J'ai, dit-il (p. 276, note 1, de ses *Recherches*), rencontré plusieurs actes notariés concernant des personnages portant les noms de *M. Dimanche*, de *M. Jourdain* et de *M. Fleurant*, à l'époque même où Molière composait *Dom Juan*, *le Bourgeois gentilhomme* et *le Malade imaginaire*. »
3. Les éditions de 1683 A, 1694 B ne marquent pas le lieu de la scène. Voyez à la *Notice*, p. 35. — Le *Mémoire de.... décorations* (Manuscrits français de la Bibliothèque nationale, n° 24 330) donne sur la mise en scène [a] les indications suivantes : « *Le Festin de Pierre*. — Ier acte. Il faut un palais. — IIe acte. Une

[a] M. Despois pensait que le registre que nous citons n'avait été tenu, pour les pièces de Molière, qu'après la jonction de 1680, à l'Hôtel Guénegaud (voyez *le Théâtre français sous Louis XIV*, p. 411). C'est l'arrangement de Thomas Corneille qu'on jouait, depuis 1677, à Guénegaud, mais la mise en scène ne devait pas différer beaucoup de celle que Molière avait réglée, en 1665, au Palais-Royal.

chambre, une mer*a*. — III*e* [acte]. Un bois, un tombeau. — IV*e* [acte]. Une chambre, un festin. — V*e* [acte]. Le tombeau paroît. Il faut une trappe, de l'arcanson *b*, deux fauteuils, un tabouret. » — Voyez ci-après, p. 256, un programme, distribué par des comédiens de campagne, que nous donnons en troisième appendice. Ce sont sans doute les décorations, machines et changements à vue du théâtre de Molière que ces comédiens promettaient de reproduire sur le leur.

a Le décorateur a certainement voulu écrire *Une campagne, une mer* : le théâtre ne peut changer pendant cet acte et doit représenter les alentours d'un village de la côte.

b L'*arcanson*, ou *arcachon*, est une sorte de résine; on brûlait de cet arcanson pour les éclairs et les flammes du tableau final.

DOM JUAN

ou

LE FESTIN DE PIERRE.

COMÉDIE[1].

ACTE I[2].

SCÈNE PREMIÈRE.

SGANARELLE, GUSMAN.

SGANARELLE, tenant une tabatière[3].

Quoi que puisse dire Aristote et toute la Philosophie[4],

---

1. Le premier titre, DOM JUAN, est omis dans les éditions de 1683 A, de 1694 B, et de 1734; la pièce y est simplement intitulée LE FESTIN DE PIERRE. Le feuillet de titre de 1683 A et de 1694 B porte : « LE FESTIN DE PIERRE, comédie. Par J. B. P. de Molière. Édition nouvelle et toute différente de celle qui a paru jusqu'à présent. » — Voyez ci-dessus, p. 71 et note 1.

2. Le premier acte se passe dans une des villes maritimes de la Sicile,... et le théâtre représente un palais, qui n'est point l'habitation de Dom Juan, mais dont l'entrée paraît permise à tout le monde. Sganarelle, à la fin de la première scène, dit en parlant de son maître : « Le voilà qui vient se promener dans ce palais, séparons-nous. » (*Note d'Auger*.) On s'imagine naturellement, ce semble, à ce passage, les jardins d'un palais.

3. Les mots : « tenant une tabatière », manquent dans les éditions de 1683 A et de 1694 B, qui, comme on le verra, omettent la plupart des indications de ce genre et des jeux de scène. — Il semble que, du temps de Cailhava, il était encore de tradition que Sganarelle eût, en outre, suivant l'ancienne coutume, une râpe à préparer son tabac : voyez *de l'Art de la Comédie* (1786), tome II, p. 175.

4. Plus loin (p. 82), Sganarelle va employer deux mots latins et faire allusion

il n'est rien d'égal au tabac : c'est la passion des honnêtes gens, et qui vit sans tabac n'est pas digne de vivre[1]. Non-seulement il réjouit et purge les cerveaux humains, mais encore il instruit les âmes à la vertu, et l'on apprend avec lui à devenir[2] honnête homme. Ne voyez-vous pas bien, dès qu'on en prend, de quelle manière obligeante on en use avec tout le monde, et comme on est ravi d'en donner à droit[3] et à gauche, partout où l'on se trouve? On n'attend pas même qu'on[4] en demande, et l'on court au-devant du souhait des gens : tant il est vrai que le tabac inspire des sentiments d'honneur et de vertu à tous ceux qui en prennent. Mais c'est assez de cette matière. Reprenons un peu notre discours[5]. Si bien donc, cher Gusman, que Done Elvire, ta maîtresse, surprise de notre départ, s'est mise en campagne après nous, et[6] son cœur, que mon maître a su toucher trop fortement, n'a pu vivre, dis-tu, sans[7] le venir chercher ici. Veux-tu qu'entre nous je te dise ma pensée? J'ai peur qu'elle ne soit[8] mal payée de son amour, que son voyage en cette ville produise peu de fruit, et que vous eussiez[9] autant gagné à ne bouger de là.

GUSMAN.

Et la raison encore? Dis-moi, je te prie, Sganarelle,

à un vers d'Horace : sur cette affectation de science ou de littérature prêtée à certains valets de la comédie, voyez au vers 363 des *Fâcheux*, tome III, p. 62, note 3.

1. Thomas Corneille a pris ce vers tout fait, mais il l'a réservé pour la fin de la tirade.
2. Et les apprend avec lui à demeurer. (1683 A, 94 B.)
3. Voyez tome III, p. 415, note 2.
4. Que l'on. (1734.)
5. Reprenons notre discours. (1683 A, 94 B.)
6. S'est mise en campagne après; et. (*Ibidem.*)
7. N'a pu depuis vivre sans. (*Ibidem.*)
8. J'ai peur qu'elle soit. (*Ibidem.*)
9. Ne produise peu de fruit, et que vous n'eussiez. (1734.)

qui peut t'inspirer une peur d'un[1] si mauvais augure ? Ton maître t'a-t-il ouvert son cœur[2] là-dessus, et t'a-t-il dit qu'il eût pour nous quelque froideur qui l'ait obligé à partir?

SGANARELLE.

Non pas; mais, à vue de pays, je connois à peu près le train des choses; et sans qu'il m'ait encore rien dit, je gagerois presque que l'affaire va là. Je pourrois peut-être me tromper; mais enfin, sur de tels sujets, l'expérience m'a pu donner quelques lumières[3].

GUSMAN.

Quoi? ce départ si peu prévu seroit une infidélité de Dom Juan? Il pourroit faire cette injure aux chastes feux de Done Elvire?

SGANARELLE.

Non, c'est qu'il est jeune encore, et qu'il n'a pas le courage[4]....

GUSMAN.

Un homme de sa qualité feroit une action si lâche?

SGANARELLE.

Eh oui, sa qualité! La raison en est belle, et c'est par là qu'il s'empêcheroit des choses[5].

GUSMAN.

Mais les saints nœuds du mariage le tiennent engagé.

SGANARELLE.

Eh! mon pauvre Gusman, mon ami, tu ne sais pas encore, crois-moi, quel homme est Dom Juan[6].

---

1. Les éditions de 1683 A et de 1694 B omettent les mots : *une peur*, et changent *d'un* en *de*.
2. T'a-t-il découvert son cœur. (1683 A, 94 B.)
3. M'a donné quelque lumière. (*Ibidem*.)
4. Non : c'est qu'il est trop sûr encore qu'il n'a pas le courage. (*Ibidem*.)
5. Qu'il s'embarrasserait, ou s'abstiendrait, se ferait scrupule des choses. — L'édition de 1734 fait suivre le mot *choses* de points suspensifs.
6. Quel homme c'est D. Juan. (1683 A, 94 B.)

82   DOM JUAN.

GUSMAN.

Je ne sais pas, de vrai, quel homme il peut être, s'il faut qu'il nous ait fait cette perfidie; et je ne comprends point comme après tant d'amour et tant d'impatience témoignée, tant d'hommages pressants, de vœux, de soupirs et de larmes, tant de lettres passionnées, de protestations ardentes et de serments réitérés, tant de transports[1] enfin et tant d'emportements qu'il a fait paroître, jusqu'à forcer[2], dans sa passion, l'obstacle sacré d'un convent[3], pour mettre Done Elvire en sa puissance, je ne comprends pas, dis-je, comme, après tout cela, il auroit le cœur de pouvoir manquer à sa parole.

SGANARELLE.

Je n'ai pas grande peine à le comprendre, moi; et si tu connoissois le pèlerin[4], tu trouverois la chose assez facile pour lui. Je ne dis pas qu'il ait changé de sentiments pour Done Elvire, je n'en ai point de certitude encore : tu sais que, par son ordre, je partis avant lui, et depuis son arrivée il ne m'a point entretenu; mais, par précaution, je t'apprends, *inter nos*[5], que tu vois en Dom Juan, mon maître, le plus grand scélérat que la terre ait jamais porté, un enragé, un chien, un diable, un Turc, un hérétique, qui ne croit ni Ciel, ni Enfer, ni loup-garou, qui passe cette vie en véritable bête brute, un pourceau d'Épicure[6], un vrai Sardanapale, [qui] ferme

1. Tant de transport. (1694 B.)
2. Jusques à forcer. (1683 A, 94 B.)
3. Voyez, sur cette forme et la prononciation du mot, au vers 1298 du *Tartuffe*.
4. « On appelle figurément *pèlerin*, dit l'Académie, en 1694, un homme fin, adroit, dissimulé. » C'est un substitut des mots *homme, individu*, avec une nuance de sens analogue à celui des termes familiers : « le gaillard, le galant, le bon apôtre. »
5. « Entre nous. » Ce latin a passé dans notre langue familière.
6. « Pourceau du troupeau d'Épicure » est, comme on sait, une ex-

l'oreille à toutes les remontrances qu'on lui peut faire, et traite de billevesées[1] tout ce que nous croyons. Tu me dis qu'il a épousé ta maîtresse : crois qu'il auroit plus fait pour sa passion[2], et qu'avec elle il auroit encore épousé toi, son chien et son chat. Un mariage ne lui coûte rien à contracter; il ne se sert point d'autres piéges[3] pour attraper les belles, et c'est un épouseur à toutes mains[4]. Dame, demoiselle[5], bourgeoise, paysanne, il ne trouve rien de trop chaud ni de trop froid pour lui; et si je te disois le nom de toutes celles qu'il a épousées en divers lieux, ce seroit un chapitre à durer jusques au soir. Tu demeures surpris et changes de couleur à ce discours; ce n'est là qu'une ébauche du personnage, et pour en achever le portrait, il faudroit bien d'autres coups de pinceau. Suffit qu'il faut que le courroux du Ciel l'accable quelque jour; qu'il me vaudroit[6]

pression qu'Horace s'est, par plaisanterie, appliquée à lui-même à la fin de l'épître IV du Ier livre : Sganarelle continue à prouver qu'il a de la lecture.

1. Un enragé, un chien, un démon, un Turc, un hérétique, qui ne croit ni Ciel, ni Enfer, ni Diable, qui passe cette vie en véritable bête brute, un pourceau d'Épicure, un vrai Sardanapale, qui ferme l'oreille à toutes les remontrances qu'on lui peut faire. (Édition de 1682 cartonnée, 1734.) — Un enragé, un chien, un diable, un Turc, un hérétique, qui ne croit ni Ciel, ni saint, ni Dieu, ni loup-garou, qui passe cette vie en véritable bête brute, en pourceau d'Épicure, en vrai Sardanapale, ferme l'oreille à toutes les remontrances chrétiennes qu'on lui peut faire, et traite de belles visées. (1683 A, 94 B.) — Villiers avait fait dire au valet (acte II, scène IV de son Festin de Pierre) :

> Je sers le plus méchant, le plus capricieux
> Qu'on puisse voir dessous la calotte des cieux,
> Un qui commet partout des crimes effroyables,
> Qui se moque de tout, ne craint ni dieux ni diables,
> Qui tue et qui viole : au reste, homme de bien.

2. Pour contenter sa passion. (1683 A, 94 B.) — 3. D'autre piége. (Ibidem.)
4. « C'est l'épouseur du genre humain, » dit Sganarelle aux paysannes à la fin de l'acte II, ci-après, p. 130.
5. Damoiselle. (1683 A, 94 B.)
6. Faudroit, pour vaudroit, dans les exemplaires de 1682, cartonnés et non cartonnés; cette faute a été corrigée dans la plupart des éditions postérieures, françaises et étrangères.

bien mieux d'être au diable que d'être à lui¹, et qu'il me fait voir tant d'horreurs, que je souhaiterois qu'il fût déjà je ne sais où. Mais un grand seigneur méchant homme est une terrible chose; il faut² que je lui sois fidèle, en dépit que j'en aie : la crainte en moi fait l'office du zèle, bride mes sentiments, et me réduit d'applaudir³ bien souvent à ce que mon âme déteste. Le voilà qui vient se promener dans ce palais : séparons-nous. Écoute au moins : je t'ai fait cette confidence avec franchise⁴, et cela m'est sorti un peu bien vite de la bouche; mais s'il falloit qu'il en vînt quelque chose à ses oreilles, je dirois hautement que tu aurois menti.

SCÈNE II.

DOM JUAN, SGANARELLE.

DOM JUAN.

Quel homme te parloit là? Il a bien de l'air, ce me semble, du bon Gusman de Done Elvire.

SGANARELLE.

C'est quelque chose aussi à peu près de cela⁵.

1. D'être au diable qu'à lui. (1683 A, 94 B.)
2. Je ne sais où. C'est une chose terrible ; il faut. (*Ibidem.*)
3. Et me réduit à la complaisance d'applaudir. (*Ibidem.*)
4. Je te fais confidence avec grande franchise. (*Ibidem.*)
5. A peu près comme cela. (*Ibidem.*) — *A peu près de cela* est ici l'équivalent de *fort approchant de cela*. Cet exemple de Molière et ceux qui vont être cités montrent qu'aux locutions *à peu près, à quelque chose près, à beaucoup près*, on pouvait joindre comme complément la préposition *de* et un nom (ou l'équivalent d'un nom). Malherbe en effet a dit (traduction de l'*épître* LXIX de Sénèque, tome II, p. 535) : « Veillons continuellement en une chose et y tenons toujours l'esprit bandé : tout ce que nous pourrons faire, ce sera de la mettre à quelque chose près de sa perfection. » Et Voiture,

DOM JUAN.

Quoi? c'est lui?

SGANARELLE.

Lui-même.

DOM JUAN.

Et depuis quand est-il en cette ville?

SGANARELLE.

D'hier au soir.

DOM JUAN.

Et quel sujet l'amène?

SGANARELLE.

Je crois que vous jugez assez ce qui le peut inquiéter[1].

DOM JUAN.

Notre départ sans doute?

SGANARELLE.

Le bonhomme en est tout mortifié, et m'en demandoit le sujet.

DOM JUAN.

Et quelle réponse as-tu faite?

SGANARELLE.

Que vous ne m'en aviez[2] rien dit.

DOM JUAN.

Mais encore, quelle est ta pensée là-dessus? Que t'imagines-tu de cette affaire?

SGANARELLE.

Moi, je crois, sans vous faire tort, que vous avez quelque nouvel amour en tête.

DOM JUAN.

Tu le crois?

---

dans une lettre à Lionne, de 1639 (lettre xcxix, édition de 1672, p. 224) : « Quoique j'aie acheté bien cher votre connoissance, je ne crois pas l'avoir payée à beaucoup près de ce qu'elle vaut. »

1. Ce qui peut l'inquiéter. (1683 A, 94 B, 1710, 18, 33.)
2. Que vous ne m'en avez. (1730, 34; la leçon de 1773 est *aviez*.)

SGANARELLE.

Oui.

DOM JUAN.

Ma foi! tu ne te trompes pas, et je dois t'avouer qu'un autre objet a chassé Elvire[1] de ma pensée.

SGANARELLE.

Eh mon Dieu! je sais mon Dom Juan sur le bout du doigt, et connois votre cœur pour le plus grand coureur du monde : il se plaît à se promener de liens en liens, et n'aime guère[2] à demeurer en place.

DOM JUAN.

Et ne trouves-tu pas, dis-moi, que j'ai raison[3] d'en user de la sorte ?

SGANARELLE.

Eh! Monsieur.

DOM JUAN.

Quoi? Parle.

SGANARELLE.

Assurément que[4] vous avez raison, si vous le voulez ; on ne peut pas aller là contre. Mais si vous ne le vouliez pas[5], ce seroit peut-être une autre affaire.

DOM JUAN.

Eh bien! je te donne la liberté de parler et de me dire tes sentiments.

SGANARELLE.

En ce cas, Monsieur, je vous dirai franchement que

---

1. Et je dois l'avouer, qu'un autre objet a chassé D. Elvire. (1683 A, 94 B.) — D. Elvire. (1733.)

2. De lieux en lieux, et n'aime point. (1683 A, 94 B.)

3. Et ne trouves-tu pas que j'ai raison. (*Ibidem.*)

4. Rien de plus fréquent dans le langage familier que cette ellipse d'un verbe avec les adverbes *assurément, certainement, sans doute, apparemment, peut-être.* Voyez les *Dictionnaires de l'Académie* et *de M. Littré*, aux articles APPAREMMENT et SANS DOUTE.

5. Mais si vous ne vouliez pas. (1734 ; 1773 a *le.*)

je n'approuve point votre méthode, et que je trouve fort vilain d'aimer de tous côtés comme vous faites.

DOM JUAN.

Quoi? tu veux qu'on se lie à demeurer au premier objet qui nous prend, qu'on renonce au monde pour lui, et qu'on n'ait plus d'yeux pour personne? La belle chose de vouloir se piquer d'un faux honneur d'être fidèle[1], de s'ensevelir pour toujours dans une passion, et d'être mort dès sa jeunesse à toutes les autres beautés[2] qui nous peuvent frapper les yeux! Non, non : la constance n'est bonne que pour des ridicules; toutes les belles ont droit de nous charmer, et l'avantage d'être rencontrée la première ne doit point dérober aux autres les justes prétentions qu'elles ont toutes sur nos cœurs. Pour moi, la beauté me ravit partout où je la trouve, et je cède facilement à cette douce violence dont elle nous entraîne[3]. J'ai beau être engagé, l'amour que j'ai pour une belle n'engage point mon âme à faire injustice[4] aux autres; je conserve des yeux pour voir le mérite de toutes, et rends[5] à chacune les hommages et les tributs où la nature nous oblige. Quoi qu'il en soit, je ne puis refuser mon cœur à tout ce que je vois d'aimable; et dès qu'un beau visage me le demande, si j'en avois dix mille, je les donnerois tous. Les inclinations naissantes, après tout, ont des charmes inexplicables, et tout le plaisir de l'amour est dans le changement. On goûte une douceur extrême à réduire, par cent hommages, le cœur d'une jeune beauté, à voir de jour en jour les petits progrès qu'on y fait[6], à combattre par des transports, par

---

1. De vouloir se piquer d'un faux honneur, d'être fidèle. (1683 A, 94 B.)
2. Pour toutes les autres beautés. (*Ibidem.*)
3. Où elle nous entraîne. (*Ibidem.*)
4. A faire une injustice. (*Ibidem.*)
5. Et je rends. (*Ibidem.*)
6. Qu'on fait. (*Ibidem.*)

des larmes et des soupirs, l'innocente pudeur d'une âme qui a peine à rendre les armes, à forcer pied à pied toutes les petites résistances qu'elle nous oppose, à vaincre les scrupules dont elle se fait un honneur et la mener [1] doucement où nous avons envie de la faire venir. Mais lorsqu'on en est maître [2] une fois, il n'y a plus rien à dire [3] ni rien à souhaiter [4]; tout le beau de la passion est fini, et nous nous endormons dans la tranquillité d'un tel amour, si quelque objet nouveau ne vient réveiller nos desirs, et présenter à notre cœur les charmes attrayants d'une conquête à faire. Enfin il n'est rien de si doux que de triompher de la résistance d'une belle personne, et j'ai sur ce sujet l'ambition des conquérants, qui volent perpétuellement de victoire en victoire, et ne peuvent se résoudre [5] à borner leurs souhaits. Il n'est rien qui puisse arrêter l'impétuosité de mes desirs : je me sens un cœur à aimer [6] toute la terre; et comme Alexandre, je souhaiterois qu'il y eût d'autres mondes, pour y pouvoir étendre mes conquêtes amoureuses [7].

1. Et à la mener. (1683 A, 94 B.)
2. Mais lorsqu'on est maître. (*Ibidem.*)
3. Il n'y a plus rien qui nous manque, dont l'absence se fasse sentir, il n'y a plus rien à quoi l'on aspire. *A dire* a le même sens que dans l'expression *trouver à dire* : voyez l'avant-dernier alinéa de la lettre de Célimène, dans la scène dernière du *Misanthrope*.
4. Mais lorsqu'on en est maître une fois, il n'y a plus rien à souhaiter. (1730, 34.)
5. Et ne peuvent point se résoudre. (1683 A, 94 B.)
6. Je me sens porté à aimer. (*Ibidem.*)
7. Allusion aux vers fameux de Juvénal (satire x, vers 168 et 169) :

Unus Pellæo juveni non sufficit orbis;
Æstuat infelix angusto in limite mundi.

« Un seul univers ne suffit pas à l'enfant de Pella : ce pauvre Alexandre, le monde est trop petit pour lui, il y étouffe. » (Traduction de M. Despois.) Comparez Plutarque, *de la Tranquillité de l'âme*, chapitre IV; Élien, *Histoires diverses*, livre IV, chapitre XXIX; Valère Maxime, livre VIII, chapitre XIV.

SGANARELLE.

Vertu de ma vie, comme vous débitez! Il semble que vous ayez appris cela par cœur, et vous parlez tout comme un livre¹.

DOM JUAN.

Qu'as-tu à dire là-dessus?

SGANARELLE.

Ma foi! j'ai à dire..., je ne sais² que dire; car vous tournez les choses d'une manière, qu'il semble que vous avez raison³; et cependant il est vrai que vous ne l'avez pas. J'avois les plus belles pensées du monde, et vos discours m'ont brouillé tout cela. Laissez faire : une autre fois je mettrai mes raisonnements par écrit, pour disputer avec vous.

DOM JUAN.

Tu feras bien.

SGANARELLE.

Mais, Monsieur, cela seroit-il de la permission que vous m'avez donnée, si je vous disois que je suis tant soit peu scandalisé de la vie que vous menez?

DOM JUAN.

Comment? quelle vie est-ce que je mène?

SGANARELLE.

Fort bonne. Mais, par exemple, de vous voir⁴ tous les mois vous marier comme vous faites....

DOM JUAN.

Y a-t-il rien de plus agréable?

---

1. Que vous ayez appris par cœur cela, et vous parlez tout comme un Sire. (1683 A, 94 B.)
2. J'ai à dire, je ne sais. (Édition de 1682 non cartonnée.) — J'ai à dire, et je ne sais. (1683 A, 94 B.)
3. Que vous ayez raison. (*Ibidem*, 1734.)
4. Mais, par exemple, je vous vois. (1683 A, 94 B.)

90 DOM JUAN.

SGANARELLE.

Il est vrai, je conçois que cela est fort agréable et fort divertissant, et je m'en accommoderois assez, moi, s'il n'y avoit point de mal ; mais, Monsieur, se jouer ainsi d'un mystère sacré, et....

DOM JUAN.

Va, va[1], c'est une affaire entre le Ciel et moi, et nous la démêlerons bien ensemble, sans que tu t'en mettes en peine.

SGANARELLE.

Ma foi ! Monsieur, j'ai toujours ouï dire que c'est une méchante raillerie que de se railler du Ciel[2], et que les libertins[3] ne font jamais une bonne fin.

DOM JUAN.

Holà ! maître sot[4], vous savez que je vous ai dit que je n'aime pas les faiseurs de remontrances.

SGANARELLE.

Je ne parle pas aussi à vous, Dieu m'en garde. Vous savez ce que vous faites, vous ; et si[5] vous ne croyez rien, vous avez vos raisons[6] ; mais il y a de[7] certains petits impertinents dans le monde, qui sont libertins sans savoir pourquoi[8], qui font les esprits forts, parce qu'ils croient que cela leur sied bien ; et si j'avois un maître comme cela, je lui dirois fort nettement, le regardant

1. Un seul *Va* dans les textes de 1683 A, 1694 B.
2. Que se railler du Ciel. (1683 A, 94 B.)
3. Libertin, dans son sens, alors le plus ordinaire, d' « esprit fort, » synonyme qui accompagne le mot quelques lignes plus bas.
4. Se jouer ainsi du mariage, qui.... D. JUAN. Va, va, c'est une affaire que je saurai bien démêler, sans que tu t'en mettes en peine. SGANARELLE. Ma foi ! Monsieur, vous faites une méchante raillerie. D. JUAN. Holà ! maître sot. (Édition de 1682 cartonnée, 1734.)
5. Ce que vous faites ; et si. (1683 A, 94 B.)
6. Et si vous êtes libertin, vous avez vos raisons. (Édition de 1682 cartonnée, 1734.)
7. Vos raisons ; il y a de. (1683 A, 94 B.)
8. Qui le sont sans savoir pourquoi. (Édition de 1682 cartonnée, 1734.)

en face : « Osez-vous bien ainsi vous jouer au Ciel [1], et ne tremblez-vous point de vous moquer comme vous faites des choses les plus saintes? C'est bien à vous, petit ver de terre [2], petit mirmidon que vous êtes (je parle au maître que j'ai dit), c'est bien à vous à vouloir vous mêler de tourner en raillerie ce que tous les hommes révèrent? Pensez-vous que pour être de qualité, pour avoir une perruque blonde et bien frisée, des plumes à votre chapeau, un habit bien doré, et des rubans couleur de feu (ce n'est pas à vous que je parle, c'est à l'autre), pensez-vous, dis-je, que vous en soyez plus habile homme, que tout vous soit permis [3], et qu'on n'ose vous dire vos vérités? Apprenez de moi, qui suis votre valet, que le Ciel punit tôt ou tard les impies, qu'une méchante vie amène une méchante mort, et que.... [4] »

DOM JUAN.

Paix!

SGANARELLE.

De quoi est-il question?

DOM JUAN.

Il est question de te dire qu'une beauté me tient au cœur, et qu'entraîné par ses appas [5], je l'ai suivie jusques en cette ville [6].

---

1. Osez-vous bien ainsi vous jouer du Ciel. (1683 A, 94 B.)

2. Je lui dirois nettement, le regardant en face : « C'est bien à vous, petit ver de terre. » (Édition de 1682 cartonnée et 1734; dans le texte de 1682, il y a *verre*, pour *ver*, faute corrigée dans toutes les éditions postérieures.)

3. Et tout vous soit permis. (1694 B.)

4. Apprenez de moi, qui suis votre valet, que les libertins ne font jamais une bonne fin, et que.... (Édition de 1682 cartonnée, 1734.) — On peut, pour ce tour de remontrance indirecte, comparer cette tirade avec celle de Chrysale, dans *les Femmes savantes* (acte II, scène VII) :

    C'est à vous que je parle, ma sœur.

5. Qu'une jeune beauté me tient au cœur, et qui entraîne par ses appas. (1683 A, 94 B.)

6. Jusque dans cette ville. (*Ibidem.*) — Jusqu'en cette ville. (Édition de 1682 cartonnée, 1734.)

SGANARELLE.

Et n'y craignez-vous rien[1], Monsieur, de la mort de ce commandeur[2] que vous tuâtes il y a six mois[3]?

DOM JUAN.

Et pourquoi craindre? Ne l'ai-je pas bien tué[4]?

SGANARELLE.

Fort bien, le mieux du monde, et il auroit tort de se plaindre[5].

DOM JUAN.

J'ai eu ma grâce de cette affaire.

SGANARELLE.

Oui, mais cette grâce n'éteint pas peut-être le ressentiment des parents et des amis, et....

DOM JUAN.

Ah! n'allons point songer au mal qui nous peut arriver, et songeons seulement à ce qui nous peut donner[6] du plaisir. La personne dont je te parle est une jeune

---

1. Et ne craignez-vous rien. (Édition de 1682 cartonnée, 1734.)

2. Chevalier pourvu d'une commanderie dans les ordres militaires, comme, par exemple, les ordres d'Alcantara et de Calatrava en Espagne. C'est un commandeur de ce dernier ordre qui, dans la pièce de Tirso de Molina, paraissait d'abord vivant, puis revenait en statue animée : voyez la *Notice*, p. 7.

3. « Molière a mis dans l'avant-scène, dit Auger, à six mois de distance du commencement de l'action, cette mort du Commandeur, qui dans le drame espagnol fait partie de l'action même et y tient une place considérable. Notre règle des vingt-quatre heures rendait ce changement nécessaire : il eût été trop contraire à cette règle de montrer dans les derniers actes de la pièce le mausolée et la statue posthume d'un homme qu'on aurait vu vivant dans les premiers. » Il est vrai que la durée de l'action a été fixée, par l'un des personnages mêmes, à peu près entre les limites dont parle Auger (voyez ci-après, p. 180 et note 2). Mais on peut donner encore d'autres raisons du parti que prit Molière d'éloigner de la scène la mort sanglante du Commandeur : voyez la *Notice*, p. 18 et 19.

4. Dom Juan, comme le remarque Auger, veut dire qu'il a tué le Commandeur dans toutes les règles du duel, et Sganarelle, prenant les mots de son maître dans leur plus simple acception, répond que, s'il ne s'agit que d'être mort, le Commandeur l'est bel et bien, qu'il ne peut pas se plaindre qu'on l'ait manqué.

5. Du monde, il auroit tort de s'en plaindre. (1683 A, 94 B.)

6. A ce qui peut nous donner. (*Ibidem.*) — A ce qui peut donner. (1730, 34.)

fiancée, la plus agréable du monde, qui a été conduite ici par celui même qu'elle y vient épouser; et le hasard me fit voir ce couple d'amants[1] trois ou quatre jours avant leur voyage. Jamais je n'ai vu deux personnes être si contents l'un de l'autre[2], et faire éclater plus d'amour. La tendresse visible de leurs mutuelles ardeurs me donna de l'émotion; j'en fus frappé au cœur et mon amour commença par la jalousie. Oui, je ne pus souffrir d'abord[3] de les voir si bien ensemble; le dépit alarma mes desirs[4], et je me figurai un plaisir extrême à pouvoir troubler leur intelligence, et rompre cet attachement, dont la délicatesse de mon cœur se tenoit offensée; mais jusques ici[5] tous mes efforts ont été inutiles, et j'ai recours au dernier remède. Cet époux prétendu doit aujourd'hui régaler sa maîtresse d'une promenade sur mer. Sans t'en avoir rien dit[6], toutes choses sont préparées pour satisfaire mon amour, et j'ai une petite barque et des gens, avec quoi fort facilement je prétends enlever la belle.

SGANARELLE.

Ha! Monsieur...[7].

DOM JUAN.

Hen[8]?

1. M'a fait voir le couple. (1683 A, 94 B.)
2. Pour cet accord avec le sens, cet emploi, autrefois si fréquent, du masculin avec le mot *personne*, voyez les *Lexiques* de la Collection. — Les éditeurs de 1734 ont corrigé la phrase, et donné, d'après l'usage de leur temps : « être si contentes l'une de l'autre ».
3. A la première vue, dès le premier moment : voyez tome III, p. 159, note 1.
4. Donna l'alarme à mes desirs, les mit en campagne, les mit en émoi, les éveilla, les remua au fond de mon cœur. Cette expression vive et neuve a été prise pour une faute d'impression et remplacée par *alluma* dans les éditions suivantes, à partir des deux éditions étrangères, 1683 A, 1694 B, et de celles de 1730, 33, 34.
5. Mais jusqu'ici. (1683 A, 94 B.) — 6. Sans avoir rien dit. (*Ibidem.*)
7. Ah, Monsieur! (*Ibidem.*)
8. Telle est, au lieu de la forme ordinaire *hein*, l'orthographe de cette interjection dans l'édition de 1682. — Heu. (1694 B.) — Hé? (1734.)

SGANARELLE.

C'est fort bien fait à vous, et vous le prenez comme il faut. Il n'est rien tel en ce monde que de se contenter[1].

DOM JUAN.

Prépare-toi donc à venir avec moi, et prends soin toi-même d'apporter toutes mes armes, afin que.... Ah[2]! rencontre fâcheuse. Traître, tu ne m'avois pas dit qu'elle étoit ici elle-même.

SGANARELLE.

Monsieur, vous ne me l'avez pas demandé[3].

DOM JUAN.

Est-elle folle, de n'avoir pas changé d'habit, et de venir en ce lieu-ci[4] avec son équipage de campagne?

SCÈNE III.

DONE ELVIRE, DOM JUAN, SGANARELLE.

DONE ELVIRE.

Me ferez-vous[5] la grâce, Dom Juan, de vouloir bien me reconnoître? et puis-je au moins espérer que vous daigniez tourner le visage de ce côté?

DOM JUAN.

Madame, je vous avoue que je suis surpris, et que je ne vous attendois pas ici.

DONE ELVIRE.

Oui, je vois bien que vous ne m'y attendiez pas[6]; et

---

1. Voyez la *Notice*, p. 28, 3ᵉ alinéa.
2. Afin que.... (*Il aperçoit D. Elvire.*) Ah! (Édition de 1682 cartonnée, 1734.) — *Apercevant D. Elvire.* (1773.)
3. Vous ne me l'aviez pas demandé. (1683 A, 94 B.)
4. Dans ce lieu-ci. (*Ibidem.*)
5. Me feriez-vous. (*Ibidem.*)
6. Que vous ne m'attendiez pas. (*Ibidem.*)

vous êtes surpris, à la vérité, mais tout autrement que je ne l'espérois; et la manière dont vous le paroissez me persuade pleinement ce que je refusois de croire. J'admire ma simplicité et la foiblesse de mon cœur à douter d'une trahison que tant d'apparences me confirmoient. J'ai été assez bonne, je le confesse, ou plutôt assez sotte pour me vouloir tromper[1] moi-même, et travailler à démentir mes yeux et mon jugement. J'ai cherché des raisons pour excuser à ma tendresse le relâchement d'amitié qu'elle voyoit en vous; et je me suis forgé exprès cent sujets légitimes d'un départ si précipité, pour vous justifier du crime dont ma raison vous accusoit. Mes justes soupçons chaque jour avoient beau me parler : j'en rejetois la voix qui vous rendoit criminel à mes yeux, et j'écoutois avec plaisir mille chimères ridicules qui vous peignoient innocent à mon cœur. Mais enfin cet abord ne me permet plus de douter, et le coup d'œil qui m'a reçue m'apprend bien plus de choses que je ne voudrois en savoir. Je serai bien aise pourtant d'ouïr de votre bouche les raisons de votre départ. Parlez, Dom Juan, je vous prie, et voyons de quel air vous saurez vous justifier[2].

DOM JUAN.

Madame, voilà Sganarelle qui sait pourquoi je suis parti.

SGANARELLE[3].

Moi, Monsieur? Je n'en sais rien, s'il vous plaît[4].

DONE ELVIRE.

Hé bien! Sganarelle, parlez. Il n'importe de quelle bouche j'entende ces raisons[5].

---

1. Pour vouloir me tromper. (1683 A, 94 B.)
2. Vous savez vous justifier. (*Ibidem.*)
3. SGANARELLE, *bas, à D. Juan.* (1734.)
4. Oui, Monsieur, je ne sais rien, s'il vous plaît. (1683 A, 94 B.)
5. Ses raisons. (Édition de 1682 cartonnée, 1734.)

DOM JUAN, faisant signe d'approcher à Sganarelle[1].

Allons, parle donc à Madame[2].

SGANARELLE[3].

Que voulez-vous que je dise ?

DONE ELVIRE.

Approchez, puisqu'on le veut ainsi, et me dites un peu les causes d'un départ si prompt[4].

DOM JUAN.

Tu ne répondras pas ?

SGANARELLE[5].

Je n'ai rien à répondre. Vous vous moquez de votre serviteur.

DOM JUAN.

Veux-tu répondre, te dis-je ?

SGANARELLE.

Madame....

DONE ELVIRE.

Quoi ?

SGANARELLE, se retournant vers son maître.

Monsieur....

DOM JUAN[6].

Si....

SGANARELLE.

Madame, les conquérants, Alexandre et les autres mondes sont causes de notre départ[7]. Voilà, Monsieur, tout ce que je puis dire.

---

1. *Faisant signe à Sganarelle d'approcher.* (1734.) — Cette indication et les deux suivantes de cette scène (ci-après, et p. 99) manquent dans les éditions de 1683 A et de 1694 B.
2. Voyez la *Notice*, p. 28, 1ᵉʳ alinéa.
3. SGANARELLE *bas, à D. Juan.* (1734.)
4. De ce départ si prompt. (1683 A, 94 B.)
5. SGANARELLE *bas, à D. Juan.* (1734.)
6. D. JUAN, *en le menaçant.* (Édition de 1682 cartonnée, 1734.)
7. Sont cause de notre départ. (*Ibidem.*)

DONE ELVIRE.

Vous plaît-il, Dom Juan, nous éclaircir ces beaux mystères?

DOM JUAN.

Madame, à vous dire la vérité....

DONE ELVIRE.

Ah! que vous savez mal vous défendre pour un homme de cour, et qui doit être accoutumé à ces sortes de choses! J'ai pitié de vous voir[1] la confusion que vous avez. Que ne vous armez-vous le front d'une noble effronterie? Que ne me jurez-vous que vous êtes toujours dans les mêmes sentiments pour moi, que vous m'aimez toujours avec une ardeur sans égale, et que rien n'est capable de vous détacher de moi que la mort? Que ne me dites-vous que des affaires de la dernière conséquence vous ont obligé à partir sans m'en donner avis; qu'il faut que, malgré vous, vous demeuriez ici quelque temps, et que je n'ai qu'à m'en retourner d'où je viens, assurée que vous suivrez[2] mes pas le plus tôt qu'il vous sera possible; qu'il est certain[3] que vous brûlez de me rejoindre, et qu'éloigné de moi, vous souffrez ce que souffre un corps qui est séparé de son âme? Voilà comme il faut vous défendre, et non pas être interdit comme vous êtes.

DOM JUAN.

Je vous avoue, Madame, que je n'ai point le talent de dissimuler, et que je porte un cœur sincère. Je ne vous dirai point que je suis toujours dans les mêmes sentiments pour vous, et que je brûle de vous rejoindre, puisque enfin il est assuré que je ne suis parti que pour

---

1. J'ai pitié de voir. (1694 B.)
2. Assurée que vous suivez. (*Ibidem.*)
3. Possible, puisqu'il est très-certain. (1683 A, 94 B.)

vous fuir; non point par les raisons[1] que vous pouvez vous figurer, mais par un pur motif de conscience, et pour ne croire pas qu'avec vous davantage je puisse vivre sans péché. Il m'est venu des scrupules, Madame, et j'ai ouvert les yeux de l'âme sur ce que je faisois. J'ai fait réflexion que, pour vous épouser, je vous ai dérobée à la clôture d'un convent, que vous avez rompu des vœux qui vous engageoient autre part, et que le Ciel est fort jaloux de ces sortes de choses. Le repentir m'a pris, et j'ai craint le courroux céleste; j'ai cru que notre mariage n'étoit qu'un adultère déguisé, qu'il nous attireroit quelque disgrâce d'en haut, et qu'enfin je devois tâcher de vous oublier, et vous donner moyen de retourner à vos premières chaînes. Voudriez-vous, Madame, vous opposer à une si sainte pensée, et que j'allasse, en vous retenant, me mettre le Ciel sur les bras[2], que par[3]...?

DONE ELVIRE.

Ah! scélérat, c'est maintenant que je te connois tout entier; et pour mon malheur, je te connois lorsqu'il n'en est plus temps, et qu'une telle connoissance ne peut plus me servir qu'à me désespérer. Mais sache que ton crime ne demeurera pas impuni, et que le même Ciel dont tu te joues me saura venger de ta perfidie.

---

1. Pour les raisons. (1683 A, 94 B.)

2. Ce ton railleur démentant les paroles en ôte toute hypocrisie; mais la réponse inattendue faite aux plaintes d'Elvire permet de pressentir quel rôle Dom Juan sera capable de prendre tout de bon plus tard; elle est cruelle, et révoltante surtout par le motif qu'il donne à ses scrupules mensongers : s'il était vrai qu'Elvire eût été liée par des vœux irrévocables, dont elle ne pût jamais être relevée, elle-même ne se croirait pas mariée, et ses frères [a] ne songeraient pas à exiger du ravisseur la reconnaissance publique de l'union contractée.

3. Que pour...? (1683 A, 94 B.)

[a] Voyez la scène III de l'acte V.

ACTE I, SCÈNE III.

DOM JUAN.

Sganarelle, le Ciel!

SGANARELLE.

Vraiment oui, nous nous moquons bien de cela, nous autres.

DOM JUAN.

Madame....

DONE ELVIRE.

Il suffit[1]. Je n'en veux pas ouïr davantage, et je m'accuse même[2] d'en avoir trop entendu. C'est une lâcheté que de se faire expliquer trop sa honte; et, sur de tels sujets, un noble cœur, au premier mot, doit prendre son parti. N'attends pas que j'éclate ici en reproches[3] et en injures: non, non, je n'ai point un courroux à exhaler en paroles vaines[4], et toute sa chaleur se réserve pour sa vengeance[5]. Je te le dis encore, le Ciel te punira, perfide, de l'outrage que tu me fais; et si le Ciel n'a rien que tu puisses appréhender, appréhende du moins[6] la colère d'une femme offensée.

SGANARELLE.

Si[7] le remords le pouvoit prendre!

DOM JUAN, *après une petite réflexion*[8].

Allons songer à l'exécution de notre entreprise amoureuse.

---

1. Me saura venger de ta perfidie. D. JUAN. Madame.... D. ELVIRE. Il suffit. (Édition de 1682 cartonnée, 1734.)
2. Et je m'accuse moi-même. (1683 A, 94 B.)
3. En reproche. (*Ibidem.*)
4. A exhaler une parole vaine. (*Ibidem.*) — A s'exhaler en, etc. (1734.)
5. Pour ma vengeance. (1683 A, 94 B.)
6. Au moins. (*Ibidem.*)
7.
   SCÈNE IV.
   DOM JUAN, SGANARELLE.
   SGANARELLE, *à part*.
   Si. (1734.)
8. *Après un moment de réflexion.* (*Ibidem.*)

SGANARELLE[1].

Ah! quel abominable maître me vois-je obligé de servir!

1. SGANARELLE *seul.* (1734.)

FIN DU PREMIER ACTE.

ACTE II[1].

SCÈNE PREMIÈRE[2].

CHARLOTTE, PIERROT[3].

CHARLOTTE.

Nostre-dinse, Piarrot, tu t'es trouvé[4] là bien à point.

---

1. « Le théâtre représente une campagne, au bord de la mer, dit Auger. Cette campagne est près de la ville où s'est passé le premier acte. C'est dans le port de cette ville que Dom Juan est monté sur une petite barque, pour aller enlever, pendant une promenade en mer, la jeune fille dont il est devenu amoureux. Renversé dans la mer, par un coup de vent, à peu de distance de la terre, il est sauvé par deux paysans de la côte. »

2. Voyez ci-après, à l'*Appendice*, p. 205, cette scène telle que la donne Champmeslé dans *les Fragments de Molière*. — Selon les frères Parfaict (tome VIII, p. 26 et 27), Mathieu Gareau, dans *le Pédant joué*, « est le premier paysan qu'on ait osé hasarder au théâtre avec le jargon de son village. » Cette comédie, en prose aussi, de Cyrano Bergerac était imprimée depuis plus de dix ans. Chez lui, Gareau, et, chez Molière, Pierrot, Charlotte et Mathurine, parlent à peu près la langue du même pays ; un grand nombre des formes patoises et des façons de dire campagnardes que nous avons ici sont également dans les tirades du paysan de Cyrano (à l'acte II, scènes II et III, et à l'acte V, scènes VIII, IX et X du *Pédant joué*). Les deux auteurs ont surtout reproduit, ce semble, l'accent des environs de Paris ; car, malgré plus de deux siècles écoulés et certaines exagérations de l'écriture, plus étranges à l'œil que le débit, même théâtral, ne devait l'être à l'oreille, on le reconnaît encore. On peut voir, à défaut des éditions du temps (la première, in-4°, est de 1654), la réimpression du *Pédant joué* donnée par M. Paul Lacroix [a], ou les extraits des frères Parfaict (tome VIII, p. 7-10 et p. 24), et ceux de M. Victor Fournel (*les Contemporains de Molière*, tome III, p. 386-391). — Pour les propriétés de ce jargon, et particulièrement les altérations de lettres, nous renvoyons, d'une manière générale, à la curieuse *Étude* de M. Ch. Nisard *sur le langage populaire ou patois de Paris et de sa banlieue* (Paris, 1872, in-8°).

3. L'édition de 1694 B a partout PIARROT, au lieu de PIERROT, aux en-tête, et non pas seulement, comme nos textes de 1682 et de 1734, dans le dialogue même ; celle de 1683 A n'a PIARROT en vedette qu'à partir de notre page 106, avant : « Oui, c'est le maître. »

4. Nostre-dinje, Piarrot, tu t'is trouvé. (1683 A, 94 B.) — Votre dinse

[a] Dans les *OEuvres comiques, galantes et littéraires de Cyrano de Bergerac*, A. Delahays, 1858.

DOM JUAN.

PIERROT.

Parquienne, il ne s'en est pas fallu l'épaisseur d'une éplinque[1] qu'ils ne se sayant[2] nayés tous deux[3].

CHARLOTTE.

C'est donc le coup de vent da matin qui les avoit renvarsés[4] dans la mar?

PIERROT.

Aga, guien[5], Charlotte, je m'en vas te conter tout

(1734[a], mais non 1773). — *Notre-dinse* et *tre-dinse* ont été mis par Cyrano Bergerac dans la bouche de Mathieu Gareau[b] : ce sont, non pas des corruptions, mais des altérations, sans doute faites à dessein, dans l'origine, de *Notre-Dame* et de *Tre-Dame*[c] : *dinse* ne peut guère venir de *dame* ; ce serait plutôt le mot *danse*[d], prononcé à la villageoise ; mais le plus naturel est d'y voir des syllabes insignifiantes substituées à un nom qu'on se faisait scrupule de profaner ; c'est ainsi qu'on aura d'abord dit, au lieu de « par Dieu », *parbleu*, etc.

1. Porquisenne.... d'une espingle. (1683 A, 94 B.) — Parguienne.... d'une éplingue. (1730, 33, 34.)

2. Vaugelas, dans son paragraphe sur *la diphthongue* OI, cite encore *soyent* et *droit* (qui va venir quatre lignes plus loin) parmi le petit nombre de monosyllabes « que l'on prononce en *ai* » : *saient, drait*. Voyez les *Remarques sur la langue françoise*, p. 79 de l'édition de 1670 ; mais la décision de Vaugelas datait de 1647, année où parut la 1re édition de ses *Remarques* ; le fait même d'avoir ainsi figuré la prononciation de ce paysan semble indiquer qu'elle n'était plus guère celle de la ville. Nous ne pouvons d'ailleurs savoir si, en 1682, lors de la première impression de *Dom Juan*, éditeurs et imprimeurs ont exactement suivi, pour tous les menus détails, la copie préparée par Molière dix-huit ans auparavant ; il se pourrait, par exemple, que la prononciation *drait*, qui commençait à être surannée en 1682, ne le fût pas en 1665 : on a vu *adroite* rimer avec *secrète* au vers 946 du *Tartuffe*.

3. Noyés tou deu. (1683 A, 94 B.)

4. D'amatin qui les avoit renversés. (*Ibidem.*) Ces deux éditions omettent : « dans la mar ». — D'à matin. (1730, 33, 34.)

5. Aga, quien. (1683 A, 94 B, 1730, 33, 34.) — *Aga* est sans doute une

[a] Nous ne relevons pas, comme variantes, dans l'édition de 1734, les simples différences d'orthographe, telles que : *j'étions* pour *j'estions*, *tête* pour *teste*, *putôt* pour *putost*, *appellont* pour *appelont*, *assottée* pour *assotée*, *Monsieu* pour *Monsieur*, *Messieux* pour *Messieus*, etc.

[b] Voyez *le Pédant joué*, p. 51 et 151 de l'édition de 1671 : « Nostre-dinse ! n'en diret que je ne nous connoissiens plus. » — « Ho, ho, tre-dinse ! il ne sera pas dit que j'usions d'obliviance. »

[c] *Tredame* est une exclamation de Mme Jourdain, acte III du *Bourgeois gentilhomme*, fin de la scène v.

[d] *Dinse* pour *danse* a été noté par M. Ch. Nisard, à la page 132 de l'ouvrage cité à la page précédente.

ACTE II, SCÈNE I.   103

fin drait comme cela est venu; car, comme dit l'autre [1], je les ai le premier avisés, avisés [2] le premier je les ai [3]. Enfin donc j'estions [4] sur le bord de la mar, moi et le gros

abréviation d'*agarde*, qui est pour *regarde*, *vois*, *vois-tu!* « Aga, Alizon, l'envie ne mourra jamais..., » dit Philippin dans *la Comédie des Proverbes* d'Adrien de Montluc (acte III, scène VIII). Le pluriel *agardez* se lit, tout à fait avec le même sens, dans les *Baliverneries.... d'Eutrapel* [a] : « Car, agardez, » car, voyez (c'est un *vilain* qui parle) [b].

1. Tout fin dray comme cela est venu çà, comme dit l'autre. (1683 A, 94 B.)

2. Cet accord irrégulier, par attraction, est dans tous nos anciens textes, y compris ceux de 1734 et de 1773.

3. « Pourtant je paraissy un sot basquié (*bâté*), un sot basquié je paraissy, » dit Gareau (acte II, scène II, du *Pédant joué*). Auger rappelle que Mme Jourdain a aussi cette manière de se répéter, d'insister en ne variant que l'ordre des mots : « Oui vraiment, nous avons fort envie de rire, fort envie de rire nous avons. » (Acte III, scène v, du *Bourgeois gentilhomme*.)

4. J'esquions. (1683 A, 94 B.) — Ce solécisme, dont Martine est si aigrement reprise (à la scène VI de l'acte II des *Femmes savantes*), avait été fort de mode à la cour de François Ier, de son fils et de ses petits-fils :

> Pensez à vous, ô courtisans,
> Qui lourdement barbarisans
> Toujours *j'allion*, *je venion* dites,
> Contre la promesse que fîtes
> Au gentil poëte Clément [c],
> Qui s'en courrouçoit âprement.

(Henri Estienne, *Deux dialogues du nouveau langage françois italianisé*, sans date, mais, d'après Brunet, de 1578, feuillet préliminaire v verso ; voyez aussi p. 146.) Génin, dans son *Lexique.... de la langue de Molière*, p. 221, et ses *Variations du langage français*, p. 290 et 291, en cite des exemples, entre autres celui-ci, tiré d'une lettre écrite sous la dictée de François Ier [d] : « J'avons espérance qu'y fera demain beau temps, vu ce que disent les étoiles que j'avons eu très-bon loisir de voir. »

[a] Voyez les *OEuvres facétieuses* de Noël du Fail, édition de M. Assézat, tome I, p. 154.

[b] *Aga* est encore usité dans les dialectes du Midi, et peut-être en vient-il : voyez *des Influences provençales dans la langue de Molière*, par M. Adelphe Espagne (1876, brochure extraite de la *Revue des langues romanes*), p. 12. — *Agardez* a été abrégé en *ardez*: voyez ci-après, p. 106 et note 9.

[c] Clément Marot. Henri Estienne rappelle ici un passage de la seconde de ses épîtres à Lyon Jamet intitulées *du Coq à l'âne* (p. 203 de l'édition de Lyon 1544) :

> Je di qu'il n'est point question
> De dire *j'allion* ne *j'étion*,
> Ni *se renda*, ni *je frappi*....

[d] Publiée par Génin dans les *Pièces justificatives* des *Lettres de Marguerite..., reine de Navarre* (1841), p. 468.

Lucas¹, et je nous amusions à batifoler avec² des mottes de tarre que je nous jesquions à la teste; car, comme tu sais bian, le gros Lucas aime à batifoler, et moi par fouas je batifole itou³. En batifolant donc, pisque batifoler y a, j'ai aparçu⁴ de tout loin queuque chose qui grouilloit dans gliau, et qui venoit comme envars nous par secousse⁵. Je voyois cela fixiblement⁶, et pis⁷ tout d'un coup je voyois que je ne voyois plus rien⁸. « Eh! Lucas, ç'ai-je fait, je pense que vlà des hommes qui nageant⁹ là-bas. — Voire, ce m'a-t-il fait, t'as esté au trépassement d'un chat, t'as la vue trouble¹⁰. — Palsanquienne¹¹, ç'ai-je fait, je n'ai point la vue trouble : ce sont des hommes. — Point du tout, ce m'a-t-il fait, t'as la barlue. — Veux-tu gager, ç'ai-je fait, que je n'ai point la barlue, ç'ai-je fait, et que sont deux hommes, ç'ai-je fait, qui nageant droit ici? ç'ai-je fait. — Morquenne¹², ce m'a-t-il fait, je gage que non. — O! çà, ç'ai-je fait, veux-tu gager dix sols que si? — Je le veux bian¹³, ce m'a-t-il fait ; et pour te montrer, vlà argent su jeu¹⁴, » ce m'a-t-il

---

1. Mo et le gros Lucas. (1683 A, 94 B.) — 2. Avé. (*Ibidem.*)

3. Per fois je batifole i tou. (*Ibidem.*)

4. J'ai aperçu. (*Ibidem*, 1692 Lyon, 1718, 34.)

5. Per secousse. (1683 A, 94 B.)

6. Je voyois ça fisiblement. (*Ibidem.*) — GAREAU. Ardé, je croy fixiblement que je n'eussiesmes pas encor cheminé deux glieuës que j'eussiesme trové le paradis et l'enfar. (Acte II, scène II, du *Pédant joué.*)

7. Fixiblement, pis. (1730, 34.)

8. Rian. (1730, 33, 34.) — 9. Nagiant. (*Ibidem.*)

10. Ce proverbe, fondé sur quelque superstition populaire, se trouve dans *la Comédie des Proverbes* d'Adrien de Montluc (acte II, scène v) : « Tu as la berlue, je crois que tu as été au trépassement d'un chat, tu vois trouble. » (*Note d'Auger.*)

11. Palsanguiene. (1683 A, 94 B.) — Palsanguienne. (1730, 33.) — Par sanguienne. (1734.)

12. Et que ce sont des bommes, ç'ai-je fait, qui nageant drai ici? ç'ai-je fait. Morguenne. (1683 A, 94 B.) — Et que ce sont. (1734.) — Deux hommes, ç'ai-je fait, qui nagiant droit (drait, 1710, 18, 33) ici? ç'ai-je fait. Morguienne. (1730, 33, 34.) — Morquienne. (1718.)

13. Je veux bian. (1683 A, 94 B.) — 14. Sur jeu. (1692, 97, 1710, 18.)

fait. Moi, je n'ai point esté ni fou[1], ni estourdi ; j'ai bravement bouté à tarre quatre[2] pièces tapées, et cinq sols en doubles[3], jergniguenne[4], aussi hardiment que si j'avois avalé un varre de vin ; car je ses hazardeux[5], moi, et je vas à la débandade. Je savois bian ce que je faisois pourtant. Queuque gniais ! Enfin donc, je n'avons pas putost[6] eu gagé, que j'avons vu les deux hommes tout à plain[7], qui nous faisiant signe de les aller querir ; et moi de tirer auparavant[8] les enjeux. « Allons, Lucas, ç'ai-je dit, tu vois bian qu'ils nous appelont : allons viste à leu secours[9]. — Non, ce m'a-t-il dit, ils m'ont fait pardre. » O ! donc, tanquia qu'à la parfin, pour le faire court, je l'ai tant sarmonné, que je nous sommes boutés dans une barque, et pis j'avons tant fait cahin caha, que je les avons tirés de gliau, et pis je les avons menés cheux nous auprès du feu, et pis ils se sant dépouillés[10] tous nus[11] pour se sécher, et pis il y en est venu encore[12] deux de la mesme bande, qui s'equiant sauvés[13] tout seul[14], et pis Mathurine est arrivée là, à qui

1. Ser jeu, ce m'a-t-il fait. Moi, je n'ai été ni fou. (1683 A, 94 B.)
2. J'ai bravement bouté quatre. (*Ibidem*.)
3. Le *Dictionnaire de M. Littré* nous apprend (à l'article Pièce, 16°) que *pièce tapée* s'est dit « de certains sous parisis au milieu desquels on avait ajouté la marque d'une fleur de lis pour en faire des sous tournois. » Mais ces paysans continuaient à s'en servir comme de sous parisis. Or quatre sous parisis en valaient cinq tournois : c'était la moitié de l'enjeu. L'autre moitié, comme le remarque Auger, avait dû être comptée en trente menues pièces, le double (c'est-à-dire le double denier) n'étant que le sixième d'un sou : voyez tome III, p. 264, note 3.
4. En double, jerniguenne. (1683 A, 94 B.) — Jerniguienne. (1730, 33, 34.)
5. Car si hasardeux. (1683 A, 94 B.) — Car je sis. (1730, 33, 34.)
6. Enfin don, je n'avois pas plustost. (1683 A, 94 B.)
7. Tous à plein. (*Ibidem*.)
8. Et moi d'hier auparavant.(*Ibidem*.)—Et moi de tirer les enjeux.(1730, 34.)
9. Qu'ils nous appellent : allons viste à leur secours. (1683 A, 94 B.)
10. Se sont dépouillés. (*Ibidem*, 1718.)
11. Tout nus. (1730, 33, 34.)
12. Il y en est encore venu. (1683 A, 94 B.)
13. Qui saguiant sauvés. (*Ibidem*.) — 14. Tout seuls. (1718, 30, 33, 34.)

l'en a fait¹ les doux yeux. Vlà justement, Charlotte, comme tout ça s'est fait.

CHARLOTTE.

Ne m'as-tu pas dit, Piarrot, qu'il y en a un qu'est bien pu mieux² fait que les autres?

PIERROT.

Oui, c'est le maître. Il faut que ce soit queuque gros, gros Monsieur³, car il a du dor⁴ à son habit tout depis le haut⁵ jusqu'en bas; et ceux qui le servont⁶ sont des Monsieux eux-mesmes; et stapandant, tout gros Monsieur qu'il est, il seroit, par ma fique⁷, nayé, si je n'aviomme esté là⁸.

CHARLOTTE.

Ardez⁹ un peu.

1. A qui l'on a fait. (1683 A, 94 B.)
2. Un qui est bian pu mieux. (*Ibidem.*) — 3. Queuque gros Monsieu. (1734.)
4. Le valet de Célimène, Basque, réunit de même en un substantif les deux mots *d'or* (acte II, scène v, du *Misanthrope*) :

Il porte une jaquette à grand'basques plissées,
Avec du dor dessus.

5. Depis l'haut. (1683 A, 94 B.)
6. Qui le sarvant. (*Ibidem.*) — Qui le servent. (1734.)
7. Par ma foi. C'est un allongement de *fi* (pour *foi*), que nous avons un peu plus loin (p. 109, ligne 4). On trouve cette même forme, *ma fique*, dans les *Lettres de Montmartre*, d'Urbain Coustellier (Londres, 1780, lettre v, p. 23); *ma figue* chez Bonaventure Desperriers (ix⁰ nouvelle, tome II, p. 49, de l'édition de M. L. Lacour); et *ma figuette* dans un pamphlet de la Fronde intitulé : *Agréable conférence de deux paysans de Saint-Ouen et de Montmorency sur les affaires du temps* (1649, in-4°, p. 3). Voyez dans la note suivante les leçons *ma fegue* et *ma fiqué*ᵃ.

8. Et stan pandant,... il seroit, par ma fegue, nayé, si je n'avions esté là. (1683 A, 94 B.) — Par ma fiqué. (1710, 18, 30, 33, 34.) — Si je n'avionne. (1773.)

9. *Ardez*, pour *regardez*. C'est un mot de Marinette dans le *Dépit amoureux* (vers 1419) : « Ardez le beau museau! » Voyez ci-dessus, p. 103, note *b*, et le *Lexique de la langue de Corneille*, tome I, p. 72.

ᵃ Nous nous permettons, au sujet de ce mot, de relever une faute qui s'est glissée dans le *Molière* de l'Imprimerie nationale, de 1878. On y a, par suite d'une correction mal comprise, imprimé *fiquée*, au lieu de *fique*, au tome III, p. 26, ligne 2.

PIERROT.

O! parquenne[1], sans nous, il en avoit pour sa maine de fèves[2].

CHARLOTTE.

Est-il encore cheux toi tout nu, Piarrot?

PIERROT.

Nannain : ils l'avont rhabillé tout devant nous. Mon quieu[3], je n'en avois jamais vu s'habiller. Que d'histoires et d'angigorniaux[4] boutont ces Messieus-là[5] les courtisans ! Je me pardrois[6] là dedans, pour moi, et j'estois tout ébobi de voir ça. Quien, Charlotte, ils avont des cheveux qui ne tenont point à leu teste; et ils boutont ça après tout[7], comme un gros bonnet de filace. Ils ant

1. O! par guenne. (1683 A, 94 B.) — Oh! parquienne. (1734.) — Oh! parguienne. (1730, 33, 73.)

2. Pierrot prononce *mène*, ou à peu près, pour *mine*, comme Gareau (acte II, scène II du *Pédant joué*, p. 36, dans l'édition de 1671 [a]); bien que l'imprimeur de 1682 ait représenté ici la voyelle par *ai*, il n'est pas probable que le mot dérive de *main* et signifie *poignée*, comme l'explique le *Dictionnaire de M. Littré*. Il s'agit d'une mesure bien connue, la mine ou demi-setier contenant six boisseaux, le double du minot. Le sens du proverbe est sans doute : « Il en avait pour sa marchandise, c'est-à-dire autant qu'on en peut avoir; il avait son compte, il ne demandait pas son reste, il en avait assez, c'était bien fini. »

3. Mon guieu. (1730, 33, 34.)

4. Le mot donne par la première partie, *engi* ou *engin*, l'idée de machine, d'invention, et marque par sa finale bizarre quelque chose de compliqué et de ridicule ; il s'applique ici à des pièces de vêtement ou de parure embarrassantes et inutiles. Auger donne pour équivalents *fanfreluches*, *affiquets*, *affûtiaux*. Gareau l'emploie dans le sens encore plus vague de *choses*, *ustensiles*, n'en trouvant pas d'autre pour désigner des flacons, des fioles ou peut-être des sachets : « Il aportit itou (*de Turquise*) de petits engingorniaux remplis de naissance (*d'essence*), à celle fin de conserver, ce feset-il, l'humeur ridicule (*radicale*). » (*Le Pédant joué*, acte II, scène II.)

5. Et d'angingorniaux boutont ces Monsieurs-là. (1683 A, 94 B.) — Et d'angingorniaux. (1718.) — Et d'engingorniaux. (1734.)

6. Les deux éditions de 1683 A, 1694 B ont sauté *pardrois*.

7. En dernier lieu; à moins que cet *après tout*, qui revient p. 112, ne soit une sorte d'affirmation, une manière d'appuyer, résumant ces mots : « je ne puis, on ne peut, tout pesé, dire autrement. »

[a] Gareau dit de même *vegne*, *varmene* (vigne, vermine), etc.

des chemises qui ant des manches où j'entrerions[1] tout brandis[2], toi et moi. En glieu d'haut-de-chausse, ils portont un garde-robe[3] aussi large que d'ici à Pasque[4] ; en glieu de pourpoint[5], de petites brassières, qui ne leu venont pas usqu'au brichet[6] ; et en glieu de rabats, un grand mouchoir de cou à reziau, aveuc[7] quatre grosses houppes de linge qui leu pendont sur l'estomaque[8]. Ils avont itou d'autres petits rabats au bout des bras, et de grands entonnois[9] de passement aux jambes, et parmi tout ça tant de rubans, tant de rubans[10], que c'est une vraie piquié. Ignia pas jusqu'aux souliers qui n'en soient[11] farcis tout depis un bout jusqu'à l'autre ;

1. Où j'entrerois. (1683 A, 94 B.)
2. On dit « *Enlever un homme ou quelque chose de pesant tout brandi*, c'est-à-dire tout d'un coup. » (*Dictionnaire de l'Académie*, 1694.) D'après M. Littré, *tout brandi* signifie « comme la personne ou la chose se trouvent, » et c'est bien ainsi que la locution semble devoir être entendue dans ce passage : « des manches où nous entrerions tout comme nous voilà et sans nous faire plus petits. »
3. Les deux parties de quelque *vaste rhingrave* comme en portait Clitandre en 1666[a], se réunissant par devant et formant un garde-robe, c'est-à-dire une sorte de devantier, de tablier ; comparez à cette description de Pierrot, celle que Sganarelle fait à sa manière, aux vers 25-40 de *l'École des maris*, des *sottises* assez semblables qu'on portait en 1661.
4. A Pâques. (1773.) — 5. En gliu de pourpoint. (1694 B.)
6. Petites brasières qui ne leur venont pas jusqu'au brichet. (1683 A, 94 B.) — Jusqu'au brichet. (1710, 18, 30, 33, 34.) — Le *brichet*, le brechet, la fourchette de l'estomac ; Ambroise Paré écrivait de même *brichet* : voyez le *Dictionnaire de M. Littré*.
7. Avec. (1683 A, 94 B, 1710, 18.)
8. Ser l'estoumaque. (1683 A.) — Ser l'estomaque. (1694 B.) — On a déjà vu, au tome IV, p. 194, l'*estomac* pris même pour le dedans de la poitrine, pour les poumons.
9. Antonoirs. (1683 A, 94 B.) — Cette comparaison des canons avec des entonnoirs justifie bien l'interprétation donnée aux *volants* du vers 38 de *l'École des maris* : voyez tome II, p. 361, note 4, et même tome, p. 77, note 2.
10. Tant de ribans, tant de ribans. (1683 A, 94 B.)
11. Soient. (1734.) — L'édition de 1682 a *soiont farcis* au pluriel, avec les deux singuliers *au soulier*.

[a] Voyez ci-après, à l'acte II, scène 1, du *Misanthrope*.

ACTE II, SCÈNE I.

et ils sont faits d'eune façon que je me romprois le cou aveuc[1].

CHARLOTTE.
Par ma fi, Piarrot, il faut que j'aille voir un peu ça[2].

PIERROT.
O! acoute un peu auparavant, Charlotte : j'ai queuque autre chose à te dire[3], moi.

CHARLOTTE.
Et bian! dis, qu'est-ce que c'est[4]?

PIERROT.
Vois-tu, Charlotte, il faut, comme dit l'autre, que je débonde mon cœur. Je t'aime, tu le sais bian, et je sommes pour estre mariés ensemble; mais marquenne[5], je ne suis point satisfait de toi.

CHARLOTTE.
Quement? qu'est-ce que c'est donc qu'iglia[6]?

PIERROT.
Iglia que tu me chagraignes[7] l'esprit, franchement.

CHARLOTTE.
Et quement donc?

PIERROT.
Testiguienne[8], tu ne m'aimes point.

CHARLOTTE.
Ah! ah! n'est[9] que ça?

PIERROT.
Oui, ce n'est que ça, et c'est bian assez.

1. D'une façon que je me romperois le cou au cul. (1683 A, 94 B.)
2. Par ma fi.... que j'aille veor en peu ça. (*Ibidem.*)
3. Queuque autre à te dire. (*Ibidem.*) — 4. Qu'est que c'est? (*Ibidem.*)
5. Mais morguenne. (*Ibidem.*) — Mais marquienne. (1710, 18.) — Mais marguienne. (1730, 33, 34.)
6. Qu'il y glia. (1683 A, 94 B.) — Qu'ilia. (1734.) — Ici et à la ligne suivante, l'édition de 1773 est conforme à l'édition originale, sauf *chagraines* pour *chagraignes*.
7. Il y glia que tu me chagraines. (1683 A, 94 B.) — Ilia que tu me chagraines. (1734.)
8. Teste quienne. (1683 A, 94 B.) — 9. N'est-ce. (*Ibidem*, 1710, 18, 33, 34.)

CHARLOTTE.

Mon quieu[1], Piarrot, tu me viens toujou dire la mesme chose.

PIERROT.

Je te dis toujou la mesme chose, parce que c'est toujou la mesme chose; et si ce n'étoit pas toujou la mesme chose, je ne te dirois pas toujou la mesme chose.

CHARLOTTE.

Mais qu'est-ce qu'il te faut? Que veux-tu?

PIERROT.

Jerniquenne[2]! je veux que tu m'aimes.

CHARLOTTE.

Est-ce que je ne t'aime pas?

PIERROT.

Non, tu ne m'aimes pas; et si[3], je fais tout ce que je pis pour ça : je t'achète, sans reproche, des rubans à tous les marciers[4] qui passont; je me romps le cou à t'aller denicher des marles; je fais jouer pour toi les vielleux[5] quand ce vient ta feste[6]; et tout ça, comme si je me frappois la teste contre un mur. Vois-tu, ça ni biau[7] ni honneste de n'aimer pas les gens qui nous aimont[8].

CHARLOTTE.

Mais, mon guieu, je t'aime aussi.

PIERROT.

Oui, tu m'aimes d'une belle deguaine[9]!

CHARLOTTE.

Quement veux-tu donc qu'on fasse?

1. Monguieu. (1683 A, 94 B.) — Mon guieu. (1697, 1710, 18, 30, 33, 34.)
2. Jerniguienne! (1683 A, 94 B, 1730, 33, 34.) — Jerniquienne! (1718.)
3. *Et si*, et pourtant.
4. Je t'ajette.... à tous ces marciers. (1683 A, 94 B.) — Merciers. (1718.)
5. Les vielloux. (*Ibidem.*) — 6. Quand ce vint ta feste. (1694 B.)
7. C'est-à-dire : *ça n'est ni biau*, correction des éditions suivantes.
8. Qui nous aimant. (1683 A, 94 B.)
9. D'une belle manière. « Velà un engein de belle deguesne, » s'écrie Gareau dans *le Pédant joué* (acte II, scène II).

PIERROT.

Je veux que l'en fasse comme l'en fait[1] quand l'en aime comme il faut.

CHARLOTTE.

Ne t'aimé-je[2] pas aussi comme il faut?

PIERROT.

Non : quand ça est, ça se voit, et l'en fait[3] mille petites singeries aux personnes quand on les aime du bon du cœur[4]. Regarde la grosse Thomasse, comme elle est assotée[5] du jeune Robain : alle[6] est toujou autour de li[7] à l'agacer, et ne le laisse jamais en repos ; toujou al li fait queuque niche ou li baille quelque taloche en passant ; et l'autre jour[8] qu'il estoit assis sur un escabiau, al fut le tirer de dessous li[9], et le fit choir tout de son

---

1. Je veux que l'on fasse comme l'on fait. (1683 A, 94 B.) — Je veux que l'on fasse comme l'en fait. (1734.)

2. Nos divers textes, y compris ceux de 1682 et de 1734 (non 1773), ont la vieille orthographe *aimai-je*.

3. Et l'on fait. (1683 A, 94 B.)

4. Nous trouvons cette charmante expression, au quinzième siècle, dans le *Mistère du Viel Testament*. La femme de Sem dit (p. 200, édition Rothschild) :

> Du bon du cœur,
> Sem, mon mari, je servirai.

Au milieu du siècle suivant, nous la lisons dans les *Fables* de Gilles Corrozet (n° XLVIII, *de l'Ane et du Cheval*) :

> Du bon du cœur lui doit donner secours.

Molière l'a fait employer plus légèrement par un des marquis du *Misanthrope* (fin de la scène I de l'acte III) :

> ACASTE. Et du bon de mon cœur à cela je m'engage.

5. Comme elle assotie. (1683 A, 94 B.) — Le mot *assotée* rappelle une expression du *Dépit amoureux* (vers 1456) :

> Que Marinette est sotte après son Gros-René !

6. Ici *alle*, avec élision, devant *est*; puis, une et quatre lignes plus bas, *al*, devant *li* et *fut*. — Elle. (1710, 18, 33.)

7. Entour de li. (1683 A, 94 B.)

8. Toujou elle y fait queuque niche, ou li baille queuque taloche en passant; et l'autre jou. (*Ibidem.*) — Queuque taloche. (1710, 18, 30, 33, 34.)

9. Un escabeau, al fut le tirer dessous li. (1683 A, 94 B.)

long par tarre. Jarni! vlà où l'en voit les gens qui aimont¹; mais toi, tu ne me dis jamais mot, t'es toujou là comme eune² vraie souche de bois; et je passerois vingt fois devant toi, que tu ne te grouillerois pas pour me bailler le moindre coup, ou me dire la moindre chose. Ventrequenne³! ça n'est pas bian, après tout, et t'es trop froide⁴ pour les gens.

CHARLOTTE.

Que veux-tu que j'y fasse? C'est mon himeur, et je ne me pis refondre⁵.

PIERROT.

Ignia himeur qui quienne. Quand en a de l'amiquié pour les personnes, l'an en baille⁶ toujou queuque petite signifiance.

CHARLOTTE.

Enfin je t'aime tout autant que je pis, et si tu n'es pas⁷ content de ça, tu n'as qu'à en aimer queuque autre.

PIERROT.

Eh bien! vlà pas mon compte. Testigué⁸! si tu m'aimois, me dirois-tu ça?

CHARLOTTE.

Pourquoi me viens-tu aussi tarabuster l'esprit⁹?

---

1. Où l'on voit les gens qui aimant. (1683 A.) — Aiment. (1694 B.)
2. Comme une. (1683 A, 94 B.)
3. Ventre guienne! (*Ibidem.*) — Ventrequienne! (1710, 18.) — Ventreguienne! (1730, 33, 34.)
4. Et t'es froide. (1734.)
5. Enfin que veux-tu que je fasse? C'est mon humeur. (1683 A, 94 B.) — Et je ne pis pas me refondre. (1683 A.) — Et je ne pis me resoudre. (1694 B.)
6. Ignia humeur qui guienne. Quand on a de l'amiquié pour les personnes, l'on en baille. (1683 A, 94 B.) — Quand on. (1710, 18.) — Qui tienne. (1734.) — Qui tienne.... pour les parsonnes. (1773.)
7. Tout autant que je pis; si tu n'es pas. (1683 A, 94 B.)
8. Testiquié! (1683 A.) — Eh bien! vlà mon compte. Tistiquié! (1694 B.) — L'édition de 1682 cartonnée a un point d'interrogation après *conte* (sic).
9. Pourquoi me viens-tu tarabuster l'esprit? (1683 A, 94 B.)

PIERROT.

Morqué! queu mal[1] te fais-je? Je ne te demande qu'un peu d'amiquié[2].

CHARLOTTE.

Eh bian[3]! laisse faire aussi, et ne me presse point tant. Peut-être que ça viendra tout d'un coup sans y songer.

PIERROT.

Touche donc là, Charlotte.

CHARLOTTE.

Eh bien[4]! quien.

PIERROT.

Promets-moi donc que[5] tu tâcheras de m'aimer davantage.

CHARLOTTE.

J'y ferai tout ce que je pourrai, mais il faut que ça vienne de lui-même. Pierrot[6], est-ce là ce Monsieur[7]?

PIERROT.

Oui, le vlà.

CHARLOTTE.

Ah! mon quieu[8], qu'il est genti, et que ç'auroit été dommage qu'il eût esté nayé!

PIERROT.

Je revians tout à l'heure[9] : je m'en vas boire chopaine, pour me rebouter tant soit peu de la fatigue que j'ais eue[10].

---

1. Morgué! (1683 A, 94 B, 1730, 33, 34.) — Que mal. (1683 A, 94 B.)
2. Qu'un peu pus d'amiquié. (*Ibidem.*)
3. Bien. (*Ibidem.*)
4. Dans les exemplaires non cartonnés de 1682, les lettres h (ou t) et b sont tombées et l'on a imprimé E ien, qui est devenu Eien dans les exemplaires cartonnés. — CHARLOTTE, *donnant sa main.* Hé bian ! (1734.)
5. Promets moi que. (1683 A, 94 B.)
6. *Piarrot* dans toutes nos éditions postérieures à 1682.
7. Est-ce là Monsieur ? (1683 A, 94 B.) — 8. Ah! mon guieu. (1730, 33, 34.)
9. Je revians à l'heure. (1683 A, 94 B.) — 10. Que j'ai eue. (*Ibidem.*)

SCÈNE II[1].

DOM JUAN, SGANARELLE, CHARLOTTE[2].

DOM JUAN.

Nous avons manqué notre coup, Sganarelle, et cette bourrasque imprévue a renversé avec notre barque le projet que nous avions fait; mais, à te dire vrai, la paysanne que je viens de quitter répare ce malheur, et je lui ai trouvé des charmes qui effacent de mon esprit tout le chagrin que me donnoit le mauvais succès de notre entreprise. Il ne faut pas que ce cœur[3] m'échappe, et j'y ai déjà jeté des dispositions à ne pas me souffrir[4] longtemps de pousser[5] des soupirs.

SGANARELLE.

Monsieur, j'avoue que vous m'étonnez. A peine sommes-nous échappés[6] d'un péril de mort, qu'au lieu de rendre grâce[7] au Ciel de la pitié[8] qu'il a daigné prendre de nous, vous travaillez tout de nouveau à attirer[9] sa colère par vos fantaisies accoutumées et vos amours cr....[10] Paix! coquin que vous êtes; vous ne savez ce que vous dites, et Monsieur sait ce qu'il fait. Allons.

DOM JUAN, apercevant Charlotte[11].

Ah! ah! d'où sort cette autre paysanne, Sgana-

---

1. Pour cette scène, voyez à l'*Appendice*, ci-après, p. 209, le texte de Champmeslé.
2. CHARLOTTE, *dans le fond du théâtre.* (1734.)
3. Que ce coup. (1683 A, 94 B.) — 4. A ne me pas souffrir. (*Ibidem*, 1710, 18.)
5. Souffrir de pousser longtemps. (1683 A, 94 B.) — Souffrir longtemps pousser. (1710, 18, 30, 33, 34.)
6. Vous m'étonnez, à présent que nous sommes échappés. (1683 A, 94 B.)
7. Grâces. (1692, 1734.) — 8. De la peine. (1683 A, 94 B.)
9. A vous attirer. (*Ibidem.*)
10. Et vos amours or.... (*Ibidem.*) — *D. Juan prend un air menaçant.* (1734.)
11. Les mots : *apercevant Charlotte*, sont omis dans les éditions de 1683 A, 1694 B.

relle? As-tu¹ rien vu de plus joli? et ne trouves-tu pas, dis-moi, que celle-ci vaut bien l'autre?

SGANARELLE.

Assurément. ² Autre pièce nouvelle.

DOM JUAN³.

D'où me vient, la belle, une rencontre si agréable? Quoi? dans ces lieux champêtres, parmi ces arbres et ces rochers, on trouve des personnes faites comme vous êtes?

CHARLOTTE.

Vous voyez, Monsieur⁴.

DOM JUAN.

Êtes-vous de ce village?

CHARLOTTE.

Oui, Monsieur.

DOM JUAN.

Et vous y demeurez?

CHARLOTTE.

Oui, Monsieur.

DOM JUAN.

Vous vous appelez?

CHARLOTTE.

Charlotte, pour vous servir.

DOM JUAN.

Ah! la belle personne, et que ses yeux sont pénétrants!

CHARLOTTE.

Monsieur, vous me rendez toute honteuse.

DOM JUAN.

Ah! n'ayez point de honte d'entendre dire vos véri-

---

1. Cette autre paysanne? Sganarelle, as-tu. (1683 A, 94 B.)
2. *A part.* (1734.) — 3. D. JUAN, *à Charlotte.* (*Ibidem.*)
4. Partout, dans l'édition de 1734, Pierrot, Charlotte et Mathurine disent *Monsieu* au lieu de *Monsieur*, sauf à la dernière réplique de Charlotte dans cette scène.

tés. Sganarelle, qu'en dis-tu? Peut-on rien voir de plus agréable? Tournez-vous un peu, s'il vous plaît. Ah! que cette taille est jolie! Haussez un peu la tête, de grâce. Ah! que ce visage est mignon! Ouvrez vos yeux entièrement. Ah! qu'ils sont beaux! Que je voie un peu vos dents, je vous prie. Ah! qu'elles sont amoureuses, et ces lèvres appétissantes! Pour moi, je suis ravi, et je n'ai jamais vu une si charmante personne.

CHARLOTTE.

Monsieur, cela vous plaît à dire, et je ne sais pas si c'est pour vous railler de moi.

DOM JUAN.

Moi, me railler de vous? Dieu m'en garde! Je vous aime trop pour cela, et c'est du fond[1] du cœur que je vous parle.

CHARLOTTE.

Je vous suis bien obligée, si ça est[2].

DOM JUAN.

Point du tout; vous ne m'êtes point obligée de tout ce que je dis, et ce n'est qu'à votre beauté que vous en êtes redevable.

CHARLOTTE.

Monsieur, tout ça est trop bien[3] dit pour moi, et je n'ai pas d'esprit pour vous répondre.

1. Pour cela, c'est du fond. (1683 A, 94 B.)
2. Si cela est. (*Ibidem.*)
3. Trop bian. (1734.) — A propos de cette variante, ou plutôt de cette altération sans autorité, nous ferons remarquer que le langage de Charlotte est beaucoup plus correct et n'emprunte à peu près rien au patois, depuis que le dialogue n'est plus entre elle et Pierrot, mais entre elle et Dom Juan. Il n'y a rien là de choquant : de ce qu'on parle patois il ne suit pas qu'on ne sache et, à l'occasion, ne puisse, en s'observant, parler français; puis, aux champs comme à la ville, la femme du peuple est d'ordinaire, en son langage, moins grossière et inculte que l'homme. Enfin, y eût-il quelque légère invraisemblance, moins encore dans la correction que dans la délicatesse de quelques expressions, elle nous paraît être de celles que, pour l'effet, la comédie peut se permettre. Il fallait bien adoucir un peu la rusticité pour que les galanteries

DOM JUAN.

Sganarelle, regarde un peu ses mains.

CHARLOTTE.

Fi! Monsieur, elles sont noires comme je ne sais quoi.

DOM JUAN.

Ha! que dites-vous là? Elles sont les plus belles[1] du monde; souffrez que je les baise, je vous prie.

CHARLOTTE.

Monsieur, c'est trop d'honneur que vous me faites, et si j'avois su ça tantôt, je n'aurois pas manqué de les laver avec du son.

DOM JUAN.

Et dites-moi[2] un peu, belle Charlotte, vous n'êtes pas mariée, sans doute?

CHARLOTTE.

Non, Monsieur; mais je dois bientôt l'être[3] avec Piarrot, le fils de la voisine Simonette.

DOM JUAN.

Quoi? une personne comme vous seroit la femme[4] d'un simple paysan! Non, non: c'est profaner tant de beautés[5], et vous n'êtes pas née pour demeurer dans un village. Vous méritez sans doute une meilleure fortune, et le Ciel, qui le connoît bien[6], m'a conduit ici tout exprès pour empêcher ce mariage, et rendre justice à vos charmes; car enfin, belle Charlotte, je vous aime de tout mon cœur, et il ne tiendra qu'à vous que je vous

---

de Dom Juan ne parussent pas trop étranges et en désaccord. Ce que nous disons du langage de Charlotte dans la scène II peut s'appliquer également à celui que Molière lui prête presque constamment, ainsi qu'à Mathurine, dans la scène IV. Voyez aussi la seconde note de la scène suivante.

1. Les plus blanches. (1734.)
2. Hé, dites-moi. (*Ibidem.*)
3. Mais je dois bien l'être. (1683 A, 94 B.)
4. Comme vous seriez la femme. (*Ibidem.*)
5. Tant de beauté. (*Ibidem.*)
6. *Qui le connoît bien*, qui le sait bien.

arrache de ce misérable lieu¹, et ne vous mette² dans l'état où vous méritez d'être. Cet amour est bien prompt sans doute; mais quoi? c'est un effet, Charlotte³, de votre grande beauté, et l'on vous aime autant en un quart d'heure, qu'on feroit une autre en six mois.

CHARLOTTE.

Aussi vrai, Monsieur, je ne sais comment faire quand⁴ vous parlez. Ce que vous dites me fait aise, et j'aurois toutes les envies du monde de vous croire; mais on m'a toujou⁵ dit qu'il ne faut jamais croire les Monsieux⁶, et que vous autres courtisans êtes des enjoleus⁷, qui ne songez qu'à abuser les filles.

DOM JUAN.

Je ne suis pas de ces gens-là.

SGANARELLE⁸.

Il n'a garde.

CHARLOTTE.

Voyez-vous, Monsieur, il n'y a pas plaisir à se laisser abuser. Je suis une pauvre paysanne; mais j'ai l'honneur en recommandation, et j'aimerois mieux me voir morte, que de me voir déshonorée.

DOM JUAN.

Moi, j'aurois l'âme assez méchante pour abuser une personne comme vous? Je serois assez lâche pour vous déshonorer⁹? Non, non : j'ai trop de conscience pour cela. Je vous aime, Charlotte, en tout bien et en tout

---

1. Que je ne vous arrache de ce lieu misérable. (1683 A, 94 B.)
2. Et que je vous mette. (1730, 33, 34.)
3. C'est un éclat, Charlotte. (1683 A, 94 B.)
4. Je ne sais comment vous faites quand. (*Ibidem.*)
5. Toujours. (*Ibidem*, 1733.) Leçon peut-être ici préférable pour la raison dite plus haut, p. 116, note 3.
6. Les Monsieurs. (1683 A, 94 B.)
7. Vous autres courtisans, vous êtes des enjoleurs. (*Ibidem.*)
8. *A part.* (1734.)
9. Assez lâche pour vouloir vous déshonorer? (1683 A, 94 B.)

honneur; et pour vous montrer que je vous dis vrai [1], sachez que je n'ai point d'autre dessein que de vous épouser : en voulez-vous un plus grand témoignage? M'y voilà prêt quand vous voudrez; et je prends à témoin l'homme que voilà de la parole que je vous donne.

SGANARELLE.

Non, non, ne craignez point : il se mariera avec vous tant que vous voudrez.

DOM JUAN.

Ah [2] ! Charlotte, je vois bien que vous ne me connoissez pas encore. Vous me faites grand tort de juger de moi par les autres; et s'il y a des fourbes dans le monde, des gens qui ne cherchent qu'à abuser des filles, vous devez me tirer du nombre, et ne pas mettre en doute la sincérité [3] de ma foi. Et puis votre beauté vous assure de tout. Quand on est faite comme vous, on doit être à couvert de toutes ces sortes de crainte [4]; vous n'avez point l'air, croyez-moi, d'une personne qu'on abuse; et pour moi, je l'avoue [5], je me percerois le cœur de mille coups, si j'avois eu la moindre pensée de vous trahir.

CHARLOTTE.

Mon Dieu! je ne sais si vous dites vrai, ou non; mais vous faites que l'on vous croit.

DOM JUAN.

Lorsque vous me croirez, vous me rendrez [6] justice assurément, et je vous réitère encore la promesse que je vous ai faite. Ne l'acceptez-vous pas [7], et ne voulez-vous pas consentir à être ma femme ?

---

1. Que je dis vrai. (1734.) — 2. Eh! (1683 A, 94 B.)
3. Et ne pas me mettre en doute la sincérité. (1683 A.) — Et ne pas mettre en doute de la sincérité. (1694 B.)
4. De créances. (1683 A, 94 B.) — De craintes. (1733, 34.)
5. Je vous l'avoue. (1683 A, 94 B.)
6. Que l'on vous croie. D. JUAN. Lorsque vous me croyez, vous me rendez. (*Ibidem.*)
7. Ne la croyez-vous pas? (*Ibidem.*)

CHARLOTTE.

Oui, pourvu que ma tante le veuille.

DOM JUAN.

Touchez donc là, Charlotte, puisque vous le voulez bien[1] de votre part.

CHARLOTTE.

Mais au moins, Monsieur, ne m'allez pas tromper[2], je vous prie : il y auroit de la conscience à vous, et vous voyez comme j'y vais à la bonne foi.

DOM JUAN.

Comment? Il semble que vous doutiez encore de ma sincérité! Voulez-vous que je fasse[3] des serments épouvantables? Que le Ciel....

CHARLOTTE.

Mon Dieu, ne jurez point, je vous crois.

DOM JUAN.

Donnez-moi donc un petit baiser pour gage de votre parole.

CHARLOTTE.

Oh! Monsieur, attendez que je soyons mariés, je vous prie; après ça, je vous baiserai tant que vous voudrez.

DOM JUAN.

Eh bien! belle Charlotte, je veux tout ce que vous voulez; abandonnez-moi seulement votre main, et souffrez que, par mille baisers[4], je lui exprime le ravissement où je suis....

---

1. Charlotte, que vous le voulez donc bien. (1683 A, 94 B.)
2. Ne m'y allez pas tromper. (*Ibidem.*)
3. Que je vous fasse. (*Ibidem.*)
4. Par cent baisers. (*Ibidem.*) — Ces éditions et celle de 1734 ont un seul point à la fin de la phrase.

SCÈNE III[1].

DOM JUAN, SGANARELLE, PIERROT, CHARLOTTE.

PIERROT, *se mettant entre-deux et poussant Dom Juan*[2].

Tout doucement, Monsieur, tenez-vous, s'il vous plaît. Vous vous échauffez trop, et vous pourriez gagner la puresie[3].

DOM JUAN, *repoussant rudement Pierrot.*

Qui m'amène cet impertinent?

PIERROT[4].

Je vous dis qu'ou vous tegniez, et qu'ou ne caressiais point nos accordées[5].

DOM JUAN *continue de le repousser*[6].

Ah! que de bruit!

PIERROT.

Jerniquenne[7]! ce n'est pas comme ça qu'il faut pousser les gens.

CHARLOTTE, *prenant Pierrot par le bras.*

Et laisse-le faire aussi, Piarrot.

PIERROT.

Quement? que je le laisse faire[8]? Je ne veux pas, moi.

---

1. Voyez à l'*Appendice*, ci-après, p. 211, le texte de Champmeslé.
2. Les textes de 1683 A, 1694 B omettent, dans cette scène, toutes les indications de ce genre, sauf les quatre où nous aurons à relever des variantes. Celui de 1694 B a PIARROT à tous les en-tête. — PIERROT, *poussant D. Juan qui baise la main de Charlotte.* (1734.)
3. Dans ce début de la scène, il semble que Pierrot à son tour s'observe et tâche de parler français. Mais bien vite, s'échauffant, il revient à son patois presque pur.
4. PIERROT, *se mettant entre D. Juan et Charlotte.* (1734.)
5. Je vous dis que vous tgniais, et que vous ne caressiez point nos accordées. (1683 A, 94 B.) — Tegniais. (1710, 18, 33.)
6. D. JUAN, *le poussant.* (1683 A, 94 B.) — *Repoussant encore Pierrot.* (1734.)
7. Jerniguenne! (1683 A, 94 B.) — Jerniguienne! (1730, 33, 34.)
8. Que je laisse faire. (1683 A, 94 B.)

DOM JUAN.

Ah!

PIERROT.

Testiguenne! parce qu'ous estes Monsieu, ous viendrez caresser nos femmes à note barbe? Allez-v's-en caresser les vostres[1].

DOM JUAN.

Heu?

PIERROT.

Heu. (Dom Juan lui donne un soufflet.) Testigué[2]! ne me frappez pas. (Autre soufflet.) Oh! jernigué! (Autre soufflet.) Ventrequé! (Autre soufflet.) Palsanqué! Morquenne! ça n'est pas bian[3] de battre les gens, et ce n'est pas là la récompense de v's avoir[4] sauvé d'estre nayé.

CHARLOTTE.

Piarrot, ne te fâche point.

PIERROT.

Je me veux fâcher; et t'es une vilainte[5], toi, d'endurer qu'on te cajole[6].

CHARLOTTE.

Oh! Piarrot, ce n'est pas ce que tu penses. Ce Monsieur veut m'épouser, et tu ne dois pas te bouter en colère.

PIERROT.

Quement? Jerni! tu m'es promise[7].

---

1. Testequenne, parce que vous estes.... vous viendrez caresser nos femmes à notre barbe, allez v. f. et caresser les vostres. (1683 A, 94 B.) Les deux textes ont ainsi des points à la place de *Monsieu*. — Vous viendrez. (1692, 1710, 18, 30, 33, 34.) — A notre barbe. (1718, 34.) — Dans l'édition de 1773, *Tétiguienne!* et plus bas *Palsanguié!*

2. Heu testiqué! (1683 A, 94 B.) — D. JUAN. Hé? PIERROT. Hé? (1734.)

3. Ah jernigué, ventregué, palsangué, morguenne, ça n'est pas bien. (1683 A, 94 B.) — Ventregué! (*Autre soufflet.*) Palsangué! (1710, 18, 30, 33, 34.) — Morguenne! (1730, 33.) — Morguienne! (1734.)

4. Et ce n'est pas la récompense de vous avoir. (1683 A, 94 B.)

5. Il y a bien *vilainte* dans notre texte. — Et t'es une vilaine. (1710, 18, 30, 33, 34.)

6. Et t'es une vilaine, toi, d'endurer qu'on te caresse. (1683 A, 94 B.)

7. Tu renies promesse! (*Ibidem.*)

ACTE II, SCÈNE III.

CHARLOTTE.

Ça n'y fait rien, Piarrot. Si tu m'aimes, ne dois-tu pas estre bien aise que je devienne Madame ?

PIERROT.

Jerniqué ! non. J'aime mieux te voir crevée[1] que de te voir à un autre.

CHARLOTTE.

Va, va, Piarrot, ne te mets point en peine : si je sis Madame, je te ferai gagner queuque chose, et tu apporteras du beurre et du fromage cheux nous.

PIERROT.

Ventrequenne[2] ! je gni en porterai jamais, quand tu m'en poyrois[3] deux fois autant. Est-ce donc comme ça que t'escoutes ce qu'il te dit ? Morquenne ! si j'avois su ça tantost, je me serois bian gardé de le tirer de gliau, et je gli aurois baillé[4] un bon coup d'aviron sur la teste.

DOM JUAN, s'approchant de Pierrot pour le frapper.

Qu'est-ce que vous dites ?

PIERROT, s'éloignant derrière Charlotte.

Jerniquenne ! je ne crains parsonne[5].

DOM JUAN passe[6] du côté où est Pierrot.

Attendez-moi un peu[7].

PIERROT repasse de l'autre côté de Charlotte[8].

Je me moque de tout, moi.

---

1. Jernigué ! non. J'aime mieux te voir crever. (1683 A, 94 B.) — Jernigué ! (1710, 18, 30, 33, 34.) — Jerniguié ! (1773.)
2. Ventreguenne ! (1683 A, 94 B, 1730, 33, 34.) — Ventreguienne ! (1773.)
3. Le texte est : *poyrais*. — Quand tu m'y en payerois. (1683 A, 94 B.) — Quand tu m'en payerois. (1734.) — Quand tu m'en pairais. (1773.)
4. Morguenne !... bien gardé.... et je li aurois bailli. (1683 A, 94 B.) — Morguenne ! (1730, 33, 34.) — Morguienne ! (1773.)
5. PIERROT, *s'éloignant*. Jerniguenne ! (1683 A, 94 B.) — PIERROT, *se mettant derrière Charlotte*. (1734.) — Jerniguenne ! (1730, 33, 34.) — Jerniguienne ! (1773.) — Personne. (1683 A, 92, 94 B, 1710, 18, 30, 33.)
6. *Passant.* (1734.)
7. Attends-moi un peu. (1683 A, 94 B.)
8. *Repassant de l'autre côté.* (1734.)

DOM JUAN court[1] après Pierrot.

Voyons cela.

PIERROT se sauve[2] encore derrière Charlotte.

J'en avons bien vu d'autres.

DOM JUAN.

Houais!

SGANARELLE.

Eh! Monsieur, laissez là ce pauvre misérable. C'est conscience de le battre.[3] Écoute, mon pauvre garçon, retire-toi, et ne lui dis rien.

PIERROT passe devant Sganarelle, et dit fièrement à Dom Juan[4] :

Je veux lui dire, moi.

DOM JUAN lève la main pour donner un soufflet à Pierrot, qui baisse la tête, et Sganarelle reçoit le soufflet[5].

Ah! je vous apprendrai.

SGANARELLE, regardant Pierrot qui s'est baissé pour éviter le soufflet[6].

Peste soit du maroufle!

DOM JUAN[7].

Te voilà payé de ta charité.

PIERROT.

Jarni! je vas dire à sa tante[8] tout ce ménage-ci.

DOM JUAN[9].

Enfin je m'en vais être le plus heureux de tous les

---

1. *Courant.* (1734.) — 2. *Se sauvant.* (*Ibidem.*)

3. *A Pierrot, en se mettant entre lui et D. Juan.* (*Ibidem.*)

4. *Passant devant Sganarelle, et regardant fièrement D. Juan.* (*Ibidem.*)

5. *D. Juan, donnant un soufflet à Sganarelle qu'il croit donner à Pierrot.* (1683 A, 94 B.)

6. *Pour éviter le coup.* (*Ibidem*). — *D. Juan, levant la main pour donner un soufflet à Pierrot. Ah! je vous apprendrai.... Pierrot baisse la tête, et Sganarelle reçoit le soufflet.* SGANARELLE, *regardant Pierrot.* (1734.)

7. *D. Juan, à Sganarelle.* (*Ibidem.*)

8. *A ta tante.* (1683 A, 94 B.)

9.
SCÈNE IV.
DOM JUAN, CHARLOTTE, SGANARELLE.
D. Juan, à Charlotte. (1734.)

hommes, et je ne changerois pas mon bonheur à[1] toutes les choses du monde. Que de plaisirs quand vous serez ma femme[2] ! et que....

SCÈNE IV[3].

DOM JUAN, SGANARELLE, CHARLOTTE, MATHURINE[4].

SGANARELLE, apercevant Mathurine[5].

Ah! ah!

MATHURINE, à Dom Juan.

Monsieur, que faites-vous donc là avec Charlotte? Est-ce que vous lui parlez d'amour aussi?

DOM JUAN, à Mathurine[6].

Non, au contraire, c'est elle qui me témoignoit une envie d'être ma femme[7], et je lui répondois que j'étois engagé à vous.

CHARLOTTE[8].

Qu'est-ce que c'est donc que vous veut Mathurine?

DOM JUAN, bas, à Charlotte[9].

Elle est jalouse de me voir vous parler, et voudroit

---

1. Contre. (1734.) — Voyez, pour cet emploi de la préposition à après *changer*, des exemples analogues dans le *Lexique de la langue de Corneille*, tome I, p. 11, et dans celui *de la langue de Racine*, p. 82.
2. Que de plaisirs, que de plaisirs, quand vous serez ma femme! (1683 A, 94 B.) — Que de plaisir. (1697, 1710, 18.)
3. SCÈNE V. (1734.)
4. DOM JUAN, MATHURINE, CHARLOTTE, SGANARELLE. (1683 A, 94 B, 1734.)
5. Les mots : *apercevant Mathurine*, manquent dans les éditions de 1683 A, 1694 B, ainsi que deux lignes plus bas : *à Dom Juan*.
6. *Bas, à Mathurine.* (1734.)
7. Qui me témoignoit vouloir être ma femme. (1683 A, 94 B.)
8. CHARLOTTE, *à D. Juan.* (1734.)
9. D. JUAN, *à Charlotte.* (1683 A, 94 B.) Partout, dans cette scène, ces deux textes omettent, en tête des indications semblables, le mot *bas*.

bien que je l'épousasse ; mais je lui dis que[1] c'est vous que je veux.

MATHURINE.

Quoi ? Charlotte....

DOM JUAN, bas, à Mathurine.

Tout ce que vous lui direz sera inutile ; elle s'est mis cela dans la tête[2].

CHARLOTTE.

Quement donc ! Mathurine....

DOM JUAN, bas, à Charlotte.

C'est en vain que vous lui parlerez ; vous ne lui ôterez point[3] cette fantaisie.

MATHURINE.

Est-ce que...?

DOM JUAN, bas, à Mathurine.

Il n'y a pas moyen de lui faire entendre raison.

CHARLOTTE.

Je voudrois.

DOM JUAN, bas, à Charlotte.

Elle est obstinée comme tous les diables.

MATHURINE.

Vrament[4]....

DOM JUAN, bas, à Mathurine.

Ne lui dites rien, c'est une folle.

CHARLOTTE.

Je pense....

DOM JUAN, bas, à Charlotte.

Laissez-la là, c'est une extravagante.

MATHURINE.

Non, non : il faut que je lui parle.

1. Mais je lui ai dit que. (1683 A, 94 B.)
2. Cela en la tête. (*Ibidem.*)
3. Vous ne lui ôterez pas. (1683 A, 94 B, 1730, 33, 34.)
4. Le texte est : *Vramant.* — Vremant. (1683 A, 94 B.) — Vraiment. (1718.)

CHARLOTTE.

Je veux voir un peu ses raisons¹.

MATHURINE.

Quoi?...

DOM JUAN, bas, à Mathurine.

Je gage qu'elle va vous dire² que je lui ai promis de l'épouser.

CHARLOTTE.

Je....

DOM JUAN, bas, à Charlotte.

Gageons qu'elle vous soutiendra que je lui ai donné parole de la prendre pour femme.

MATHURINE.

Holà! Charlotte, ça n'est pas bien³ de courir sur⁴ le marché des autres.

CHARLOTTE.

Ça n'est pas honnête, Mathurine, d'être jalouse que Monsieur me parle.

MATHURINE.

C'est moi que Monsieur a vue⁵ la première.

CHARLOTTE.

S'il vous a vue la première, il m'a vue la seconde, et m'a promis de m'épouser.

DOM JUAN, bas, à Mathurine.

Eh bien! que vous ai-je dit?

MATHURINE⁶.

Je vous baise les mains, c'est moi, et non pas vous, qu'il a promis d'épouser.

DOM JUAN, bas, à Charlotte.

N'ai-je pas deviné?

1. Ces raisons. (1694 B.)
2. Je gage qu'elle vous dira. (1683 A, 94 B.)
3. Bian. (1730, 33, 34.) — 4. Su. (1773.)
5. Tous nos anciens textes et l'édition de 1734 ont *vu*, sans accord, ici et deux fois dans la phrase suivante.
6. MATHURINE, *à Charlotte.* (1734.)

CHARLOTTE.
A d'autres, je vous prie; c'est moi, vous dis-je[1].

MATHURINE.
Vous vous moquez des gens; c'est moi, encore un coup.

CHARLOTTE.
Le vlà qui est pour le dire, si je n'ai pas raison.

MATHURINE.
Le vlà qui est pour me démentir, si je ne dis pas vrai.

CHARLOTTE.
Est-ce, Monsieur, que vous lui avez[2] promis de l'épouser?

DOM JUAN, bas, à Charlotte.
Vous vous raillez de moi.

MATHURINE.
Est-il vrai, Monsieur, que vous lui avez donné parole[3] d'être son mari?

DOM JUAN, bas, à Mathurine.
Pouvez-vous avoir cette pensée?

CHARLOTTE.
Vous voyez qu'al le soutient.

DOM JUAN, bas, à Charlotte.
Laissez-la faire.

MATHURINE.
Vous êtes témoin comme al l'assure.

DOM JUAN, bas, à Mathurine.
Laissez-la dire.

CHARLOTTE.
Non, non : il faut savoir la vérité.

---

1. Les éditions de 1683 A, 1694 B placent la réplique de Mathurine : « Vous vous moquez », etc. dans la bouche de Charlotte, à la suite de: « vous dis-je »; et elles n'ont pas la repartie de celle-ci : « Le vlà qui est pour le dire », etc.

2. Vous lui aviez. (1683 A, 94 B.)

3. Que vous li ayez donné parole. (*Ibidem.*)

MATHURINE.

Il est question de juger ça.

CHARLOTTE.

Oui, Mathurine, je veux que Monsieur vous montre votre bec jaune [1].

MATHURINE.

Oui, Charlotte, je veux que Monsieur vous rende un peu camuse [2].

CHARLOTTE.

Monsieur, vuidez la querelle, s'il vous plaît.

MATHURINE.

Mettez-nous d'accord, Monsieur.

CHARLOTTE, à Mathurine.

Vous allez voir.

MATHURINE, à Charlotte.

Vous allez voir vous-même.

CHARLOTTE, à Dom Juan.

Dites.

MATHURINE, à Dom Juan.

Parlez.

---

1. Les jeunes oiseaux ont le tour du bec jaune, si bien qu'en termes de fauconnerie, dit Auger, un *bec jaune* ou, suivant la prononciation, un *béjaune* « est un oiseau fort jeune, dont le bec est jaune encore, autrement un oiseau *niais*, ainsi nommé parce qu'il n'est pas encore sorti du *nid*. » Montrer *à quelqu'un son bec jaune, son béjaune,* c'est lui faire voir, à un signe certain, qu'il n'est qu'un sot ou un ignorant. Le proverbe est fort ancien et se trouve dans le *Roman de la Rose* [a]. Gareau y fait une allusion assez plaisante (acte V, scène VIII, du *Pédant joué*) : « Oul dit d'or, et s'oul n'a pas (*et cependant il n'a pas*) le bec jaune. » — Nous trouverons la même locution dans *l'Amour médecin* (acte II, scène III), et dans *le Malade imaginaire* (acte III, scène XI).

2. *Rendre quelqu'un camus* n'est sans doute qu'une variante de cette autre phrase proverbiale : *donner sur le nez à quelqu'un;* ainsi entendue, la locution explique parfaitement les nombreux exemples (voyez le *Dictionnaire de M. Littré*) où *camus* a pris le sens de *penaud*.

a Au vers 13 018, comme l'indique M. Littré :

Vous n'en savez quartier ne aune,
Car vous avez trop le bec jaune.

130 . . DOM JUAN.

DOM JUAN, embarrassé, leur dit à toutes deux :
Que voulez-vous¹ que je dise? Vous soutenez également toutes deux que je vous ai promis de vous prendre pour femmes. Est-ce que chacune de vous ne sait pas ce qui en est, sans qu'il soit nécessaire que je m'explique davantage ? Pourquoi m'obliger là-dessus à des redites ? Celle à qui j'ai promis effectivement n'a-t-elle pas en elle-même de quoi se moquer des discours de l'autre, et doit-elle se mettre en peine, pourvu que j'accomplisse ma promesse ? Tous les discours n'avancent point les choses; il faut faire et non pas dire, et les effets décident² mieux que les paroles. Aussi n'est-ce rien que par là³ que je vous veux mettre⁴ d'accord, et l'on verra, quand je me marierai, laquelle des deux a mon cœur. (Bas, à Mathurine :) Laissez-lui croire ce qu'elle voudra. (Bas, à Charlotte :) Laissez-la se flatter dans son imagination. (Bas, à Mathurine :) Je vous adore. (Bas, à Charlotte:) Je suis tout à vous⁵. (Bas, à Mathurine :) Tous les visages sont laids auprès du vôtre. (Bas, à Charlotte :) On ne peut plus souffrir les autres quand on vous a vue.⁶ J'ai un petit ordre à donner; je viens vous retrouver dans un quart d'heure.⁷

CHARLOTTE, à Mathurine.
Je suis celle qu'il aime, au moins.

MATHURINE⁸.
C'est moi qu'il épousera.

1. CHARLOTTE, à D. Juan. Perlez. MATHURINE, à D. Juan. Perlez. D. JUAN. Que voulez-vous. (1683 A, 94 B.) — L'indication qui accompagne l'en-tête DOM JUAN n'est pas non plus dans l'édition de 1734.
2. Et les effets décideront. (1683 A, 94 B.)
3. N'est-ce que par là. (1734.) — 4. Que je veux vous mettre. (1683 A, 94 B.)
5. Les éditions de 1683 A, 1694 B passent ce qui est entre « ce qu'elle voudra » et « à Charlotte : Je suis tout à vous. » Ces deux textes omettent partout *bas*, dans ce couplet, comme dans le reste de la scène.
6. *Haut.* (1734.)
7.   SCÈNE VI.
CHARLOTTE, MATHURINE, SGANARELLE. (*Ibidem.*)
8. MATHURINE, *à Charlotte.* (*Ibidem.*)

ACTE II, SCÈNE IV.

SGANARELLE[1].

Ah! pauvres filles que vous êtes, j'ai pitié de votre innocence, et je ne puis souffrir de vous voir courir à votre malheur. Croyez-moi l'une et l'autre : ne vous amusez point à tous les contes[2] qu'on vous fait, et demeurez dans votre village.

DOM JUAN, revenant[3].

Je voudrois bien savoir pourquoi Sganarelle ne me suit pas.

SGANARELLE[4].

Mon maître est un fourbe; il n'a dessein que de vous abuser, et en a bien abusé d'autres; c'est l'épouseur du genre humain[5], et.... (Il aperçoit[6] Dom Juan.) Cela est faux; et quiconque vous dira cela, vous lui devez dire qu'il en a menti. Mon maître n'est point l'épouseur du genre humain, il n'est point fourbe, il n'a pas dessein[7] de vous tromper, et n'en a point abusé d'autres. Ah! tenez, le voilà; demandez-le plutôt à lui-même[8].

DOM JUAN[9].

Oui[10].

SGANARELLE.

Monsieur, comme le monde est plein de médisants[11], je vais au-devant des choses; et je leur disois que, si

---

1. SGANARELLE, *arrêtant Charlotte et Mathurine*. (1734.)
2. A tous ces contes. (1694 B.)
3.   SCÈNE VII.
   DOM JUAN, CHARLOTTE, MATHURINE, SGANARELLE.
   D. JUAN, *dans le fond du théâtre, à part.* (1734.)
4. SGANARELLE, *à ces filles*. (Édition de 1682 cartonnée.)
5. Sganarelle a déjà dit de son maître, à la première scène (ci-dessus, p. 83) : « C'est un épouseur à toutes mains. »
6. *Apercevant*. (1773.) — 7. Point fourbe, n'a pas dessein. (1683 A, 94 B.)
8. Voyez ci-dessus, la *Notice*, p. 23.
9. D. JUAN, *regardant Sganarelle, et le soupçonnant d'avoir parlé*. (1734.)
10. Oui? (*Ibidem.*)
11. De médisances. (1683 A, 94 B.) — De médisance. (1718.)

quelqu'un leur venoit dire du mal de vous, elles se gardassent bien de le croire, et ne manquassent pas de lui dire qu'il en auroit menti[1].

DOM JUAN.

Sganarelle.

SGANARELLE[2].

Oui, Monsieur est homme d'honneur, je le garantis tel.

DOM JUAN.

Hon!

SGANARELLE.

Ce sont des impertinents.

SCÈNE V[3].

DOM JUAN, LA RAMÉE[4], CHARLOTTE, MATHURINE, SGANARELLE.

LA RAMÉE[5].

Monsieur, je viens vous avertir qu'il ne fait pas bon ici pour vous.

DOM JUAN.

Comment?

LA RAMÉE.

Douze hommes à cheval vous cherchent, qui doivent arriver ici dans un moment; je ne sais pas par quel moyen ils peuvent vous avoir suivi; mais j'ai appris cette nouvelle d'un paysan qu'ils ont interrogé, et au-

---

1. Qu'il en avoit menti. (1683 A, 94 B.)
2. SGANARELLE, à Charlotte et à Mathurine. (1734.)
3. SCÈNE VIII. (Ibidem.)
4. La Ramée est, d'après la liste des Personnages, « un spadassin » aux gages de Dom Juan.
5. LA RAMÉE, bas, à D. Juan. (1734.)

ACTE II, SCÈNE V.

quel ils vous ont dépeint. L'affaire presse, et le plus tôt que vous pourrez sortir d'ici sera le meilleur.[1]

DOM JUAN, à Charlotte et Mathurine[2].

Une affaire pressante m'oblige de partir d'ici; mais je vous prie de vous ressouvenir de la parole que je vous ai donnée[3], et de croire que vous aurez de mes nouvelles avant qu'il soit demain au soir.[4] Comme la partie n'est pas égale, il faut user de stratagème, et éluder adroitement le malheur qui me cherche. Je veux que Sganarelle se revête[5] de mes habits, et moi....

SGANARELLE.

Monsieur, vous vous moquez. M'exposer à être tué sous vos habits, et....

DOM JUAN.

Allons vite, c'est trop d'honneur que je vous fais, et bien heureux est le valet qui peut avoir la gloire de mourir pour son maître.

SGANARELLE.

Je vous remercie d'un tel honneur.[6] O Ciel, puisqu'il s'agit de mort, fais-moi la grâce de n'être point pris pour un autre!

1. SCÈNE IX.
DOM JUAN, CHARLOTTE, MATHURINE, SGANARELLE. (1734.)

2. D. Juan, *à Charlotte et à Mathurine*. (1683 A, 92, 94 B, 1734.) — Dom Juan à peine échappé du naufrage et séduisant les villageoises qu'il rencontre, est une idée de l'original espagnol, qui a passé dans toutes les copies italiennes et françaises, et que Molière a singulièrement perfectionnée. C'est lui qui a imaginé d'établir cette rivalité jalouse entre deux paysannes trompées à la fois, et de faire de l'une d'elles la maîtresse de l'homme qui a sauvé la vie à Dom Juan. (*Note d'Auger.*)

3. De ma parole que je vous ai donnée. (1694 B.)

4. SCÈNE X.
DOM JUAN, SGANARELLE.
D. JUAN.
Comme. (1734.)

5. Se vête. (1683 A, 94 B.) — 6. *Seul.* (1734.)

FIN DU SECOND ACTE.

ACTE III[1].

SCÈNE PREMIÈRE.

DOM JUAN, en habit de campagne, SGANARELLE, en médecin[2].

SGANARELLE.

Ma foi, Monsieur, avouez que j'ai eu raison, et que nous voilà l'un et l'autre déguisés à merveille. Votre premier dessein n'étoit point du tout à propos, et ceci nous cache bien mieux[3] que tout ce que vous vouliez faire.

DOM JUAN.

Il est vrai que te voilà bien, et je ne sais où tu as été déterrer cet attirail ridicule.

SGANARELLE.

Oui? C'est l'habit[4] d'un vieux médecin, qui a été laissé en gage au lieu où je l'ai pris, et il m'en a coûté de l'argent pour l'avoir. Mais savez-vous, Monsieur, que

---

1. Le théâtre représente une forêt. — Ce lieu de scène est indiqué plusieurs fois dans l'acte. On y voit aussi que la forêt borde la côte [a], et qu'elle est voisine de la ville [b].... Molière ne pouvant se conformer à l'unité de lieu absolue, tâchoit d'y manquer le moins possible, en rapprochant beaucoup les uns des autres les différents théâtres de l'action. (*Note d'Auger.*)
2. Ces indications : « en habit de campagne », et « en médecin », sont omises dans les éditions de 1683 A, 1694 B.
3. Nous cache mieux. (1734.)
4. Oui, c'est l'habit. (1683 A, 92, 94 B, 97, 1710, 18, 30, 33.)

[a] D. CARLOS. Il avoit pris le long de cette côte. (Scène III, ci-après, p. 151, ligne 9.)
[b] D. JUAN. Votre dessein est-il d'aller du côté de la ville ? (Même scène, ci-après, p. 150, ligne 6 ; voyez encore le début de la scène II.)

cet habit me met déjà en considération, que je suis salué des gens que je rencontre, et que l'on me vient consulter[1] ainsi qu'un habile homme ?

DOM JUAN.

Comment donc[2]?

SGANARELLE.

Cinq ou six paysans et paysannes[3], en me voyant passer, me sont venus demander mon avis sur différentes maladies.

DOM JUAN.

Tu leur as répondu que tu n'y entendois rien?

SGANARELLE.

Moi? Point du tout. J'ai voulu soutenir l'honneur de mon habit : j'ai raisonné sur le mal, et leur ai fait des ordonnances à chacun[4].

DOM JUAN.

Et quels remèdes encore leur as-tu ordonnés?

SGANARELLE.

Ma foi! Monsieur, j'en ai pris par où j'en ai pu attraper; j'ai fait mes ordonnances à l'aventure, et ce seroit une chose plaisante si les malades guérissoient, et qu'on m'en vînt remercier[5].

DOM JUAN.

Et pourquoi non? Par quelle raison n'aurois-tu pas les mêmes priviléges qu'ont tous les autres médecins? Ils n'ont pas plus de part que toi aux guérisons des malades, et tout leur art est pure grimace. Ils ne font rien que recevoir la gloire des heureux succès, et tu peux profiter comme eux du bonheur du malade, et voir

---

1. Et que l'on vient me consulter. (1683 A, 94 B, 1733.)
2. Cette interrogation de Dom Juan est sautée dans le texte de 1694 B.
3. Paysans ou paysannes. (1683 A, 94 B, 1730, 33, 34.)
4. Et leur ai fait ordonnance à chacun. (1683 A, 94 B.)
5. Si ces malades guérissoient, et qu'on me vînt remercier. (*Ibidem*.)

attribuer à tes remèdes tout ce qui peut venir des faveurs du hasard et des forces de la nature[1].

SGANARELLE.

Comment, Monsieur, vous êtes aussi impie en médecine?

DOM JUAN.

C'est une des grandes erreurs qui soit[2] parmi les hommes[3].

SGANARELLE.

Quoi? vous ne croyez pas au séné, ni à la casse, ni au vin émétique[4]?

DOM JUAN.

Et pourquoi veux-tu que j'y croie?

SGANARELLE.

Vous avez l'âme bien mécréante[5]. Cependant vous voyez, depuis un temps, que le vin émétique fait bruire

---

1. Cette réflexion sur la médecine et les médecins, que Molière a reproduite dans *l'Amour médecin*[a], se trouve presque littéralement dans Montaigne[b] : « Ce que la fortune, ce que la nature ou quelque autre cause estrangière (desquelles le nombre est infiny) produict en nous de bon et de salutaire, c'est le privilege de la medecine de se l'attribuer; touts les heureux succez qui arrivent au patient qui est sous son regime, c'est d'elle qu'il les tient. » (*Note d'Auger*.)

2. Qui soient. (1734.)

3. « Voilà, dit Auger, le premier acte d'hostilité de Molière contre la médecine[c]. Cette guerre, une fois commencée, va durer autant que sa vie. » Dans *le Malade imaginaire* (acte III, scène III), le sage Béralde se montre tout aussi mécréant en matière de médecine, et avant de motiver longuement son incrédulité, ne l'affirme pas avec moins d'énergie : « ARGAN. Vous ne croyez donc point à la médecine?... BÉRALDE. Je la trouve, entre nous, une des plus grandes folies qui soit parmi les hommes. »

4. Ni à la casse, au vin hémétique. (1683 A, 94 B.) — De nos anciennes éditions, celle de 1733 est la première qui donne *émétique*, sans *h*.

5. L'âme bien méchante. (1683 A, 94 B.)

[a] Acte III, scène 1; M. Filerin dit aux deux confrères dont il fait l'accommodement : « Soyons de concert auprès des malades pour nous attribuer les heureux succès de la maladie, et rejeter sur la nature toutes les bévues de notre art. »

[b] Livre II, chapitre XXXVII, édition de 1866, tome II, p. 155.

[c] Il n'y a peut-être pas en effet à tenir compte de quelques plaisanteries de la farce du *Médecin volant*.

ses fuseaux¹. Ses miracles² ont converti les plus incrédules esprits³, et il n'y a pas trois semaines que j'en ai vu, moi qui vous parle, un effet merveilleux.

DOM JUAN.

Et quel?

SGANARELLE.

Il y avoit un homme qui, depuis six jours, étoit à

1. Cette locution expressive, toute proverbiale, signifiant : « fait grand bruit dans le monde, » n'est certainement pas de l'invention de Molière. M. Littré, qui la cite à l'article BRUIRE, n'en donne pas d'autre exemple que celui-ci, et, de notre côté, nous n'en avons trouvé aucun dans la langue écrite. Ce doit être un emprunt fait par notre auteur à la langue parlée de son temps, comme il est naturel qu'il y en ait un grand nombre dans les écrivains de style familier.
2. Les miracles. (Édition de 1682 non cartonnée.)
3. Peu de médicaments sans doute ont excité, entre médecins, et dans le public, des débats aussi vifs et aussi prolongés que ceux auxquels donna lieu l'antimoine et sa principale préparation, le vin émétique. Essayé au commencement du seizième siècle, préconisé par Paracelse, l'emploi de ce métal avait été proscrit en France, d'abord en 1566, de nouveau en 1615, par des décrets de la Faculté de médecine de Paris, dont le Parlement avait assuré l'exécution. En 1638, au mépris de ces défenses officielles, par surprise peut-être, le vin émétique fut inscrit au code pharmaceutique, et la querelle redoubla de violence : on peut voir dans l'intéressant volume de M. Maurice Raynaud[a] les titres et quelques citations des plus curieux pamphlets et poëmes qu'elle fit pulluler. Somme toute, l'antimoine prenait de plus en plus faveur, si bien qu'en 1658, le jeune roi se trouvant malade, en grand danger, à Calais, on lui administra du vin émétique, après une grande consultation à laquelle assistait Mazarin. Le Roi guérit, et ce fut bien là un miracle à convertir de nombreux incrédules. Au moment où Molière constatait sur la scène la vogue d'un remède encore frappé de réprobation légale, la résolution était prise de vaincre les dernières résistances de quelques vieux docteurs; à la fin de mars 1666, un siècle après le premier décret prohibitif, le Parlement, entérinant un décret tout contraire de la Faculté, autorisait tous les médecins reçus par elle à « se servir dudit vin émétique pour la cure des maladies, d'en écrire et disputer. » Parmi les rares opposants, Gui Patin est resté un des plus fameux[b]. Le plus bruyant promoteur du nouveau décret et que la Faculté allait (en novembre 1666) se donner pour doyen, était Mauvillain, l'ami de Molière[c].

[a] *Les Médecins au temps de Molière*, 1862 : toute cette histoire est racontée en détail au chapitre IV, § v, viii-xvii, et au chapitre VIII, § v.
[b] Dans le monde, Boileau, comme on le sait par une satire de 1665, restait parmi les détracteurs; on se rappelle ces vers (31 et 32) de la satire IV :

> On compteroit plutôt combien dans un printemps
> Guenaud et l'antimoine ont fait mourir de gens.

[c] Voyez tome IV, p. 395, note 2.

l'agonie; on ne savoit plus¹ que lui ordonner, et tous les remèdes ne faisoient rien; on s'avisa à la fin de lui donner de l'émétique.

DOM JUAN.

Il réchappa, n'est-ce pas² ?

SGANARELLE.

Non, il mourut.

DOM JUAN.

L'effet est admirable.

SGANARELLE.

Comment? il y avoit six jours entiers qu'il ne pouvoit mourir, et cela le fit mourir tout d'un coup. Voulez-vous rien de plus efficace ?

DOM JUAN.

Tu as raison.

SGANARELLE.

Mais laissons là la médecine, où vous ne croyez point, et parlons des autres choses³ ; car cet habit me donne de l'esprit, et je me sens en humeur de disputer contre vous. Vous savez bien que vous me permettez les disputes, et que vous ne me défendez que les remontrances.

DOM JUAN.

Eh bien⁴ ?

1. On ne sauroit plus. (1694 B; faute évidente.)
2. Ces derniers mots : « n'est-ce pas », manquent dans les éditions de 1683 A, 1694 B. Un peu plus loin, elles sautent aussi ce qui est entre « admirable » et « SGANARELLE. Mais laissons là ».
3. D'autres choses. (1718, 33.) — Cette digression sur la médecine.... est longue; elle ne tient ni à l'action, ni au caractère principal de la pièce.... C'est évidemment pour l'amener que Molière a imaginé le travestissement de Sganarelle en médecin, puisqu'il n'en résulte aucune autre chose. Thomas Corneille a donné plus de suite à ce déguisement, en faisant venir une jeune fille qui veut consulter Sganarelle pour sa tante, et que Dom Juan entreprend de séduire. (*Note d'Auger.*)
4. La fin de cette scène, après cette interrogation de Dom Juan, se lit ainsi dans l'édition de 1682 cartonnée et dans celle de 1734 : « SGANARELLE. Je veux savoir vos pensées à fond, et vous connoître un peu mieux que je ne

SGANARELLE.

Je veux savoir un peu vos pensées à fond[1]. Est-il possible que vous ne croyiez point du tout au Ciel?

DOM JUAN.

Laissons cela.

SGANARELLE.

C'est-à-dire que non. Et à l'Enfer?

DOM JUAN.

Eh!

SGANARELLE.

Tout de même. Et au diable, s'il vous plaît?

DOM JUAN.

Oui, oui.

SGANARELLE.

Aussi peu. Ne croyez-vous point l'autre vie?

DOM JUAN.

Ah! ah! ah!

SGANARELLE.

Voilà un homme que j'aurai bien de la peine à convertir. Et dites-moi un peu (encore faut-il croire quelque chose) : Qu'est-ce que vous croyez[2]?

fais : çà, quand voulez-vous mettre fin à vos débauches, et mener la vie d'un honnête homme? D. JUAN *lève la main pour lui donner un soufflet*. Ah! maître sot, vous allez d'abord aux remontrances. SGANARELLE, *en se reculant*. Morbleu! je suis bien sot en effet de vouloir m'amuser à raisonner avec vous; faites tout ce que vous voudrez, il m'importe bien que vous vous perdiez ou non, et que.... D. JUAN *en colère*[a]. Tais-toi. Songeons à notre affaire. Ne serions-nous point égarés? Appelle cet homme que voilà là-bas pour lui demander le chemin.[b] SGANARELLE. Holà, ho, l'homme; ho, mon compère; ho, l'ami, un petit mot, s'il vous plaît. »

1. Dans nos anciens textes : *à fonds*; et, à la ligne suivante : *croyez*.

2. SGANARELLE. Voilà un homme que j'aurai bien de la peine à convertir. Et dites-moi un peu, le Moine bourru, qu'en croyez-vous? eh! D. JUAN. La peste soit du fat! SGANARELLE. Et voilà ce que je ne puis souffrir; car il n'y a rien de plus vrai que le Moine bourru, et je me ferois pendre pour celui-là. Mais encore faut-il croire quelque chose dans le monde. Qu'est-ce donc que

[a] Cette indication n'est point dans l'édition de 1734.

[b] Ici commence la scène II dans l'édition de 1734. Voyez plus bas, p. 144, note 1.

DOM JUAN.
Ce que je crois?

SGANARELLE.
Oui.

DOM JUAN.
Je crois que deux et deux sont quatre, Sganarelle, et que quatre et quatre sont[1] huit[2].

SGANARELLE.
La belle croyance que voilà[3] ! Votre religion, à ce que

vous croyez? (1683 A, 94 B.) — L'addition introduite ici sur le Moine bourru par l'éditeur de Hollande emprunte une incontestable autorité de l'espèce de commentaire qu'a fait Rochemont du texte primitif. Énumérant dans ses *Observations* (qui sont d'avril 1665) les endroits les plus criminels de la pièce, il rappelle « un valet infâme, fait au badinage de son maître, dont toute la créance aboutit au Moine bourru, *car pourvu que l'on croie le Moine bourru, tout va bien, le reste n'est que bagatelle* [a]. » Il est d'ailleurs évident que la phrase soulignée, perfidement sans doute et pour faire croire à une citation textuelle, n'a jamais été dite sur le théâtre (voyez à l'*Appendice*, p. 226 et note 5). On peut conjecturer que ce passage sur le Moine bourru est un de ceux que Molière lui-même retrancha, dès la seconde représentation (voyez plus bas, p. 146, dernier alinéa de la note 1), puisqu'il n'y en a pas trace dans l'exemplaire non cartonné de l'édition de 1682. — Regnier raconte, vers la fin de sa satire XI (1612), que, rentrant au petit jour d'une nuit d'aventures, il est à grand'peine reconnu par son valet, qui lui

demande étonné
Si le Moine bourru *l'avoit point promené.*

« *Le Moine bourru* est, dit Furetière (1690), un lutin qui, dans la croyance du peuple, court les rues aux avents de Noël et qui fait des cris effroyables. » D'après le *Dictionnaire de M. Littré*, on se le représentait vêtu de bourre ou bure, et de là son nom; mais il donnait surtout l'idée d'un être bizarre et méchant; et *bourru* n'aurait-il pas été pris dans le sens, qu'il a eu, de « fantasque, bizarre, fou, extravagant »? voyez au vers 627 du *Tartuffe*.

1. Deux fois *font*, au lieu de *sont*, dans les éditions de 1683 A, 1694 B.
2. Balzac, dans le *X{e} Discours du Socrate chrétien*, publié en 1652, rapporte qu'un prince étranger, une heure avant sa mort, fit cette même réponse à un théologien protestant qui le conjurait « de faire une espèce de confession de foi. » Voyez les *OEuvres de M. Balzac*, 1665, in-folio, tome II, p. 261. — Tallemant des Réaux, dans l'historiette intitulée *la Princesse d'Orange la mère....* (tome I, p. 493), nomme ce prince : c'est Maurice, prince d'Orange, fils de Guillaume le Taciturne, grand-oncle du roi d'Angleterre Guillaume III.
3. Belle croyance et les beaux articles de foi que voici! (1683 A, 94 B.)

[a] « Le valet ne croit que le Moine bourru, » répète-t-il plus loin (p. 228).

ACTE III, SCÈNE I.

je vois, est donc l'arithmétique? Il faut avouer qu'il se met d'étranges folies[1] dans la tête des hommes, et que, pour avoir bien étudié, on en est[2] bien moins sage le plus souvent. Pour moi, Monsieur, je n'ai point étudié comme vous, Dieu merci, et personne ne sauroit se vanter[3] de m'avoir jamais rien appris; mais, avec mon petit sens, mon petit jugement[4], je vois les choses mieux que tous les livres[5], et je comprends fort bien que ce monde que nous voyons n'est pas un champignon qui soit venu tout seul en une nuit. Je voudrois bien vous demander qui a fait ces arbres-là[6], ces rochers, cette terre, et ce ciel que voilà là-haut, et si tout cela s'est bâti de lui-même. Vous voilà, vous, par exemple, vous êtes là : est-ce que vous vous êtes fait tout seul, et n'a-t-il pas fallu que votre père ait engrossé votre mère pour vous faire? Pouvez-vous voir toutes les inventions[7] dont la machine de l'homme est composée sans admirer de quelle façon cela est agencé l'un dans l'autre[8]? ces nerfs, ces os, ces veines, ces artères, ces..., ce poumon, ce cœur, ce foie, et tous ces autres ingrédients qui sont là

---

1. D'étrange folie. (1683 A.) — Dans l'édition de 1694 B, *d'étranges folie* (sic).
2. Et que pour avoir étudié, on est. (1683 A, 94 B.)
3. Ne se sauroit vanter. (*Ibidem.*)
4. Et mon petit jugement. (*Ibidem.*)
5. Mieux que tous vos livres. (*Ibidem.*)
6. Qui a fait ces orbes-là? (1683 A.) Dans le texte de 1694 B, *orbes* est devenu *arbes*.
7. Toutes ces inventions. (1683 A, 94 B.)
8. Le maître sous la direction duquel Molière avait achevé ses études, Gassendi, « bon philosophe, dit M. Paul Janet[a], et prêtre honorable, l'un des initiateurs de l'esprit moderne,... n'était épicurien qu'en physique : lui-même défendait contre Descartes le vieil argument des causes finales, celui-là même que Sganarelle, tant bien que mal, fait valoir contre Dom Juan. » Et

[a] Dans un morceau intitulé *la Philosophie dans les comédies de Molière*, auquel nous avons déjà fait plusieurs emprunts : voyez tome IV, p. 41, note 3; et la *Revue politique et littéraire*, n° du 26 octobre 1872, p. 388-391. Voyez aussi toute l'appréciation que M. Janet a faite de cette scène, p. 390 et 391; c'est, dit-il, « de toutes les scènes philosophiques de Molière la plus belle, la plus forte, la plus dramatique. »

et qui.... Oh! dame[1], interrompez-moi donc, si vous voulez. Je ne saurois disputer, si l'on ne m'interrompt. Vous vous taisez exprès, et me laissez parler par belle malice[2].

DOM JUAN.

J'attends que ton raisonnement soit fini.

SGANARELLE.

Mon raisonnement est qu'il y a quelque chose d'admirable dans l'homme, quoi que vous puissiez dire, que

il se peut que quelques souvenirs des leçons ou des cahiers de son maître se soient mêlés à la démonstration que Molière fait faire à Sganarelle. Cette dernière phrase, où, pour le besoin du rôle comique, finit par s'embarrasser le disputeur plus convaincu que disert, on pourrait la croire traduite, sous une forme appropriée au personnage, du grand traité de philosophie (*Syntagma philosophicum*) de Gassendi. M. C.-J. Jeannel en a fait le rapprochement dans son travail sur *la Morale de Molière* (1867): il cite, p. 219, note 3, les deux passages suivants du *Syntagma philosophicum*, publié pour la première fois et après la mort de l'auteur, à Lyon, en 1658: *Quid heic proinde memorem tum mirabilem fabricam contexturamque corporis, tum eminenteis facultates quas observamus in anima? — Intuens vero hominis corpus, in quo pedes, oculi, manus, in quo cor, pulmo, cerebrum, jecur, in quo ossa, musculi, venæ, in quo renes, vesica, alvus, in quo cætera omnia neque exquisitius formari, neque congruentius collocari, neque utilius destinari, neque speciosius exornari quacumque tandem arte potuissent, causam illius reputas cæcam expertemque consilii?* (*Physicæ* sectio I, liber IV, caput VII, tome I, p. 329, colonne 1, de l'édition originale, et *Physicæ* sectio III, membrum posterius, liber II, caput III, tome II, p. 234, colonnes 1 et 2.)

1. Ah! dame. (1683 A, 94 B.) — Sur cette exclamation, qui signifie *Seigneur!* (*dame* représentant *dominum* ainsi que *dominam*, ce dont témoigne bien le mot *vidame*) voyez le *Lexique* de Génin.

2. Retz, dans ses *Mémoires* (tome IV, p. 396), nous a conservé un trait analogue des comédiens italiens. Narrant un entretien qu'il eut avec Monsieur (Gaston, duc d'Orléans), en présence de Madame, au mois d'octobre 1652, il rapporte qu'après avoir longtemps affecté d'abonder dans le sens du prince, il le vit, comme il s'y attendait, demeurer absolument court sur la résolution à prendre : « Je ne vous saurois, dit-il, mieux expliquer l'issue de cette conférence, qu'en vous suppliant de vous ressouvenir de ce que vous avez vu quelquefois à la comédie italienne. La comparaison est beaucoup irrespectueuse, et je ne prendrois pas la liberté de la faire si elle étoit de mon invention; ce fut Madame elle-même à qui elle vint dans l'esprit, aussitôt que Monsieur fut sorti du cabinet, et elle la fit moitié en riant, moitié en pleurant. « Il me « semble, me dit-elle, que je vois Trivelin qui dit à Scaramouche : *Que je* « *t'aurois dit de belles choses, si tu n'avois pas eu assez d'esprit pour ne me* « *pas contredire!* »

ACTE III, SCÈNE I.

tous les savants ne sauroient expliquer. Cela n'est-il pas merveilleux que me voilà ici, et que j'aie quelque chose[1] dans la tête qui pense cent choses différentes en un moment, et fait de mon corps tout ce qu'elle[2] veut[3] ? Je veux frapper des mains, hausser le bras, lever les yeux au ciel, baisser la tête, remuer les pieds, aller à droit, à gauche[4], en avant, en arrière, tourner....

(Il se laisse tomber en tournant[5].)

DOM JUAN.

Bon! voilà ton raisonnement qui a le nez cassé.

SGANARELLE.

Morbleu! je suis bien sot de m'amuser à raisonner[6] avec vous. Croyez ce que vous voudrez : il m'importe bien que vous soyez damné !

DOM JUAN.

Mais tout en raisonnant, je crois que nous sommes égarés. Appelle un peu cet homme que voilà là-bas, pour lui demander le chemin.

SGANARELLE.

Holà, ho, l'homme! ho, mon compère! ho, l'ami! un petit mot s'il vous plaît[7].

1. Et que j'ai quelque chose. (1694 B.)
2. Voyez le *Lexique de la langue de Corneille*, tome I, p. 177 et 178. « Chez nos anciens auteurs, dit M. Marty-Laveaux, au sujet d'un exemple du *Menteur* (vers 961-963), le pronom qui suit *quelque chose* se rapportait ordinairement au mot *chose*, et non pas à la locution prise dans son ensemble, et il se mettait par conséquent au féminin. »
3. Tout ce qu'il veut. (1683 A, 94 B.)
4. « A droit et à gauche » se trouve déjà ci-dessus, p. 80, ligne 8.
5. *En se tournant.* (1683 A, 94 B.)
6. Morbleu! je suis bien sot de raisonner. (*Ibidem.*)
7. Si vous plaît. (1694 B.)

SCÈNE II.

DOM JUAN, SGANARELLE, UN PAUVRE[1].

SGANARELLE.

Enseignez-nous[2] un peu le chemin qui mène à la ville.

LE PAUVRE.

Vous n'avez qu'à suivre cette route, Messieurs, et détourner à main droite[3] quand vous serez au bout de la forêt; mais je vous donne avis que vous devez vous tenir sur vos gardes, et que, depuis quelque temps, il y a des voleurs ici autour.

DOM JUAN.

Je te suis bien obligé, mon ami, et je te rends grâce[4] de tout mon cœur[5].

LE PAUVRE.

Si vous vouliez, Monsieur, me secourir[6] de quelque aumône?

---

1. DOM JUAN, SGANARELLE, FRANCISQUE. (Édition de 1682 cartonnée, 1734.) Voyez ci-dessus, p. 77, note 1. — Dans l'édition de 1734, cet en-tête de scène est avant la phrase précédente : « Holà, ho, » etc. Voyez la note *b* de la page 139.

2. Enseigne-nous. (1683 A, 94 B.) — 3. Et tournez à main droite. (*Ibidem.*)

4. Je te suis obligé, mon ami, et je te rends grâces. (*Ibidem.*)

5. Et je te rends grâces de tout mon cœur de ton bon avis. (Édition de 1682 cartonnée, 1734.) — Le dialogue qui suit entre Dom Juan et Francisque ou le Pauvre a été retranché dans l'édition de 1682 cartonnée et dans celle de 1734, et la scène se termine ainsi dans la première de ces deux éditions : « SGANARELLE, *regardant dans la forêt.* Hà, Monsieur, quel bruit, quel cliquetis! D. JUAN, *en se retournant.* Que vois-je là? Un homme attaqué par trois autres? La partie est trop inégale, et je ne dois pas souffrir cette lâcheté. *Il court au lieu du combat.* » — Voici le texte de l'édition de 1734, où cette fin forme une scène à part : « SCÈNE III. — DOM JUAN, SGANARELLE. — SGANARELLE. Ah! etc. D. JUAN, *regardant dans la forêt.* Que vois-je là? etc. *Il met l'épée à la main, et court au lieu du combat.* » Voyez ci-après la note 1 de la page 149. — On trouvera à la page 146, note 1, un important passage du dialogue avec le Pauvre, qui manque même dans le texte non cartonné, reproduit par nous.

6. Si vous voulez me secourir, Monsieur. (1683 A, 94 B.)

ACTE III, SCÈNE II.

DOM JUAN.

Ah! ah! ton avis est intéressé, à ce que je vois.

LE PAUVRE.

Je suis un pauvre homme, Monsieur, retiré tout seul dans ce bois depuis dix ans[1], et je ne manquerai pas de prier le Ciel qu'il vous donne toute sorte de biens.

DOM JUAN.

Eh! prie-le[2] qu'il te donne un habit, sans te mettre en peine des affaires des autres.

SGANARELLE.

Vous ne connoissez pas Monsieur, bon homme[3] : il ne croit qu'en deux et deux sont quatre, et en quatre et quatre sont huit.

DOM JUAN.

Quelle est ton occupation parmi ces arbres ?

LE PAUVRE.

De prier le Ciel tout le jour pour la prospérité des gens de bien qui me donnent quelque chose.

DOM JUAN.

Il ne se peut donc pas que tu ne sois bien à ton aise?

LE PAUVRE.

Hélas! Monsieur, je suis dans la plus grande nécessité du monde.

DOM JUAN.

Tu te moques : un homme qui prie le Ciel tout le jour, ne peut pas manquer d'être bien dans ses affaires.

LE PAUVRE.

Je vous assure, Monsieur, que le plus souvent je n'ai pas un morceau de pain à mettre sous les dents.

---

1. Depuis plus de dix ans. (1683 A, 94 B.)
2. Eh ! prie le Ciel. (*Ibidem*.)
3. Vous ne connoissez pas, Monsieur, ce bon homme. (*Ibidem ;* faute évidente.)

DOM JUAN.

Je[1] te veux donner un Louis d'or, et je te le donne

[1]. Nous suivons, comme partout dans cette pièce, le texte de l'édition originale et non cartonnée de 1682. Celles d'Amsterdam et de Bruxelles (1683, 1694) ont de plus en cet endroit quelques lignes de dialogue qui, pour le sens, sont certainement de Molière : nous le savons par le rapport d'un témoin de la première représentation ; mais peut-être les éditeurs de 1682 les ont-ils retranchées à dessein, parce qu'ils savaient que l'auteur lui-même avait l'intention de les omettre à l'impression. Voici le texte des deux éditions étrangères, intercalé entre la dernière réplique du Pauvre : « Je vous assure.... sous les dents, » et les derniers mots de notre scène : « Mais que vois-je, » etc. :

D. JUAN.

Voilà qui est étrange, et tu es bien mal reconnu de tes soins. Ah ! ah ! je m'en vais te donner un Louis d'or tout à l'heure, pourvu que tu veuilles jurer.

LE PAUVRE.

Ah ! Monsieur, voudriez-vous que je commisse un tel péché ?

D. JUAN.

Tu n'as qu'à voir si tu veux gagner un Louis d'or ou non : en voici un que je te donne, si tu jures. Tiens : il faut jurer.

LE PAUVRE.

Monsieur....

D. JUAN.

A moins de cela tu ne l'auras pas.

SGANARELLE.

Va, va, jure un peu, il n'y a pas de mal.

D. JUAN.

Prends, le voilà ; prends, te dis-je ; mais jure donc.

LE PAUVRE.

Non, Monsieur, j'aime mieux mourir de faim.

D. JUAN.

Va, va, je te le donne pour l'amour de l'humanité.

Voyez ci-dessus, p. 74 et 75, le sommaire de Voltaire. — Ce passage, supprimé dans l'édition de 1682 avant même qu'on y introduisît des cartons, avait dû l'être au théâtre dès la seconde représentation donnée par Molière ; car Rochemont rappelant (ci-après, p. 226) cette scène d' « un pauvre à qui l'on donne l'aumône à condition de renier Dieu, » avertit expressément en note qu'il parle de la première représentation, et par là même nous apprend qu'il n'ignore point le retranchement qui a été fait aux suivantes. On conçoit sans peine que la proposition seule de jurer ait scandalisé, que l'annonce de ce reniement, la pensée qu'on allait entendre ce blasphème payant une aumône aient soulevé par avance des murmures, et que le poëte, même sans autre avertissement, se soit résigné à mutiler cette scène, à la donner à peu près comme elle fut imprimée, avant les cartons, pour l'édition de 1682 ; l'idée première n'y était plus, car la scène n'avait sans doute été imaginée que pour donner le spectacle de cette tentation, de cet essai de corruption, trois fois renouvelé par le riche, et constamment repoussé par le mendiant, malgré l'encouragement du valet ; elle contenait du moins encore un sarcasme de l'athée sur l'efficacité des prières ;

pour l'amour de l'humanité [1]. Mais que vois-je là? Un

mais nous croyons que Molière l'eût plutôt supprimée tout à fait que de la réduire à ce qu'elle devint après les cartons, à l'apparition inutile d'un acteur et à deux phrases absolument insignifiantes. Il est possible que, dans la scène, telle qu'elle était d'abord, telle que nous l'avons dans les éditions étrangères ou même qu'elle nous a été conservée par le texte non cartonné de 1682, il n'eût pas été facile au plus grand nombre des auditeurs et des lecteurs de bien saisir la véritable pensée de Molière; l'on s'explique donc la raison des retranchements ordonnés par la police, ou faits même volontairement par l'auteur. Mais il semble que, bien comprise, la scène du Pauvre aurait pu être tolérée aussi longtemps qu'on voulut bien laisser jouer le *Dom Juan*. M. Despois en jugeait ainsi, dans une note écrite par lui en regard du texte : « Si l'on voulait, dit-il, chercher, dans cette scène, quelque autre dessein que celui de faire contraster d'une façon générale l'immoralité impie du grand seigneur avec l'honnêteté du pauvre diable, j'y verrais plutôt ce qu'on pourrait appeler de notre temps une intention démocratique, qu'une intention irréligieuse; il est trop évident que Molière en mettant ici l'irréligion dans la bouche de Dom Juan ne la recommande point; car Dom Juan est évidemment odieux dans cette scène, notamment quand il dit ce mot si vrai, et qui se trouve si souvent dans la bouche de ses pareils, les gens sans cœur, ravis de trouver autre chose qu'une intention honnête chez les honnêtes gens : « Ah! ah! ton avis est intéressé, à ce que je vois. »

1. On a beaucoup disserté sur le sens, l'intention de ces mots : « pour l'amour de l'*humanité*. » Nous croyons que, dans la bouche de Dom Juan, ils font simplement opposition à la formule chrétienne de l'aumône : « Pour l'amour de Dieu. » C'est, comme on dirait aujourd'hui : « Je te donne, non par charité, mais par philanthropie. » — M. Despois, dans une note inachevée, qui n'eût peut-être pas été son dernier mot sur ce passage, propose une interprétation un peu différente : « De nos jours, dit-il, on a voulu voir, dans cette expression d'humanité, un sens presque hégélien. N'y a-t-il pas là quelque chose de beaucoup plus vulgaire et de moins athée, un dicton qui contiendrait une allusion plus ou moins vague à l'*humanité* entendue dans le sens où Henri IV prenait le mot, quand un jour, à ce que conte Tallemant des Réaux [a], il fit ce vers :

Elle aime trop l'humanité » ?

Il s'agissait d'une grande princesse qu'un amant avait traitée de divinité, et le Roi s'inscrivait plaisamment en faux contre cet enthousiasme; il ne voulait assurément pas faire entendre qu'elle étendait ses sympathies à l'universalité des hommes, mais qu'elle se trouvait fort bien de sa peu glorieuse nature, comme de celle de ses adorateurs [b]. D'après ce rapprochement, M. Despois semble avoir pensé que Dom Juan se borne à dire : « Je te donne en considération

[a] Tome I, p. 14.
[b] Comparez le vers 762 du *Dépit amoureux*. — *Humanité* se disait aussi pour *corps*, *chair* : *Reposer son humanité*, son pauvre corps; voyez le *Dictionnaire de M. Littré*, 1°.

homme attaqué par trois autres ? La partie est trop
inégale, et je ne dois pas souffrir cette lâcheté.

de *a* la pauvre humanité que je te vois, de ta misérable condition; » il accompagne la générosité qu'il se décide à faire à celui qu'il a si indignement tourmenté, d'un simple mot de pitié pour sa misère. C'est un sens plus restreint que celui que nous avons proposé, mais excluant de même toute idée chrétienne de « charité pour l'amour de Dieu. » — A l'interprétation que nous préférons, comparez celle que propose, en deux endroits, M. Moland (tome I, p. CLXVIII, et tome III, p. 425). Elle est ingénieuse, mais prête, croyons-nous, au sec et froid Dom Juan une trop généreuse émotion et nous paraît moins naturelle que celle de M. Despois, et surtout que la nôtre, qui est, au reste, la plus ancienne et la plus généralement adoptée. Un doute peut subsister, il est vrai. Recueillant la phrase dans son *Lexique* pour ce terme d'*humanité*, Génin le définit, ainsi que la plupart l'ont entendu, « l'ensemble du genre humain, considéré philosophiquement comme une seule famille ; » mais M. Moland se refuse à admettre que Molière ait pu songer à lui donner cette signification ; Génin lui-même se croyait autorisé à dire qu'en cela « Molière a devancé le dix-huitième siècle. » Il est très-certain qu'*humanité* avec cette acception est rare dans la langue du dix-septième. On peut croire cependant que Bossuet en a consacré plutôt que créé l'emploi, lorsque, moins de quinze ans après la mort du poëte, au début de son oraison funèbre du grand Condé, il y eut si naturellement recours pour achever cette gradation : « Un prince qui a honoré la maison de France, tout le nom françois, son siècle, et, pour ainsi dire, l'humanité toute entière. » En effet, bien antérieurement, Regnier, dans sa IX*e* *satire* (vers 210-212), avait pris le mot dans un sens, sinon sûrement identique, du moins approchant :

Ainsi l'humanité, sottement abusée,
Court à ses appétits, qui l'aveuglent si bien,
Qu'encor qu'elle ait des yeux, si ne voit-elle rien.

Entre ces deux exemples on sera moins étonné d'en rencontrer un de Molière. — Pour clore cette longue note, nous renverrons encore à ce que dit de ce passage M. Charles Magnin dans son article, déjà cité, sur la reprise du *Dom Juan* de Molière (*Revue des Deux Mondes* du 1er février 1847).

a Pour l'amour de pouvait n'avoir guère plus de force que *à cause de*, témoin cette phrase de Malherbe traduisant le traité *des Bienfaits* de Sénèque (tome II, p. 173) : « (*Décidez*) si un homme m'ayant fait un plaisir, et depuis une injure,... je dois être quitte du bienfait pour l'amour de l'injure, et lui de l'injure pour l'amour du bienfait. » Et c'est aussi ce sens, nullement ironique, que M. Adelphe Espagne (voyez p. 15 et 16 de la brochure citée ci-dessus, p. 103, note *b*) veut donner à la locution dans le vers 1042 de *l'École des maris* :

Je me suis dérobée au bal pour l'amour d'eux ;

il ne voit là qu'un provençalisme. Aux exemples qu'il cite on pourrait joindre ceux où le paysan Gareau (dans *le Pédant joué*, par exemple, acte II, scène II) se sert de *pelamor que* (pour l'amour que) au lieu de *parce que*.

SCÈNE III.

DOM JUAN, DOM CARLOS, SGANARELLE.

SGANARELLE[1].

Mon maître est un vrai enragé d'aller se présenter à un péril qui ne le cherche pas; mais, ma foi! le secours a servi, et les deux ont fait fuir les trois[2].

DOM CARLOS, l'épée à la main[3].

On voit, par la fuite de ces voleurs, de quel secours est votre bras. Souffrez, Monsieur, que je vous rende grâce[4] d'une action si généreuse, et que....

DOM JUAN, revenant l'épée à la main[5].

Je n'ai rien fait, Monsieur, que vous n'eussiez fait en ma place[6]. Notre propre honneur est intéressé dans de pareilles aventures, et l'action de ces coquins étoit si lâche, que c'eût été y prendre part que de ne s'y pas opposer[7]. Mais par quelle rencontre vous êtes-vous trouvé entre leurs mains?

DOM CARLOS.

Je m'étois par hasard égaré d'un frère[8] et de tous

---

1.   SCÈNE IV.
  SGANARELLE seul. (1734.) — Voyez plus haut, p. 144, note 5.
2. Les éditions de 1683 A, 1694 B omettent cette fin : « fuir les trois », et terminent, ôtant ainsi tout sens à la phrase, par ces mots : « et les deux ont fait. » — A la suite, ces deux textes ne donnent pas les indications qui accompagnent les noms de D. Carlos et de D. Juan.
3.   SCÈNE V.
  DOM JUAN, DOM CARLOS, SGANARELLE, au fond du théâtre.
      D. Carlos, remettant son épée. (1734.)
4. Est votre bras, Monsieur; que je vous rends grâce. (1683 A, 94 B.) — Grâces. (1710, 18, 30, 33, 34.)
5. Cette indication n'est pas dans l'édition de 1734.
6. A ma place. (1683 A, 94 B, 1773.)
7. Que de ne s'y opposer. (1694 B.)
8. Je m'étois par hasard écarté d'un frère. (1683 A, 94 B.)

ceux de notre suite; et comme je cherchois à les rejoindre, j'ai fait rencontre de ces voleurs, qui d'abord ont tué mon cheval, et qui, sans votre valeur, en auroient fait autant de moi.

DOM JUAN.

Votre dessein est-il d'aller du côté de la ville?

DOM CARLOS.

Oui, mais sans y vouloir entrer; et nous nous voyons obligés, mon frère et moi, à tenir la campagne pour une de ces fâcheuses affaires qui réduisent les gentilshommes à se sacrifier, eux et leur famille, à la sévérité de leur honneur, puisque enfin le plus doux succès en est toujours funeste, et que, si l'on ne quitte pas la vie, on est contraint de quitter le Royaume; et c'est en quoi je trouve[1] la condition d'un gentilhomme malheureuse, de ne pouvoir point s'assurer sur toute la prudence et toute l'honnêteté de sa conduite[2], d'être asservi par les lois de l'honneur au déréglement de la conduite d'autrui, et de voir sa vie, son repos et ses biens dépendre de la fantaisie du premier téméraire qui s'avisera de lui faire une de ces injures pour qui un honnête homme doit périr.

DOM JUAN.

On a cet avantage, qu'on fait courir le même risque et passer mal aussi[3] le temps à ceux qui prennent fantaisie de nous venir faire une offense de gaieté de cœur. Mais ne seroit-ce point une indiscrétion que de vous demander quelle peut être votre affaire?

DOM CARLOS.

La chose en est aux termes de n'en plus faire de secret, et lorsque l'injure a une fois éclaté, notre honneur ne va point à vouloir cacher notre honte, mais à

---

1. Et c'est en quoi se trouve. (1683 A, 94 B.)
2. L'honnêteté de sa condition. (*Ibidem.*)
3. Et passer aussi mal. (Édition de 1682 cartonnée, 1734.)

faire éclater notre vengeance, et à publier même le dessein que nous en avons. Ainsi, Monsieur, je ne feindrai[1] point de vous dire que l'offense que nous cherchons à venger est une sœur séduite et enlevée d'un couvent, et que l'auteur de cette offense est un Dom Juan Tenorio, fils de Dom Louis Tenorio[2]. Nous le cherchons depuis quelques jours, et nous l'avons suivi ce matin sur le rapport d'un valet qui nous a dit qu'il sortoit à cheval, accompagné de quatre ou cinq, et qu'il avoit pris le long de cette côte[3]; mais tous nos soins ont été inutiles, et nous n'avons pu découvrir ce qu'il est devenu.

DOM JUAN.

Le connoissez-vous, Monsieur, ce Dom Juan dont vous parlez?

DOM CARLOS.

Non, quant à moi. Je ne l'ai jamais vu, et[4] je l'ai seulement ouï dépeindre à mon frère; mais la renommée n'en dit pas force bien, et c'est un homme dont la vie....

DOM JUAN.

Arrêtez, Monsieur, s'il vous plaît. Il est un peu de mes amis[5], et ce seroit à moi une espèce de lâcheté, que d'en ouïr dire du mal.

DOM CARLOS.

Pour l'amour de vous, Monsieur, je n'en dirai rien du tout, et c'est bien[6] la moindre chose que je vous doive, après m'avoir sauvé la vie, que de me taire devant vous d'une personne que vous connoissez, lorsque je ne puis

---

1. Voyez au tome IV, la note 2 de la page 200.
2. Fils de D. Cores Tenorio. (1683 A, 94 B; nom mal lu sans doute dans le manuscrit remis à l'imprimeur.) — Dans l'original de Tirso de Molina, le père de Don Juan s'appelle Don Diego (Jacques) : voyez la *Notice*, p. 9.
3. Le long de ce côté. (1683 A, 94 B.)
4. Non, quant à moi je ne l'ai jamais vu, et. (*Ibidem.*)
5. Il est un peu un de mes amis. (*Ibidem.*)
6. Du tout. C'est bien. (1730, 34.)

en parler sans en dire du mal; mais, quelque ami que vous lui soyez, j'ose espérer que vous n'approuverez pas son action, et ne trouverez pas étrange que nous cherchions d'en prendre la vengeance[1].

DOM JUAN.

Au contraire, je vous y veux servir, et vous épargner des soins inutiles. Je suis ami de Dom Juan, je ne puis pas m'en empêcher; mais il n'est pas raisonnable qu'il offense impunément des gentilshommes, et je m'engage[2] à vous faire faire raison par lui.

DOM CARLOS.

Et quelle raison peut-on faire à ces sortes d'injures?

DOM JUAN.

Toute celle que votre honneur peut souhaiter; et, sans vous donner la peine de chercher Dom Juan davantage, je m'oblige à le faire trouver au lieu que vous voudrez, et quand il vous plaira.

DOM CARLOS.

Cet espoir est bien doux, Monsieur, à des cœurs offensés; mais, après ce que je vous dois, ce me seroit une trop sensible douleur que vous fussiez de la partie[3].

DOM JUAN.

Je suis si attaché à Dom Juan, qu'il ne sauroit se battre que je ne me batte aussi; mais enfin j'en réponds comme de moi-même, et vous n'avez qu'à dire quand vous voulez qu'il paroisse et vous donne satisfaction.

DOM CARLOS.

Que ma destinée est cruelle! Faut-il que je vous doive la vie, et que Dom Juan soit de vos amis?

1. D'en prendre vengeance. (1730, 33, 34.)
2. Qu'il offense des gentilshommes impunément; je m'engage. (1683 A, 94 B.)
3. Comme second : voyez à la dernière scène de l'acte I des *Fâcheux*, tome III, p. 55, la fin de la note 5 de la page 54.

SCÈNE IV.

DOM ALONSE, et trois Suivants, DOM CARLOS, DOM JUAN, SGANARELLE.

DOM ALONSE [1].

Faites boire là mes chevaux [2], et qu'on les amène après nous; je veux un peu marcher à pied.[3] O Ciel! que vois-je ici! Quoi? mon frère, vous voilà avec notre ennemi mortel?

DOM CARLOS.

Notre ennemi mortel [4]?

DOM JUAN, *se reculant trois pas et mettant fièrement la main sur la garde de son épée*[5].

Oui, je suis Dom Juan moi-même, et l'avantage [6] du nombre ne m'obligera pas à vouloir déguiser mon nom.

DOM ALONSE [7].

Ah! traître, il faut que tu périsses, et.... [8]

DOM CARLOS.

Ah! mon frère, arrêtez. Je lui suis redevable de la

---

1. SCÈNE VI.
  DOM ALONSE, DOM CARLOS, DOM JUAN, SGANARELLE.
D. ALONSE, *parlant à ceux de sa suite, sans voir D. Carlos ni D. Juan*. (1734.)

2. Nos chevaux. (1683 A, 94 B.)

3. *Les apercevant tous deux*. (1734.)

4. Cette interrogation de Dom Carlos est sautée dans les textes de 1683 A et de 1694 B.

5. D. JUAN, *mettant la main sur la garde de son épée*. (1734.) — Le jeu de scène n'est pas marqué dans les deux éditions étrangères, où manque en outre ce qui suit la réponse de Dom Alonse à Dom Juan, jusqu'à : « D. CARLOS. De grâce, mon frère.... »

6. Oui, je suis Dom Juan, et l'avantage. (1734.)

7. D. ALONSE, *mettant l'épée à la main*. (*Ibidem*.)

8. *Sganarelle court se cacher*. (*Ibidem*.)

vie; et sans le secours de son bras, j'aurois été tué par des voleurs que j'ai trouvés.

DOM ALONSE.

Et voulez-vous que cette considération empêche notre vengeance ? Tous les services que nous rend une main ennemie ne sont d'aucun mérite pour engager notre âme; et s'il faut mesurer l'obligation à l'injure, votre reconnoissance, mon frère, est ici ridicule; et comme l'honneur est infiniment plus précieux que la vie, c'est ne devoir rien proprement que d'être redevable de la vie à qui nous a ôté l'honneur.

DOM CARLOS.

Je sais la différence, mon frère, qu'un gentilhomme doit toujours mettre entre l'un et l'autre, et la reconnoissance de l'obligation n'efface point en moi le ressentiment de l'injure; mais souffrez que je lui rende ici ce qu'il m'a prêté, que je m'acquitte sur-le-champ de la vie que je lui dois, par un délai de notre vengeance, et lui laisse la liberté de jouir, durant quelques jours, du fruit de son bienfait.

DOM ALONSE.

Non, non, c'est hasarder notre vengeance que de la reculer, et l'occasion de la prendre peut ne plus revenir. Le Ciel nous l'offre ici, c'est à nous d'en profiter. Lorsque l'honneur est blessé mortellement, on ne doit point songer à garder aucunes mesures; et si vous répugnez à prêter votre bras à cette action, vous n'avez qu'à vous retirer et laisser à ma main la gloire d'un tel sacrifice.

DOM CARLOS.

De grâce, mon frère....

DOM ALONSE.

Tous ces discours[1] sont superflus : il faut qu'il meure.

1. Tous les discours. (1683 A, 94 B.)

DOM CARLOS.

Arrêtez-vous, dis-je, mon frère[1]. Je ne souffrirai point du tout qu'on attaque ses jours[2], et je jure le Ciel que je le défendrai ici contre qui que ce soit, et je saurai[3] lui faire un rempart de cette même vie qu'il a sauvée ; et pour adresser vos coups[4], il faudra que vous me perciez.

DOM ALONSE.

Quoi? vous prenez le parti de notre ennemi contre moi ; et loin d'être saisi à son aspect des mêmes transports que je sens, vous faites voir pour lui des sentiments pleins de douceur?

DOM CARLOS.

Mon frère, montrons de la modération dans une action légitime, et ne vengeons point notre honneur avec cet emportement que vous témoignez. Ayons du cœur dont nous soyons les maîtres, une valeur qui n'ait rien de farouche, et qui se porte aux choses par une pure délibération de notre raison, et non point par le mouvement d'une aveugle colère. Je ne veux point, mon frère, demeurer redevable à mon ennemi, et je lui ai une obligation dont il faut que je m'acquitte avant toute chose[5]. Notre vengeance, pour être différée, n'en sera pas moins éclatante : au contraire, elle en tirera de l'avantage ; et cette occasion de l'avoir pu prendre la fera paroître plus juste aux yeux de tout le monde.

DOM ALONSE.

O[6] l'étrange foiblesse, et l'aveuglement effroyable d'hasarder[7] ainsi les intérêts de son honneur pour la ridicule pensée d'une obligation chimérique !

1. Arrêtez-vous, vous dis-je, mon frère. (1697, 1710, 18, 30, 33, 34.)
2. Dans les deux éditions étrangères il y a ici une réticence; les mots : *ses jours*, sont remplacés par des points.
3. Ce soit, je saurai. (1683 A, 94 B.) — 4. Et pour arrêter vos coups. (*Ibidem.*)
5. Avant toutes choses. (1710, 18, 33, 34.) — 6. Ah. (1683 A, 94 B, 1733.)
7. Tel est le texte de 1682, de plusieurs des éditions suivantes, et même de 1734 ; celles de 1683 A. 92, 94 B, 1733, 73, aspirent *h*.

DOM CARLOS.

Non, mon frère, ne vous mettez pas en peine. Si je fais une faute, je saurai bien la réparer, et je me charge¹ de tout le soin de notre honneur; je sais à quoi il nous oblige, et cette suspension d'un jour, que ma reconnoissance lui demande, ne fera qu'augmenter l'ardeur que j'ai de le satisfaire. Dom Juan, vous voyez que j'ai soin de vous rendre le bien que j'ai reçu de vous, et vous devez par là juger du reste, croire² que je m'acquitte avec même chaleur de ce que je dois³, et que je ne serai pas moins exact à vous payer l'injure que le bienfait⁴. Je ne veux point vous obliger ici à expliquer⁵ vos sentiments, et je vous donne la liberté de penser à loisir aux résolutions que vous avez à prendre. Vous connoissez assez la grandeur de l'offense que vous nous avez faite, et je vous fais juge vous-même des réparations qu'elle demande. Il est des moyens doux pour nous satisfaire; il en est de violents et de sanglants⁶; mais enfin, quelque choix que vous fassiez, vous m'avez donné parole de me faire faire

---

1. Je saurai la réparer; je me charge. (1683 A, 94 B.)
2. Et vous pouvez par là juger du reste et croire. (*Ibidem.*)
3. De tout ce que je dois. (1683 A, 94 B, 1733.)
4. Une même situation que celle où se trouve Dom Carlos, forcé de poursuivre la vengeance de sa famille contre celui-là même à qui il est redevable de la vie, une même lutte de sentiments, une même trêve chevaleresque faisait le principal intérêt de trois pièces, imitées de Lope de Véga*a*, que le public avait pu comparer dans une même année, en 1654, à savoir : *les Illustres ennemis* de Thomas Corneille, *les Généreux ennemis* de Boisrobert, joués alternativement à l'Hôtel de Bourgogne, et *l'Écolier de Salamanque ou les Généreux ennemis* de Scarron, joué au Marais. « *L'Écolier de Salamanque*, disait Scarron à Mademoiselle dans la dédicace de sa tragi-comédie, est un des plus beaux sujets espagnols qui ait paru sur le théâtre françois depuis la belle comédie du *Cid.* » Voyez l'*Histoire du théâtre françois* des frères Parfaict, tome VIII, p. 82 et suivantes.
5. Vous obliger à m'expliquer ici. (1683 A, 94 B, 1733.)
6. Et sanglants. (1683 A, 94 B.)

a D'après M. de Puibusque (tome II, p. 462) et M. Fournel (tome III, p. 406), qui ne donnent point le titre de la pièce espagnole.

ACTE III, SCÈNE IV.

raison par Dom Juan : songez à me la faire¹, je vous prie², et vous ressouvenez que, hors d'ici, je ne dois plus qu'à mon honneur³.

DOM JUAN.

Je n'ai rien exigé de vous, et vous tiendrai⁴ ce que j'ai promis.

DOM CARLOS.

Allons, mon frère : un moment de douceur ne fait aucune injure à la sévérité de notre devoir.

SCÈNE V⁵.

DOM JUAN, SGANARELLE.

DOM JUAN.

Holà, hé, Sganarelle⁶ !

SGANARELLE⁷.

Plaît-il ?

---

1. On peut rapprocher de cette phrase le vers 1052 de *Mithridate*, qui nous offre ce même emploi, devant *faire*, du pronom personnel tenant la place d'un nom sans article :

Quand je me fais justice, il faut qu'on se la fasse.

Voyez au tome III de Racine, p. 69, note 1. — Dans l'édition de 1734 on a gauchement substitué *le faire* à *la faire*; celle de 1773 est conforme à l'édition originale.

2. Songez à me la tenir, je vous prie. (1683 A, 94 B, 1733.)

3. Corneille, dans les stances du *Cid* (vers 322 et 342), avait deux fois fait un emploi semblable du verbe *devoir* sans régime. « Cette tournure, dit M. Marty-Laveaux, fut blâmée par l'Académie ; » sans probablement se rendre à cette critique, mais décidé par un autre motif, il modifia le second de ces vers (après l'édition de 1656) ; il garda l'autre sans changement :

Je dois à ma maîtresse aussi bien qu'à mon père.

4. Et je vous tiendrai. (1683 A, 94 B, 1733.)
5. SCÈNE VII. (1734.)
6. Holà, ho, Sganarelle ! (1683 A, 94 B, 1733.)
7. SGANARELLE, *sortant de l'endroit où il étoit caché.* (1734.)

DOM JUAN.

Comment? coquin, tu fuis quand on m'attaque?

SGANARELLE.

Pardonnez-moi, Monsieur ; je viens seulement d'ici près. Je crois que cet habit est purgatif, et que c'est prendre médecine que de le porter.

DOM JUAN.

Peste soit l'insolent! Couvre au moins ta poltronnerie d'un voile plus honnête. Sais-tu[1] bien qui est celui à qui j'ai sauvé la vie?

SGANARELLE.

Moi? Non.

DOM JUAN.

C'est un frère d'Elvire.

SGANARELLE.

Un....

DOM JUAN.

Il est assez honnête homme, il en a bien usé, et j'ai regret d'avoir démêlé avec lui.

SGANARELLE.

Il vous seroit aisé de pacifier toutes choses.

DOM JUAN.

Oui ; mais ma passion est usée pour Done Elvire[2], et l'engagement ne compatit point avec mon humeur. J'aime la liberté en amour, tu le sais, et je ne saurois me résoudre à renfermer mon cœur entre quatre murailles. Je te l'ai dit vingt fois, j'ai une pente naturelle à me laisser aller à tout ce qui m'attire. Mon cœur est à toutes les belles, et c'est à elles à le prendre tour à tour,

---

1. Le dialogue est ainsi modifié et abrégé dans les textes de 1683 A, 1694 B : « Sais-tu bien que celui à qui j'ai sauvé la vie est assez honnête homme? Il en a bien usé, et j'ai regret d'avoir du démêlé avec lui. SGANARELLE. Il vous seroit aisé de pacifier toute chose. » — *Du démêlé* est aussi le texte de 1733.

2. Mais ma passion est pour D. Elvire. (1683 A, 94 B ; faute évidente.)

et à le garder tant qu'elles le pourront[1]. Mais quel est le superbe édifice que je vois entre ces arbres?

SGANARELLE.

Vous ne le savez pas?

DOM JUAN.

Non, vraiment.

SGANARELLE.

Bon! c'est le tombeau que le Commandeur faisoit faire lorsque vous le tuâtes.

DOM JUAN.

Ah! tu as raison. Je ne savois pas que c'étoit de ce côté-ci qu'il étoit[2]. Tout le monde m'a dit des merveilles de cet ouvrage, aussi bien que de la statue du Commandeur, et j'ai envie de l'aller voir.

SGANARELLE.

Monsieur, n'allez point là.

DOM JUAN.

Pourquoi?

SGANARELLE.

Cela n'est pas civil, d'aller voir un homme que vous avez tué.

DOM JUAN.

Au contraire, c'est une visite dont je lui veux faire civilité, et qu'il doit recevoir de bonne grâce, s'il est galant homme. Allons, entrons dedans.

(Le tombeau s'ouvre, où l'on voit un superbe mausolée et la statue du Commandeur[3].)

SGANARELLE.

Ah! que cela est beau! Les belles statues! le beau

---

1. Tant qu'elles pourront. (1683 A, 94 B.)
2. Je ne songeois pas que c'étoit de ce côté qu'il étoit. (*Ibidem.*)
3. Cette indication est omise, ainsi que toutes les autres de cette scène et des scènes III, IV et V de l'acte IV, dans les éditions de 1683 A, 1694 B. — *Le tombeau s'ouvre, et l'on voit la statue du Commandeur.* (1734.)

marbre! les beaux piliers! Ah! que cela est beau! Qu'en dites-vous, Monsieur?

DOM JUAN.

Qu'on ne peut voir aller plus loin l'ambition d'un homme mort; et ce que je trouve admirable[1], c'est qu'un homme qui s'est passé, durant sa vie, d'une assez simple demeure[2], en veuille avoir une si magnifique pour quand il n'en a plus que faire[3].

SGANARELLE.

Voici la statue[4] du Commandeur.

DOM JUAN.

Parbleu! le voilà bon[5], avec son habit d'empereur romain[6]!

SGANARELLE.

Ma foi, Monsieur, voilà qui est bien fait. Il semble

---

1. Et ce que je trouve d'admirable. (1683 A, 94 B.)
2. Qui s'est contenté.... d'une assez simple demeure. Voyez le *Lexique de la langue de Corneille*, tome II, p. 165, et l'exemple de Fénelon que cite M. Littré, à l'article PASSER, 65°.
3. On peut comparer ce passage du scenario italien, que Gueullette a traduit des notes de Dominique (p. 160) : « Don Juan lit l'inscription qui est sur le piédestal.... Il rit de la vanité des hommes au sujet des épitaphes. »
4. Voilà la statue. (1683 A, 94 B.)
5. Le voilà beau. (*Ibidem.*)
6. On lit dans Cailhava (*de l'Art de la comédie*, 1786, tome I, p. 354) : « Thomas Corneille voulut venger l'affront fait à son nom [a]. Il connaissait la manie que Molière avait de se faire peindre en empereur romain, et il dit.... (acte III, scène VII, devenue IX dans des éditions modernes) :

SGANARELLE.
Vous voyez sa statue, et comme il tient sa main?
Parbleu! le voilà bien en empereur romain [b]. »

Cailhava oubliait que Thomas Corneille n'avait fait ici que traduire fidèlement Molière.

[a] Il veut parler de l'allusion que l'on vit à Thomas Corneille (Corneille de l'Isle) dans le vers 182 de *l'École des femmes* : voyez la note de la page 171 de notre tome III.
[b] Cailhava, dans cette étrange remarque, affectait sans doute de citer de mémoire; chez Thomas Corneille, le second vers est dit par Dom Juan; il y a *Voyez-vous*, non *Vous voyez*, et *le voilà bon*, comme dans Molière, non *le voilà bien*, rajeunissement que se sont permis quelques éditeurs.

ACTE III, SCÈNE V.

qu'il est en vie, et qu'il s'en va parler. Il jette des regards sur nous qui me feroient peur, si j'étois tout seul, et je pense qu'il ne prend pas plaisir de nous voir[1].

DOM JUAN.

Il auroit tort, et ce seroit mal recevoir l'honneur que je lui fais. Demande-lui s'il veut venir souper avec moi[2].

SGANARELLE.

C'est une chose dont il n'a pas besoin, je crois.

DOM JUAN.

Demande-lui, te dis-je.

SGANARELLE.

Vous moquez-vous? Ce seroit être fou que d'aller parler à une statue.

DOM JUAN.

Fais ce que je te dis.

SGANARELLE.

Quelle bizarrerie! Seigneur Commandeur....[3] je ris de ma sottise[4], mais c'est mon maître qui me la[5] fait faire.[6] Seigneur Commandeur; mon maître Dom Juan vous demande si vous voulez lui faire l'honneur de venir souper avec lui. (La Statue baisse la tête.) Ha[7]!

DOM JUAN.

Qu'est-ce? qu'as-tu? Dis donc, veux-tu parler?

SGANARELLE fait le même signe que lui a fait la Statue et baisse la tête[8].

La Statue....

DOM JUAN.

Eh bien! que veux-tu dire, traître?

SGANARELLE.

Je vous dis que la Statue....

---

1. Plaisir à nous voir. (1683 A, 94 B.) — 2. Souper avec nous. (*Ibidem.*)
3. *A part.* (1734.) — 4. Seigneur, je ris de ma sottise. (1683 A, 94 B.)
5. Le. (1694 B.) — 6. *Haut.* (1773.)
7. Avec lui.... Ah! (1683 A, 94 B.)
8. SGANARELLE, *baissant la tête comme la Statue.* (1734.)

DOM JUAN.
Eh bien! la Statue? Je t'assomme, si tu ne parles.

SGANARELLE.
La Statue m'a fait signe.

DOM JUAN.
La peste le coquin!

SGANARELLE.
Elle m'a fait signe, vous dis-je : il n'est rien de plus vrai. Allez-vous-en lui parler vous-même pour voir. Peut-être....

DOM JUAN.
Viens, maraud, viens, je te veux bien faire toucher au doigt ta poltronnerie. Prends garde. Le Seigneur Commandeur voudroit-il venir souper avec moi?

(La Statue baisse encore la tête.)

SGANARELLE.
Je ne voudrois pas en tenir dix pistoles[1]. Eh bien! Monsieur?

DOM JUAN.
Allons, sortons d'ici.

SGANARELLE[2].
Voilà de mes esprits forts, qui ne veulent rien croire.

---

1. *Tenir* est ici pour *recevoir* : « Je ne voudrais pas tenir de cela, recevoir pour cela dix pistoles; » c'est-à-dire, « Je ne voudrais pas, pour dix pistoles, que la chose fût autrement, que la Statue n'eût pas baissé la tête. » Le valet s'applaudit que l'incrédulité de son maître soit enfin confondue. C'est ainsi que cette locution est interprétée par Auger, au vers 886 de *l'École des maris*, et par Génin, pour ce passage de *Dom Juan*, dans son *Lexique de la langue de Molière* (p. 393). Elle a été, à tort, traduite autrement à la page 418 de notre tome II, où il ne faut garder de la note 3 que l'explication d'Auger qui y est rapportée. Il l'a appuyée de deux exemples de J.-B. Rousseau, tirés l'un du *Flatteur*, l'autre du *Capricieux;* ils ne nous avaient pas entièrement convaincus; mais nous en avons trouvé un autre de Dancourt dans *les Trois Cousines* (acte III, scène v), qui nous a paru tout à fait décisif.

2. SGANARELLE *seul*. (1734.)

FIN DU TROISIÈME ACTE.

ACTE IV[1].

SCÈNE PREMIÈRE.

DOM JUAN, SGANARELLE.

DOM JUAN[2].

Quoi qu'il en soit, laissons cela : c'est une bagatelle, et nous pouvons avoir été trompés par un faux jour, ou surpris de quelque vapeur qui nous ait troublé la vue[3].

SGANARELLE.

Eh! Monsieur, ne cherchez point[4] à démentir ce que nous avons vu des yeux que voilà. Il n'est rien de plus véritable[5] que ce signe de tête ; et je ne doute point que le Ciel, scandalisé de votre vie, n'ait produit ce miracle pour vous convaincre, et pour vous retirer de....

DOM JUAN.

Écoute. Si tu m'importunes davantage de tes sottes

---

1. Le théâtre représente l'appartement de Dom Juan.... Il est plus que présumable qu'il habite la même ville où est situé le palais du premier acte. (*Note d'Auger.*)

2. DOM JUAN, SGANARELLE, RAGOTIN.
    D. JUAN, *à Sganarelle.* (1734.)

3. « Chez Molière, dit M. Despois, dans une des notes qu'il avait rédigées, l'incrédulité de Dom Juan est encore possible, même après le signe de tête du Commandeur : il peut se persuader qu'il est dupe d'une illusion. Chez Tirso de Molina, un dialogue rend toute incrédulité impossible : là Dom Juan n'est pas un sceptique, mais un fanfaron d'impiété, comme l'Ajax de l'antiquité, qui croit à Jupiter, mais qui le brave. Il y a entre les deux Dom Juan la différence des deux pays : en Espagne l'incrédulité réelle semble impossible ; le Dom Juan français, au contraire, est déjà un raisonneur du dix-huitième siècle, il a lu Gassendi. »

4. Ah! Monsieur, ne cherchons point. (1683 A, 94 B.)

5. Il n'est rien plus véritable. (*Ibidem.*)

moralités, si tu me dis encore le moindre mot là-dessus, je vais appeler quelqu'un, demander un nerf de bœuf, te faire tenir par trois ou quatre, et te rouer de mille coups. M'entends-tu bien?

SGANARELLE.

Fort bien, Monsieur, le mieux du monde. Vous vous expliquez clairement; c'est ce qu'il y a de bon en vous, que vous n'allez point[1] chercher de détours[2] : vous dites les choses avec une netteté admirable[3].

DOM JUAN.

Allons, qu'on me fasse souper le plus tôt que l'on pourra[4]. Une chaise, petit garçon.

1. Que vous ne m'allez point. (1683 A, 94 B, 1733.) — 2. Chercher des tours. (1683 A, 94 B.)

3. Dans l'*Andrienne* de Térence (acte I, scène II, vers 196-201), il y a entre maître et valet un dialogue tout semblable :

SIMO.
Si sensero hodie quidquam....te....
Fallaciæ conari,...
Verberibus cæsum te in pistrinum, Dave, dedam usque ad necem,
Ea lege atque omine ut, si te inde exemerim, ego pro te molam.
Quid ? hoc intellextin', an nondum etiam ne hoc quidem ?
DAVUS.
Imo callide,
Ita aperte ipsam rem modo locutus, nil circuitione usus es.

« SIMON. Si je te prends aujourd'hui à tramer quelque fourbe,... après t'avoir fait, toi Dave, rouer de coups, je t'envoie au moulin pour le restant de tes jours, et, cela avec cet engagement et cette prédiction, que, si jamais je t'en retire, j'irai moi à ta place faire tourner la meule. Hé! m'entends-tu bien, ou faut-il parler plus nettement encore ? DAVE. Je t'entends à merveille, tu t'es expliqué clairement, tu n'es point allé chercher de détours. »

4. Qu'on pourra. (1683 A, 94 B, 1718, 33.)

SCÈNE II.

DOM JUAN, LA VIOLETTE, SGANARELLE[1].

LA VIOLETTE.

Monsieur, voilà votre marchand, M. Dimanche, qui demande à vous parler.

SGANARELLE.

Bon, voilà ce qu'il nous faut, qu'un compliment de créancier. De quoi s'avise-t-il de nous venir demander de l'argent, et que ne lui disois-tu que Monsieur n'y est pas ?

LA VIOLETTE.

Il y a trois quarts d'heure que je lui dis ; mais il ne veut pas le croire[2], et s'est assis là dedans pour attendre.

SGANARELLE.

Qu'il attende, tant qu'il voudra.

DOM JUAN.

Non, au contraire, faites-le entrer. C'est une fort mauvaise politique que de se faire celer aux créanciers. Il est bon de les payer de quelque chose, et j'ai le secret de les renvoyer satisfaits sans leur donner un double[3].

---

1. DOM JUAN, SGANARELLE, LA VIOLETTE, RAGOTIN. (1734.)
2. Que je lui dis, Il ne veut pas me croire. (1683 A, 94 B.)
3. Voyez ci-dessus, p. 105, fin de la note 3.

SCÈNE III[1].

DOM JUAN, M. DIMANCHE[2], SGANARELLE, Suite[3].

DOM JUAN, *faisant de grandes civilités*[4].

Ah! Monsieur Dimanche, approchez. Que je suis ravi de vous voir, et que je veux de mal à mes gens de ne vous pas faire entrer d'abord[5]! J'avois donné ordre qu'on ne me fît parler personne[6]; mais cet ordre n'est pas pour vous, et vous êtes en droit de ne trouver jamais de porte fermée chez moi.

M. DIMANCHE.

Monsieur, je vous suis fort obligé[7].

DOM JUAN, *parlant à ses laquais*[8].

Parbleu! coquins, je vous apprendrai à laisser M. Dimanche dans une antichambre, et je vous ferai connoître les gens.

M. DIMANCHE.

Monsieur, cela n'est rien.

DOM JUAN[9].

Comment? vous dire[10] que je n'y suis pas, à M. Dimanche, au meilleur de mes amis?

---

1. Voyez ci-après, p. 213, la scène correspondante de Champmeslé.
2. Voyez ci-dessus, p. 77, note 2. La Fontaine, en plaçant ce nom dans le prologue de son conte de *la Coupe enchantée* (le IVe de la 3e partie, mais publié à part en 1669), a constaté la popularité que, malgré le petit nombre des représentations du *Dom Juan*, s'était acquise cette scène originale :
   Avez-vous sur les bras quelque Monsieur Dimanche?...
L'épisode de M. Dimanche est nommé *la belle scène* dans le programme imprimé ci-après, p. 258.
3. DOM JUAN, M. DIMANCHE, SGANARELLE, LA VIOLETTE, RAGOTIN. (1734.)
4. L'édition de 1734 omet ce jeu de scène.
5. Tout de suite, sur-le-champ.
6. Parler à personne. (1683 A, 92, 94 B, 1718, 33, 34.) — Cette variante change le sens, qui est : « Qu'on ne laissât personne parler à moi. »
7. Bien obligé. (1683 A, 94 B.) — 8. *Parlant à la Violette et à Ragotin.* (1734.)
9. D. JUAN, *à M. Dimanche.* (*Ibidem.*)
10. Comment? vous direz. (1683 A, 94 B.) — Comment? dire. (1710, 18.)

ACTE IV, SCÈNE III.

M. DIMANCHE.

Monsieur, je suis votre serviteur. J'étois venu....

DOM JUAN.

Allons vite, un siége pour M. Dimanche.

M. DIMANCHE.

Monsieur, je suis bien comme cela.

DOM JUAN.

Point, point, je veux que vous soyez assis contre moi[1].

M. DIMANCHE.

Cela n'est point nécessaire[2].

DOM JUAN.

Otez ce pliant[3], et apportez un fauteuil.

M. DIMANCHE.

Monsieur, vous vous moquez, et....

DOM JUAN.

Non, non, je sais ce que je vous dois, et je ne veux point qu'on mette de différence entre nous deux.

M. DIMANCHE.

Monsieur....

DOM JUAN.

Allons, asseyez-vous.

M. DIMANCHE.

Il n'est pas besoin[4], Monsieur, et je n'ai qu'un mot à vous dire. J'étois....

DOM JUAN.

Mettez-vous là, vous dis-je.

M. DIMANCHE.

Non, Monsieur, je suis bien. Je viens pour....

---

1. Assis comme moi. (1683 A, 94 B, 1734.)
2. Cela n'est pas nécessaire. (1683 A, 94 B.)
3. Au vers 663 du *Tartuffe*, c'est l'expression complète de *siége pliant* qu'emploie Dorine.
4. Entre nous deux. SGANARELLE. Allons, asseyez-vous. M. DIMANCHE. Ce n'est pas besoin. (1683 A, 94 B.)

DOM JUAN.
Non, je ne vous écoute point si vous n'êtes assis [1].

M. DIMANCHE.
Monsieur, je fais ce que vous voulez. Je....

DOM JUAN.
Parbleu! Monsieur Dimanche, vous vous portez bien.

M. DIMANCHE.
Oui, Monsieur, pour vous rendre service. Je suis venu....

DOM JUAN.
Vous avez un fonds de santé admirable, des lèvres fraîches, un teint vermeil, et des yeux vifs.

M. DIMANCHE.
Je voudrois bien....

DOM JUAN.
Comment se porte Madame Dimanche, votre épouse?

M. DIMANCHE.
Fort bien, Monsieur, Dieu merci.

DOM JUAN.
C'est une brave femme.

M. DIMANCHE.
Elle est votre servante, Monsieur. Je venois....

DOM JUAN.
Et votre petite fille Claudine, comment se porte-t-elle?

M. DIMANCHE.
Le mieux du monde.

DOM JUAN.
La jolie petite fille que c'est! je l'aime de tout mon cœur.

M. DIMANCHE.
C'est trop d'honneur que vous lui faites, Monsieur. Je vous....

---

1. Si vous n'êtes point assis. (1734.)

ACTE IV, SCÈNE III.

DOM JUAN.

Et le petit Colin, fait-il toujours bien du bruit avec son tambour?

M. DIMANCHE.

Toujours de même, Monsieur. Je....

DOM JUAN.

Et votre petit chien Brusquet[1]? gronde-t-il toujours aussi fort, et mord-il toujours bien aux jambes les gens qui vont chez vous?

M. DIMANCHE.

Plus que jamais, Monsieur, et nous ne saurions en chevir[2].

DOM JUAN.

Ne vous étonnez pas si je m'informe des nouvelles de toute la famille[3], car j'y prends beaucoup d'intérêt.

M. DIMANCHE.

Nous vous sommes, Monsieur, infiniment obligés. Je....

---

1. Et votre petit chien brusque. (1694 B; faute évidente.) — Il y avait un proverbe, que, de notre temps, Charles Nodier a fait connaître à tout le monde : « Aussi chanceux que le chien à Brusquet[a]; » il est ainsi dans *la Comédie des proverbes* d'Adrien de Montluc (imprimée en 1633, acte III, scène VI), et plus complet dans les *Curiosités françoises* d'Antoine Oudin (1640) : « Heureux comme le chien de Brusquet, qui alla au bois, et le loup le mangea. » C'est dans ce dicton probablement que Molière a pris le nom expressif qu'il a donné au petit chien de M. Dimanche; mais, comme on l'a remarqué, dans le proverbe ce n'est pas le chien, c'est le maître qui s'appelle ainsi.

2. Et vous ne sauriez en chevir. (1683 A, 94 B.) — « *Chevir*, lit-on dans le *Trésor* de Nicot (1606), c'est à dire *venir à chef et à bout* de quelque chose; car il vient de *chef* tout ainsi que.... *achever*. Selon ce, on dit *chevir d'un homme revêche, d'un cheval farouche* : c'est en venir à bout et le mettre à raison. » Ce vieux mot n'était plus du bel usage, et convenait à M. Dimanche comme au paysan Mathieu Gareau : « Ol feset déjà tant la dévargondée, pour autant qu'ol savet luire (*lire*) dans les Sessiaumes (*Sept psaumes*), qu'on n'en savet chevir. » (*Le Pédant joué*, acte II, scène II.)

3. De votre famille. (1683 A, 94 B.)

[a] Nodier, en rapportant le proverbe, et dans toute l'*Histoire du chien de Brisquet*, qu'il en a tirée, dit « Brisquet » et non « Brusquet ». Voyez dans l'*Histoire du roi de Bohême et de ses sept châteaux* (1830), p. 363-370.

DOM JUAN, lui tendant la main.

Touchez donc là¹, Monsieur Dimanche. Êtes-vous bien de mes amis?

M. DIMANCHE.

Monsieur, je suis votre serviteur.

DOM JUAN.

Parbleu! je suis à vous de tout mon cœur.

M. DIMANCHE.

Vous m'honorez trop. Je....

DOM JUAN.

Il n'y a rien que je ne fisse pour vous².

M. DIMANCHE.

Monsieur, vous avez trop de bonté pour moi.

DOM JUAN.

Et cela sans intérêt, je vous prie de le croire.

M. DIMANCHE.

Je n'ai point mérité cette grâce assurément. Mais, Monsieur....

DOM JUAN.

Oh çà, Monsieur Dimanche, sans façon, voulez-vous souper avec moi³?

M. DIMANCHE.

Non, Monsieur, il faut que je m'en retourne tout à l'heure. Je....

DOM JUAN, se levant.

Allons⁴, vite un flambeau pour conduire M. Dimanche, et que quatre ou cinq de mes gens prennent des mousquetons pour l'escorter⁵.

---

1. Infiniment obligés. D. JUAN. Touchez donc là. (1683 A, 94 B.)
2. Vous m'honorez trop, Monsieur. Je.... D. JUAN. Il n'y a rien que je ne fasse pour vous. (*Ibidem.*)
3. Je n'ai point mérité cette grâce, Monsieur. Mais, Monsieur.... D. JUAN. Oh çà, sans façon, Monsieur Dimanche, voulez-vous souper avec moi? (*Ibidem.*)
4. Que je m'en retourne à l'heure. D. JUAN. Allons. (*Ibidem.*)
5. Faut-il, comme le recommande Auger, « se souvenir que la scène est en

M. DIMANCHE, se levant de même[1].

Monsieur, il n'est pas nécessaire[2], et je m'en irai bien tout seul. Mais....

(Sganarelle ôte les siéges[3] promptement.)

DOM JUAN.

Comment? Je veux qu'on vous escorte[4], et je m'intéresse trop à votre personne. Je suis votre serviteur, et de plus votre débiteur.

M. DIMANCHE.

Ah! Monsieur....

DOM JUAN.

C'est une chose que je ne cache pas, et je le dis à tout le monde.

M. DIMANCHE.

Si....

DOM JUAN.

Voulez-vous que je vous reconduise?

M. DIMANCHE.

Ah! Monsieur, vous vous moquez. Monsieur[5]....

Sicile, pays où, à l'époque présumée de l'action[a], le caractère vindicatif et jaloux des habitants rendait les guet-apens fort communs? » Pour ne parler que de menus détails, est-ce que les dissertations sur le tabac et le vin émétique, le patois de Pierrot, le nom même de M. Dimanche, ont permis au spectateur de se transporter si loin dans le temps et dans l'espace? Il est peut-être plus à propos de rappeler que ce ne fut que deux ans après les représentations de *Dom Juan*, que la Reynie assura une exacte police dans Paris, et en particulier l'éclairage des rues à l'aide de lanternes à chandelles, pendant les cinq mois d'hiver. En 1673, Mme de Sévigné[b] semble se féliciter de ces progrès récents. Dans la pièce arrangée par Thomas Corneille en 1677, Dom Juan ne parle plus d'escorte armée et donne l'ordre de reconduire M. Dimanche dans sa calèche: c'est que cet acte se termine, chez Corneille, non au souper (voyez plus bas, p. 180, note 2), mais au dîner de Dom Juan, heure mal choisie, ce semble, pour la venue d'un fantôme tel que l'homme de pierre.

1. *Se levant aussi.* (1734.)
2. M. DIMANCHE. Il n'est pas nécessaire. (1683 A, 94 B.)
3. *Le siége.* (1718.)
4. Que l'on vous escorte. (1683 A, 94 B.)
5. Ah! Monsieur, vous vous moquez. Mais.... (*Ibidem.*)

[a] La première moitié du quatorzième siècle d'après l'original espagnol.
[b] Tome III, p. 299.

DOM JUAN.

Embrassez-moi donc, s'il vous plaît. Je vous prie encore une fois d'être persuadé que je suis tout à vous, et qu'il n'y a rien au monde que je ne fisse¹ pour votre service. (Il sort².)

SGANARELLE³.

Il faut avouer que vous avez en Monsieur un homme qui vous aime bien.

M. DIMANCHE.

Il est vrai; il me fait tant de civilités et tant de compliments, que je ne saurois jamais lui demander de l'argent⁴.

SGANARELLE.

Je vous assure que toute sa maison⁵ périroit pour vous; et je voudrois qu'il vous arrivât quelque chose, que quelqu'un s'avisât de vous donner des coups de bâton : vous verriez de quelle manière....

---

1. Que je ne fasse. (1683 A, 94 B.)
2. Tallemant des Réaux a mis sur le compte d'un prélat grand seigneur *a* deux petites histoires, que Molière a pu connaître aussi et d'où lui a pu venir quelque idée de cette scène. « A Chartres, un marchand lui ayant apporté des parties assez grosses (*un assez gros mémoire*), il lui demanda en causant s'il avoit quelque fils qui fût grandet. « Monseigneur, dit le marchand, j'en ai « un de treize ans. — Allez, je vous promets un canonicat pour lui. Nous « verrons vos parties une autre fois. » Le marchand lui fit mille remerciements et se retira.... Il avoit pour marchand de poisson, en Anjou, un nommé l'Anguille. Cet homme, un jour que Mme de Pisieux étoit à Bourgueil (*une abbaye du prélat*), alla pour demander de l'argent à l'Archevêque : « Ma sœur, dit-il « à la Dame, voilà le plus honnête homme qu'on puisse trouver. Je vous prie, « baisez-le pour l'amour de moi. » Elle le caressa tant, qu'il n'osa demander « un sou. »
3. Pour votre service.

SCÈNE IV.

M. DIMANCHE, SGANARELLE.

SGANARELLE. (1734.)

4. Que je ne lui saurois jamais demander de l'argent. (1683 A, 94 B.)
5. Toute la maison. (*Ibidem.*)

a Éléonor d'Étampes de Valençay, évêque de Chartres, puis archevêque de Reims, mort en 1651. Voyez *les Historiettes*, tome II, p. 448, et p. 453.

M. DIMANCHE.

Je le crois; mais, Sganarelle, je vous prie de lui dire un petit mot de mon argent.

SGANARELLE.

Oh! ne vous mettez pas en peine, il vous payera le mieux du monde.

M. DIMANCHE.

Mais vous, Sganarelle, vous me devez quelque chose en votre particulier.

SGANARELLE.

Fi! ne parlez pas de cela.

M. DIMANCHE.

Comment? Je....

SGANARELLE.

Ne sais-je pas bien que je vous dois?

M. DIMANCHE.

Oui, mais....

SGANARELLE.

Allons, Monsieur Dimanche, je vais vous éclairer.

M. DIMANCHE.

Mais mon argent....

SGANARELLE, prenant M. Dimanche par le bras.

Vous moquez-vous?

M. DIMANCHE.

Je veux....

SGANARELLE, le tirant.

Eh!

M. DIMANCHE.

J'entends....

SGANARELLE, le poussant[1].

Bagatelles.

---

1. *Le poussant vers la porte.* (1734.)

M. DIMANCHE.

Mais....

SGANARELLE, le poussant[1].

Fi!

M. DIMANCHE.

Je....[2]

SGANARELLE, le poussant tout à fait hors du théâtre.

Fi! vous dis-je.

SCÈNE IV.

DOM LOUIS, DOM JUAN, LA VIOLETTE, SGANARELLE[3].

LA VIOLETTE[4].

Monsieur, voilà Monsieur votre père.

DOM JUAN.

Ah! me voici bien : il me falloit cette visite pour me faire enrager.[5]

DOM LOUIS.

Je vois bien que je vous embarrasse, et que vous vous passeriez fort aisément de ma venue. A dire vrai, nous nous incommodons étrangement l'un et l'autre; et si[6] vous êtes las de me voir, je suis bien las aussi de

---

1. *Le poussant encore.* (1734.)
2. De.... (1683 A, 94 B.)
3. DOM LOUIS, DOM JUAN, SGANARELLE, LA VIOLETTE. (*Ibidem.*)
4.   SCÈNE V.
  DOM JUAN, LA VIOLETTE, SGANARELLE.
  LA VIOLETTE, *à D. Juan.* (1734.)
5.   SCÈNE VI.
  DOM LOUIS, DOM JUAN, SGANARELLE. (*Ibidem.*)
6. L'un l'autre. (1683 A, 94 B, 1773.) — L'un et l'autre; si. (1734.)

ACTE IV, SCÈNE IV. 175

vos déportements. Hélas ! que nous savons peu ce que nous faisons quand nous ne laissons pas au Ciel le soin des choses qu'il nous faut[1], quand nous voulons être plus avisés que lui, et que nous venons à l'importuner[2] par nos souhaits aveugles et nos demandes inconsidérées ! J'ai souhaité un fils avec des ardeurs nompareilles ; je l'ai demandé sans relâche avec des transports incroyables ; et ce fils, que j'obtiens en fatiguant le Ciel de vœux, est le chagrin et le supplice de cette vie même[3] dont je croyois qu'il devoit être la joie et la consolation. De quel œil, à votre avis, pensez-vous que je puisse voir cet amas d'actions indignes, dont on a peine, aux yeux du monde, d'adoucir le mauvais visage[4], cette suite continuelle de méchantes affaires, qui nous réduisent, à toutes heures[5], à lasser les bontés[6] du Souverain, et qui ont épuisé auprès de lui le mérite de mes services et le crédit de mes amis ? Ah ! quelle bassesse est la vôtre ! Ne rougissez-vous point de mériter si peu votre naissance ? Êtes-vous en droit, dites-moi, d'en tirer quelque vanité ? Et qu'avez-vous fait dans le monde pour être gentilhomme ? Croyez-vous qu'il suffise d'en porter le nom et les armes, et que ce nous soit une gloire d'être sorti d'un sang noble lorsque nous vivons en infâmes ? Non, non, la naissance n'est rien où la vertu n'est pas[7].

---

1. Des choses qu'il nous donne. (1683 A, 94 B.)
2. Et que nous venons l'importuner. (1734.)
3. De cette même vie. (1683 A, 94 B.)
4. Cet emploi de *visage* pour *face, aspect, apparence, air*, était encore autorisé par l'Académie en 1694. Génin cite cet exemple de *Montaigne* (livre II, début du chapitre VIII) : « Cette.... entreprinse.... est si fantastique et a un visage si esloingné de l'usage commun, que cela lui pourra donner passage. » Voyez le *Lexique de la langue de Malherbe*.
5. A toute heure. (1730, 33, 34.)
6. Cette suite continue de méchans (*sic*) affaires, qui nous réduisent à toute heure à lasser la bonté. (1683 A, 94 B.)
7. Dans cette scène, qui rappelait à tous la grande scène de Géronte et de

Aussi¹ nous n'avons part à la gloire de nos ancêtres qu'autant que nous nous efforçons de leur ressembler ; et cet éclat de leurs actions qu'ils répandent sur nous, nous impose un engagement de leur faire le même honneur, de suivre les pas qu'ils nous tracent, et de ne point dégénérer de leurs vertus², si nous voulons être estimés leurs véritables descendants. Ainsi vous descendez en vain des aïeux dont vous êtes né : ils vous désavouent pour leur sang, et tout ce qu'ils ont fait d'illustre ne vous donne aucun avantage; au contraire, l'éclat n'en rejallit³ sur vous qu'à votre déshonneur⁴, et leur gloire est un flambeau qui éclaire aux yeux d'un chacun la honte de vos actions⁵. Apprenez

Dorante du *Menteur* (acte V, scène III), voilà aussi un vers tout cornélien. On pourrait en relever deux encore de même mesure *a*, et quelques autres vers blancs plus courts, qui se suivent. Voyez la note de M. Moland.

1. Ainsi. (1683 A, 94 B.)
2. De leur vertu. (1734.)
3. Au sujet de cette ancienne orthographe de l'édition de 1682, voyez les *Lexiques de la langue de Malherbe, de Corneille et de Racine*. Les deux éditions étrangères, et celles de 1692, 1730, 33, 34, écrivent *rejaillit*.
4. N'en rejaillit sur nous qu'à notre déshonneur. (1683 A, 94 B.)
5. Boileau, à peu près dans le même temps, disait (satire V, à Dangeau, *sur la Noblesse*, 1665, vers 59-62) :

> Ce long amas d'aïeux que vous diffamez tous
> Sont autant de témoins qui parlent contre vous,
> Et tout ce grand éclat de leur gloire ternie
> Ne sert plus que de jour à votre ignominie.

Molière et Boileau avaient certainement en mémoire le discours de Marius dans Salluste et la satire de Juvénal sur la Noblesse, et Auger ici a cité avec raison les expressions suivantes de l'historien et du poëte : *Majorum gloria posteris quasi lumen est, neque bona neque mala in occulto patitur.* « La gloire des ancêtres est pour les descendants comme une lumière qui ne laisse

a Plus haut :

> Je suis bien las aussi de vos déportements;

et plus bas, avec un rejet formant une sorte de chute de distique :

> Au contraire, l'éclat n'en rejaillit sur vous
> Qu'à votre déshonneur.

ACTE IV, SCÈNE IV.

enfin[1] qu'un gentilhomme qui vit mal est un monstre dans la nature, que la vertu est le premier titre de noblesse[2], que je regarde bien moins au nom qu'on signe qu'aux actions qu'on fait, et que je ferois plus d'état du fils d'un crocheteur[3] qui seroit honnête homme, que du fils d'un monarque qui vivroit comme vous[4].

DOM JUAN.

Monsieur, si vous étiez assis, vous en seriez mieux[5] pour parler[6].

DOM LOUIS.

Non, insolent, je ne veux point m'asseoir, ni parler davantage, et je vois bien que toutes mes paroles ne font rien sur ton âme. Mais sache, fils indigne, que la

---

dans l'ombre ni leurs bonnes ni leurs mauvaises qualités. » (*Guerre de Jugurtha*, chapitre LXXXV.)

> *Incipit ipsorum contra te stare parentum*
> *Nobilitas, claramque facem præferre pudendis.*

« La noblesse de tes pères se dresse soudain devant toi : leur gloire est le flambeau qui illumine toutes tes hontes. » (Satire VIII, vers 138 et 139. Traduction de M. Despois.)

1. Apprenez encore. (1683 A, 94 B.)

2. .... *Nobilitas sola est atque unica virtus.*

« La vraie, l'unique noblesse, c'est la vertu. »
(Juvénal, satire VIII, vers 20.)

3. Plus d'état d'un fils d'un crocheteur. (1683 A.) — Plus d'état d'un crocheteur. (1694 B.)

4. La même chose a été dite, presque avec les mêmes termes, dans *le Roman de la Rose* (vers 19086-19090) :

> .... Il est plus grans hontes
> D'un fils de roi, s'il étoit nices[a]
> Et pleins d'outrages et de vices,
> Que s'il iert[b] fils d'un charretier,
> D'un porchier ou d'un çavetier.

5. Vous en seriez bien mieux. (1683 A, 94 B.)

6. Sur ce passage, voyez à l'Appendice de *Dom Juan*, les *Observations* de Rochemont, p. 230 et note 1.

[a] Nicot explique *nice* par *paresseux* et le latin *segnis*, ce qui est bien ici le vrai sens.
[b] Était.

tendresse paternelle est poussée à bout par tes actions, que je saurai, plus tôt que tu ne penses, mettre une borne¹ à tes déréglements, prévenir sur toi le courroux du Ciel, et laver par ta punition la honte de t'avoir fait naître. (Il sort.)

SCÈNE V.

DOM JUAN, SGANARELLE.

DOM JUAN².

Eh! mourez le plus tôt que vous pourrez, c'est le mieux que vous puissiez faire. Il faut que chacun ait son tour, et j'enrage de voir des pères qui vivent autant que leurs fils³. (Il se met dans son fauteuil⁴.)

SGANARELLE.

Ah! Monsieur, vous avez tort.

DOM JUAN⁵.

J'ai tort⁶?

SGANARELLE⁷.

Monsieur....

DOM JUAN se lève de son siége⁸.

J'ai tort?

---

1. Mettre cette borne. (1683 A, 94 B.)

2.   SCÈNE VII.
    DOM JUAN, SGANARELLE.
D. JUAN, *adressant encore la parole à son père, quoiqu'il soit sorti.* (1734.)

3. Que chacun vive son tour, et j'enrage de voir que des pères vivent autant que leurs fils. (1683 A, 94 B.)

4. *Il se met dans un fauteuil.* (1734.)

5. D. JUAN, *se levant.* (*Ibidem;* par un déplacement, évidemment fautif, de l'indication donnée, ci-après, dans l'édition originale.)

6. Il y a, après *J'ai tort*, ici et plus bas, un simple point, au lieu d'un point d'interrogation, dans les textes de 1683 A et de 1694 B, ce qui change tout à fait le sens; mais la ponctuation de la plupart des anciennes éditions est si défectueuse, que ce n'est très-probablement qu'une faute typographique.

7. SGANARELLE, *tremblant.* (1734.)

8. Cette indication n'est pas dans l'édition de 1734. Voyez ci-dessus la note 5.

SGANARELLE.

Oui, Monsieur, vous avez tort d'avoir souffert ce qu'il vous a dit, et vous le deviez mettre dehors par les épaules. A-t-on jamais rien vu de plus impertinent? Un père venir faire des remontrances à son fils, et lui dire de corriger ses actions, de se ressouvenir de sa naissance, de mener une vie d'honnête homme, et cent autres sottises de pareille nature! Cela se peut-il souffrir à un homme comme vous[1], qui savez comme il faut vivre? J'admire votre patience; et si j'avois été en votre place, je l'aurois envoyé promener.[2] O complaisance maudite[3]! à quoi me réduis-tu?

DOM JUAN.

Me fera-t-on souper bientôt?

SCÈNE VI.

DOM JUAN, DONE ELVIRE, RAGOTIN, SGANARELLE[4].

RAGOTIN.

Monsieur, voici une dame voilée qui vient vous parler.

DOM JUAN.

Que pourroit-ce être?

SGANARELLE.

Il faut voir.[5]

1. Pour ce tour par *à*, au lieu de *par*, après le verbe réfléchi au sens passif *se souffrir*, comparez l'emploi du datif après certains passifs en latin. Peut-être pourrait-on aussi entendre, moins bien, croyons-nous : « Cela se peut-il souffrir pour un homme comme vous, (adressé) à un homme comme vous? »

2. *Bas, à part.* (1734.)

3. O complaisant maudit! (1683 A, 94 B.)

4.   SCÈNE VIII.
        DOM JUAN, SGANARELLE, RAGOTIN. (1734.)

5.   SCÈNE IX.
    DONE ELVIRE *voilée,* DOM JUAN, SGANARELLE. (*Ibidem.*)

DONE ELVIRE.

Ne soyez point surpris, Dom Juan, de me voir à cette heure et dans cet équipage. C'est un motif pressant qui m'oblige à cette visite, et ce que j'ai à vous dire ne veut point du tout de retardement. Je ne viens point ici pleine de ce courroux[1] que j'ai tantôt fait éclater, et vous me voyez bien changée de ce que j'étois ce matin[2]. Ce n'est plus cette Done Elvire qui faisoit des vœux contre vous, et dont l'âme irritée ne jetoit que menaces et ne respiroit que vengeance. Le Ciel a banni de mon âme toutes ces indignes ardeurs que je sentois pour vous, tous ces transports tumultueux d'un attachement criminel, tous ces honteux emportements d'un amour terrestre et grossier; et il n'a laissé dans mon cœur pour vous qu'une flamme épurée de tout le commerce des sens, une tendresse toute sainte, un amour détaché[3] de tout, qui n'agit point pour soi, et ne se met en peine que de votre intérêt.

DOM JUAN, à Sganarelle[4].

Tu pleures, je pense.

---

1. Pleine de courroux. (1683 A, 94 B.)

2. Nous sommes au quatrième acte, et à la fin de la journée, puisque.... Dom Juan se dispose à souper (voyez p. 179). Elvire, en rappelant que c'est le *matin* de cette même journée qu'elle a eu sa première entrevue avec Dom Juan, nous apprend que depuis le commencement de l'action il ne s'est écoulé qu'environ douze heures, ce dont on pourrait douter, d'après tant de changements de lieu, et d'événements divers. Malgré cette précaution..., la pièce n'est pas tout à fait assujettie à la règle de l'unité de temps, autrement appelée des vingt-quatre heures ; car Dom Juan, qui va recevoir à souper l'Ombre du Commandeur, lui promettra d'aller souper avec elle le lendemain, et c'est.... [*au moment où, prêt à lui tenir parole, Dom Juan entraînera Sganarelle du côté du tombeau*], que se fera la catastrophe. La pièce, d'après les indications de Molière lui-même, s'étend donc à peu près dans un intervalle de trente-six heures. (*Note d'Auger*.)

3. Dans l'édition de 1682 non cartonnée : « une amour détaché (*sic*). » La faute d'impression est-elle à *une* ou à *détaché* ? Nos autres textes s'accordent à mettre et l'article et le participe au masculin.

4. *Bas, à Sganarelle.* (1734.)

ACTE IV, SCÈNE VI.

SGANARELLE.

Pardonnez-moi.

DONE ELVIRE.

C'est ce parfait et pur amour qui me conduit ici pour votre bien, pour vous faire part d'un avis du Ciel, et tâcher de vous retirer du précipice où vous courez. Oui, Dom Juan, je sais tous les déréglements de votre vie, et ce même Ciel qui m'a touché le cœur et fait jeter les yeux sur les égarements de ma conduite, m'a inspiré de vous venir trouver, et de vous dire, de sa part, que vos offenses ont épuisé sa miséricorde, que sa colère redoutable est prête de tomber sur vous, qu'il est en vous de l'éviter par un prompt repentir, et que peut-être vous n'avez pas encore un jour à vous pouvoir soustraire[1] au plus grand de tous les malheurs. Pour moi, je ne tiens plus à vous par aucun attachement[2] du monde; je suis revenue, grâces au Ciel[3], de toutes mes folles pensées; ma retraite est résolue, et je ne demande qu'assez de vie pour pouvoir expier la faute que j'ai faite, et mériter, par une austère pénitence, le pardon de l'aveuglement où m'ont plongée les transports d'une passion condamnable. Mais, dans cette retraite, j'aurois[4] une douleur extrême qu'une personne que j'ai chérie tendrement devînt un exemple funeste de la justice du Ciel; et ce me sera une joie incroyable si je puis vous porter à détourner[5] de dessus votre tête l'épouvantable coup qui vous menace. De grâce, Dom Juan, accordez-moi, pour dernière faveur, cette douce consolation; ne me refusez point votre salut, que je vous demande avec

---

1. Un jour à vous pour vous soustraire. (1683 A, 94 B.)
2. Par un attachement. (*Ibidem.*)
3. Grâce au Ciel. (*Ibidem.*)
4. J'aurai. (*Ibidem.*)
5. Si je puis vous y porter et détourner. (*Ibidem.*)

larmes; et si vous n'êtes point touché de votre intérêt, soyez-le au moins de mes prières, et m'épargnez le cruel déplaisir de vous voir condamner[1] à des supplices éternels.

SGANARELLE.[2]

Pauvre femme!

DONE ELVIRE.

Je vous ai aimé avec une tendresse extrême, rien au monde ne m'a été si cher que vous; j'ai oublié mon devoir pour vous, j'ai fait toutes choses pour vous; et toute la récompense que je vous en demande[3], c'est de corriger votre vie, et de prévenir votre perte[4]. Sauvez-vous, je vous prie, ou pour l'amour de vous, ou pour l'amour de moi[5]. Encore une fois, Dom Juan, je vous le demande avec larmes; et si ce n'est assez des larmes d'une personne que vous avez aimée, je vous en conjure par tout ce qui est le plus capable de vous toucher[6].

SGANARELLE.[7]

Cœur de tigre!

DONE ELVIRE.

Je m'en vais, après ce discours[8], et voilà tout ce que j'avois à vous dire.

DOM JUAN.

Madame, il est tard, demeurez ici : on vous y logera le mieux qu'on pourra[9].

DONE ELVIRE.

Non, Dom Juan, ne me retenez pas davantage.

1. De vous voir condamné. (1683 A, 94 B.)
2. *A part.* (1734.)
3. Que je vous demande. (1683 A, 94 B.)
4. De corriger votre vie, de prévenir votre perte. (1694 B.)
5. Ou pour l'amour de moi, ou pour l'amour de vous. (1683 A, 94 B, 1733.)
6. Par tout ce qu'il y a de plus capable pour vous toucher. (1683 A, 94 B.)
7. *A part, regardant D. Juan.* (1734.)
8. Après ces discours. (1683 A, 94 B.)
9. Le mieux que l'on pourra. (*Ibidem.*)

DOM JUAN.

Madame, vous me ferez plaisir de demeurer, je vous assure[1].

DONE ELVIRE.

Non, vous dis-je, ne perdons point de temps en discours superflus. Laissez-moi vite aller, ne faites aucune instance pour me conduire, et songez seulement à profiter de mon avis.

SCÈNE VII.

DOM JUAN, SGANARELLE, Suite[2].

DOM JUAN.

Sais-tu bien que j'ai encore senti quelque peu d'émotion pour elle, que j'ai trouvé de l'agrément dans cette nouveauté bizarre, et que son habit négligé, son air languissant et ses larmes ont réveillé en moi quelques petits restes d'un feu éteint[3] ?

SGANARELLE.

C'est-à-dire que ses paroles n'ont fait aucun effet sur vous[4].

DOM JUAN.

Vite à souper.

SGANARELLE.

Fort bien.[5]

---

1. De demeurer ici, je vous assure. (1683 A, 94 B.)
2.   SCÈNE X.
    DOM JUAN, SGANARELLE. (1734.)
3. De feu éteint. (1683 A, 94 B.)
4. Les deux éditions de 1683 A, 1694 B omettent *vous*, sans le remplacer par des points.
5.   SCÈNE XI.
  DOM JUAN, SGANARELLE, LA VIOLETTE, RAGOTIN. (1734.)

DOM JUAN, se mettant à table [1].

Sganarelle, il faut songer à s'amender pourtant.

SGANARELLE.

Oui-da [2] !

DOM JUAN.

Oui, ma foi ! il faut s'amender ; encore vingt ou trente ans de cette vie-ci, et puis nous songerons à nous.

SGANARELLE.

Oh [3] !

DOM JUAN.

Qu'en dis-tu ?

SGANARELLE.

Rien. Voilà le soupé.

(Il prend un morceau d'un des plats qu'on apporte, et le met dans sa bouche.)

DOM JUAN.

Il me semble [4] que tu as la joue enflée ; qu'est-ce que c'est ? Parle donc, qu'as-tu là ?

SGANARELLE.

Rien.

DOM JUAN.

Montre un peu. Parbleu ! c'est une fluxion qui lui est tombée sur la joue. Vite une lancette pour percer cela. Le pauvre garçon n'en peut plus, et cet abcès [5] le pourroit étouffer. Attends : voyez comme il étoit mûr [6]. Ah ! coquin que vous êtes !

---

1. Cette indication est omise dans les éditions de 1683 A, 1694 B.
2. L'édition tant originale que cartonnée de 1682, et les dérivées de cette dernière, sauf 1718, portent *Oui-dea*, qui est l'orthographe des quinzième et seizième siècles. La leçon des deux éditions étrangères et de 1734 est *Oui-da !*
3. Eh ! (1683 A, 94 B.)
4. *Il prend un morceau d'un des plats, et le met à sa bouche.* D. JUAN. Il semble. (*Ibidem.*)
5. N'en peut plus, cet abcès. (*Ibidem.*)
6. Attends : voici comme il étoit mûr. (*Ibidem.*)

SGANARELLE.

Ma foi! Monsieur, je voulois voir si votre cuisinier [1] n'avoit point mis trop de sel ou trop de poivre.

DOM JUAN.

Allons, mets-toi là, et mange [2]. J'ai affaire de toi quand j'aurai soupé. Tu as faim, à ce que je vois.

SGANARELLE se met à table [3].

Je le crois bien, Monsieur : je n'ai point mangé depuis ce matin [4]. Tâtez de cela, voilà qui est le meilleur du monde.

(Un laquais ôte les assiettes de Sganarelle d'abord qu'il y a dessus à manger [5].)

Mon assiette, mon assiette! tout doux, s'il vous plaît. Vertubleu [6]! petit compère, que vous êtes habile à donner des assiettes nettes! et vous, petit [7] la Violette, que vous savez présenter à boire à propos!

(Pendant qu'un laquais donne à boire à Sganarelle, l'autre laquais ôte encore son assiette [8].)

---

1. Si votre cuisinière. (1683 A, 94 B.)
2. Allons, mets-toi là, mange. (*Ibidem.*)
3. Ce jeu de scène et les deux suivants manquent dans les éditions de 1683 A, 1694 B. — *Se mettant à table.* (1734.)
4. Je le crois, Monsieur : je n'ai point mangé depuis le matin. (1683 A, 94 B.)
5. *A Ragotin, qui, à mesure que Sganarelle met quelque chose sur son assiette, la lui ôte, dès que Sganarelle tourne la tête.* (1734.)
6. Dans l'édition non cartonnée de 1682 : *Vertubeu!* C'est sans doute une faute d'impression.
7. Habile à donner des assiettes! et vous, petit. (1683 A, 94 B.)
8. *Pendant que la Violette donne à boire à Sganarelle, Ragotin ôte,* etc. (1734.) — Molière n'a pas voulu retrancher tout à fait les bouffonneries qui, dans cette scène du souper, étaient de tradition sur le théâtre italien [a]; Dominique a énuméré tout au long celles qu'il exécutait à Paris, et que sans doute il variait, comme en Italie les avait variées Scaramouche [b]; voyez son manuscrit traduit par Gueullette, p. 162-165, ou l'analyse qui en est donnée dans l'*Histoire de l'ancien théâtre italien* des frères Parfaict, p. 276-279.

a « On sert, est-il dit dans le Programme de l'*Appendice* (ci-après, p. 258); Sganarelle n'oublie rien de ce qui peut faire rire, et par ses postures italiennes divertit son maître. »
b *La Vie de Scaramouche* par Constantini (1698), p. 23 et suivantes.

DOM JUAN.

Qui peut frapper de cette sorte?

SGANARELLE.

Qui diable nous vient troubler dans notre repas?

DOM JUAN.

Je veux souper en repos au moins, et qu'on ne laisse entrer personne.

SGANARELLE.

Laissez-moi faire, je m'y[1] en vais moi-même.

DOM JUAN[2].

Qu'est-ce donc? Qu'y a-t-il[3]?

SGANARELLE, *baissant la tête comme a fait la Statue*[4].

Le.... qui est là[5]!

DOM JUAN.

Allons voir, et montrons que rien ne me sauroit ébranler[6].

SGANARELLE.

Ah! pauvre Sganarelle, où te cacheras-tu?

1. Laissez-moi, je m'y. (1734.)
2. D. JUAN, *voyant revenir Sganarelle effrayé*. (*Ibidem.*)
3. Qui a-t-il (*sic*) là? (1683 A, 94 B.)
4. SGANARELLE, *baissant la tête*. (*Ibidem.*) — *Baissant la tête comme la Statue*. (1734.)
5. L'édition cartonnée de 1682 a ainsi un point d'exclamation; ses dérivées et le texte non cartonné, un point d'interrogation; les deux éditions étrangères et celle de 1734, un simple point.
6. Que rien ne sauroit ébranler. (1683 A, 94 B; sans points à la fin de la phrase.)

SCÈNE VIII.

DOM JUAN, LA STATUE DU COMMANDEUR, qui vient se mettre à table, SGANARELLE, Suite[1].

DOM JUAN[2].

Une chaise[3] et un couvert, vite donc. (A Sganarelle[4].) Allons, mets-toi à table.

SGANARELLE.

Monsieur, je n'ai plus de faim[5].

DOM JUAN.

Mets-toi là, te dis-je. A boire. A la santé du Commandeur : je te la porte, Sganarelle. Qu'on lui donne du vin.

SGANARELLE.

Monsieur, je n'ai pas soif.

DOM JUAN.

Bois, et chante ta chanson[6], pour régaler le Commandeur.

SGANARELLE.

Je suis enrhumé, Monsieur.

DOM JUAN.

Il n'importe. Allons.[7] Vous autres, venez, accompagnez sa voix.

---

1. DOM JUAN, LA STATUE DU COMMANDEUR, SGANARELLE, SUITE. (1683 A, 94 B.)
2.   SCÈNE XII.
DOM JUAN, LA STATUE DU COMMANDEUR, SGANARELLE, LA VIOLETTE, RAGOTIN.
      D. JUAN, *à ses gens*. (1734.)
3. Une chaire. (1683 A, 94 B.)
4. Cette indication n'est pas dans les éditions de 1683 A, 1694 B. — Et un couvert. Vite donc. (*Dom Juan et la Statue se mettent à table.*) *A Sganarelle.* (1734.)
5. Je n'ai plus faim. (1730, 34.)
6. La chanson. (1683 A, 94 B.) — 7. *A ses gens.* (1734.)

LA STATUE.

Dom Juan, c'est assez. Je vous invite à venir demain souper avec moi. En aurez-vous le courage?

DOM JUAN.

Oui, j'irai, accompagné du seul Sganarelle.

SGANARELLE.

Je vous rends grâce[1], il est demain jeûne pour moi.

DOM JUAN, à Sganarelle.

Prends ce flambeau.

LA STATUE.

On n'a pas besoin de lumière[2], quand on est conduit par le Ciel[3].

1. Grâces. (1730, 33, 34.)
2. De lumières. (1683 A, 94 B.)
3. Voyez la *Notice*, p. 11 et p. 24.

FIN DU QUATRIÈME ACTE.

ACTE V[1].

SCÈNE PREMIÈRE.

DOM LOUIS, DOM JUAN, SGANARELLE.

DOM LOUIS.

Quoi? mon fils, seroit-il possible que la bonté du Ciel eût exaucé mes vœux? Ce que vous me dites est-il bien vrai? ne m'abusez-vous point d'un faux espoir, et puis-je prendre quelque assurance sur la nouveauté surprenante d'une telle conversion?

DOM JUAN, faisant l'hypocrite[2].

Oui, vous me voyez revenu de toutes mes erreurs; je ne suis plus le même d'hier au soir, et le Ciel tout

---

1. Le théâtre représente une campagne. — Le lieu de la scène est un peu moins facile à déterminer pour cet acte que pour les précédents. Nous ne sommes plus chez Dom Juan, car Dom Carlos lui dit (*début de la scène III*) : « Je suis bien aise de vous parler ici plutôt que chez vous. » Il est probable que la scène est dans la campagne, du côté où est bâti le mausolée du Commandeur, et assez près de la ville pour qu'on en distingue les maisons et les rues, puisque Dom Juan dit à Dom Carlos (*fin de la même scène*) : « Je m'en vais passer tout à l'heure dans cette petite rue écartée qui mène au grand couvent. » Cette conjecture est confirmée par la manière beaucoup plus précise avec laquelle Thomas Corneille établit le lieu de l'action dans ce cinquième acte : Dom Juan est rencontré par son père, qui lui dit (*scène Ire, 2^d couplet de Dom Louis*) :

>   Mais, dans cette campagne, où s'adressent vos pas?
>   J'ai sorti de la ville exprès pour une affaire....
>   Et j'ai voulu marcher un moment au retour;
>   Mon carrosse m'attend à ce premier détour.
>   (*Note d'Auger.*)

2. Cette indication n'est pas dans les deux éditions étrangères ni dans celle de 1734. — Sur ce trait du caractère de Dom Juan, voyez la *Notice*, p. 19 et 20, p. 30, p. 35 et 36.

d'un coup a fait en moi un changement qui va[1] surprendre tout le monde : il a touché mon âme et dessillé mes yeux, et je regarde avec horreur le long aveuglement[2] où j'ai été, et les désordres criminels de la vie que j'ai menée. J'en repasse dans mon esprit toutes les abominations, et m'étonne comme le Ciel les a pu souffrir si longtemps, et n'a pas vingt fois sur ma tête laissé tomber les coups de sa justice[3] redoutable. Je vois les grâces que sa bonté m'a faites en ne me punissant point de mes crimes[4] ; et je prétends en profiter comme je dois, faire éclater aux yeux du monde[5] un soudain changement de vie, réparer par là le scandale[6] de mes actions passées, et m'efforcer d'en obtenir du Ciel une pleine rémission. C'est à quoi je vais travailler ; et je vous prie, Monsieur, de vouloir bien contribuer à ce dessein, et de m'aider vous-même à faire choix[7] d'une personne qui me serve de guide, et sous la conduite de qui je puisse marcher sûrement dans le chemin où je m'en vais entrer[8].

DOM LOUIS.

Ah ! mon fils, que la tendresse d'un père est aisément rappelée[9], et que les offenses d'un fils s'évanouissent vite au moindre mot de repentir ! Je ne me souviens plus déjà de tous les déplaisirs que vous m'avez donnés, et tout est effacé par les paroles que vous venez de me faire entendre. Je ne me sens pas[10], je l'avoue ; je jette des larmes de joie ; tous mes vœux sont satisfaits,

---

1. A fait un changement qui va. (1683 A, 94 B.)
2. Le long dérèglement. (*Ibidem.*)
3. « De la justice », dans le texte non cartonné de 1682.
4. En ne punissant point mes crimes. (1683 A, 94 B.)
5. Aux yeux de tout le monde. (*Ibidem.*)
6. Réparer le scandale. (*Ibidem.*) — 7. A faire un choix. (*Ibidem.*)
8. Où je vais entrer. (*Ibidem.*) — 9. Est facilement rappelée. (*Ibidem.*)
10. Molière a dit de même, sans complément : « je ne me sens pas, » dans la scène IV du *Mariage forcé* (tome IV, p. 36).

et je n'ai plus rien désormais à demander au Ciel. Embrassez-moi, mon fils, et persistez¹, je vous conjure, dans cette louable pensée. Pour moi, j'en vais² tout de ce pas porter l'heureuse nouvelle à votre mère, partager avec elle les doux transports du ravissement³ où je suis, et rendre grâce⁴ au Ciel des saintes résolutions qu'il a daigné vous inspirer.

SCÈNE II.

DOM JUAN, SGANARELLE.

SGANARELLE.

Ah! Monsieur, que j'ai de joie de vous voir converti! Il y a longtemps que j'attendois cela, et voilà, grâce au Ciel, tous mes souhaits accomplis.

DOM JUAN.

La peste le benêt!

SGANARELLE.

Comment, le benêt⁵?

DOM JUAN.

Quoi? tu prends pour de bon argent ce que je viens de dire, et tu crois que ma bouche étoit d'accord⁶ avec mon cœur?

SGANARELLE.

Quoi? ce n'est pas.... Vous ne.... Votre....⁷ Oh⁸! quel homme! quel homme! quel homme!

1. Embrassez-moi et persistez. (1683 A, 94 B.)
2. Pour moi, je m'en vais. (*Ibidem.*)
3. De ravissement. (*Ibidem.*)
4. Grâces. (1710, 18, 30, 33, 34.)
5. Comme, le benêt? (1683 A, 94 B; faute évidente.)
6. Est d'accord. (*Ibidem.*)
7. *A part.* (1734.)
8. Quoi? ce n'est pas.... Vous re.... Votre.... Eh! (1683 A, 94 B.)

DOM JUAN.
Non, non, je ne suis point changé, et mes sentiments sont toujours les mêmes.

SGANARELLE.
Vous ne vous rendez pas à¹ la surprenante merveille de cette statue mouvante et parlante?

DOM JUAN.
Il y a bien quelque chose là dedans que je ne comprends pas; mais quoi que ce puisse être, cela n'est pas capable ni de convaincre mon esprit, ni d'ébranler mon âme; et si j'ai dit que je voulois corriger ma conduite et me jeter dans un train de vie exemplaire, c'est un dessein que j'ai formé par pure politique², un stratagème utile, une grimace nécessaire où je veux me contraindre, pour ménager³ un père dont j'ai besoin, et me mettre à couvert, du côté des hommes, de cent fâcheuses aventures qui pourroient m'arriver. Je veux bien, Sganarelle, t'en faire confidence, et je suis bien aise d'avoir un témoin du fond de mon âme et des véritables motifs⁴ qui m'obligent à faire les choses.

SGANARELLE.
Quoi? vous ne croyez rien du tout, et vous voulez cependant vous ériger en homme de bien⁵?

DOM JUAN.
Et pourquoi non? Il y en a tant d'autres comme moi, qui se mêlent de ce métier, et qui se servent du même masque pour abuser le monde!

SGANARELLE.⁶
Ah! quel homme! quel homme!

---

1. Vous ne vous rendez pas sur. (1683 A, 94 B.)
2. Par politique. (*Ibidem.*) — 3. Pour en ménager. (*Ibidem.*)
4. Un témoin des véritables motifs. (Édition de 1682 cartonnée, 1734.)
5. Quoi? toujours libertin et débauché, vous voulez cependant vous ériger en homme de bien? (*Ibidem.*)
6. *A part.* (1734.)

ACTE V, SCÈNE II.

DOM JUAN [1].

Il n'y a plus de honte maintenant à cela : l'hypocrisie est un vice à la mode, et tous les vices à la mode passent pour vertus[2]. Le personnage d'homme de bien est le meilleur de tous les personnages qu'on puisse jouer aujourd'hui, et la profession[3] d'hypocrite a de merveilleux avantages[4]. C'est un art de qui l'imposture est toujours respectée; et quoiqu'on la découvre, on n'ose rien dire contre elle. Tous les autres vices des hommes sont exposés à la censure, et chacun a la liberté de les attaquer hautement; mais l'hypocrisie est un vice privilégié, qui, de sa main, ferme la bouche à tout le monde[5], et jouit en repos d'une impunité souveraine. On lie, à force de grimaces, une société étroite avec tous les gens du parti. Qui en choque un, se les jette tous[6] sur les bras; et ceux que l'on sait même agir de bonne foi là-dessus, et que chacun connoît pour être véritablement touchés, ceux-là, dis-je, sont toujours les dupes[7] des autres; ils donnent hautement[8] dans le panneau des grimaciers, et appuient aveuglément les singes de leurs actions. Com-

---

1. La tirade qui suit, toute grosse des ressentiments de l'auteur, si violemment attaqué, du *Tartuffe*, doit être particulièrement rapprochée du *Premier placet* au Roi, tome IV, p. 385 et suivantes. Voyez ci-dessus, p. 36, la notice de *Dom Juan*.
2. Pour des vertus. (1683 A, 92, 94 B.)
3. Qu'on puisse jouer, aujourd'hui la profession. (1683 A, 94 B.)
4. Passent pour vertus. La profession d'hypocrite a de merveilleux avantages. (Édition de 1682 cartonnée, 1734.) — Bourdaloue, dans la 3ᵉ partie de son sermon *sur l'Hypocrisie*, s'est arrêté à énumérer ces avantages que trouvent dans le monde, aux dépens du bon droit et du mérite, ceux qui « *font* le personnage de dévot; » voyez tout l'alinéa qui commence ainsi : « Voilà ce qui touche l'intérêt de la vérité. » Bourdaloue commença sa prédication à Paris en 1670.
5. En 1669, après la levée définitive de l'interdiction du *Tartuffe*, Molière put se féliciter de l'abolition de ce privilége : voyez sa *Préface*, tome IV, p. 377.
6. Se les attire tous. (Édition de 1682 cartonnée, 1734.)
7. Sont le plus souvent les dupes. (*Ibidem.*)
8. Ils donnent bonnement. (*Ibidem.*)

bien crois-tu que j'en connoisse qui, par ce stratagème, ont rhabillé adroitement les désordres de leur jeunesse, qui se sont fait un bouclier du manteau de la religion, et, sous cet habit respecté[1], ont la permission[2] d'être les plus méchants hommes du monde? On a beau savoir leurs intrigues[3] et les connoître pour ce qu'ils sont, ils ne laissent pas pour cela d'être en crédit parmi les gens ; et quelque baissement de tête, un soupir mortifié, et deux roulements d'yeux rajustent dans le monde tout ce qu'ils peuvent faire. C'est sous cet abri favorable que je veux me sauver, et mettre en sûreté mes affaires[4]. Je ne quitterai point mes douces habitudes ; mais j'aurai soin[5] de me cacher et me divertirai à petit bruit. Que si je viens à être découvert, je verrai, sans me remuer, prendre mes intérêts à toute la cabale[6], et je serai défendu par elle envers et contre tous. Enfin c'est là le vrai moyen[7] de faire impunément tout ce que je voudrai. Je m'érigerai en censeur des actions d'autrui, jugerai mal[8] de tout le monde, et n'aurai bonne opinion que de moi. Dès qu'une fois on m'aura choqué tant soit peu, je ne pardonnerai jamais et garderai tout doucement une haine irréconciliable. Je ferai[9] le vengeur[10]

1. Les désordres de leur jeunesse, et, sous un dehors respecté. (Édition de 1682 cartonnée, 1734.)

2. Ont permission. (1683 A, 94 B.)

3. O! qu'il est beau à savoir leurs intrigues. (*Ibidem*; faute évidente.)

4. C'est sous cet abri favorable que je veux mettre en sûreté mes affaires. (Édition de 1682 cartonnée, 1734.)

5. Dans l'édition de 1734 on a changé, par mégarde sans doute, *soin* en *raison* ; celle de 1773 a la leçon originale.

6. A toute ma cabale. (Édition de 1682 cartonnée, 1734.)

7. Enfin c'est le vrai moyen. (1683 A, 94 B.)

8. Je jugerai mal. (*Ibidem*.) — 9. Je serai. (1697, 1710, 18, 33.)

10. Je me donnerai pour le vengeur, je prendrai le rôle du vengeur. *Faire* est ainsi employé dans *le Misanthrope* (acte II, scène 1) :

    Est-ce par les appas de sa vaste rhingrave
    Qu'il a gagné votre âme en faisant votre esclave ?

— Thomas Corneille a gardé le vers, en intervertissant les hémistiches.

des intérêts du Ciel¹, et, sous ce prétexte commode, je pousserai mes ennemis, je les accuserai d'impiété, et saurai déchaîner contre eux des zélés indiscrets, qui, sans connoissance de cause, crieront en public contre eux², qui les accableront d'injures, et les damneront hautement de leur autorité privée³. C'est ainsi qu'il faut profiter des foiblesses des hommes, et qu'un sage esprit s'accommode aux vices de son siècle.

SGANARELLE.

O Ciel! qu'entends-je ici? Il ne vous manquoit plus⁴ que d'être hypocrite pour vous achever de tout point⁵, et voilà le comble des abominations. Monsieur, cette dernière-ci m'emporte⁶ et je ne puis m'empêcher de parler. Faites-moi tout ce qu'il vous plaira, battez-moi, assommez-moi de coups, tuez-moi, si vous voulez : il faut que je décharge mon cœur, et qu'en valet fidèle je vous dise ce que je dois. Sachez, Monsieur, que tant va la cruche à l'eau, qu'enfin elle se brise⁷; et comme dit fort bien cet auteur que je ne connois pas, l'homme est en ce monde⁸ ainsi que l'oiseau sur la branche; la branche est attachée à l'arbre; qui s'attache à l'arbre, suit de bons préceptes; les bons préceptes valent mieux que les belles paroles; les belles paroles se trouvent

---

1. Le vengeur de la vertu opprimée. (Édition de 1682 cartonnée, 1734.)
2. Crieront contre eux. (*Ibidem.*) — Crieront en public après eux. (1683 A, 94 B.)
3. Ce passage en rappelle un de la satire IV de Boileau (adressée à l'abbé le Vayer et publiée en 1665 ; vers 19-22) :

      Un bigot orgueilleux, qui, dans sa vanité,
      Croit duper jusqu'à Dieu par son zèle affecté,
      Couvrant tous ses défauts d'une sainte apparence,
      Damne tous les humains de sa pleine puissance.

Comparez la *Préface* du *Tartuffe* (1669), tome IV, p. 374. « Tous les jours encore, dit là Molière, ils (*les hypocrites*) font crier en public des zélés indiscrets, qui me disent des injures pieusement et me damnent par charité. »
4. Il ne vous manque plus. (1683 A, 94 B.)
5. De tous points. (*Ibidem.*) — 6. Cette dernière-ici m'importe. (*Ibidem.*)
7. Elle s'y brise. (*Ibidem.*) — 8. Que l'homme est en ce monde. (*Ibidem.*)

à la cour; à la cour sont les courtisans; les courtisans suivent la mode; la mode vient de la fantaisie; la fantaisie est une faculté de l'âme; l'âme est ce qui nous donne la vie[1]; la vie finit par la mort[2]; la mort nous fait penser au Ciel; le Ciel est au-dessus de la terre; la terre n'est point la mer; la mer est sujette aux orages; les orages tourmentent les vaisseaux; les vaisseaux ont besoin d'un bon pilote; un bon pilote a de la prudence; la prudence n'est point dans les jeunes gens; les jeunes gens doivent obéissance aux vieux; les vieux aiment les richesses; les richesses font les riches; les riches ne sont pas pauvres; les pauvres ont de la nécessité; nécessité n'a point de loi[3]; qui n'a point de loi vit en bête brute; et, par conséquent, vous serez damné à tous les diables.

DOM JUAN.

O beau raisonnement!

SGANARELLE.

Après cela, si vous ne vous rendez[4], tant pis pour vous.

SCÈNE III.

DOM CARLOS, DOM JUAN, SGANARELLE.

DOM CARLOS.

Dom Juan, je vous trouve à propos, et suis bien aise de vous parler ici plutôt que chez vous, pour vous demander vos résolutions. Vous savez que ce soin me re-

---

1. Les éditions de 1683 A, 1694 B défigurent ainsi ce passage : « vient de la fantaisie ; la faculté de l'âme est ce qui nous donne la vie ».

2. Dans l'édition cartonnée de 1682 et dans celle de 1734, la suite du couplet de Sganarelle est, à partir de « finit par la mort », remplacée par sept mots; il se termine ainsi : « la vie finit par la mort.... hé (et, 1734).... songez à ce que vous deviendrez. D. JUAN. O le beau raisonnement! »

3. La nécessité n'a point de loi. (1683 A, 94 B.)

4. Si ne vous rendez. (1683 A ; faute évidente.)

garde, et que je me suis en votre présence chargé de cette affaire. Pour moi, je ne le cèle point, je souhaite fort que les choses aillent dans la douceur ; et il n'y a rien que je ne fasse pour porter votre esprit à vouloir prendre cette voie, et pour vous voir publiquement confirmer à ma sœur le nom de votre femme[1].

DOM JUAN, d'un ton hypocrite[2].

Hélas! je voudrois bien, de tout mon cœur, vous donner la satisfaction que vous souhaitez ; mais le Ciel s'y oppose directement : il a inspiré à mon âme le dessein de changer de vie[3], et je n'ai point d'autres pensées[4] maintenant que de quitter entièrement tous les attachements du monde, de me dépouiller au plus tôt de toutes sortes de vanités, et de corriger désormais par une austère conduite tous les déréglements criminels où m'a porté le feu d'une aveugle jeunesse.

DOM CARLOS.

Ce dessein, Dom Juan, ne choque point ce que je dis ; et la compagnie d'une femme légitime peut bien s'accommoder avec les louables pensées que le Ciel vous inspire[5].

DOM JUAN.

Hélas! point du tout. C'est un dessein que votre sœur elle-même a pris : elle a résolu sa retraite, et nous avons été touchés tous deux en même temps.

DOM CARLOS.

Sa retraite ne peut nous satisfaire, pouvant être imputée au mépris que vous feriez d'elle[6] et de notre

---

1. Vous voir publiquement à ma sœur confirmer le nom de votre femme. (1683 A, 94 B.)
2. Cette indication est omise dans les éditions de 1683 A, 1694 B.
3. Et il a inspiré à mon âme de changer de vie. (1683 A, 94 B.)
4. D'autre pensée. (1683 A, 94 B, 1734.) — Le texte de 1773 est ici conforme à celui de l'édition originale.
5. Vous imprime. (1683 A, 94 B.)
6. Au mépris que vous faites d'elle. (*Ibidem.*)

famille; et notre honneur demande qu'elle vive avec vous.

DOM JUAN.

Je vous assure que cela ne se peut. J'en avois, pour moi, toutes les envies du monde, et je me suis même encore aujourd'hui conseillé au Ciel pour cela; mais, lorsque je l'ai consulté, j'ai entendu une voix qui m'a dit que je ne devois point songer à votre sœur, et qu'avec elle assurément je ne ferois point mon salut.

DOM CARLOS.

Croyez-vous, Dom Juan, nous éblouir par ces belles excuses?

DOM JUAN.

J'obéis à la voix du Ciel.

DOM CARLOS.

Quoi? vous voulez que je me paye d'un semblable discours?

DOM JUAN.

C'est le Ciel qui le veut ainsi.

DOM CARLOS.

Vous aurez fait sortir ma sœur d'un convent, pour la laisser ensuite?

DOM JUAN.

Le Ciel l'ordonne de la sorte.

DOM CARLOS.

Nous souffrirons cette tache en notre famille?

DOM JUAN.

Prenez-vous-en au Ciel.

DOM CARLOS.

Eh quoi? toujours le Ciel?

DOM JUAN.

Le Ciel le souhaite comme cela[1].

---

1. Tartuffe aussi allègue la volonté du Ciel dans ses réponses à Cléante (acte IV, scène 1), mais en les étendant, en les développant avec une hypo-

ACTE V, SCÈNE III.

DOM CARLOS.

Il suffit, Dom Juan, je vous entends. Ce n'est pas ici que je veux vous prendre¹, et le lieu ne le souffre pas; mais, avant qu'il soit peu, je saurai vous trouver.

DOM JUAN.

Vous ferez ce que vous voudrez ; vous savez que je ne manque point de cœur, et que je sais me servir de mon épée quand il le faut. Je m'en vais passer tout à l'heure² dans cette petite rue écartée qui mène au grand convent; mais je vous déclare, pour moi, que ce n'est point moi³ qui me veux battre : le Ciel m'en défend la pensée; et si vous m'attaquez⁴, nous verrons ce qui en arrivera⁵.

DOM CARLOS.

Nous verrons, de vrai, nous verrons.

---

crisie plus réelle, sans intention de pousser à bout son interlocuteur. Voyez la notice de *Dom Juan*, ci-dessus, p. 36.

1. Vous prendre pour le combat, pour vous demander raison. — Que je veux venir vous prendre. (1683 A, 94 B.)
2. Dans nos deux textes de 1682 et dans celui de 1692 : « toute à l'heure ».
3. Que ce n'est pas moi. (1683 A, 94 B.)
4. Et si vous m'y attaquez. (*Ibidem.*)
5. Comme une ou deux fois déjà dans *le Tartuffe* [a], Molière fait ici un emprunt très-direct aux *Provinciales;* il met en action le passage suivant de la septième lettre (p. 102 de l'édition de M. Lesieur) ; c'est le *bon père* qui parle, citant une décision de l'un de ses docteurs : « Si un gentilhomme.... est appelé en duel,... il peut, pour conserver son honneur, se trouver au lieu assigné, non pas véritablement avec l'intention expresse de se battre en duel, mais seulement avec celle de se défendre, si celui qui l'a appelé l'y vient attaquer injustement. Et son action sera toute indifférente d'elle-même. Car quel mal y a-t-il d'aller dans un champ, de s'y promener en attendant un homme, et de se défendre si on l'y vient attaquer ? Et ainsi il ne pèche en aucune manière, puisque ce n'est point du tout accepter un duel, ayant l'intention dirigée à d'autres circonstances. »

[a] Voyez tome IV, p. 483, note 2, et p. 496, note 3.

SCÈNE IV.

DOM JUAN, SGANARELLE.

SGANARELLE.

Monsieur, quel diable de style prenez-vous là? Ceci est bien pis que le reste, et je vous aimerois bien mieux encore comme vous étiez auparavant. J'espérois toujours de votre salut[1]; mais c'est maintenant que j'en désespère; et je crois que le Ciel, qui vous a souffert jusques ici[2], ne pourra souffrir du tout[3] cette dernière horreur.

DOM JUAN.

Va, va, le Ciel n'est pas si exact que tu penses; et si toutes les fois que les hommes....[4]

SGANARELLE[5].

Ah! Monsieur, c'est le Ciel qui vous parle, et c'est un avis qu'il vous donne.

DOM JUAN.

Si le Ciel me donne un avis, il faut qu'il parle un peu plus clairement[6], s'il veut que je l'entende.

1. Le tour est remarquable. *Espérer* est construit, comme *désespérer*, avec *de* suivi d'un nom de chose. On dit : « espérer bien de quelque chose, » mais dans un sens différent.
2. Jusqu'ici. (1730, 34.)
3. Ne pourra du tout souffrir. (1683 A, 94 B.)
4. Le Spectre qu'on entend dans la scène suivante apparaissait sans doute à ce moment dans le lointain.
5.   SCÈNE V.

 DOM JUAN, SGANARELLE, UN SPECTRE *en femme voilée.*
    SGANARELLE, *apercevant le Spectre.* (1734.)
6. Qu'il parle plus clairement. (1683 A, 94 B.)

SCÈNE V.

DOM JUAN, UN SPECTRE en femme voilée, SGANARELLE[1].

LE SPECTRE.

Dom Juan n'a plus qu'un moment à pouvoir profiter de la miséricorde du Ciel; et s'il ne se repent ici, sa perte est résolue.

SGANARELLE.

Entendez-vous, Monsieur?

DOM JUAN.

Qui ose tenir ces paroles? Je crois connoître cette voix.

SGANARELLE.

Ah! Monsieur, c'est un spectre: je le reconnois au marcher.

DOM JUAN.

Spectre, fantôme, ou diable, je veux voir ce que c'est.

(Le Spectre change de figure, et représente le Temps avec sa faux à la main[2].)

---

1. DOM JUAN, UN SPECTRE, UNE FEMME VOILÉE, SGANARELLE. (1683 A, 94 B.). — L'édition de 1734 n'a pas ici de coupe de scène; nous avons vu, à la page 200, note 5, qu'elle commence la scène V un peu plus haut.

2. Ce jeu de scène et celui qui est quelques lignes plus bas sont encore omis dans les éditions de 1683 A, 1694 B. — Cette fantasmagorie a été fidèlement reproduite à la représentation du 15 janvier 1847, où l'on chercha une complète exactitude. M. Ch. Magnin, témoin de la reprise de 1847, disait dans l'article cité de la *Revue des Deux Mondes* (p. 567) : « Cette vision ne me paraît se lier à rien dans la pièce, à moins qu'elle ne soit l'annonce emblématique de la mort d'Elvire; mais alors à quoi bon le Temps avec sa faux? » Ne peut-on répondre que, s'il y a lieu de s'étonner peut-être de trouver dans une pièce de Molière ces moyens, qu'il n'emploie guère, de frapper les yeux, ils sont ici fort explicables, que la Femme voilée rappelle Done Elvire (Dom Juan dit même : *Je crois connoître cette voix*), et que le Temps avec sa faux annonce la mort imminente de l'impénitent?

SGANARELLE.

O Ciel! voyez-vous, Monsieur[1], ce changement de figure?

DOM JUAN.

Non, non, rien n'est capable de m'imprimer de la terreur, et je veux éprouver avec mon épée si c'est un corps ou un esprit.

(Le Spectre s'envole dans le temps que Dom Juan le veut frapper[2].)

SGANARELLE.

Ah! Monsieur, rendez-vous à tant de preuves, et jetez-vous vite dans le repentir.

DOM JUAN.

Non, non, il ne sera pas dit, quoi qu'il arrive, que je sois capable[3] de me repentir. Allons, suis-moi.

SCÈNE VI.

LA STATUE[4], DOM JUAN, SGANARELLE.

LA STATUE.

Arrêtez, Dom Juan : vous m'avez hier donné parole de venir manger avec moi.

DOM JUAN.

Oui. Où faut-il aller?

LA STATUE.

Donnez-moi la main.

DOM JUAN.

La voilà.

LA STATUE.

Dom Juan, l'endurcissement au péché traîne[5] une

---

1. O Ciel ! voyez, Monsieur. (1683 A, 94 B.)
2. *Veut le frapper.* (1734.)
3. Il ne sera pas dit que, quoi qu'il arrive, je sois capable. (1683 A, 94 B.)
4. LA STATUE DU COMMANDEUR. (1734.)
5. Entraîne, a pour conséquence. Voyez le *Dictionnaire de M. Littré*, à

ACTE V, SCÈNE VI.

mort funeste, et les grâces du Ciel[1] que l'on renvoie[2] ouvrent un chemin à sa foudre[3].

DOM JUAN.

O Ciel! que sens-je? Un feu invisible me brûle, je n'en puis plus, et tout mon corps devient[4] un brasier ardent. Ah!

(Le tonnerre tombe avec un grand bruit et de grands éclairs sur Dom Juan ; la terre s'ouvre et l'abîme ; et il sort de grands feux de l'endroit où il est tombé.)

SGANARELLE[5].

Voilà par sa mort un chacun satisfait : Ciel offensé, lois violées, filles séduites, familles déshonorées, parents outragés, femmes mises à mal, maris poussés à bout, tout le monde est content. Il n'y a que moi seul de malheureux[6], qui, après tant d'années de service, n'ai point d'autre récompense que de voir à mes yeux l'impiété de mon maître punie par le plus épouvantable châtiment du monde.

l'article TRAÎNER, 9°, mais en remarquant que, dans tous les exemples cités, *traîner* est accompagné des mots *avec soi* ou *après soi*.

1. Une mort funeste ; les grâces du Ciel. (1694 B.)
2. Que l'on repousse. — 3. A la foudre. (1683 A, 94 B.)
4. Les éditions de 1683 A, 1694 B s'arrêtent à *devient* et remplacent par des points les mots : « un brasier ardent. Ah! » Elles sautent tout le jeu de scène : « Le tonnerre, » etc., mettent en tête du dernier couplet de Sganarelle, avant *Voilà* : « Ah! mes gages! mes gages! » puis remplacent encore ce qui suit *malheureux* (5° ligne de l'alinéa) par : « Mes gages, mes gages, mes gages! » Voyez la dernière note.

5. SCÈNE DERNIÈRE.

SGANARELLE *seul*. (1734.)

6. On peut supposer que la fin de phrase rattachée à ce mot de *malheureux*, a été plutôt destinée à l'impression qu'à la scène. Le cri : *Mes gages!* qui, dans les deux éditions étrangères, commence et termine le dernier couplet de Sganarelle (voyez ci-dessus la note 4), ne se lit dans aucun des exemplaires non cartonnés de l'édition originale que nous avons reproduite ; mais il a été mentionné et dans les *Observations* de Rochemont (ci-après, p. 227), et dans l'une des deux réponses qui y furent faites (ci-après, p. 237). Voyez la *Notice*, p. 24, p. 30, et p. 37 et 38.

FIN.

APPENDICE A *DOM JUAN*.

I

SCÈNES EXTRAITES DE LA COMÉDIE DES *FRAGMENTS DE MOLIÈRE*.
DE CHAMPMESLÉ.

(Voyez la *Notice* ci-dessus, p. 53 et 54, et p. 72.)

ACTE II DE *DOM JUAN*. — SCÈNE I.

(Acte I, scène III, des *Fragments*.)

CHARLOTE, PIERROT.

CHARLOTE.

Pargué, Pierrot, tu t'es donc trouvé là bien à point?

PIERROT.

Parguenne, il ne s'en est pas fallu l'époisseur d'une éplingue qu'ils ne se sayent nayés tous deux.

CHARLOTE.

C'est donc le coup de vent da matin qui les a renvarsés dans la mar.

PIERROT.

Aga, quien, Charlote, je m'en vas te conter tout fin droit comme cela est venu. Car, comme dit l'autre, je les ai le premier avisés, avisés[1] le premier je les ai. Enfin j'esquions sur le bord de la mar, moi et le gros Lucas, et je nous amusions à batifoler avec des motes de tarre, que je nous jequions à la teste; car, comme tu sais bian, le gros Lucas aime à batifoler, et moi par fouas je batifole itou; en batifolant donc, pisque batifoler y a, j'ai aperçu de tout loin queuque chose qui grouilloit dans liau, et qui venoit comme envars nous par secousse. Je voyois ça fixiblement, et pis tout d'un coup je voyois que je ne voyois plus rian. « Ah! Lucas, ç'ai-je fait, je pense qua vlà des hommes qui nageant là-bas. — Voire, ce m'a-t-il fait, t'as esté au trépassement d'un chat, t'as la vue trouble. — Pasanguenne, ç'ai-je fait, je n'ai point la vue trouble, ce sont des hommes. — Point du tout, ce m'a-t-il fait, t'as la barlue. — Veux-tu gager, ç'ai-je fait, que je n'ai point la barlue, ç'ai-je fait, et que ce sont deux hommes, ç'ai-je fait, qui nageant droit ici, ç'ai-je fait. — Mor-

---

1. Voyez ci-dessus, p. 103, note 2.

guienne, ce m'a-t-il fait, je gage que non. — O ça, ç'ai-je fait, veux-tu gager dix sols que si? — Je le veux bian, ce m'a-t-il fait, et pour te montrer, velà argent sur jeu, » ce m'a-t-il fait. Moi je n'ai esté ni fou ni étourdi, j'ai bravement bouté à tarre quatre pièces tapées, et cinq sols en double, jarniguenne, aussi hardiment que si j'avois avalé un varre de vin; car je sis hasardeux, moi, et je vas à la débandade. Je savas bien ce que je faisois pourtant : queuque gniais! Enfin donc je n'avons pas tost eu gagé, que j'avons vu les deux hommes tout à plein qui nous faisians signe de les aller querir, et moi de tirer auparavant les enjeux. « Allons, Lucas, ç'ai-je dit, tu vois bien qu'ils nous appellons : allons viste à leurs secours. — Non, ce m'a-t-il dit, ils m'ont fait pardre. » Adonc tant y a qu'à la parfin, pour faire court, je l'ai tant sarmonné, que je nous sommes boutés dans une barque, et pis j'avons tant fait cahin caha, que je les avons tirés de liau, et pis je les avons menés cheu nous auprès du feu, et pis ils se sont dépouillés tous nus pour se sécher, et pis il en est venu encore deux de la mesme bande, qui s'estians sauvés tous seuls. Velà justement, Charlote, comme tout ça s'est fait.

CHARLOTE.

Il y en a donc un, Pierrot, mieux fait que les autres?

PIERROT.

Oui, c'est le maistre. Il faut que ce soit queuque gros Monsieu ; car il a du dor à son habit, tout depis le haut jusqu'en bas, et ceux qui le servons sont des Monsieux eux-mesmes ; et stanpandant tout gros Monsieu qu'il est, il se seroit ma figue noyé, si je n'avieme esté là.

CHARLOTE.

Ardez un peu.

PIERROT.

Oh, parguenne, sans nous il en avoit pour sa mene de feuve.

CHARLOTE.

Est-ce qu'il est encore tout nu, Pierrot?

PIERROT.

Nanain, ils l'avon r'habillé devant nou. Mon Dieu! je n'en avois jamais vu s'habiller; que d'histoire et d'angingorniaux[1] ils boutons, ces Messieus-là! Je me pardrois là dedans, pour moi, et j'estois tout ébaubi de voir ça. Tien, Charlote, ils avons des cheveux qui ne tenans point à leurs testes, et ils boutons ça après tout, comme un gros bonnet de filace. Ils ant des chemises qui ant des manches où j'entrerien tout brandi, toi et moi. En lieu d'audechausse ils portons un garderobe aussi large que d'ici à Pasques ; en lieu de pourpoint, de petites brassières qui ne leur venons pas

1. Le mot est coupé en deux, faute évidente, dans l'édition originale de Champmeslé : *angin gorniaux*.

jusqu'au brichet; et en lieu de rabat, un grand mouchoir de cou à risiau, avec quatre grosses houppes de linge qui leur pendon sur l'estomac. Ils avon itou d'autres petits rabats au bout des bras, et parmi tout ça tant de riban que c'est grande piquié. Il n'y a pas jusqu'aux souliés qui n'en soient tous farcis, tout depuis un bout jusqu'à l'autre ; et ils sont faits d'une façon que je me romprois le cou aveuc.

CHARLOTE.

Il faut que j'aille voir un peu ça.

PIERROT.

Oh, écoute un peu auparavant, Charlote, j'ai queuque chose à te dire, moi.

CHARLOTE.

Qu'est-ce que c'est ?

PIERROT.

Vois-tu, Charlote, il faut, comme dit l'autre, que je débonde mon cœur : je t'aime, tu le sais bian, et je somme pour estre mariés ensemble ; mais mordienne, je ne suis point satisfait de toi.

CHARLOTE.

Qu'est-ce donc qu'il y a ?

PIERROT.

Il y a que tu me chagrines l'esprit, franchement.

CHARLOTE.

Comment donc ?

PIERROT.

Testedienne, tu ne m'aimes point.

CHARLOTE.

N'est-ce que ça ?

PIERROT.

Oui ce n'est que ça, et c'est bian assez.

CHARLOTE.

Mais tu me dis toujours la mesme chose.

PIERROT.

Je te dis toujours la mesme chose, parce que c'est toujours la mesme chose, et si ce n'estoit pas toujours la mesme chose, je ne te dirois pas toujours la mesme chose.

CHARLOTE.

Que veux-tu ?

PIERROT.

Jernidienne, je veux que tu m'aimes.

CHARLOTE.

Est-ce que je ne t'aime pas ?

PIERROT.

Non, tu ne m'aimes pas; et si je fais tout ce que je pis pour ça. Je t'achette, sans reproche, des ribans à tous les maciés qui passon. Je me romps le cou à t'allé dénicher des marles. Je fais jouer pour toi les vielleux quand se vient ta feste, et tout ça comme si je me frappois la teste contre un mur. Vois-tu, ça n'est ni bian ni honneste de n'aimer pas les gens qui nous aimon.

CHARLOTE.

Mais je t'aime aussi.

PIERROT.

Oui, tu m'aimes d'une belle dégaine.

CHARLOTE.

Qu'est-ce que tu veux qu'on fasse?

PIERROT.

Je veux que l'on fasse comme on fait quand on aime comme il faut.

CHARLOTE.

Mais je t'aime comme il faut.

PIERROT.

Non : quand ça est, ça se voit, et l'an fait mille petites singeries, quand on les aime du bon du cœur. Regarde la grosse Thomase, comme alle est assotée du jeune Robain : alle est toujours entour de lui à l'agacer, et ne le laisse jamais en repos; toujours alle lui fait queuque niche, ou li baille quelque taloche en passant ; et l'autre jour qu'il estoit assis sur un escabeau, alle fut le tirer de dessous li, et le fit choir tout de son long par tarre. Jarni, velà où on voit les gens qui aimon ; mais toi tu ne me dis jamais mot ; t'es toujours là comme une vraie souche de bois, et je passerois vingt fois devant toi que tu ne te grouillerois pas pour me bailler le moindre coup ou me dire la moindre chose. Ventredienne, ça n'est pas bian après tout, et t'es trop froide pour les gens.

CHARLOTE.

Dame, c'est mon himeur, on ne peut pas me refondre.

PIERROT.

Il n'y a himeur qui tienne ; quand l'an a de l'amitié pour les parsonnes, on en donne toujours queuque petite signifiance.

CHARLOTE.

Hé bien, laisse-moi en repos, et vas en chercher quelque autre.

PIERROT.

Hé bian, velà pas mon compte ; testigué, si tu m'aimois, me dirois-tu ça ?

CHARLOTE.

Qu'est-ce que tu viens aussi me tarabuster l'esprit ?

PIERROT.

Morgué, queu mal te fais-je ? Je ne te demande qu'un peu plus d'amiquié.

CHARLOTE.

Hé bien, bien, va, ça viendra sans y songer.

PIERROT.

Touche donc là, Charlote.

CHARLOTE.

Hé bien, tien.

PIERROT.

Promets-moi que tu tâcheras de m'aimer davantage.

CHARLOTE.

Hé, Pierrot, est-ce là ce Monsieu?

PIERROT.

Oui, le velà.

CHARLOTE.

Hélas! c'eût esté dommage qu'il eût esté noyé.

PIERROT.

Je revian tout à l'heure; je m'en vais boire chopine pour me rebouter tant soit peu de la fatigue que j'ai eue.

ACTE II DE *DOM JUAN*. — SCÈNE II.

(Acte I, scène IV, des *Fragments*.)

DOM JUAN, GUSMAN, CHARLOTE.

GUSMAN.

Par ma foi! il semble que nous n'ayons jamais bu que du vin, et nous voilà aussi bien remis que si de rien n'avoit été. Mais, Monsieur, dites-moi un peu, s'il vous plaît, tous ces vœux que nous avons faits avec tant d'ardeur dans le péril sur la mer, seront-ils exécutés avec la même?

DOM JUAN.

Tais-toi. Ah! la jolie personne, Gusman!

GUSMAN.

La peste, le joli tendron!

DOM JUAN.

Il faut l'aborder. Comment, ma belle, un lieu si sauvage produire une personne comme vous? Ah! vous n'êtes point pour habiter les déserts. Regarde, Gusman, qu'elle est bien prise!

GUSMAN.

Et vous aussi.

DOM JUAN.

Est-ce que vous voudriez, ma belle, demeurer toute votre vie dans un lieu pauvre et inhabité comme celui-ci?

CHARLOTE.

Ho, Monsieur! il y a bien des filles et des garçons dans notre hameau.

DOM JUAN.

Il faut que vous quittiez une si triste demeure.

CHARLOTE.

Oh, Monsieur, mon père me vouloit marier au gros Lucas; mais ma mère n'a pas voulu, à cause qu'il me falloit aller demeurer à trois lieues d'ici avec lui.

DOM JUAN.

Sa simplicité me charme. Et qui est-il votre père?

CHARLOTE.

Il est juge d'ici.

DOM JUAN.

Vous êtes fille assurément, à votre âge?

CHARLOTE.

On me va marier.

DOM JUAN.

Et à qui, ma belle?

CHARLOTE.

A Pierrot, qui demeure auprès de cheux nous.

DOM JUAN.

Quoi? Pierrot aura ce bonheur-là! Pierrot possédera ce trésor! Non, non, vous n'êtes point destinée pour Pierrot, un rustique, un vilain; il vous faut un homme comme moi, qui vous fasse brave, qui.... Comment vous appelez-vous?

CHARLOTE.

Charlote, Monsieur.

DOM JUAN.

Fi! il faut qu'on ne parle à vous qu'avec respect, et qu'on vous appelle Madame. N'aimeriez-vous pas mieux être avec moi? car, belle Charlote, je vous aime passionnément.

CHARLOTE.

O Monsieur, vous ne voudriez pas aimer une petite fille comme moi.

GUSMAN.

Si fait, si fait, je vous en réponds.

CHARLOTE.

Mais, Monsieur, il faut demander à ma mère.

GUSMAN.

Il est homme d'ordre, et fera les choses dans les formes.

CHARLOTE.

Et si il ne faut pas que Pierrot le sache, car il se fâcheroit.

GUSMAN.

Mon maître est secret.

DOM JUAN.

Pour moi, je suis enchanté. Quelle taille ! Tournez-vous un peu : elle est charmante.

CHARLOTE.

O Monsieur, quand j'ai mes habits des dimanches....

DOM JUAN.

Ah, les belles dents ! Montrez-les-moi encore, de grâce. Quel rang de perles ! Quelles mains ! Elles sont faites au tour. Quelle blancheur !

CHARLOTE.

O Monsieur, si j'avois su ça, je les aurois lavées ce matin avec du son ; elles seroient bien plus blanches.

DOM JUAN.

Ma belle enfant, souffrez qu'un baiser....

CHARLOTE.

O Monsieur, ma mère m'a dit qu'il ne falloit pas baiser les hommes ; je ne baise pas seulement Pierrot.

DOM JUAN.

Tant mieux, ma belle, tant mieux. Abandonnez-moi seulement votre main ; je ne me sens pas de joie ; et rien n'égale le ravissement où je suis.

ACTE II DE *DOM JUAN*. — SCÈNE III.

(Acte I, scène v, des *Fragments*.)

DOM JUAN, GUSMAN, PIERROT, CHARLOTE.

PIERROT.

Tout doucement, Monsieur, tenez-vous, s'il vous plaît, vous vous échauffez trop, et vous pourriais gagner la purésie.

DOM JUAN.

Qui m'amène ici cet impertinent ?

PIERROT.

Je vous dis qu'ou vous teniais, et que vous ne caressiais pas nos accordées.

DOM JUAN.

Ah ! que de bruit !

PIERROT.

Jernidienne, ce n'est pas comme ça qu'il faut pousser les gens.

CHARLOTE.

Laisse-le faire aussi, Pierrot.

PIERROT.

Comment que je le laisse faire! Je ne veux pas, moi.

DOM JUAN.

Ah!...

PIERROT.

Testedienne, parce que vous estes Monsieu, vous viendrez caresser nos femmes à notte barbe; allez-vous-en caresser les vostres.

DOM JUAN.

Hen?

PIERROT.

Hen? Tastigué, ne me frappez pas. Oh, jarnigué, ventregué, palsangué, mordienne, ça n'est pas bien de battre les gens, et ce n'est pas là la récompense de vous avoir sauvé d'être noyé.

CHARLOTE.

Pierrot, ne te fâche point.

PIERROT.

Je me veux fâcher, et t'est une vilaine, toi, d'endurer qu'on te cajole.

CHARLOTE.

Il n'y a pas de quoi te oouter en colère.

PIERROT.

Quement? jarni, tu m'es promise.

CHARLOTE.

Est-ce que tu es fâché, Pierrot, que je devienne Madame?

PIERROT.

Jarnigué, oui, j'aime mieux te voir crever, que de te voir à un autre.

CHARLOTE.

Va, va, Pierrot, tu porteras des fromages cheux nous.

PIERROT.

Ventredienne, je n'y en porterai jamais, quand tu m'en poirois deux fois autant qu'un autre. Est-ce donc comme ça que t'escoutes ce qu'il te dit? Morguienne, si j'avois su ça tantost, je me serois bien gardé de le tirer de liau, et je lui aurois baillé un bon coup d'aviron sur la teste.

DOM JUAN.

Qu'est-ce que vous dites?

PIERROT.

Jarniguenne, je ne crains parsonne.

DOM JUAN.

Attendez-moi un peu.

PIERROT.

Je me moque de tout, moi.

DOM JUAN.

Voyons cela.

PIERROT.

J'en avons bian vu d'autres.

GUSMAN.

Eh! laisse-le faire, mon pauvre garçon, et ne lui dis rien.

PIERROT, lui donnant un soufflet.

Je veux lui dire, moi.

DOM JUAN.

Te voilà payé de ta charité.

PIERROT.

Jarni, je vas dire à ton père tout ce ménage-ci.

DOM JUAN.

Ah, Gusman, que je suis épris de cet¹ aimable enfant!

ACTE IV DE *DOM JUAN*. — SCÈNE III.
(Acte II, scène v, des *Fragments*.)

DOM JUAN, GUSMAN, M. DIMANCHE.

DOM JUAN.

Ah! que vois-je? Monsieur Dimanche ici! quelle heureuse rencontre!

M. DIMANCHE.

Monsieur....

DOM JUAN.

Que je vous embrasse, Monsieur Dimanche.

M. DIMANCHE.

En vérité, c'est moi, Monsieur, qui suis trop heureux de vous trouver ici, et j'ai bien de la joie que cela serve d'occasion à vider....

DOM JUAN.

Vraiment, j'ai bien du plaisir à vous voir.

M. DIMANCHE.

Monsieur, c'est beaucoup d'honneur que vous me faites; mais, si vous y vouliez joindre une grâce, je me trouve ici dans quelque besoin, et....

DOM JUAN.

Comment se porte Madame Dimanche, votre femme?

---

1. Faut-il changer *cet* en *cette*? Nous lisons dans la scène suivante (p. 214) : « une aimable enfant ».

M. DIMANCHE.

Fort à votre service, Monsieur. Je voudrois donc vous prier....

DOM JUAN.

Je suis son serviteur.

M. DIMANCHE.

Monsieur, je disois donc que si vous aviez la commodité....

DOM JUAN.

Et votre fille, Mademoiselle Marion?

M. DIMANCHE.

Elle est en bonne santé aussi, Monsieur ; mais....

DOM JUAN.

C'est une aimable enfant.

M. DIMANCHE.

Elle est bien votre petite servante, Monsieur; je....

DOM JUAN.

Et qui est vraiment bien sage.

M. DIMANCHE.

Oh! Monsieur, vous vous moquez d'elle. J'ose prendre la liberté de vous dire, Monsieur, qu'une certaine lettre de change que je dois acquitter dans peu m'oblige....

DOM JUAN.

Et votre petit garçon, fait-il toujours bien du bruit avec son tambour?

M. DIMANCHE.

Oh! Monsieur, il est assez sémillant. Or çà, si vous vouliez que nous parlassions un peu....

DOM JUAN.

Il vous ressemble comme deux gouttes d'eau.

M. DIMANCHE.

Voyez-vous, Monsieur, dans le négoce, si nous ne payons à jour nommé, on proteste d'abord contre nous ; c'est ce qui fait, Monsieur, que nous importunons quelquefois nos débiteurs ; et comme vous m'avez fait l'honneur de prendre....

DOM JUAN.

A propos, votre petit chien est-il encore en vie?

GUSMAN.

Il s'intéresse pour toute la famille.

M. DIMANCHE.

Monsieur, tout se porte fort bien.

DOM JUAN.

En vérité, j'en suis fort joyeux, et je vous veux prier de les embrasser tous deux pour l'amour de moi quand vous retournerez chez vous.

M. DIMANCHE.

Monsieur, si auparavant vous trouvez bon que nous....

DOM JUAN repousse insensiblement M. Dimanche jusques à ce qu'il soit contre la porte, et puis s'en va.

Adieu, Monsieur Dimanche ; que je vous embrasse.

M. DIMANCHE.

Monsieur....

DOM JUAN.

Je ne vous laisserai point là.

M. DIMANCHE.

Mais, Monsieur....

DOM JUAN.

Je sais trop ce que je vous dois.

M. DIMANCHE.

Eh oui, Monsieur, d'accord ; mais le besoin....

DOM JUAN.

Allons, allons, permettez-moi de vous conduire.

M. DIMANCHE.

Monsieur, la nécessité de payer....

DOM JUAN.

Je ne vous laisserai point là, vous dis-je.

M. DIMANCHE.

Mais si....

DOM JUAN.

C'est perdre le temps.

M. DIMANCHE.

Je....

DOM JUAN.

Vous vous moquez.

M. DIMANCHE.

Point du tout.

DOM JUAN.

Holà, hé! des flambeaux, et reconduisez M. Dimanche.

M. DIMANCHE.

Quel diable d'homme est-ce ci? Or çà, me payerez-vous de la même monnoie, vous, Monsieur Gusman ?

GUSMAN.

Plaît-il, Monsieur ?

M. DIMANCHE.

Je vous demande s'il vous souvient bien que vous me devez en votre particulier pour quarante écus d'étoffe que je vous ai livrée ?

GUSMAN.

Comment se porte Madame Dimanche ?

M. DIMANCHE.

Oh! je n'entends pas raillerie, et....

GUSMAN.

Et votre petit chien? Il vous ressemble comme deux gouttes d'eau [1]. Allons donc, je ne vous laisserai point là. Je vous reconduirai, je sais trop mon devoir. Vous vous moquez. Sortez donc, s'il vous plaît, ou que le diable vous emporte! Bon soir et bonne nuit. Belle manière de payer ses créanciers. On ne nous rapporte ni argent faux ni pistoles légères....

---

1. « J'ai vu, dit Aimé-Martin (dans sa dernière note à la scène correspondante de Molière), un Sganarelle de province faire rire le parterre aux éclats en demandant, à son tour, des nouvelles de Madame Dimanche, de ses enfants, du petit chien Brusquet, etc. » D'après ce qui est dit plus haut dans la *Notice* (p. 58 et 59), il se pourrait bien que ce ne fût pas un Sganarelle de province qui méritât le reproche de s'être avisé le premier d'intercaler dans la traduction en vers de Thomas Corneille des plaisanteries comme celles que nous trouvons dans cette fin de scène de Champmeslé. Cette bouffonnerie n'était pas la seule qu'à une certaine époque on se permît sur le théâtre français, dans les représentations du *Festin de Pierre* de Thomas Corneille. Dans le *Journal des Théâtres* de le Fuel de Méricourt (année 1777, tome II, p. 117), nous lisons, fait incroyable, qu'il y avait un certain coup de pied, digne des spectacles de la foire, que l'acteur Larive donnait à Dom Alonse, à la fin de la scène où celui-ci a voulu, malgré Dom Carlos, son ami (non son frère, comme chez Molière), croiser le fer avec Dom Juan.

II

ÉCRITS CONTRE ET POUR DOM JUAN.

OBSERVATIONS SUR UNE COMÉDIE DE MOLIÈRE INTITULÉE
LE FESTIN DE PIERRE
Par B. A. S^r de R[ochemont], avocat en Parlement [1].

Il faut avouer qu'il est bien difficile de plaire à tout le monde, et qu'un homme qui s'expose en public est sujet à de fâcheuses

---

1. Voyez ci-dessus, la *Notice*, p. 38 et suivantes. — Nous avons trouvé de ce libelle cinq impressions différentes, publiées toutes en 1665, portant au titre : « à Paris, chez N. (Nicolas) Pepingué », et ayant toutes aussi, sauf une, 48 pages : 1° L'édition originale, qui est à la bibliothèque Cousin ; le nom de l'auteur y est donné en initiales : *Par B. A. Sr D. R., advocat en Parlement;* au bas de la page 48e et dernière, est une *Permission de Monsieur le Baillif du Palais*, datée du 18 avril 1665 et signée Hourlier [a]. Au-dessous du mot FIN, on a collé sur cette permission un petit feuillet à travers lequel on peut la lire [b]. — 2° Une réimpression, à peu près identique, dont nous connaissons quatre exemplaires ; elle a sur la page de titre les mots : *Sur l'imprimé*, et comme nom d'auteur : *Par le Sieur de Rochemont;* à la fin est un permis d'imprimer daté du 10 mai et signé d'Aubray. — 3° Une autre réimpression, qui a un titre grossièrement enjolivé et a bien l'air d'une contrefaçon. — 4° Une édition différant des précédentes par le nombre de ses pages, qui est de 62, mais, du reste, ne s'en distinguant guère que par des fautes, surtout des omissions. — 5° Une édition vraiment nouvelle, ne portant pas au titre les mots : *Sur l'imprimé;* elle a appartenu à feu Ambroise Firmin-Didot, et offre quelques variantes remarquables, des adoucissements du texte primitif, que nous relèverons dans les notes [c]. — Nous suivrons ici le texte de l'édition originale, que nous désignons par la lettre A ; les suivantes (nous omettons 3°), par B, C, D. — Une des *Nouvelles pièces sur Molière*, publiées en 1876 par M. Émile Campardon, nous apprend (p. 56-58) qu'une contrefaçon fut mise en vente, à Paris, chez Gabriel Quinet, le libraire ordinaire de Molière, chez qui parurent les deux réponses que nous donnons à la suite des *Observations*, et qu'elle fut poursuivie, dès le commencement de juin 1665, par Nicolas Pepingué. Serait-ce notre 3°, auquel, après saisie, l'éditeur aurait mis un nouveau feuillet de titre ? — Nous rappellerons que la comédie, objet des attaques de Rochemont,

[a] Voyez la dédicace du *Dépit amoureux* (tome I, p. 400 et note 1).
[b] Nous venons de trouver un second exemplaire de cette édition originale, où le permis est couvert de même.
[c] Voyez p. 220, note 4 ; p. 223, note 5 ; p. 224, note 4 ; p. 226, notes 1 et 6 ; p. 227, notes 5 et 10 ; voyez en outre, pour une addition, p. 225, note 2.

rencontres : il peut compter autant de juges et de censeurs qu'il a d'auditeurs et de témoins de ses actions ; et parmi cette foule de juges, il y en a si peu d'équitables et de bien sensés, qu'il est souvent nécessaire de se rendre justice à soi-même et de travailler plutôt à se satisfaire qu'à contenter les autres. Il faut prendre garde néanmoins de ne point tomber en deux défauts également blâmables ; car, s'il n'est pas à propos de déférer à toutes sortes de jugements, il n'est pas raisonnable aussi de rejeter toutes sortes d'avis, et principalement quand ils partent d'un bon principe et qu'ils sont appuyés du sentiment des sages, qui sont seuls capables de distribuer dans le monde la véritable gloire. C'est ce qui fait espérer que Molière recevra ces *Observations* d'autant plus volontiers, que la passion et l'intérêt n'y ont point de part : ce n'est pas un dessein formé de lui nuire, mais un desir de le servir ; on n'en veut pas à sa personne, mais à son athée ; l'on ne porte point envie à son gain ni à sa réputation ; ce n'est pas un sentiment particulier, c'est celui de tous les gens de bien ; et il ne doit pas trouver mauvais que l'on défende publiquement les intérêts de Dieu, qu'il attaque ouvertement, et qu'un chrétien témoigne de la douleur en voyant le théâtre révolté contre l'autel, la Farce aux prises avec l'Évangile, un comédien qui se joue des mystères et qui fait raillerie de ce qu'il y a [1] de plus saint et de plus sacré dans la religion.

Il est vrai qu'il y a quelque chose de galant [2] dans les ouvrages de Molière, et je serois bien fâché de lui ravir l'estime qu'il s'est acquise. Il faut tomber d'accord que, s'il réussit mal à la comédie, il a quelque talent pour la farce ; et quoiqu'il n'ait ni les rencontres de Gautier-Garguille, ni les *impromptus* de Turlupin, ni la bravoure du Capitan, ni la naïveté de Jodelet, ni la panse de Gros-Guillaume, ni la science du Docteur [3], il ne laisse pas de plaire

---

après avoir été jouée le dimanche gras, 15 février 1665 et pendant le carême jusqu'au 20 mars, jour de la clôture, ne fut pas reprise à la rentrée de Pâques (Pâques tombait au 5 avril), ni depuis, du vivant de Molière.

1. Et qui tourne en ridicule ce qu'il y a. (*Édition D.*)
2. *Galant*, au sens d'élégant, spirituel : voyez le *Dictionnaire de M. Littré*, 2° et 3°.
3. Sur le « trio » comique de Gaultier-Garguille, Gros-Guillaume et Turlupin, disparus tous trois vers le même temps (1633, 1634) de la scène de l'Hôtel de Bourgogne, voyez, au tome VII de Tallemant des Réaux, p. 170 et suivantes, *Mondory ou l'histoire des principaux comédiens françois*, ainsi que le commentaire de M. Paulin Paris ; dans le *Tableau du vieux Paris*, par M. Victor Fournel, *les Spectacles populaires et les artistes des rues*, p. 319 et suivantes, et les articles qui concernent ces acteurs dans la liste donnée par M. Fournel au tome I de ses *Contemporains de Molière* (p. XXXVI et XXXIX : voyez encore son tome III, p. XXXV, et consultez en outre les articles du *Dictionnaire cri-*

quelquefois et de divertir en son genre. Il parle passablement françois; il traduit assez bien l'italien, et ne copie pas mal les auteurs; car il ne se pique pas d'avoir le don d'invention ni le beau génie de la poésie, et ses amis avouent librement que ses [1] pièces sont des jeux de théâtre où le comédien a plus de part que le poëte, et dont la beauté consiste presque toute dans l'action [2]. Ce qui fait rire en sa bouche fait souvent pitié sur le papier, et l'on peut dire que ses comédies ressemblent à ces femmes qui font peur en déshabillé et qui ne laissent pas de plaire quand elles sont ajustées, ou à ces petites tailles qui, ayants (*sic*) quitté leurs patins, ne sont plus qu'une partie d'elles-mêmes. Je laisse là ces critiques qui trouvent à redire à sa voix et à ses gestes, et qui disent qu'il n'y a rien de naturel en lui, que ses postures sont contraintes, et qu'à force d'étudier ses grimaces, il fait toujours la même chose; car il faut avoir plus d'indulgence pour des gens qui prennent peine à divertir le public, et c'est une espèce d'injustice d'exiger d'un homme plus qu'il ne peut, et de lui demander des agréments que la nature ne lui a pas accordés : outre qu'il y a des choses qui ne veulent pas être vues souvent, et il est nécessaire que le temps en fasse perdre la mémoire, afin qu'elles puissent plaire une seconde fois. Mais, quand cela seroit vrai, l'on ne pourroit dénier que Molière n'eût bien de l'adresse ou du bonheur de débiter avec tant de succès sa fausse monnoie et de duper tout Paris avec de mauvaises pièces.

Voilà, en peu de mots, ce que l'on peut dire de plus obligeant et

tique de Jal). — Sur Bellemore, dit, de son emploi, le Capitan Matamore, voyez Tallemant des Réaux, tome VII, p. 174, et les listes de M. Fournel, dans ses *Contemporains de Molière*, tome I, p. xxxiii, et tome III, p. xxxii. — Sur Jodelet, qui vint terminer sa carrière dans la troupe du Petit-Bourbon, voyez notre tome II, p. 36-38. — Il y eut à l'Hôtel de Bourgogne plusieurs acteurs, à ce qu'il semble, chargés successivement des rôles du Docteur; l'un d'eux fut connu sous le nom de Boniface, qui fut aussi quelquefois donné à Bruscambille : voyez encore *les Contemporains de Molière*, tome I, p. xxxiv.

1. Dans toutes nos éditions, *ces*.
2. Dans les explications du *Cocu imaginaire*. (*Note marginale des éditions A, C et D, omise dans l'édition B.*) Voyez, au tome II, p. 157-159, l'épître *A un Ami* qui précède celles des éditions de *Sganarelle* qu'accompagnent les arguments de Neuf-Villenaine. « Quelques beautés, est-il dit là, que cette pièce (*Sganarelle*) vous fasse voir sur le papier, elle n'a pas encore tous les agréments que le théâtre donne d'ordinaire à ces sortes d'ouvrages. Je tâcherai toutefois de vous en faire voir quelque chose aux endroits où il sera nécessaire pour l'intelligence des vers et du sujet, quoiqu'il soit assez difficile de bien exprimer sur le papier ce que les poëtes appellent jeux de théâtre, qui sont de certains endroits où il faut que le corps et le visage jouent beaucoup, et qui dépendent plus du comédien que du poëte, consistant presque toujours dans l'action. »

de plus avantageux pour Molière ; et certes, s'il n'eût joué que les Précieuses et s'il n'en eût voulu qu'aux petits pourpoints et aux grands canons[1], il ne mériteroit pas une censure publique et ne se seroit pas attiré l'indignation de toutes les personnes de piété. Mais qui peut supporter la hardiesse d'un farceur qui fait plaisanterie de la religion, qui tient école du libertinage[2], et qui rend la majesté de Dieu le jouet d'un maître et d'un valet de théâtre, d'un athée qui s'en rit, et d'un valet, plus impie que son maître, qui en fait rire les autres ?

Cette pièce a fait tant de bruit dans Paris, elle a causé un scandale si public, et tous les gens de bien en ont ressenti une si juste douleur, que c'est trahir visiblement la cause de Dieu de se taire dans une occasion où sa gloire est ouvertement attaquée, où la foi est exposée aux insultes d'un bouffon qui fait commerce de ses mystères et qui en prostitue la sainteté, où un athée, foudroyé en apparence[3], foudroie en effet et renverse tous les fondements de la religion, à la face du Louvre[4], dans la maison d'un prince chrétien[5], à la vue de tant de sages magistrats et si zélés pour les intérêts de Dieu, en dérision de tant de bons pasteurs que l'on fait passer pour des tartuffes et dont l'on décrie artificieusement la conduite, mais principalement sous le règne du plus grand et du plus religieux monarque du monde. Cependant que ce généreux Prince occupe tous ses soins à maintenir la religion, Molière travaille à la détruire ; le Roi abat les temples de l'hérésie, et Molière élève des autels à l'impiété ; et autant que la vertu du Prince s'efforce d'établir dans le cœur de ses sujets le culte du vrai Dieu par l'exemple de ses actions, autant l'humeur libertine de Molière tâche d'en ruiner la créance dans leurs esprits par la licence de ses ouvrages[6].

Certes il faut avouer que Molière est lui-même un Tartuffe achevé et un véritable hypocrite, et qu'il ressemble à ces comédiens dont

---

1. Bien des années après ce pamphlet, en 1694, Bossuet, dans ses *Maximes et réflexions sur la Comédie* (§ v), a appelé Molière « ce rigoureux censeur des grands canons, ce grave réformateur des mines et des expressions de nos précieuses. » Les *pourpoints* et *canons* font allusion à la tirade, souvent citée alors, on peut le croire, du Sganarelle de *l'École des maris* (scène 1re, vers 17-40).

2. D'irrévérence, d'incrédulité, d'impiété : voyez au vers 314 du *Tartuffe*, tome IV, p. 419, note 2. L'impureté et le libertinage sont nettement distingués ci-après, p. 223.

3. Les mots : « foudroyé en apparence, » manquent dans l'édition C.

4. Les mots : « à la face du Louvre, » cités dans la Lettre écrite en réponse (ci-après, p. 249), sont omis dans l'édition D.

5. Dans le Palais-Royal, qu'habitait Monsieur, Philippe, duc d'Orléans, frère du Roi, et où la troupe de Molière jouait depuis 1661.

6. Comparez les deux derniers alinéas du pamphlet.

parle Sénèque[1], qui corrompoient de son temps les mœurs sous prétexte de les réformer, et qui, sous couleur de reprendre le vice, l'insinuoient adroitement dans les esprits ; et ce philosophe appelle ces sortes de gens des pestes d'État, et les condamne au bannissement et aux supplices. Si le dessein de la comédie est de corriger les hommes en les divertissant[2], le dessein de Molière est de les perdre en les faisant rire, de même que ces serpents dont les piqûres mortelles répandent une fausse joie sur le visage de ceux qui en sont atteints[3]. La naïveté malicieuse de son Agnès a plus corrompu de vierges que les écrits les plus licencieux ; son *Cocu imaginaire* est une invention pour en faire de véritables ; et plus de femmes se sont débauchées à son école qu'il n'y en eut autrefois de perdues à l'école de ce philosophe qui fut chassé d'Athènes et qui se vantoit que personne ne sortoit chaste de sa leçon[4]. Ceux qui ont la conduite des âmes savent les désordres que ces pièces causent dans les consciences ; et faut-il s'étonner s'ils animent leur zèle et s'ils attaquent publiquement celui qui en est l'auteur, après l'expérience de tant de funestes chutes ?

Toute la France a l'obligation à feu M. le cardinal de Richelieu d'avoir purifié la comédie et d'en avoir retranché ce qui pouvoit choquer la pudeur et blesser la chasteté des oreilles : il a réformé jusques aux habits et aux gestes de cette courtisane, et peu s'en est fallu qu'il ne l'ait rendue scrupuleuse ; les vierges et les martyrs ont paru sur le théâtre[5], et l'on faisoit couler insensiblement dans l'âme la pudeur et la foi avec le plaisir et la joie. Mais Molière a ruiné tout ce que ce sage politique avoit ordonné

---

1. Nous avons en vain cherché dans tout Sénèque le jugement sur les histrions qui lui est ici attribué. Il y a dans la suite d'autres citations et des mentions de faits dont nous ne pouvons pas non plus indiquer la source.

2. Allusion au début du *Premier placet* de Molière au Roi : voyez ci-après, p. 227, note 1, et p. 223, note 6.

3. Nous croyons que l'auteur applique ici à une espèce de serpents ce qu'on a longtemps et faussement raconté de l'effet de la morsure de l'araignée dite *tarentule*. Pluche, dans le *Spectacle de la nature* (1737, tome I, p. 114 et 115), dit que « celui qui a été mordu ne fait que rire et sauter ; il danse, il s'agite, il est d'une gaîté pleine d'extravagance. »

4. Nous ignorons et le nom de ce philosophe et le fait qui est rapporté dans cette phrase. Nos amis les plus versés dans l'histoire de la philosophie nous ont dit ne pas les connaître non plus.

5. L'auteur songeait sans doute à *Polyeucte*, représenté encore sous Richelieu, puis à deux pièces mises au théâtre quelques années après, la *Théodore* de Corneille (1645[a]), et *le Véritable saint Genest* de Rotrou, imprimé en mai 1647 et joué sans doute auparavant.

[a] Voyez la *Préface* du *Tartuffe*, tome IV, p. 377 et note 3.

en faveur de la comédie, et d'une fille vertueuse il en a fait une hypocrite. Tout ce qu'elle avoit de mauvais avant ce grand Cardinal, c'est qu'elle étoit coquette et libertine ; elle écoutoit tout indifféremment et disoit de même tout ce qui lui venoit à la bouche ; son air lascif et ses gestes dissolus rebutoient tous les gens d'honneur, et l'on n'eût pas vu, en tout un siècle, une honnête femme lui rendre visite. Molière a fait pis[1] : il a déguisé cette coquette, et, sous le voile de l'hypocrisie, il a caché ses *obscénités*[2] et ses malices. Tantôt il l'habille en religieuse et la fait sortir d'un convent : ce n'est pas pour garder plus étroitement ses vœux ; tantôt il la fait paroître en paysanne qui fait bonnement la révérence quand on lui parle d'amour ; quelquefois c'est une innocente qui tourne, par des équivoques étudiés[3], l'esprit à de sales pensées ; et Molière, le fidèle interprète de sa naïveté, tâche de faire comprendre par ses postures ce que cette pauvre niaise n'ose exprimer par ses paroles. Sa *Critique* est un commentaire pire que le texte et un supplément de malice à l'ingénuité de son Agnès[4] ; et confondant enfin l'hypocrisie avec l'impiété, il a levé le masque à sa fausse dévote et l'a rendue publiquement impie et sacrilége.

Je sais que l'on ne tombe pas tout d'un coup dans l'athéisme : on ne descend que par degrés dans cet abîme ; on n'y va que par une longue suite de vices et que par un enchaînement de mauvaises actions qui mènent de l'une à l'autre. L'impiété, qui craint le feu et qui est condamnée par toutes les lois, n'a garde d'abord de se rebeller contre Dieu, ni de lui déclarer la guerre : elle a sa prudence et sa politique, ses tours et ses détours, ses commencements et ses progrès. Tertullien dit que la chasteté et la foi ont une alliance très-étroite ensemble, que[5] le démon attaque ordinairement la pudeur des vierges avant que de combattre leur foi, et qu'elles n'abandonnent l'une qu'après la perte de l'autre[6]. L'impie, qui est l'organe du démon, tient les mêmes maximes : il insinue d'abord quelque proposition libertine ; il corrompt les mœurs et raille

---

1. Molière fait pis. (*Édition B*.)

2. Le mot est ainsi en italique. C'était encore un néologisme : voyez la scène III de *la Critique de l'École des femmes*, tome III, p. 326 et note 2.

3. Voyez, dans le *Dictionnaire de M. Littré*, à la Remarque de l'article Équivoque, d'autres exemples de ce mot employé au masculin par des auteurs du dix-septième siècle.

4. Voyez la scène III de *la Critique de l'École des femmes*, tome III, p. 323 et suivantes.

5. L'édition C omet ici *que*.

6. Nous n'avons pas trouvé dans *Tertullien* ce passage, mais un autre (*de Monogamia*, chapitre II), où il est dit, dans l'ordre inverse, que la foi est attaquée avant les mœurs (*disciplinam*).

ensuite des mystères ; il tourne en ridicule le paradis et l'enfer ; il décrie la dévotion sous le nom d'hypocrisie ; il prend Dieu à partie[1], et fait gloire de son impiété à la vue de tout un peuple.

C'est par ces degrés que Molière a fait monter l'athéisme sur le théâtre ; et après avoir répandu dans les âmes ces poisons funestes qui étouffent la pudeur et la honte, après avoir pris soin de former[2] des coquettes et de donner aux filles des instructions dangereuses, après des écoles fameuses d'impureté, il en a tenu d'autres pour le libertinage, et il marque visiblement, dans toutes ses pièces, le caractère de son esprit. Il se moque également du paradis et de l'enfer, et croit justifier suffisamment ses railleries[3] en les faisant sortir de la bouche d'un étourdi : « Ces paroles d'*enfer* et de *chaudières bouillantes* sont assez justifiées par l'extravagance d'Arnolphe et par l'innocence de celle à qui il parle. » Et voyant qu'il choquoit toute la religion et que tous les gens de bien lui seroient contraires, il a composé son *Tartuffe* et a voulu rendre les dévots des ridicules ou des hypocrites ; il a cru qu'il ne pouvoit défendre ses maximes qu'en faisant la satire de ceux qui les[4] pouvoient condamner. Certes c'est bien à faire à Molière de parler de la dévotion, avec laquelle il a si peu de commerce et[5] qu'il n'a jamais connue ni par pratique ni par théorie. L'hypocrite et le dévot ont une même apparence, ce n'est qu'une même chose dans le public ; il n'y a que l'intérieur qui les distingue ; et afin « de ne point laisser d'équivoque et d'ôter tout ce qui peut confondre le bien et le mal[6], » il devoit faire voir ce que le dévot fait en secret, aussi bien que l'hypocrite. Le dévot jeûne, pendant que l'hypocrite fait bonne chère ; il se donne la discipline et mortifie ses

1. *A parti*, dans nos quatre éditions.
2. Reformer. (*Édition D.*) — *Former* est certainement la bonne leçon. « Quoi ? Molière formera des coquettes ! » dit, par allusion à ce passage, l'auteur de la *Lettre* donnée ci-après (p. 252).
3. Dans sa *Critique*. (*Note marginale des quatre éditions.*) C'est-à-dire dans la Critique de l'*École des femmes* : voyez la scène vi, tome III, p. 366.
4. Qui le pouvoient. (*Édition D.*)
5. Cet *et* manque dans l'édition D, qui adoucit fort ce membre de phrase, en ajoutant *peut-être* devant *jamais connue*.
6. « Je n'ai point laissé d'équivoque, j'ai ôté ce qui pouvoit confondre le bien avec le mal, » avait dit Molière dans son *Premier placet présenté au Roi, sur la comédie du* Tartuffe, tome IV, p. 387. Ce placet ne fut imprimé qu'au commencement de juin 1669, mais il fut écrit en août 1664, et on voit, par ce passage même de Rochemont et par cinq autres plus loin, qu'il en avait eu une copie entre les mains. Une petite variante que contient sa citation, *tout ce qui pouvoit confondre*, au lieu de *ce qui pouvoit confondre*, se retrouve dans les trois anciennes copies que nous avons vues du *Placet* (même page 387, note 3).

sens, pendant que l'autre s'abandonne aux plaisirs et se plonge dans le vice et la débauche à la faveur des ténèbres; l'homme de bien soutient la chasteté chancelante, et la relève lorsqu'elle est tombée, au lieu que l'autre, dans l'occasion, tâche à la séduire ou à profiter de sa chute. Et, comme, d'un côté, Molière enseigne à corrompre la pudeur, il travaille, de l'autre, à lui ôter tous les secours qu'elle peut recevoir d'une véritable et solide piété.

Son avarice ne contribue pas peu à échauffer sa veine contre la religion. « Je connois son humeur : il ne se soucie pas qu'on fronde ses pièces, pourvu qu'il y vienne du monde[1]. » Il sait que les choses défendues irritent le desir, et il sacrifie hautement à ses intérêts tous les devoirs de la piété. C'est ce qui lui fait porter avec audace la main au sanctuaire; et il n'est point honteux de lasser tous les jours la patience d'une grande Reine[2], qui est continuellement en peine de faire réformer ou supprimer ses ouvrages. Il est vrai que la foule est grande à ses pièces et que la curiosité y attire du monde de toutes parts. Mais les gens de bien les regardent comme des prodiges : ils s'y arrêtent de même qu'aux éclipses et aux comètes, parce que c'est une chose inouïe en France de jouer la religion sur un théâtre. Et Molière a très-mauvaise raison de dire qu'il n'a fait que traduire cette pièce de l'italien et la mettre en françois[3]; car je lui pourrois repartir que ce n'est point là notre coutume ni celle de l'Église. L'Italie a des vices et des libertés que la France ignore[4]; et ce royaume très-chrétien a cet avantage sur tous les autres, qu'il s'est maintenu toujours dans la pureté de la foi et dans un respect inviolable de ses mystères. Nos rois, qui surpassent en grandeur et en piété tous les princes de la terre, se sont montrés très-sévères en ces rencontres, et ils ont armé leur justice et leur zèle autant de fois qu'il s'est agi de soutenir l'honneur des autels et d'en venger la profanation. Où en serions-nous, si Molière vouloit faire des versions de tous les mauvais livres ita-

1. Dans sa *Critique*. (*Note marginale des éditions A, B, D.*) C'est une citation de la scène vi, tome III, p. 369. — Au lieu de cette note, l'édition C a entre parenthèses, dans le texte même, après *religion*, ces mots : « Ceci est dans sa Critique. »

2. Rochemont ne peut parler ici, et plus loin, p. 229, 1er alinéa, que de la Reine mère; voyez ci-après, dans la *Lettre* publiée en réfutation de sa diatribe, p. 245, 3e alinéa; et à la *Notice* du *Tartuffe*, tome IV, p. 278-280.

3. Voyez la *Notice*, p. 14.

4. L'édition D omet les mots : « des vices », et donne simplement : « L'Italie a des libertés que la France ignore. » — « Du moins, dit Bossuet dans le paragraphe déjà cité (p. 220, note 1), ... il faudra bannir du milieu des chrétiens les prostitutions dont les comédies italiennes ont été remplies, même de nos jours, et qu'on voit encore toutes crues dans les pièces de Molière. »

liens, et s'il introduisoit dans Paris toutes les pernicieuses coutumes des pays étrangers? Et de même qu'un homme qui se noie se prend à tout, il ne se soucie pas de mettre en compromis[1] l'honneur de l'Église pour se sauver, et il semble, à l'entendre parler, qu'il ait un bref particulier du Pape pour jouer des pièces ridicules, et que Monsieur le Légat ne soit venu en France que pour leur donner son approbation[2].

Je n'ai pu m'empêcher de voir cette pièce aussi bien que les autres, et je m'y suis laissé entraîner par la foule, d'autant plus librement, que Molière se plaint qu'on le condamne sans le connoître, et[3] que l'on censure ses pièces sans les avoir vues. Mais je trouve que sa plainte est aussi injuste que sa comédie est pernicieuse; que sa farce, après l'avoir bien considérée, *est* vraiment *diabolique, et* vraiment *diabolique est son cerveau*[4], et que rien n'a jamais paru de plus impie, même dans le paganisme. Auguste fit mourir un bouffon qui avoit fait raillerie de Jupiter, et défendit aux femmes d'assister à des comédies plus modestes que celles de Molière[5]. Théodose condamna[6] aux bêtes des farceurs qui

---

1. *Mettre en compromis*, compromettre. Voyez le *Dépit amoureux*, vers 1664.

2. L'édition D a de plus ici cette note, qui manque dans les éditions A, B et C : « En sa requête, il dit que Monsieur le Légat a approuvé son *Tartuffe*. » Cette *requête*, c'est le *Placet* remis au Roi par Molière en août 1664, et dont Rochemont vient déjà de citer une phrase (ci-dessus, au haut de la page 221). Voyez le *Premier placet*, au-devant du *Tartuffe*, tome IV, p. 388 et 389, et la *Notice* de cette comédie, p. 287 et 288. — On nous pardonnera de donner ici, sur ce légat, dont Molière dut garder bon souvenir, un renseignement qui eût été à sa place au bas de la page où le poëte a parlé de lui : son portrait se peut voir, avec ceux de quelques-uns de ses prélats, dans une curieuse tapisserie historique, représentant l'audience solennelle où le jeune cardinal, s'acquittant de sa mission, donna lecture au Roi des lettres de réparation du Pape; cette tapisserie a été exécutée d'après un tableau ou des cartons de Lebrun ; elle est exposée aux Gobelins.

3. L'édition C omet cet *et*, et, à la ligne suivante, les mots : « sa plainte est aussi injuste que ».

4. Molière, dans sa requête. (*Note marginale des quatre éditions.*) — Molière, dans son *Premier placet*, avait dit (p. 389), en répétant ironiquement les expressions injurieuses du curé de Saint-Barthélemy, Pierre Roullé : « Ma comédie, sans l'avoir vue, est diabolique, et diabolique mon cerveau. »

5. Nous ne trouvons nulle part ce fait du règne d'Auguste, ni le suivant, du règne de Théodose. — « Louis XIV, dit au sujet du second M. Magnin[a], aurait bien dû sommer ce savant homme de produire quelques extraits de ces pièces du cinquième siècle (*lisez* quatrième siècle). Leur production eût été un merveilleux service rendu aux lettres. »

6. Dans les éditions A, B et D, *condemna*.

[a] *Revue des Deux Mondes*, 1er février 1847, p. 559.

tournoient en dérision nos cérémonies ; et néanmoins cela n'approche point de l'emportement de Molière, et il seroit difficile d'ajouter quelque chose à tant de crimes dont sa pièce est remplie[1]. C'est là que l'on peut dire que l'impiété et le libertinage se présentent, à tous moments, à l'imagination : une religieuse débauchée, et dont l'on publie la prostitution ; un pauvre à qui l'on donne l'aumône à condition de renier Dieu[2] ; un libertin qui séduit autant de filles qu'il en rencontre ; un enfant qui se moque de son père et qui souhaite sa mort ; un impie qui raille le Ciel et qui se rit de ses foudres ; un athée qui réduit toute la foi à *deux et deux sont quatre, et quatre et quatre sont huit*[3] ; un extravagant qui raisonne crotesquement[4] de Dieu, et qui, par une chute affectée, *casse le nez à ses arguments ;* un valet infâme, fait au badinage de son maître, dont toute la créance aboutit au Moine bourru, *car pourvu que l'on croie le Moine bourru, tout va bien, le reste n'est que bagatelle*[5] ; un démon qui se mêle dans toutes les scènes et qui répand sur le théâtre les plus noires fumées de l'Enfer ; et enfin un Molière, pire que tout cela, habillé en Squanarelle[6], qui se moque de Dieu et du Diable, qui joue le Ciel et l'Enfer, qui souffle le chaud et le froid, qui confond la vertu et le vice, qui croit et ne croit pas, qui pleure et qui rit, qui reprend et qui approuve, qui est censeur et athée, qui est hypocrite et libertin, qui est homme et démon tout ensemble : *un diable incarné*, comme lui-même se définit[7]. Et cet

1. De l'emportement qui paroît en cette pièce ; et.... d'ajouter.... à tant de crimes dont elle est remplie. (*Édition D.*)

2. En la première représentation. (*Note marginale des quatre éditions.*) Voyez ci-dessus, p. 146 (note à la scène II de l'acte III de *Dom Juan*), la variante des éditions de Hollande.

3. Voyez, pour cette citation et la suivante, la scène I de l'acte III, p. 140 et 143. La seconde citation est en italique dans les éditions A et B, mais non la première.

4. Voyez, au tome I, p. 225 et note 5.

5. Malgré ces italiques des anciennes éditions, et l'exactitude des autres citations, il n'est pas possible d'admettre que le texte de Molière n'ait pas été volontairement altéré ici ; voyez ci-dessus, à la scène I de l'acte III de *Dom Juan*, p. 139, note 2, celui que donnent les éditions de Hollande. Comparez ci-après, au 2d renvoi de la page 228, et la seconde phrase après ce renvoi.

6. Il y a partout *Squanarelle*, au lieu de *Sganarelle*, dans nos quatre textes.
— L'édition D a retranché les mots : « un Molière, pire que tout cela, habillé en ». Un peu plus loin, l'édition C a sauté ceux-ci : « qui pleure et qui rit » ; elle omet aussi la note marginale se rapportant à la fin de la phrase.

7. Dans sa requête. (*Note marginale des éditions A, B, D.*) Dans le même *Premier placet* (p. 389), et citant encore textuellement Pierre Roullé : « Je suis un démon vêtu de chair et habillé en homme. »

homme de bien appelle cela corriger les mœurs des hommes en les divertissant[1], donner des exemples de vertu à la jeunesse, réprimer galamment les vices de son siècle, traiter sérieusement les choses saintes, et couvre cette belle morale d'un feu de carte[2] et d'un foudre imaginaire[3] et aussi ridicule que celui de Jupiter, dont Tertullien raille[4] si agréablement, et qui, bien loin de donner de la crainte aux hommes, ne pouvoit pas chasser une mouche ni faire peur à une souris. En effet, ce prétendu foudre apprête un nouveau sujet de risée aux spectateurs, et n'est qu'une occasion à Molière[5] pour braver, en dernier ressort, la justice du Ciel, avec une âme de valet intéressée, en criant : *Mes gages, mes gages*[6]! Car voilà le dénouement[7] de la farce ; ce sont les beaux et généreux mouvements qui mettent fin à cette galante pièce ; et je ne vois pas en tout cela où est l'esprit, puisqu'il avoue lui-même *qu'il n'est rien plus facile que de se guinder sur des grands sentiments, de dire des injures aux Dieux*[8], et de cracher contre le Ciel.

Il y a quatre sortes d'impies qui combattent la Divinité : les uns déclarés, qui attaquent hautement la majesté de Dieu, avec le blasphème dans la bouche ; les autres cachés, qui l'adorent en apparence et qui le nient dans le fond du cœur ; il y en a qui croient un Dieu par manière d'acquit, et qui, le faisants[9] ou aveugle ou impuissant, ne le craignent pas ; les derniers enfin, plus dangereux que tous les autres, ne défendent la religion que pour la détruire ou en affoiblissant malicieusement ses preuves ou en ravalant adroitement la dignité de ses mystères. Ce sont ces quatre sortes d'impiétés que Molière[10] a étalées dans sa pièce et qu'il a partagées entre

---

1. Molière commence ainsi son *Premier placet :* « Sire, le devoir de la comédie étant de corriger les hommes en les divertissant.... »

2. L'orthographe est *charte* dans les éditions A et B.

3. A la scène dernière, où « le tonnerre tombe avec.... de grands éclairs sur Dom Juan » et où « il sort de grands feux de l'endroit où il est tombé. »

4. Tertullien, dans un passage connu de *l'Apologétique* (chapitre xi), raille le foudre de Jupiter, mais dans de tout autres termes que ceux qui terminent la phrase de Rochemont.

5. Une occasion à Squanarelle. (*Édition D.*)

6. Voyez ci-dessus, p. 203, notes 4 et 6.

7. Il y a ici, dans le texte A, une faute singulière : *denoucement*, dont B et C ont fait *denoncement* ; elle a été corrigée à la main dans l'exemplaire de l'édition B de la Bibliothèque nationale.

8. « Je trouve, dit Dorante dans la scène vi de *la Critique de l'École des femmes* (tome III, p. 351), qu'il est bien plus aisé de se guinder sur de grands sentiments, de braver en vers la Fortune, accuser les Destins, et dire des injures aux Dieux, que d'entrer comme il faut dans le ridicule des hommes, » etc.

9. Dans l'édition C seule, *faisant*, sans accord.

10. Que l'auteur. (*Édition D.*)

le maître et le valet. Le maître est athée et hypocrite, et le valet est libertin et malicieux. L'athée se met au-dessus de toutes choses et ne croit point de Dieu ; l'hypocrite garde les apparences et au fond il ne croit rien. Le libertin a quelque sentiment de Dieu, mais il n'a point de respect pour ses ordres ni de crainte pour ses foudres ; et le malicieux raisonne foiblement et traite avec bassesse et en ridicule les choses saintes. Voilà ce qui compose la pièce de Molière. Le maître et le valet jouent la Divinité différemment : le maître attaque avec audace, et le valet défend avec foiblesse ; le maître se moque du Ciel, et le valet se rit du foudre qui le rend redoutable ; le maître porte son insolence jusqu'au trône de Dieu, et le valet *donne du nez en terre* et devient camus avec son raisonnement[1] ; le maître ne croit rien, et le valet ne croit que le Moine bourru[2]. Et Molière ne peut parer au juste reproche qu'on lui peut faire d'avoir mis la défense de la religion dans la bouche d'un valet impudent, d'avoir exposé la foi à la risée publique, et donné à tous ses auditeurs des idées du libertinage et de l'athéisme, sans avoir eu soin d'en effacer les impressions. Et où a-t-il trouvé qu'il fût permis de mêler les choses saintes avec les profanes, de confondre la créance des mystères avec celle du Moine bourru, de parler de Dieu en bouffonnant et de faire une farce de la religion? Il devoit pour le moins susciter quelque acteur pour soutenir la cause de Dieu et défendre sérieusement ses intérêts. Il falloit réprimer l'insolence du maître et du valet et réparer l'outrage qu'ils faisoient à la majesté divine ; il falloit établir par de solides raisons les vérités qu'il décrédite par des railleries ; il falloit étouffer les mouvements d'impiété que son athée fait naître dans les esprits. — Mais *le foudre?* — Mais le foudre est un foudre en peinture, qui n'offense point le maître et qui fait rire le valet[3] ; et je ne crois pas qu'il fût à propos, pour l'édification de l'auditeur, de se gausser du châtiment de tant de crimes, ni qu'il y eût sujet à Sganarelle de railler en voyant son maître foudroyé, puisqu'il étoit complice de ses crimes et le ministre de ses infâmes plaisirs.

Molière devroit rentrer en lui-même et considérer qu'il est très-dangereux de se jouer à Dieu, que l'impiété ne demeure jamais impunie, et que si elle échappe quelquefois aux feux de la terre, elle ne peut éviter ceux du Ciel, qu'un abîme attire un autre abîme[4], et que les foudres de la justice divine ne ressemblent pas à ceux du

---

1. Voyez plus haut, p. 226 et note 3.
2. Voyez encore ci-dessus, p. 139 et note 2, et p. 226 et note 5.
3. Comparez (ci-dessus, p. 43 et 44 de la *Notice*) un passage du prince de Conty écrit dans le même temps.
4. *Abyssus abyssum invocat.* (Psaume XLI, verset 8.)

théâtre; ou, pour le moins, s'il a perdu tout respect pour le Ciel (ce que pieusement je ne veux pas croire), il ne doit pas abuser de la bonté d'un grand Prince ni de la piété d'une Reine[1] si religieuse, à qui il est à charge et dont il fait gloire de choquer les sentiments. L'on sait qu'il se vante hautement qu'il fera paroître son *Tartuffe* d'une façon ou d'autre; et le déplaisir que cette grande Reine en a témoigné n'a pu faire impression sur son esprit ni mettre des bornes à son insolence. Mais s'il lui restoit encore quelque ombre de pudeur, ne lui seroit-il pas fâcheux d'être en but[2] à tous les gens de bien, de passer pour un libertin dans l'esprit de tous les prédicateurs[3], et d'entendre toutes les langues que le Saint-Esprit anime, déclamer contre lui dans les chaises[4] et condamner publiquement ses nouveaux blasphèmes? Et que peut-on espérer d'un homme qui ne peut être ramené à son devoir ni par la considération d'une Princesse si vertueuse et si puissante, ni par les intérêts de l'honneur, ni par les motifs de son propre salut?

Certes Molière n'est-il pas digne de pitié ou de risée, et n'y a-t-il pas sujet de plaindre son aveuglement ou de rire de sa folie, lorsqu'il dit[5] *qu'il lui est très-fâcheux d'être exposé aux reproches des gens de bien, que cela est capable de lui faire tort dans le monde, et qu'il a intérêt de conserver sa réputation*[6], puisque la vraie gloire consiste dans la vertu, et qu'il n'y a point d'honnête homme que celui qui craint Dieu et qui édifie le prochain? C'est à tort qu'il se glorifie d'une vaine réputation, et qu'il se flatte d'une fausse estime que les coupables ont pour leurs compagnons et leurs complices. Le brouhaha[7] du parterre n'est pas toujours une marque de l'approbation des spectateurs : l'on rit plutôt d'une sottise que d'une bonne chose; et s'il pouvoit pénétrer dans le sentiment de tous ceux qui font la foule à ses pièces, il connoîtroit que l'on n'ap-

---

1. Voyez ci-dessus, le second alinéa de la page 224.
2. L'édition C seule corrige *but* en *butte*.
3. Bourdaloue n'était pas encore du nombre, mais il reprit plus tard ces attaques : voyez la notice du *Tartuffe*, tome IV, p. 320.
4. *Chaises*, forme encore fréquente alors, au sens de *chaires*, qui est la leçon de la seule édition D.
5. En sa requête. (*Note marginale des quatre éditions.*) L'édition C répète ces trois mots, entre parenthèses, dans le texte.
6. Voici les propres termes du *Premier placet* (p. 390), que Rochemont cite pour la sixième fois : « *Votre Majesté* juge bien Elle-même combien il m'est fâcheux de me voir exposé tous les jours aux insultes de ces Messieurs, quel tort me feront dans le monde de telles calomnies, s'il faut qu'elles soient tolérées, et quel intérêt j'ai enfin à me purger de son imposture.... Je ne dirai point.... ce que j'avois à demander pour ma réputation, » etc.
7. Dans nos quatre textes, *Brouaa*, en italique.

prouve pas toujours ce qui divertit et ce qui fait rire. Je ne vis personne qui eût mine d'honnête homme sortir satisfait de sa comédie. La joie s'étoit changée en horreur et en confusion, à la réserve de quelques jeunes étourdis, qui crioient tout haut que Molière avoit raison, que la vie des pères étoit trop longue pour le bien des enfants, que ces bonnes gens étoient effroyablement importuns avec leurs remontrances, et que l'endroit du Fauteuil[1] étoit merveilleux. Les étrangers mêmes en ont été très-scandalisés, jusque-là qu'un ambassadeur ne put s'empêcher de dire qu'il y avoit bien de l'impiété dans cette pièce. Un marquis, après avoir embrassé Molière et l'avoir appelé cent fois l'Inimitable, se tournant vers l'un de ses amis, lui dit qu'il n'avoit jamais vu un plus mauvais bouffon ni une farce plus pitoyable; et je connus par là que le Marquis jouoit quelquefois Molière, de même que Molière raille[2] quelquefois le Marquis. Il me fâche de ne pouvoir exprimer l'action d'une Dame qui étoit priée par Molière de lui dire son sentiment : « Votre Figure, lui répondit-elle, baisse la tête, et moi je la secoue, » voulant dire que ce n'étoit rien qui vaille. Et[3] enfin, sans m'ériger en casuiste, je ne crois pas faire un jugement téméraire d'avancer qu'il n'y a point d'homme si peu éclairé des lumières de la foi qui, ayant vu[4] cette pièce ou qui sachant ce qu'elle contient, puisse soutenir que Molière, dans le dessein de la jouer, soit capable de la participation des sacrements, qu'il puisse être reçu à pénitence sans une réparation publique, ni même qu'il soit digne de l'entrée de l'église, après les anathèmes que les conciles ont fulminés contre les auteurs des spectacles impudiques ou sacriléges, que les Pères appellent les naufrages de l'innocence, et des attentats contre la souveraineté de Dieu.

Nous avons l'obligation aux soins de notre glorieux et invincible monarque d'avoir nettoyé ce royaume de la plupart des vices qui ont corrompu les mœurs des siècles passés, et qui ont livré de

---

1. *L'endroit du Fauteuil*, c'est sans doute l'invitation de s'asseoir que Dom Juan fait à son père à la fin de la scène IV de l'acte IV, et ce qui suit dans la scène V. Dom Juan, qui, après la sortie de Dom Louis, indigné de l'offre du fauteuil, s'y est mis lui-même, après avoir dit ou, au gré de l'acteur, pour y dire une partie des mauvaises paroles qu'il envoie au vieillard, puis qui s'en est levé avec fureur sur un mot de blâme de Sganarelle, s'y rassoit ensuite, dédaignant d'écouter jusqu'au bout la rétractation hypocrite de son valet. C'est la froide insolence de Dom Juan, ce sont ses imprécations, et les réflexions débitées par Molière-Sganarelle sur l'impertinence des pères auxquelles Rochemont veut faire croire qu'applaudissaient si haut les *jeunes étourdis*.

2. Joue. (*Édition D*.)

3. Cette conjonction n'est pas dans l'édition C.

4. Dans les trois éditions A, B et D, *vue* (*veüe*).

si rudes assauts à la vertu de nos pères. Sa Majesté ne s'est pas contentée de donner la paix à la France ; Elle a voulu songer à son salut et réformer son intérieur ; Elle l'a délivrée de ces monstres qu'elle nourrissoit dans son sein, et de ces ennemis domestiques qui troubloient sa conscience et son repos : Elle en a désarmé une partie, Elle a étouffé[1] l'autre et les a mis tous hors d'état de nous nuire. L'hérésie, qui a fait tant de ravages dans cet État, n'a plus de mouvement ni de force ; et, si elle respire encore, s'il lui reste quelque marque de vie, l'on peut dire avec assurance qu'elle est aux abois et qu'elle tire continuellement à sa fin. La fureur du duel, qui ôtoit à la France son principal appui et qui l'affoiblissoit tous les jours par des saignées mortelles et dangereuses, a été tout d'un coup arrêtée par la rigueur des édits[2]. Cet art de jurer[3] de bonne grâce, qui passoit pour un agrément du discours dans la bouche d'une jeunesse étourdie, n'est plus en usage et ne trouve plus ni de maîtres qui l'enseignent, ni de disciples qui la veuillent pratiquer. Mais le zèle de ce grand Roi n'a point donné de relâche ni de trêve à l'impiété : il l'a poursuivie partout où il l'a pu découvrir et ne lui a laissé en son royaume aucun lieu de retraite ; il l'a chassée des églises, où elle alloit morguer insolemment la majesté de Dieu jusque sur les autels ; il l'a bannie de la cour, où elle entretenoit sourdement des pratiques ; il a châtié ses partisans ; il a ruiné ses écoles ; il a dissipé ses assemblées ; il a condamné hautement ses maximes ; il l'a reléguée dans les Enfers, où elle a pris son origine.

Et néanmoins, malgré tous les soins de ce grand Prince, elle retourne aujourd'hui, comme en triomphe, dans la ville capitale de ce royaume ; elle monte avec impudence sur le théâtre ; elle enseigne publiquement ses détestables maximes, et répand partout l'horreur du sacrilége et du blasphème. Mais nous avons tout sujet d'espérer que ce même bras qui est l'appui de la religion abattra tout à fait ce monstre et confondra à jamais son insolence. L'injure qui est faite à Dieu rejallit[4] sur la face des rois, qui sont ses lieutenants et ses images ; et le trône des rois n'est affermi que par celui de Dieu. Il ne faut qu'un homme de bien, quand il a la puissance, pour sauver un royaume ; et il ne faut qu'un athée, quand il a la malice, pour le ruiner et pour le perdre[5]. Les déluges, la

1. Dans nos quatre textes, *étouffée* (*estouffée*).
2. Voyez au tome I, p. 517, la note sur le vers 1754 du *Dépit amoureux ;* et au tome III, p. 54, la note sur le vers 279 des *Fâcheux*.
3. De juger. (*Édition C ;* faute évidente.)
4. Voyez ci-dessus, p. 176 et note 3.
5. Et le perdre. (*Édition C.*)

peste et la famine sont les suites que traîne après soi l'athéisme; et, quand il est question de le punir, le Ciel ramasse tous les fléaux de sa colère pour en rendre le châtiment plus exemplaire. La sagesse du Roi détournera ces malheurs que l'impiété veut attirer dessus nos têtes; elle affermira les autels que l'on s'efforce d'abattre; et l'on verra partout la religion triompher de ses ennemis sous le règne de ce pieux et de cet invincible monarque, la gloire de son siècle, l'ornement de son État, l'amour de ses sujets, la terreur des impies, les délices de tout le genre humain. *Vivat Rex, vivat in æternum*[1]! Que le Roi vive, mais qu'il vive éternellement pour le bien de l'Église, pour le repos de l'État, et[2] pour la félicité de tous les peuples!

RÉPONSE AUX OBSERVATIONS TOUCHANT *LE FESTIN DE PIERRE* DE MONSIEUR DE MOLIÈRE[3].

Ces anciens philosophes qui nous ont soutenu que la vertu avoit d'elle-même assez de charmes pour n'avoir pas besoin de partisans qui découvrissent sa beauté par une éloquence étudiée, changeroient sans doute de sentiment, s'ils pouvoient voir combien les hommes d'aujourd'hui l'ont défigurée sous prétexte de l'embellir : ils se sont imaginé[4] qu'elle paroîtroit bien plus aimable, s'ils en rendoient l'acquisition plus difficile et plus épineuse; et ce pernicieux dessein leur a réussi si heureusement, qu'on ne sauroit plus

---

1. *Vivat Rex!* est une formule biblique : voyez le livre III des *Rois*, chapitre 1, versets 25, 34, 39. *Vivere*, dans ce sens, revient plusieurs fois dans le livre de *Daniel* (par exemple au chapitre III, verset 9) avec les mots : *in æternum*, ou *in sempiternum*.

2. Ici encore la conjonction est omise dans l'édition C.

3. Cette réponse aux *Observations* de Rochemont parut tout à la fin de juillet 1665, quelques jours seulement avant la *Lettre*, plus solide et plus intéressante, donnée ci-après (p. 240) : voyez l'annonce faite par Robinet le 9 août, et citée ci-dessus, dans la *Notice*, p. 45. La *Réponse* et la *Lettre* furent publiées par Gabriel Quinet, celui-là même qui avait cru pouvoir aussi exploiter le succès du libelle de Rochemont (voyez ci-dessus, p. 217, avant-dernière partie de la note 1). On a dit que de l'une et de l'autre il n'y avait qu'une édition; c'est une erreur, pour l'une au moins : de la *Réponse* nous avons vu deux éditions, que nous avons collationnées; l'une (nous en suivons le texte) est jointe à l'exemplaire des *Observations* de la bibliothèque Cousin; l'autre à celui de la bibliothèque Didot.

4. Dans les deux éditions : « ils se sont imaginés ».

passer pour vertueux que l'on ne se prive de tous les plaisirs qui n'ont pas la vertu pour leur unique objet ; et comme ils se sont aperçus que la comédie en étoit un, puisqu'elle mortifie moins les sens qu'elle ne les divertit, ils l'ont dépeinte comme l'ennemie et la rivale de la vertu ; ils prétendent qu'elle soit incompatible avec les plaisirs les plus innocents ; et ainsi, de cette familière déesse qui s'accommode avec les gens de tous métiers et de tous âges, ils en ont fait la plus austère et la plus jalouse de toutes les divinités.

L'auteur à qui je réponds est un de ces sages réformateurs ; mais, comme il est encore apprentif dans le métier, il n'ose pas condamner ouvertement ce que nos prédécesseurs ont toujours permis : il s'est contenté de nous faire la guerre en renard ; et lorsqu'il a voulu nous montrer que la comédie en général étoit un divertissement que les gens de bien n'approuvoient point, il en a pris une en particulier, où son adresse a supposé mille impiétés, pour couvrir le dessein qu'il a de détruire toutes les autres. On a beau lui dire que, puisqu'il ne doit pas répondre de la candeur publique, il devroit laisser à nos évêques et à nos prélats le soin de sanctifier[1] nos mœurs : il soutient que c'est le devoir d'un chrétien de corriger tous ceux qui manquent ; et sans considérer qu'il n'est pas plus blâmable de souffrir les impiétés qu'on pourroit empêcher que d'ambitionner à passer pour le réformateur de la vie humaine[2], il vient de composer un livre où il se déclare le plus ferme appui et le meilleur soutien de la vertu. Mais ne m'avouera-t-on point qu'il s'y prend bien mal pour nous persuader que la véritable dévotion le fait agir, lorsqu'il traite M. de Molière de démon incarné, parce qu'il a fait des pièces galantes et qu'il n'emploie pas ce beau talent que la nature lui a donné à traduire la vie des saints Pères[3] ?

Il s'est si bien imaginé que c'est une charité des plus chrétiennes de diffamer un homme pour l'obliger à vivre saintement, que, si cette manière de corriger les gens pouvoit avoir un jour l'approbation des docteurs et qu'il fût permis de juger de la bonté d'une âme par le nombre des auteurs que sa plume auroit décriés, je réponds, de l'humeur dont je le connois, qu'on n'attendroit point après sa mort pour le canoniser. Ce n'étoit pourtant pas assez qu'il aimât la satire pour vomir contre M. de Molière comme il a fait : il lui falloit encore quelque vieille animosité ou quelque

1. Dans nos deux textes, *santifier*.
2. Que cette ambition est au moins aussi condamnable que le serait cette tolérance.
3. Voyez ci-dessus la *Notice*, p. 41.

haine secrète pour tous les beaux esprits ; car quelle apparence y a-t-il qu'il paroisse à ses yeux un diable vêtu de chair humaine parce qu'il a fait une pièce intitulée *le Festin de Pierre?* Elle est, dit-il, tout à fait scandaleuse et diabolique ; on y voit un enfant mal élevé qui réplique à son père, une religieuse qui sort de son convent ; et à la fin ce n'est qu'une raillerie que le foudre qui tombe sur ce débauché.

C'est le bien prendre, en effet. Vous avez tort, Monsieur de Molière : il falloit que le père fût absolu, qu'il parlât toujours sans que le fils osât lui dire mot ; que la religieuse, bien loin de paroître sur un théâtre, fît dans son convent une pénitence perpétuelle de ses péchés ; et cet athée supposé n'en devoit point échapper : ses abominations, toutes feintes qu'elles étoient, méritoient bien, pour leur mauvais exemple, une punition effective. L'intrigue de cette comédie auroit été bien mieux conduite, s'il n'y avoit paru, pour tous personnages, qu'un père qui eût fait des leçons à son fils, et qui eût invoqué la colère de Dieu pour l'exterminer, lorsqu'il le trouvoit sourd aux bonnes inspirations.

Notre auteur trouve que la morale en auroit été bien plus belle et les sentiments plus chrétiens, si ce jeune éventé se fût retiré de ses débauches et qu'il eût été touché de ce que Dieu lui disoit par la bouche de son père ; et si on lui montre qu'il est de l'essence de la pièce que le foudre écrase quelqu'un, et que par conséquent il nous faut supposer un homme d'une vie déréglée et qui soit toujours insensible aux bons mouvements, lui dont les soins ne butent qu'à la conversion universelle, nous répliquera sans doute que l'exemple n'en auroit été que plus touchant, si, malgré cet amendement de vie, il n'avoit pas laissé de recevoir le châtiment de ses anciennes impudicités.

Hélas ! où en serions-nous, si les contritions et les pénitences ne pouvoient désarmer la main de Dieu, et que ce fût pour nous une nécessité indispensable d'en venir à la punition au sortir de l'offense ? Mais pourquoi Dieu nous auroit-il fait une loi de pardonner à nos ennemis, s'il n'avoit voulu lui-même la suivre ? Et puisqu'il nous a dit qu'il voudroit que tout le monde fût heureux, ne se contrarieroit-il point en nous laissant une pente si naturelle pour le mal, s'il ne nous réservoit une miséricorde plus grande que notre esprit n'est foible et léger ? Nous devons croire qu'il est juste, et non pas vindicatif : il punit une âme égarée qui persévère dans ses emportements, mais il oublie le passé quand elle s'est remise dans le bon chemin. Tombez donc d'accord que M. de Molière ne vous a point donné de mauvais exemple, lorsqu'il a fait paroître un jeune homme qui avoit tant d'antipathie pour les bonnes actions. Le dessein qu'il a eu est celui que doivent avoir tous ceux de sa profession, de corriger les hommes en les divertissant : il a fait l'un et l'autre, ou du moins il a tâché de montrer aux méchants la nécessité qu'il y a de ne le point être ; et le foudre qu'on entend sur le théâtre nous assure de la bonté de son avertissement.

Je prévois que vous m'allez dire ce que j'ai lu dans votre critique : que ses termes sont trop hardis et qu'il semble se moquer quand il parle de Dieu. Mais quoi ? ignorez-vous encore qu'un comédien n'est point un prédicateur et que ce n'est que dans les chaires des églises où l'on montre, les larmes aux yeux, l'horreur que nous devons avoir pour le péché ? Je sais qu'il n'est jamais hors de saison d'avoir de la vénération pour les choses sacrées, et qu'elles doivent être en tous lieux ce qu'elles sont sur les autels ; mais changent-elles de nature ou de condition, lorsque l'on change de terme[1] ou de ton pour en parler ?

Je ne prétends point ici vous prouver que les vers de M. de Molière sont pour les jeunes gens des instructions paternelles à la vertu ; mais je veux vous montrer clairement que les esprits les plus mal tournés n'y sauroient trouver la moindre apparence de vice ; et puisque chacun sait que le théâtre n'a point été destiné pour expliquer la sainteté de nos mystères et l'importance de notre salut, ces sages réformateurs, si fort zélés pour notre foi, n'ont-ils pas mauvaise grâce de blâmer la comédie parce que les méchants la peuvent voir sans changer d'inclination ? et ne devroient-ils point se contenter que les vertueux n'y prennent point des mœurs pernicieuses et qu'ils en sortent toujours les mêmes ?

Je le pardonne pourtant à ces consciencieux qui reprennent par un véritable motif de dévotion ; et quoique les vers de M. de Molière[2] n'aient rien d'approchant de l'impiété, je ne saurois m'emporter contre eux, puisqu'ils n'en veulent qu'à ses écrits. Mais lorsque je vois le livre de cet inconnu, qui, sans se soucier du tort qu'il fait à son prochain, ne songe qu'à s'usurper une réputation d'homme de bien, je vous avoue que je ne saurois m'empêcher d'éclater ; et quoique je n'ignore pas que l'innocence se défend assez d'elle-même, je ne puis que je ne blâme une insulte si condamnable et si mal fondée.

Il prétend que M. de Molière est un scélérat achevé, parce qu'il a feint des impiétés ? N'est-ce pas là une preuve bien convaincante ? Et quoiqu'il sache bien que, de quelque nature que soient

---

1. Il y a bien ici *terme*, au singulier, dans les deux éditions.
2. L'auteur de la *Réponse* parle ici des œuvres de Molière en général. Dans les *Observations* est critiquée, outre *le Festin de Pierre*, une pièce en vers, *l'École des femmes*.

les crimes que nous avons commis, nous devons toujours avoir de la confiance à la miséricorde de Dieu, et par conséquent ne désespérer jamais de notre salut, il soutient qu'il n'entrera jamais dans le paradis, parce qu'il a supposé des sacriléges et des abominations dans son *Festin de Pierre*.

Vous pouvez voir par ce raisonnement si sa critique, comme il dit[1], étoit nécessaire pour le salut public, et si la moralité et le bon sens sont tous entiers dans son discours, puisqu'il nous donne lieu de conclure qu'il vaut mieux être méchant en effet qu'en apparence et qu'on a plutôt le pardon d'une impiété réelle que d'une feinte.

Cher écrivain, de peur qu'en travaillant à vous attirer cette réputation d'homme de bien, vous ne perdiez celle que vous avez d'être fort habile homme et plein d'esprit, je vous conseille, en ami, de changer de sentiment. Puisque Dieu lit dans le fond de l'âme, vous devez savoir qu'il ne se fie jamais aux apparences, et que, par conséquent, il faut être coupable en effet pour le paroître devant lui. Ou bien, si vous avez tant d'aversion à vous dédire de ce que vous avez soutenu, ne faites point de scrupule de nous avouer que votre livre n'est point votre ouvrage et que c'est l'envie et la haine qui l'ont composé.

Nous savons bien que M. de Molière a trop d'esprit pour n'avoir pas des envieux. Nos intérêts nous sont toujours plus chers que ceux d'autrui; et je suis si fort persuadé qu'il est fort peu de gens, dans le siècle où nous sommes, qui n'aidassent au débris[2] de leurs plus proches voisins, s'il leur devenoit utile ou profitable, que les coups les plus injustes et les plus inhumains ne me surprennent plus. Puisque vous appréhendez que les productions de votre génie, tout sublime qu'il est, ne perdissent beaucoup de leur prix par l'éclat de celles de M. de Molière, si vous les abandonniez à la rigueur d'un jugement public, n'est-il pas juste que vous ayez quelque ressentiment du tort qu'elles vous font; et quoique ces vers ne soient remplis que de pensées aussi honnêtes qu'elles sont fines et nouvelles, doit-on s'étonner si vous avez tâché de montrer à notre illustre monarque que ses ouvrages causoient un scandale public dans tout son royaume, puisque vous savez qu'il est si sensible du côté de la piété et de la religion? Il est vrai que votre passion vous aveugloit beaucoup; car, puisque ce grand Prince, si chrétien et si religieux, ne s'éclaire que par lui-même, vous deviez considérer que les matières les plus embrouillées étoient

---

1. Ces mots ont été étrangement défigurés dans l'exemplaire de la bibliothèque Didot, où on lit : « sa critique-comédie ».

2. À la ruine : voyez tome I, p. 205, note 1.

fort intelligibles pour lui, et que, par conséquent, vos accusations ne serviroient que pour convaincre[1] d'une malice d'autant plus noire, que le voile que vous lui donniez étoit trompeur et criminel.

Mais aussi, s'il m'est permis de reprendre mes maîtres, je vous ferai remarquer que vous laissâtes glisser dans votre critique quelques mots qui montroient clairement l'effet de votre passion[2]; car me soutiendrez-vous que c'est par charité que vous l'accusez de piller ses meilleures pensées, de n'avoir point l'esprit inventif, et de faire des postures et des contorsions qui sentent plutôt le possédé que l'agréable bouffon? Il me semble que vous pouviez souffrir de semblables défauts sans appréhender que votre conscience en fût chargée; ou bien Dieu vous a fait des commandements qui ne sont pas comme les nôtres. Il falloit, pour vous couvrir plus adroitement, exagérer, s'il se pouvoit, par un beau discours, la délicatesse et la grandeur de son esprit, le faire passer pour l'acteur le plus achevé qui eût jamais paru; et comme cet éloge nous auroit persuadé que vous preniez plaisir de découvrir à tout le monde ses perfections et ses qualités, nous aurions eu plus de disposition à vous croire lorsque vous auriez dit qu'il étoit impie et libertin, et que ce n'étoit que par contrainte et pour décharger votre conscience que vous le repreniez de ses défauts.

Je vous aurois même conseillé de le blâmer fort d'avoir fait crier : « Mes gages! mes gages! » à ce valet. On auroit inféré de là que vous aviez l'âme si tendre, que vous n'aviez pu souffrir sans compassion que son maître, qu'on traînoit je ne sais où, fût chargé, outre tant d'abominations, d'une dette qui pouvoit elle seule le priver de la présence béatifique jusques à ce que ses héritiers l'en eussent délivré. Ce sentiment étoit d'un homme de bien. Vous en auriez été tout à fait loué; et, pour édifier encore mieux vos lecteurs, vous pouviez faire une invective contre ce valet, en lui montrant quelle étoit son inhumanité de regretter plutôt son argent que son maître.

Vous auriez bien eu meilleure grâce de blâmer un sentiment criminel et des lâches transports que vos oreilles avoient entendus[3], que l'impiété de ce fils que vous connoissiez pour imaginaire et pour chimérique[4].

---

1. Faut-il, devant *convaincre*, ajouter *vous*?
2. L'exemplaire de la bibliothèque Didot a cette leçon toute différente : « quelques mots qui tenoient plutôt de l'animosité que de la véritable dévotion ».
3. Dans les deux éditions, *entendu*, sans accord.
4. L'auteur de cette *Réponse* n'a pas mis beaucoup de netteté dans ce passage et dans maint autre. Il a voulu dire que l'Observateur eût mieux fait de

Voilà l'endroit de la pièce où vous pouviez vous étendre le plus ; car vous m'avouerez, quelque scrupuleux que vous soyez, que vous ne trouvez rien à reprendre dans la réception qu'on fait à M. Dimanche : il n'est pas plus tôt entré dans la maison, qu'on lui donne le plus beau fauteuil de la salle ; et quand il est près de s'en aller, jamais homme ne fut prié de meilleure grâce à souper dans le logis. Je me souviens pourtant encore d'un nouveau sujet que ce valet vous donne de vous plaindre de lui : n'est-il pas vrai que vous souffrez furieusement de le voir à table, tête à tête avec son maître, manger si brutalement à la vue de tant de beau monde ? En cela je suis pour vous ; je ne me mets jamais si fort dans les intérêts de mes amis, que je ne me laisse plutôt guider par la justice que par la passion de les servir. Comme je vois qu'on ne sauroit tâcher de mettre à couvert M. de Molière d'un reproche si bien fondé, qu'on ne se déclare l'ennemi de la raison et le protecteur d'un coupable, j'abandonne sans regret son parti, puisqu'il n'est plus bon, et confesse avec vous que ce valet est un malpropre et qu'il ne mange point comme il faut.

Mais, puisque vous me voyez si sincère, à mon exemple ne voulez-vous point le devenir ? Soutiendrez-vous toujours que M. de Molière est impie, parce que ses ouvrages sont galants et qu'il a su trouver le moyen de plaire ?

« On se seroit bien passé, dites-vous, des postures qu'il fait dans la représentation de son *École des femmes*. » Mais puisque vous savez qu'il a toujours mieux réussi dans le comique que dans le sérieux, devez-vous le blâmer de s'être fait un personnage qu'il a cru le plus propre pour lui ? Ne nous dites point qu'il tâche d'expliquer par ses grimaces ce que son Agnès n'oseroit avoir dit par sa bouche : nous sommes dans un siècle où les hommes se portent assez d'eux-mêmes au mal, sans avoir besoin qu'on leur explique nettement ce qui peut en avoir quelque apparence.

M. de Molière, qui connoît le foible des gens, a prévu fort favorablement[1] qu'on tourneroit toutes ces équivoques du mauvais sens ; et pour prévenir une censure aussi injuste que nui-

---

reprendre sévèrement les « jeunes étourdis » dont il croyait avoir entendu les propos criminels et les lâches applaudissements à « l'endroit du Fauteuil [a] », que de blâmer l'impiété d'un personnage de comédie, impiété non pas réelle comme celle de ces approbateurs, mais *supposée* et *feinte*, ainsi qu'il l'a déjà dit plus haut par deux fois.

1. Fort heureusement, fort à propos. Voyez, dans le *Dictionnaire de M. Littré*, à l'historique du mot, le dernier exemple de Montaigne, où *favorablement* précède *industrieusement*.

[a] Voyez ci-dessus, p. 230, au 1ᵉʳ renvoi.

sible, il fit voir l'innocence et la pureté de ses sentiments par un discours le mieux poli et le plus coulant du monde [1]. Mais il ne s'est jamais défié qu'on dût faire le même tort à son *Festin de Pierre*, et il s'est si bien imaginé qu'il étoit assez fort de lui-même pour ne point appréhender ses envieux, qu'il n'a jamais voulu lui [2] donner des nouvelles armes en travaillant pour sa défense; et comme j'ai connu par là qu'il n'avoit pas besoin d'un grand secours, j'ai cru que ma plume, toute ignorante et toute stérile qu'elle est, pouvoit suffire pour montrer l'injustice de ses ennemis.

Lorsqu'on veut montrer la bonté d'une cause, qui fournit elle seule toutes les raisons qu'il faut pour la soutenir, il me semble qu'il est plus à propos d'en laisser le soin au plus jeune avocat du barreau, qu'au plus célèbre et au plus éloquent; et par la même raison qu'on croit plutôt un paysan qu'un homme de cour, les ignorants persuadent beaucoup mieux que les plus habiles orateurs. Il est si fort ordinaire à ces Messieurs les beaux esprits de prendre le méchant parti, pour exercer la facilité qu'ils ont de prouver ce qui paroît le plus faux, qu'ils ont cru que cette réputation feroit un tort considérable à l'ouvrage de M. de Molière, s'ils écrivoient pour en montrer l'innocence et l'honnêteté; et d'ailleurs, comme ils ont vu qu'il n'y avoit point de gloire à remporter, quelque fort que fût le raisonnement qu'ils produiroient, ils en ont laissé le soin aux plumes moins intéressées que les leurs.

J'ai donc cru que cela me regardoit; et comme je n'avois encore rien mis au jour, je me suis imaginé que c'étoit commencer bien glorieusement que de soutenir une cause où le bon droit étoit tout entier. Dans toute autre matière que celle dont j'ai traité, j'aurois eu lieu d'appréhender que, comme le sentiment des ignorants est toujours différent de celui des gens d'esprit, on eût cru que M. de Molière n'avoit point eu l'approbation de ceux-ci, puisque je lui donnois la mienne; mais *le Festin de Pierre* a si peu de conformité avec toutes les autres comédies, que les raisons qu'on peut apporter pour montrer que la pièce n'est point

---

1. Quel peut être ce *discours*? celui d'Uranie dans *la Critique de l'École des femmes*, scène III (tome III, p. 324) : « L'honnêteté d'une femme n'est pas dans les grimaces, » etc.? La difficulté est que *la Critique*, dont l'idée ne vint à Molière qu'après les deux ou trois premières représentations de *l'École des femmes*, répondait plutôt aux censures qu'elle ne les prévenait. Faut-il donc supposer que Molière, paraissant sur la scène en orateur, avait fait précéder la pièce d'un compliment-prologue, dont il ne serait resté aucun souvenir? Il est bien plus vraisemblable que l'auteur de la lettre s'est, comme en divers autres passages, mal exprimé.

2. *Lui* (et non *leur*, comme on a imprimé récemment), c'est-à-dire à sa pièce, qui est assez forte pour se défendre.

honnête sont aussi bien imaginaires et chimériques que l'impiété de son athée foudroyé. Jugez par là, Monsieur de Molière, s'il ne m'a pas été bien aisé de prouver que vous n'êtes rien moins que ce que cet inconnu a voulu que vous fussiez. Mais, comme il ne démordra jamais de la mauvaise opinion qu'il veut donner de vous à ceux qui ne vous connoissent point, il y a lieu d'appréhender encore quelque chose de bien fâcheux. Il ne se sera pas plus tôt aperçu que les gens bien sensés ne sont point de son sentiment lorsqu'il prétend que vous soyez impie, qu'il va vous prendre par un endroit où je vous trouve bien foible : il vous fera passer pour le plus grand goinfre et le plus malpropre de tous les hommes. Il vous reconnut fort bien à table sous cet habit de valet, et, par conséquent, il aura autant de témoins de votre avidité pour les ragoûts que vous eûtes d'admirateurs de ce chef-d'œuvre. Il faut pourtant s'en consoler : on a toujours mauvaise grâce de s'opposer au devoir d'un chrétien.

Il vous laisseroit sans doute en repos, si ce n'est qu'il a lu qu'il falloit publier les défauts des gens pour les en corriger. Je trouve cette maxime bien conçue et fort spirituelle ; et de plus, le succès m'en paroit infaillible : quand on compose un livre qui diffame quelqu'un, tant de différentes personnes sont curieuses de le voir, qu'il est bien malaisé que, parmi ce grand nombre de lecteurs, il ne se rencontre quelque homme de bien qui ait du pouvoir sur l'esprit du décrié, et c'est par là que l'on le tire peu à peu de son aveuglement. Il a cru vous devoir la même charité ; mais si, par hasard, il arrive que ceux qui liront ce qu'il a fait contre vous connoissent qu'il s'est mépris et qu'ils ne viennent point vous faire de leçons, ne laissez pas de lui savoir bon gré de son zèle ; et puisqu'il vous en coûte si peu, servez-lui sans murmurer de moyen pour gagner le paradis : ce sera là où nous ferons tous notre paix.

LETTRE SUR LES OBSERVATIONS D'UNE COMÉDIE DU SIEUR MOLIÈRE INTITULÉE *LE FESTIN DE PIERRE*[1].

Puisque vous souhaitez qu'en vous envoyant les *Observations sur le Festin de Pierre*, je vous écrive ce que j'en pense, je vous dirai mon sentiment en peu de paroles, pour ne pas imiter l'auteur de ces Remarques, qui les a remplies de beaucoup de choses dont

1. Voyez ci-dessus, p. 232, note 3.

il auroit pu se dispenser, puisqu'elles ne sont point de son sujet et qu'elles font voir que la passion y a beaucoup de part, bien qu'il s'efforce de persuader le contraire.

Encore que l'envie soit généralement condamnée, elle ne laisse pas quelquefois de servir ceux à qui elle s'attache le plus obstinément, puisqu'elle fait connoître leur mérite, et que c'est elle, pour ainsi dire, qui y met la dernière main. Celui de M. de Molière étant depuis longtemps reconnu, elle n'épargne rien pour empêcher que l'on en perde la mémoire, et pour l'élever davantage. Elle fait tout ce qu'elle peut pour l'accabler ; mais, comme il est inouï de dire que l'on attaque une personne à cause qu'elle a du mérite, et que l'on cherche toujours des prétextes spécieux pour tâcher de l'affoiblir, voyons de quoi s'est servi l'auteur de ces *Observations*.

Je ne doute point que vous n'admiriez d'abord son adresse, lorsque vous verrez qu'il couvre du manteau de la religion tout ce qu'il dit à Molière. Ce prétexte est grand, il est spécieux, il impose beaucoup, il permet de tout dire impunément ; et quand celui qui s'en sert n'auroit pas raison, il semble qu'il y ait un[1] espèce de crime à le combattre. Quelques injures que l'on puisse dire à un innocent, on craint de le défendre, lorsque la religion y est mêlée. L'imposteur est toujours à couvert sous ce voile, l'innocent toujours opprimé et la vérité toujours cachée. L'on n'ose la mettre au jour, de crainte d'être regardé comme le défenseur de ce que la religion condamne, encore qu'elle n'y prenne point de part, et qu'il soit aisé de juger qu'elle parleroit autrement si elle pouvoit parler elle-même : ce qui m'oblige à vous dire mon sentiment, ce que je ne ferois toutefois pas sans scrupule, si l'auteur de ces *Observations* avoit parlé avec moins de passion.

Je vous avoue que si ces Remarques partoient d'un esprit que la passion fît moins parler, et que si elles étoient aussi justes qu'elles sont bien écrites, il seroit difficile de trouver un livre plus achevé. Mais vous connoîtrez d'abord[2] que la charité ne fait point parler cet auteur, et qu'il n'a point dessein de servir Molière, encore qu'il le mette au commencement de son livre. On ne publie point les fautes d'un homme pour les corriger ; et les avis ne sont point charitables lorsqu'on les donne au public, et qu'il ne les peut savoir qu'avec tout un peuple, et quelquefois même un peu plus tard. La charité veut que l'on ne reprenne son prochain qu'en particulier,

---

1. Le masculin *un* est bien le texte de l'original. Il y a plus d'un exemple, dans les écrivains du dix-septième siècle, de cet accord de l'article, devant *espèce*, avec le nom régime. Voyez les *Mémoires de Retz*, tome II, p. 105 et p. 167.
2. Tout de suite.

et que l'on travaille à cacher ses fautes à tout le monde, au moment que l'on tâche à les lui faire connoître.

La première chose où l'auteur de ces *Observations* fait connoître sa passion est que, par une affectation qui marque que sa bile est un peu trop échauffée, il ne traite Molière que de farceur; et ne lui donnant du talent que pour la farce, il lui ôte en même temps les rencontres de Gautier-Garguille, les impromptus de Turlupin, la bravoure du Capitan, la naïveté de Jodelet, la panse de Gros-Guillaume et la science du Docteur[1]. Mais il ne considère pas que sa passion l'aveugle, et qu'il a tort de lui donner du talent pour la farce et de ne vouloir pas qu'il ait rien du farceur : c'est justement dire qu'il l'est, sans en donner de preuve, et soutenir en même temps, par des raisons convaincantes, qu'il ne l'est pas. Je ne connois point cet auteur; mais il faut avouer qu'il aime bien la farce, puisqu'il en parle si pertinemment que l'on peut croire qu'il s'y connoît mieux qu'à la belle comédie.

Après ce beau galimatias qui ne conclut rien, ce charitable donneur d'avis veut, par un grand discours fort utile à la religion et fort nécessaire à son sujet, prouver que les pièces de Molière ne valent rien, pource qu'elles sont trop bien jouées, et qu'il sait leur donner de la grâce et en faire remarquer toutes les beautés. Mais il ne prend pas garde qu'il augmente sa gloire en même temps qu'il croit la diminuer, puisqu'il avoue qu'il est bon comédien, et que cette qualité n'est pas suffisante pour prouver, comme il le prétend, qu'il est méchant auteur.

Toutes ces choses n'ont aucun rapport avec les avis charitables qu'il veut donner à Molière. Son jeu ne doit point avoir de démêlé avec la religion; et la charité qui fait parler l'auteur des *Observations* n'exigeoit point de lui cette satire. Il fait plus toutefois; il condamne son geste et sa voix; et, par un pur zèle de chrétien et qui part d'un cœur vraiment dévot, il dit que la nature lui a dénié des agréments qu'il ne lui faut pas demander : comme si, quand il manqueroit quelque chose à Molière de ce côté-là, ce qui se dément assez de soi-même, il devroit être criminel pour n'être pas bien fait. Si cela avoit lieu, les borgnes, les bossus, les boiteux et généralement toutes les personnes difformes seroient bien misérables, puisque leurs corps ne pourroient pas loger une belle âme.

Vous me direz peut-être, Monsieur, que toutes ces *Observations* ne font rien au sujet : j'en demeure d'accord avec vous, mais je n'en suis pas l'auteur; et si celui de ces Remarques est sorti de sa matière, vous ne le[2] devez pas blâmer : comme il soutient le parti de

1. Voyez ci-dessus, p. 218 et note 3.
2. Il y a bien *le*, et non *me*, dans l'original; et cela s'accorde avec la phrase

la religion, il a cru que l'on n'examineroit pas s'il disoit des choses qui ne la regardoient point, et que, pourvu qu'elles eussent toutes un même prétexte, elles seroient bien reçues. Il n'a pas pris garde que sa passion l'a emporté, que son zèle est devenu indiscret, et que la prudence se rencontre rarement dans les ouvrages qui sont écrits avec tant de chaleur. Cependant je m'étonne que, dans le dessein qu'il avoit de paroître[1], il n'ait pas examiné de plus près ce qu'il a mis au jour, afin que l'on ne lui pût rien reprocher, et qu'il pût voir par là son ambition satisfaite ; car vous n'ignorez pas que c'est le partage de ceux qui font profession ouverte de dévotion.

A quoi songiez-vous, Molière, quand vous fîtes dessein de jouer les tartufles[2]? Si vous n'aviez jamais eu cette pensée, votre *Festin de Pierre* ne seroit pas si criminel. Comme on ne chercheroit point à vous nuire, l'esprit de vengeance ne feroit point trouver dans vos ouvrages des choses qui n'y sont pas ; et vos ennemis, par une adresse malicieuse, ne feroient point passer des ombres pour des choses réelles, et ne s'attacheroient pas à l'apparence du mal plus fortement que la véritable dévotion ne voudroit que l'on fît au mal même.

Je n'oserois vous découvrir mes sentiments touchant les louanges que cet Observateur donne au Roi : la matière est trop délicate ; et tous ses beaux raisonnements ne tendent qu'à faire voir que le Roi a eu tort de ne pas défendre *le Festin de Pierre*, après avoir fait tant de choses avantageuses pour la religion. Vous voyez par là que je ne dois pas seulement défendre la pièce de Molière, mais encore le plus grand, le plus estimé et le plus religieux monarque du monde ; mais, comme sa piété le justifie assez, je serois téméraire de l'entreprendre. Je pourrois dire toutefois qu'il savoit bien ce qu'il faisoit en laissant jouer *le Festin de Pierre :* qu'il ne vouloit pas que les tartufles eussent plus d'autorité que lui dans son royaume, et qu'il ne croyoit pas qu'ils pussent être juges équitables, puisqu'ils étoient intéressés. Il craignoit encore d'autoriser l'hypocrisie, et de blesser par là sa gloire et son devoir, et n'ignoroit pas que si Molière n'eût

---

suivante, qui donne ironiquement les motifs par lesquels peut s'excuser, bien ou mal, l'auteur des *Observations*.

1. Non pas sans doute, comme on pourrait l'entendre aujourd'hui, de se faire imprimer, de publier son livre, mais de se faire honneur de son livre, d'entrer en scène.

2. Telle est la forme que l'auteur de la *Lettre* a constamment donnée à ce nom ; c'est l'une de celles qu'avait le mot *truffe* dans l'ancienne langue : voyez à la notice du *Tartuffe*, tome IV, p. 312, note 2 ; voyez aussi même tome, p. 394, note 2.

point fait *Tartufle*, on eût moins fait de plaintes contre lui. Je pourrois ajouter que ce grand monarque savoit bien que *le Festin de Pierre* est souffert dans toute l'Europe; que l'Inquisition, quoique très-rigoureuse, le permet en Italie et en Espagne; que, depuis plusieurs années, on le joue à Paris sur le théâtre Italien et François, et même dans toutes les provinces[1], sans que l'on s'en soit plaint; et qu'on ne se seroit pas encore soulevé contre cette pièce, si le mérite de son auteur ne lui eût suscité des envieux.

Je vous laisse à juger si un homme sans passion et poussé par un véritable esprit de charité parleroit de la sorte : « Certes c'est bien à faire à Molière de parler de la dévotion, avec laquelle il a si peu de commerce et qu'il n'a jamais connue ni par pratique ni par théorie[2]. » Je crois que votre surprise est grande, et que vous ne pensiez pas qu'un homme qui veut passer pour charitable pût s'emporter jusques à dire des choses tellement contraires à la charité. Est-ce comme un chrétien doit parler de son frère? Sait-il le fond de sa conscience? Le connoît-il assez pour cela? A-t-il toujours été avec lui? Est-il enfin un homme qui puisse parler de la conscience d'un autre par conjecture, et qui puisse assurer que son prochain ne vaut rien et même qu'il n'a jamais rien valu? Les termes sont significatifs, la pensée n'est point enveloppée, et le *jamais* y est dans toute l'étendue que l'on lui peut donner. Peut-être me direz-vous qu'il étoit mieux instruit que je ne pense, et qu'il peut avoir appris la vie de Molière par une confession générale[3]? Si cela est, je n'ai rien à vous répondre, sinon qu'il est encore plus criminel. Mais enfin, soit qu'il sache la vie de Molière, soit qu'il croie la deviner, soit qu'il s'attache à de fausses apparences, ses avis ne partent point d'un frère en Dieu, qui doit cacher les fautes de son prochain à tout le monde et ne les découvrir qu'au pécheur.

Ce donneur d'avis devroit se souvenir de celui que saint Paul donne à tous ceux qui se mêlent de juger leurs frères, lorsqu'il dit[4] : *Quis es tu qui judicas fratrem tuum? Nonne stabimus omnes ante tribunal Dei?* et ne s'émanciper pas si aisément, et au préjudice de la charité, de juger même du fond des âmes et des consciences,

---

1. « Les François à la campagne, et les Italiens à Paris, qui en ont fait tant de bruit, » disoit Villiers, dès 1660, dans l'épître imprimée en tête de son nouveau *Festin de Pierre;* voyez la *Notice*, p. 17.

2. Voyez ci-dessus, p. 223 et note 5. Cette citation prouve que l'auteur de la *Lettre* avait sous les yeux une des premières impressions; dans le texte adouci de l'édition D on lit : « qu'il n'a *peut-être* jamais connue, » etc.

3. Voyez la *Notice*, ci-dessus, p. 42 et note 1.

4. Dans l'*Épître aux Romains*, chapitre xiv, versets 4 et 10 : l'auteur cite de mémoire, et, sans changer les mots, modifie les tournures.

qui ne sont connues qu'à Dieu, puisque le même apôtre dit[1] qu'il n'y a que lui qui soit « le scrutateur des cœurs. »

Je vous avoue que cela doit toucher sensiblement, qu'il y a des injures qui sont moins choquantes, qui n'ont point de conséquences, qui ne signifient souvent rien et ne font que marquer l'emportement de ceux qui les disent. Mais ce qui regarde la religion perçant jusques à l'âme, il n'est pas permis d'en parler, ni d'accuser si publiquement son prochain. Molière doit toutefois se consoler, puisque l'Observateur avance des choses qu'il ne peut savoir, et qu'en péchant contre la vérité, il se fait tort à lui-même, et ne peut nuire à personne.

Cet Observateur, qui ne manque point d'adresse, et qui a cru que ce lui devoit être un moyen infaillible pour terrasser son ennemi, après s'être servi du prétexte de la religion, continue comme il a commencé, et, par un détour aussi délicat que le premier, fait parler la Reine mère; mais l'on fait souvent parler les grands sans qu'ils y aient pensé. La dévotion de cette grande et vertueuse Princesse est trop solide pour s'attacher à des bagatelles qui ne sont de conséquence que pour les tartufles. Il y a plus longtemps qu'elle connoît *le Festin de Pierre* que ceux qui en parlent. Elle sait que l'histoire dont le sujet est tiré est arrivée en Espagne, et que l'on l'y regarde comme une chose qui peut être utile à la religion et faire convertir les libertins.

« Où en serions-nous, continue l'auteur de ces Remarques[2], si Molière vouloit faire des versions de tous les livres italiens, et s'il introduisoit dans Paris toutes les pernicieuses coutumes des pays étrangers? » Il semble, à l'entendre, que les méchants livres soient permis en Italie; et pour venir à bout de ce qu'il souhaite, il blâme le reste de la terre afin d'élever la France. Je n'en dirai pas davantage sur ce sujet, croyant y avoir assez répondu quand j'ai fait voir que *le Festin de Pierre* avoit été permis partout où on l'avoit joué, et qu'on l'avoit joué partout.

Ce critique, après avoir fait le procès à l'Italie et à tous les pays étrangers, veut aussi faire celui de Monsieur le Légat; et comme il n'ignore pas qu'il a ouï lire *le Tartufe* et qu'il ne l'a point regardé d'un œil de faux dévot, il se venge et l'attaque en faisant semblant

---

1. Dans la *Ire Épître aux Corinthiens*, chapitre IV, verset 5; nous croyons du moins que c'est le verset que l'auteur vouloit rappeler, bien que les mots: *scrutateur des cœurs*, ne s'y trouvent point; cette expression même ne se lit pas non plus dans l'*Épître aux Romains;* mais il y est parlé, au chapitre VIII, verset 27, de l'esprit (de Dieu) « qui scrute les cœurs; » comparez encore la *Ire Épître aux Corinthiens*, chapitre II, verset 10.
2. Ci-dessus, p. 224 et 225.

de ne parler qu'à Molière. Il dit, par une adresse aussi malicieuse qu'elle est injurieuse et à la qualité et au caractère de Monsieur le Légat, « qu'il semble qu'il ne soit venu en France que pour approuver les pièces de Molière[1]. » L'on ne peut, en vérité, rien dire de plus adroit; cette pensée est bien tournée et bien délicate; mais l'on n'en sauroit remarquer tout l'esprit que l'on ne reconnoisse en même temps la malice de l'auteur. Son adresse n'est pas moindre à faire le dénombrement de tous les vices du libertin; mais je ne crois pas avoir beaucoup de choses à y répondre, quand j'aurai dit, après le plus grand monarque du monde, *qu'il n'est pas récompensé*[2].

Entre les crimes qu'il impute à Dom Juan, il l'accuse d'inconstance. Je ne sais pas comment on peut lire cet endroit sans s'empêcher de rire; mais je sais bien que l'on n'a jamais repris les inconstants avec tant d'aigreur, et qu'une maîtresse abandonnée ne s'emporteroit pas davantage que cet Observateur, qui prend avec tant de feu le parti des belles. S'il vouloit blâmer les inconstants, il falloit qu'il fît la satire de tout ce qu'il y a jamais eu de comédies; mais, comme cet ouvrage eût été trop long, je crois qu'il a voulu faire payer Dom Juan pour tous les autres.

Pour ce qui regarde l'athéisme, je ne crois pas que son raisonnement[3] puisse faire impression sur les esprits, puisqu'il n'en fait aucun : il n'en dit pas deux mots de suite; il ne veut pas que l'on lui en parle; et si l'auteur lui a fait dire que « deux et deux sont quatre et que quatre et quatre sont huit, » ce n'étoit que pour faire reconnoître qu'il étoit athée, pource qu'il étoit nécessaire qu'on le sût, à cause du châtiment. Mais, à parler de bonne foi, est-ce un raisonnement que « deux et deux sont quatre et quatre et quatre sont huit? » Ces paroles prouvent-elles quelque chose, et en peut-on rien inférer, sinon que Dom Juan est athée? Il devoit du moins attirer le foudre par ce peu de paroles, c'étoit une nécessité absolue. Et la moitié de Paris[4] a douté qu'il le méritât : ce n'est point un conte, c'est une vérité manifeste et connue de bien des gens. Ce n'est pas que je veuille prendre le parti de ceux qui sont dans ce doute : il suffit, pour mériter le foudre, qu'il fasse voir par un signe de tête qu'il est athée; et pour moi, je trouve avec bien d'autres que ce qui fait blâmer Molière lui devroit attirer des louanges et faire remarquer son adresse et son esprit. Il étoit difficile de faire paroître un athée sur le théâtre et de faire connoître qu'il

---

1. Voyez ci-dessus, p. 225 et note 2.
2. Voyez la *Notice*, p. 46.
3. Le raisonnement de Dom Juan.
4. Et cependant la moitié de Paris....

l'étoit, sans le faire parler. Cependant, comme il ne pouvoit rien dire qui ne fût blâmé, l'auteur du *Festin de Pierre*, par un trait de prudence admirable, a trouvé le moyen de le faire connoître pour ce qu'il est, sans le faire raisonner. Je sais que les ignorants m'objecteront toujours « deux et deux sont quatre et quatre et quatre sont huit. » Et je leur répondrai que leur esprit est aussi fort que ce raisonnement est persuasif ; il faut avoir de grandes lumières pour s'en défendre : il dit beaucoup et prouve encore davantage ; et comme cet argument est convaincant, il doit, avec justice, faire douter de la véritable religion. Il faut avouer que les ignorants et les malicieux donnent bien de la peine aux autres. Quoi? vouloir que les choses qui doivent justifier un homme servent à faire son procès ! Dom Juan n'a dit que « deux et deux sont quatre et quatre et quatre sont huit » que pour s'empêcher de raisonner sur les choses que l'on lui demandoit : cependant l'on veut que cela soit capable de perdre tout le monde, et que ce qui ne marque que sa croyance soit un raisonnement très-pernicieux.

On ne se contente pas de faire le procès au maître ; on condamne aussi le valet, pource qu'il n'est pas habile homme et qu'il ne s'explique pas comme un docteur de Sorbonne. L'Observateur veut que tout le monde ait également de l'esprit ; et il n'examine point quel est le personnage. Cependant il devroit être satisfait de voir que Sganarelle a le fonds de la conscience bon, et que s'il ne s'explique pas tout à fait bien, les gens de sa sorte peuvent rarement faire davantage.

« Il devoit pour le moins, continue ce dévot à contre-temps en parlant de l'auteur du *Festin de Pierre*, susciter quelque acteur pour soutenir la cause de Dieu et défendre sérieusement ses intérêts[1]. » Il falloit donc pour cela que l'on tînt une conférence sur le théâtre, que chacun prît parti, et que l'athée déduisît les raisons qu'il avoit de ne croire point de Dieu. La matière eût été belle, Molière n'auroit point été repris, et l'on auroit écouté Dom Juan avec patience et sans l'interrompre. Est-il possible que cela ait pu entrer dans la pensée d'un homme d'esprit? L'auteur de cette comédie n'eût eu pour se perdre qu'à suivre ces beaux avis. Il a eu bien plus de prudence, et comme la matière étoit délicate, il n'a pas jugé à propos de faire entrer Dom Juan en raisonnement : les gens qui ne sont point préoccupés ne l'en blâmeront jamais, et les véritables dévots n'y trouveront rien à redire.

Ce scrupuleux censeur ne veut pas que des actions en peinture soient punies par un foudre en peinture, et que le châtiment soit proportionné avec le crime : « Mais le foudre, dit-il, n'est qu'un

---

1. Ci-dessus, p. 228, 1er alinéa.

foudre en peinture[1]. » Mais le crime l'est aussi ; mais la peinture de ce crime peut frapper l'esprit ; mais la peinture de ce foudre peut également frapper le corps ; on ne sauroit détruire l'un sans détruire l'autre, ni parler pour l'un que l'on ne parle pour tous les deux. Mais pourquoi ne veut-on pas que le foudre en peinture fasse croire que Dom Juan est puni ? Nous voyons tous les jours que la feinte mort d'un acteur fait pleurer à une tragédie, encore qu'il ne meure qu'en peinture. Mais je vois bien ce que c'est : l'on veut nuire à Molière, et, par une injustice incroyable, on ne veut pas qu'il ait les mêmes priviléges que les autres. Enfin Molière est un impie, cet Observateur l'a dit ; il faut bien le croire, puisqu'il a vu une femme qui secouoit la tête[2] ; et sa pièce ne doit rien valoir, puisqu'il l'a connu dans le cœur de tous ceux qui avoient mine d'honnêtes gens. Toutes ces preuves sont fortes et aussi véritables qu'il est vrai qu'il n'y a point d'honnêtes gens qui n'aient bonne mine. Cette pièce comi-tragique finit presque par ces belles remarques, après avoir commencé par la farce et par les noms de ceux qui ont réussi en ce genre d'écrire et de ceux qui ont bien représenté ces ouvrages. Je ne parle point des louanges du Roi, par où elle finit, puisqu'elles ne veulent dire que la même chose que celles qui sont au commencement du livre.

Je crois, Monsieur, que ces contre-observations ne feront pas grand bruit. Peut-être que si j'attaquois aussi bien que je défends, qu'elles seroient plus divertissantes, puisque la satire fournit des plaisanteries que l'on rencontre rarement lorsque l'on défend aussi sérieusement que je viens de faire. Je puis encore ajouter que l'Observateur remportera toute la gloire : son zèle fera sans doute considérer son livre ; il passera pour un homme de conscience ; les tartufles publieront ses louanges, et le regardants comme leur vengeur, tâcheront de nous faire condamner, Molière et moi, sans nous entendre. Pour vous, Monsieur, vous en croirez ce qu'il vous plaira, sans que cela m'empêche de croire ce que je dois.

APOSTILLE.

Je crois vous devoir mander, avant que fermer ma lettre, ce que je viens d'apprendre. Vous connoîtrez par là que j'ai perdu ma cause et que l'Observateur du *Festin de Pierre* vient de gagner son procès. Le Roi, qui fait tant de choses avantageuses pour la religion, comme il l'avoue lui-même[3], ce monarque qui occupe

---

1. Ci-dessus, p. 228, fin du 1ᵉʳ alinéa.
2. Voyez plus haut, p. 230.
3. Comme l'auteur des *Observations* l'avoue lui-même.

tous ses soins pour la maintenir, ce prince sous qui l'on peut dire avec assurance que l'hérésie est aux abois et qu'elle tire continuellement à la fin, ce grand roi qui n'a point donné de relâche ni de trêve à l'impiété, qui l'a poursuivie partout et ne lui a laissé aucun lieu de retraite[1], vient enfin de connoître que Molière est vraiment diabolique, que diabolique est son cerveau, et que c'est un diable incarné[2]; et pour le punir comme il le mérite, il vient d'ajouter une nouvelle pension à celle qu'il lui faisoit l'honneur de lui donner comme auteur, lui ayant donné cette seconde, et à toute sa troupe, comme à ses comédiens[3]. C'est un titre qu'il leur a commandé de prendre; et c'est par là qu'il a voulu faire connoître qu'il ne se laisse pas surprendre aux tartufles, et qu'il connoît le mérite de ceux que l'on veut opprimer dans son esprit, comme il connoît souvent les vices de ceux que l'on lui veut faire estimer. Je crois qu'après cela notre Observateur avouera qu'il a eu tort d'accuser Molière et qu'il doit confesser que la passion l'a fait écrire. Il ne peut dire le contraire sans démentir ses propres ouvrages; et après avoir dit que le Roi fait tant de choses pour la religion (comme je vous l'ai marqué par les endroits tirés de son livre et qui serviront à le condamner), il ne peut plus dire que Molière est un athée, puisque le Roi, qui ne donne ni relâche ni trêve à l'impiété, a reconnu son innocence. Il faut bien, en effet, qu'il ne soit pas coupable, puisqu'on lui permet de jouer sa pièce à la face du Louvre, dans la maison d'un prince chrétien, et à la vue de tous nos sages magistrats, si zélés pour les intérêts de Dieu, et sous le règne du plus religieux monarque du monde[4]. Certes les amis de Molière devroient après cela trembler pour lui, s'il n'étoit pas innocent : ces magistrats, si zélés pour les intérêts de Dieu, et ce religieux monarque le perdroient sans ressource ou l'anéantiroient bientôt, s'il est permis de parler ainsi. Bon Dieu ! que seroit Molière contre tant de puissances ? Et qui pourroit lui servir de refuge, s'il n'en trouvoit, comme il fait, dans son innocence ?

Je ne sais pas, Monsieur, si je m'en tiendrai là, et si, après avoir mis la main à la plume, je pourrai m'empêcher de combattre quelques endroits dont je crois ne vous avoir pas assez parlé dans ma lettre. Vous prendrez, si vous voulez, ceci pour une seconde ou pour une continuation de la première : cela m'embarrasse peu et ne m'empêche point de poursuivre.

1. Voyez ci-dessus, p. 230 et 231, l'avant-dernier alinéa des *Observations*, dont la *Lettre* reproduit ici les expressions.
2. Voyez ci-dessus, p. 225 et note 4; p. 226 et note 7.
3. Voyez la notice du *Tartuffe*, tome IV, p. 294.
4. Voyez ci-dessus, p. 220, 2ᵉ alinéa.

L'Observateur de la pièce dont je vous entretiens dit qu'avant que feu M. le cardinal de Richelieu eût purgé le théâtre, la comédie étoit coquette et libertine, et que Molière a fait pis, puisque, « sous le voile de l'hypocrisie, il a caché ses *obscénités* et ses malices [1]. » Quand cela seroit, bien que je n'en demeure pas d'accord avec lui, comme vous verrez par la suite, Molière n'en doit pas être blâmé. « Si la comédie, comme il dit, étoit libertine, si elle écoutoit tout indifféremment et disoit de même tout ce qui lui venoit à la bouche, si son air étoit lascif et ses gestes dissolus, » Molière n'a pas fait pis, puisqu'il a caché ses obscénités et ses malices ; et notre critique s'abuse grossièrement ou ne dit pas ce qu'il veut dire, lorsqu'il fait passer le bien pour le mal.

L'on est, en vérité, bien embarrassé, lorsque l'on veut répondre à des gens qui se mêlent de parler de choses qu'ils ne connoissent point. Comme ils ne savent pas eux-mêmes ce qu'ils veulent dire, on a de la peine à le deviner, et plus encore à y répondre, puisqu'on ne peut que difficilement repartir à des choses confuses et qui ne signifient rien, n'étants pas dites dans les formes. L'on devroit, avant que répondre à ces gens-là, leur enseigner ce que c'est que les ouvrages qu'ils veulent reprendre ; et l'on devroit, par cette même raison, apprendre à l'auteur de ces *Observations* ce que c'est que le théâtre, avant que lui faire aucune réplique. A l'entendre parler de Dom Juan, presque dans chaque page de son livre, il voudroit que l'on ne vît que des vertueux sur le théâtre. Il fait voir, en parlant ainsi, qu'il ignore qu'une des principales règles de la comédie est de récompenser la vertu et de punir le vice, pour en faire concevoir de l'horreur, et que c'est ce qui rend la comédie profitable. On peut voir par là que les plus sévères souffrent les vices, puisqu'ils ordonnent de les punir, et que Dom Juan doit être plutôt souffert qu'un autre, puisque son crime est puni avec plus de rigueur, et que son exemple peut jeter beaucoup de crainte dans l'esprit de ses semblables. Notre critique ne nie toutefois pas que l'on doit punir le vice ; mais il veut qu'il n'y en ait point. Pour moi, je ne vois pas où doit tomber le châtiment : je prie Dieu que ce ne soit point sur les hypocrites.

L'auteur des *Observations* de la comédie que je défends a cru sans doute qu'il suffiroit, pour nuire à Molière, de dire beaucoup de choses contre lui, et qu'il devoit indifféremment attaquer tous les acteurs de sa pièce. C'est dans cette pensée qu'il l'accuse d'habiller la comédie en religieuse [2]. Mais qui considérera bien tout ce que dit à Dom Juan cette amante délaissée ne pourra s'empêcher

1. Voyez ci-dessus, p. 222 et note 2.
2. Voyez *ibidem*.

de louer Molière. Elle se repent de sa faute ; elle fait tout ce qu'elle peut pour obliger Dom Juan à se convertir ; elle ne paroît point sur le théâtre en pécheresse, mais en Magdelaine pénitente. C'est pourquoi l'on ne peut la blâmer sans montrer trop d'animosité et faire voir que, de dessein prémédité, l'on reprend dans le *Festin de Pierre* ce que l'on y doit approuver. Cet Observateur ne se contente pas d'attaquer le vice, bien qu'on le permette à la comédie pourvu qu'il soit puni : il attaque encore la vertu. Tout le choque, tout lui déplaît, tout est criminel auprès de lui. Je crois bien que cette pauvre amante n'a pas été exempte du péché ; mais qui en a été exempt ? Tous les hommes ne retombent-ils pas tous les jours dans la plupart de leurs fautes ? Tout cela n'adoucit point la sévérité de notre censeur. Comme il attaque Molière dans tous les personnages de sa pièce, il ne veut pardonner à aucun ; il leur demande des choses impossibles, et voudroit que cette pauvre fille fût aussi innocente que le jour qu'elle vint au monde. Je crois toutefois qu'il y trouveroit encore quelque chose à redire, puisqu'il condamne la paysanne. Il ne peut pas même souffrir ses révérences. Cependant cette paysanne, pour être simple et civile, ne se laisse point surprendre. Elle se défend fortement et dit à Dom Juan qu'il faut se défier des beaux Monsieux[1]. On l'accuse néanmoins, bien qu'elle soit innocente, pource que c'est Molière qui l'a fait paroître sur la scène ; et l'on n'en a pas autrefois condamné d'autres qui, dans le même *Festin de Pierre*[2], ont, ou de force ou de gré, pendant le cours de la pièce, perdu si visiblement leur honneur, qu'il est impossible à l'auditeur d'en douter. Jugez après cela si la passion ne fait point parler contre Molière, et si on l'attaque par un véritable esprit de charité, ou pource qu'il a fait *le Tartufle*.

Ce critique, peut-être trop intéressé, et dont l'esprit va droit au mal, puisqu'il en trouve dans des choses où il n'y en a point de formel, ajoute que la comédie « est quelquefois, chez Molière, une innocente qui tourne, par des équivoques étudiés, l'esprit à de sales pensées[3]. » C'est une chose dont on ne peut demeurer d'accord, à moins que d'avoir été dans la tête de l'auteur du *Festin de Pierre*, lorsqu'il a composé les endroits que notre censeur condamne ; car autrement personne ne peut assurer que Molière ait eu cette pensée. Quoi qu'il en soit, on ne le peut accuser que d'avoir pensé, ce qui n'est aucunement permis, et ce qu'on ne peut sans injustice, puisque c'est assurer une chose que l'on ne sait pas. Si ce commentateur voyoit que l'endroit dont il parle pût tourner

---

1. Voyez la scène II du IIe acte, p. 118.
2. Dans les pièces antérieures, de Dorimond et de Villiers.
3. Voyez encore p. 222.

l'esprit à de sales pensées, il le devoit passer sous silence et n'en devoit point avertir tout le monde, pour n'y pas faire songer ceux qui n'y pensoient point. Ce zèle est indiscret, et ce commentaire est plus méchant que la comédie, puisque le mal est dedans et qu'il n'est pas dans la pièce.

Après avoir parlé de la paysanne, des équivoques qui tournent l'esprit à de sales pensées et d'autres choses de cette nature, le défenseur des tartufes tâche à prouver par tout cela que Molière est un athée. Voyez un peu quel heureux raisonnement! quel zèle et quelle profondeur d'esprit! Ah! que cet Observateur sait bien marquer les endroits qui font connoître les athées! Il n'est rien de plus juste que ce qu'il avance. Quoi? Molière formera des coquettes; quoi? il mettra des équivoques qui tourneront l'esprit à de sales pensées, et l'on ne l'appellera pas athée? Il faudroit bien avoir perdu le jugement pour ne lui pas donner ce nom, puisque c'est. là justement ce qui fait un athée! J'avoue, sans être tartufe, que ce raisonnement me fait trembler pour mon prochain; et je crois que, s'il avoit lieu[1], l'on pourroit compter autant d'athées qu'il y a d'hommes sur la terre. Nous ne devons pas laisser de louer ce critique : il réussit bien dans ce qu'il entreprend et soutient parfaitement le caractère des faux dévots dont il défend la cause. Ils sont accoutumés à crier et à faire du bruit; ils grossissent hardiment les choses qui sont de peu de conséquence, et forgent des monstres, afin de faire peur et d'empêcher que l'on n'entreprenne de les combattre.

Savez-vous bien, Monsieur, où tout ce beau raisonnement sur l'athéisme aboutit? A une satire de *Tartufe*. L'Observateur n'avoit garde d'y manquer, puisque ses remarques ne sont faites qu'à ce dessein. Comme il sait que tout le monde est désabusé, il a appréhendé que l'on ne le jouât, et c'est ce qui lui a fait mettre la main à la plume. Puisqu'il m'a donné occasion de parler de *Tartufe*, vous ne serez peut-être pas fâché que je dise deux mots en sa défense, et que je combatte tout ce que les faux dévots ont dit contre cette pièce. Ils ont parlé sans savoir ce qu'ils disoient; ils ont crié sans savoir contre quoi ils crioient; ils se sont étourdis eux-mêmes du bruit qu'ils ont fait, et ils ont eu tant de peur de se voir joués, qu'ils ont publié que l'on attaquoit les vrais dévots, encore que l'on n'en voulût qu'aux tartufes. Je veux que ce qu'ils publient soit véritable, et que le faux et le véritable dévot n'aient qu'une même apparence. Mais Molière, dont la prudence égale l'esprit, ne dit pas dans toute sa pièce deux vers contre les hypocrites, qu'il n'y en ait ensuite quatre à l'avantage des vrais dévots et qu'il n'en fasse

---

1. Si on l'admettait.

voir la différence. C'est ce qui a fait approuver *le Tartufle* par tant de gens de mérite, depuis que les hypocrites l'ont voulu perdre. Dans toutes les lectures que son auteur a faites aux véritables dévots, cette comédie a toujours triomphé, à la honte des hypocrites; et ceux qui n'auroient pas dû la souffrir à cause de leur profession l'ont admirée : ce qui fait voir qu'on ne la pouvoit condamner, à moins d'être surpris par les originaux dont Tartufle n'est qu'une copie. Ils n'ont point démenti leur caractère pour en venir à bout : leur jeu a toujours été couvert, leur prétexte spécieux, leur intrigue secrète. Ils ont cabalé avant que la pièce fût à moitié faite, de peur qu'on ne la permît, voyant qu'il n'y avoit point de mal. Ils ont fait enfin tout ce que des gens comme eux ont de coutume, et se sont servis de la véritable dévotion pour empêcher de jouer la fausse.

Je n'en dois pas demeurer là, et j'ai trop de choses à dire à l'avantage de *Tartufle*, pour finir sitôt sa justification, puisque je prétends prouver qu'il est impossible de jouer un véritable dévot, quand même on en auroit dessein et que l'on y travailleroit de tout son pouvoir. Par exemple, si on eût fait paroître sur le théâtre un homme à qui on n'eût donné que le nom de dévot, et que l'on lui eût fait en même temps entreprendre tout ce que fait Tartufle, tout le monde auroit crié : « Ce n'est point là un véritable dévot : c'est un hypocrite qui tâche à nous tromper sous ce nom. » Puisqu'il est ainsi, comme on n'en peut douter, puisque, dis-je, on connoît l'hypocrite par ses méchantes actions, lorsqu'il prend le nom et l'extérieur d'un dévot, pourquoi veut-on, pour nuire à Molière, qu'un homme qui a non-seulement le nom d'hypocrite, mais encore qui en fait les actions, soit pris pour un véritable dévot? Cela est inouï. Il faudroit que l'ordre de toutes choses fût renversé. Cependant c'est ce que les hypocrites, qui craignent d'être joués, reprennent dans la pièce de Molière. Pour moi, je ne sais pas par où l'on pourroit jouer un vrai dévot. Pour jouer les personnes, il faut[1] représenter naturellement ce qu'elles sont : si l'on représente ce que fait un véritable dévot, l'on ne fera voir que de bonnes actions; si l'on ne fait voir que de bonnes actions, le véritable dévot ne sera point joué. L'on me dira peut-être qu'au lieu de lui faire faire de bonnes actions, on lui en fait faire de méchantes. Si l'on lui fait faire de méchantes actions, ce n'est plus un dévot, c'est un hypocrite; et l'hypocrite, par conséquent, est seul joué, et non pas le vrai dévot. Je sais bien que si les vrais et faux dévots paroissoient ensemble, que s'ils avoient un même habit et un même collet, et qu'ils ne parlassent point, on auroit raison de dire qu'ils

---

1. Dans l'original, *fait*, faute évidente.

se ressemblent : c'est là justement où ils ont une même apparence. Mais l'on ne juge pas des hommes par leur habit ni même par leurs discours : il faut voir leurs actions; et ces deux personnes auront à peine commencé d'agir, que l'on dira d'abord : « Voilà un véritable dévot. Voilà un hypocrite. » Il est impossible de s'y tromper; et si je ne craignois d'être trop long et de vous ennuyer par des raisons que vous devez mieux savoir que moi, je parlerois encore longtemps sur cette matière. Je vous dirai pourtant, avant que de la quitter, que les véritables dévots ne sont point composés, que leurs manières ne sont point affectées, que leurs grimaces et leurs démarches ne sont point étudiées, que leur voix n'est point contrefaite, et que, ne voulant point tromper, ils n'affectent point de faire paroître que leurs mortifications les ont abattus. Comme leur conscience est nette, ils en ont une joie intérieure qui se répand jusque sur leur visage. S'ils font des austérités, ils ne les publient pas; ils ne chantent point des injures à leur prochain pour le convertir; ils ne le reprennent qu'avec douceur, et ne le perdent point dans l'esprit de tout le monde. C'est une manière d'agir dont les tartufles ne se peuvent défaire et qui passe pour un des plus grands crimes que l'on puisse commettre, puisqu'il est malaisé de rendre la réputation à ceux à qui on l'a une fois fait perdre, encore que ce soit injustement.

Comme la foule est grande aux pièces de M. de Molière, et que c'est un témoignage de leur mérite, l'Observateur, qui voit bien que cela suffit pour le faire condamner, et qui combat autant qu'il peut ce qui nuit à son dessein, dit que la curiosité y attire des gens de toutes parts, mais que les gens de bien les regardent comme des prodiges et s'y arrêtent comme aux éclipses et aux comètes[1]. Ce raisonnement se détruit assez de soi-même, et l'on voit bien que c'est chercher de fausses couleurs pour déguiser la vérité. Molière n'a fait que deux pièces que les tartufles reprennent, dont l'une n'a pas été jouée[2]. Cependant nous avons également vu du monde à douze ou treize de ses pièces. Il faut bien que le mérite l'y attire et l'on doit être persuadé que toute la France a plus de lumières que l'auteur des *Observations* du *Festin de Pierre*. Si l'on regardoit ses pièces comme des éclipses et des comètes, on n'iroit pas si souvent : il y a longtemps que l'on ne court plus aux éclipses; on se lasse même des comètes quand elles paroissent trop souvent. L'expérience en fait foi : nous en avons depuis peu vu deux

---

1. Ci-dessus, p. 224.
2. On a vu, au tome IV, p. 270, que *le Tartuffe* ne fut joué en public, et joué alors une seule fois, que le 5 août 1667.

de suite à Paris[1] ; et bien que la dernière fût plus considérable que l'autre, elle n'a trouvé, parmi la grande foule du peuple, que fort peu de gens qui se soient voulu donner la peine de la regarder. Il n'en est pas arrivé de même des pièces de Molière, puisque l'on les a toutes été voir avec le même empressement.

J'oubliois qu'il rapporte quelques exemples des anciens comédiens[2] ; mais il n'étale pas leurs ouvrages comme il fait ceux de Molière. Sa malice est affectée, et il semble, à l'entendre dire, qu'ils n'aient été condamnés que pour des bagatelles. Cependant, s'il faisoit une peinture de leurs crimes, vous verriez que les empereurs les ont punis de même que le Roi a récompensé Molière, selon son mérite. Il parle encore d'un philosophe qui se vantoit que personne ne sortoit chaste de sa leçon[3] : jugez de son crime par son insolence à le publier, et si nous ne punirions pas plus rigoureusement que ceux qu'il nous cite un coupable qui se vanteroit d'un tel crime. Ces exemples sont bons pour surprendre les ignorants ; mais ils ne servent qu'à justifier Molière dans l'esprit des personnes raisonnables.

Je dois, Monsieur, vous avertir, en finissant, de songer sérieusement à vous. La pièce de Molière va causer des désordres épouvantables ; et le zélé réformateur des ouvrages de théâtre, le bras droit des tartufles, l'Observateur enfin qui a écrit contre lui, parle, à la fin de son ouvrage, comme un désespéré qui se prend à tout. Il menace les trônes des rois ; il nous menace de déluges, de peste, de famine ; et si ce prophète dit vrai, je crois que l'on verra bientôt finir le monde. Si j'ose toutefois vous dire ma pensée, je crois que Dieu doit bien punir d'autres crimes, avant que nous faire payer la peine de ceux qui se sont glissés dans les comédies, en cas qu'il y en ait. C'est une vengeance que les hypocrites et ceux qui accusent leur prochain ne verront jamais, puisque leurs crimes étant infiniment plus grands que ceux-là, ils doivent les premiers sentir les effets de la colère d'un Dieu vengeur.

1. La liste générale des comètes nous apprend qu'il en parut une le 4 décembre 1664, une autre le 24 avril 1665, sans parler de celle du 26 janvier 1661.
2. Voyez ci-dessus, p. 225 et 226.
3. Voyez p. 221 et note 4.

III

PROGRAMME-ANNONCE DU *FESTIN DE PIERRE* REPRÉSENTÉ EN PROVINCE AU DIX-SEPTIÈME SIÈCLE[1].

LA DESCRIPTION DES SUPERBES MACHINES ET DES MAGNIFIQUES CHANGEMENTS DE THÉATRE DU *FESTIN DE PIERRE OU L'ATHÉE FOUDROYÉ* DE M. DE MOLIÈRE.

Avant-propos.

Si des cinq sens que la Nature a distribués[2] pour la satisfaction de l'homme, l'ouïe et la vue tiennent l'âme dans un état capable d'en goûter un solide plaisir, on peut dire à la gloire de l'incomparable auteur du *Festin de Pierre* qu'il a fait de cet ouvrage le plus aimable divertissement qu'on puisse recevoir par ces deux portes de l'âme : la diversité des personnages, leur caractère si bien touché dans le cours de cette pièce fournissent tout ce que peut exiger le goût des savants, et chaque genre d'esprit y trouve à jouir des agréments de cette diversité surprenante ; les six magnifiques changements de théâtre qui secondent ce poëme produisent de nouvelles beautés ; et de tout ce que la scène françoise, à l'imitation des Italiens, a pu mettre au jour sur ce sujet, ce dernier *Festin de Pierre* a couronné l'œuvre. Nous y contribuerons pour vos satisfactions tout ce que demande le sujet dans sa représentation.

Argument du premier acte.

L'ouverture du théâtre se fait par un magnifique jardin. Après que les yeux ont eu loisir de se satisfaire à considérer sa beauté, Gusman, valet de Done[3] Elvire, maîtresse de Dom Juan, demande à Sganarelle, son valet, les desseins de son maître, et ce qu'il a

---

1. Voyez ci-dessus, p. 51-53. — Nous donnons ce programme d'après une copie calquée sur l'original (4 pages in-4°), lequel appartient à M. Gariel, conservateur de la Bibliothèque de Grenoble.
2. Dans le texte original, *distribué*, sans accord.
3. Ici et trois autres fois, il y a, dans l'original, *Dom*, au lieu de *Done*, devant *Elvire* ; plus bas, dans l'argument du troisième acte, *D. Elvire*.

envie de faire après avoir trompé sa maîtresse. Sganarelle lui fait un portrait de l'honneur de Dom Juan, et renvoie Gusman aussi satisfait de lui que Done Elvire l'est de son maître. Dom Juan entre et dit à Sganarelle qu'il veut faire un voyage sur mer; Done Elvire le surprend, et tâche par ses pleurs et par ses remontrances d'émouvoir sa tendresse, et de lui faire tenir parole pour l'accomplissement du mariage qu'il lui a promis; elle ne gagne rien sur son esprit et remet sa vengeance entre les mains du Ciel. Sganarelle corrige son maître, qui, sans l'écouter, l'oblige de le suivre partout ; et s'en vont pour s'embarquer.

Argument du deuxième acte.

Un théâtre de mer et de rochers succède au superbe palais du premier acte, et sur le rivage Pierrot, marinier, fait le récit à Charlotte, sa maîtresse, du naufrage que Dom Juan et Sganarelle ont essuyé, mais dans une naïveté capable de faire rire les plus sévères et par son discours et par sa représentation. Dom Juan et Sganarelle, son valet[1], arrivent, ravis d'en être quittes à si bon marché. Dom Juan aborde Charlotte, qui, dans l'entretien qu'elle a avec lui, fait voir une innocence si pure, qu'on ne peut qu'on ne soit charmé. Dom Juan, qui promet mariage à tout ce qui se présente à lui, donne la main à Charlotte; Thomasse[2], autre paysanne et fille de l'hôte de Dom Juan, entend qu'il promet d'épouser Charlotte; elle lui fait des reproches sur son inconstance et qu'elle a laissé son honneur à sa bonne foi; ces deux paysannes, jalouses l'une de l'autre, font naître une petite contestation, qui, dans son genre, n'a rien que d'agréable; Dom Juan se retire, leur promettant mariage à toutes deux; Sganarelle leur représente la mauvaise vie de son maître, qui l'écoute, et Sganarelle l'apercevant tourne tout d'une autre manière et se dégage du piége où son caquet l'alloit faire tomber. Dom Juan cajole de nouveau Charlotte; et Pierrot, son amant, les trouvant sur le fait, donne matière à la risée dans l'expression de sa jalousie villageoise, et, après avoir fait vingt postures, toutes extraordinaires, se retire avec Charlotte. On vient avertir Dom Juan qu'on le cherche, et Sganarelle, qui veut avoir son congé, se voit forcé par son maître, qui le menace de le tuer, d'être compagnon de sa fortune.

---

1. On a, dans l'original, imprimé par erreur : « Dom Juan, Sganarelle et son valet ».
2. Cette substitution du nom de *Thomasse* à celui de *Mathurine* a été relevée dans la *Notice* (p. 53).

Argument du troisième acte.

Ce théâtre de mer et de rochers disparoît, et fait place à un bois. Dom Juan, pour éviter la poursuite de ses ennemis, se déguise, et Sganarelle paroît en docteur. C'est dans cet entretien que l'opiniâtreté de Dom Juan dans son athéisme est combattue par de fortes raisons. Un des frères de Done Elvire, qui s'étoit écarté dans le bois pour chercher Dom Juan, sans le connoître que sur le rapport que son frère lui en a fait, est attaqué par quatre voleurs. Dom Juan lui sauve la vie; l'autre frère reconnoît Dom Juan avec son frère; il veut avoir satisfaction de Dom Juan par sa mort; celui que Dom Juan a sauvé fait céder le devoir à la reconnoissance; et se promettent de se rencontrer autre part; cette poursuite fait résoudre Dom Juan à s'en aller, et, comme il est prêt de partir, ce bois change sa verdure en autre théâtre de statues de marbre blanc, qui fait naître une autre satisfaction, par son prompt changement; et, dans le fond, Sganarelle montre à son maître une statue de six pieds de haut, sur un piédestal[1], qu'il reconnoît être celle du commandeur qu'il a tué. Sganarelle l'invite à souper de la part de son maître; la Statue répond par un mouvement de tête, qui vous surprendra; Dom Juan incrédule la[2] prie lui-même, et se voyant surpris d'un autre signe de tête, il se résout d'attendre cette statue.

Argument du quatrième acte.

Cet acte se passe dans une chambre aussi superbe qu'on en puisse voir. Dom Juan paroît triste des signes de tête de l'Ombre. Son père le vient prier de changer sa vie; et le rebute. Dom Juan demande à souper. M. Dimanche, marchand, demande à parler à Dom Juan; Sganarelle fait dire qu'il revienne une autre fois; son maître lui commande de le faire entrer, et fait voir dans cette scène ce que beaucoup de gens pratiquent aujourd'hui avec à qui ils doivent et qui payent plutôt en paroles qu'en effet[3]: on peut nommer cette scène *la belle scène*, puisque c'est une peinture du temps. Dom Juan l'ayant fait sortir à force de civilités, il demande encore à souper; on sert; Sganarelle n'oublie rien de ce qui peut

---

1. Dans l'original, ce nom est décomposé en *pied d'étail*: voyez l'étymologie du mot dans le *Dictionnaire de M. Littré*.

2. Il y a, dans le texte original, *le* au lieu de *la*, et, à la ligne suivante, *d'une* pour *d'un*.

3. Nous reproduisons sans changement cette phrase mal construite du programme.

faire rire, et par ses postures italiennes divertit son maître, qui se voit contraint par son impatience de le faire manger avec lui. On frappe trois fois : l'Ombre entre, Dom Juan la reçoit, l'Ombre tâche de l'émouvoir, et Dom Juan poursuit dans ses mauvais sentiments; l'Ombre, pour vaincre son obstination, lui donne le temps de songer au repentir, et[1] souper. Dom Juan promet, et, malgré les conseils de son valet, il veut risquer une si funeste entreprise.

Argument du cinquième acte.

La décoration de cet acte est un théâtre de statues à perte de vue. L'ouverture s'en fait par Done Elvire et un de ses frères, qui lui conte comme Dom Juan lui a sauvé la vie, et proteste de le chercher partout. Dom Juan arrive avec son valet, et dit qu'il veut changer de vie et voiler ses crimes du masque de l'hypocrisie, sans avoir égard à ce que Sganarelle lui dit; au contraire, il en donne une marque, abusant encore de Thomasse et Charlotte; et leur promet de les marier richement, et les deux paysannes sont assez crédules pour se fier à sa parole. Done Elvire et son frère tâchent d'avoir satisfaction de Dom Juan, mais il refuse de la faire, sous prétexte que le Ciel s'y oppose; mais Done Elvire et son frère voyant que c'est temps perdu, remettent leur querelle entre les mains de Dieu, et prédisent à Dom Juan sa perte. C'est dans cet acte que la justice divine se fait paroître. Le Temps, par un vol merveilleux qu'il fait sur le théâtre, avertit Dom Juan de songer à lui, et qu'il n'a plus qu'un moment à vivre. Il rit de ces avertissements; l'Ombre entre, qui, voyant qu'il persiste dans sa méchante inclination, le fait abîmer dans un gouffre, précédé des éclairs et du tonnerre. Tout le théâtre paroît en feu; l'Ombre, par un vol qui vous surprendra, remonter[2] en l'air; et Sganarelle, qui ne voit plus son maître, finit cette tragi-comédie par une fin dont on ne vous dit rien, pour vous en faire trouver plus de satisfaction quand vous la verrez.

Notre comique se dispose à vous faire rire dans ce charmant ouvrage, et garde pour la vue et l'ouïe ce que le papier ne peut exprimer.

1. La phrase suivante montre, ce semble, que, devant *souper*, ont été sautés les mots : *le convie* ou *l'invite à*.
2. Paraît remonter.

L'AMOUR MÉDECIN

COMÉDIE

REPRÉSENTÉE POUR LA PREMIÈRE FOIS A VERSAILLES

PAR ORDRE DU ROI

LE 15° SEPTEMBRE[1] 1665

ET DONNÉE DEPUIS AU PUBLIC A PARIS

SUR LE THÉÂTRE DU PALAIS-ROYAL

LE 22° DU MÊME MOIS DE SEPTEMBRE 1665

PAR LA

TROUPE DU ROI

---

[1]. La date du 14 septembre est plus probable : voyez la *Notice*, ci-après, p. 264-266.

NOTICE.

Voici de nouveau une de ces comédies-ballets que l'on demandait à Molière pour être représentées dans quelque divertissement royal, et où il n'avait d'autre prétention que d'amuser un moment le Roi et la cour. Il fallait les écrire à la hâte, ainsi que cela a été dit, dans les tomes précédents, à l'occasion des *Fâcheux*, du *Mariage forcé* et de *la Princesse d'Élide*. Cinq jours, comme nous le savons par l'Avis de Molière *Au Lecteur*[1], lui suffirent pour composer *l'Amour médecin* et le faire apprendre aux comédiens. *Les Fâcheux* lui en avaient demandé quinze[2], et, comme ils sont en vers, la rapidité n'avait pas été moins étonnante.

Grimarest, cherchant à nous expliquer cette rapidité, suppose que Molière avait toujours des sujets tout prêts : « Il en avoit, dit-il, un magasin d'ébauchés par la quantité de petites farces qu'il avoit hasardées dans les provinces.... Il s'est trouvé que des divertissements qu'on lui demandoit étoient faits plus d'un an auparavant[3]. » Rien ne serait plus difficile à justifier, même pour *l'Amour médecin*, qui a emprunté quelques traits au *Médecin volant*, mais évidemment n'a pas trouvé dans cette farce une première ébauche. Au lieu d'une provision d'impromptus dès longtemps faite, Molière avait dans l'esprit un trésor d'observations ou profondes ou piquantes, toujours à la disposition d'une prompte inspiration comique. La facilité de son travail lui en cachait le prix à lui-même. Il lui semblait que son *Amour médecin*, « simple crayon, » disait-il, ne pouvait plaire que par « le jeu du théâtre. » Il

---

1. Voyez ci-après, p. 293 et 294. — 2. Voyez au tome III, p. 28.
3. *La Vie de M. de Molière* (1705), p. 47 et 48.

comptait aussi, pour le faire passer, sur les airs de Lully, sur les danses et les belles voix. L'art de l'auteur comique avait-il donc peu de chose à voir dans l'affaire?

Si Molière le pensait, c'était trop de modestie. Cette esquisse improvisée a des coups de pinceau qui sont de main de maître. La scène des donneurs d'avis, celle du père à la fois tendre et égoïste, qui, se croyant tout prêt à ne rien refuser à sa fille, devient le pire des sourds dès qu'elle souhaite ce qui le contrarie, celle surtout de la consultation des médecins, où l'ingénieuse satire porte aussi juste qu'elle frappe fort, sont dignes de la meilleure comédie, de celle qui connaît les hommes et les peint en traits qui ne s'oublient plus.

La date tout à fait précise de la première représentation de *l'Amour médecin* n'est peut-être pas aussi facile à fixer qu'il paraîtrait d'abord. Robinet, dans sa *Lettre en vers à Madame*, du 20 septembre 1665, écrite le samedi 19, se contente de dire :

> Dimanche[1], où le ciel tout exprès
> Se para de tous ses attraits,
> . . . .
> Notre cour courut à Versailles,
> Pour y rire et faire gogailles.
> . . . .
> L'admirable et plaisant Molière
> . . . .
> Illec, avec sa compagnie,
> Fit admirer son gai génie.
> Son jeu fut mêlé d'un ballet
> Qui fut trouvé drôle et follet.

L'édition de la Grange (1682) donne la date du 15 septembre 1665. Le *Journal des bienfaits du Roi* est d'accord ; on y lit[2] :

13, à Versailles.
17, à Paris.
15, le Roi fit jouer pour la première fois *l'Amour médecin*, comédie de Molière.

Mais le *Registre de la Grange* jette du doute sur la date indi-

1. 13 septembre.
2. Tome Ier du manuscrit, f° 120 v°. Septembre 1665.

quée par son édition : « La Troupe, y est-il dit, est partie pour Versailles le dimanche 13 septembre, est revenue le jeudi 17º. On a joué *l'École des maris* avec *l'Impromptu*, et *l'Amour médecin* trois fois, avec musique et ballet. » Est-il très-vraisemblable qu'on ait joué le 17, jour du retour? Il le faudrait cependant, si la première des trois représentations eut lieu le 15. La *Gazette* indique clairement la date du 14 dans les *Nouvelles ordinaires* du 19 septembre 1665[1]. Elle parle ainsi des fêtes et de la comédie dans laquelle, soit dit en passant, elle ne trouve à louer que le ballet[2] : « Le 13, Leursdites Majestés, avec lesquelles étoient Monseigneur le Dauphin, Monsieur, Madame, Mademoiselle, Mlle d'Alençon[3] et grand nombre de seigneurs et dames, allèrent au château de Versailles, où la cour a été régalée par le Roi durant quatre jours, avec une magnificence singulière. Le 14, Leurs Majestés et toute leur suite se rendirent sur des calèches dans le parc; et la Reine, Madame, Mademoiselle, Mlle d'Alençon, avec les autres dames vêtues en amazones, étants montées sur des chevaux fort galamment ajustés, on y prit le divertissement de la chasse, qui fut suivi d'une comédie entremêlée d'entrées de ballet, qui, pour n'avoir été concerté que peu de jours auparavant, ne laissa pas d'être trouvé[4] fort agréable. Le 16, la Reine, avec laquelle étoit Mademoiselle, vint voir la Reine mère, ainsi que Monsieur; puis ils retournèrent à Versailles, où l'on continua les mêmes divertissements; et, le 17, la cour revint au Louvre. » On dira sans doute que, la *Gazette* faisant durer les fêtes quatre jours, on ne voit pas, si le compte est bon, pourquoi les fêtes, continuées le jour même du départ, embarrasseraient beaucoup plus que commencées le jour de l'arrivée. Mais, outre que la difficulté n'est pas la même pour la soirée, c'est fort expressément à la date du 14 que la *Ga-*

1. Page 924.
2. Elle n'avait pas autrement jugé *les Fâcheux*. Voyez la *Notice* de M. Despois sur cette pièce, tome III, p. 5.
3. Sœur consanguine de Mademoiselle, duchesse de Guise en 1667.
4. Les participes *concerté* et *trouvé* sont ainsi au masculin, comme se rapportant à *ballet*.

zette place la première représentation du ballet. Quant à l'autorité du *Journal des bienfaits du Roi*, ce qui la diminuerait à nos yeux, c'est qu'il nous semble reconnaître que le chiffre 15 a été ajouté après coup. L'hésitation est donc tout au moins permise entre le 15 et le 14; la question d'ailleurs n'est pas grosse.

Si un jour plus tôt ou plus tard importe peu, ce n'est pas à dire que la date de cette petite comédie ne doive pas marquer dans l'histoire du théâtre de Molière : elle est vraiment celle de la déclaration de guerre signifiée par notre auteur à une grande puissance, la médecine de son temps. Déjà, sans doute, il y avait eu une escarmouche assez vive. Laissons de côté *le Médecin volant*, simple canevas sans valeur, et qui n'était qu'une imitation des Italiens; mais, peu de mois avant *l'Amour médecin*, Molière, dans une scène du *Festin de Pierre*[1], avait paru tâter l'ennemi. Les railleries, il est vrai, qui furent comme un premier acte d'hostilité, sont dans la bouche de Dom Juan; or l'on a déjà fait souvent la remarque qu'un tel mécréant n'était pas une autorité d'un grand poids. L'auteur cependant, lorsqu'il lui fait dire que l'art des médecins « est pure grimace, » devait être fort soupçonné de parler un peu pour son propre compte, et de n'avoir imaginé le déguisement de Sganarelle en médecin, petit épisode étranger à l'action, que pour y trouver prétexte à draper la Faculté. Dès lors même, les plaisanteries sans conséquence, devenues un lieu commun des auteurs comiques, étaient dépassées; et l'attaque cessait d'être vague, quand Molière, se moquant du vin émétique, donnait à ses traits de satire la date du moment.

La comédie de *l'Amour médecin* alla plus loin et ne laissa aucun doute sur l'intention de Molière de s'engager à fond, non plus contre nous ne savons quelle médecine imaginaire, qui n'était qu'une vieille convention de théâtre, mais contre celle que tout le monde reconnaîtrait, pour l'avoir tous les jours vue à l'œuvre; d'en étaler les ridicules très-réels, d'en dévoiler la charlatanerie, de peindre, non de fantaisie, mais d'après nature, ceux qui s'y étaient acquis le plus de renommée, en un mot, de piquer jusqu'au vif. On sentit toute la

---

1. La première de l'acte III.

portée des traits ; et ce fut sur-le-champ la croyance générale que les personnes mêmes étaient visées, que Molière avait mis sur la scène tel et tel médecin. Dès le 22 septembre, une semaine après la première représentation devant la cour, Gui Patin écrivait : « On a joué depuis peu à Versailles une comédie des médecins de la cour, où ils ont été traités de ridicules[1] devant le Roi, qui en a bien ri. On y met en premier chef les cinq premiers médecins et, par-dessus le marché, notre maître Élie Beda, autrement le sieur des Fougerais, qui est un grand homme de probité et fort digne de louanges, si l'on croit ce qu'il en voudroit persuader. » Trois jours plus tard (25 septembre), revenant sur ce sujet, il disait encore : « On joue présentement, à l'Hôtel de Bourgogne, l'Amour malade; tout Paris y va en foule, pour voir représenter les médecins de la cour, et principalement Esprit et Guenaut, avec des masques faits tout exprès. On y a ajouté des Fougerais, etc. Ainsi on se moque de ceux qui tuent le monde impunément. » Voilà un témoignage, tout au moins de l'opinion répandue, très-digne par sa date d'être recueilli. Pour l'infirmer, suffit-il d'y noter quelques inexactitudes? Il est certain que Gui Patin n'avait pas vu la pièce et la connaissait mal. Il la croyait intitulée l'Amour malade, titre d'un ballet[2] de Bensserade et de Lully (1657), et confondait l'Hôtel de Bourgogne avec le Palais-Royal, où, depuis le 22, elle était représentée. Les cinq premiers médecins et des Fougerais, cela fait six, et nous n'avons que cinq personnages de la Faculté dans notre comédie.

Comment se fait-il que Gui Patin ne se soit pas donné le plaisir d'un spectacle si propre à amuser son humeur satirique et à flatter ses préventions contre des hommes qu'il ne cessait lui-même de dénigrer? Cette récréation lui était-elle interdite par la gravité de sa profession? Oui, si l'on en croit M. Maurice Raynaud, dans un livre d'une érudition très-curieuse[3].

1. Comparez Molière, scène v de la Critique de l'École des femmes, tome III, p. 335 : « Ces gens qui se traduisent en ridicules, malgré leur qualité ; » voyez même tome, p. 185, au second renvoi.
2. D' « un ambigu de ballet, de comédie et de farce, » comme l'appellent très-bien MM. de Villers. (Journal d'un voyage à Paris, en 1656-1658, publié par M. Faugère, p. 64.)
3. Les Médecins au temps de Molière, Paris, 1862.

« Un médecin, comme un magistrat, dit-il[1], se serait fait montrer au doigt et se fût perdu dans l'opinion, s'il eût paru au théâtre. » Nous regrettons qu'il n'ait pas cité ses autorités; et nous ne prétendons pas en avoir trouvé une décisive dans un passage de l'*Épître* vii de Boileau. Il est remarquable toutefois que là[2], passant la revue des personnes maltraitées par Molière, que, de son vivant, on avait vues venir cabaler contre lui au théâtre, le satirique nomme les marquis, les vicomtes, les comtesses, les défenseurs des bigots, et omet les médecins. D'un autre côté, quelques vers d'*Élomire hypocondre*, que nous aurons bientôt à citer[3], feraient supposer que les médecins allaient à la comédie, puisque Molière, y est-il dit, avait résolu de ne jouer jamais, excepté chez le Roi, devant un certain médecin ni devant sa séquelle; mais, comme cet endroit est assez inintelligible, et qu'on ne comprend pas le moyen que Molière aurait eu d'exclure à volonté tel ou tel spectateur, la question ne saurait guère être tranchée par ces vers de Chalussay. En quelque sens qu'elle le soit, il est incontestable que Gui Patin ne parlait que par ouï-dire : il n'est donc pas étonnant que, dans les bruits qu'il avait recueillis, il y en eût de faux. De même qu'on l'avait mal informé ou qu'il s'était mal souvenu du nombre des médecins de la comédie, il y a très-vraisemblablement une erreur, et beaucoup plus grave, sur la circonstance des « masques faits tout exprès. » Cizeron Rival la rapporte aussi[4]; mais il n'est là sans doute que l'écho de Gui Patin. Cette audace aristophanesque eût-elle paru tolérable? Loin d'en admettre la possibilité, on serait tenté tout d'abord de penser que, cette fois encore, le public avait imaginé des ressemblances douteuses, et que Molière avait pris des traits ici et là, sans songer à toucher aux personnes. Cependant le médecin qui bredouille et celui qui traîne sur les mots ont tout l'air d'être marqués d'un signalement particulier; s'il n'avait pas été celui d'Esprit et de Guenaut, comment les contemporains les y auraient-ils reconnus? Voici la note que l'on trouve dans les manuscrits de Brossette[5], qui a toujours dit tenir ses renseignements de Boileau :

1. Page 409. — 2. Vers 23-32.— 3. Voyez ci-après, p. 278 et 279.
4. *Récréations littéraires* (1765), p. 25. — 5. Folio 13 v°.

« Dans *l'Amour médecin*, M. Despréaux a fait les noms des quatre médecins. Ils sont imités du grec.

1. — Desfonandrès (c'est des Fougerais) est tiré du grec, et signifie « tueur d'hommes », de φένω, *occido*, et de ἀνδρός, génitif de ἀνήρ, *vir* : ἀνδροφόνος, *homicida*.

Desfonandrès désigne des Fougerais (mort au mois d'août 1667) : Helie Beda des Fougerais. Voyez les Lettres de Patin, tome III, lettre 369 [1].

2. — Macroton, de μακρός, *longus*, et de τόνος, *tonus :* parce qu'il parle lentement.

3. — Bahis [2] (Esprit), de βαΰζω, *vocem caninam edo, latro*, « aboyer ».

4. — Tomès signifie un « saigneur ». Il vient de τομή, *sectio*, ou bien de τομός, *scindens*.

Voyez Patin, tome III, lettre 370 [3].

Voyez mon IVe Recueil, part. 3, p. 174, 175.

5. — Acte III, scène 1re. M. Fillerin. C'est M. Yvelin, un des médecins de la cour, duquel il est parlé en plusieurs lettres de Patin. Le nom.... »

La note reste inachevée : elle l'aura, surtout avec son orthographe de *Fillerin* par deux *l*, embarrassé plus que les précédentes [4], dans lesquelles il donne exactement le sens des noms [5], mais où il y a bien un peu à dire sur quelques-unes des formes grecques d'où il les dérive. Sous les n°s 2 et 4, au

---

1. Édition en trois volumes des *Lettres choisies de feu Mr Guy Patin*, Cologne, Pierre du Laurens, 1691 : Brossette renvoie au premier des passages cités ci-dessus, p. 267.

2. Brossette et, comme l'on verra plus loin, Cizeron Rival, écrivent ainsi *Bahis*, au lieu de *Bahys*, que demande l'étymologie et que nous avons dans le texte de Molière. Nous verrons ci-après que, sans plus de respect de l'origine supposée, Brossette écrit *Fillerin* au lieu de *Filerin*.

3. Même édition de 1691 : renvoi au second passage cité cidessus, p. 267.

4. Voyez ci-dessous, p. 270, note 2.

5. *Bahis* (*Bahys*) pourrait laisser quelque doute, et *Tomès* signifierait plutôt, même d'après Brossette, « coupeur » que « saigneur ». Toutefois il est facile de s'expliquer qu'on ait pris elliptiquement en ce dernier sens le radical de la seconde partie du mot *phlébotomie*.

moment où Brossette allait sans doute faire l'étymologie de *Filerin*, il a oublié de donner le vrai nom de Macroton et celui de Tomès. Il nomme des Fougerais, que le pseudonyme Desfonandrès cache peu, Esprit et Yvelin. Cizeron Rival a complété la note ; il est probable qu'il avait sous les yeux des papiers de Brossette différents de ceux qui nous ont été conservés ; on sait qu'il a été l'éditeur de la correspondance de Brossette et de Boileau. Au bas du passage, que nous allons citer, des *Récréations littéraires*[1], on a mis : *Note manuscrite de M. Brossette*. Nous transcrivons :

« La comédie de *l'Amour médecin* est la première où Molière ait joué les médecins et la médecine ; et pour rendre la plaisanterie plus agréable au Roi, devant qui elle fut représentée à Versailles, il y joua les premiers médecins de la cour avec des masques faits tout exprès. Ces médecins étoient MM. des Fougerais, Esprit, Guenaut et d'Aquin ; et comme Molière vouloit déguiser leurs noms, il pria M. Despréaux de leur en faire de convenables. Il en fit en effet qui étoient tirés du grec, et qui marquoient le caractère de chacun de ces médecins. Il donna à M. des Fougerais le nom de *Desfonandrès*, qui signifie *tueur d'hommes* ; à M. Esprit, qui bredouilloit, celui de *Bahis*, qui signifie *jappant, aboyant*. *Macroton* fut le nom qu'il donna à M. Guenaut, parce qu'il parloit fort lentement ; et enfin celui de *Tomès*, qui signifie un *saigneur*, à M. d'Aquin, qui aimoit beaucoup la saignée.

Desfonandrès, du grec φένω, *occido*, et de ἀνδρός, *vir* : ἀνδροφόνος, *homicida*. — *Bahis*, de βαΰζω, *vocem caninam edo*, *latro*. — *Macroton*, de μακρός, *longus*, et de τόνος, *tonus*. — *Tomès*, de τομή, *sectio*, ou bien de τομός, *scindens*. »

M. Filerin seul manque dans Cizeron Rival. Mais la note écrite de la main même de Brossette nous apprend que c'est Yvelin, dont le nom se trouve assez bien rappelé par celui de Filerin. On ne voit donc pas pourquoi, admettant les autres personnalités, on a rejeté celle-ci et voulu voir dans Filerin une personnification de la Faculté[2].

---

1. Pages 25 et 26.
2. Le nom de *Filerin* est visiblement, comme les autres, tiré du grec et composé de φιλ[εῖν], aimer, et ἔριν, dispute, le second mot

Réunissant les renseignements donnés par la note manuscrite de Brossette et par celle qui est imprimée dans les *Récréations littéraires* de Cizeron Rival, nous avons la clef de toutes les allusions. *M. Tomès*, c'est d'Aquin ; *M. Desfonandrès*, des Fougerais ; *M. Macroton*, Guenaut ; *M. Bahys*, Esprit ; *M. Filerin*, Yvelin.

A l'exception de des Fougerais, ces médecins étaient, comme le dit Gui Patin, ceux de la cour. D'après *l'État de la France*[1], en 1665, le premier médecin du Roi était Vallot ; de la Reine mère, Claude Seguin ; de la reine de France, Guenaut ; de Monsieur, Jean Esprit ; de Madame, Pierre Yvelin. Quant à d'Aquin, il devint, en 1667, premier médecin de la Reine, à la place de Guenaut ; puis, en 1671, il succéda à Vallot, comme premier médecin du Roi ; mais, en 1665, il était seulement un des huit médecins du Roi, servant par quartier. Élie Beda sieur des Fougerais, appelé souvent en consultation chez les plus grands personnages, et qui pouvait, par sa réputation, aller de pair avec les médecins de la cour, n'était pas cependant un d'entre eux. En mai 1667, il brigua la succession de Guenaut, comme médecin de la Reine, mais ne l'obtint pas. Il mourut trois mois après[2].

gardant en français, peut-être pour finir comme *Yvelin*, la désinence de cas qu'il aurait en grec comme régime du verbe. Ce qui est singulier, c'est que, par son sens étymologique, ce nom est ici une antiphrase ; car Filerin, dans la pièce, conseille de renoncer aux disputes. Au reste, en dehors de toute étymologie, le mot semble bien par le son donner un peu l'idée de « filant doux, coulant, ou qui se faufile. » Au lieu de ἔρις, on a proposé ἔρεϐος, ce qui donnerait « ami de l'Érèbe, de la mort ; » mais, quoique Molière et son ami Boileau, s'il l'a aidé, se soient peu souciés de suivre, en fabriquant ces noms, les règles de la dérivation, on ne peut admettre qu'ils aient rendu ἔρεϐος à ce point méconnaissable. — M. Eud. Soulié (*Recherches sur Molière*, p. 276, note 1), ayant trouvé dans des papiers de ce temps, le nom d'un *André Fillerin*, maître d'armes, a pensé que Molière s'était amusé à désigner un de ses médecins sous le nom d'un personnage connu pour enseigner l'art « de tuer un homme par raison démonstrative. » C'est ingénieux, trop ingénieux, ce nous semble.

1. Pages 111, 306, 370, 412, 454.
2. Voyez Gui Patin, *Lettre* du 31 mai 1667 et *Lettre* du 26 août 1667.

M. Maurice Raynaud[1] pense que Cizeron Rival s'est trompé en reconnaissant d'Aquin dans Tomès. « Il était, dit-il, grand donneur d'antimoine, par conséquent grand ennemi de la saignée.... Il est plus probable qu'il s'agit de Vallot, alors premier médecin du Roi, et qui saignait en effet beaucoup, à commencer par son maître. » Nous répondrons que l'antimoine et la saignée n'avaient pas de répugnance à s'allier très-amicalement. Ainsi nous voyons qu'en 1658, à Calais, on fit prendre au Roi le vin émétique « que l'on soutint par trois saignées[2]. » D'Aquin n'avait pas si peu de goût pour la lancette que le dit M. Raynaud. Il est vrai que, lorsqu'il eut succédé à Vallot, il se garda de pratiquer, comme lui, des saignées sur le Roi, qu'il savait en être effrayé : d'Aquin était avant tout courtisan[3]. Avec ses autres malades, il ne craignait pas d'être beaucoup plus *Tomès*. Une saignée au pied qu'il avait ordonnée à Marie-Thérèse passa pour avoir causé la mort de cette reine (1683). De là de violents reproches; Villacerf, dans son indignation, s'emporta jusqu'à le frapper[4].

L'exemple même de Vallot, grand phlébotome assurément, prouve que, pour administrer volontiers l'antimoine, on ne saignait pas avec moins d'entrain. Comme tous les médecins de l'École de Montpellier, Vallot était déclaré pour la médecine chimique. Hazon dit[5] que, dans la consultation de Calais, il fut en désaccord avec Guenaut et avec le médecin d'Abbeville, du Sausoi (ou du Saulcy?), qui voulaient donner au Roi du vin émétique; mais, suivant Gui Patin, ce fut une saignée qu'il jugea inopportune, contre l'avis de du Sausoi[6]. Il semble même le rendre responsable du vin émétique donné au Roi, au moins pour avoir laissé faire du Sausoi et Guenaut[7]. Le même Gui Patin disait à l'occasion de la dernière maladie de

---

1. *Les Médecins au temps de Molière*, p. 135 et 136.
2. Hazon, *Notice des hommes les plus célèbres de la Faculté de médecine en l'université de Paris*, 1778, in-4°, p. 108.
3. *Journal de la santé du roi Louis XIV*, Introduction de M. le Roi, p. xxvi.
4. *Ibidem*, p. xxvii.
5. Page 108.
6. *Lettre* du 20 juillet 1658.
7. *Lettre* du 24 septembre 1658.

Vallot : « N'ayez pas peur qu'il prenne de l'antimoine, quoiqu'il en ait tant donné; il diroit qu'il n'en a pas besoin, et je le crois; mais trois ou quatre mille personnes qu'il a tuées en diroient bien autant, si elles pouvoient parler[1]. »

Pour conclure, d'Aquin et Vallot aimaient, l'un comme l'autre, l'antimoine ; l'un comme l'autre, la saignée : dès lors reste-t-il une bonne raison de substituer au nom de celui-là le nom de celui-ci? Puisque l'on voulait rejeter d'Aquin, mieux valait peut-être penser, non à Vallot, mais au médecin de la Reine mère : « Seguin, dit Mme de Motteville[2],... étoit un homme savant à la mode de la Faculté de Paris, qui est de saigner toujours et de ne se servir point des autres remèdes[3]. »

Mais est-il bien nécessaire de chercher chicane à d'anciennes traditions qui paraissent remonter jusqu'à Boileau? Quand elles pourraient laisser quelques doutes, les conjectures arbitraires par lesquelles nous prétendrions les remplacer aujourd'hui ne seraient-elles pas beaucoup plus contestables encore? On s'explique bien que Molière, dans ses attaques contre les médecins de la cour, ait épargné Vallot et Seguin. Le Roi, qu'on a soupçonné de lui avoir donné lui-même l'idée des nouveaux caractères à mettre en scène[4], pouvait trouver bon qu'on le fît rire aux dépens des premiers médecins de sa famille, très-mauvais qu'on se moquât du sien, à qui une vie si auguste était particulièrement confiée : passe encore pour un de ses médecins par quartier, dont la charge était loin d'avoir un caractère aussi inviolable. Il y avait une convenance d'une autre nature à ne pas toucher en ce moment au médecin de la Reine mère. La maladie à laquelle Anne d'Autriche allait bien-

---

1. *Lettre* du 17 septembre 1670.
2. *Mémoires* (1664), édition de M. Riaux, tome IV, p. 364.
3. C'est ainsi que Gui Patin, passionné champion de cette Faculté, et que tout ne devait pas également faire rire dans les comédies de Molière, avait un symbole « chargé de si peu d'articles, qu'il n'y en avait que deux : *saigner* et *purger*.... Entre tous les remèdes nouveaux, Gui Patin ne fait grâce qu'au séné. » (Flourens, *Histoire de la découverte de la circulation du sang*, 2de édition, Paris, 1857, chapitre vi, p. 181.)
4. Voyez l'*Avertissement sur l'Amour médecin* de l'édition de Bret (1773), tome III, p. 340.

tôt succomber donnait les plus vives inquiétudes, précisément dans le temps où la nouvelle comédie était jouée à Versailles, et nous avons vu dans la *Gazette*[1] qu'une partie de la famille royale s'éloigna des fêtes, pendant quelques heures, pour aller visiter la Reine mère. Il n'eût pas été séant de livrer alors aux risées Seguin, qui se trouvait aux prises avec les dernières douleurs de la malade, dont il avait toute la confiance.

N'essayons donc pas de corriger témérairement les clefs de Brossette et de Cizeron Rival. Mis en goût de contradictions, M. Raynaud ne se montre pas satisfait non plus du nom de Jean Esprit. Il admettrait plutôt celui de Brayer, très-célèbre alors, et que Boileau n'a pas oublié dans son *Épître* xi (vers 97 et 98) :

> La pierre, la colique et les gouttes cruelles,
> Guenaut, Rainssant, *Brayer*, presque aussi tristes qu'elles.

Supposer que Bahys (*aboyeur*) pourrait bien être Brayer (prononcez *brailler*) est sans doute une conjecture séduisante ; mais puisqu'on nous dit qu'Esprit bredouillait, l'allusion était plus claire encore : tenons-nous-en à Esprit.

Si nous doutions des clefs, ce serait à l'avis de M. Charles Daremberg que nous nous rangerions. « M. Raynaud, dit-il[2], a recherché avec beaucoup de soin et de sagacité où Molière avait pris ses originaux. Je répondrai : Un peu partout : dans la vie, dans la pratique et dans les écrits des médecins de son temps ; et je suis presque tenté de croire que quelque familier du château a commis l'indiscrétion de lui communiquer le *Journal de la santé du Roi*, où il aurait pu lire toutes les relations de Vallot. Rien, par exemple, n'est plus digne d'avoir servi de type aux consultations de *Monsieur de Pourceaugnac* ou de *l'Amour médecin*, que la série des conférences qui eurent lieu entre divers médecins et empiriques.... lors de la scarlatine du Roi (maladie dite de Calais, 1658); Vallot y est comique au possible. » Dans cette consultation de Calais, les médecins appelés pour se joindre à Vallot furent Seguin, Yvelin, Bodineau, Esprit, d'Aquin, Guenaut et du Sausoi[3].

1. Voyez ci-dessus, p. 265.
2. *La Médecine. Histoire et doctrines* (Paris, 1865), p. 211.
3. Hazon, *Notice des hommes les plus célèbres*, etc., p. 108.

NOTICE.   275

On a aussi rapproché de notre scène des médecins une autre fameuse consultation, celle qui fut donnée le 24 janvier 1661 pour la maladie de Mazarin, et où il y eut, dit Gui Patin[1], neuf consultants : « Guenaut, des Fougerais (ô les bonnes bêtes!), Seguin, Brayer, Rainssant et Maurin; les trois autres étoient Valot, Esprit et Vezou, ami de Valot. » Le seul d'entre les médecins de la fille de Sganarelle qui ne se trouve pas dans la consultation de 1658, des Fougerais, était présent à celle de 1661. A celle-ci il manqua seulement d'Aquin, alors en Angleterre, et Yvelin. Quelques semaines après, dans le bois de Vincennes, où le Cardinal avait été transporté, « Guenaut, Valot, Brayer et des Fougerais *alterquoient* ensemble, et ne s'accordoient pas de l'espèce de la maladie dont le malade mouroit. Brayer dit que la rate est gâtée, Guenaut dit que c'est le foie, Valot dit que c'est le poumon...; des Fougerais dit que c'est un abcès du mésentère.... Ne voilà pas d'habiles gens! Ce sont les fourberies ordinaires des empiriques et des médecins de cour, qu'on fait suppléer à leur ignorance[2]. »

Plus d'un trait dans Molière rappelle ceux-là; mais il n'est pas nécessaire de croire que ces conférences médicales restées historiques lui aient servi de modèles : assez d'autres consultations semblables devaient s'être offertes à son observation. Il n'avait pas eu besoin non plus du *Journal de la santé du Roi*, et ce que dit d'abord M. Daremberg, qu'il avait sans doute pris un peu partout, est moins contestable. Cela pourtant ne saurait empêcher qu'il ait paru à Molière plus amusant de faire reconnaître à la cour ceux qui y gouvernaient les santés. Louis XIV laissait à la comédie, surtout à celle de son auteur favori, tant de priviléges, que nous ne regardons nullement comme invraisemblable qu'il lui ait, sinon commandé, au moins permis cette hardiesse-là et qu'il s'en soit bien diverti. Nous ne repoussons donc pas des témoignages qui nous paraissent tout autre chose qu'un vague bruit public; nous les acceptons tout entiers, sans proposer d'y rien changer; et nos « archiatres auliques », comme les appelait Gui Patin[3], demeurent pour nous immortalisés en personnes par la comédie-ballet.

1. *Lettre* du 25 janvier 1661. — 2. *Lettre* du 7 mars 1661.
3. Voyez la lettre du 1er mars 1661.

On trouve dans maints passages de Gui Patin des portraits de ces médecins de la cour, qui les représentent non-seulement ridicules, mais souvent odieux. Nous n'avons pas à les citer pour donner raison aux peintures de Molière. Gui Patin est suspect dans ses préventions et ses haines. Et puis Molière, tout en donnant à sa pièce le piquant des personnalités, n'entendait certainement pas prendre parti contre tel ou tel médecin, ni, comme Gui Patin, contre telle ou telle école, mais contre toute la médecine de son temps. Était-il injuste pour elle? Faisons la part de quelque exagération dont ne se passe pas le théâtre, il reste bien de la vérité ; c'est ce que reconnaîtront sans difficulté tous les médecins d'aujourd'hui qui ont cherché à se rendre compte de la pathologie et de la thérapeutique du dix-septième siècle. Libre d'ailleurs à eux de se désintéresser dans une satire très-juste à sa date, par la conviction que leur science ne prête plus maintenant à rire. Elle a en effet bien changé, et ce sont d'autres remèdes qui *font*, comme dit le Sganarelle du *Festin de Pierre* [1], *bruire leurs fuseaux*. Nous parlerions avec une injustice frivole, si nous ne lui accordions d'être devenue tout autrement sérieuse, mais sans être encore infaillible, et sans que bien des traits de la nature humaine, saisis chez les devanciers et fixés, pour tous les temps, par le grand railleur, aient cessé de nos jours, puissent cesser jamais de rencontrer leur application.

Molière était-il, comme son Dom Juan, « impie en médecine »? Très-sceptique, ce serait probablement dire assez; sceptique à la façon de Montaigne, dont on croit retrouver les pensées sur la médecine et les médecins dans plusieurs passages de ses comédies. Il était d'avis, comme lui [2], que « c'est la crainte de la mort et de la douleur.... qui nous aveugle, » et que « c'est pure lâcheté qui nous rend notre croyance si molle et maniable. » Il trouvait, comme lui, ridicules leurs

---

1. Voyez plus haut, p. 136 et 137.

2. Voyez le chapitre xxxvii du livre II des *Essais*, auquel nous avons déjà renvoyé ci-dessus, p. 136 et note [b][a].

[a] Le renvoi a été là, par faute, fait au tome II de l'édition Garnier de 1866; c'est tome III qu'il faut lire ; pour les passages cités ici, voyez ce même tome aux pages 176 et 158.

« singeries qui ont plus le visage d'un enchantement magicien que de science solide..., et cette grimace rébarbative et prudente de leur port et contenance ; » mais, sans nul doute, il comprenait que beaucoup des reproches qu'il faisait aux médecins ne devaient tomber que sur les abus dont ils donnaient alors le spectacle. Dans la *Préface* du *Tartuffe*, écrite en 1669, il eut soin de dire[1] : « La médecine est un art profitable, et chacun la révère comme une des plus excellentes choses que nous ayons ; et cependant il y a eu des temps où elle s'est rendue odieuse, et souvent on en a fait un art d'empoisonner les hommes. » La demi-révérence qu'il faisait, en cet endroit, à la bonne et vraie médecine était bien un peu suspecte, et nous croyons volontiers que cette expression de respect, d'ailleurs très-mitigée, dépassait encore légèrement sa pensée. Son esprit cependant était trop juste pour méconnaître ce que, de ce côté, il y avait déjà d'utile et ce qu'on pouvait attendre de cet art mieux dirigé. Il avait beaucoup d'amitié, accompagnée probablement de quelque confiance, pour son médecin Mauvillain, qui peut-être bien lui fit prendre quelquefois le vin émétique, un de ses remèdes favoris. On peut lire en tête du *Tartuffe* le placet[2] dans lequel il sollicita pour lui une grâce du Roi. Par les plaisanteries qu'il y a mêlées, sans croire affaiblir sa recommandation, il déclarait assez qu'il ne faut pas être pris au mot trop rigoureusement quand on rit des médecins.

Ceux-ci lui en voulurent-ils de sa comédie ? Ils eurent pour s'en fâcher, tout au moins pour éclater, l'esprit trop bien fait, s'il faut prendre à la lettre le passage de la *Préface* du *Tartuffe* (p. 373), où, pour faire contraster leur humeur patiente avec le déchaînement des hypocrites, Molière les compte, à côté des marquis, des précieuses et des maris malheureux, parmi ceux qui « ont souffert doucement qu'on les ait représentés, et.... ont fait semblant de se divertir, avec tout le monde, des peintures que l'on a faites d'eux. » Mais, s'il avait eu vraiment cette confiance dans leur bon caractère, aurait-il exprimé, dans son placet pour Mauvillain, l'espoir que la faveur sollicitée le réconcilierait avec les médecins ? La réconciliation suppose quelques brouilles, quelques rancunes, et il y en

1. Tome IV, p. 381. — 2. Voyez au tome IV, p. 395.

aurait eu de grandes, si l'on en croyait l'auteur d'*Élomire hypocondre ou les Médecins vengés*[1]. Nous ne prétendons pas citer cette œuvre, plus méchante que spirituelle, de le Boulanger de Chalussay comme une autorité très-digne de confiance. Cependant le passage, d'une vraisemblance contestable, où il parle de *l'Amour médecin*, doit avoir une petite place dans l'histoire de cette pièce, et aurait de l'intérêt, quand on n'y voudrait chercher que l'aveu du grand succès de notre comédie. C'est Élomire (Molière) qui parle[2] :

> Mon *Amour médecin*, cette illustre satire,
> Qui plut tant à la cour et qui la fit tant rire,
> Ce chef-d'œuvre qui fut le fleau[3] des médecins,
> Me fit des ennemis de tous ces assassins ;
> Et, du depuis, leur haine à ma perte obstinée
> A toujours conspiré contre ma destinée.
> . . . . . . L'un d'entre eux, dont je tiens ma maison,
> Sans vouloir m'alléguer prétexte ni raison,
> Dit qu'il veut que j'en sorte et me le signifie ;
> Mais n'en pouvant sortir ainsi sans infamie,
> Et d'ailleurs ne voulant m'éloigner du quartier,
> Je pare cette insulte augmentant mon loyer....
> Mais quelque temps après que tout fut terminé,
> Quand mon bail fut refait, quand nous l'eûmes signé,
> Je cherche à me venger, et ma bonne fortune
> M'en fait trouver d'abord la rencontre opportune.
> Nous avions résolu, mes compagnons et moi,
> De ne jouer jamais, excepté chez le Roi,
> Devant ce médecin, ni devant sa séquelle.
> Pourtant, soit à dessein de nous faire querelle,
> Soit pour d'autres motifs, la femme de ce fat
> Vint pour nous voir jouer ; mais elle prit un rat ;
> Car la mienne aussitôt en étant avertie,
> Lui fit danser d'abord un branle de sortie....
> On nous ordonna presque une amende honorable.
> . . . . Je faillis d'en mourir.
> . . . . Pendant ma maladie,
> Fallut de mes bourreaux souffrir la tyrannie.
> Ma femme les manda, sans m'en rien témoigner.

1. Publié en 1670. L'Achevé d'imprimer est du 4 janvier.
2. Scène III de l'acte I.
3. Sur cette prononciation du mot, voyez tome III, p. 141, note 1.

D'abord qu'ils m'eurent vu : *Faut saigner, faut saigner*,
Dit notre bredouilleur. *Ah ! n'allons pas si vite,
L'on part toujours à temps, quand on arrive au gîte*,
Dit Monsieur le lambin. *C'est là bien décider !*
Dit un autre, *il ne faut ni saigner, ni tarder.
Si l'on tarde, il est mort; si l'on saigne, hydropique,
Et notre peu d'espoir n'est plus qu'en l'émétique*....
A la fin je guéris, mais s'il faut l'avouer,
Ce fut par le plaisir que j'eus de voir jouer
Mon *Amour médecin* par mes médecins mêmes;
Car, malgré mes chagrins et mes douleurs extrêmes,
J'admirai ma copie en ces originaux.
. . . .
. . . . Ma force redouble, et je deviens plus frais
Et plus gros et plus gras que je ne fus jamais.
Lors je monte au théâtre, où, par de nouveaux charmes,
Mon *Amour médecin* fait rire jusqu'aux larmes ;
Car, en le confrontant à ses originaux,
Je l'avois corrigé jusqu'aux moindres défauts.
Ainsi d'un nouveau bruit cette merveille éclate,
Chacun y court en foule épanouir sa rate;
Et quoique à trente sols, il n'est point de bourgeois
Qui ne le veuille voir du moins cinq ou six fois.

Grimarest conte quelque chose d'approchant, non toutefois sans de notables différences : « Il (*Molière*) logeoit chez un médecin, dont la femme, qui étoit extrêmement avare, dit plusieurs fois à la Molière qu'elle vouloit augmenter le loyer de la portion de maison qu'elle occupoit. Celle-ci.... ne daigna seulement pas l'écouter : de sorte que son appartement fut loué à la du Parc, et on donna congé à la Molière. C'en fut assez pour former de la dissension entre ces trois femmes. La du Parc, pour se mettre bien avec sa nouvelle hôtesse, lui donna un billet de comédie; celle-ci s'en servit avec joie, parce qu'il ne lui en coûtoit rien pour voir le spectacle. Elle n'y fut pas plus tôt, que la Molière envoya deux gardes pour la faire sortir de l'amphithéâtre, et se donna le plaisir d'aller lui dire elle-même que, puisqu'elle la chassoit de sa maison, elle pouvoit bien à son tour la faire sortir d'un lieu où elle étoit la maîtresse. La femme du médecin, plus avare que susceptible de honte, aima mieux se retirer que de payer sa place. Un traitement si offensant causa de la rumeur : les maris prirent parti trop vivement, de sorte que Molière, qui étoit très-facile à entraîner par les personnes qui le touchoient, irrité contre le médecin, pour se venger de lui, fit en cinq jours de temps la comédie de *l'Amour médecin*[1]. »

On voit que, dans Grimarest, le congé donné à Molière devint l'occasion de la comédie, tandis que, pour l'auteur d'*Élomire hypocondre*, ce même congé fut une vengeance que *l'Amour médecin* avait provoquée.

N'y aurait-il pas un fond de vérité dans une anecdote ainsi contée suivant deux versions, qui, par leurs différences partielles, semblent indépendantes l'une de l'autre? Il y a cependant à se demander si elle se concilie bien avec ce que nous pouvons savoir aujourd'hui des logements de Molière. Un acte passé devant Ogier, notaire à Paris, et daté du 15 octobre 1665, constate qu'un logement, appartenant à un sieur Millet, maréchal des camps et armées du Roi, fut, à ce moment, pris à loyer par Molière, rue Saint-Thomas-du-Louvre[2]. M. Loiseleur pense que Molière ne quitta pas alors la maison *du Singe* (au coin des rues Saint-Honoré et Saint-Thomas-du-Louvre), où il conjecture qu'il était déjà à l'époque de son mariage (1662), et ne fit que s'établir dans un nouveau corps de logis. Est-ce là ce que, dans *Élomire hypocondre*, on lui fait appeler son *bail refait?* Le différend de Molière avec son propriétaire, antérieur au 15 octobre, aurait donc eu lieu peu de jours après la première représentation à la ville de *l'Amour médecin*. Mais, si Molière n'a pas changé de maison, ce que suppose d'ailleurs le récit de Chalussay, comment le propriétaire-médecin est-il devenu, dans l'acte du notaire, un maréchal de camp? Faut-il supposer que la maison avait été vendue? ou entendre que le sieur Millet n'avait la propriété que du nouveau logis loué à Molière, et qu'une autre partie de la maison appartenait à un médecin? ou bien que l'un des deux, Millet ou le médecin, était simplement locataire, avec faculté de sous-louer, ou même gérant tout-puissant? L'historiette

---

1. *La Vie de M. de Molière* (1705), p. 74-77.
2. Voyez l'*Histoire de la vie de Molière* par M. Taschereau, 3e édition, p. 261; et *les Points obscurs de la vie de Molière* par M. J. Loiseleur, p. 394.

d'*Élomire hypocondre* a tout au moins besoin de ces suppositions. Chez Grimarest, le changement d'appartement (il parle même d'expulsion de la maison) ayant eu lieu avant les représentations de *l'Amour médecin*, le bail du 15 octobre devient difficile à comprendre, si l'on n'admet pas un autre déménagement encore dans la même année.

Quant à la maladie de Molière dont il est parlé dans *Élomire hypocondre*, il est certain que, vers le temps où il venait de faire jouer sa comédie-ballet, il y en eut une, attestée par la gazette rimée de Robinet, qui, à la date du 21 février 1666, annonce la guérison de notre poëte et sa rentrée au théâtre. Cette maladie sans doute ne l'en avait éloigné que depuis le mois de décembre 1665, puisque *l'Amour médecin*, où il n'est pas probable qu'il se soit fait remplacer dans son rôle, fut joué, d'après le *Registre de la Grange*, jusqu'au 29 novembre inclusivement.

Une circonstance racontée par Chalussay, et de toutes la plus piquante, est bien invraisemblable. Si son *bredouilleur* et son *lambin* sont bien les mêmes que dans notre comédie, comment Esprit et Guenaut, si récemment ridiculisés par Molière, ont-ils pu être les médecins appelés près de lui? Ils ont mis quelque complaisance à venir là jouer tout justement la scène qui, dès le premier jour, ne doit pas avoir été très-différente de celle que nous connaissons. Chalussay veut que Molière ait corrigé ou plus complétement achevé la consultation imaginaire de son *Amour médecin*, après les observations nouvelles qu'une consultation réelle, tenue à son chevet, lui a fournies. Tout cela sent bien l'arrangement du théâtre, la pure fiction imaginée pour faire servir l'esprit de Molière de supplément au peu d'esprit que l'auteur avait. Les prétendues retouches de la grande scène seraient un fait curieux; mais ce fait souffre des difficultés. Le texte que nous avons a été achevé d'imprimer le 15 janvier 1666. Les changements seraient donc antérieurs à cette date. Le récit d'*Élomire hypocondre* indique cependant que la pièce n'aurait été jouée avec ces améliorations qu'après le rétablissement de Molière et quand il remonta sur le théâtre, ce qui doit être le 21 février 1666, date de la reprise. Or les rares variantes qu'on trouve dans l'édition de 1669, et dans les éditions collectives de 1674 et de 1682, sont tout à fait insignifiantes.

Plus que suspect dans la plupart de ses détails, le passage d'*Élomire hypocondre* est certainement exact quand il nous représente la foule courant à la comédie de Molière, et ne se lassant pas de l'aller voir. Comme preuve du succès, nous ne demanderons pas au *Registre de la Grange* le chiffre des recettes, parce qu'on ne pourrait imputer ce chiffre tout entier à la petite comédie, toujours représentée avec de grandes pièces, telles que le *Sertorius* et le *Menteur* de Corneille, *la Thébaïde* de Racine, *les Visionnaires* de Desmarets, *la Mère coquette* de Donneau de Visé, souvent avec d'autres comédies de Molière, *le Tartuffe*, le *Dépit amoureux*, l'*École des femmes*, etc. Mais du moins nous apprenons, par le même registre, que *l'Amour médecin* fut joué à la ville soixante-trois fois du vivant de Molière, autant que *l'Étourdi* et le *Misanthrope*.

Nous ne voyons représentées plus souvent, dans le même temps, parmi les petites pièces de notre auteur, que *Sganarelle* et *les Fâcheux*. Dans sa nouveauté, *l'Amour médecin* fut joué, en 1665, vingt-sept fois, du 22 septembre au 29 novembre; en 1666, seize fois, du 21 février au 26 octobre. En novembre 1665, il le fut au Raincy, le jour même où, pour la seconde fois, y fut donnée la représentation du *Tartuffe* dont nous avons parlé dans notre *Notice* sur cette dernière pièce[1]. « Dimanche 8ᵉ novembre, dit la Grange dans son registre, la Troupe est allée au château du Raincy, chez Madame la princesse Palatine, par ordre de Monsieur le Prince. On y a joué *Tartuffe* et *les Médecins*. »

C'est sous ce titre : *les Médecins*, inconnu aux diverses éditions de Molière, que le *Registre de la Grange* désigne la pièce, à partir de la représentation du 2 octobre 1665, qui fut la cinquième. Dans l'inventaire fait après la mort de Molière, on trouve cette mention : « Une boîte des habits de la représentation des *Médecins*[2]. » C'est encore avec cette désignation que la comédie a été portée sur le *Mémoire de décorations* cité aux *Personnages*[3]. Ce ne serait pas la peine d'en faire la remarque, s'il n'y avait eu là qu'une abréviation commode.

1. Voyez au tome IV, p. 293.
2. *Recherches sur Molière*, par Eud. Soulié, p. 276.
3. Ci-après, p. 299, note 1.

Mais évidemment, lorsque au théâtre, autour de Molière, on avait pris l'habitude de nommer ainsi sa comédie, c'est que rien ne pouvait mieux exprimer ce qui en avait fait le succès et y avait surtout frappé. La partie épisodique avait vraiment paru le principal. Notre comédie est citée ainsi dans la *Bibliothèque des Théâtres*[1] (1733) : « *L'Amour médecin ou les Quatre médecins.* » Sans doute Filerin, qui n'est pas de la grande consultation, ne compte pas. Cependant *l'Amour médecin* est demeuré le seul titre dans les impressions de la pièce, parce que seul il convenait à la petite fable comique qui avait servi de cadre et de prétexte.

On parle de pièces françaises qui, avant celle de Molière, auraient été connues sous le même titre. Les frères Parfaict citent[2], à la date de 1618, *l'Amour médecin*, comédie de Pierre de Sainte-Marthe, qu'ils avaient trouvée mentionnée dans quelques catalogues, mais ne connaissaient pas, et qu'il ne paraît pas plus facile de connaître aujourd'hui. Dans la *Bibliothèque du théâtre françois*[3], il est dit qu'un *Amour médecin*, représenté en 1638, est attribué à le Vert; mais il y a très-probablement quelque erreur : le recueil de ses pièces n'en contient que trois, la tragédie d'*Aristotime*, la tragi-comédie d'*Aricidie* et *le Docteur amoureux*[4], comédie en cinq actes et en vers publiée chez Augustin Courbé en 1638. Cette comédie doit être, la date même semble le prouver, celle dont un souvenir inexact a fait un *Amour médecin*, parce que les deux titres ont une apparente analogie. Les deux pièces sont d'ailleurs très-différentes par le sujet et n'offrent même aucune ressemblance de détail.

Nul rapport non plus entre la comédie de Molière et l'*Amor medico* de Tirso de Molina; mais si, malgré la similitude des

1. Page 21. Cet ouvrage est anonyme; on sait qu'il est de Maupoint.

2. *Histoire du théâtre françois*, tome IV, p. 285.

3. 3 volumes in-8°. Dresde (Paris), 1768. Voyez au tome III, p. 11.

4. Voyez notre tome I, p. 5. Molière (*ibidem*, p. 3 et 4) a donné ce titre du *Docteur amoureux* à une petite farce qui fut jouée le 24 octobre 1658 devant le Roi. Cela explique mieux encore que, sachant un titre de comédie commun à le Vert et à Molière, on ait cru que c'était celui de *l'Amour médecin*.

titres, Molière n'a rien emprunté à cette pièce de l'auteur espagnol, dont probablement *Dom Juan* venait de le mettre fort en goût de lire tout le théâtre, en revanche, une autre œuvre du même Tirso, un drame biblique, où l'on ne s'attendrait à rien rencontrer de semblable, contient, dans un très-remarquable passage, le germe, assez développé déjà, de l'idée principale de notre *Amour médecin*. Nous avons été mis sur la trace de ce fait curieux par quelques lignes de l'*Histoire de la littérature et de l'art dramatiques en Espagne*[1], dont l'auteur est M. de Schack. On y dit que les scènes III et IV du second acte de *l'Amour médecin* ont été tirées de *la Venganza de Tamar*, et l'on renvoie au commencement du second acte de ce drame de Tirso. Dans l'édition que nous avons sous les yeux de *la Vengeance de Tamar*[2], l'auteur d'un *Examen* qui suit la pièce se prononce avec plus de réserve que M. de Schack sur la question d'emprunt : « Peut-être, dit-il, Molière qui avait lu Tellez (*Tirso de Molina*) et avait refondu son *Convive de pierre*, a-t-il tiré de ce récit (d'*Éliacer*) les scènes III et IV de l'acte II de *l'Amour médecin*, dont le fond est le même. Il est possible toutefois qu'il ait puisé dans d'autres livres cette satire contre les médecins. » Pour nous, il nous faut l'avouer, il nous semble difficile de croire fortuite une ressemblance qui d'ailleurs laisse à Molière le mérite d'une satire en action très-heureusement substituée à un récit, et de détails caractéristiques où se reconnaissent les mœurs médicales de son temps et de son pays. Le passage de *la Vengeance de Tamar* est ici d'un assez grand intérêt pour que nous le citions. Dans la scène I de l'acte II, l'entretien entre Amon et Eliacer étant tombé sur les médecins : « Saigner et purger, dit Éliacer, sont les pôles de leur science. — Et leurs profits, » répond Amon. Alors Éliacer raconte ce qui suit : « Hier, six docteurs se réunirent en conférence dans la maison de Débora, fort malade depuis quelque temps, pour consulter entre eux sur la maladie et y appliquer quelque remède efficace. Ils se retirèrent dans une

---

1. *Geschichte der dramatischen Litteratur und Kunst in Spanien*, Berlin, 1845, tome II, p. 685.
2. Tome X du *Teatro escogido* de fray Gabriel Tellez (*Tirso de Molina*), Madrid, 1841.

salle, dont ils éloignèrent le monde. Il prit envie à une servante (pour cela il suffisait qu'elle fût femme) d'écouter ce qu'ils disaient; et tandis qu'elle tenait pour assuré qu'ils allaient disserter sur l'état de la malade, et mettre en discussion ce que la pratique leur avait appris à ce sujet, elle entendit un d'eux faire cette question : « Seigneur Docteur, quels sont, par se-« maine, l'un portant l'autre, les profits de Votre Honneur? » La réponse fut : « Cinquante écus; j'ai pu acheter ainsi une « ferme, un vignoble de vingt arpents, et un pâturage où j'ai « des vaches; mais je ne laisse pas d'apprécier le bon goût des « maisons que possède Votre Honneur. » L'autre dit : « On « en parle; je ne sais que faire de l'argent que je gagne. « Chose étrange de voir que, sans être des bourreaux, nous « sommes payés pour tuer! — Laissons cela, dit un autre, et « dites-moi quelle a été votre fortune au jeu de cette nuit. — « J'ai perdu : les chances sont variables. — Mais avez-vous « beaucoup de livres? — Deux cents volumes, ce n'est pas dire « assez, avec quatre doigts de poussière; car ils ne m'adres-« sent jamais une parole; et moi, je ne vais pas voir ce qu'ils « renferment. Charlatanisme et ignorance nous donnent de « quoi manger.... Cependant nous avons suffisamment parlé. « Allons voir notre malade, qui a grande confiance dans notre « consultation. » Ils allèrent, et celui qui portait la plus respectable barbe dit : « Notre conclusion est qu'à l'instant même « on lui frictionne les jambes, que sur tout le dos on lui ap-« plique quatorze ventouses, et qu'on fasse trois ou quatre in-« cisions; qu'on lui mette sur le cœur un emplâtre, et qu'on « l'oigne d'eau de fleur d'orange; puis, qu'elle espère du Ciel « que la consultation d'aujourd'hui lui rendra bientôt parfaite « santé. » On leur donna deux cents réaux; et ils s'en retournèrent chez eux, ayant tiré de leur conférence le bon parti que je viens de vous conter. »

On le voit, ces plaisanteries mordantes de Tirso ont bien l'air d'avoir suggéré à Molière ce qui fait surtout l'intérêt et la valeur comique de *l'Amour médecin*; mais, s'il a imité, c'est en maître. Une autre imitation, beaucoup moins remarquable, est celle qu'on a souvent signalée dans le dénouement de sa pièce. Ce dénouement, auquel il attachait sans doute bien peu d'importance, paraît un souvenir du *Pédant joué* de Cyrano de

Bergerac, de cette petite pièce qui lui a fourni ailleurs d'autres emprunts[1]. Le pédant Granger signe le contrat de son fils, croyant qu'il ne s'agit que d'une comédie; on lui dit alors : « C'est une pilule qu'il vous faut avaler, » de même qu'on dit à Sganarelle : « La bécasse est bridée. » De telles inventions tombent, de plein droit, dans le domaine public, et deviennent bientôt, dans les farces, comme un lieu commun.

Lorsque Molière, parlant lui-même de sa petite comédie, insiste très-particulièrement sur l'importance qu'on doit reconnaître au « jeu du théâtre, » il donne à penser qu'elle lui avait paru fort bien jouée. Par quels acteurs? Voici tout ce que nous en savons.

M. Bazin[2] et M. Loiseleur[3] s'accordent à dire que la comédie-ballet de Molière le vit reparaître dans le caractère de Sganarelle, cette fois père de famille. Nous croyons que les témoignages contemporains font défaut; mais on sait que d'ordinaire, lorsque Molière mettait dans une de ses pièces le personnage de Sganarelle, c'est qu'il entendait le marquer, comme acteur, de sa marque de propriété, et se le réservait pour le représenter lui-même.

Il y a donc là une très-grande vraisemblance; elle se changerait en certitude si l'on était sûr de reconnaître, comme on en a été d'avis[4], la figure de Molière dans le Sganarelle de l'estampe qui est en tête de la première édition de la pièce, publiée en 1666. On y a voulu voir non-seulement le type consacré que les dessinateurs avaient coutume de reproduire quand ils voulaient représenter notre poëte, mais son costume

---

1. Particulièrement dans les *Fourberies de Scapin*. Nous avons dit (ci-dessus, p. 101, note 2) que le *Pédant joué* avait été imprimé en 1654.

2. *Notes historiques sur la vie de Molière*, p. 133 de la 2ᵈᵉ édition in-12.

3. *Les Points obscurs de la vie de Molière*, p. 304.

4. Voyez une note de M. Livet, à la suite de son édition de la *Fameuse comédienne* (Paris, 1876), p. 89 et 90, et l'*Iconographie moliéresque* par M. Paul Lacroix (2° édition), p. 16, n° 40. Mais M. Livet a tort de dire, croyons-nous, que la physionomie de Sganarelle est la même dans l'estampe de 1666 et dans celle de 1682 : la différence est grande et saute aux yeux.

dans *l'Amour médecin*, tel qu'il est décrit dans l'inventaire fait après son décès : « Un pourpoint de petit satin découpé sur roc (?) d'or, le manteau et chausses de velours à fond d'or, garni de ganse et boutons[1]. » Nous avons examiné l'ancienne estampe. Le dessinateur anonyme a choisi pour sujet la fin de la scène II du second acte. Sganarelle, qui fait face au spectateur, ouvre sa bourse pour payer la consultation qu'il vient de solliciter. Les quatre médecins, placés à côté de lui ou en arrière, tendent la main. Il est certainement probable que Sganarelle, la figure principale et la plus en vue, celle qui est au centre du petit tableau, est Molière lui-même. Mais il serait bien difficile d'y reconnaître son portrait. Les autres personnages ont la même moustache, à l'exception de l'un d'eux qui a une grande barbe de vieillard, et pourrait bien être Guenaut. On a quelque peine à croire que le dessinateur ne se soit pas au moins informé des costumes; et cependant les cinq acteurs ont tous également le chapeau, le pourpoint et le manteau. Comment les médecins n'ont-ils pas la robe? Il y a dans la pièce imprimée cette indication : « Clitandre en habit de médecin. » On s'étonnerait que Clitandre seul, dans son déguisement, le portât. Quoi qu'il en soit, ce serait trop se hasarder que de donner pour un document de l'histoire de la pièce une estampe, qui probablement est beaucoup plutôt de fantaisie qu'elle n'a été inspirée par un fidèle souvenir des représentations. On pourrait être tenté de croire, bien que la petite dimension des figures laisse à cet égard beaucoup de doute, que le médecin placé à la droite de Sganarelle, et dont le nez est de forme étrange, porte un demi-masque. Si l'on en était plus certain, il ne faudrait pas rejeter si loin l'assertion, souvent répétée depuis, de Gui Patin. Mais pour nous faire admettre, contre toute vraisemblance, *l'Amour médecin* joué avec des masques, il faudrait autre chose que quelques traits de gravure difficiles à bien distinguer[2]. Si peu de parti que, selon

1. *Recherches sur Molière*, par Eud. Soulié, p. 276.
2. Dans la gravure de l'édition de 1682, qui a été faite d'après celle de l'édition originale (mais qui est en sens inverse), il y a une opposition bien marquée entre le clair de l'habit de Sganarelle et le noir du costume des quatre médecins; certains détails s'y distinguent mieux et il n'y a pas trace de masque sur le premier

nous, on soit en droit de tirer de l'estampe, nous voulons bien cependant qu'en donnant à Sganarelle la place d'honneur, elle ajoute une nouvelle probabilité au fait, déjà à peu près avéré, que ce personnage n'a pu être joué que par l'auteur lui-même.

Gueret, dans *la Promenade de Saint-Cloud*, nous apprend par quel comédien était rempli le rôle d'un des médecins, et le détail dont il avait pris note doit inspirer toute confiance. Parlant de la manière dont Molière, dans la distribution des personnages, savait choisir ses acteurs et rendre agréables leurs défauts mêmes, il cite cet exemple[1] : « Béjarre (Béjart) le boiteux nous a donné des Fougerais au naturel dans *les Médecins*. » En effet, des Fougerais boitait, comme l'atteste ce passage de Gui Patin[2] : « Je ne crois pas qu'il y ait sur la terre un charlatan plus déterminé et plus perverti que ce malheureux chimiste, boiteux des deux côtés comme Vulcan, qui tue plus de monde avec son antimoine que trois hommes de bien n'en sauvent avec les remèdes ordinaires. » Nous pouvons donc regarder comme certain que le boiteux Béjart représentait des Fonandrès (le boiteux *des Fougerais*). Molière savait imaginer des moyens plus ingénieux et moins grossiers que les masques, de faire reconnaître les personnes qu'il voulait désigner. La prononciation lente de M. Macroton et le bredouillement de M. Bahys seraient des indications fort claires, s'il était prouvé que Guenaut et Esprit parlassent ainsi ; mais nous n'en sommes informés que par des commentateurs de la pièce que l'on pourrait soupçonner d'avoir avancé, pour accréditer leurs explications, ce qu'ils ne savaient pas bien, tandis que de la claudication de des Fougerais nous venons de produire un témoignage antérieur de quatorze ans à notre comédie et qui ne se proposait pas de l'expliquer. Le rôle confié à Béjart montre bien que Gui Patin et Brossette ne s'étaient pas trompés en reconnaissant des Fougerais. Une de leurs clefs ainsi vérifiée ne permet guère de se défier des autres.

M. Éd. Thierry, dans sa Notice sur la Grange (p. xxxvi), dit qu'en 1689 la Grange et Guérin jouaient tous deux dans

visage de gauche (placé à droite dans la première estampe) : voyez aux *Personnages*, ci-après, p. 297, note 2.

1. *La Promenade de Saint-Cloud*, p. 212.
2. *Lettre* du 22 septembre 1651.

l'Amour médecin; il ne dit pas quels rôles, et nous regrettons de ne pas connaître les documents dont il a fait usage.

Les représentations de *l'Amour médecin* n'ont pas été très-nombreuses de notre temps. En 1850, il y en eut quelques-unes, dont la première fut donnée par les comédiens français le 15 janvier, jour anniversaire de la naissance de Molière, avec intermèdes de chant et de danse « par un metteur en scène. » Le *metteur en scène*, qui, ce jour-là, faisait en apparence métier si modeste, n'était autre qu'un des hommes les plus spirituels dont les pièces de théâtre et les romans aient charmé ses contemporains, M. Alexandre Dumas père. Il avait encadré notre comédie-ballet dans de petites scènes dont il était l'auteur, et que l'on trouvera dans son *Théâtre*[1], sous ce titre : « Trois entr'actes pour *l'Amour médecin*. » Des gens du bel air placés, comme au temps de Molière, d'un côté de la scène, tandis que les violons l'étaient de l'autre, jouaient un rôle dans ces entr'actes; mais les deux principaux personnages de la pièce parasite étaient la Duparc et la Ducroisy, qui se disputaient le rôle de Lisette, et tout ensemble leurs amants, d'une façon très-égrillarde. L'idée d'ajouter à l'ouvrage de Molière un agrément qui en relevât le goût était au moins téméraire, et l'assaisonnement parut avoir tout simplement gâté le mets délicat qui n'en demandait pas. Voici ce que nous apprend un critique de ce temps[2] : « Le public a grogné pendant toute la représentation; et, plus d'une fois, il a sifflé même Molière. » Il faut croire que la malheureuse *mise en scène* lui avait donné de l'humeur. Dans cette représentation, plus mémorable par sa bizarrerie que par son succès, les rôles (nous ne parlons que de ceux de Molière) furent ainsi distribués :

SGANARELLE,	*Provost.*	JOSSE,	*Bertin.*
CLITANDRE,	*Maillard.*	UN NOTAIRE,	*Pougin.*

1. *Théâtre complet d'Alexandre Dumas*, Michel Lévy, 1864, tome X, p. 489-527.
2. Voyez le feuilleton de J. Janin dans le *Journal des Débats* du lundi 21 janvier 1850.

Guillaume,	*Fonta.*	Lisette, Mmes	*Brohan (Augustine).*
Macroton,	*Mainvielle.*	Aminte,	*Worms.*
Des Fonandrès,	*Chéry.*	Lucrèce,	*L. Bertin.*
Tomès,	*Chéry-Louis.*	Lucinde,	*Favart.*
Bahys,	*Mathieu.*	La Comédie,	*Fix.*
Filerin,	*Volnys.*		

Il y eut aussi en 1861, le 20 septembre, une reprise, au Théâtre Français, de *l'Amour médecin*, réduit en deux actes. Voici la distribution des rôles :

Sganarelle,	*Talbot.*	Josse,	*Tronchet.*
Clitandre,	*Laroche.*	Un Notaire,	*Masquillier.*
Guillaume,	*Montet.*	Lisette, Mmes	*Bonval.*
Macroton,	*Coquelin.*	Aminte,	*J. Bondois.*
Des Fonandrès,	*Chéry.*	Lucrèce,	*Rosa Didier.*
Tomès,	*Barré.*	Lucinde,	*Ponsin.*
Bahys,	*Eugène Provost.*		

Bien qu'il ait perdu l'attrait des allusions satiriques à des personnes connues, *l'Amour médecin* peut plaire encore ; et cette comédie-ballet, toutes les fois même qu'on la jouera sans ballets, se passera sans aucune peine, quoi qu'en ait dit Molière, des grâces qu'y ajoutaient « les airs et les symphonies de l'incomparable M. Lully. » Cette musique de l'illustre Florentin n'est point perdue. Le jour où l'on voudrait la faire entendre dans une représentation de la pièce, on la trouverait dans le Recueil de Philidor l'aîné, que possède la bibliothèque du Conservatoire de musique[1].

La première édition de *l'Amour médecin* a été mise en vente en 1666 ; l'Achevé d'imprimer est du 15 janvier 1666. Le privilége, ou permission d'imprimer pendant cinq ans, remonte au 30 décembre 1665, et Molière a cédé et transporté son privilége « à Pierre Trabouillet, Nicolas le Gras et Théodore Girard, marchands libraires à Paris. » Cette édition originale est un in-12 de 95 pages numérotées[2], précédées de 5 feuil-

---

1. Voyez sur ce recueil notre tome IV, p. 10-12, et sur la copie de *l'Amour médecin* qui s'y trouve, ci-après, p. 294, note 1.

2. La dernière page est chiffrée par erreur 59 ; cette faute a été reproduite dans la contrefaçon qui a été faite de cette édition : voyez la *Bibliographie moliéresque*, p. 22, fin du n° 11.

lets non chiffrés et de l'estampe dont nous avons parlé. Le titre est :

L'AMOVR
MEDECIN.
COMEDIE.

Par I. B. P. MOLIERE.

A PARIS,

Chez Nicolas le Gras, au troisiéme
Pilier de la grand' Salle du Palais, à
l'Esperance, et à L, couronnée [1].

M. DC. LXVI.

AVEC PRIVILEGE DV ROY.

Une seconde édition a été publiée en 1669; l'Achevé d'imprimer pour la seconde fois est du 20 novembre 1668.

Parmi les traductions, nous en remarquons une du dix-septième siècle (1680) en néerlandais, réduite en un seul acte [2], et plusieurs du dix-neuvième : en polonais (vers 1820), en arménien (1855), en suédois (1859), en grec moderne (1862), en roumain (1872), sans compter celles qui font partie des versions récentes du théâtre complet dont nous avons eu déjà occasion de parler à la fin de la *Notice* du *Dom Juan*.

1. Ou Chez Pierre Traboüillet ou Théodore Girard, chacun avec son adresse.
2. Pour réduire ainsi la pièce, le traducteur, A. Leeuwe, a supprimé le second acte et les deux premières scènes du troisième. Ces morceaux supprimés ont été intercalés dans une version néerlandaise anonyme du *Médecin malgré lui*, de la même année 1680. Voyez la *Bibliographie moliéresque*, p. 162 et 163.

SOMMAIRE

DE *L'AMOUR MÉDECIN*, PAR VOLTAIRE.

L'Amour médecin est un impromptu fait pour le Roi en cinq jours de temps. Cependant cette petite pièce est d'un meilleur comique que *le Mariage forcé*. Elle fut accompagnée d'un prologue en musique, qui est l'une des premières compositions de Lully.

C'est le premier ouvrage dans lequel Molière ait joué les médecins. Ils étaient fort différents de ceux d'aujourd'hui; ils allaient presque toujours en robe et en rabat, et consultaient en latin.

Si les médecins de notre temps ne connaissent pas mieux la nature, ils connaissent mieux le monde, et savent que le grand art d'un médecin est l'art de plaire. Molière peut avoir contribué à leur ôter leur pédanterie; mais les mœurs du siècle, qui ont changé en tout, y ont contribué davantage. L'esprit de raison s'est introduit dans toutes les sciences, et la politesse dans toutes les conditions.

AU LECTEUR[1].

Ce n'est ici qu'un simple crayon, un petit impromptu, dont le Roi a voulu se faire un divertissement[2]. Il est le plus précipité de tous ceux que Sa Majesté m'ait commandés[3]; et lorsque je dirai qu'il a été proposé, fait,

1. Dans la copie Philidor (voyez ci-après, p. 294, note 1), cet avertissement de Molière est intitulé *Préface*.
2. Ces derniers mots donneraient assez naturellement à croire que le Roi en personne prit part à quelqu'une des danses épisodiques dont Molière fut chargé de trouver le sujet ou d'amener l'emploi : dans le ballet final des Jeux, des Ris et des Plaisirs, où furent deux fois exécutées les figures d'une longue chaconne que l'orchestre avait d'avance fait entendre et comme annoncée à l'ouverture du spectacle, il y avait une place convenable pour un groupe de nobles danseurs et danseuses et pour le Roi (voyez ci-après, p. 296, dernière partie de la note, 2°). Nous avons pour appuyer la simple conjecture que nous proposons, non pas le témoignage (ce serait trop dire), mais au moins la conjecture toute semblable de Philidor : il a ajouté en termes exprès au titre de *l'Amour médecin* que cette comédie-ballet fut *dansée par Sa Majesté* (voyez ci-après, p. 295, à la note). Peut-être la preuve du fait se trouvait-elle sur les feuillets originaux mis au net par lui; et il faut remarquer qu'il avait un motif de se bien informer : il se flattait certainement que son volume passerait sous les yeux du Roi, puisqu'il l'a fait précéder de l'épître dédicatoire qui accompagne tous ceux qu'il lui destinait[a]. Nous devons convenir qu'il y a néanmoins encore lieu de douter de ce renseignement si nettement donné. On peut soupçonner que la mention *dansé par le Roi*, ou bien avait un autre sens que celui qu'elle semble d'abord avoir, ou bien a été portée un peu au hasard et par habitude sur plus d'une de ces nombreuses copies de ballets de cour qu'avait entreprises Philidor. Nous avons déjà donné des exemples (tome IV, p. 230, note *a*) de la manière négligée, peut-être toute machinale, dont il rédigeait ses titres; ils ne peuvent évidemment pas être pris tous à la lettre.
3. Ces divertissements antérieurs sont : *les Fâcheux* (1661), que

[a] Elle a été donnée, p. 67 de notre tome IV, au-devant du livre de ballet du *Mariage forcé*.

appris et représenté en cinq jours, je ne dirai que ce qui est vrai. Il n'est pas nécessaire de vous avertir qu'il y a beaucoup de choses qui dépendent de l'action. On sait bien que les comédies ne sont faites que pour être jouées ; et je ne conseille de lire celle-ci qu'aux personnes qui ont des yeux pour découvrir dans la lecture tout le jeu du théâtre. Ce que je vous dirai, c'est qu'il seroit à souhaiter que ces sortes d'ouvrages pussent toujours se montrer à vous avec les ornements qui les accompagnent chez le Roi. Vous les verriez dans un état beaucoup plus supportable ; et les airs et les symphonies de l'incomparable Monsieur Lully[1], mêlés à la

Molière avait déjà dû improviser en quinze jours[a], sinon sur l'ordre du Roi, du moins pour lui faire fête ; puis les deux représentés l'année précédente (1664) à la cour : *le Mariage forcé*, dans les danses duquel figura sûrement le Roi[b], et *la Princesse d'Élide*, préparée en grande hâte, avec tous ses intermèdes[c], pour une des journées de *l'Ile enchantée*.

1. Alors que Molière faisait ce compliment à Lully et aux autres artistes ou amateurs qui l'avaient secondé chez le Roi, le succès que trouvait sa comédie chez lui, au Palais-Royal, où il la jouait seule, sans intermèdes[d], lui avait déjà prouvé combien facilement elle pouvait se passer de tout ornement étranger. Elle s'en passe depuis longtemps. Il serait cependant aisé, dès qu'on le voudrait, de donner au public de nos jours le plaisir d'une représentation complète de *l'Amour médecin*, comédie, chant et ballet. Toute la musique, comme il a été dit à la fin de la *Notice*, nous en a été conservée. C'est à Philidor qu'on en est redevable ; c'est lui, cette fois encore, qui a pris soin de recueillir les airs et les symphonies du maître italien[e]. Après les avoir transcrits de sa plus belle écriture,

[a] Voyez au tome III, p. 28. — [b] Tome IV, p. 77. — [c] *Ibidem*, p. 93.
[d] On peut sans doute conclure qu'ils furent supprimés à la ville, d'abord de ce passage de l'avis *Au lecteur*, puis de ce que la Grange n'a fait aucune mention de frais extraordinaires pour le théâtre.
[e] Un tome VI des Ballets de Lully, reste d'une autre collection qui a appartenu au Conservatoire, et de même le tome V du recueil en six volumes et le tome A du recueil en deux volumes conservés à la Bibliothèque nationale, contiennent des airs de danse de *l'Amour médecin*, mais ne donnent rien, ni paroles ni musique, des morceaux de chant.

AU LECTEUR.   295

beauté des voix et à l'adresse des danseurs, leur don-

ainsi que le dialogue entier de la comédie avec lequel ils alternent, il a formé du tout (comprenant 81 pages in-folio, plus 4 feuillets préliminaires) un beau volume, qu'il se proposait d'offrir au Roi, qu'il retint néanmoins ou reprit[a], qui est passé et heureusement resté à la bibliothèque du Conservatoire, et qui est devenu le numéro 29 de ce qu'on appelle encore sa collection (voyez tome IV, p. 11). Le grand titre est : « *L'Amour médecin*, comédie et ballet dansé par Sa Majesté le 15ᵉ septembre 1665. Recueilli par Philidor l'aîné en 1690[b]. » Nous n'avons plus rien à dire de la dédicace qui remplit le second feuillet : elle est identique avec celle qu'on a lue au tome IV, p. 67. A l'égard du texte parlé de Molière (pour le musicien, c'était l'accessoire), il suffira de constater que la transcription en a été faite d'après un imprimé, celui de 1682, plus commode à copier qu'un original manuscrit[c] ; un seul renseignement de quelque intérêt y a été joint, et encore ne concerne-t-il que l'exécution du divertissement final; la copie n'apprend absolument rien qui se rapporte à la comédie, à la distribution de la pièce, rien non plus sur le personnel du chant et de la danse employé dans les intermèdes. Les feuillets de musique comptent seuls, et étaient bons à consulter, indépendamment même de l'œuvre de Lully, que son admirateur y a disposée d'une main si fidèle et si élégante ; ils ont fourni à notre édition quelques variantes de vers, et, ce qu'il nous faut particulièrement signaler, sans en vouloir d'ailleurs exagérer le prix, tout un couplet inédit de Molière (voyez ci-après, p. 352, note 2). Telle que nous la donne Philidor, la partition composée pour le prologue, les entr'actes et le ballet final de *l'Amour médecin* représenté à la cour, comprend les airs de danse et les morceaux de chant dont voici l'énumération :

Au Prologue, 1° une *Ouverture* en forme de *Chaconne*[d], ainsi

[a] Il a mis sur la page 1 de l'Ouverture l'étiquette imprimée, également apposée sur le volume du *Mariage forcé* : « Ce livre appartient à Philidor l'aîné, » etc. : voyez tome IV, p. 12, note 1.

[b] D'une autre main est écrit : *Musique de Lully*, attribution qui, dans le manuscrit, résulte clairement de l'épître adressée au Roi sur le feuillet suivant. Molière n'est pas nommé; mais Philidor savait bien qu'en 1690 personne n'ignorait de qui est *l'Amour médecin*. — Tous les autres titres du manuscrit, et en particulier le titre courant, portent, au lieu de *comédie et ballet*, invariablement *comédie-ballet*.

[c] Les différences paraissent être tout accidentelles ; pas une peut-être ne serait à relever; nous avons noté les moins insignifiantes.

[d] Cette symphonie et en général tous les airs de ballet sont écrits à cinq parties : voyez tome IV, p. 6, note *a*.

nent sans doute des grâces dont ils ont toutes les peines du monde à se passer.

que l'indique ce mot mis comme sous-titre; elle est récrite en entier à la dernière page et devient le finale de tout le ballet (voyez plus loin); 2° une *Ritournelle* à cinq parties *pour le Récit de la Musique, le Ballet et la Comédie;* un premier couplet de la Comédie, pour une voix haute, soutenue, comme le trio qui suit, d'une simple basse instrumentale (mais des clavecins et téorbes devaient compléter l'accompagnement); un trio, où sont repris les deux derniers vers du couplet, pour deux voix hautes et une voix de basse profonde; la même ritournelle précédant le second couplet, qui est ici donné à la Musique, non à la Comédie [a], et qui n'est qu'une redite musicale du premier, suivie de la répétition du même trio. Une ritournelle plus courte de l'orchestre termine le concert du prologue; elle est intitulée, d'après les premiers mots d'un vers qui vient d'être répété nombre de fois dans le chant : *Ritournelle « Pour donner du plaisir ».* — Au IER ENTR'ACTE, 1° un air de danse pour la *Ire entrée : Champagne heurtant aux portes de quatre médecins;* 2° un autre *Pour les quatre médecins.* — A la SCÈNE SEPTIÈME (et dernière) DU II[D] ACTE et au II[D] ENTR'ACTE, 1° un air accompagné d'une basse chiffrée, et sans changement au second couplet, pour *l'Opérateur* (une basse); 2° une *Entrée pour les Trivelins et Scaramouches.* — A la SCÈNE DERNIÈRE DU IIIE ACTE, 1° un morceau pour deux voix hautes et une voix très-basse, que *la Comédie, le Ballet et la Musique chantent ensemble,* avec une basse, non chiffrée, d'accompagnement; à cette introduction succède une Chanson, accompagnée d'une basse chiffrée, dont la Comédie chante seule les deux couplets; après chacun, l'ensemble entendu d'abord revient comme refrain : c'est du second de ces couplets que la copie Philidor seule a conservé les paroles, et nous les imprimons pour la première fois; 2° la Chaconne qui a servi d'ouverture, et qui revient ici pour accompagner la danse des Jeux, des Ris et des Plaisirs, parmi lesquels se trouva peut-être le Roi; car, s'il figura dans le ballet (voyez plus haut, p. 293, note 2), ce ne fut sans doute pas sous l'habit grotesque d'un médecin, d'un trivelin ou d'un scaramouche; Philidor a noté que cette entrée s'exécuta deux fois [b]: d'abord à la suite de la chanson, au moment où quelque adroite

---

[a] Voyez ci-après, p. 301, note 4.

[b] Voyez ci-après, p. 352, fin de la note 2, et p. 353, note 2. C'est ainsi qu'en 1657, dans le ballet de *l'Amour malade,* « le Roi dansa la première *entrée* à trois reprises. » Voyez le *Journal d'un voyage à Paris* (de MM. de Villers), p. 64.

LES PERSONNAGES[1].

SGANARELLE, père de Lucinde[2].
AMINTE.
LUCRÈCE.
M. GUILLAUME, vendeur de tapisseries.

évolution des danseurs, entraînant sans doute et enveloppant les deux amants, doit favoriser leur fuite ; puis, après le dernier dialogue de la comédie, qui eût paru trop froid pour finir, après la sortie de Sganarelle, on revint à la musique et à la danse, en recommençant la chaconne favorite.

1. ACTEURS. (*Ms. Philidor.*)
2. L'inventaire publié par M. Soulié mentionne parmi les costumes qu'avait portés Molière[a] : « Une boîte des habits de la représentation des *Médecins*[b], consistant en un pourpoint de petit satin découpé sur roc[c] d'or, le manteau et chausses de velours à fond d'or, garni de ganse et boutons; prisé quinze livres. » — Les gravures qui sont au-devant de la pièce, dans l'édition originale de 1666 et dans le tome III de 1682, font peut-être mieux connaître que la description assez vague de l'inventaire le costume composé par Molière pour ce rôle, qui devait être le sien[d]. Certaine garniture de pattes et boutons, posés près à près, des deux côtés de la fente du pourpoint sur la poitrine, ainsi qu'au dedans des manches, et à la couture extérieure des chausses, rappelle encore l'habit caractéristique du type de Sganarelle, tel que le montre une curieuse gravure de la Bibliothèque nationale[e] ; mais ici l'ensemble est bourgeois : le père de Lucinde a un collet de toile brodé, non une fraise, au cou, et, au lieu du bonnet, un chapeau sur la tête.

[a] *Recherches sur Molière*, p. 276.
[b] Voyez la *Notice*, p. 282 et 283.
[c] M. Soulié indique ici par un point d'interrogation qu'il n'est par sûr d'avoir bien déchiffré ce mot, ou qu'il ne sait trop ce qu'il signifie. Le prenait-on encore, dans certain langage, en son vieux sens germanique de gilet long? Voyez l'*Histoire du costume en France*, par M. J. Quicherat, p. 109.
[d] Sur ces deux estampes, voyez la *Notice*, ci-dessus, p. 286-288.
[e] Signée Simonin et avec cette inscription: *Le vrai portrait de M. de Molière en habit de Sganarelle;* elle est reproduite dans l'*Iconographie moliéresque* de M. P. Lacroix, et il y en a une réduction simplifiée dans le volume de

M. JOSSE[1], orfévre.
LUCINDE, fille de Sganarelle[2].
LISETTE[3], suivante de Lucinde.
M. TOMÈS,
M. DES FONANDRÈS[4],
M. MACROTON,   } médecins[5].
M. BAHYS,
M. FILERIN,
CLITANDRE, amant de Lucinde.
Un Notaire.

L'OPÉRATEUR, Orviétan[6].

1. Ce nom, d'origine picarde probablement[a], est celui d'un vieux marchand dupé dans la comédie des *Ébahis* de Jacques Grevin (1560), et d'un prêtre peu clairvoyant dans la *Gillette* de Pierre Troterel d'Aves (imprimée en 1620) : voyez les frères Parfaict, tome III, p. 323, et tome IV, p. 316 et suivantes.

2. Dans *le Médecin malgré lui*, il y a aussi une Lucinde, qui, contrariée dans son amour, contrefait la malade.

3. Lysette, dans tous les anciens textes, jusqu'à celui de 1734 exclusivement.

4. Dans les anciennes éditions françaises, le nom est ainsi coupé, au moins le plus souvent.

5. Sur les noms de ces médecins, voyez la *Notice*, p. 269 et 270. Dans l'estampe de 1666, ainsi que dans celle de 1682, ils ne portent ni robe longue, ni bonnet carré ou pointu, mais un manteau court et un chapeau rond ; ils semblent habillés tout de noir, avec un collet de toile uni, et le devant de leur pourpoint rappelle un peu la forme d'une soutane ; un seul, le plus vieux, a toute sa barbe.

6. L'édition originale a une virgule avant *Orviétan*, qui ne semble pas pouvoir être pris comme adjectif ; ce n'est pas *l'opérateur d'Orvieto*, c'est le nom de la drogue devenu le nom du charlatan qui la vendait ; mais presque toujours, en le désignant ainsi, on employait l'article, on disait *l'Orviétan* : voyez ci-après, p. 332, à la note.

M. Moland sur la comédie italienne. Comparez, dans le même tome III de 1682, la gravure du *Médecin malgré lui*.

[a] Saint Josse est particulièrement honoré dans le Ponthieu, et a donné son nom à un village du pays.

LES PERSONNAGES.

Plusieurs Trivelins et Scaramouches.
LA COMÉDIE.
LA MUSIQUE.
LE BALLET.

La scène est à Paris, dans une salle de la maison de Sganarelle[1].

1. La scène est ainsi pour la comédie ; mais aux entr'actes, et au récit de l'Opérateur[a], le théâtre devait représenter une place publique ; un paysage sans doute ou des nuages servaient de fond pour le prologue. — Le *Mémoire de.... décorations* que nous citons d'ordinaire (manuscrits français de la Bibliothèque nationale, n° 24330) énumère pour *les Médecins* les accessoires suivants : « Une écritoire, du papier, une bague, des jetons, une bourse, quatre chaises. » Les jetons figuraient les écus qui remplissent la bourse ; les gravures de 1666 et de 1682 la montrent ouverte, retenue encore un moment à deux mains par Sganarelle, avant la distribution qu'il se dispose à faire aux médecins et pour laquelle ceux-ci semblent déjà préparer leur geste (voyez, ci-après, p. 321, l'indication qui est à la fin de la scène II de l'acte II). — L'édition de 1734 range et divise ainsi les personnages :

ACTEURS.

ACTEURS DU PROLOGUE.

La Comédie.
La Musique.
Le Ballet.

ACTEURS DE LA COMÉDIE.

Sganarelle, père de Lucinde.
Lucinde, fille de Sganarelle.
Clitandre, amant de Lucinde.
Aminte, voisine de Sganarelle.
Lucrèce, nièce de Sganarelle.
Lisette, suivante de Lucinde.
M. Guillaume, marchand de tapisseries.
M. Josse, orfévre.

---

[a] Voyez ci-après, p. 333-335, la scène VII de l'acte II, et p. 333, la fin de la note qui se rapporte à la scène VI.

M. Tomès,
M. des Fonandrès,
M. Macroton, } médecins.
M. Bahis,
M. Fillerin[a],
Un Notaire.
Champagne, valet de Sganarelle.

ACTEURS DU BALLET.

PREMIÈRE ENTRÉE.

Champagne, valet de Sganarelle, dansant.
Quatre Médecins, dansants.

DEUXIÈME ENTRÉE.

Un Opérateur, chantant.
Trivelins et Scaramouches, dansants, de la suite de l'Opérateur.

TROISIÈME ENTRÉE.

La Comédie.
La Musique.
Le Ballet.
Jeux, Ris, Plaisirs, dansants.

La scène est à Paris.

---

[a] Bahis est écrit ainsi, par un *i*, dans l'édition de 1734, et Fillerin par deux *l*, sans égard à l'étymologie probable de ces noms : voyez la *Notice*, p. 270 et note 2.

PROLOGUE.

LA COMÉDIE, LA MUSIQUE ET LE BALLET[1].

LA COMÉDIE[2].

Quittons, quittons notre vaine querelle,
Ne nous disputons point nos talents tour à tour,
 Et d'une gloire plus belle
  Piquons-nous en ce jour :
Unissons-nous tous trois d'une ardeur sans seconde,
Pour donner du plaisir au plus grand roi du monde.

TOUS TROIS[3].

Unissons-nous....

LA COMÉDIE[4].

De ses travaux, plus grands qu'on ne peut croire,

1. LA COMÉDIE, LA MUSIQUE, LE BALLET. (1734.)
2. La Comédie commence ce récit. (*Ms. Philidor.*)
3. TOUS TROIS ENSEMBLE. (1734.) — Dans la copie Philidor : *Toutes les trois*, ce qui doit s'entendre, non de trois chanteuses, mais des trois voix, car la troisième (le Ballet évidemment) est, d'après la partition, une voix d'homme extraordinairement grave. — Ce refrain à trois se chantait avec les répétitions suivantes de paroles : « Unissons-nous tous trois d'une ardeur sans seconde (*bis* le vers entier), Pour donner du plaisir au plus grand roi du monde, au plus grand roi du monde, Pour donner, etc. »
4. Cet en-tête : LA COMÉDIE, est omis dans les éditions de 1674 et de 1682. — La copie Philidor et l'édition de 1734 mettent ce second couplet dans la bouche de LA MUSIQUE ; il semble d'abord naturel que les deux cantatrices qui se faisaient entendre dans le Prologue eussent chacune le sien ; mais chacune aussi l'eût souhaité bien accommodé à sa voix ; auraient-elles volontiers consenti à faire assaut en chantant, comme l'indique la partition, exactement, note pour note, la même chose ? C'est à la rigueur possible, la ressource leur restant de varier l'exécution par quelques traits non écrits. Cependant l'édition originale de Molière donne les deux

Il se vient quelquefois délasser parmi nous[1] :
Est-il de plus grande gloire,
Est-il bonheur plus doux?
Unissons-nous tous trois....

TOUS TROIS.

Unissons-nous.... [2]

couplets à la Comédie ; et, au dernier morceau chanté du IIIe acte, la copie Philidor laisse aussi à la Comédie deux couplets de suite : il est donc probable qu'ici et là l'un des dessus dut se contenter, comme la basse, de faire sa partie dans l'ensemble.

1. Dans la partition :

Il se vient délasser quelquefois parmi nous.

Dans la partition encore, le dernier vers de ce second couplet se lit autrement qu'à la fin du premier ; la variante est remarquable :

Pour plaire au plus grand roi de tous les rois du monde.

2.   LE BALLET.
Est-il de plus grande gloire?
Est-il de bonheur plus doux?

TOUS TROIS ENSEMBLE.

Unissons-nous, etc. (1734.)

L'AMOUR MÉDECIN.

COMÉDIE[1].

ACTE I.

SCÈNE PREMIÈRE.
SGANARELLE, AMINTE, LUCRÈCE, M. GUILLAUME, M. JOSSE.

SGANARELLE.

Ah! l'étrange chose que la vie! et que je puis bien dire, avec ce grand philosophe de l'antiquité, que qui terre a, guerre a[2], et qu'un malheur ne vient jamais sans l'autre! Je n'avois qu'une seule femme[3], qui est morte.

---

1. L'édition originale n'a pas ici le sous-titre COMÉDIE; dans l'édition de 1734, on a, de même qu'au titre initial, remplacé COMÉDIE par COMÉDIE-BALLET.
2. M. Le Roux de Lincy[a] cite de ce proverbe français deux exemples du seizième siècle, mais rimant d'autre manière : « Qui a terre ne vit sans guerre » (Gabriel Meurier, *Trésor de sentences...*, Rouen, 1578, p. 170); « Qui a terre si a guerre » (*Contes et discours d'Eutrapel*, tome I de l'édition de M. Assézat, p. 222).
3. Qu'une femme. (1674, 82, 1734.) — Nous ne pensons pas, comme Auger, que la variante soit de l'auteur, qu'il ait lui-même jugé nécessaire ou utile la suppression du mot *seule*. Ce pléonasme irréfléchi, ici mal appliqué, mais si commun dans maint autre tour, dans celui-ci, par exemple : « Je n'ai qu'une seule fille, » comme peut dire Sganarelle, va très-bien avec l'air de préoccupation que doit avoir l'acteur en ouvrant la scène : il nous dira lui-même tout

[a] *Le Livre des proverbes français* (1859), tome I, p. 87.

L'AMOUR MÉDECIN.

M. GUILLAUME.

Et combien donc en voulez-vous avoir[1] ?

SGANARELLE.

Elle est morte, Monsieur mon ami[2]. Cette perte m'est très-sensible, et je ne puis m'en ressouvenir sans pleurer. Je n'étois pas fort satisfait de sa conduite, et nous avions le plus souvent dispute ensemble ; mais enfin la mort rajuste toutes choses. Elle est morte : je la pleure. Si elle étoit en vie, nous nous querellerions. De tous les enfants que le Ciel m'avoit donnés, il ne m'a laissé qu'une fille, et cette fille est toute ma peine. Car enfin je la vois dans une mélancolie la plus sombre du monde, dans une tristesse épouvantable, dont il n'y a pas moyen de la retirer, et dont je ne saurois même apprendre la cause. Pour moi, j'en perds l'esprit, et j'aurois besoin d'un bon conseil sur cette matière. Vous êtes ma nièce ; vous, ma voisine ; et vous[3], mes compères et mes amis : je vous prie de me conseiller tous ce que je dois faire[4].

M. JOSSE.

Pour moi, je tiens que la braverie[5] et l'ajustement[6] est la chose qui réjouit le plus les filles ; et si j'étois que de vous, je lui achèterois, dès aujourd'hui, une

---

à l'heure qu'il *perd l'esprit*. Puis l'effet en devient comique par la question de M. Guillaume, qu'il amène on ne peut mieux.

1. En vouliez-vous avoir ? (1682, 1734.)

2. Les exemplaires non cartonnés de 1682, le manuscrit Philidor, et les éditions françaises suivantes jusqu'à 1773 inclusivement portent : « Monsieur Guillaume mon ami. » Les exemplaires cartonnés omettent *Guillaume*, de même que l'édition originale, celles de 1669, de 1674, et les trois éditions étrangères 1675 A, 84 A, 94 B.

3. (*A Lucrèce*) Vous êtes ma nièce ; (*à Aminte*) vous, ma voisine ; (*à M. Guillaume et à M. Josse*) et vous. (1734.)

4. Tout ce que je dois faire. (1682, 1734.)

5. Sur ce mot, et sur le mot *brave*, que Sganarelle emploie à la scène suivante, voyez tome II, p. 112, note 3, et tome III, p. 266, note 5.

6. Que la braverie, que l'ajustement. (1682, 1734.)

ACTE I, SCÈNE I.

belle garniture de diamants, ou de rubis, ou d'émeraudes.

M. GUILLAUME.

Et moi, si j'étois en votre place, j'achèterois une belle tenture de tapisserie de verdure¹, ou à personnages, que je ferois mettre à sa chambre², pour lui réjouir l'esprit et la vue.

AMINTE.

Pour moi, je ne ferois point tant de façon ; et je la marierois³ fort bien, et le plus tôt que je pourrois, avec cette personne qui vous la fit, dit-on, demander il y a quelque temps.

LUCRÈCE.

Et moi, je tiens que votre fille n'est point du tout propre pour le mariage. Elle est d'une complexion trop délicate et trop peu saine, et c'est la vouloir envoyer bientôt en l'autre monde, que de l'exposer, comme elle est, à faire des enfants. Le monde n'est point du tout son fait, et je vous conseille de la mettre dans un couvent⁴, où elle trouvera des divertissements⁵ qui seront mieux de son humeur.

SGANARELLE.

Tous ces conseils sont admirables assurément ; mais je les tiens⁶ un peu intéressés, et trouve que vous me conseillez fort bien pour vous. Vous êtes orfèvre, Monsieur Josse, et votre conseil sent son homme qui a envie de se défaire de sa marchandise. Vous vendez des tapisseries, Monsieur Guillaume, et vous avez la

---

1. Les tapisseries de verdure sont, comme on sait et comme le dit bien le mot, celles qui représentent surtout des arbres, des feuillages.
2. Dans sa chambre. (1682, 1734.)
3. Pour moi, je ne ferois pas tant de façon. Je la marierois. (1734.)
4. Un convent. (1697, 1710.) — Voyez tome IV, p. 486, note 5.
5. Des distractions à sa mélancolie.
6. Mais je les trouve. (1669, 74, 82, 1734.)

mine d'avoir quelque tenture qui vous incommode[1]. Celui que vous aimez, ma voisine, a, dit-on, quelque inclination pour ma fille, et vous ne seriez pas fâchée de la voir la femme d'un autre[2]. Et quant à vous, ma chère nièce, ce n'est pas mon dessein, comme on sait, de marier ma fille avec qui que ce soit[3], et j'ai mes raisons pour cela ; mais le conseil que vous me donnez de la faire religieuse, est d'une femme qui pourroit bien souhaiter charitablement d'être mon héritière universelle. Ainsi, Messieurs et Mesdames, quoique tous vos conseils soient les meilleurs du monde, vous trouverez bon, s'il vous plaît, que je n'en suive aucun.[4] Voilà de mes donneurs de conseils à la mode.

SCÈNE II.

LUCINDE, SGANARELLE.

SGANARELLE.

Ah ! voilà ma fille qui prend l'air. Elle ne me voit pas ; elle soupire ; elle lève les yeux au ciel.[5] Dieu vous gard[6] ! Bon jour, ma mie. Hé bien ! qu'est-ce ? Comme vous en va ? Hé ! quoi ? toujours triste et mélancolique comme cela, et tu ne veux pas me dire ce que tu as.

---

1. « On n'a pas remarqué, dit Bazin, p. 133-134, que, dans la première scène, il (Molière) avait jeté un trait plaisant sur la profession de son père. « Vous êtes orfèvre, Monsieur Josse, » mot devenu proverbial, n'était que la moitié de la leçon comique adressée aux donneurs d'avis ; l'autre regardait M. Guillaume, qui vend des tapisseries. »
2. De la voir femme d'un autre. (1734.)
3. A qui que ce soit. (Ms. Philidor.)
4. Seul. (1734.) — 5. A Lucinde. (Ibidem.)
6. Pour la forme gard, conservée dans cette antique salutation, voyez d'autres exemples, de Molière et de la Fontaine, dans le Dictionnaire de M. Littré, à l'article GARDER, 11°, fin : « Gard ou gart est le subjonctif de garder dans l'ancien français ; il n'y a point d'e supprimé. »

ACTE I, SCÈNE II. 307

Allons donc, découvre-moi[1] ton petit cœur. Là, ma pauvre mie, dis, dis ; dis tes petites pensées à ton petit papa mignon. Courage! Veux-tu que je te baise ? Viens. [2] J'enrage de la voir de cette humeur-là. [3] Mais, dis-moi, me veux-tu faire mourir de déplaisir, et ne puis-je savoir d'où vient cette grande langueur ? Découvre-m'en la cause, et je te promets que je ferai toutes choses pour toi. Oui, tu n'as qu'à me dire le sujet de ta tristesse ; je t'assure ici, et te fais serment qu'il n'y a rien que je ne fasse pour te satisfaire : c'est tout dire. Est-ce que tu es jalouse de quelqu'une de tes compagnes que tu voies plus brave[4] que toi ? et seroit-il quelque étoffe nouvelle dont tu voulusses avoir un habit ? Non. Est-ce que ta chambre ne te semble pas assez parée, et que tu souhaiterois quelque cabinet[5] de la foire Saint-Laurent ? Ce n'est pas cela. Aurois-tu envie d'apprendre quelque chose ? et veux-tu que je te donne un maître pour te montrer à jouer du clavecin ? Nenni. Aimerois-tu quelqu'un, et souhaiterois-tu d'être mariée ?

(Lucinde lui fait signe que c'est cela[6].)

1. Allons, découvre-moi donc. (*Ms. Philidor.*)
2. *A part.* (1734.) — 3. *A Lucinde.* (*Ibidem.*)
4. Voyez ci-dessus, p. 304, note 5.
5. Sur ce meuble, quelquefois de très-grand luxe, qui pouvait contenir jusqu'à trente tiroirs, voyez ci-après, à la scène II de l'acte I du *Misanthrope*. — La foire Saint-Laurent se tenait, du 28 juin au 30 septembre, au faubourg Saint-Martin, entre Saint-Lazare et les Récollets, dans un enclos ceint de murs, qui appartenait aux prêtres de la Mission, établis depuis 1632 à Saint-Lazare. Ils avaient été autorisés à transporter dans cet enclos le marché Saint-Laurent, dans la possession duquel ils avaient été confirmés par des lettres obtenues en 1661. François Colletet fit paraître en 1666 une description burlesque de la foire Saint-Laurent : voyez *le Tracas de Paris* dans le recueil publié en 1859 par P. L. Jacob bibliophile, sous le titre de *Paris ridicule et burlesque au dix-septième siècle*, p. 199 et suivantes.
6. *Lucinde fait signe qu'oui.* (1734.)

SCÈNE III.

LISETTE, SGANARELLE, LUCINDE[1].

LISETTE.

Hé bien, Monsieur, vous venez d'entretenir votre fille. Avez-vous su la cause de sa mélancolie?

SGANARELLE.

Non. C'est une coquine qui me fait enrager.

LISETTE.

Monsieur, laissez-moi faire, je m'en vais la sonder un peu.

SGANARELLE.

Il n'est pas nécessaire; et puisqu'elle veut être de cette humeur, je suis d'avis qu'on l'y laisse.

LISETTE.

Laissez-moi faire, vous dis-je. Peut-être qu'elle se découvrira plus librement à moi qu'à vous. Quoi? Madame[2], vous ne nous direz point ce que vous avez, et vous voulez affliger ainsi tout le monde? Il me semble qu'on n'agit point comme vous faites, et que, si vous avez quelque répugnance à vous expliquer à un père, vous n'en devez avoir aucune à me découvrir votre cœur. Dites-moi, souhaitez-vous quelque chose de lui? Il nous a dit plus d'une fois qu'il n'épargneroit rien pour vous contenter. Est-ce qu'il ne vous donne pas toute la liberté que vous souhaiteriez, et les prome-

---

1. SGANARELLE, LUCINDE, LISETTE. (1734.)
2. Plus loin (acte III, scène VI), Clitandre dit de même *Madame* à Lucinde. N'est-ce pas un peu par l'habitude d'écrire les comédies en vers, où *Mademoiselle* entre malaisément, que s'est établi au théâtre cet emploi de *Madame?* Nous verrons le mot adressé à Armande et à Henriette dans *les Femmes savantes*: voyez, par exemple, les scènes IV et V de l'acte IV.

ACTE I, SCÈNE III.

nades et les cadeaux¹ ne tenteroient-ils point votre âme ? Heu². Avez-vous reçu quelque déplaisir de quelqu'un ? Heu. N'auriez-vous point quelque secrète inclination, avec qui vous souhaiteriez que votre père vous mariât ? Ah! je vous entends. Voilà l'affaire. Que diable ? pourquoi tant de façons? Monsieur, le mystère est découvert ; et....

SGANARELLE, l'interrompant³.

Va, fille ingrate, je ne te veux plus parler, et je te laisse dans ton obstination.

LUCINDE.

Mon père, puisque vous voulez que je vous dise la chose....

SGANARELLE.

Oui, je perds toute l'amitié que j'avois pour toi.

LISETTE.

Monsieur, sa tristesse....

SGANARELLE.

C'est une coquine qui me veut faire mourir.

LUCINDE.

Mon père, je veux bien....

SGANARELLE.

Ce n'est pas la récompense⁴ de t'avoir élevée comme j'ai fait.

LISETTE.

Mais, Monsieur....

---

1. Il a déjà été dit (tome II, p. 104, note 5, et tome III, p. 219) qu'on appelait *cadeau* un repas offert dans une partie de campagne.

2. Hé? (1734; ici et à la ligne suivante.) Mais ce *Heu*, d'après la ponctuation des éditions anciennes, que nous reproduisons, semble avoir un sens dubitatif, bien approchant du sens négatif, et traduire le signe que fait Lucinde, à peu près comme, dans la scène précédente, l'ont traduit les *Non* et *Nenni* de Sganarelle. Le ton dont cette interjection est prononcée par Lisette doit lui faire signifier : « Il ne paraît pas. »

3. Cette indication est omise dans l'édition de 1734.

4. Ce n'est pas là la récompense. (1710, 18, 34.)

SGANARELLE.

Non, je suis contre elle dans une colère épouvantable.

LUCINDE.

Mais, mon père....

SGANARELLE.

Je n'ai plus aucune tendresse pour toi.

LISETTE.

Mais....

SGANARELLE.

C'est une friponne.

LUCINDE.

Mais....

SGANARELLE.

Une ingrate.

LISETTE.

Mais....

SGANARELLE.

Une coquine, qui ne me veut pas dire ce qu'elle a.

LISETTE.

C'est un mari qu'elle veut.

SGANARELLE, faisant semblant de ne pas entendre.

Je l'abandonne.

LISETTE.

Un mari.

SGANARELLE.

Je la déteste.

LISETTE.

Un mari.

SGANARELLE.

Et la renonce pour ma fille.

LISETTE.

Un mari.

SGANARELLE.

Non, ne m'en parlez point.

LISETTE.

Un mari.

SGANARELLE.

Ne m'en parlez point.

LISETTE.

Un mari.

SGANARELLE.

Ne m'en parlez point.

LISETTE.

Un mari, un mari, un mari.

SCÈNE IV.

LISETTE, LUCINDE[1].

LISETTE.

On dit bien vrai : qu'il n'y a point de pires sourds que ceux qui ne veulent point[2] entendre.

LUCINDE.

Hé bien! Lisette, j'avois tort de cacher mon déplaisir, et je n'avois qu'à parler pour avoir tout ce que je souhaitois de mon père! Tu le vois.

LISETTE.

Par ma foi! voilà un vilain homme; et je vous avoue que j'aurois un plaisir extrême à lui jouer quelque tour. Mais d'où vient donc, Madame, que jusqu'ici vous m'avez caché votre mal?

LUCINDE.

Hélas! de quoi m'auroit servi de te le découvrir plus tôt? et n'aurois-je pas autant gagné à le tenir caché toute ma vie? Crois-tu que je n'aie pas bien prévu tout

---

1. LUCINDE, LISETTE. (1734.)
2. Qui ne veulent pas. (1682, 1734.)

ce que tu vois maintenant, que je ne susse pas à fond tous les sentiments de mon père, et que le refus qu'il a fait porter à celui qui m'a demandée par un ami, n'ait pas étouffé dans mon âme toute sorte d'espoir ?

LISETTE.

Quoi ? c'est cet inconnu qui vous a fait demander, pour qui vous....

LUCINDE.

Peut-être n'est-il pas honnête à une fille de s'expliquer si librement[1] ; mais enfin je t'avoue que, s'il m'étoit permis de vouloir quelque chose, ce seroit lui que je voudrois. Nous n'avons eu ensemble aucune conversation, et sa bouche ne m'a point déclaré la passion qu'il a pour moi ; mais, dans tous les lieux où il m'a pu voir, ses regards et ses actions m'ont toujours parlé si tendrement, et la demande qu'il a fait faire de moi m'a paru d'un si honnête homme, que mon cœur n'a pu s'empêcher d'être sensible à ses ardeurs ; et cependant tu vois où la dureté de mon père réduit toute cette tendresse.

LISETTE.

Allez, laissez-moi faire. Quelque sujet que j'aie de me plaindre de vous du secret[2] que vous m'avez fait, je ne veux pas laisser de servir votre amour ; et pourvu que vous ayez assez de résolution....

LUCINDE.

Mais que veux-tu que je fasse contre l'autorité d'un père ? Et s'il est inexorable à mes vœux....

---

1. Isabelle, dans *l'École des maris* (acte II, scène IV, vers 757 et 758), dit à peu près de même :

> Je sais qu'il est honteux
> Aux filles d'exprimer si librement leurs vœux.

(*Note d'Auger.*)

2. Quoiqu'on ne rencontre pas beaucoup d'exemples de ce double *de* après le verbe *se plaindre*, le tour est vif et n'a rien d'obscur.

ACTE I, SCÈNE IV.

LISETTE.

Allez, allez, il ne faut pas se laisser mener comme un oison ; et pourvu que l'honneur n'y soit pas offensé, on peut se libérer[1] un peu de la tyrannie d'un père. Que prétend-il que vous fassiez ? N'êtes-vous pas en âge d'être mariée ? et croit-il que vous soyez de marbre ? Allez, encore un coup, je veux servir votre passion ; je prends, dès à présent, sur moi tout le soin de ses intérêts, et vous verrez que je sais des détours.... Mais je vois votre père. Rentrons, et me laissez agir.

SCÈNE V.

SGANARELLE[2].

Il est bon quelquefois de ne point faire semblant d'entendre les choses qu'on n'entend que trop bien ; et j'ai fait sagement de parer la déclaration d'un desir que je ne suis pas résolu de contenter. A-t-on jamais rien vu de plus tyrannique que cette coutume où l'on veut assujettir les pères ? rien de plus impertinent et de plus ridicule que d'amasser du bien avec de grands travaux, et élever une fille avec beaucoup de soin et de tendresse, pour se dépouiller de l'un et de l'autre entre les mains d'un homme qui ne nous touche de rien ? Non, non : je me moque de cet usage, et je veux garder mon bien et ma fille pour moi.

1. On se peut libérer. (1682, 1734.)
2. SGANARELLE, *seul*. (1734.)

SCÈNE VI.

LISETTE, SGANARELLE.

LISETTE[1].

Ah, malheur! Ah, disgrâce! Ah, pauvre Seigneur Sganarelle! où pourrai-je te rencontrer?

SGANARELLE[2].

Que dit-elle là?

LISETTE[3].

Ah, misérable père! que feras-tu, quand tu sauras cette nouvelle?

SGANARELLE[4].

Que sera-ce?

LISETTE.

Ma pauvre maîtresse!

SGANARELLE[5].

Je suis perdu.

LISETTE.

Ah!

SGANARELLE[6].

Lisette.

LISETTE.

Quelle infortune!

SGANARELLE.

Lisette.

---

1. LISETTE, *faisant semblant de ne pas voir Sganarelle.* (1682.) — SGANARELLE, LISETTE. LISETTE, *courant sur le théâtre et feignant de ne pas voir Sganarelle.* (1734.) — Scapin fait le même jeu au commencement de la scène VII de l'acte II des *Fourberies.*
2. SGANARELLE, *à part.* (1734.)
3. LISETTE, *courant toujours.* (*Ibidem.*)
4. SGANARELLE, *à part.* (*Ibidem.*)
5. SGANARELLE, *à part.* (*Ibidem.*)
6. SGANARELLE, *courant après Lisette.* (*Ibidem.*)

ACTE I, SCÈNE VI.

LISETTE.

Quel accident !

SGANARELLE.

Lisette.

LISETTE.

Quelle fatalité !

SGANARELLE.

Lisette.

LISETTE [1].

Ah, Monsieur !

SGANARELLE.

Qu'est-ce ?

LISETTE.

Monsieur.

SGANARELLE.

Qu'y a-t-il ?

LISETTE.

Votre fille.

SGANARELLE.

Ah, ah !

LISETTE.

Monsieur, ne pleurez donc point comme cela ; car vous me feriez rire.

SGANARELLE.

Dis donc vite.

LISETTE.

Votre fille, toute saisie des paroles que vous lui avez dites, et de la colère effroyable où elle vous a vu contre elle, est montée vite dans sa chambre, et pleine de désespoir, a ouvert la fenêtre qui regarde sur la rivière.

SGANARELLE.

Hé bien ?

---

1. LISETTE, *s'arrêtant.* (1734.)

LISETTE.

Alors, levant les yeux au ciel : « Non, a-t-elle dit, il m'est impossible de vivre avec le courroux de mon père, et puisqu'il me renonce pour sa fille, je veux mourir. »

SGANARELLE.

Elle s'est jetée[1].

LISETTE.

Non, Monsieur : elle a fermé tout doucement la fenêtre, et s'est allée mettre sur son lit[2]. Là elle s'est prise à pleurer amèrement ; et tout d'un coup son visage a pâli, ses yeux se sont tournés, le cœur lui a manqué, et elle m'est demeurée entre les bras[3].

SGANARELLE.

Ah, ma fille !

LISETTE.

A force de la tourmenter[4], je l'ai fait revenir ; mais cela lui reprend de moment en moment, et je crois qu'elle ne passera pas la journée.

SGANARELLE.

Champagne, Champagne, Champagne, vite, qu'on m'aille quérir des médecins, et en quantité : on n'en peut trop avoir dans une pareille aventure. Ah, ma fille ! ma pauvre fille !

FIN DU PREMIER ACTE.

---

1. La phrase est ainsi affirmative, terminée par un simple point, dans l'édition originale et dans celle d'Amsterdam 1675. Les autres, françaises et étrangères, ont un point d'interrogation.
2. Sur le lit. (1682, 1734.)
3. Et elle est demeurée entre mes bras. (*Ibidem.*) — Lui a manqué, elle est demeurée entre mes bras. (1710, 18, 33.)
4. SGANARELLE. Ah! ma fille, elle est morte? LISETTE. Non, Monsieur : à force de la tourmenter. (1682, 1734.)

I. ENTR'ACTE.

Champagne, en dansant, frappe aux portes de quatre médecins, qui dansent, et entrent avec cérémonie chez le père de la malade[1].

---

1. L'édition de 1734 coupe ainsi en scènes la fin de l'acte:

SGANARELLE.

Champagne, Champagne, Champagne.

SCÈNE VII.
SGANARELLE, CHAMPAGNE, LISETTE.

SGANARELLE.

Vite, qu'on m'aille, etc.

SCÈNE VIII.
PREMIÈRE ENTRÉE.

CHAMPAGNE, *valet de Sganarelle, frappe, en dansant, aux portes de quatre médecins.*

SCÈNE IX.

Les quatre médecins dansent et entrent avec cérémonie chez Sganarelle.

FIN DU PREMIER ACTE. (1734.)

ACTE II.

SCÈNE PREMIÈRE.

SGANARELLE, LISETTE.

LISETTE.

Que voulez-vous donc faire, Monsieur, de quatre médecins ? N'est-ce pas assez d'un pour tuer une personne ?

SGANARELLE.

Taisez-vous. Quatre conseils valent mieux qu'un.

LISETTE.

Est-ce que votre fille ne peut pas bien mourir sans le secours de ces Messieurs-là ?

SGANARELLE.

Est-ce que les médecins font mourir ?

LISETTE.

Sans doute ; et j'ai connu un homme qui prouvoit, par bonnes raisons, qu'il ne faut jamais dire : « Une telle personne est morte d'une fièvre et d'une fluxion sur la poitrine ; » mais : « Elle est morte de quatre médecins et de deux apothicaires [1]. »

SGANARELLE.

Chut. N'offensez pas ces Messieurs-là.

---

[1]. Auger rapproche de cette plaisanterie de Lisette une épitaphe citée par Pline (livre XXIX, chapitre v), où le mort dit qu'il a succombé sous le nombre de ses médecins, *turba se medicorum periisse*, et ce passage de Montaigne (livre II, chapitre xxxvii, tome III, p. 154, de l'édition citée p. 276) : « Adrian l'empereur crioit sans cesse en mourant « que la presse des médecins l'avoit « tué. » D'après Dion Cassius (Abrégé de Xiphilin, livre LXIX, fin du § 22), c'était un proverbe que répétait ainsi Adrien.

LISETTE.

Ma foi! Monsieur, notre chat est réchappé depuis peu d'un saut qu'il fit du haut de la maison dans la rue ; et il fut trois jours sans manger, et sans pouvoir remuer ni pied ni patte ; mais il est bien heureux de ce qu'il n'y a point de chats médecins, car ses affaires étoient faites, et ils n'auroient pas manqué de le purger et de le saigner.

SGANARELLE.

Voulez-vous vous taire ? vous dis-je. Mais voyez quelle impertinence! Les voici.

LISETTE.

Prenez garde, vous allez être bien édifié : ils vous diront en latin que votre fille est malade.

SCÈNE II.

MESSIEURS TOMÈS, DES FONANDRÈS, MACROTON ET BAHYS, médecins, SGANARELLE, LISETTE[1].

SGANARELLE.

Hé bien! Messieurs.

M. TOMÈS.

Nous avons vu suffisamment la malade, et sans doute qu'il y a beaucoup d'impuretés en elle.

SGANARELLE.

Ma fille est impure ?

M. TOMÈS.

Je veux dire qu'il y a beaucoup d'impureté[2] dans son corps, quantité d'humeurs corrompues.

---

1. Mrs TOMÈS, DES FONANDRÈS, MACROTON, BAHYS, SGANARELLE, LISETTE. (1734.)

2. D'impuretés. (*Ms. Philidor.*)

SGANARELLE.

Ah ! je vous entends.

M. TOMÈS.

Mais.... Nous allons consulter ensemble.

SGANARELLE.

Allons, faites donner des siéges.

LISETTE[1].

Ah ! Monsieur, vous en êtes ?

SGANARELLE[2].

De quoi donc connoissez-vous Monsieur[3] ?

LISETTE.

De l'avoir vu l'autre jour chez la bonne amie de Madame votre nièce.

M. TOMÈS.

Comment se porte son cocher ?

LISETTE.

Fort bien : il est mort.

M. TOMÈS.

Mort !

LISETTE.

Oui.

M. TOMÈS.

Cela ne se peut.

LISETTE.

Je ne sais si cela se peut ; mais je sais bien que cela est.

M. TOMÈS.

Il ne peut pas être mort, vous dis-je.

LISETTE.

Et moi je vous dis qu'il est mort et enterré.

M. TOMÈS.

Vous vous trompez.

---

1. LISETTE, *à M. Tomès.* (1734.) — 2. SGANARELLE, *à Lisette.* (*Ibidem.*)
3. On diroit aujourd'hui : « D'où connoissez-vous...? »

ACTE II, SCÈNE II.

LISETTE.

Je l'ai vu.

M. TOMÈS.

Cela est impossible. Hippocrate dit que ces sortes de maladies ne se terminent qu'au quatorze, ou au vingt-un ; et il n'y a que six jours qu'il est tombé malade.

LISETTE.

Hippocrate dira ce qu'il lui plaira ; mais le cocher est mort.

SGANARELLE.

Paix ! discoureuse ; allons, sortons d'ici. Messieurs, je vous supplie de consulter de la bonne manière. Quoique ce ne soit pas la coutume de payer auparavant, toutefois, de peur que je l'oublie[1], et afin que ce soit une affaire faite, voici....

(Il les paye, et chacun, en recevant l'argent, fait un geste différent[2].)

SCÈNE III.

MESSIEURS DES FONANDRÈS, TOMÈS,
MACROTON ET BAHYS[3].

(Ils s'asseyent et toussent[4].)

M. DES FONANDRÈS.

Paris est étrangement grand, et il faut faire de longs trajets quand la pratique donne un peu.

M. TOMÈS.

Il faut avouer que j'ai une mule admirable pour cela,

1. De peur que je ne l'oublie. (1674, 82, 1734.)
2. *Il leur donne de l'argent, et chacun, en le recevant, fait un geste différent.* (1734.)
3. MACROTON, BAHYS. (*Ibidem.*) — Pour cette scène, voyez la *Notice*, p. 284.
4. Pour s'éclaircir la voix avant la délibération qu'ils font gravement mine d'ouvrir : ils voient ou supposent que Sganarelle les regarde encore.

et qu'on a peine à croire le chemin que je lui fais faire tous les jours.

M. DES FONANDRÈS.

J'ai un cheval merveilleux, et c'est un animal infatigable¹.

M. TOMÈS.

Savez-vous le chemin que ma mule a fait aujourd'hui ? J'ai été premièrement tout contre l'Arsenal ; de l'Arsenal, au bout du faubourg Saint-Germain ; du faubourg Saint-Germain, au fond du Marais ; du fond du Marais, à la porte Saint-Honoré² ; de la porte Saint-Honoré, au faubourg Saint-Jacques ; du faubourg Saint-Jacques, à la porte de Richelieu³ ; de la porte de Richelieu, ici ; et d'ici, je dois⁴ aller encore à la place Royale.

1. « Nos docteurs, dit M. Maurice Raynaud[a], p. 79 et 80, ... parcouraient Paris, promenant gravement sur leurs mules leurs grandes perruques et leurs barbes majestueuses. Monter une mule, cela donnait un air un peu épiscopal[b]. Lorsque Guenaud, homme de mode et novateur en toute chose, osa prendre le parti d'aller à cheval, cela fit presque un scandale.... On connaît le vers de Boileau :

Guenaud sur son cheval en passant m'éclabousse[c].

Aussi, dans la fameuse consultation de l'Amour médecin, la conversation s'engage-t-elle d'abord sur ce sujet délicat.... Cette question de préséance entre le cheval et la mule, c'est la lutte entre le passé et le présent, entre la vieille et la jeune école. »

2. La nouvelle porte Saint-Honoré avait été bâtie sous Louis XIII, une trentaine d'années auparavant, entre les rues actuelles Saint-Honoré et du Faubourg ; elle fut démolie moins d'un siècle après, en 1733.

3. Cette porte, dit Auger, « fut bâtie, vers 1633, par Barbier, intendant des finances, au bout de la rue Richelieu, » vers la rue Saint-Marc. Elle subsista moins longtemps que la porte Saint-Honoré ; elle fut jetée bas dès 1701.

4. Ici ; d'ici je dois. (1734.)

[a] Dans son ouvrage déjà plusieurs fois cité, particulièrement ci-dessus, à la Notice, p. 267, note 3.

[b] « Si les médecins n'avoient des soutanes et des mules, a dit Pascal,... jamais ils n'auroient dupé le monde : » voyez les Pensées, p. 34 et 35 de l'édition de M. Havet ; il nous semble bien probable que Pascal voulait parler, non de la chaussure, mais de la monture des médecins de son temps.

[c] Satire VI (de 1660, 1661, publiée en 1666), vers 68. Guenaud, dit une note de Boileau même, « étoit le plus célèbre médecin de Paris et qui alloit toujours à cheval. »

M. DES FONANDRÈS.

Mon cheval a fait tout cela aujourd'hui ; et de plus, j'ai été à Ruel[1] voir un malade.

M. TOMÈS.

Mais à propos, quel parti prenez-vous dans la querelle des deux médecins Théophraste et Artémius ? car c'est une affaire qui partage tout notre corps.

M. DES FONANDRÈS.

Moi, je suis pour Artémius.

M. TOMÈS.

Et moi aussi. Ce n'est pas que son avis, comme on a vu, n'ait tué le malade, et que celui de Théophraste ne fût beaucoup meilleur assurément ; mais enfin il a tort dans les circonstances, et il ne devoit pas être d'un autre avis que son ancien[2]. Qu'en dites-vous ?

M. DES FONANDRÈS.

Sans doute. Il faut toujours garder les formalités, quoi qu'il puisse arriver.

M. TOMÈS.

Pour moi, j'y suis sévère en diable, à moins que ce soit[3] entre amis ; et l'on nous assembla un jour, trois de nous autres, avec un médecin de dehors[4], pour une

---

1. Ruel ou Rueil était alors un village très-habité, très-fréquenté, très-célèbre. Il est situé sur la route de Saint-Germain, où la cour faisait sa résidence ordinaire ;... le cardinal de Richelieu y avait eu longtemps une maison de campagne. (*Note d'Auger.*) — Ruel est à trois lieues (13 à 14 kilomètres) de Paris.

2. La plaisanterie paraît un peu forte ; elle se retrouve dans la Cérémonie du *Malade imaginaire*. *Juras*, dit le *Præses* au *Bachelierus*, *Essere in omnibus Consultationibus Ancieni aviso, Aut bono Aut mauvaiso ?*

3. A moins que ce ne soit. (1734.)

4. « Un médecin de dehors, que pouvait-ce être, sinon un docteur de Montpellier ou quelque empirique de province ? » dit M. Raynaud (p. 83), et il s'étonne que M. Tomès ait consenti à consulter avec lui. « Là-dessus les règlements étaient formels : *Nemo cum empiricis, aut a collegio medicorum parisiensium non probatis, medica consilia ineat.* » Voyez encore M. Raynaud, p. 276. Il ne nous paraît pas que, par ces mots : « un médecin de dehors, » on puisse entendre « un médecin indépendant, qui n'était point des nôtres, de nos amis, tous aveuglément soumis à la Faculté. » Mais l'expression : *j'arrêtai toute*

consultation, où j'arrêtai toute l'affaire, et ne voulus point endurer[1] qu'on opinât, si les choses n'alloient dans l'ordre. Les gens de la maison faisoient ce qu'ils pouvoient[2] et la maladie pressoit ; mais je n'en voulus point démordre, et la malade mourut bravement pendant cette contestation.

M. DES FONANDRÈS.

C'est fort bien fait d'apprendre aux gens à vivre, et de leur montrer leur bec jaune [3].

M. TOMÈS.

Un homme mort n'est qu'un homme mort, et ne fait point de conséquence ; mais une formalité négligée porte un notable préjudice à tout le corps des médecins.

SCÈNE IV.

SGANARELLE, MESSIEURS TOMÈS, DES FONANDRÈS, MACROTON ET BAHYS [4].

SGANARELLE.

Messieurs, l'oppression de ma fille augmente ; je vous prie de me dire vite ce que vous avez résolu.

M. TOMÈS [5].

Allons, Monsieur.

M. DES FONANDRÈS.

Non, Monsieur, parlez, s'il vous plaît.

l'affaire, ne peut-elle pas donner à entendre que Tomès a, non pas consenti, mais, plus sévère observateur de la règle que ses deux confrères parisiens, refusé absolument d'entrer en consultation avec l'étranger ?

1. Permettre. (*Ms. Philidor.*)
2. Pour presser les consultants, comme fait Sganarelle à la scène suivante.
3. Leur béjaune. (1734.) — Voyez, sur cette locution proverbiale, ci-dessus, p. 129, note 1.
4. MACROTON, BAHYS. (1734.)
5. M. Tomès, *à M. des Fonandrès*. (*Ibidem.*)

M. TOMÈS.

Vous vous moquez.

M. DES FONANDRÈS.

Je ne parlerai pas le premier.

M. TOMÈS.

Monsieur.

M. DES FONANDRÈS.

Monsieur[1].

SGANARELLE.

Hé! de grâce, Messieurs, laissez toutes ces cérémonies, et songez que les choses pressent.

M. TOMÈS.

(Ils parlent tous quatre ensemble[2].)

La maladie de votre fille....

M. DES FONANDRÈS.

L'avis de tous ces Messieurs tous ensemble....

M. MACROTON.

Après avoir bien consulté....

M. BAHYS.

Pour raisonner....

SGANARELLE.

Hé! Messieurs, parlez l'un après l'autre, de grâce.

M. TOMÈS.

Monsieur, nous avons raisonné sur la maladie de votre fille, et mon avis, à moi, est que cela procède d'une grande chaleur de sang : ainsi je conclus à la saigner le plus tôt que vous pourrez.

---

1. D'après les statuts de la Faculté, cités par M. Raynaud (p. 82), c'était au plus ancien des consultants qu'il appartenait de faire connaître au malade ou aux siens la décision prise à la pluralité des voix ; mais le plus ancien pouvait toujours céder, par égard, son droit à un plus considérable.

2. *Ils parlent tous quatre à la fois.* (1734.) Cette indication, qui précède, dans l'édition de 1773, l'en-tête : M. TOMÈS, est renvoyée sept lignes plus bas dans l'édition de 1734, après ces mots : *Pour raisonner*....

M. DES FONANDRÈS.

Et moi, je dis que sa maladie est une pourriture d'humeurs[1], causée par une trop grande réplétion : ainsi je conclus à lui donner de l'émétique[2].

M. TOMÈS.

Je soutiens que l'émétique la tuera.

M. DES FONANDRÈS.

Et moi, que la saignée la fera mourir.

M. TOMÈS.

C'est bien à vous de faire l'habile homme.

M. DES FONANDRÈS.

Oui, c'est à moi ; et je vous prêterai le collet[3] en tout genre d'érudition.

M. TOMÈS.

Souvenez-vous de l'homme que vous fîtes crever ces jours passés.

M. DES FONANDRÈS.

Souvenez-vous de la dame que vous avez envoyée en l'autre monde, il y a trois jours.

M. TOMÈS[4].

Je vous ai dit mon avis.

M. DES FONANDRÈS[5].

Je vous ai dit ma pensée.

---

1. On se rendra bon compte d'un grand nombre d'expressions employées par Molière, dans les scènes où il a fait parler et disserter ses médecins, en lisant les pages très-intéressantes où M. Raynaud a résumé la doctrine de l'humorisme, incontestée alors, et les systèmes opposés de thérapeutique dont elle était la base : voyez ses *Médecins au temps de Molière*, p. 179-185 ; voyez encore, p. 366 et suivantes, l'exposé qu'il a fait, d'après les idées reçues, des causes des maladies et de l'art de la purgation ; et aussi, p. 400-402, l'utile rapprochement de plusieurs passages de Molière.

2. Voyez ci-dessus, p. 137, note 3. — Comme dans *Dom Juan* (p. 136, note 4), l'orthographe est *hémétique* jusqu'à 1733 exclusivement.

3. *Prêter le collet*, présenter le collet ou plutôt le cou, offrir de se colleter, offrir la lutte. Voyez les deux premiers exemples du seizième siècle cités par M. Littré à l'historique du mot COLLET.

4. M. TOMÈS, *à Sganarelle*. (1734.)

5. M. DES FONANDRÈS, *à Sganarelle*. (*Ibidem.*)

ACTE II, SCÈNE IV.   327

M. TOMÈS.

Si vous ne faites saigner tout à l'heure votre fille, c'est une personne morte.¹

M. DES FONANDRÈS.

Si vous la faites saigner, elle ne sera pas en vie dans un quart d'heure.²

SCÈNE V.

SGANARELLE, MESSIEURS MACROTON ET BAHYS, médecins³.

SGANARELLE.

A qui croire des deux? et quelle résolution prendre, sur des avis si opposés? Messieurs, je vous conjure de déterminer mon esprit, et de me dire, sans passion, ce que vous croyez le plus propre à soulager ma fille.

M. MACROTON. *Il parle en allongeant ses mots*⁴.

Mon-si-eur. dans. ces. ma-ti-è-res-là. il. faut. pro-

---

1. *Il sort.* (1682, 1734.)
2. *Il sort.* (*Ibidem.*) — Le Roi avait certainement remarqué, au début même du *Journal* de sa santé rédigé par son ordre, le récit d'une scène assez semblable que d'illustres médecins donnèrent à la cour pendant une des maladies de son enfance. Valot, premier médecin depuis 1652, commençant ce *Journal*ᵃ et remontant d'abord à 1647, année où le Roi fut atteint de la petite vérole, rapporte que, pour ce cas très-grave, lui, Guenaud et deux autres furent appelés par Vautier, le premier médecin d'alors. « Il y eut des consultations fort orageuses, dit M. Raynaud (p. 146 et 147) d'après le *Journal* (p. 4 de l'imprimé). Une saignée conseillée par.... Valot donna lieu à de vives récriminations, ce qui n'empêcha pas le premier médecin de la faire pratiquer immédiatement, « quoique ceux qui n'étoient pas de cet avis fissent grand bruit « en se retirant de la chambre du Roi, et protestassent devant la Reine que « ce remède étoit dangereux et contre les règles de la médecine. »
3. SGANARELLE, MESSIEURS MACROTON, BAHYS. (1734.)
4. Cette indication est omise dans l'édition de 1734.

ᵃ Le *Journal de la santé du Roi*, continué par d'Aquin (1671) et par Fagon (1693), est à la Bibliothèque nationale; il a été intégralement publié, en 1862, par M. le Roi.

cé-der. a-vec-que. cir-con-spec-tion. et. ne. ri-en. fai-re. com-me. on. dit. à. la. vo-lé-e. d'au-tant. que. les. fau-tes. qu'on. y. peut. fai-re. sont. se-lon. no-tre. maî-tre. Hip-po-cra-te. d'u-ne. dan-ge-reu-se. con-sé-quen-ce.

M. BAHYS. *Celui-ci parle toujours en bredouillant*[1].

Il est vrai, il faut bien prendre garde à ce qu'on fait; car ce ne sont pas ici des jeux d'enfant, et quand on a failli, il n'est pas aisé de réparer le manquement, et de rétablir ce qu'on a gâté : *experimentum periculosum*[2]. C'est pourquoi il s'agit de raisonner auparavant comme il faut, de peser mûrement les choses, de regarder le tempérament des gens, d'examiner les causes de la maladie, et de voir les remèdes qu'on y doit apporter.

SGANARELLE[3].

L'un va en tortue, et l'autre court la poste.

M. MACROTON.

Or. Mon-si-eur. pour. ve-nir. au. fait. je. trou-ve. que. vo-tre. fil-le. a. u-ne. ma-la-di-e. chro-ni-que. et. qu'el-le. peut. pé-ri-cli-ter. si. on. ne. lui. don-ne. du. se-cours. d'au-tant. que. les. sym-ptô-mes. qu'el-le. a. sont. in-di-ca-tifs. d'u-ne. va-peur. fu-li-gi-neu-se[4]. et. mor-di-can-te. qui. lui. pi-co-te. les. mem-bra-nes. du. cer-veau. Or. cet-te. va-peur. que. nous. nom-mons. en. grec. *at-mos*. est. cau-sé-e. par. des. hu-meurs. pu-

---

1. M. BAHYS, *bredouillant*. (1734.)
2. Voyez, tome I, p. 65, à la scène VIII du *Médecin volant*, où le premier des aphorismes d'Hippocrate, auquel M. Macroton et M. Bahys font ici allusion, est cité plus au long par l'Avocat.
3. SGANARELLE, *à part*. (1734.)
4. De la nature ou de la couleur de la suie. Le Premier médecin de *Monsieur de Pourceaugnac* (acte I, scène VIII) fait également procéder la mélancolie hypochondriaque dont son malade est attaqué « du vice de quelque partie du bas ventre..., mais particulièrement de la rate, dont la chaleur et l'inflammation porte au cerveau.... beaucoup de fuligines épaisses et crasses, dont la vapeur noire et maligne cause dépravation aux fonctions de la faculté princesse. »

tri-des. te-na-ces. et. con-glu-ti-neu-ses¹. qui. sont. con-te-nues. dans. le. bas. ven-tre.

M. BAHYS.

Et comme ces humeurs ont été là engendrées par une longue succession de temps, elles s'y sont recuites et ont acquis cette malignité qui fume vers la région du cerveau.

M. MACROTON.

Si. bi-en. donc. que. pour. ti-rer. dé-ta-cher. ar-ra-cher. ex-pul-ser. é-va-cu-er. les-di-tes. hu-meurs. il. fau-dra. u-ne. pur-ga-tion. vi-gou-reu-se. Mais. au. pré-a-la-ble. je. trou-ve. à. pro-pos. et. il. n'y. a. pas. d'in-con-vé-nient. d'u-ser. de. pe-tits. re-mè-des. a-no-dins. c'est.à.dire. de. pe-tits. la-ve-ments. ré-mol-li-ents. et. dé-ter-sifs. de. ju-lets². et. de. si-rops. ra-fraî-chis-sants. qu'on. mê-le-ra. dans. sa. pti-san-ne³.

M. BAHYS.

Après, nous en viendrons à la purgation, et à la saignée, que nous réitérerons, s'il en est besoin⁴.

---

1. Tenaces, conglutineuses. (1734.)
2. Furetière (1690), tout en écrivant *julep*, ainsi que l'Académie dès 1694, fait remarquer que « le peuple dit *jullet*. » L'Académie ne recommande de prononcer le *p* qu'à partir de la 5ᵉ édition (1798). De tous nos textes, celui de 1773 est le premier où le mot soit écrit *juleps*.
3. L'usage avait depuis bien longtemps adouci cette prononciation savante du mot : voyez le *Dictionnaire* et le *Supplément de M. Littré*. — Dans. sa. ti-san-ne. (1669, 74.) L'*n* est doublée dans ces deux éditions, ainsi que dans celle de 1666.
4. La saignée était réputée utile, dit M. Raynaud, p. 368, « non-seulement pour extraire une partie du sang, lorsqu'il existe en trop grande quantité, mais surtout pour enlever avec lui l'humeur peccante. » Sur l'étrange abus qui en était fait, la hardiesse, l'espèce d'enthousiasme avec lequel Gui Patin la réitérait ᵃ, voyez encore M. Raynaud, p. 182 et suivantes.

a « Vive la bonne méthode de Galien, écrit-il un jour, et le beau vers de Joachim de Bellay :

O bonne, ô sainte, ô divine saignée ! »

(Lettre du 26 décembre 1662, annonçant qu'il vient de sauver sa femme.) M. Despois, qui se proposait de citer ce passage, ajoutait : « C'est aussi fort que l'admiration de la comtesse d'Escarbagnas pour le vers : *Une personne de*

M. MACROTON.

Ce. n'est. pas. qu'a-vec. tout. ce-la. vo-tre. fil-le. ne. puis-se. mou-rir. mais. au. moins. vous. au-rez. fait. quel-que. cho-se. et. vous. au-rez. la. con-so-la-tion. qu'el-le. se-ra. mor-te. dans. les. for-mes[1].

M. BAHYS.

Il vaut mieux mourir selon les règles, que de réchapper contre les règles.

M. MACROTON.

Nous. vous. di-sons[2]. sin-cè-re-ment. no-tre. pen-sée.

M. BAHYS.

Et vous avons parlé[3] comme nous parlerions à notre propre frère.

SGANARELLE, à M. Macroton[4].

Je. vous. rends. très-hum-bles. grâ-ces. (A M. Bahys[5].) Et vous suis[6] infiniment obligé de la peine que vous avez prise.

1. Cette expression comique, *mourir dans les formes*, se trouve dans le *Médecin volant* de Boursault[a]... :

>.... C'est faire éclater des malices énormes
> Que vouloir refuser de mourir dans les formes.
>
> (*Note d'Auger.*)

2. Nous disons. (Une partie du tirage de 1734, mais non 1773.)
3. Et nous vous avons parlé. (*Ms. Philidor.*)
4. *A M. Macroton, en allongeant ses mots.* (1734.)
5. *A M. Bahys, en bredouillant.* (*Ibidem.*)
6. Je vous suis. (*Ms. Philidor.*)

qualité (scène v). Gui Patin, qui se félicite de voir ses confrères raillés dans *l'Amour médecin*, aurait bien pu prendre sa part de ces railleries. »

[a] Vers la fin de la scène vii : l'Achevé d'imprimer de cette comédie est du 14 janvier 1665 ; voyez tome I, p. 47 et 50.

SCÈNE VI.

SGANARELLE [1].

Me voilà justement un peu plus incertain que je n'étois auparavant [2]. Morbleu ! il me vient une fantaisie [3]. Il faut que j'aille acheter de l'orviétan [4], et que je lui en

1. SGANARELLE, *seul.* (1734.)
2. Il y a dans le *Phormion* de Térence, à la fin de l'acte II, une courte et jolie scène, une consultation inutile, que les deux scènes précédentes ont rappelée à la plupart des commentateurs. Démiphon, qui voudrait bien faire rompre le mariage de son fils, assemble un petit conseil de trois juristes ou vieux habitués des tribunaux; deux, après quelques façons, donnent leur avis; or l'un regarde l'acte comme radicalement nul, l'autre le tient pour absolument inattaquable; le troisième, pratiquant, ainsi que MM. Macroton et Bahys, la méthode expectante, ne se prononce pas et réclame une nouvelle délibération; Démiphon leur rend grâce à tous trois, et se dit (vers 459), comme Sganarelle : « Me voilà beaucoup plus incertain que je n'étais auparavant, »

   Incertior sum multo quam dudum.

3. Dans *le Mariage forcé*, Sganarelle consulte des savants et des bohémiennes, comme il consulte ici des médecins et un opérateur.... Dans les deux pièces, les consultations servent à amener des divertissements. (*Note d'Aimé-Martin.*)
4. Sorte de thériaque [a] apportée d'Orvieto, au commencement du dix-septième siècle, par un charlatan nommé Ieronimo Ferranti [b], qui l'annonça comme une panacée, un antidote universel, et en fit un grand débit sur le théâtre qu'il dressait aux environs du Palais et du Pont-Neuf. Autorisé, en 1647, par un privilége que lui valut sans doute l'approbation préalable d'une douzaine de médecins « affamés d'argent, » au nombre desquels Gui Patin [c] nomme Guenaud, des Fougerais et Mauvilain (l'ami de Molière, alors simple

[a] La formule compliquée s'en trouve dans la *Pharmacopée royale, galénique et chymique* de Moyse Charas (1753), tome Ier, p. 251 ; elle a été reproduite dans le *Dictionnaire de Larousse.*

[b] Voyez *le Livre commode des adresses de Paris* pour 1692, réimprimé et annoté par M. Éd. Fournier, tome Ier (1878), p. 169, et la note 2 de la page 106 de son édition du *Roman bourgeois* de Furetière ; un *Prospectus* de 1741, analysé par M. A. Bonnardot, p. 147, note 3, du *Paris ridicule et burlesque au dix-septième siècle*, qu'a édité le bibliophile P. L. Jacob, en 1859 ; un autre *Prospectus*, relatant le privilége de 1647, conservé à la Bibliothèque nationale ; enfin la note de M. Pauly à la page 31 de *l'Amour médecin*, tome IV, p. 322 et 323, de son édition de Molière.

[c] Lettre du 6 janvier 1654; ils furent, pour cet acte de complaisance intéressée, solennellement exclus de la Faculté, et n'y rentrèrent qu'après avoir fait amende honorable.

fasse prendre; l'orviétan est un remède dont beaucoup de gens se sont bien trouvés.

bachelier [a]), l'orviétan enrichit plusieurs générations dans la famille italienne qui l'exploitait; il se vendait encore au siècle dernier, en 1741, rue Dauphine, au bas du Pont-Neuf, à l'enseigne du *Soleil d'or*, chez un descendant de Ferranti. Au temps de *l'Amour médecin*, le secret en appartenait à un soi-disant médecin romain, qui, cette année-là même, le 9 juin 1665, dans l'acte de mariage de son compatriote Lucatelli (le *Trivelin* d'alors [b]), prenait les noms et qualités de « Christofle Contugi, dit l'Orviétan, opérateur du Roi [c]. » On voit que dans le public le nom du remède était devenu celui du vendeur; c'est un vrai nom de théâtre [d] et qui semble indiquer que celui qui le portait n'avait pas renoncé à monter sur les tréteaux et à distribuer ses boîtes en personne. Ne pourrait-on même supposer que cet Italien, ami de Trivelin, à demi comédien lui-même, trouva précisément dans ces représentations de *l'Amour médecin*, pour peu qu'il eût cultivé sa voix et fût dans les bonnes grâces de Lully, l'occasion de faire sa cour, de gagner ses titres insignes, d'inaugurer ses fonctions d'opérateur, d'antidotaire, d'officier du Roi? Mais peu importe; si nous connaissons mal la vie publique de Cristoforo Contugi, nous avons la description complète du spectacle qu'avait donné aux Parisiens, à partir de 1603, le premier Orviétan, Ieronimo Ferranti, dont le souvenir n'était pas encore effacé, et dont les ordonnateurs du ballet purent être tentés de faire revivre la figure. Un médecin normand, vrai docteur, Sonnet de Courval, qui avait curieusement observé ce type de l'empirique des rues, s'est chargé de le peindre dans sa *Satire contre les charlatans et pseudomédecins empiriques..., contre thériacleurs,... chimistes*, etc. (Paris, 1610 [e], p. 101 et suivantes); ce portrait donnera bien l'idée du personnage mis en scène par Molière et Lully. « Je vis, il y a sept ou huit ans, à Paris, un insigne et effronté charlatan qui s'appeloit *il signore Hieronymo*, lequel avoit fait ériger un théâtre en la cour du Palais, sur lequel étant monté en bonne conche (*en bel ajustement*) et superbe équipage, la grosse chaîne d'or au col, il déployoit les maîtresses voiles de son cajol, et décochoit les mieux empennées flèches qu'il eût en la trousse de ses artifices, pour louanger et élever, par mille mensonges,

[a] M. Raynaud, p. 429.
[b] Voyez ci-après, p. 335, note 1; un autre témoin de ce mariage fut Giaratoni, Jareton, le futur *Pierrot* du Théâtre-Italien.
[c] *Dictionnaire critique de Jal*, article LUCATELLI; mais voyez surtout l'article CONTUGI. Dans d'autres actes, ce Contugi s'intitule « antidotaire du Roi, » signant toujours « Christofle Contugi dit l'Orviétan; » dans son acte mortuaire, en 1681, il est « officier du Roi. »
[d] Plus d'un charlatan courant les provinces l'avait déjà usurpé :

J'ai bu la troupe, moi, d'un faux Orbiétan,
Adorée à Vordeaux, y demeurer un an,

dit le baron de Calazious, dans *le Poëte basque* de Poisson (1668, scène 11, tome I, p. 439 des *Contemporains de Molière*).
[e] Courval fit imprimer, en 1619, un très-court extrait, facile à répandre, de son assez gros livre, et l'intitula *les Tromperies des charlatans découvertes*; il y mit tout au long ce qui concernait Ieronimo.

SCÈNE VII.

L'OPÉRATEUR, SGANARELLE.

SGANARELLE.

Holà ! Monsieur, je vous prie[1] de me donner une boîte de votre orviétan, que je m'en vais vous payer.

L'OPÉRATEUR chantant[2].

L'or de tous les climats qu'entoure l'Océan

vantances et vaines ostentations, les vertus occultes et admirables propriétés de ses onguents, baumes, huiles, extractions, quintessences, distillations, calcinations et autres fantasques confections.... Et afin qu'il ne manquât rien à sa charlatanerie et qu'elle fût *omnibus partibus et numeris absoluta*, il avoit quatre excellents joueurs de violon qui avoient séance aux quatre coins de son théâtre, lesquels faisoient merveilles, assistés d'un insigne bouffon ou plaisant de l'Hôtel de Bourgogne nommé *Galinette la Galina*, qui, de sa part, faisoit mille singeries, tours de souplesse et bouffonneries, pour attirer et amuser le peuple, lequel s'approchoit, comme à la foule, de son théâtre, tant pour repaître ses yeux en la contemplation du bouffon, que pour contenter ses oreilles en la douce harmonie et harmonieuse douceur des instruments, sans qu'aucun autre dessein les y eût portés. Si est-ce néanmoins qu'ils se trouvoient tellement charmés par le cajol affecté et babil effronté dudit charlatan, qu'ils étoient contraints d'acheter de ses drogues, tant la curiosité et la persuasion avoient gaigné sur eux [a]. » C'est peut-être bien dans tout cet appareil d'un grand opérateur qu'on fit paraître l'Orviétan de l'intermède ; un rapide changement de théâtre put le montrer au haut d'une estrade, assisté de ses valets Scaramouches et Trivelins, et chantant, non pour le seul Sganarelle, mais à la foule assemblée ses deux pompeux couplets.

1. Se sont bien trouvés. Holà !
SCÈNE VII.
DEUXIÈME ENTRÉE.
SGANARELLE, UN OPÉRATEUR.
SGANARELLE.
Monsieur, je vous prie. (1734.)

2. L'OPÉRATEUR *chante*. (*Ibidem.*)

[a] M. V. Fournel, qui a écrit sur les *Opérateurs et charlatans* un des plus intéressants chapitres de son *Tableau du vieux Paris*, rapporte de celui-ci bien d'autres prouesses, également attestées par Courval, mais inutiles à redire ici ; il n'a pas hésité à reconnaître dans le *signor Hieronymo* de Courval le Ieronimo Ferranti qui passe pour l'inventeur ou importateur chez nous de l'orviétan, et, en effet, l'identité ne paraît pas douteuse.

Peut-il jamais payer ce secret d'importance?
Mon remède guérit, par sa rare excellence,
Plus de maux qu'on n'en peut nombrer dans tout un an:

> *La gale,*
> *La rogne,*
> *La tigne* [1],
> *La fièvre,*
> *La peste,*
> *La goutte,*
> *Vérole* [2],
> *Descente,*
> *Rougeole.*
> *O grande puissance de l'orviétan* [3] *!*

SGANARELLE.

Monsieur, je crois que tout l'or du monde n'est pas capable de payer votre remède ; mais pourtant voici une pièce de trente sols que vous prendrez, s'il vous plaît.

L'OPÉRATEUR *chantant* [4].

Admirez mes bontés, et le peu qu'on vous vend
Ce trésor merveilleux que ma main vous dispense.

---

1. La teigne. (1734; ici et plus bas.)

2. On disait au dix-septième siècle *la vérole* ou *la petite vérole* dans le même sens. Voyez les *Dictionnaires* de Nicot (1606), de Furetière (1690), et celui de l'Académie de 1694. (Note des *Lettres de Mme de Sévigné*, tome IX, p. 238 : voyez là même un passage de la lettre du 2 octobre 1689.) — La même énumération se trouve à peu près à la page, déjà citée plus haut (p. 331, note a), de la *Pharmacopée* : « L'orviétan ainsi préparé sera excellent contre toute sorte de poisons, contre la peste, la petite vérole, la rougeole, et toutes sortes de maladies épidémiques. »

3. Ici et plus bas, cette dernière ligne est, comme l'on dit, bissée dans le chant. — Les éditeurs de 1734 et de 1773 l'ont, ainsi qu'Auger, et avec raison, ce semble, coupée en deux vers, rappelant les premières rimes des couplets :

> O grande puissance
> De l'orviétan [a] !

4. L'OPÉRATEUR *chante*. (1734.)

[a] M. Littré divise ce mot en quatre syllabes.

Vous pouvez avec lui braver en assurance
Tous les maux que sur nous l'ire du Ciel répand :

   La gale,
   La rogne,
   La tigne,
   La fièvre,
   La peste,
   La goutte,
   Vérole,
   Descente,
   Rougeole.

O grande puissance de l'orviétan !

FIN DU DEUXIÈME ACTE.

II. ENTR'ACTE.

Plusieurs Trivelins et plusieurs Scaramouches, valets de l'Opérateur, se réjouissent en dansant[1].

---

1. L'édition de 1734 coupe ainsi la fin de l'acte :

  O grande puissance
  De l'orviétan !

   SCÈNE VIII.

Plusieurs trivelins, etc.

  FIN DU SECOND ACTE. (1734.)

— Voyez sur ces personnages de la comédie italienne, qui figuraient souvent dans les parades des opérateurs, les *Masques et Bouffons* de M. Maurice Sand. « *Trivelino,* dit-il (tome I, p. 113 et suivantes), est, sous un nom et un costume différents, le même type qu'Arlequin, avant que Dominique lui eût donné cette nuance de finesse que ses successeurs lui conservèrent depuis.... En 1653, Domenico Locatelli (Trivelin[a]) jouait sur la scène de la Comédie-Italienne à Paris, quand Dominique Biancolelli débuta sous le nom d'*Arlechino.* Ils furent valets tous les deux et eurent à peu près les mêmes caractères et les mêmes rôles. » Quant au costume de bouffon, de ce *zanni,* il se distingue de celui d'Arlequin, en ce qu' « au lieu de losanges rangés avec symétrie, ce sont des triangles sur les coutures seulement, et des soleils et des lunes

---

[a] Domenico Lucatelli (c'est là son vrai nom) mourut à Paris en avril 1671 : voyez le *Dictionnaire de Jal.*

ACTE III.

SCÈNE PREMIÈRE.

MESSIEURS FILERIN, TOMÈS ET DES FONANDRÈS [1].

M. FILERIN.

N'avez-vous point de honte, Messieurs, de montrer si peu de prudence, pour des gens de votre âge, et de vous être querellés comme de jeunes étourdis? Ne voyez-vous pas bien quel tort ces sortes de querelles nous font parmi le monde? et n'est-ce pas assez que

---

semés çà et là sur l'étoffe. Il porte aussi le chapeau mou avec la queue de lièvre, mais il ne se permet pas de porter la batte. » La gravure, que M. Sand date de 1645, le montre avec une guitare; voyez encore, p. 353, d'autres détails. — « Scaramouche, dit ailleurs M. Sand (tome II, p. 257 et 258), est fils ou petit-fils du Matamore, car son nom, qui veut dire *petit batailleur*, et son type primitif et originaire de Naples, le rangeraient dans la catégorie des Capitans, si, en France, avec Tiberio Fiurelli [a], ce personnage » n'avait eu bien des emplois divers. « Le costume de Scaramouche n'a jamais varié quant à la couleur; il a toujours été noir de la tête aux pieds...[b]. Dans ses *Petits danseurs*, Callot représente le *Scaramuccia* de la troupe des *Fedeli*.... masqué et l'épée à la main.... Tiberio Fiurelli.... laissa le masque de côté, s'enfarina le visage : » voyez la gravure de M. Sand, également datée de 1645, et la description donnée aux pages 371 et 372. Mais on put, pour ce ballet, choisir un autre costume que celui que s'était composé Fiorilli, ou même faire paraître ensemble des Scaramouches de diverses époques.

1. MESSIEURS FILLERIN, TOMÈS, DES FONANDRÈS. (1734.)

[a] On voit dans le *Dictionnaire de Jal* que le nom exact de ce Scaramouche d'alors et le plus célèbre de tous, était T. Fiorilli; il mourut, fort vieux, à Paris, en décembre 1694.

[b] « Il fait noir comme dans un four, le ciel s'est habillé ce soir en Scaramouche, » dit Hali, au début du *Sicilien*.

les savants voient les contrariétés[1] et les dissensions qui sont entre nos auteurs et nos anciens maîtres, sans découvrir encore au peuple, par nos débats et nos querelles, la forfanterie de notre art[2]? Pour moi, je ne comprends rien du tout à cette méchante politique de quelques-uns de nos gens; et il faut confesser que toutes ces contestations nous ont décriés, depuis peu, d'une étrange manière[3], et que, si nous n'y prenons garde, nous allons nous ruiner nous-mêmes. Je n'en parle pas pour mon intérêt; car, Dieu merci, j'ai déjà établi mes petites affaires. Qu'il vente, qu'il pleuve, qu'il grêle, ceux qui sont morts sont morts, et j'ai de quoi me passer des vivants; mais enfin toutes ces disputes ne valent rien pour la médecine. Puisque le Ciel nous fait la grâce que, depuis tant de siècles, on demeure infatué de nous[4], ne désabusons point les hommes avec nos cabales extravagantes, et profitons de leur

1. Toutes les contrariétés. (*Ms. Philidor.*)
2. Molière devait avoir une certaine prédilection pour le chapitre XXXVII du livre II de Montaigne; il en a emprunté presque littéralement plusieurs passages pour les mettre dans la bouche de M. Filerin. Nous en ferons le rapprochement à l'exemple d'Auger, qui indique ici ce premier passage des *Essais* (tome III, p. 159): « Quand ils sont beaucoup (*les médecins*), ils décrient à tous les coups le métier.... Ils se devoient contenter du perpétuel désaccord qui se treuve ès opinions des principaux maîtres et auteurs anciens de cette science, lequel n'est cognu que des hommes versés aux livres, sans faire voir encore au peuple les controverses et inconstances de jugement qu'ils nourrissent et continuent entre eux. »
3. Allusion sans doute aux violents démêlés dont la circulation du sang, l'emploi de la saignée ou de l'antimoine avaient été l'objet au sein de la Faculté de Paris, et à la lutte soutenue par elle contre les médecins du dehors, particulièrement contre les docteurs de la Faculté de Montpellier: voyez cette histoire, alors encore récente ou tout actuelle, dans les deux chapitres (IV et V) auxquels M. Raynaud a donné les titres généraux de *Guerre civile* et de *Guerre étrangère*.
4. Auger rappelle que le *Præses* du *Malade imaginaire* se sert de la même expression:

.... *Grandes et petiti*
Sunt de nobis infatuti.

sottise[1] le plus doucement que nous pourrons. Nous ne sommes pas les seuls, comme vous savez, qui tâchons à nous prévaloir de la foiblesse humaine. C'est là que va l'étude de la plupart du monde, et chacun s'efforce de prendre les hommes par leur foible, pour en tirer quelque profit[2]. Les flatteurs, par exemple, cherchent à profiter de l'amour que les hommes ont pour les louanges, en leur donnant tout le vain encens qu'ils souhaitent; et c'est un art où l'on fait, comme on voit, des fortunes considérables. Les alchimistes tâchent à profiter de la passion qu'on a pour les richesses, en promettant des montagnes d'or à ceux qui les écoutent; et les diseurs[3] d'horoscope[4], par leurs prédictions trompeuses, profitent de la vanité et de l'ambition des crédules esprits. Mais le plus grand foible des hommes, c'est l'amour qu'ils ont pour la vie; et nous en profitons, nous autres, par notre pompeux galimatias, et savons prendre nos avantages de cette vénération que la peur de mourir leur donne pour notre métier[5]. Conservons-nous donc dans le degré d'estime où leur foiblesse nous a mis, et soyons de concert auprès des malades pour nous attribuer les heureux succès de la maladie, et rejeter sur la nature toutes les bévues de notre art[6].

1. De leurs sottises. (1669, 74, 82, 1734.)
2. « Ce n'est pas à eux (aux médecins) que j'en veux, dit Montaigne dans le même chapitre (p. 175), c'est à leur art; et ne leur donne pas grand blâme de faire leur proufit de notre sottise; car la plupart du monde fait ainsi; plusieurs vacations, et moindres, et plus dignes que la leur, n'ont fondement et appui qu'aux abus publiques. »
3. Qui les écoutent; les diseurs. (Une partie du tirage de 1734, et 1773.)
4. D'horoscopes. (1669, 74, 82, 1734.)
5. « C'est la crainte de la mort et de la douleur, l'impatience du mal, une furieuse et indiscrète soif de la guarison qui nous aveugle ainsi; c'est pure lâcheté qui nous rend notre croyance si molle et maniable. » (Montaigne, même chapitre, p. 176.)
6. Voyez le passage de Montaigne (emprunté au même chapitre, tome III, p. 155) qui a été cité ci-dessus, à l'acte III de *Dom Juan*, p. 136, note 1.

N'allons point, dis-je, détruire sottement les heureuses préventions d'une erreur qui donne du pain à tant de personnes[1].

M. TOMÈS.

Vous avez raison en tout ce que vous dites ; mais ce sont chaleurs de sang, dont parfois on n'est pas le maître.

M. FILERIN.

Allons donc, Messieurs, mettez bas toute rancune, et faisons ici votre accommodement.

M. DES FONANDRÈS.

J'y consens. Qu'il me passe mon émétique pour la malade dont il s'agit, et je lui passerai tout ce qu'il voudra pour le premier malade dont il sera question[2].

M. FILERIN.

On ne peut pas mieux dire, et voilà se mettre à la raison.

M. DES FONANDRÈS.

Cela est fait.

---

1. Après les mots : *tant de personnes*, l'édition de 1682 et, d'après elle, les éditions françaises suivantes continuent la phrase (l'addition est-elle de Molière? on peut faire la même question pour celle de la scène III, ci-après, p. 341, note 2): « et, de l'argent de ceux que nous mettons en terre, nous fait élever de tous côtés de si beaux héritages. » (1682, 1734.) — Et qui, de l'argent de ceux, etc. (1692.) — Et profitons de l'argent de ceux que nous mettons en terre, qui nous fait, etc. (1718.) — La « harangue n'est pas longue, dit M. Raynaud (p. 86), et la gaieté de la situation fait passer sur les monstruosités qu'elle renferme.... Ici on voit un peu trop que c'est Molière qui parle, plutôt que M. Filerin. Non-seulement les gens de la Faculté n'eussent jamais, même en petit comité, dit de pareilles choses (cela va de soi), mais j'ose affirmer que rien n'était plus éloigné de leur pensée. » Mais qui force à voir dans ce trop adroit personnage le représentant de la Faculté? Pour la personnifier (M. Raynaud aussi l'indique), Molière aurait sans doute tracé et devait avoir déjà en tête un autre portrait, celui qu'il fit plus tard de M. Purgon, type de ces médecins « qui sont eux-mêmes dans l'erreur populaire dont ils profitent : » voyez *le Malade imaginaire*, acte III, scène III.

2. Cela fait songer au proverbe : *Passez-moi la rhubarbe, je vous passerai le séné.*

M. FILERIN.

Touchez donc là. Adieu. Une autre fois, montrez plus de prudence[1].

SCÈNE II.

MESSIEURS TOMÈS, DES FONANDRÈS[2], LISETTE.

LISETTE.

Quoi? Messieurs, vous voilà, et vous ne songez pas à réparer le tort qu'on vient de faire à la médecine?

M. TOMÈS.

Comment? Qu'est-ce?

LISETTE.

Un insolent qui a eu l'effronterie d'entreprendre sur votre métier, et qui, sans votre ordonnance[3], vient de tuer un homme d'un grand coup d'épée au travers du corps.

M. TOMÈS.

Écoutez, vous faites la railleuse, mais vous passerez par nos mains quelque jour.

LISETTE.

Je vous permets de me tuer, lorsque j'aurai recours à vous.

---

1. Il paraît, si nous comprenons bien Auger, que, de son temps (1820), on passait cette scène à la représentation. Elle fut sans doute retranchée aussi lors de la reprise en deux actes donnée en 1861 : voyez ci-dessus, à la *Notice*, la seconde liste, p. 290 ; le rôle de Filerin n'y est pas mentionné.
2. M. TOMÈS, M. DES FONANDRÈS. (1734.)
3. Et, sans votre ordonnance. (1730, 33, 34.)

SCÈNE III.

LISETTE, CLITANDRE[1].

CLITANDRE.

Hé bien, Lisette, me trouves-tu bien ainsi[2] ?

LISETTE.

Le mieux du monde ; et je vous attendois avec impatience. Enfin le Ciel m'a faite d'un naturel le plus humain du monde, et je ne puis voir deux amants soupirer l'un pour l'autre, qu'il ne me prenne une tendresse charitable, et un desir ardent de soulager les maux qu'ils souffrent. Je veux, à quelque prix que ce soit, tirer Lucinde de la tyrannie où elle est, et la mettre en votre pouvoir. Vous m'avez plu d'abord[3] ; je me connois en gens[4], et elle ne peut pas mieux choisir. L'amour risque des choses extraordinaires ; et nous avons concerté ensemble une manière de stratagème, qui pourra peut-être nous réussir. Toutes nos mesures sont déjà prises : l'homme à qui nous avons affaire n'est pas des plus fins de ce monde ; et si cette aventure nous manque, nous trouverons mille autres voies pour arriver à notre but. Attendez-moi là seulement, je reviens vous querir.[5]

1. CLITANDRE, *en habit de médecin*[a], LISETTE. (1734.)
2. Hé bien, Lisette, que dis-tu de mon équipage ? crois-tu qu'avec cet habit je puisse duper le bon homme ? me trouves-tu bien ainsi ? (1682, 1734.)
3. A la première vue : voyez ci-dessus, p. 93, note 3.
4. D'abord ; et je me connois en gens. (Une partie du tirage de 1734, mais non 1773.)
5. *Clitandre se retire dans le fond du théâtre.* (1734.)

[a] Cette indication se trouve aussi, mais plus loin, dans l'édition originale : voyez, p. 343, aux Personnages de la scène v.

SCÈNE IV.

SGANARELLE, LISETTE.

LISETTE.

Monsieur, allégresse ! allégresse !

SGANARELLE.

Qu'est-ce ?

LISETTE.

Réjouissez-vous.

SGANARELLE.

De quoi ?

LISETTE.

Réjouissez-vous, vous dis-je.

SGANARELLE.

Dis-moi donc ce que c'est, et puis je me réjouirai peut-être.

LISETTE.

Non : je veux que vous vous réjouissiez auparavant, que vous chantiez, que vous dansiez.

SGANARELLE.

Sur quoi ?

LISETTE.

Sur ma parole.

SGANARELLE[1].

Allons donc, la lera la la, la lera la. Que diable !

LISETTE.

Monsieur, votre fille est guérie.

SGANARELLE.

Ma fille est guérie !

LISETTE.

Oui, je vous amène un médecin, mais un médecin

---

1. SGANARELLE. *Il chante et danse.* (1734.)

d'importance, qui fait des cures merveilleuses, et qui se moque des autres médecins....

SGANARELLE.

Où est-il?

LISETTE.

Je vais le faire entrer.

SGANARELLE[1].

Il faut voir si celui-ci fera plus que les autres.

SCÈNE V.

CLITANDRE, en habit de médecin, SGANARELLE, LISETTE.

LISETTE[2].

Le voici.

SGANARELLE.

Voilà un médecin qui a la barbe bien jeune.

LISETTE.

La science ne se mesure pas à la barbe[3], et ce n'est pas par le menton qu'il est habile.

SGANARELLE.

Monsieur, on m'a dit que vous aviez des remèdes admirables pour faire aller à la selle.

CLITANDRE.

Monsieur, mes remèdes sont différents[4] de ceux des autres : ils ont l'émétique, les saignées, les médecines et les lavements; mais moi, je guéris par des paroles,

---

1. SGANARELLE, seul. (1734.)
2. LISETTE, amenant Clitandre. (Ibidem.)
3. Par la barbe. (Une partie du tirage de 1734, et 1773.) — C'est tout le contraire que Toinette dit à Argan, à la fin du Malade imaginaire (acte III, scène XIV): « La barbe fait plus de la moitié d'un médecin. »
4. Sont tous différents. (Ms. Philidor.)

par des sons, par des lettres, par des talismans, et par des anneaux constellés[1].

LISETTE.

Que vous ai-je dit ?

SGANARELLE.

Voilà un grand homme.

LISETTE.

Monsieur, comme votre fille est là toute habillée dans une chaise, je vais la faire passer ici.

SGANARELLE.

Oui, fais.

CLITANDRE, tâtant le pouls à Sganarelle[2].

Votre fille est bien malade.

SGANARELLE.

Vous connoissez cela ici ?

CLITANDRE.

Oui, par la sympathie qu'il y a entre le père et la fille[3].

SCÈNE VI.

LUCINDE, LISETTE, SGANARELLE, CLITANDRE.

LISETTE.

Tenez, Monsieur, voilà une chaise auprès d'elle. Allons[4], laissez-les là tous deux.

SGANARELLE.

Pourquoi ? Je veux demeurer là.

---

1. Un anneau constellé, d'après le *Dictionnaire de M. Littré*, est un anneau « qui a été fait ou fabriqué sous une constellation, ou qui en porte la marque : d'où certaines vertus supposées. »

2. Le pouls de Sganarelle. (*Ms. Philidor.*)

3. Dans la farce du *Médecin volant* attribuée à Molière, Sganarelle fait la même plaisanterie : voyez tome I, p. 58 et 59, et la note 1 de cette dernière page.

4.   SGANARELLE, LUCINDE, CLITANDRE, LISETTE.

LISETTE, *à Clitandre.*

Tenez, Monsieur, etc. (*A Sganarelle.*) Allons. (1734.)

LISETTE.

Vous moquez-vous ? Il faut s'éloigner : un médecin a cent choses à demander qu'il n'est pas honnête qu'un homme entende.

CLITANDRE, parlant à Lucinde à part[1].

Ah! Madame[2], que le ravissement où je me trouve est grand! et que je sais peu par où vous commencer mon discours! Tant que je ne vous ai parlé que des yeux, j'avois, ce me sembloit[3], cent choses à vous dire ; et maintenant que j'ai la liberté de vous parler de la façon que je souhaitois, je demeure interdit ; et la grande joie[4] où je suis étouffe toutes mes paroles.

LUCINDE.

Je puis vous dire la même chose, et je sens, comme vous, des mouvements de joie qui m'empêchent de pouvoir parler.

CLITANDRE.

Ah! Madame, que je serois heureux s'il étoit vrai que vous sentissiez tout ce que je sens, et qu'il me fût permis de juger de votre âme par la mienne! Mais, Madame, puis-je au moins croire que ce soit à vous à qui je doive la pensée de cet heureux stratagème qui me fait jouir de votre présence ?

LUCINDE.

Si vous ne m'en devez pas la pensée, vous m'êtes redevable au moins d'en avoir approuvé la proposition avec beaucoup de joie.

SGANARELLE, à Lisette.

Il me semble qu'il lui parle de bien près.

1. *Sganarelle et Lisette s'éloignent.*
   CLITANDRE, *bas, à Lucinde.* (1734.)
2. Voyez ci-dessus, p. 308, note 2.
3. Ce semble. (1682.) — Ce sembloit. (1694 B.) — Ce me semble. (*Ms. Philidor*, 1697, 1710, 18, 33.)
4. Et la trop grande joie. (*Ms. Philidor.*)

LISETTE, à Sganarelle.

C'est qu'il observe sa physionomie et tous les traits de son visage.

CLITANDRE, à Lucinde.

Serez-vous constante, Madame, dans ces bontés que vous me témoignez?

LUCINDE.

Mais vous, serez-vous ferme dans les résolutions que vous avez montrées?

CLITANDRE.

Ah! Madame, jusqu'à la mort. Je n'ai point de plus forte envie que d'être à vous, et je vais le faire paroître dans ce que vous m'allez voir faire.

SGANARELLE [1].

Hé bien! notre malade, elle me semble un peu plus gaie.

CLITANDRE.

C'est que j'ai déjà fait agir sur elle un de ces remèdes que mon art m'enseigne. Comme l'esprit a grand empire sur le corps, et que c'est de lui bien souvent que procèdent les maladies, ma coutume est de courir à guérir les esprits, avant que de venir au corps. J'ai donc observé ses regards, les traits de son visage, et les lignes de ses deux mains; et par la science que le Ciel m'a donnée, j'ai reconnu que c'étoit de l'esprit qu'elle étoit malade, et que tout son mal ne venoit que d'une imagination déréglée, d'un desir [2] dépravé de vouloir être mariée. Pour moi, je ne vois rien de plus extravagant et de plus ridicule que cette envie qu'on a du mariage.

SGANARELLE [3].

Voilà un habile homme!

1. SGANARELLE, à Clitandre. (1734.) — 2. Et d'un desir. (1730, 33, 34.)
3. SGANARELLE, à part. (1734.)

CLITANDRE.

Et j'ai eu, et aurai pour lui, toute ma vie, une aversion effroyable.

SGANARELLE[1].

Voilà un grand médecin !

CLITANDRE.

Mais, comme il faut flatter l'imagination des malades, et que j'ai vu en elle de l'aliénation d'esprit, et même qu'il y avoit du péril à ne lui pas donner un prompt secours, je l'ai prise par son foible, et lui ai dit que j'étois venu ici pour vous la demander en mariage. Soudain son visage a changé, son teint s'est éclairci, ses yeux se sont animés; et si vous voulez, pour quelques jours, l'entretenir dans cette erreur, vous verrez que nous la tirerons[2] d'où elle est.

SGANARELLE.

Oui-da, je le veux bien.

CLITANDRE.

Après nous ferons agir d'autres remèdes pour la guérir entièrement de cette fantaisie.

SGANARELLE.

Oui, cela est le mieux du monde. Hé bien ! ma fille, voilà Monsieur qui a envie de t'épouser, et je lui ai dit que je le voulois bien.

LUCINDE.

Hélas ! est-il possible ?

SGANARELLE.

Oui.

LUCINDE.

Mais tout de bon ?

SGANARELLE.

Oui, oui.

---

1. SGANARELLE, à part. (1734.)
2. Que nous la retirerons. (Ms. Philidor.)

LUCINDE[1].

Quoi? vous êtes dans les sentiments d'être mon mari?

CLITANDRE.

Oui, Madame.

LUCINDE.

Et mon père y consent?

SGANARELLE.

Oui, ma fille.

LUCINDE.

Ah! que je suis heureuse, si cela est véritable!

CLITANDRE.

N'en doutez point, Madame. Ce n'est pas d'aujourd'hui que je vous aime, et que je brûle de me voir votre mari. Je ne suis venu ici que pour cela ; et si vous voulez que je vous dise nettement les choses[2] comme elles sont, cet habit n'est qu'un pur prétexte[3] inventé, et je n'ai fait le médecin que pour m'approcher de vous, et obtenir ce que je souhaite[4].

LUCINDE.

C'est me donner des marques d'un amour bien tendre, et j'y suis sensible autant que je puis.

SGANARELLE[5].

Oh! la folle! Oh! la folle! Oh! la folle!

LUCINDE.

Vous voulez donc bien, mon père, me donner Monsieur pour époux?

SGANARELLE.

Oui. Çà, donne-moi ta main. Donnez-moi un peu aussi la vôtre, pour voir.

---

1. LUCINDE, à Clitandre. (1734.)
2. Les choses nettement. (Ms. Philidor.)
3. N'est qu'un prétexte. (Une partie du tirage de 1734, et 1773.)
4. Et obtenir plus facilement ce que je souhaite. (1682, 1734.)
5. SGANARELLE, à part. (1773.)

ACTE III, SCÈNE VI.

CLITANDRE.

Mais, Monsieur....

SGANARELLE, s'étouffant de rire[1].

Non, non : c'est pour.... pour lui contenter l'esprit. Touchez là. Voilà qui est fait.

CLITANDRE.

Acceptez, pour gage de ma foi, cet anneau que je vous donne.[2] C'est un anneau constellé, qui guérit les égarements d'esprit.

LUCINDE.

Faisons donc le contrat[3], afin que rien n'y manque.

CLITANDRE.

Hélas! je le veux bien, Madame. (A Sganarelle[4].) Je vais faire monter l'homme qui écrit mes remèdes, et lui faire croire que c'est un notaire.

SGANARELLE.

Fort bien.

CLITANDRE.

Holà! faites monter le notaire que j'ai amené avec moi.

LUCINDE.

Quoi? vous aviez amené un notaire?

CLITANDRE.

Oui, Madame.

LUCINDE.

J'en suis ravie.

SGANARELLE.

Oh! la folle! Oh! la folle!

---

1. SGANARELLE *s'étouffe de rire.* (1694 B.) — SGANARELLE, *étouffant de rire.* (1734.)
2. *Bas, à Sganarelle.* (*Ibidem.*)
3. Un contrat. (*Ms. Philidor.*)
4. *Bas, à Sganarelle.* (1734.)

SCÈNE VII.

LE NOTAIRE, CLITANDRE, SGANARELLE, LUCINDE, LISETTE.

(Clitandre parle au Notaire à l'oreille.)

SGANARELLE.

Oui, Monsieur, il faut faire un contrat pour ces deux personnes-là. Écrivez. (Le Notaire écrit.) Voilà le contrat qu'on fait : je lui donne[1] vingt mille écus en mariage. Écrivez.

LUCINDE.

Je vous suis bien obligée, mon père.

LE NOTAIRE.

Voilà qui est fait : vous n'avez qu'à venir signer.

SGANARELLE.

Voilà un contrat bientôt bâti.

CLITANDRE[2].

Au moins[3]....

SGANARELLE.

Hé ! non, vous dis-je. Sait-on pas bien ? Allons, donnez-lui la plume pour signer. Allons[4], signé, signé, signé[5]. Va, va, je signerai tantôt, moi.

---

1. *Clitandre parle bas au Notaire.*
SGANARELLE, *au Notaire.* Oui, etc. Écrivez. (*A Lucinde.*) Voilà, etc. (*Au Notaire.*) Je lui donne. (1734.)
2. CLITANDRE, *à Sganarelle.* (*Ibidem.*)
3. Mais au moins, Monsieur.... (1682, 1734.)
4. (*Au Notaire.*) Allons, etc. (*A Lucinde.*) Allons. (1734.)
5. Il y a bien ainsi dans l'original trois fois *signé*, au participe, avec un triple accent bien marqué ; et nous ne voyons pas de raison de substituer à cette leçon, comme les autres textes que nous avons comparés (sauf deux hollandais de 1675 et 1680), l'impératif *signe*. Lucinde s'est empressée d'obéir à son père, qui, dès qu'elle a mis son nom, s'écrie, en prenant le contrat : « Allons, *signé* », c'est-à-dire : « c'est signé ». Il nous semble que la suite : « Va, va, je signerai tantôt, moi », vient mieux après la leçon originale. — Allons, signe, signe, signe. (1669, 74, 82, 84 A, 94 B, 1734.)

LUCINDE.
Non, non : je veux avoir le contrat entre mes mains.
SGANARELLE.
Hé bien! tiens.[1] Es-tu contente?
LUCINDE.
Plus qu'on ne peut s'imaginer.
SGANARELLE.
Voilà qui est bien, voilà qui est bien.
CLITANDRE.
Au reste, je n'ai pas eu seulement la précaution d'amener un notaire ; j'ai eu celle encore de faire venir des voix et des instruments[2] pour célébrer la fête et pour nous réjouir. Qu'on les fasse venir. Ce sont des gens que je mène avec moi, et dont je me sers tous les jours pour pacifier avec leur harmonie[3] les troubles de l'esprit.

SCÈNE DERNIÈRE.
LA COMÉDIE, LE BALLET et LA MUSIQUE.

TOUS TROIS ensemble [4].

Sans nous tous les hommes
Deviendroient mal sains,
Et c'est nous qui sommes
Leurs grands médecins [5].

---

1. *Après avoir signé.* (1734.)
2. Des voix, des instruments et des danseurs. (1682, 1734.)
3. Avec leur harmonie et leurs danses. (*Ibidem.*)
4.   SCÈNE VIII.
   SGANARELLE, LUCINDE, CLITANDRE, LISETTE.
   TROISIÈME ENTRÉE.
   LA COMÉDIE, LE BALLET, LA MUSIQUE, JEUX, RIS, PLAISIRS.
   LA COMÉDIE, LE BALLET, LA MUSIQUE, *ensemble.* (1734.)
5. Le musicien a fait répéter, unis ensemble, les deux premiers vers de ce refrain, puis les deux derniers, et après ceux-ci reprendre les deux premiers. Il en est de même à la suite du premier couplet; mais à la suite du second couplet (retranché par Molière, mais dit à la cour, et donné ci-après, p. 352, dans la

LA COMÉDIE.

Veut-on qu'on rabatte,
Par des moyens doux,
Les vapeurs de rate
Qui vous minent tous?
Qu'on laisse Hippocrate,
Et qu'on vienne à nous[1].

TOUS TROIS ensemble.

Sans nous...[2].

(Durant qu'ils chantent[3], et que les Jeux, les Ris et les Plaisirs dansent, Clitandre emmène Lucinde.)

SGANARELLE.

Voilà[4] une plaisante façon de guérir. Où est donc ma fille et le Médecin?

note 2), au lieu de revenir, pour finir, aux deux premiers vers, on chantait trois fois les deux derniers.

1. Dans le chant, ces deux derniers vers sont repris, et, la seconde fois, le premier est d'abord répété : « Qu'on laisse Hippocrate (*bis*), Et qu'on vienne à nous. »

2. Après ce second ensemble, on trouve, dans la partition, un second couplet pour la Comédie seule; Molière ne l'avait pas fait imprimer; le voici, tel que le donne Philidor :

A moins que de suivre
Notre art plein d'appas,
Le chagrin vous livre
Aux mains du trépas,
Et rien ne fait vivre
Que les doux ébats,
Et rien ne fait vivre (*bis*)
Que les doux ébats.

Le refrain à trois suit naturellement encore ce couplet (voyez la dernière note de la page précédente). Puis on dansait une première fois la chaconne de la dernière entrée. Voyez ci-contre, p. 353, la note 2, et ci-dessus, p. 296 et 297, la fin de la note.

3. *Durant que la Comédie, le Ballet et la Musique chantent.* (*Ms. Philidor.*)

4. *Pendant que les Jeux, les Ris et les Plaisirs dansent, Clitandre emmène Lucinde.*

SCENE DERNIÈRE.

SGANARELLE, LISETTE, LA COMÉDIE, LA MUSIQUE, LE BALLET,
JEUX, RIS, PLAISIRS.

SGANARELLE.

Voilà. (1734.)

ACTE III, SCÈNE DERNIÈRE.

LISETTE.

Ils sont allés achever le reste du mariage.

SGANARELLE.

Comment, le mariage?

LISETTE.

Ma foi! Monsieur, la bécasse est bridée[1], et vous avez cru faire un jeu, qui demeure une vérité.

SGANARELLE.

(Les danseurs le retiennent et veulent le faire danser de force.)

Comment, diable! Laissez-moi aller, laissez-moi aller, vous dis-je. Encore? Peste des gens[2]!

1. La bécasse s'est prise. « On tend aux bécasses, dit Auger, des lacets ou collets avec lesquels elles se brident elles-mêmes. » Mascarille, dans *l'Étourdi*, fait allusion au proverbe (vers 1267, tome I, p. 192).

2. A la suite de ces mots, Philidor a ajouté l'indication suivante : « Les danseurs recommencent la dernière entrée, » c'est-à-dire la chaconne des Jeux, des Ris et des Plaisirs. Voyez ci-contre, p. 352, la fin de la note 2. — SGANARELLE. Comment, diable! (*Il veut aller après Clitandre et Lucinde, les danseurs le retiennent.*) Laissez-moi aller, laissez-moi aller, vous dis-je. (*Les danseurs le retiennent toujours.*) Encore? (*Ils veulent faire danser Sganarelle de force.*) Peste des gens! (1734.)

FIN.

LE MISANTHROPE

COMÉDIE

REPRÉSENTÉE POUR LA PREMIÈRE FOIS A PARIS

SUR LE THÉÂTRE DU PALAIS-ROYAL

LE 4ᵉ DU MOIS DE JUIN 1666

PAR LA

TROUPE DU ROI

NOTICE.

Le Misanthrope était déjà sur le métier en 1664, si Brossette n'a parlé que sur de bons renseignements. Il raconte[1] que le jour de cette année 1664 où Boileau récita, chez le comte du Broussin, la *Satire II*, écrite à la louange de Molière, celui-ci fit, après cette lecture, celle du premier acte de son *Misanthrope*. Cette comédie et *le Tartuffe* auraient donc été commencés vers le même temps : éclosion presque simultanée des deux chefs-d'œuvre de notre théâtre comique. Quoi qu'il en soit, *le Misanthrope* ne se révéla au public que plus tard. Il fut représenté pour la première fois le 4 juin 1666, sur la scène du Palais-Royal. Le Roi et la cour en deuil (il n'y avait pas tout à fait six mois qu'Anne d'Autriche était morte[2]) n'eurent pas les prémices du plus noble des chefs-d'œuvre comiques, du plus digne d'être goûté par la société polie.

Il faut remarquer cependant ces vers de Subligny écrits, dans *la Muse Dauphine*, à la date du 17 juin, quand la pièce n'avait encore été jouée que cinq fois :

> Une chose de fort grand cours[3],
> Et de beauté très-singulière,
> Est une pièce de Molière ;
> Toute la cour en dit du bien.

Notons aussi ce passage de la *Lettre écrite* (par Donneau de Visé) *sur la comédie du Misanthrope :* Les courtisans « ont

---

1. *OEuvres de M. Boileau Despréaux*, Genève, 1716, in-4°, tome I, p. 21, à la remarque 3.
2. Le 20 janvier 1666.
3. Dans l'original : « de fort grands cours ».

assez fait voir, par leurs applaudissements, qu'ils trouvoient la comédie belle[1]. » Si cette lettre doit être datée, comme l'affirme l'Avis du libraire[2], du premier jour après que la comédie avait paru, c'était à la première représentation que de Visé avait entendu les applaudissements qu'il atteste. Voilà donc deux témoignages de l'approbation de la cour, quoique ce spectacle n'eût pu lui être donné à Fontainebleau, où elle était alors. Probablement Grimarest n'était pas mal informé, lorsqu'il écrivait[3] que le *Misanthrope* avait été lu par l'auteur à toute la cour, avant la représentation du 4 juin ; il donne même ce détail qu'une de ces lectures fut faite à Madame, à qui ne plut pas le grand flandrin de vicomte, crachant dans un puits, et qui ne put décider Molière à le supprimer.

Mais, sans aucun doute, ce ne furent pas ces lectures seules qui fournirent aux courtisans l'occasion de donner leur suffrage à la pièce. Il est clair, par la *Lettre* de Donneau de Visé, que beaucoup d'entre eux se mêlèrent, dès la première représentation, aux spectateurs de la ville, dans la salle du Palais-Royal. Bien différent toutefois aurait pu être le succès de la comédie, s'ils l'avaient d'abord vue représentée pour eux seuls. Le jour de l'entière justice ne serait-il pas venu beaucoup plus tôt[4] ?

Une telle œuvre, en effet, avait de quoi plaire particulièrement à ces « gens de la cour, de qui le goût est si raffiné, » ce sont les expressions mêmes de l'auteur de la *Lettre* (p. 430). Il est remarquable que c'est à une personne de qualité que de Visé s'adresse, et que son libraire a soin de nous dire que la lettre fut lue de « la meilleure partie de la cour. » Ainsi l'on

---

1. Voyez ci-après, p. 441. — 2. Voyez p. 429.
3. *La Vie de M. de Molière*, p. 188 et 189.
4. Si l'on en croyait cependant M. Michelet[a], ni le Roi, ni la cour n'avaient pu être contents du *Misanthrope* : « Car si Alceste gronde, c'est sur la cour plus que sur Célimène ; » et « ces mauvais choix pour les emplois publics qui révoltent Alceste, qui donc les fait, sinon le Roi ? » C'est voir dans notre comédie bien des choses qu'on ne s'avisait sans doute pas d'y voir alors. Que deviennent d'ailleurs les témoignages que nous avons fait remarquer de *la Muse Dauphine* et de la *Lettre sur le Misanthrope* ?

[a] *Histoire de France*, tome XIII (1860), p. 83.

paraît, dès ce premier moment, avoir pensé que les juges les plus éclairés du *Misanthrope* étaient là. Un jour, Molière a dit lui-même[1] que la grande épreuve de toutes les comédies « c'est le jugement de la cour. » Ne l'eût-il pas dit surtout d'une comédie où les mœurs du temps avaient été observées dans le plus grand monde ?

Il est vrai qu'en même temps le parterre, à son avis, n'était pas mauvais appréciateur, et que « la différence du demi-louis d'or et de la pièce de quinze sols, croyait-il, ne fait rien du tout au bon goût[2]. » Ainsi devait penser celui que Boileau, dans son goût trop superbe, eût voulu quelquefois

.... Moins ami du peuple en ses doctes peintures[3].

Nous méconnaîtrions donc son vrai génie, si nous prétendions qu'un de ses ouvrages, celui-là même auquel il attachait peut-être le plus de prix, eût été fait pour n'être compris que de quelques-uns et dans cet étroit pays des courtisans. L'art qui ne sait pas s'adresser à tous risque de s'égarer. Mais, sans dédaigner, plus que Molière ne le faisait lui-même, le jugement du grand, du vrai public, nous devons avouer que ce jugement paraît s'être un moment trouvé en défaut, quand on lui présenta une œuvre de la perfection la plus sévère, de l'élégance la plus délicate, un tableau de la vie mondaine, dessiné sans doute avec largeur, mais avec des nuances extrêmement fines.

On a souvent nié que l'accueil fait au *Misanthrope*, dans ses premières représentations, ait été un peu incertain et froid. C'est, dit-on, un conte imaginé par Grimarest. M. Bazin, un des premiers, a recommandé de n'y pas ajouter foi[4]; et lui-même cependant, à la même page, ne peut s'empêcher de convenir que le succès fut « moins vif, moins bruyant, moins général que ne l'eût été, dans tous les temps, celui d'une farce excellente. » Au fond, Grimarest n'en a pas dit beaucoup plus[5],

1. *La Critique de l'École des femmes*, scène VI : voyez au tome III, p. 354 et 355.
2. *Ibidem*, scène V, tome III, p. 335.
3. *L'Art poétique*, chant III, vers 395.
4. *Notes historiques sur la vie de Molière*, p. 139 et 140, 2de éd. in-12.
5. Voyez la *Vie de M. de Molière*, p. 181-186.

et, malgré quelques inexactitudes de détail, il ne paraît pas s'être entièrement écarté de la vérité.

Ce n'est assurément pas d'après lui que l'abbé Dubos et Louis Racine ont parlé : on voit bien qu'ils avaient recueilli une tradition assez récente encore, et puisée à d'autres sources, puisqu'ils rapportent d'autres circonstances. Le premier dit[1] : « Quoique *le Misanthrope* soit peut-être la meilleure comédie que nous ayons aujourd'hui, on n'est pas surpris néanmoins que le public ait hésité durant quelques jours à l'avouer pour excellente, et que le suffrage général n'ait été déclaré en sa faveur qu'après huit ou dix représentations.... Les rivaux de Molière juroient..., sur la connoissance qu'ils avoient du théâtre, que ce nouveau genre de comédie ne valoit rien.... Despréaux, après avoir vu la troisième (*représentation*), soutint à Racine, qui n'étoit point fâché du danger où la réputation de Molière sembloit être exposée, que cette comédie auroit bientôt un succès des plus éclatants. »

Louis Racine a, dans ses *Mémoires*[2], une anecdote absolument contraire en ce qui concerne les dispositions de son père; mais il est d'accord avec l'abbé Dubos sur la méprise du public, à la naissance de la pièce : « Le lendemain de la première représentation..., qui fut très-malheureuse, un homme qui crut faire plaisir à mon père, courut lui annoncer cette nouvelle en lui disant : « La pièce est tombée; rien n'est si froid; « vous pouvez m'en croire, j'y étois. — Vous y étiez, reprit « mon père, et je n'y étois pas; cependant je n'en croirai rien, « parce qu'il est impossible que Molière ait fait une mauvaise « pièce. Retournez-y, et examinez-la mieux. » Louis Racine, probablement, avait Boileau pour garant.

Il nous semble que de Visé lui-même laisse deviner le peu de chaleur de l'admiration et la vivacité beaucoup plus grande des censures, quand il s'exprime ainsi : « Je pourrois vous dire en deux mots.... qu'il a plu, et que, son intention étant de plaire, les critiques ne peuvent pas dire qu'il ait mal fait, puisque, en faisant mieux, si toutefois il est possible, son

---

1. *Réflexions critiques sur la poésie et sur la peinture*, édition de 1770, section xxx, tome II, p. 431-433.
2. *OEuvres de Jean Racine*, tome I, p. 228.

dessein n'auroit peut-être pas si bien réussi¹. » Il a plu!
Voilà, pour un panégyriste, une parole assez réservée. Plus
loin, après avoir loué justement la scène III de l'acte IV entre
Célimène et Alceste, il ajoute : « Je ne crois pas que les beautés de cette scène soient connues de tous ceux qui l'ont vu
représenter : elle est trop délicatement traitée; mais je puis
assurer que tout le monde a remarqué qu'elle étoit bien écrite,
et que les personnes d'esprit en ont bien su connoître les
finesses². » Il est évident que les connaisseurs furent seuls
pleinement satisfaits de la scène; et il dut en être de même
à peu près de toute la pièce. Pour bien des spectateurs, ce
comique se trouva trop fin et trop sérieux. Le sonnet d'Oronte
devint une pierre d'achoppement; il dérouta une partie du
public. C'est encore de Visé qui nous l'apprend pour en avoir
été témoin : « Le sonnet, dit-il, n'est point méchant, selon la
manière d'écrire d'aujourd'hui.... J'en vis même, à la première
représentation de cette pièce, qui se firent jouer pendant qu'on
représentoit cette scène; car ils crièrent que le sonnet étoit
bon, avant que le Misanthrope en fît la critique, et demeurèrent ensuite tout confus³. » Cette confusion ne dut pas les
disposer favorablement, et sans doute le succès du moment
en souffrit. A tant s'élever au-dessus de son public, on risque
beaucoup.

Dans le détail, les témoignages varient sur le sort du *Misanthrope* en ces commencements. Voltaire dit que la pièce « eut
à la première représentation les applaudissements qu'elle méritait, » mais que « le théâtre fut désert dès le troisième jour⁴. »
Nous avons vu que, suivant Louis Racine, la première représentation « fut très-malheureuse, » et que l'abbé Dubos parle
de la froideur des huit ou dix premières représentations. Grimarest avance que la seconde fut encore plus faible que la
première, la troisième que les précédentes, et qu'à la quatrième, Molière donna, ce qui est absolument faux, son *Médecin malgré lui* pour soutenir par cette farce sa grande comédie⁵.

---

1. Voyez ci-après, p. 430.
2. Voyez p. 438. — 3. Voyez p. 433 et 434.
4. Voyez ci-après son *Sommaire*, p. 426.
5. *La Vie de M. de Molière*, p. 182-185.

Pour contrôler les assertions différentes, ayons recours au tableau des recettes, conservé dans le *Registre de la Grange*.

Naturellement ce Registre ne saurait rien nous apprendre sur le succès de la première représentation. La recette fut belle; mais l'œuvre était inconnue, et l'empressement de la foule n'atteste, en pareil cas, que la renommée de l'auteur. Les recettes de la seconde peuvent être plus significatives : elles s'élevèrent de près de deux cents livres au-dessus de celles de la première.

Peut-être n'est-ce pas encore très-décisif; car la curiosité excitée par la nouveauté ne s'épuise pas en une fois; et puis les malveillants eux-mêmes peuvent venir en grand nombre pour le plaisir de constater un échec. Faisons d'ailleurs attention que le chiffre de cette seconde représentation, 1617 livres, est notablement inférieur à celui des secondes représentations du *Tartuffe* et de *Dom Juan*, qui fut de 2045 livres, sans parler des représentations suivantes de ces deux pièces. *Le Tartuffe* se trouvait dans des conditions trop inégales pour qu'il soit juste de le comparer; mais les troisième, quatrième, cinquième et sixième de *Dom Juan* attirèrent plus de monde que cette seconde du *Misanthrope*. La recette de la troisième représentation n'est pas brillante, et si elle remonte un peu à la quatrième, c'est pour tomber ensuite à des chiffres très-peu satisfaisants. Voici pour l'année 1666 le relevé du *Registre* :

Pièce nouvelle de M. de Molière :

Vendredi 4ᵉ juin, 1ʳᵉ représentation du............	Misanthrope...	1447 ᵗᵗ	10 ˢ
Dimanche 6ᵉ............	Idem.........	1617	10
Mardi 8ᵉ............	Misanthrope...	886	»»
Vendredi 11ᵉ............	Idem.........	972	»»
Dimanche 13............	Interruption [1].	...	..
Mardi 15ᵉ............	Misanthrope...	698	»»
Vendredi 18ᵉ............	Idem.........	647	»»
Dimanche 20ᵉ............	Idem.........	723	»»
Mardi 22ᵉ............	Misanthrope...	641	»»
Vendredi 25ᵉ............	Idem.........	601	»»

1. A cause de la Pentecôte, qui tombait à ce dimanche.

NOTICE. 363

Dimanche 27ᵉ juin	Misanthrope...	212 ᵗᵗ »» ˢ
Mardi 29ᵉ	Idem	349 »»

INTERRUPTION.

Recommencé le

Vendredi 9ᵉ juillet	Misanthrope...	356 »»
Dimanche 11ᵉ	Misanthrope...	451 »»
Mardi 13	Idem	357 »»
Vendredi 16	Idem	531 »»
Dimanche 18	Idem	624 5
Mardi 20ᵉ	Idem	349 »»
Vendredi 23	Idem	299 »»
Dimanche 25ᵉ	Idem	301 »»
Mardi	Néant	... ..
Vendredi 30ᵉ	Idem	213 »»
Dimanche 1ᵉʳ août	Idem	268 5
Mardi	Néant	... ..

Pièce nouvelle de M. de Molière :

Vendredi 6ᵉ [août]	Mère coquette[1]. Médecin malgré lui	632 »»
....	....	... ..
....	....	... ..
Vendredi 3ᵉ septembre	Misanthrope, et le Médecin malgré lui	973 10
Dimanche 5ᵉ	Idem	913 »»
Mardi 7	Idem	558 5
Vendredi 10ᵉ	Idem	646 »»
Dimanche 12ᵉ	Idem	866 »»
Mardi 14ᵉ	Id. et Mariane[2]	325 10

1. De Donneau de Visé, jouée depuis le 23 octobre 1665.
2. Tragédie de Tristan, contemporaine du *Cid*. — Mais il n'est pas à croire qu'il y ait ici à relever une représentation du *Misanthrope* : il paraît bien probable que la place de ces deux indications de la Grange a été intervertie, et qu'il a voulu constater que la petite pièce qui avait les jours précédents terminé le spectacle, c'est-à-dire *le Médecin malgré lui*, fut ce jour-là donnée après *Mariane*, comme elle le fut sans doute aussi aux deux représentations suivantes, après le *Sertorius* de Corneille. Voyez à la *Notice* du *Médecin malgré lui*.

....	....	...	..
....	....	...	..
Vendredi 15° [octobre]. On a repris la comédie du.......	*Misanthrope.*		
	Reçu............	428 ᵗᵇ	5 ˢ
Dimanche 17°..............	*Misanthrope*....	428	»»
Mardi 19	*Misanthrope*....	281	15
....	....	...	..
....	....	...	..
Dimanche 31 octobre.........	*Misanthrope* ...	422	»»
Mardi 2° novembre......	*Misanthrope* ...	273	»»
Mercredi 3°..............	*Misanthrope* ...	347	5
....	....	...	..
....	....	...	..
Vendredi 19°..............	*Misanthrope*....	272	»»
Dimanche 21°..............	*Idem*........	579	»»

On a pu remarquer que *le Médecin malgré lui*, qui avait pris possession de la scène dès le 6 août, ne parut à côté du *Misanthrope* que le 3 septembre; il avait été joué avec d'autres pièces dans ses onze premières représentations; on ne peut donc admettre qu'il ait été composé pour servir d'appui à notre comédie chancelante, comme le veut Grimarest, qui fait intervenir ce secours dès la seconde semaine de juin[1].

Le Misanthrope fut joué trente-quatre fois en 1666[2], sans compter une visite chez MADAME, le jeudi 25 novembre, dont le souvenir nous a été conservé dans une lettre de Robinet, datée du dimanche suivant, 28 :

> .... Jeudi, pour tant soit peu rire,
> Puisque le duc se portoit mieux,
> Notre *Misanthrope* amoureux,
> Dont Molière est l'auteur habile,
> Parut dans votre domicile,
> Où sa troupe, qui nous ravit,
> Fit miracle, à ce qu'on m'a dit.

En 1667, la pièce eut quatre représentations[3]; deux en

---

1. *La Vie de M. de Molière*, p. 185.
2. Si on laisse de côté l'*idem* douteux du 14 septembre.
3. Données de suite (du 25 septembre au 2 octobre) lorsque

1668; depuis 1669 jusqu'en 1673, année de la mort de Molière, vingt-quatre[1]; pendant le reste du règne de Louis XIV, deux cent quatre-vingt-dix-neuf[2]. On ne trouve pas qu'elle ait été jouée à la cour, tant que l'auteur vécut[3]. Nous ne croyons le *Registre* très-exact que pour les représentations à la ville[4]; mais ne voulût-on supposer aucune omission, nous ne verrions pas, dans un fait un peu étonnant à la première vue, le démenti de ce que nous avons dit plus haut des dispositions favorables où, dans sa nouveauté, *le Misanthrope* eût probablement trouvé Louis XIV et son entourage. Par suite des circonstances, l'heure avait été manquée. Le Roi n'avait pu être le premier juge de la comédie; et lorsque la fin du deuil aurait permis de la jouer devant lui, la fortune en avait paru assez médiocre pour que Molière peut-être n'eût plus aucune envie de solliciter cette faveur. Après sa mort, *le Misanthrope* eut dix-neuf représentations à la cour, de 1673 à 1715[5].

Un applaudissement général, populaire, n'avait pas été d'abord obtenu. Beaucoup de suffrages éclairés avaient dû cependant rassurer le poëte de la crainte de s'être trompé. Pour Boileau, Molière fut avant tout « l'auteur du *Misanthrope*[6] ». Il préférait, suivant le *Segraisiana*[7], cette comédie au *Tartuffe* même; il ne cessa de prédire ce que la postérité

Molière rouvrit son théâtre, fermé depuis le 6 août, lendemain de l'unique représentation du *Tartuffe*.

1. Les cinq représentations de cette dernière année 1673 eurent lieu après la mort de Molière et furent données, deux encore au Palais-Royal, trois à Guénegaud.

2. Voyez au tome I, p. 548.

3. *Le Théâtre français sous Louis XIV*, par Eugène Despois, p. 304.

4. Ainsi, à la fin de cette année-là même, le 1er décembre 1666, la Troupe du Palais-Royal partit pour Saint-Germain, et elle y séjourna jusqu'au 20 février suivant, près de trois mois; il est peu vraisemblable que, dans ce long intervalle, elle n'ait joué que les petites pièces intercalées dans le *Ballet des Muses*, et que Molière n'ait pas trouvé une occasion de produire là son *Misanthrope* : cependant le *Registre* ne mentionne que le ballet.

5. Voyez au tome I, p. 557.

6. *L'Art poétique*, chant III, vers 400.

7. Page 213.

penserait du chef-d'œuvre. Nul doute que bien d'autres voix ne se soient, dès les premiers temps, jointes à la sienne. Leur écho se trouve dans les gazettes rimées, qui n'auraient point parlé de la pièce avec tant d'enthousiasme, si leurs auteurs n'avaient recueilli autour d'eux les jugements des hommes de goût. Nous avons déjà cité quelques vers de Subligny[1] ; ceux qui les suivent ne sont pas moins élogieux :

> Après son *Misanthrope*, il ne faut plus voir rien ;
> C'est un chef-d'œuvre inimitable.

Puis il en loue ainsi les vers :

> Ils sont les plus charmants du monde :
> Leur tour, leur force est sans seconde.

Robinet exprime la même admiration dans sa *Lettre en vers à Madame*, écrite le 12 juin 1666, après qu'il eut vu la représentation du 6, qui fut la seconde :

> *Le Misanthrope* enfin se joue;
> Je le vis dimanche, et j'avoue
> Que de Molière, son auteur,
> N'a rien fait de cette hauteur.
> Les expressions en sont belles,
> Et vigoureuses et nouvelles ;
> Le plaisant et le sérieux
> Y sont assaisonnés des mieux ;
> Et ce Misanthrope est si sage,
> En frondant les mœurs de notre âge,
> Que l'on diroit, benoît lecteur,
> Qu'on entend un prédicateur :
> Aucune morale chrétienne
> N'est plus louable que la sienne ;
> Et l'on connoît évidemment
> Que, dans son noble emportement,
> Le vice est l'objet de sa haine,
> Et nullement la race humaine,
> Comme elle étoit à ce Timon.
> . . . .
> Au reste, chacun des acteurs
> Charme et ravit les spectateurs,

---

[1]. Voyez ci-dessus, p. 357.

> Et l'on y peut voir les trois Grâces
> Menant[1] les amours sur leurs traces,
> Sous le visage et les attraits
> De trois objets jeunes et frais,
> Molière, du Parc et de Brie.

Deux faits nous paraissent donc également prouvés : *le Misanthrope* ne fut pas une des comédies de Molière qui attirèrent le plus la foule; il ne laissa pas de trouver sur-le-champ des admirateurs intelligents. Nous ne savons si l'auteur avait rien espéré de plus. Il connaissait mieux que personne le public et le goût du grand nombre; mais il s'agissait de travailler pour une gloire durable; et Molière paraît s'être alors plus que jamais proposé cette satisfaction et avoir donné à son génie la joie de remplir la plus haute idée qu'il s'était faite de son art. N'accusons pas trop ses contemporains. Il y a des œuvres, telles que *le Misanthrope*, telles qu'*Athalie*, dont les beautés supérieures, senties par les bons juges, restent un peu froides pour les autres; et cela, nous le croyons, est vrai aujourd'hui encore, comme dans tous les temps. Ces œuvres sont pourtant théâtrales; autrement, ayant été écrites pour la scène, il faudrait les condamner. La merveille est de les avoir faites très-simplement grandes, sans manquer aux conditions des compositions dramatiques, que le style le plus parfait et la hauteur des pensées ne suffisent pas à faire vivre, lorsque manquent l'intérêt, le mouvement, l'action. Bien interprétées par les comédiens, elles n'échapperont donc jamais entièrement même au vulgaire des spectateurs; mais elles n'auront pas sa prédilection. Le public de 1666 n'était point barbare; mais il était un public. S'il ne se montra pas aussi sensible à un comique très-fin qu'il l'était d'ordinaire à celui dont la plaisanterie est plus vive et plus fortement marquée, les appréciateurs judicieux ne manquèrent pas, qui surent parfaitement comprendre Molière.

Dès ce premier temps, aucun des caractères de sa belle comédie ne fut inaperçu. Les vrais chefs-d'œuvre ont une clarté frappante, et se révèlent promptement sous tous les aspects. Nous avons tout à l'heure cité Robinet, qu'on ne

---

1. Dans l'original, *Menants*.

peut pas donner pour un grand critique, mais qui a sans doute reproduit l'impression des connaisseurs. Cette impression était donc que l'œuvre devait être regardée comme la plus haute que Molière eût encore produite; que les expressions étaient belles, neuves et vigoureuses; qu'Alceste juge avec vérité les mœurs de son siècle, que sa morale est excellente et qu'il est l'ennemi non des hommes, mais de leurs vices. On comprit d'abord ce rôle comme plein de noblesse, et l'on ne s'avisa pas que l'auteur avait pu vouloir y ridiculiser la vertu. Mais c'est dans la *Lettre* de Donneau de Visé surtout qu'il faut reconnaître une intelligence de la pièce qui n'a rien laissé de *nouveau*, du moins au fond, à dire sur ses beautés et à opposer aux injustes critiques.

Disons d'abord quelques mots de l'histoire de cette lettre, que nous avons déjà mentionnée plusieurs fois, quelques mots aussi de son auteur.

On a vu dans la *Notice* de *l'École des femmes*[1] que Donneau de Visé avait commencé par faire une guerre très-vive à Molière dans ses comédies de *Zélinde* et de *la Vengeance des marquis*, l'attaquant avec la témérité d'un jeune homme qui, par tous les moyens, cherche la célébrité. Comment les âpres satires de 1663 se changèrent-elles en éloge trois ans après, au temps du *Misanthrope?* De Visé ne s'embarrassait pas beaucoup des volte-face. Dans ses *Nouvelles nouvelles*, il avait écrit contre la *Sophonisbe* de Corneille[2]. Très-peu de temps après, il publiait une défense de la même pièce, où il disait n'avoir plus découvert que des beautés. Cette prompte palinodie lui semblait toute simple, honorable même, comme une preuve qu'il savait se rendre à la raison et ne mettait pas sa gloire à s'opiniâtrer dans ses erreurs. Il ne dut pas trouver moins permis de se déjuger sur Molière. Mais, cette fois, la résipiscence peut s'expliquer autrement que par l'ingénuité d'une âme prête à se repentir d'une injustice. Il lui plaisait alors de donner ses pièces, non plus à l'Hôtel de Bourgogne, mais au Palais-Royal; il y avait fait recevoir, en 1665, sa *Mère co-*

1. Tome III, p. 126-129.
2. En 1663. Voyez les *OEuvres de Corneille*, au tome VI, p. 456-458.

quette; un peu plus tard, il y porta d'autres comédies. Le chef de la troupe était à ménager ; et il est probable qu'au moment où *la Mère coquette* lui avait été présentée, un petit traité de paix avait été conclu. La *Lettre sur le Misanthrope* en remplissait avec conscience les engagements. Après tout, si de Visé avait peu de fixité dans les opinions qu'il soutenait, probablement même dans le goût, il était homme d'esprit, et lorsqu'il se retournait du côté de Molière, celui-ci aurait eu tort de ne point lui ouvrir sa porte.

La *Lettre écrite sur la comédie du Misanthrope* parut en tête de la première édition de cette pièce[1]. Suivant Grimarest, ce fut à l'insu de Molière et à son grand mécontentement : « Molière, dit-il[2],... envoya chercher son libraire, le gronda de ce qu'il avoit imprimé cette rapsodie sans sa participation, et lui défendit de vendre aucun exemplaire de sa pièce où elle fût, et il brûla tout ce qui en restoit ; mais après sa mort on l'a rimprimée (*sic*). M. de ** (*de Visé*), qui aimoit fort à voir la Molière, vint souper chez elle le même jour. Molière le traita cavalièrement sur le sujet de sa lettre, en lui donnant de bonnes raisons pour souhaiter qu'il ne se fût point avisé de défendre sa pièce. » Taschereau a traité de conte[3] cette anecdote, qui suppose une étrange liberté prise par le libraire, et, chez Molière, une irritation difficile à expliquer, à propos d'une marque de zèle qui ne paraît pas trop maladroite. Il est certain qu'il y a là des invraisemblances. Voici pourtant un autre témoignage, d'un plus grand poids, qui, tout en présentant autrement les circonstances du désaccord entre Molière et son avocat officieux, confirmerait ce qui a seul de l'importance dans le récit de Grimarest, le fait que l'auteur du *Misanthrope* aurait vu avec déplaisir un écrit où l'on est tenté de le croire si bien compris, et que volontiers même on supposerait concerté avec lui. Nous lisons dans les notes de Brossette[4] : « Je lui ai dé-

1. Nous ne pouvions donc ne pas la reproduire. On la trouvera ci-après, p. 430-441.
2. Pages 184 et 185.
3. *Histoire de la vie et des œuvres de Molière*, livre II, p. 143 de la 5ᵉ édition.
4. Voyez les notes de Brossette sur Boileau (Ms. français de la Bibliothèque nationale, n° 15275, f° 12 r°), ou, à la suite de la *Cor-*

mandé (*à Boileau*) qui étoit l'auteur de la lettre qui est dans les éditions de Molière, au sujet de la comédie du *Misanthrope*. Il m'a dit qu'elle est de M. de Visé, auteur du *Mercure galant*[1]. M. de Visé ayant été à la représentation du *Misanthrope*, il retint bien ou mal cette pièce, et la transcrivit avec le secours de quelques amis qui l'avoient aussi vu représenter. De Visé, sur sa copie, en obtint le privilége et la voulut faire imprimer sans la participation de Molière. Celui-ci le sut, et plutôt que de lui faire un procès, il consentit que cette lettre, dont Molière n'étoit pas content, fût jointe à l'édition que Molière fit faire lui-même de son *Misanthrope*. »

Cette version différente de celle de Grimarest, n'a-t-elle pas aussi quelques difficultés : le prodige de mémoire qui aurait permis de reproduire de souvenir les cinq actes qu'on venait d'entendre? le privilége obtenu par un autre que par l'auteur? Brossette peut bien n'avoir pas noté avec une entière exactitude ce que lui avait raconté Boileau; mais le fond, l'essentiel, il ne doit pas l'avoir imaginé. Il faut donc croire que Molière ne donna qu'à regret son consentement à l'insertion de la lettre dans son édition. Écartons le soupçon d'une répugnance adroitement feinte par lui pour cacher la part qu'il aurait prise au petit écrit. Apparemment il y trouvait à redire, et l'aurait voulu autrement rédigé. Ne se peut-il pas cependant que, sous une forme dont il ne se souciait pas de paraître accepter la responsabilité, la *Lettre* ne fût, en bien des passages, que le résumé des explications données par lui-même dans quelques entretiens? Que si l'on ne veut pas que de Visé eût reçu la confidence de la pensée de l'auteur, il a été du moins assez ingénieux pour l'avoir, si nous ne nous trompons, assez bien devinée. N'a-t-il pas indiqué, dans ses remarques sur la pièce, à peu près tout ce que les meilleurs critiques ont plus tard développé?

Ces curieuses remarques auraient une bien autre portée pour qui les croirait suggérées par Molière, devenu son propre commentateur; mais ceux mêmes qui ne sont pas dans ce sen-

---

respondance entre Boileau Despréaux et Brossette, publiée par A. Laverdet, ces mêmes notes imprimées en partie, p. 514 et 515.

1. Il ne le fut qu'en 1672.

timent les regarderont encore comme particulièrement dignes d'attention, parce que, écrites à la première heure, elles avaient été tout au moins inspirées par tout ce qui se disait autour de l'auteur, parmi ses admirateurs les plus éclairés et parmi les comédiens, qu'il n'avait pu manquer de pénétrer de l'esprit de leurs rôles.

Suivant de Visé, Molière a cherché un cadre au tableau le plus large des mœurs du temps. La grande variété des caractères que sa comédie met en scène, et dont la ville et la cour avaient donné les modèles, remplissait déjà en partie ce dessein ; mais, pour n'en rien laisser échapper, le poëte a, par la conception la plus heureuse, choisi pour ses deux principaux personnages un misanthrope et une médisante, c'est-à-dire deux satiriques, présentant chacun de leur côté le miroir à tous les vices et à tous les ridicules : l'un qui, dans son honnêteté sévère, est douloureusement frappé du mal et ne sait pas déguiser son indignation ; l'autre qui s'amuse des travers et se fait un jeu de les cribler de ses spirituelles épigrammes. La plus grande diversité de portraits devenait ainsi possible et toute naturelle. On a beaucoup répété, depuis de Visé, cette observation si juste. Il n'a pas moins bien vu combien est heureux le choix de tous les caractères ; car, indépendamment des portraits, qui sont en dehors de l'action, ces caractères si différents et si heureusement contrastés suffiraient déjà pour peindre, sous bien des aspects, la vie mondaine et le cœur humain. Voici le censeur austère dont la rectitude est inflexible ; à côté de lui, le sage indulgent qui sait ce que la vertu elle-même doit tolérer dans le commerce des hommes ; la coquette qui donne aux plus cruelles légèretés du monde une séduction si dangereuse, que pour elle le farouche ennemi de toutes nos faiblesses se sentira faible à son tour ; la prude hypocrite, et la femme charmante de sincérité, de raison et de bonté ; le poëte grand seigneur gâtant par ses prétentions au bel esprit ses qualités estimables ; les fats de cour, à la tête et au cœur vides.

Mais surtout cherchons dans notre *Lettre* comment furent jugés dans ces premiers temps les deux rôles sur le sens desquels on a tant disputé.

De Visé appelle Alceste « ce ridicule, » voyant bien que

Molière avait voulu qu'il prêtât à rire par sa révolte outrée contre les communs usages et par sa sagesse sans sobriété. Mais il corrige bientôt ce que son expression a de trop dur, et prend soin de faire remarquer que ce héros de la pièce « en est le plaisant, sans être trop ridicule, » et que, « malgré sa folie, si l'on peut ainsi appeler son humeur, *il* a le caractère d'un honnête homme et beaucoup de fermeté[1]. » C'est ainsi que Cervantes a certainement voulu faire estimer et aimer un extravagant, dont la folie est bien moins douteuse que celle d'Alceste.

Pour Philinte, c'est « un homme sage et prudent ;... il est si raisonnable, que tout le monde devroit l'imiter...; ne portant les choses dans l'un ni dans l'autre excès[2]. »

Le débat moral, et nécessairement littéraire aussi, qui s'est élevé avec tant d'éclat autour de la comédie du *Misanthrope* fut, on le voit, sur-le-champ pressenti. Alceste est-il si risible, que le spectateur soit porté à prendre parti contre sa vertu et pour les plus condamnables accommodements du monde avec les vices ? Philinte est-il un égoïste ? est-il un vrai sage ? Nous avons entendu comment de Visé répondait.

Nous ne faisons pas ici, comme lui, office de critique, et nous tenons à nous renfermer dans l'histoire de la pièce; mais cette histoire même demande que nous parlions d'un jugement tout différent du sien. Nous devrons rappeler, en même temps que les éloquentes attaques d'un grand écrivain, le souvenir de la comédie, un peu trop vantée, qui a transporté sur le théâtre la thèse de Rousseau, et, s'appropriant les personnages de Molière, a prétendu mettre en action, avec plus de vérité et avec une morale plus juste, les caractères mêmes que notre poëte leur a donnés.

En 1758[3], Jean-Jacques Rousseau prit la plume pour défendre la ville de Genève contre l'invasion des amusements du

---

1. Voyez ci-après, p. 440.
2. Voyez p. 431 et p. 441.
3. La *Préface* de la lettre de *J.-J. Rousseau, citoyen de Genève, à M. d'Alembert,... sur son article* Genève.... *et particulièrement sur le projet d'établir un théâtre de comédie en cette ville*, est datée de Montmorency, le 20 mars. Nous citons l'édition originale d'Amsterdam.

théâtre, dont elle était menacée par d'Alembert. Les Conty et les Rochemont ne s'étaient pas élevés plus sévèrement, au nom de la dévotion, contre les spectacles ni contre Molière que ne le fit le philosophe, au nom du rigorisme moral. Regarder et juger le théâtre, la comédie et le plus grand génie qui chez nous la personnifie, du haut d'une théorie autrement mais non moins austère que celle des Pères de l'Église, ou que celle de Platon, le jour où il bannissait les poëtes de sa république, c'est inévitablement les condamner. Dès que le citoyen de Genève se faisait un aussi terrible prédicateur que Bossuet ou Bourdaloue, il était naturel qu'il dît de notre poëte[1] : « Voyez comment, pour multiplier ses plaisanteries, cet homme trouble tout l'ordre de la société. » Jamais Rousseau ne s'engageait dans une thèse sans la pousser à outrance. Au surplus, il était bien dans son humeur, lorsqu'il ne faisait pas grâce au rire, qui n'a pas été une de ses faiblesses. Le rire, il est vrai, celui de Molière comme tout autre, n'est pas toujours sans reproche, quoique bien d'autres ravages que ceux dont on l'accuse aient été faits dans « l'ordre de la société » par les sophismes sérieux. Mais le jugement général à porter de la moralité du théâtre de Molière serait ici hors de propos. Il ne s'agit que du *Misanthrope*.

Entre toutes les pièces de son auteur, Rousseau aurait pu épargner celle-là. « On *la* reconnoît unanimement pour son chef-d'œuvre, » disait-il[2] ; et il en sentait toutes les beautés, celles même qui sont faites pour élever les âmes. Les invectives d'Alceste contre la fausseté et la méchanceté du monde avaient de quoi lui plaire, et il pouvait se mirer avec orgueil dans l'image de cet intraitable caractère.

Mais Molière avait montré qu'Alceste met quelquefois les rieurs contre lui, sans que les rieurs paraissent avoir tort; par là il s'était permis, à l'endroit de Rousseau, une personnalité. « Après avoir joué tant d'autres ridicules, dit notre philosophe[3], il lui restoit à jouer celui que le monde pardonne le moins, le ridicule de la vertu. » Rousseau plaidant pour la vertu, entendait bien plaider *pro domo sua*.

1. Page 51. — 2. Page 54.
3. Pages 54 et 55.

Il accorde cependant beaucoup à Molière. Faisant ressortir très-justement ce qu'il y a de noble dans le caractère d'Alceste, qui n'est point un misanthrope dans le vrai et détestable sens du mot, il avoue que les excellents sentiments de cet ennemi des vices, plutôt que des hommes, « sont parfaitement développés dans son rôle[1], » et qu' « avec ses brusqueries et ses incartades, il ne laisse pas d'intéresser et de plaire. » Il voit très-clairement ce qu'avait vu de Visé, que, « quoique Alceste ait des défauts réels dont on n'a pas tort de rire, on sent pourtant au fond du cœur un respect pour lui dont on ne peut se défendre ; » et, sans trop s'embarrasser d'une contradiction, il s'écrie que cela « fait honneur au caractère de l'auteur ; » que Molière « étoit personnellement honnête homme ; et jamais le pinceau d'un honnête homme ne sut couvrir de couleurs odieuses les traits de la droiture et de la probité[2]. » Après qu'il est allé jusqu'à de telles concessions, comment le critique ne s'est-il pas senti désarmé? C'est qu'Alceste a, malgré tout, des moments où il est vraiment ridicule; en quoi Molière a fait, au jugement de Rousseau, la plus grande faute que puisse faire un peintre des caractères : il n'a pas suivi celui de son héros, tel qu'il était déterminé par ses traits essentiels. Une âme si grande ne tombe pas dans « des fureurs puériles sur des sujets qui ne devoient pas l'émouvoir[3]. » On peut demander cependant si, pour demeurer dans la fidèle imitation de la nature humaine, il faut construire les beaux caractères avec cette logique absolue qui n'y souffre aucune petitesse.

Le grand grief du philosophe contre Molière, c'est surtout d'avoir fait tort à la figure de son honnête homme chagrin en plaçant près d'elle et en opposition celle de son bienveillant ami. « Ce Philinte est le sage de la pièce, un de ces honnêtes gens du grand monde, dont les maximes ressemblent beaucoup à celles des fripons; » et ici Rousseau, pour justifier sa colère contre le bon Philinte, lui prête des cruautés d'égoïsme dont il n'y a pas trace dans son rôle. C'est encore la prétendue logique qui refait ainsi le personnage. Au reste, la prédilection

1. Page 56.
2. Pages 58 et 59. — 3. Page 60.

de Molière pour Philinte est loin d'être aussi évidente que plusieurs l'ont pensé ; et peut-être l'endroit où de Visé parle de ce rôle n'est-il pas celui où il a le plus complètement saisi toute l'intention de l'auteur, mais est-il plutôt un de ceux dont cet auteur n'était pas content. Nous croyons que, dans la pensée de Molière, Philinte, pas plus qu'Alceste, n'était irréprochable. L'un est trop raide dans sa vertu, l'autre un peu faible dans son indulgence. C'est parce que les défauts n'y manquent pas, à côté des plus nobles traits, que les deux figures sont vraies. A la vérité de la peinture la morale ne perd rien. Ce que Molière nous a proposé pour modèle, c'est, chez Alceste, la franchise courageuse; chez Philinte, la douceur et la modération. Si des deux parts la mesure est passée, nous en sommes assez avertis, ici par les justes reproches d'Alceste, là par les tempéraments sensés que recommande Philinte et par les bizarreries d'une vertu qui ne donne à rire que lorsqu'elle cesse d'être vraiment la vertu, la vertu toujours aimable jusque dans sa sévérité.

Fabre d'Églantine, déclamateur à la suite, a prétendu démontrer dramatiquement combien Rousseau était plus philosophe que Molière, plus profond observateur des hommes et plus savant dans l'art de les faire agir suivant leur passion dominante. Puisque Alceste a la droiture et la probité, il ne pouvait être qu'un philanthrope. Philinte, étant un modéré, doit nécessairement devenir le vilain personnage que Rousseau a démasqué, un de ces hommes « qui, autour d'une bonne table, soutiennent qu'il n'est pas vrai que le peuple ait faim ; qui, le gousset bien garni, trouvent fort mauvais qu'on déclame en faveur des pauvres[1]. » En 1790, date de la première représentation de la comédie de Fabre d'Églantine[2], cette manière de comprendre l'homme de bien et le coquin était à la mode, et tout à fait digne d'un homme sensible. La pièce, en cinq actes et en vers, est intitulée *le Philinte de Molière ou la Suite du Misanthrope*. Le malheur est que ce nouveau Philinte n'est plus celui de Molière, et que *la Suite* de notre chef-d'œuvre ne s'y rattache pas du tout. Il est même évident

1. Page 60 de la lettre de Rousseau à d'Alembert.
2. Sur le Théâtre-Français, le 22 février.

que l'auteur a moins songé à continuer témérairement Molière que, plus témérairement encore, à le corriger. L'immortel *Misanthrope* a secoué bien vite et ne sera pas condamné à traîner après lui, aux yeux de la postérité, ce faux appendice, orné d'un pitoyable style, et qui réellement ne fait suite, le mauvais langage à part, qu'à la pensée de Rousseau. Seul, celui-ci en reste un peu gêné, comme de plusieurs autres *suites* que ses paradoxes ont suscitées, et qu'il n'avait pas toutes prévues. Soyons juste pour Fabre : son drame (c'en est un plutôt qu'une comédie) n'est pas, malgré l'emphase, dénué d'intérêt. Le cruel optimiste, qui n'ouvre les yeux sur la perversité des hommes que lorsqu'il en devient, à son tour, la victime, qui se l'exagère alors et s'emporte sans mesure, enfin qui, dans un malheureux pour qui il a voulu qu'on fût sans pitié, tout à coup se reconnaît lui-même, voilà certes une idée qu'on a eu raison de louer comme ingénieuse, saisissante et d'un infaillible effet à la scène. Mais qu'on la trouve heureuse tant qu'on voudra, s'imaginer que l'on va montrer à Molière comment il aurait dû s'y prendre, n'en demeure pas moins une prétention aussi vaine qu'outrecuidante. Quand la pièce de Fabre n'eût pas fait, par la barbarie de la langue, si pauvre figure à côté du chef-d'œuvre dont elle se donnait évidemment pour la critique, elle n'aurait eu sur lui aucune prise, faisant tomber tous ses coups à côté.

Bien avant que le paradoxe de Rousseau fût ainsi traduit en drame, et au moment même où il venait de paraître, deux bonnes plumes s'étaient empressées de réfuter sa diatribe contre le théâtre. D'Alembert, à qui elle était adressée, y fit une réponse publiée sous ce titre : *Lettre à M. Rousseau, citoyen de Genève*[1]. Il n'y oublie pas Molière, ni *le Misanthrope*, qu'il appelle « ce chef-d'œuvre de notre théâtre comique. » Il parle du rôle d'Alceste et de l'estime que ce personnage inspire, comme de Visé en avait parlé ; mais il sacrifie beaucoup trop Philinte, tout en étant d'avis que Molière a voulu l'opposer à son rigide ami « comme un modèle de la conduite qu'on doit

---

1. Voyez à la fin du tome II des *Mélanges de littérature, d'histoire et de philosophie*, Amsterdam, 1759, particulièrement p. 421, 423 et 434.

tenir avec les hommes. Philinte, dit-il, m'a toujours paru, non pas absolument, comme vous le prétendez, un caractère odieux, mais un caractère mal décidé, plein de sagesse dans ses maximes et de fausseté dans sa conduite. » C'est dans la scène du sonnet surtout qu'il le trouve d'une complaisance excessive. Il propose donc quelques corrections en cet endroit. « Mais, se hâte-t-il de dire, je m'aperçois.... que je donne des leçons à Molière. » Il avait bien raison de ne pas les risquer sans hésitation.

Marmontel répondit aussi à Rousseau dans le *Mercure de France* des derniers mois de 1758 (novembre et décembre) et de janvier 1759. Comme d'Alembert, il justifia Molière du reproche d'avoir ridiculisé la vertu. « Le comble de l'art, dit-il, était de composer un caractère à la fois respectable et risible, qualités qui semblent s'exclure et que Molière a su concilier[1].... Ce n'est.... pas le ridicule de la vertu qu'il a voulu jouer, mais un ridicule qui accompagne quelquefois la vertu..., une fougue qui l'emporte au delà de ses limites, une âpreté qui la rend insociable;... voilà ce que Molière attaque dans le Misanthrope; et, pour le ramener aux sentiments de l'humanité compatissante, il lui fait voir qu'il est homme lui-même et qu'il peut être, comme nous, le jouet de ses passions (p. 118 et 119).... Le dessein de Molière a.... été, en composant le caractère du Misanthrope, de se servir de sa vertu comme d'un exemple, et de son humeur comme d'un fléau » (p. 120), c'est-à-dire comme d'un fouet de satire contre les vices. Il nous semble que c'est parler judicieusement. Marmontel n'est pas aussi sévère que d'Alembert pour Philinte, dont il juge très-véniels les petits excès de politesse. Il n'admet pas, du reste, que Molière ait voulu lui donner l'avantage sur Alceste. De Visé avait un peu trop paru le croire, et c'est surtout ce qui fait douter qu'il ait sur toute chose consulté Molière. Marmontel ne l'a-t-il pas ici beaucoup mieux compris? « Si Molière, dit-il (p. 121), eût fait un vicieux du Misanthrope, il lui eût donné pour contraste un modèle de vertu. » Dans *le Tartuffe*, l'opposition du vrai sage, qui s'appelle Cléante, à l'odieux hypocrite donne raison à Marmontel :

1. Page 116 du *Mercure* de décembre 1758.

« Mais, poursuit-il (p. 121 et 122), comme il n'en fait qu'un homme insociable, c'est un modèle de complaisance et d'égards qu'il a dû lui opposer. Philinte n'est donc pas le sage de la pièce, mais seulement l'homme du monde : son sang-froid donne du relief à la fougue du Misanthrope, et, quoique l'un de ces contrastes fasse rire aux dépens de l'autre, l'avantage et l'ascendant que Molière donne à Alceste sur Philinte prouve bien qu'il lui destinait la première place dans l'estime des spectateurs. »

La Harpe, un peu plus tard, a repris la discussion[1] et combattu à son tour les erreurs de Rousseau. Il l'a fait avec sa clarté élégante, mais sans beaucoup de nouveauté.

La lettre à d'Alembert nous a amené sur le terrain des critiques, dont elle rappelle le souvenir. Si, ne nous bornant pas à ces critiques du siècle dernier[2], nous passions en revue

---

1. *Cours de littérature*, seconde partie, livre Ier, chapitre vi, section iii.

2. Sans la crainte de trop nous étendre, nous aurions pu, sortant de France, joindre aux noms de d'Alembert, de Marmontel, de la Harpe, celui de leur contemporain Lessing, qui, lui aussi, a défendu *le Misanthrope* contre Rousseau, mais en passant et brièvement. Il fait une juste distinction entre « rire » et « déprécier, déconsidérer par le rire », *lachen* et *verlachen*; il est de ceux qui pensent que si Alceste fait rire, Molière ne l'en a pas moins laissé très-respectable à nos yeux. Voyez, dans *la Dramaturgie de Hambourg*, l'article de Lessing du 4 août 1767. — Puisque nous parlons de l'Allemagne, disons aussi que Goethe tenait beaucoup à venger Molière des injustes critiques de Schlegel, dont il s'indignait. Toutes les attaques de Schlegel ont aussi été réfutées dans les premières pages d'un travail, fort apprécié en Allemagne, que M. Gerth a publié en 1841 sur notre chef-d'œuvre comique. En voici le titre : *Abhandlung des Adjuncten Dr C. A. E. Gerth: Ueber den Misanthropen des Molière, mit Bezugnahme auf das Urtheil von A. W. von Schlegel. Putbus*, 1841. Ce livre, depuis longtemps épuisé, a échappé à nos recherches. On peut en voir un compte rendu, par M. Herrig, dans l'*Archiv für das Studium der neueren Sprachen*, tome I (1846), p. 445-447. Pour revenir à Goethe, il a parlé du *Misanthrope* avec admiration. « Je le relis sans cesse, disait-il, comme une des pièces du monde que j'aime le mieux. » M. L. Moland, dans sa *Notice préliminaire* du *Misanthrope*, a cité tout le passage des *Entre-*

celles du temps présent, nous serions entraîné un peu loin. Nous aurions regret cependant à ne pas mentionner, parmi celles-ci, une étude où les mêmes questions sont traitées avec finesse; on la doit à un comédien très-intelligent, Adrien Perlet. Il a publié deux *Lettres sur le Misanthrope*[1]. Dans la première, tout en étant d'accord avec d'Alembert, Marmontel et la Harpe, pour louer la haute moralité de notre comédie, il leur reproche d'avoir fait au personnage d'Alceste « une trop large part sous le rapport de la vertu[2]. » Alceste n'est pas vertueux[3], non-seulement parce qu'il l'est avec excès, mais parce que l'orgueil, qui lui fausse le jugement, ternit en lui toutes les bonnes qualités. L'homme vraiment vertueux, le sage de la pièce, est Philinte[4]. Si de Visé l'avait insinué, il ne l'avait pas dit si expressément.

Resterait-il donc quelque obscurité, au milieu de laquelle les juges les plus favorables se débattraient sans pouvoir tomber d'accord? Ces deux rôles seraient-ils des énigmes, et particulièrement le rôle principal, si bien qu'il y aurait une *énigme d'Alceste*, comme l'a cru l'auteur d'un livre qui, précisément sous ce titre, a été publié cette année même[5], et dans lequel le sens de notre comédie a été jugé si abstrus, que,

---

tiens de Goethe et d'Eckermann où se trouvent ces paroles. Voyez le tome IV de son édition des *OEuvres de Molière*, p. 15, à la note, ou la traduction d'Eckermann par M. Délerot, tome I, p. 323 et 324. Goethe a encore parlé du *Misanthrope*, en annonçant la *Vie de Molière* par Taschereau, 1828 (édition grand in-8° de ses OEuvres, Cotta, 1863, tome V, p. 674 et 675; l'article est donné à l'Appendice de la traduction citée de M. Délerot, tome II, p. 363 et 364). Il fait là des réflexions remarquables sur l'impression *tragique* que, selon lui, laisse la pièce (ce n'est pas une critique, mais un éloge); et il exprime toute sa sympathie pour le caractère d'Alceste, dont la nature droite et vraie n'a pas été corrompue par la fréquentation du grand monde.

1. Aux pages 109-174 de l'ouvrage intitulé *De l'Influence des mœurs sur la comédie*, 1 vol. in-8°, Paris, Dauvin et Fontaine, 1848.

2. Page 111. — 3. Page 115. — 4. Pages 116 et 138.

5. *L'Énigme d'Alceste, nouvel aperçu historique et moral sur le XVIIe siècle*, par Gérard du Boulan, 1 volume in-8°, Paris, chez Quantin, 1879.

pour l'éclaircir, beaucoup d'érudition historique et l'intelligence du « symbolisme[1] » qui se trouve dans le caractère d'Alceste, « mythe de la conscience publique[2], » (que Molière pardonne !) ne devaient pas être de trop. L'épigraphe de cette étude, souvent distinguée, mais étrangement paradoxale, est une phrase attribuée à Victor Cousin : « Alceste est resté le secret du génie de Molière. » Tout d'abord nous avons été fort étonné qu'un si grand esprit ne se soit pas résigné à comprendre plus simplement un caractère qui n'a rien de si mystérieux. Nous avons voulu vérifier la citation : elle est inexacte. Victor Cousin, tout au contraire de ce qu'on lui a fait dire, a écrit : « Il n'y a point ici de secret, excepté celui du génie[3]. »

N'admettant pas non plus cette profondeur qu'en vain on a tenté de pénétrer, mais aimant mieux croire à quelque chose d'indécis dans la pensée, qui a laissé cette pensée sujette à des interprétations douteuses, quelqu'un[4] a dit récemment : « Lorsqu'on écoute attentivement ces admirateurs et ces dévots

1. Page 165. — 2. Page 168.

3. Voyez *la Jeunesse de Mme de Longueville*, 1853, chap. II, p. 191, note 1. Il vaut la peine de citer la note tout entière. Le bon sens, ce nous semble, ne saurait mieux parler : « S'il est vrai, comme l'assurent plusieurs contemporains, entre autres Segrais, que Montausier ait servi de modèle au Misanthrope, c'est que Molière, qui ne savait pas le fond des choses, voyant, à la surface, de l'humeur, de la hauteur et de la brusquerie, a pris l'apparence d'une vertu difficile pour la réalité. Mais Molière n'a dit son secret à personne, et vraisemblablement il n'y a point ici de secret, excepté celui du génie. Le Misanthrope n'est la copie d'aucun original. Bien des originaux ont posé devant le grand contemplateur et lui ont fourni mille traits particuliers; mais le caractère entier et complet du Misanthrope est sa création. » C'est dans le même sens, et seulement pour refuser créance aux prétendues clefs, que Victor Cousin, renvoyant à ce passage, a dit dans *la Société française au XVIIe siècle*, 1858, tome II, p. 53 : « Ainsi que nous l'avons remarqué ailleurs, Molière n'a dit son secret à personne. »

4. M. Louis Veuillot, à la page 234 de *Molière et Bourdaloue* (Paris, 1877), livre dont nous ne citons ici qu'un des passages les plus doux, et qui continue contre notre grand poëte la tradition des Roullé et des Rochemont. Le dernier chapitre (p. 233-269) est tout entier consacré au *Misanthrope*, dont le mérite littéraire est

(*les commentateurs du* Misanthrope), l'on s'aperçoit assez vite que le sens du poëme leur demeure enveloppé. Chacun croit bien deviner ce que l'auteur a voulu faire; au bout du compte, nul n'en est certain.... Est-ce Alceste ou Philinte qu'il faut qu'on admire? Cela reste fort embrouillé[1]. » Le génie de Molière cependant est d'ordinaire si net, qu'un tel embarras, embrouil-

fort rabaissé, sans être tout à fait nié, et la valeur morale encore plus sévèrement jugée. Alceste « n'est qu'un vertueux du paganisme.... Cependant.... il a de la sincérité et du cœur. Il serait possible de le mener à confesse ; et pourvu qu'il ne tournât pas au jansénisme, on le ferait chrétien. Mais Philinte est un madré..., capable de corrompre les autres.... Nous devons la charité aux hommes, non au diable » (p. 247, 248 et 251). M. Veuillot a peur qu'Alceste ne soit sur la pente du jansénisme. Pour l'auteur de *l'Énigme d'Alceste* (p. 165), nul doute: Alceste est janséniste. Voilà Molière bien près de l'être lui-même!

1. Dans les papiers de M. Despois on a recueilli quelques notes qui se rapportent au *Misanthrope*. Comme il ne les écrivait encore que pour lui-même, et que sa pensée, à ce moment, n'était pas toujours arrêtée, non plus que la forme qu'il se réservait de lui donner; comme aussi, parmi ces études, qu'il ne faisait pas en commentateur de métier, il se plaisait à prendre le papier pour confident de ses plus intimes sentiments, publier ici toutes ses notes serait moins un hommage à sa mémoire qu'une indiscrétion. Mais nous pouvons en extraire quelques lignes, qui méritent attention, au sujet de cette impuissance où se trouvent, dit-on, les divers critiques, de tomber d'accord sur le sens des deux rôles qui font principalement contraste dans la pièce :

« En voyant tant discuter sur ces deux personnages d'Alceste et de Philinte, en voyant les uns faire de Philinte un égoïste (Rousseau et Fabre d'Églantine), les autres un honnête homme et l'Ariste de la pièce (la Harpe), je me suis demandé souvent si ce n'était pas une faute de nous laisser ainsi dans l'indécision sur la portée et l'intention véritable de ces deux rôles. Je me trompais. Molière a peint simplement, dans Philinte, l'homme du monde, dans Alceste, le parfait honnête homme ; et selon que chacun se trouve porté par ses goûts, ses penchants, ses habitudes, à se contenter d'une vertu commode, ou à préférer une vertu rigide, on préfère l'un ou l'autre : Molière nous laisse le choix.... Je crois d'ailleurs que toutes les sympathies de Molière sont pour Alceste. »

Il nous paraît évident que M. Despois n'hésitait point dans les

lement, si l'on veut, étonnerait beaucoup. Il n'y en a peut-être que parce qu'on a voulu chercher dans *le Misanthrope* une sorte de thèse philosophique, qui n'y est pas. La Harpe, par exemple, la pose ainsi : « Emprunter à la morale une des plus grandes leçons qu'elle puisse donner aux hommes ; leur démontrer cette vérité..., que la sagesse même et la vertu ont besoin d'une mesure, sans laquelle elles deviennent inutiles ou même nuisibles ; rendre cette leçon comique, sans compromettre le respect dû à l'homme honnête et vertueux, c'était là sans doute le triomphe d'un poëte philosophe, et la comédie ancienne et moderne n'offrait aucun exemple d'une si haute conception[1]. » Que la leçon soit donnée par notre comédie, et bien d'autres en même temps, dans les rôles de Philinte, d'Oronte, d'Arsinoé, cela n'est pas douteux ; mais, au dix-septième siècle, on ne songeait guère, comme ce fut de mode au suivant, sans parler du nôtre, à bâtir une pièce sur une seule question philosophique, sur une théorie morale, dont chaque rôle devient comme un chapitre, les personnages très-souvent n'étant plus que des idées abstraites. Molière était philosophe, mais peintre avant tout ; rien de plus évident, dans son *Misanthrope* tout autant que dans ses autres pièces. Les hommes sont représentés par le poëte comique avec leur mélange de vertus et de défauts, comme ils sont dans la vie réelle. De semblables peintures, dont la ressemblance vivante est la première loi, ne supposent pas pour cela chez le peintre l'indifférence aux impressions morales qu'elles doivent laisser. Le spectacle de la vie, tel qu'a su le voir et nous le rendre un esprit juste et honnête, ne manque certes pas d'enseignements. Ni Alceste, ni Philinte, nous en avons déjà fait la remarque, ne sont proposés pour des modèles absolus : l'un n'est pas plus que l'autre l'homme de Molière, celui-ci avec sa com-

---

siennes. Ceux qui l'ont connu n'en seront pas surpris. Il avait du reste bien raison de penser que Molière, nous laissant le choix, suivant notre caractère, entre Alceste et Philinte, avait fait, avant tout, dans l'impartiale et équitable vérité de ces deux figures, œuvre de grand peintre.

1. *Cours de littérature*, au début du chapitre cité ci-dessus (p. 378, note 1).

plaisance trop facile, dont le Misanthrope lui fait honte avec tant de raison, celui-là avec sa sévérité trop sauvage dont le ridicule éclate; mais leur vertu, leur sagesse, toujours applaudies par le spectateur, offrent d'utiles exemples; leurs travers et leurs faiblesses signalent les écueils. Ce que, dans ces caractères opposés, Molière veut que tantôt on approuve, que tantôt on blâme, n'est pas équivoque; et il se sert de tous deux pour nous conseiller aussi bien la sincérité ferme que la modération indulgente, aussi bien la résistance aux mauvaises maximes du monde que les égards nécessaires du savoir-vivre. Quiconque, ainsi que Rousseau, ne trouve pas là son compte, trahit son côté faible, et se dénonce.

Malgré l'excellence de ses leçons, *le Misanthrope* ne nous est pas donné comme un cours de morale, mais comme un tableau du monde, une fidèle image et de la société du temps et de la nature humaine. On a dit que ce n'était qu'une satire : oui sans doute, c'en est une; mais y a-t-il beaucoup de satires où l'on trouve ainsi, à côté du mal dont on rit ou s'indigne, la sagesse qu'on approuve et la vertu qu'on admire?

Dès les premiers temps, nous l'avons vu, les beautés du style frappèrent. A propos de ces beautés, dont nous n'avons pas ici à recommencer l'étude souvent bien faite, il faut seulement rappeler un fait très-singulier, déjà relevé dans la *Notice*[1] et dans les notes de *Dom Garcie de Navarre*. Beaucoup de beaux vers du *Misanthrope* n'étaient pas nouveaux, avaient déjà servi. Ils semblent bien, dans leur premier cadre, avoir été presque inaperçus. Ils n'avaient pas du moins sauvé d'une chute incontestable la comédie du *Prince jaloux*. Peut-être aujourd'hui même seraient-ils peu remarqués, si de la bouche de Dom Garcie ils n'eussent passé dans celle d'Alceste. Ce que Boileau a dit du pouvoir d'un mot mis en sa place n'est pas moins vrai des bons vers, qui, sur la scène, n'ont tout leur effet, ne brillent de toute leur lumière que si l'heureuse conception théâtrale et le ferme dessin des caractères leur offrent comme un fond bien préparé sur lequel ils se détachent en plein relief. *Dom Garcie* est monotone et de peu d'intérêt. Dans le principal rôle cependant, qui a le défaut de n'être ni

---

1. Voyez au tome II, p. 224 et 230.

tragique ni comique, Molière avait mis beaucoup de vraie passion ; il le savait, et croyait avec raison regrettable que nombre d'excellents vers, inspirés par sa connaissance des passions et par son cœur, demeurassent perdus. La pièce n'ayant pas été imprimée de son vivant (elle ne le fut qu'en 1682), il lui parut très-légitime d'en relever quelques-uns des meilleurs débris, dont probablement il était seul à se souvenir, et qui purent trouver place dans différentes comédies, dans l'*Amphitryon*, dans *les Femmes savantes*, surtout dans *le Misanthrope*. Là, deux scènes, la seconde et la troisième de l'acte IV, ont avec des scènes de *Dom Garcie*[1] beaucoup de ressemblance, autant par l'expression de la passion que par la situation. Ce qui fait la grande différence, c'est qu'il n'est pas un jaloux semblable à tous les autres, cet Alceste, âme sérieuse et profonde, pris aux piéges d'une coquette, dont il est sans doute aimé, mais sans pouvoir jamais fixer sa légèreté, enchaîner la liberté de ses caprices frivoles. La sage princesse de Léon et son amant visionnaire ne pouvaient offrir le spectacle d'un combat si déchirant et si vrai. Rien n'est à la fois triste et plaisant comme de voir cette fierté sauvage d'Alceste plier, malgré ses révoltes, sous l'empire d'une grâce séduisante, dont un des plus singuliers charmes est dans les défauts mêmes auxquels l'ennemi des perfidies du monde a déclaré la guerre, et d'assister à la lutte des deux caractères les plus opposés, qui ne cessent de s'attirer et de se repousser : de l'homme sincère jusqu'à la rudesse et fait pour le désert, de la femme pour qui l'air de la vie mondaine, son atmosphère de vanités, d'enivrantes flatteries et de spirituelles médisances est seul respirable. Un sous-titre de la pièce, qui se trouvait dans le privilége obtenu pour elle le 21 juin 1666, et qui nous a été conservé par le *Registre de la chambre syndicale des libraires*, à la date du 21 décembre suivant, mérite de ne pas être oublié ; c'est *l'Atrabilaire amoureux*[2]. Molière paraît y avoir renoncé, peut-être dans la crainte qu'il n'annonçât pas

---

1. Voyez l'acte II, scène v, et l'acte IV, scènes vii et viii, de *Dom Garcie*.

2. Voyez au tome II, p. 148, note 2, et p. 230 ; et ci-après, p. 440 et note 2.

assez tout le sujet; mais s'il l'avait adopté un moment, ce doit être qu'il jugeait l'amour d'Alceste quelque chose de plus qu'un épisode dans sa grande peinture, où rien ne fait mieux ressortir le caractère du Misanthrope[1].

Soupçonnera-t-on une autre raison qu'il aurait eue de reconnaître à cet amour une si grande place dans la pensée de sa pièce? On a cru que lorsqu'il peignait en traits frappants la faiblesse d'un sage pour une coquette, il n'avait fait qu'épancher les sentiments les plus vifs et les plus douloureux de son âme : ce qui expliquerait chez lui une prédilection pour cette partie de son œuvre. « L'amoureux atrabilaire », c'est lui-même; Célimène perfide, et, malgré tout, aimée jusqu'à sa dernière et impardonnable trahison, est Mlle Molière. Là-dessus, on nous renvoie à la fameuse conversation de notre poëte avec Chapelle, rapportée (mais avec quelle garantie d'authenticité?) dans le libelle de *la Fameuse comédienne*[2]. « En 1664, dit M. Aimé-Martin[3], époque à laquelle Molière travaillait au *Misanthrope*, il se sépara de sa femme, comme Alceste de Célimène, après lui avoir offert son pardon. » Pre-

---

[1]. Nous aurions peine à croire que cette idée de l'amour du Misanthrope ait été suggérée à Molière par la lecture d'une des *déclamations* du sophiste Libanius[a], dans laquelle Timon aussi est amoureux, et reconnaît que cette faiblesse lui fait expier son orgueil. Le rapprochement n'en est pas moins curieux, et montre combien l'idée est naturelle. Il a été signalé par M. Auguste Widal dans la thèse imprimée sous ce titre : *Des divers caractères du Misanthrope chez les écrivains anciens et modernes*, Paris, 1851. Voyez aux pages 23-29. Il est très-regrettable que cette heureuse rencontre de Libanius avec Molière soit étrangement gâtée pour nous par les mœurs grecques, et que la Célimène de Timon ne soit autre qu'Alcibiade. Le caractère du fils de Clinias rappelle là par plusieurs traits celui de la coquette qui se joue d'Alceste et prend plaisir à le railler sur la bizarrerie de son humeur.

[2]. Voyez *les Intrigues de Molière et celles de sa femme*, ou *la Fameuse comédienne, histoire de la Guérin*, édition de M. Livet, p. 16-21.

[3]. Note sur le vers 1784 (à la dernière scène du *Misanthrope*, l'avant-dernière dans l'édition Aimé-Martin).

[a] La IXe dans l'édition de Fréd. Morel (tome I, p. 343-360, Paris, 1606). Elle y est intitulée : *Timon amans Alcibiadem seipsum defert*.

nons garde toutefois que quelques vers très-passionnés du rôle d'Alceste, où l'expression de sa jalousie est si pénétrante, se trouvaient déjà, comme nous l'avons rappelé plus haut, dans une pièce représentée en février 1661, un an avant le mariage de Molière, ajoutons composée depuis longtemps[1].

Ceux qui ne se consoleraient pas de ne plus retrouver l'accent personnel du poëte dans les vers d'Alceste jaloux, peuvent répondre que beaucoup de ces vers, et des plus éloquents, ne sont pas dans le rôle de Dom Garcie. Alceste est malheureux d'une tout autre manière que celui-ci. Il n'est pas livré aux mêmes chimères, mais désespéré, comme Molière le fut, par une coquetterie trop réelle. Pourquoi donc ne pas admettre que le poëte a été inspiré par ses propres chagrins? La conjecture, en effet, n'est pas à repousser, si l'on n'y dépasse pas la juste mesure. Celui qui ne cessait d'étudier autour de lui les passions, devait aussi les étudier et les connaître dans son cœur; et il n'est pas invraisemblable qu'il ait mis beaucoup de lui-même, des colères de son âme blessée, dans ce rôle d'Alceste, dont il s'était, comme acteur, réservé l'interprétation. Il a donné le rôle de l'incorrigible coquette à sa femme, à laquelle il a bien pu penser lorsqu'il peignait si parfaitement ce caractère. Il ne faudrait pas pour cela chercher Molière dans le personnage du Misanthrope tout entier, ni partout Mlle Molière dans Célimène, dont elle avait seulement quelques traits.

Une fois dans la voie des applications, on ne s'arrête plus: c'est presque toute sa troupe que Molière aurait mise en scène: Éliante est Mlle de Brie, Arsinoé Mlle Duparc; puis viennent, en dehors de ce monde du théâtre, les amants de Mlle Molière, ceux du moins qu'on lui a prêtés, malgré de fortes objections contre ces désignations[2]: le comte de Guiche qui est Clitandre, Lauzun qui est Acaste; singulière et peu discrète façon qu'aurait eue Molière de se venger d'eux, en disant au public: « Ne reconnaissez-vous pas bien les galants de ma

---

1. Voyez la *Notice de Dom Garcie de Navarre*, tome II, p. 220.
2. Voyez les *Notes historiques sur la vie de Molière*, par M. Bazin, p. 119 de la 2de édition in-12, et les notes de M. Livet sur *la Fameuse comédienne*, p. 131-133.

femme ? » Dans Philinte, on a découvert l'insouciant Chapelle, qui dut un peu s'étonner d'être si sage. Qui sera l'homme au sonnet, sinon le duc de Saint-Aignan, ce grand seigneur qui faisait des vers ? Pour Alceste (car il n'est pas toujours Molière), moins de doute encore : l'auteur a joué dans ce rôle M. de Montausier.

S'il paraît bien qu'en effet ce dernier nom a été prononcé par les contemporains comme le vrai nom du Misanthrope de Molière, quelqu'un a-t-il songé alors à affubler le duc de Saint-Aignan du ridicule d'Oronte ? Nous sommes convaincu, comme M. Bazin[1], que Molière ne peut avoir fait une si inconvenante satire d'un protecteur des lettres, d'un ami du Roi. C'est à peu près aussi croyable que Mme de Longueville prise, ainsi que l'ont dit quelques-uns, pour modèle de Célimène, Mme de Longueville, cette princesse du sang royal, depuis plusieurs années pénitente, et que Molière aurait été chercher dans sa pieuse retraite pour faire d'elle le type de toutes les frivolités mondaines.

Revenons au duc de Montausier, puisque, pour lui du moins, il s'agit d'une opinion fort ancienne. Plusieurs témoignages ne permettent guère de douter que cette opinion ne remonte aux premiers temps de la pièce. Ils s'appuient évidemment sur une tradition qui mérite confiance, quoique chacun l'ait un peu arrangée à sa guise et en donne une version différente. Voici celle de d'Olivet dans son *Histoire de l'Académie françoise*[2] : « Quand il (*Molière*) donna son *Misanthrope*, l'abbé Cotin et Ménage se trouvèrent à la première représentation, et tous deux au sortir de là ils allèrent sonner le tocsin à l'hôtel de Rambouillet, disant que Molière jouoit ouvertement M. le duc de Montausier, dont en effet la vertu austère et inflexible passoit mal à propos, dans l'esprit de quelques courtisans, pour tomber un peu dans la misanthropie. Plus l'accusation étoit délicate, plus Molière sentit le coup. Mais il l'avoit prévenu en communiquant sa pièce, avant qu'elle fût jouée, à M. de Montausier lui-même, qui, loin de s'en offenser, l'avoit vantée, et

---

1. *Notes historiques sur la vie de Molière*, p. 141.
2. Édition de 1729, tome II des deux histoires réunies de Pellisson et d'Olivet, p. 158.

avec raison, comme le chef-d'œuvre de l'auteur. » Saint-Simon, dans ses notes sur le *Journal de Dangeau*[1], fait un récit plus piquant, mais où l'on remarquera des détails d'une vraisemblance douteuse : « Molière fit *le Misanthrope*. Cette pièce fit grand bruit et eut grand succès à Paris avant que d'être jouée à la cour. Chacun y reconnut M. de Montausier et prétendit que c'étoit lui que Molière avoit en vue. M. de Montausier le sut, et s'emporta jusqu'à faire menacer Molière de le faire mourir sous le bâton. Le pauvre Molière ne savoit où se fourrer ; il fit parler à M. de Montausier par quelques personnes, car peu osèrent s'y hasarder, et ces personnes furent fort mal reçues. Enfin le Roi voulut voir *le Misanthrope*[2], et les frayeurs de Molière redoublèrent étrangement ; car Monseigneur alloit aux comédies, suivi de son gouverneur. Le dénouement fut rare : M. de Montausier, charmé du *Misanthrope*, se sentit si obligé qu'on l'en eût cru l'objet, qu'au sortir de la comédie il envoya chercher Molière pour le remercier. Molière pensa mourir du message, et ne put se résoudre qu'après bien des assurances réitérées. Enfin il arriva, toujours tremblant, chez M. de Montausier, qui l'embrassa à plusieurs reprises, le loua, le remercia, et lui dit qu'il avoit pensé à lui en faisant le Misanthrope, qui étoit le caractère du plus parfaitement honnête homme qui pût être, et qu'il lui avoit fait trop d'honneur, et un honneur qu'il n'oublieroit jamais, tellement qu'ils se séparèrent les meilleurs amis du monde, et que ce fut une nouvelle scène pour la cour, meilleure encore que celle qui y avoit donné lieu. » Malgré la différence des anecdotes, le fond commun se retrouve. Le *Segraisiana*[3] doit aussi être cité. L'auteur ne doute pas que le duc, si connu par ses rudesses, n'ait fourni des traits au peintre : « Molière, dit-il, a bien représenté M. de Montausier dans son Misanthrope; c'étoit là son propre caractère. » Il y est dit ailleurs[4] du même personnage : « Il étoit extrêmement inégal, chagrin et pédant. »

1. Tome III, p. 126.
2. Le récit de Saint-Simon supposerait, ce nous semble, que la pièce fut jouée devant le Roi plus tôt qu'elle ne put l'être.
3. 1 volume in-12 (la Haye, 1722), p. 65.
4. Page 100.

Ce n'est pas tout à fait Alceste vu du bon côté. On n'en reconnaît pas moins entre les deux caractères des traits de ressemblance. Ménage en rappelle un assez frappant dans une anecdote qui fait sur-le-champ penser à ces vers :

> L'honneur de contredire a pour lui tant de charmes[1], etc.

« Il y a des gens, dit Ménage[2], qui se plaisent à contredire sur toutes choses, jusque-là qu'ils ne se souviennent plus du sentiment dont ils étoient auparavant, pour prendre le sentiment contraire, seulement pour contredire. Un seigneur de la cour, un peu contredisant, que je ne nommerai point, parce que je l'honore beaucoup.... » Suit l'anecdote du jardin de Renard, qu'il serait ici superflu de transcrire. L'annotateur du *Ménagiana*, la Monnoye, nous avertit que le seigneur était Montausier.

Plusieurs commentateurs de Molière ont déjà fait remarquer aussi des rapports, qu'on aurait peine à croire fortuits, entre des passages du *Misanthrope* et le portrait que Mlle de Scudéry a fait du duc de Montausier, sous le nom de Mégabate, dans *le Grand Cyrus*[3]. On y peut noter jusqu'à des expressions qui se rencontrent singulièrement avec celles de Molière : « Mégabate, quoique d'un naturel fort violent, est pourtant souverainement équitable, et je suis fortement persuadé qu'il n'y a rien qui lui pût faire faire une chose qu'il croiroit choquer la justice.... Comme Mégabate est fort juste, il est ennemi déclaré de la flatterie : il ne peut louer ce qu'il ne croit point digne de louange, et ne peut abaisser son âme à dire ce qu'il ne croit pas, aimant beaucoup mieux passer pour sévère auprès de ceux qui ne connoissent point la véritable vertu, que de s'exposer à passer pour flatteur. Aussi ne l'a-t-on jamais soupçonné de l'être de personne, et je suis persuadé que, s'il eût été amoureux de quelque dame qui eût eu quelques légers défauts, ou en sa beauté, ou en son esprit, ou en son humeur, toute la violence de sa passion n'eût pu

---

1. *Le Misanthrope*, acte II, scène IV, vers 677 et suivants.
2. *Ménagiana*, édition de la Monnoye (1729), tome IV, p. 8.
3. *Artamène* ou *le Grand Cyrus* (1653), septième partie, livre I, p. 507-510.

l'obliger à trahir ses sentiments. En effet, je crois que s'il eût eu une maîtresse pâle, il n'eût jamais pu dire qu'elle eût été blanche. S'il en eût eu une mélancolique, il n'eût pu dire aussi, pour adoucir la chose, qu'elle eût été sérieuse.... Ceux qui cherchent le plus à trouver à reprendre en lui, ne l'accusent que de soutenir ses opinions avec trop de chaleur. » Qui ne se souviendrait ici de plusieurs beaux vers de notre comédie et du couplet d'Éliante [1], imité de Lucrèce? Qui ne serait d'avis que Molière a connu le Mégabate du *Grand Cyrus*, et que sans doute, derrière ce portrait, il en a regardé l'original, M. de Montausier?

Mais que celui-ci, très-incapable, on le sait, de préférer la chanson du roi Henri au style qu'on admirait chez les précieuses, ait été le seul modèle d'après qui le poëte ait dessiné la noble figure, Boileau certainement l'aurait nié; car il réclame l'honneur d'avoir lui-même servi de type, du moins dans la scène du sonnet, et, qu'on y fasse attention, c'est la seule clef qui se recommande de l'aveu qu'en a fait Molière.

Écrivant en 1706 au marquis de Mimeure [2], Boileau lui racontait que, pour traverser la brigue de M. de Saint-Aulaire, qui voulait entrer à l'Académie française et y entra, il avait, dans une assemblée de sa compagnie, porté le poëme, « très-mal versifié » du grand seigneur candidat, et l'avait fait lire à qui voulut. « Quelqu'un, ajouta-t-il, s'étant mis en devoir de le défendre, je jouai le vrai personnage du Misanthrope dans Molière; ou plutôt j'y jouai mon propre personnage, le chagrin de ce Misanthrope contre les mauvais vers ayant été, comme Molière me l'a confessé plusieurs fois lui-même, copié sur mon modèle. » Surtout sans doute quand il s'agissait de vers, mais aussi dans toute sa vie, Boileau méritait bien ce qu'un de ses amis disait de lui dans une de ses lettres [3], à propos de cette affaire académique : « Voilà.... des témoignages qu'il y a encore des Romains sur la terre, et, à l'avenir, vous prendrez la peine de ne plus appeler M. Despréaux votre cher

---

1. Acte II, scène IV, vers 711 et suivants.
2. *OEuvres de Boileau*, édition de Berriat-Saint-Prix, tome IV, p. 125 et 126.
3. *Ibidem*, p. 126, à la note. — Cet ami était le Verrier.

poëte, mais votre cher Caton. » Une note de Brossette, publiée par Cizeron Rival[1], nous offre un rapprochement curieux. Molière, raconte-t-il, engageait un jour Boileau à épargner Chapelain dans ses satires, sous prétexte que ce poëte était fort aimé de Colbert et du Roi lui-même : « Oh! le Roi et « M. Colbert feront ce qui leur plaira, dit Boileau brus- « quement; mais à moins que le Roi ne m'ordonne expres- « sément de trouver bons les vers de Chapelain, je soutien- « drai toujours qu'un homme, après avoir fait *la Pucelle*, « mérite d'être pendu. » Molière se mit à rire de cette saillie, et l'employa ensuite fort à propos (acte II, scène dernière[2]). » La traduction en prose des vers 769-772 est ici trop exacte, dira-t-on, pour n'être pas suspecte. Il se peut qu'en effet il y ait quelque chose d'arrangé en vue de la parfaite ressemblance. Louis Racine, qui pour le fond de l'anecdote est d'accord, la rapporte ainsi[3] : « On l'exhortoit (*Boileau*) à ne point attaquer Chapelain, parce que, lui disoit-on, il est protégé par M. de Montausier et reçoit quelquefois la visite de M. Colbert. — Et quand le Pape, répondit-il, lui rendroit visite, ses vers en seroient-ils meilleurs? » On reste plus près de la boutade d'Alceste dans cette autre variante, donnée par Monchesnay[4], et où l'on croirait bien trouver l'accent de Boileau : « Eh bien! quand il seroit visité du Pape, je soutiens ses vers détestables. Il n'y a point de police au Parnasse, si je ne vois ce poëte-là quelque jour attaché au Mont fourchu. » Molière a dû connaître quelque vivacité de ce genre, qui aura fort amusé les amis du satirique. Il nous semble assez piquant de voir là Boileau ferme comme Alceste, contre qui? contre l'autre Alceste, puisque l'on croit que M. de Montausier a eu aussi l'honneur d'en être un.

Si l'on restait en quelque doute de l'authenticité de l'anecdote, voici d'autres paroles tirées des OEuvres mêmes de

1. *Récréations littéraires*, p. 24 et 25.
2. C'est-à-dire acte II du *Misanthrope*, scène VI et dernière.
3. Voyez au tome I des *OEuvres de Racine*, p. 223. Nous y avons donné ce passage des *Mémoires de Louis Racine* d'après une addition manuscrite de l'exemplaire corrigé par l'auteur.
4. *Bolæana* (1742), p. 151.

Boileau[1], où il ne se rencontre pas moins avec le Misanthrope de Molière :

> Qu'on vante en lui la foi, l'honneur, la probité,
> . . . .
> On le veut, j'y souscris, et suis prêt de me taire ;
> Mais que pour un modèle on montre ses écrits....

C'est la même pensée et le même tour que dans ces vers de notre comédie :

> Je louerai, si l'on veut, son train et sa dépense ;
> . . . .
> Mais pour louer ses vers, je suis son serviteur[2].

La satire d'où sont tirés les vers de Boileau que nous avons cités a été publiée en 1668, et paraît avoir été composée au plus tôt en 1667. Alceste avait donc parlé avant Boileau ; mais de ce que celui-ci a été l'imitateur, il ne s'ensuit pas que l'imitation n'ait plus aucune signification. Elle prouve que l'auteur de la satire était dès lors préoccupé et fier de sa ressemblance avec le sincère Misanthrope, et ne perdait pas de temps pour la constater aux yeux du public. L'air de parenté de ces deux hommes au franc parler, au goût sévère, l'un comme l'autre ennemis des faux brillants à la mode et des méchants vers des grands seigneurs, ne saurait être méconnu. Voltaire y songeait-il trop, pensait-il surtout au rapprochement, qui vient d'être signalé, de quelques vers des deux poëtes, lorsqu'il a dit[3] : « La pièce (*du Misanthrope*) est, d'un bout à l'autre, à peu près dans le style des satires de Despréaux » ? N'eût-il eu en vue que la correction égale des vers, la comparaison resterait étrange[4].

---

1. *Satire* IX, vers 213-217.
2. Acte IV, scène I, vers 1149 et 1151.
3. Voyez ci-après son *Sommaire*, p. 427.
4. Brossette, dans sa *Remarque* sur la *Satire* II, citée ci-dessus (p. 357), nous apprend que Molière, avant de lire, chez le comte du Broussin, le premier acte du *Misanthrope*, disait très-modestement « qu'on ne devoit pas s'attendre à des vers aussi parfaits et aussi achevés que ceux de M. Despréaux, parce qu'il lui faudroit un temps infini, s'il vouloit travailler ses ouvrages comme lui. » Les

Nous venons de dire qui était vraiment l'Alceste de la querelle du sonnet. Montausier n'avait aucun droit à passer pour en être le modèle, lui qui aimait les vers de Chapelain et de Cotin. D'un certain côté, c'était plutôt à Oronte qu'aurait ressemblé ce grand seigneur qui « faisoit quelquefois des vers, dit le *Segraisiana*[1]; mais c'étoit des vers prosaïques où il n'y avoit ni poésie, ni élévation d'esprit. » Ne faisons pas non plus d'ailleurs de Boileau un Alceste complet : il n'était point « l'atrabilaire amoureux, » et l'on n'a jamais cru que les Célimènes l'aient trouvé très-faible. Il faut ramener à la vérité toutes les applications. Molière a été éclectique en composant la figure de son Misanthrope; soyons-le quand nous cherchons à qui elle ressemble; et ne rejetons ni Montausier, ni Boileau, ni Molière lui-même. C'est ainsi que, pour tous les caractères de ses comédies, le poëte choisissait et copiait de bien des côtés; et puis, voilà surtout ce qu'il ne faut pas oublier, son imagination créatrice dominait, transformait tous ses souvenirs et les combinait dans une forte unité.

Homme du grand monde, nullement homme de lettres, quoiqu'il juge de mauvais vers avec une rectitude d'esprit que la rectitude de son caractère rend très-naturelle, plein d'honneur et de vertu, mais sans modération et sans juste sentiment de ce que le commerce des hommes rend nécessaire et permis, âme tendre avec un esprit dur, Alceste est un personnage très-complexe, quoique parfaitement vraisemblable, et, si nous osons dire, très-logiquement créé. Dans son ensemble original, il peut rappeler plusieurs traits des différentes personnes que les conjectures ont désignées; il ne reproduit entièrement aucune d'elles. Le comprendre ainsi n'importe pas seulement à la vérité de l'histoire de la pièce : la manière dont ce rôle doit être rendu n'y est pas moins intéressée. Si Alceste était seulement Boileau, ou seulement encore Molière lui-même, toute nuance de ridicule, dont alors l'auteur n'aurait pu ad-

---

vers de Molière, quand le temps ne lui eût pas manqué pour les limer comme Boileau limait les siens, ne fussent pas devenus plus ressemblants à ceux-ci par le style. Ne sent-on pas que le moule où il les jetait était naturellement tout autre et d'une profondeur qui n'admet pas de mesure commune?

1. Page 100.

mettre l'idée, devrait être écartée; et, suivant que l'on croirait représenter, sous son nom, l'un ou l'autre des deux illustres, il ne faudrait plus nous montrer dans son personnage, ou que l'âpreté satirique et la mordante franchise, ou bien que la « probité mâle » mêlée à une « tendresse douloureuse[1]. » Et cependant de Visé, qui avait vu Molière jouer Alceste, qui devait même l'avoir entendu s'expliquer, comme auteur, sur ses intentions, admet une certaine dose de ridicule. Nous croyons d'ailleurs que, sans avoir eu besoin d'être averti par lui, l'on a de tout temps réclamé contre les acteurs qui, dans le personnage d'Alceste, n'ont pas assez marqué le côté comique, celui de la bizarrerie qui doit faire rire.

Nous touchons ici à l'interprétation de la pièce par les comédiens, sur laquelle on ne trouvera pas mauvais que nous donnions, suivant notre coutume dans ces *Notices*, quelques détails historiques. La tâche de ces traducteurs de la pensée de Molière était ici particulièrement difficile, en raison même des rares qualités qu'exigeait d'eux un si noble et si profond chef-d'œuvre; mais aussi les grands talents y ont toujours trouvé une des plus belles occasions de se déployer.

Sur la première distribution des rôles le témoignage contemporain de Robinet nous a seulement appris[2] que les spectateurs furent charmés du jeu de tous les acteurs, et que les trois actrices furent Mlles Molière, Duparc et de Brie.

Par qui ont pu être plus amplement renseignés ceux qui ont donné la liste complète des acteurs des premières représentations? Ils ne l'ont pas dit, et il est probable que cette fois encore ils n'ont été guidés, pour la plupart des rôles, que par des conjectures. Voici la distribution que propose M. Aimé-Martin : *Alceste*, Molière; *Philinte*, la Thorillière; *Oronte*, du Croisy; *Célimène*, Mlle Molière; *Éliante*, Mlle de Brie; *Arsi-*

1. Nous empruntons ces expressions à la *Notice* de *Dom Garcie de Navarre*, tome II, p. 227. Nous ne savons si ce que dit M. Despois en cet endroit sur le vrai caractère à donner au rôle, n'aurait pas été expliqué davantage ou atténué par lui, quand il serait arrivé au *Misanthrope*. Quoi qu'il en soit, s'il y a ici entre nous un petit dissentiment, ce que surtout nous regrettons est de ne pouvoir plus le soumettre à son jugement si juste.

2. Voyez ci-dessus, p. 366 et 367.

noé, Mlle Duparc; *Acaste*, la Grange; *un Garde de la maréchaussée*, de Brie; *Dubois*, Béjart. On a depuis ajouté[1] à cette liste le nom d'Hubert pour le rôle de *Clitandre*.

Robinet ne dit pas même quel personnage était joué par chacune des trois *Grâces* qu'il nomme; mais il est incontestable que celui de Célimène appartenait à Mlle Molière. Elle avait droit au premier rôle; et c'était elle qui, au théâtre, était « la grande coquette, » dont elle passait pour ne pas quitter l'emploi dans la vie privée : si bien qu'on a souvent dit que Molière avait écrit le rôle et pour elle et d'après elle. Un document certain, qui sera cité tout à l'heure, nous apprend qu'elle le conserva au temps où elle fut devenue Mlle Guérin.

On n'a pas hésité à donner le personnage d'Arsinoé à Mlle Duparc, celui d'Éliante à Mlle de Brie. Nous trouvons déjà cette dernière attribution dans la *Galerie historique des acteurs du théâtre français*[2], ouvrage de Lemazurier; mais le témoignage n'est pas assez ancien pour ne laisser aucune incertitude. Il n'y a rien, ce nous semble, à conclure du genre de talent de chacune des deux comédiennes, non plus que de leur caractère, dont sans doute, comme tout bon acteur, elles savaient sortir dans leurs rôles. Nous ne pourrions dire d'ailleurs quels détails biographiques avaient instruit ceux qui ont prétendu trouver à la sage et douce Éliante quelque ressemblance avec Mlle de Brie. Voici tout ce que nous apprend, sur elle et sur Mlle Duparc, Molière lui-même dans *l'Impromptu de Versailles* : le rôle qu'il feint d'avoir confié à Mlle de Brie rappelle un peu celui d'Arsinoé, « une de ces femmes.... qui croient que le péché n'est que dans le scandale, qui veulent conduire doucement les affaires qu'elles ont sur le pied d'attachement honnête[3]. » Quant à Mlle Duparc, il lui donne au même endroit un rôle de façonnière; mais elle réclame parce qu'il n'est pas conforme à son humeur; et il n'est pas du tout prouvé que Molière ait caché une ironie sous le compliment qu'il lui fait d'être en effet d'un caractère tout opposé : elle aurait donc été assez différente d'Arsinoé.

1. Dans l'édition de M. Moland.
2. Deux volumes in-8°, Paris, 1810, tome II, p. 148.
3. Scène 1, tome III, p. 404.

Au reste, ce ne sont pas de telles remarques qui nous autoriseraient à intervertir, avec assurance, les rôles entre les deux actrices. Des faits positifs trancheraient seuls la très-petite question. Nous allons en citer un, sans prétendre que la conséquence à en tirer soit au-dessus de toute discussion. Nous le trouvons dans la distribution suivante des rôles en 1685[1] :

DAMOISELLES.

Célimène...........................	*Guerin.*
Éliante............................	*Guiot.*
Arsinoé...........................	*De Brie.*

HOMMES.

Misanthrope.......................	*La Grange.*
Philinte...........................	*Guerin.*
Oronte............................	*Du Croisy.*
Acaste............................	*Hubert.*
Clitandre.........................	*Villiers.*
Basque............................	*Un laquais.*
Un Garde.........................	*Rosimont.*
Dubois............................	*Brécourt* ou *Beauval.*

Ceux de ces acteurs qui étaient dans la troupe de Molière, en 1666, sont : la Grange, du Croisy et Hubert; Mlle Molière (Guerin), Mlle de Brie. Ce n'était point la Grange, nous le verrons, qui avait été le premier Alceste. Pour les autres, il serait peut-être naturel de supposer qu'ils étaient restés chargés des mêmes rôles. S'il en était ainsi, ce serait Mlle de Brie qui aurait créé le rôle, non d'Éliante, mais d'Arsinoé. Mais nous reconnaissons que les comédiens ont très-souvent, dans la même pièce, représenté, à des époques différentes, des personnages différents, et que celui d'Arsinoé avait pu, en 1685, paraître à Mlle de Brie le plus convenable à son âge, qui passait alors la soixantaine. D'un autre côté, si l'âge devait servir ici de règle, elle était, en 1666, moins jeune que Mlle Duparc. On voit donc à laquelle des deux le personnage d'Arsinoé aurait,

---

1. *Répertoire des comédies françoises qui se peuvent jouer* (en 1685), Ms. français de la Bibliothèque nationale, n° 2509, f° 22 r°.

dès cette époque, le mieux convenu. On peut répondre que Mlle de Brie jouait encore des rôles assez jeunes pour qu'elle ait pu aussi représenter Éliante. Et puis le rôle d'Arsinoé est-il bien ce qu'en termes de théâtre on appelle un rôle marqué? Le critique Geoffroy a toujours réclamé contre cette manière de le classer, qui nous a paru avoir prévalu depuis longtemps à la Comédie-Française[1]. Il ne se lassait pas d'insister sur la nécessité de donner à la prude « quelque chose qui fût capable de motiver un peu ses prétentions.... Il faut, disait-il, dans ce rôle une actrice qui ne détruise pas toute illusion. Nous avons vu Mlle Desrosiers, actrice jeune et jolie, jouer Arsinoé. » Assurément la prude du *Misanthrope* n'est pas une vieille femme; mais elle n'est pas toute jeune non plus. A l'en croire, ce qu'elle pourrait avoir de plus que les vingt ans dont Célimène est si fière, « n'est pas un si grand cas. » Elle se vante : Célimène parle très-clairement de l'éclat des jeunes ans amorti chez elle et de la saison « propre à la pruderie. » Sur la scène donc, où le côté ridicule des personnages doit être fortement indiqué, l'effet serait contraire à la pensée de l'auteur si Arsinoé ne paraissait pas quelque peu sur le retour[2]. Si cette remarque sur le personnage d'Arsinoé ne nous avait semblé de quelque intérêt, nous n'en aurions pas allongé la discussion, si peu importante, du doute où Robinet nous laisse sur les rôles respectifs des deux comédiennes.

Le même Robinet néglige de dire par qui fut créé le rôle

1. Voyez dans le *Journal de l'Empire* les feuilletons du 13 janvier 1809, du 10 janvier 1810 et du 3 septembre 1812.
2. Dans *l'Opinion du parterre* ou *Revue de tous les théâtres de Paris*, neuvième année (1812), p. 69, le rédacteur de cette *Revue* dit qu'en distribuant les rôles du *Misanthrope*, le maître, c'est-à-dire Molière, choisit Mme la Grange pour celui d'Arsinoé : « et Mme la Grange, quoique passablement coquette, était laide et d'un âge mûr. » Il est regrettable qu'il ne dise pas où il a puisé ce renseignement, inexact certainement, s'il parle de la création du rôle; mais qui pourrait être vrai, s'il le rapporte à un autre temps. Marie Ragueneau ne remplit de véritables rôles qu'après la rentrée de Pâques 1672, lorsqu'elle eut épousé la Grange. Ce n'est pas elle qui dut remplacer d'abord, dans le rôle d'Arsinoé, Mlle Duparc, si celle-ci l'avait créé. Mlle Duparc avait quitté le Palais-Royal à la rentrée de Pâques 1667.

d'Alceste, où Molière avait trop mis de son âme pour ne pas se le réserver; il est certain que ce fut par lui. On le conclurait de ce fait seul qu'il avait représenté le personnage de Dom Garcie[1], première et faible épreuve de celui d'Alceste amoureux. Nous le savons plus positivement. L'inventaire fait après sa mort contient cette mention : « Une.... boîte où sont les habits de la représentation du *Misanthrope*, consistant en haut-de-chausses et juste-au-corps de brocart rayé or et soie gris, doublé de tabis, garni de ruban vert; la veste de brocart d'or; les bas de soie et jarretières[2]. » On a reconnu l'homme aux rubans verts. Il y a de plus le témoignage de Brossette[3], qui, nous apprenant avec quelle force Boileau disait le passage :

> Par la sangbleu! Messieurs, je ne croyois pas être
> Si plaisant que je suis[4],

ajoute : « Molière, en récitant cela, l'accompagnoit d'un ris amer si piquant, que M. Despréaux, en le faisant de même, nous a fort réjouis. »

« S'il est une tradition consacrée au théâtre..., a dit M. Despois dans un de nos précédents volumes[5], c'est celle qui atteste la supériorité de Molière dans le rôle d'Alceste. » Comment expliquer le souvenir de cette supériorité, s'il avait joué aussi mal qu'on l'a dit le personnage de Dom Garcie[6]? Là peut-être avait-on jugé trop sévèrement l'innovation tentée par lui, dans une tragi-comédie, d'un débit naturel et simple dont le public n'avait pas alors l'habitude[7]. Nous croyons surtout que dans le rôle d'Alceste, conçu avec une tout autre force, écrit

---

1. Voyez, au tome II, la *Notice* de M. Despois sur *Dom Garcie de Navarre*, p. 219.

2. Parmi les *Documents* des *Recherches sur Molière*.... par Eud. Soulié, p. 276.

3. Notes de Brossette sur Boileau, Ms. français, n° 15275, f° 18 v°, et dans Laverdet, p. 522.

4. Acte II, scène vi, vers 773 et 774.

5. Voyez la *Notice* de *Dom Garcie*, p. 227.

6. *La Vengeance des marquis*, scène v. Voyez la réimpression de la pièce dans *les Contemporains de Molière*, de M. Victor Fournel, tome I, p. 321.

7. Voyez la *Notice* de *Dom Garcie*, p. 225 et 226.

avec une tout autre verve, l'acteur sut facilement mettre la flamme du génie qui avait inspiré l'auteur.

Le comédien qui succéda le premier à Molière dans ce rôle fut Baron, formé par ses exemples et par ses leçons. Il le joua sept jours après la mort de son maître et ami. « Après avoir été, dit le *Journal de la Grange*, le dimanche 19 (*février* 1673) et mardi 21 sans jouer,... on recommença le vendredi 24ᵉ février par *le Misanthrope*. M. Baron joua le rôle. » C'était alors un bien jeune Alceste : il n'avait pas vingt ans, étant né le 8 octobre 1653[1]. Après la clôture du 21 mars 1673, il passa à l'Hôtel de Bourgogne. Ce fut donc seulement au temps de la réunion des deux troupes, en 1680, qu'il put reparaître dans notre comédie. Alors commence pour le célèbre comédien une période de sa carrière théâtrale qui s'étend de 1680 à 1691, et pendant laquelle il était dans toute la force de l'âge. Ne semblerait-il pas étrange que ce moment n'ait pas été surtout celui où il brilla dans le rôle du Misanthrope ? Nous avons vu, il est vrai, la Grange chargé de ce rôle en 1685. Ce n'est pas une raison de croire qu'il le garda toujours, et que Baron, qui l'avait le premier recueilli dans l'héritage de Molière, ne l'ait point ressaisi, dès qu'il voulut le réclamer. Faisons remarquer cependant, comme une bizarrerie, que nous ne trouvons attestées les représentations de la pièce dans lesquelles joua Baron qu'aux deux époques extrêmes de son adolescence et de sa vieillesse, en 1673 d'abord, puis lorsque, âgé de soixante-sept ans, il remonta en 1720 sur la scène dont il s'était éloigné en 1691, et qu'il ne quitta plus qu'avec la vie en 1729. Mais la rareté des renseignements sur les représentations des pièces de Molière, dans les années

---

1. Il faut dire que son acte de baptême, découvert par Beffara, n'a pas paru à tout le monde lever tous les doutes sur la date de sa naissance. Il y a certainement des difficultés à ne pas la faire remonter plus haut, et il n'est pas impossible qu'après la naissance on ait plus ou moins attendu pour la présentation sur les fonts ; en tout cas, une grande différence de date entre la naissance et le baptême ne saurait être admise : il suffit de comparer les âges des frères et sœurs de Baron, tels que les fait connaître, d'après les actes, le *Dictionnaire de Jal*.

du dix-septième siècle qui suivirent sa mort, permet de regarder comme très-douteuse une telle singularité.

Collé, dans son *Journal*[1], dit, sous la date de mars 1750, qu'il avait vu Baron « jouer divinement » le rôle du Misanthrope. Il nous avertit, et d'après l'âge de Collé on l'aurait bien pensé, que c'était dans les dernières années du grand acteur : « Quand je l'ai vu, il avoit déjà soixante et douze ou soixante et quinze ans. » Voici quelle impression il lui avait faite alors : « Il ne *lui* manquoit quelquefois que de la chaleur pour être le plus accompli comédien qui ait jamais pu exister. Il faut supposer même qu'il avoit eu cette partie essentielle du comédien, lorsqu'il étoit jeune.... Il suppléoit de reste à ce défaut par une intelligence, une noblesse et une dignité que je n'ai vues qu'à lui. » C'est évidemment du même temps des représentations de Baron que parle la *Lettre d'un homme de l'autre siècle* insérée, à la date du 15 juin 1776, dans le *Nouveau spectateur* de le Fuel de Méricourt[2]. Le même journal a une réponse à l'auteur anonyme de la *Lettre*, où on lui dit : « Vous avez cent ans au moins, puisque vous avez vu jouer Baron sur le théâtre de la Raisin[3]. » L'homme de l'autre siècle aurait même eu davantage; mais il n'avait pas parlé de ce théâtre. Il avait bien pu voir Baron de 1720 à 1729, sans être beaucoup plus vieux en 1776 que ne l'avait été le comédien quand il jouait encore Alceste. Ses souvenirs paraissent avoir été très-précis, et sont d'autant plus intéressants qu'il s'agit d'un Alceste qui avait la tradition immédiate de Molière : « Je vais vous rapporter la manière dont Baron jouait le rôle d'Alceste.... Il mettait non-seulement beaucoup de noblesse et de dignité, mais il y joignait encore une politesse délicate et un fonds d'humanité qui faisaient aimer le Misanthrope.... Il se permettait quelques brusqueries et de l'humeur, mais toujours ennoblies par ses tons et par son jeu. Rien d'impoli, rien de grossier ne lui échappait.... Baron jugeait avec raison qu'il était nécessaire que l'acteur prît le ton du grand monde. Par ce

---

1. *Journal et Mémoires de Charles Collé*, édition de M. Honoré Bonhomme, 3 volumes in-8°, 1868. Voyez au tome I, p. 139.
2. Tome I de 1776, p. 367-373.
3. *Ibidem*, p. 461.

motif sensé, il adoucissait ce rôle, au lieu de le pousser trop loin et de l'outrer.

« Baron faisait des *a parte* des choses trop dures, telles que celle-ci :

Tant ce raisonnement est plein d'impertinence !

« Ménageant, en homme qui a de l'usage, l'amour-propre d'Oronte..., il intéressait le spectateur par la franchise, le ton poli et la bonhomie qu'il mettait dans la critique des vers d'Oronte. Il ne prenait de l'humeur que quand ce dernier lui dit :

Croyez-vous donc avoir tant d'esprit en partage?

C'est alors que, d'un air tout à la fois comique et noble, il répliquait :

Si je louois vos vers, j'en aurois davantage.

« Il ne déclamait jamais, il parlait. Il jouait avec sentiment la scène du quatrième acte avec Célimène; il conservait toujours, même dans sa fureur, les égards et la politesse que l'on doit aux femmes, lors même qu'elles n'en méritent point.... A peine les comédiens d'à présent distinguent-ils le *Misanthrope* du *Grondeur* ou du *Bourru*. » L'allusion était pour Molé; et en général, chaque fois qu'il est dit : « Baron jouait ainsi, » cela signifie : « Molé jouait d'une façon toute contraire. »

Avant l'année 1720, où Baron avait repris son rôle du *Misanthrope*, ce même rôle avait été joué par le spirituel Dancourt, comédien-auteur comme Molière et l'un de ceux qu'il est permis de nommer après lui, quoique à un immense intervalle. Comme acteur, on le goûtait surtout dans le haut comique, et l'on avait gardé, en 1725, année de sa mort, et huit ans après qu'il avait quitté le théâtre, le souvenir de son succès dans le rôle d'Alceste[1].

Quinault l'aîné et son frère Quinault-Dufresne, qui étaient entrés au Théâtre-Français en 1712, et se retirèrent l'un en 1733, l'autre en 1741, se distinguèrent aussi dans ce rôle, soit vers 1718, lorsque la retraite de Beaubourg leur laissa les premiers rôles comiques, soit peu après la mort de Baron.

1. Voyez le *Mercure de France*, décembre 1725, p. 2913.

On sait que Dufresne, très-remarquable tragédien, gardait beaucoup de noblesse dans la comédie; son extérieur y était à la fois imposant et agréable, et on lui trouvait les manières d'un homme de cour. Collé[1] mettait les deux frères, dans *le Misanthrope*, fort au-dessus de Grandval, à qui, ce nous semble, il n'était pas disposé à rendre exacte justice.

Grandval avait débuté vers la fin de 1729. Après la retraite des frères Quinault, une partie de leurs rôles lui échut. Il quitta quelque temps le théâtre, et lorsqu'il y remonta en 1764, il choisit pour sa rentrée (le 6 février) le rôle d'Alceste, que probablement il n'abordait pas alors pour la première fois. « Il le joua, a-t-on dit[2], avec une perfection dont on n'avait plus l'idée, » depuis Baron sans doute. La Harpe a loué la finesse, la grâce, la noblesse naturelle, les nuances délicates du jeu de Grandval, « le seul de tous les comédiens, dit-il, qui, sur la scène, ait eu l'air d'un homme du monde[3]. » Baron et Dufresne ne comptaient donc plus? On oublie vite les meilleurs comédiens, et de leur renommée, après bien peu d'années, il ne reste plus qu'un faible écho. Cailhava avait recueilli, de la bouche d'admirateurs de Grandval, quelques souvenirs de son jeu; il les oppose aux fautes des comédiens de son temps: par exemple, sa manière de marquer, dès le début de la première scène, le caractère d'Alceste[4]. Il lui fait cependant un reproche[5] à propos de ce vers:

Non ce n'est pas, Madame, un bâton qu'il faut prendre,

que, pour railler Célimène, l'acteur prononçait sur le ton de minauderie dont elle-même avait dit:

Dois-je prendre un bâton pour les mettre dehors?

L'idée de cette parodie paraissait à Cailhava un gros contre-sens qui faisait sortir Alceste de son vrai caractère.

Depuis la retraite de Grandval, en 1768, Bellecourt, quit-

---

1. *Journal et Mémoires*, tome I, p. 144.
2. *Biographie universelle*, article Grandval, écrit par Weiss.
3. *Correspondance littéraire*, tome II, Lettre XCVII, p. 309.
4. *Études sur Molière*, p. 145.
5. *Ibidem*, p. 146.

tant les seconds rôles de la tragédie, remplit les premiers rôles comiques [1]. Il ne passe pas pour avoir égalé Grandval ; au jugement de la Harpe [2], il n'en aurait même pas approché. Son nom cependant ne doit pas être omis, parce que ses contemporains l'ont souvent cité avec honneur dans le rôle du Misanthrope, surtout à l'époque où les premiers débuts de ses successeurs dans le même rôle le firent regretter. « D'une fort belle figure, dit la Harpe [3], *il* avait tous les avantages extérieurs.... Il ne manquait pas d'intelligence; mais son jeu était sec et froid. » Étienne dit à peu près semblablement qu'il était « souvent un peu lourd et un peu froid ; » mais il ajoute qu'il était « toujours noble [4]. » Peut-être cette noblesse d'un acteur si particulièrement goûté et protégé par le duc de Richelieu, n'était-elle plus tout à fait celle de l'homme de cour du dix-septième siècle. On soupçonnerait là assez volontiers un Alceste du règne de Louis XV. Ces transformations, ces anachronismes ne sont-ils pas presque toujours inévitables? Sans qu'il nous soit possible de nous faire aujourd'hui une idée précise du talent de Bellecourt, il est du moins certain que le succès ne lui manqua pas. Lorsque la Harpe parle de sa médiocrité [5], probablement il est trop sévère. Le continuateur de le Fuel, qui avait vu jouer Bellecourt, un an avant sa mort, dans des représentations du *Misanthrope*, en 1777, mêle à quelques critiques de très-sérieux éloges [6].

Bellecourt vivait encore, lorsque s'essaya pour la première fois, dans le même rôle d'Alceste, un célèbre acteur tragique qui a vécu jusqu'aux jours des moins jeunes d'entre nous. Le 29 octobre 1777, Larive joua Alceste, comme double de Bellecourt. Il y fut trouvé froid, trop raisonneur, trop uni-

---

1. *Correspondance littéraire* de Grimm, novembre 1778, tome X (ou tome IV d'une seconde série), p. 318, édition de 1812.
2. *Correspondance littéraire* de la Harpe, tome II, p. 309.
3. *Ibidem.*
4. *Notice sur Molé*, en tête des *Mémoires de Molé*, p. xii.
5. *Correspondance littéraire* de la Harpe, tome II, p. 310.
6. *Journal des théâtres* ou *le Nouveau spectateur* (1777), tome I, p. 115 et suivantes. Voyez aussi, sur le reproche qu'on adressait à Bellecourt de gestes exagérés, le tome II de la même année, p. 72.

quement préoccupé d'une diction juste[1]. Ce ne sont pas les défauts auxquels on se serait attendu chez celui qui fut l'émule, on ne peut pas dire l'égal, de Lekain, et qui dut tous ses triomphes à sa véhémence. Sa tentative de 1777 mériterait peu d'être mentionnée si, treize ans plus tard, et lorsqu'il était devenu une des grandes renommées du théâtre, il ne l'avait renouvelée avec plus de bonheur. On ne se souvenait plus alors du premier essai, puisque, dans l'*Histoire du Théâtre-Français pendant la Révolution*, d'Étienne et Martainville[2], on parle de la représentation du 26 août 1790, comme ayant offert à la curiosité un plaisir inattendu : « Une nouveauté assez piquante attira une foule immense au Théâtre-Français. Larive joua le rôle d'Alceste dans *le Misanthrope*.... Le public lui sut bon gré du courage qu'il déployait en choisissant, pour son début comique, le rôle le plus difficile peut-être qui existe au théâtre.... Il eut quelques beaux moments, surtout quand il donna l'essor aux passions violentes qui agitent le Misanthrope. » Si ce fut là « une nouveauté assez piquante » à son moment, c'est peut-être seulement comme telle qu'elle est à signaler. Laissons Larive, qui toucha plus ou moins heureusement à ce rôle sans se l'approprier. Après Baron et Grandval (Molière doit rester à part) les Alcestes vraiment célèbres furent Molé, Fleury, Damas.

L'auteur de la *Notice sur Molé* dit[3] que la succession de Bellecourt, mort en 1778, passa à Molé, qui, pour son coup d'essai, choisit le rôle du Misanthrope, « et, dès le premier jour,...le joua si bien, qu'il marqua sa place au premier rang. » La vérité est qu'il s'y était essayé avant la mort de Bellecourt, et n'y avait pas eu alors beaucoup de succès. *Le Nouveau Spectateur* nous apprend qu'il le jouait en 1776. Nous avons vu ce que dit de lui, à ce moment, la *Lettre d'un homme de l'autre siècle*, et que les louanges qu'elle donne à Baron sont en grande partie une critique indirecte du jeu de Molé. Elle le maltraite même plus directement, bien qu'il fût déjà très-

---

1. *Journal des théâtres* ou *le Nouveau Spectateur*, tome II (1777), p. 356 et 357.
2. Tome I, p. 130 et 131, 134 et 135.
3. Pages xxxvi et xxxvii. Voyez ci-dessus, p. 403.

aimé du public. Dans le journal des continuateurs de le Fuel, il est aussi parlé, sous la date du 1ᵉʳ juin 1778[1], quand Bellecourt vivait encore, d'une représentation dans laquelle on loue particulièrement la façon dont Molé avait dit la chanson du roi Henri, mais, en général, on ne lui trouve pas assez d'aplomb et de noblesse et on lui refuse « la science du caractère. » Dix-huit ans plus tard, il était tout autrement jugé. Grimod de la Reynière parle ainsi, dans *le Censeur dramatique*[2], d'une représentation du *Misanthrope* donnée le 27 thermidor an V (13 août 1797), sur le théâtre de la rue de Louvois : « M. Molé, dans Alceste, tantôt sublime, tantôt profond, toujours dans le caractère du rôle, a joué les trois premiers actes d'une façon qui n'appartient qu'à lui. Mais c'est surtout dans la troisième scène du quatrième acte qu'il s'est vraiment surpassé.... Depuis Granval, cette scène n'a jamais été rendue comme elle nous a paru l'être.... Tout ce que l'amour a d'énergie et de fureurs, la jalousie de transports et l'indignation de forces, est ici réuni. » C'était surtout par la chaleur de l'action que Molé surpassait beaucoup Bellecourt. Exagérait-il cette chaleur ? Les éloges mêmes du critique que nous venons de citer pourraient le donner à croire, lorsque, à la suite du passage que nous avons transcrit, il ajoute, avec un singulier manque de mesure (p. 350) : « Malheur au comédien qui ne crache pas le sang à gros bouillons en quittant le théâtre après cette scène sublime ! Tous les taureaux de la tragédie ne sont que des agneaux, comparés au rôle d'Alceste dans ce quatrième acte. » Ce serait à faire supposer qu'il vient d'admirer un énergumène. Il ne faut certainement pas rendre Molé trop responsable du goût mélodramatique de Grimod de la Reynière; mais il est de fait, croyons-nous, qu'il ne modérait pas toujours son ardeur dans les parties passionnées de son rôle. Collé, souvent hypercritique, il est vrai, et dépassant sans nul doute ici les bornes de la justice, écrivait, en 1780 : « Depuis dix ou douze ans, Molé est devenu outré et insoutenable dans le haut comique.... Il joue tout comme un furieux, comme un enragé. Il eût excellé dans les

---

1. *Journal des théâtres* ou *le Nouveau Spectateur*, tome IV, p. 221.
2. Tome I, p. 349.

rôles d'amants passionnés, s'il eût voulu ne point outrer[1]. » On nous a raconté que Baptiste aîné, qui lui-même, entre le temps de Molé et de Fleury, joua, sans beaucoup y briller, le rôle d'Alceste, faisait bien des réserves aux éloges que le premier de ces acteurs y avait incontestablement mérités, et plaisantait sur les explosions de ses emportements, lui appliquant, à ce sujet, le barbarisme expressif de *pétaradeur*.

Lorsqu'en 1802 la maladie qui allait, à la fin de cette année même, emporter Molé, l'éloigna de la scène, Fleury, déjà reçu depuis vingt-quatre ans, hérita de ses grands rôles dans la comédie. En ce temps-là, Geoffroy l'appréciait ainsi[2] : « Fleury, qui lui succède (*à Molé*), n'a pas été si bien traité de la nature.... C'est un mérite plus solide que brillant. Il n'a jamais eu cette élégance, cette légèreté, ces grâces (*de Molé*),... mais l'intelligence, la finesse, la vérité, la force et l'aplomb.... Il fait par raisonnement ce que son devancier faisait souvent par instinct. » Quelques mois plus tard, Fleury s'était décidé à jouer le rôle d'Alceste. Le même critique disait alors : « Son ton est ferme ; il ne manque ni d'intelligence, ni de noblesse.... Sa chaleur quelquefois paraît factice[3]. » Le Mazurier était peu favorable au nouveau Misanthrope. En 1805, ses efforts lui paraissaient encore infructueux[4] ; et même en 1807, il ne jugeait pas qu'il égalât ni Dufresne, ni Grandval, ni Bellecourt, ni Molé[5]. On peut soupçonner quelque malveillance. Peut-être aussi l'excellent comédien avait-il encore des progrès à faire : il les fit. « Fleury, dit Geoffroy en 1809[6], joue le Misanthrope avec chaleur ; peut-être en montre-t-il un peu trop, par la raison même qu'il n'en a pas beaucoup naturellement. » Un peu plus tard, les éloges sont sans restriction : « Fleury joue le Misanthrope avec un art qui n'ôte rien à l'énergie, et

---

1. *Journal de Collé*, tome I, p. 437, note 1.
2. *Journal des Débats*, feuilleton du 23 frimaire an XI (14 décembre 1802).
3. Feuilleton du 5 thermidor an XI (24 juillet 1803).
4. *L'Opinion du parterre*, germinal an XIII (avril-mai 1805), p. 23.
5. *Ibidem*, 4ᵉ année (1807), p. 14.
6. *Journal de l'Empire*, feuilleton du 13 janvier.

ne fait que la régler¹. » Le 31 août 1812, dans une rentrée qu'il faisait au théâtre, le comédien choisit le rôle d'Alceste. « Fleury, dit Geoffroy, a joué.... avec une âme, un naturel, une vérité d'expression dignes des plus grands éloges². » Il disait encore, à l'occasion d'une représentation du 11 novembre de la même année 1812 : « Fleury.... est naturel et vrai, plein de chaleur, de sentiment et d'expression³. » Malgré toute la perfection de son art et de son goût, quelques-uns ne pensaient pas qu'il s'élevât aussi haut que Molé, dont le jeu leur semblait plus franc et plus large. « Son talent, dit Fabien-Pillet⁴, dans lequel il entrait peut-être plus d'esprit que de force comique, sa chaleur d'âme, qui brillait plus dans les détails que dans les scènes à grands développements, sa diction, qui était inégale et plus ingénieuse que correcte, ne lui permettaient pas d'atteindre à la supériorité de Molé dans *le Misanthrope*. » Nous laissons parler ceux qui ont vu les deux acteurs. Comment pourrions-nous contrôler leurs comparaisons, et décider entre Molé et Fleury ? Il nous est seulement permis de dire que celui-ci, avec cette vérité et ce naturel, cette mesure et cette science qui, d'après les témoignages, caractérisaient son jeu, nous semblerait s'être rattaché plus que son devancier à la tradition de Baron. Fleury quitta le théâtre en 1818.

Dans le même temps que lui, Damas jouait, avec grand succès, le rôle d'Alceste, quoique d'une manière différente de la sienne et qui la rappelait moins sans doute que celle de Molé, que toutefois elle exagérait encore. Il y était énergique, plein de véhémence et de feu. Ses cris, ses gestes violents étonnaient, et il est probable que Molière ne les eût pas autant approuvés que l'art plus sage de Fleury. Malgré tout, il arrivait à de grands effets. Un souvenir qui s'est conservé, c'est qu'il disait admirablement la vieille chanson.

Plus récemment on a vu Lafon, qui, ayant en 1806 fait ses débuts dans le rôle d'Alceste, non sans y être applaudi, et de manière à mériter les encouragements de Geoffroy par son

---

1. *Journal de l'Empire*, feuilleton du 2 juin 1810.
2. *Ibidem*, feuilleton du 3 septembre 1812.
3. *Ibidem*, feuilleton du 14 novembre 1812.
4. *Biographie universelle*, article FLEURY.

intelligence et ses intentions justes[1], y a reparu encore, en 1839, dans sa représentation de retraite; Firmin, comédien plein de chaleur, qui avait bien étudié le rôle, et y faisait preuve d'un incontestable talent; Geffroy, à qui l'on doit la même justice, bien qu'on lui reprochât d'un peu trop l'assombrir. L'appréciation du talent des comédiens d'un temps plus récent encore ne doit pas avoir sa place ici.

Bien qu'il y ait des noms à citer honorablement dans les rôles de Philinte, d'Oronte, d'Éliante et d'Arsinoé, le plus grand intérêt étant dans ceux d'Alceste et de Célimène, nous ne parlerons plus que de ce dernier.

Nous pourrions nommer d'abord Mlle Gaussin, dont Collé disait, en 1750, dans son *Journal*[2] : « Il sera.... bien difficile de voir mieux remplir les amoureuses dans le haut comique, surtout dans *l'Homme à bonnes fortunes*, *le Misanthrope*.... » Il trouvait que Mlle Lecouvreur, qu'il avait vue jouer Célimène avant Mlle Gaussin, n'avait à beaucoup près, dans ce rôle, ni autant de vérité, ni autant de grâce. Mais ce sont leurs succès dans la tragédie qui ont surtout fait la célébrité de ces deux actrices. Une Célimène dont on se souvient davantage est Mme Préville, qui fut reçue en 1757. Elle eut l'emploi des grandes coquettes, pour lequel elle semblait faite, avec « sa taille majestueuse, sa figure aimable et noble[3]. » Elle avait une manière élégante, spirituelle et fine de jouer le rôle de Célimène[4]. Elle le quitta beaucoup trop tôt au gré de ses admirateurs, lorsque, ayant passé la quarantaine, elle crut ne plus pouvoir, sur la scène même, assez dissimuler son âge pour rendre à peu près vraisemblables les fameux vingt ans. On tenta de la rassurer parce qu'elle était, après tout, restée charmante; et, pour lui ôter tout scrupule, on lui conseilla de remplacer, dans les deux vers de la pièce, vingt ans par trente ans[5]; mais elle avait trop de goût pour adopter

---

1. *Journal de l'Empire*, feuilleton du 25 octobre 1806.
2. Tome I, p. 141. — 3. *Mémoires de Préville*, p. 63.
4. *Journal des théâtres* ou *le Nouveau Spectateur*, tome I de 1777, p. 114.
5. *Ibidem*, p. 113. Voyez aussi *le Censeur dramatique*, tome I, p. 355.

ce ridicule expédient, qui faisait si bon marché des intentions de Molière, comme s'il eût donné au hasard son âge à la jeune coquette. Elle crut plus sage et plus digne d'abandonner le rôle à Mme Molé, qui, peu goûtée d'abord en 1777, fit bientôt quelques progrès, et obtint, l'année suivante, un certain succès, mais faiblement marqué.

Mlle Mezeray, qui avait débuté en 1791 sur le Théâtre-Français du faubourg Saint-Germain, qui joua ensuite, avec Molé et Fleury, sur le théâtre de Louvois, puis sur celui de la rue Richelieu, ne prit le rôle de Célimène qu'en 1797[1]. Ce fut seulement quelques années plus tard que cette charmante et spirituelle actrice, qui avait la finesse et la distinction, y fut vraiment remarquée, tout en restant bien loin de Mme Préville, qu'on désespérait de voir remplacée, bien loin sans doute aussi des nouvelles Célimènes qu'on allait bientôt voir.

Mlle Contat, élève de Mme Préville, et qui devait, à son tour, avoir pour élève Mlle Mars, avait été reçue à la Comédie-Française en 1777. Elle joua très-agréablement, cette même année, le rôle d'Éliante, tandis que celui de Célimène était alors rempli par Mme Suin. Au temps où Mlle Mezeray tentait le grand rôle, Mlle Contat n'osait encore l'aborder. Lorsqu'elle en fut en possession, il parut qu'il n'avait jamais été plus parfaitement interprété. Quelqu'un qui a entendu Mlle Mars exprimer son admiration pour celle dont elle avait reçu les leçons, nous a ainsi rendu ses paroles, fidèlement notées : « Mlle Contat était la Célimène accomplie; pourtant son embonpoint était devenu excessif; elle ne s'habillait pas toujours à sa gloire. Mais qu'elle était étincelante d'esprit et de verve! Elle désespérait le pauvre Alceste avec un charme, une séduction engageante, dont rien ne peut donner l'idée, et que j'aurais bien voulu copier. Et puis elle avait une voix tendre et profonde; elle parlait comme Mme Malibran chantait; enfin elle était délicieuse, et qui n'a pas vu Mlle Contat, ne se doute pas de ce qu'il y a dans le rôle de Célimène. » Mlle Contat se retira le 6 mars 1809. Nous la trouvons encore en 1806 (elle avait alors quarante-six ans) jouant Célimène, le

1. Voyez le Censeur dramatique, tome I, p. 354.

24 avril, à côté de Fleury (*Alceste*), dans une représentation à Saint-Cloud, devant la cour[1].

Mme Vanhove-Talma, qui avait doublé dans la comédie Mlle Contat, lui succéda comme chef d'emploi, et eut alors pour double Mlle Mars, qui d'ailleurs ne désira point paraître sitôt dans le rôle de Célimène. Entre Mlle Contat et Mlle Mars, Mme Talma, dans ce rôle, ne put briller que modérément. Elle le comprenait bien cependant, jusque dans ses nuances; son jeu l'attestait; elle l'a prouvé aussi par l'intéressante analyse qu'elle nous en a laissée dans ses *Études sur l'art théâtral*, écrites dans sa retraite, c'est-à-dire après 1816[2]. Elle la termine ainsi : « Depuis un certain nombre d'années, on voit, sur nos théâtres, quelques imitations de talents qu'on a déjà vus passer, et dont les copies paraissent des ombres dépourvues de cette force créatrice qui animait les modèles qu'on a perdus. » Ces ombres, désignées par une allusion dédaigneuse et désobligeante, étaient deux rivales importunes qu'elle n'a même pas voulu nommer; mais elle ne pouvait empêcher qu'elles ne lui eussent été reconnues très-supérieures, l'une surtout.

Il y eut d'abord Mlle Leverd : en 1808, elle débuta dans les grandes coquettes, et, le 1er septembre, dans le rôle de Célimène, dont elle avait alors les vingt ans. Elle plut, et, l'année suivante, fut reçue sociétaire. La réception de Mlle Mars, plus âgée de dix ans, datait de 1799. C'étaient cependant les ingénues surtout que celle-ci jouait dans ces premiers temps de Mlle Leverd. Lorsqu'elle parut dans *le Misanthrope*, son rôle fut d'abord celui d'Éliante, qu'elle tenait en 1806, celui de Célimène appartenant à Mlle Contat. Nous voyons qu'en 1810 Mlle Mars continuait d'être Éliante, tandis que Mlle Leverd était Célimène. Mais bientôt elle réclama les droits que lui donnait sa réception antérieure, et que n'affaiblissaient pas ceux de son talent. Dès le début de Mlle Leverd, la rivalité

---

1. *Programme officiel des spectacles donnés à la cour par la Comédie-Française depuis* 1802 *jusqu'en* 1815, dans les *Documents historiques sur la Comédie-Française pendant le règne de S. M. Napoléon Ier*, par Eugène Laugier (1853).

2. Un volume in-8º, Paris, 1836, p. 145-200.

des deux comédiennes avait commencé; après la retraite de Mlle Contat, elles firent entre elles un partage de sa succession, qui mettait à une difficile épreuve leur mutuelle bienveillance. Cette rivalité était devenue plus vive et occupait beaucoup le public en 1812 [1]. Ce fut alors que Mlle Mars se décida à prendre le rôle de Célimène. Un arrêté du 20 février 1813 la mit en possession de l'emploi en chef des grandes coquettes, des premiers rôles et des premières amoureuses de la comédie, lui donnant pour double Mlle Leverd, avant toute autre [2].

Mlle Leverd avait une manière à elle de jouer Célimène. Elle s'éloignait de la charmante décence de Mlle Contat et de sa distinction de noble reine des salons; tant de réserve ne lui était pas naturelle. Elle se croyait dans l'esprit du personnage en lui prêtant une coquetterie plus hardie que celle qui convient à une jeune femme restée honnête dans sa légèreté : c'était une méprise; mais la comédienne, pleine de verve, jouait avec un mordant qui rendait beaucoup moins sévère pour ses fautes. Elle marquait si franchement le caractère du rôle, tel qu'elle l'avait compris! Geoffroy louait, en 1810, son parfait aplomb [3].

Quand le tour de Mlle Mars fut venu, les partisans, même les plus décidés, de Mlle Leverd, comme Geoffroy passait pour l'être, durent reconnaître le merveilleux talent de la nouvelle Célimène, à qui l'on ne pouvait refuser le premier rang. Geoffroy, en 1812 [4], rend pleine justice à son enjouement, à sa vivacité, à la finesse piquante de ses railleries, particulièrement dans son duel de sanglantes épigrammes avec la prude. Qui a pu, comme nous, voir encore Mlle Mars dans les dernières années de sa carrière théâtrale, a peine à s'imaginer que Mlle Contat elle-même ait eu un jeu de coquetterie plus vif à la fois et plus noble, un mélange plus séduisant de grâce et

---

1. *L'Opinion du parterre* (dixième année, 1813), p. 138 et 139.
2. *Documents historiques sur la Comédie-Française pendant le règne de Napoléon I*er, par E. Laugier, p. 87. — On voit Mlle Mars jouer le rôle de Célimène dans la représentation du 5 avril 1813, dans laquelle Fleury joua celui d'Alceste.
3. *Journal de l'Empire*, feuilleton du 10 janvier 1810.
4. *Ibidem*, feuilletons du 3 septembre et du 14 novembre.

de malice, plus de charme dans la voix et dans le regard; et quand l'élève de Mlle Contat disait que celle-ci « ne s'habillait pas à sa gloire, » elle savait bien ne pas mériter le même reproche. Dans la scène des portraits satiriques, elle rendait tous les détails avec un art exquis. Son insolence, dans la scène où elle se venge des méchancetés d'Arsinoé, enfonçait cruellement le trait avec une politesse poignante qui jamais ne s'écartait du meilleur ton. Un jeu de paupières, une certaine inflexion de voix lui suffisait pour exercer ses triomphantes représailles, sans qu'elle eût besoin de trop appuyer sur aucune parole, de rien souligner. Au cinquième acte, pendant la lecture des billets, et tandis que les marquis exhalent leur colère, le talent d'écouter était chez elle incomparable, et son silence même savait jouer. Toute la fierté de la coquette, qui n'avouera jamais sa blessure, se montrait dans la manière dont elle recevait le dernier éclat du courroux d'Alceste. Dès le premier mot d'un si dur adieu, elle préparait sa retraite, commençait une révérence qui finissait avec le dernier vers. En sortant, elle reprenait un air de défi; elle avait un coup d'éventail par-dessus l'épaule qui voulait beaucoup dire, et lui donnait l'air de congédier elle-même qui la quittait. En général, un des secrets de son art était, avec des moyens qui semblaient petits, de produire de grands effets.

Dans un seul endroit, nous a-t-on dit, elle n'avait jamais pu se satisfaire. Elle croyait, bien qu'il ne nous souvienne pas qu'on s'en soit jamais aperçu, que, dans la scène où Alceste la presse de se justifier, elle disait mollement cet hémistiche[1] :

.... Il ne me plaît pas, moi;

tandis que Mlle Leverd avait, à son avis, une façon superbe de le prononcer. Et, comme on lui faisait remarquer que si elle n'y mettait pas, à son gré, assez de force, c'était peut-être qu'elle prenait, malgré elle, le parti d'Alceste : « C'est vrai, répondait-elle; comment une femme peut-elle ne pas aimer Alceste? » mot charmant, qui peut tenir lieu de bien des commentaires sur le personnage qu'elle représentait. Mlle Mars avait vraiment vécu dans son rôle; et elle avait

1. Scène III de l'acte IV, vers 1356.

bien senti que, dans ce cœur léger, qui se joue de l'amour, l'amour, malgré tout (ainsi l'avait voulu Molière), n'était pas absent. Célimène n'en serait jamais convenue; mais elle l'avait dit tout bas à Mlle Mars.

Dans sa dernière représentation, donnée à son bénéfice le 15 avril 1841, deux semaines après sa représentation de retraite, la grande actrice joua son rôle du *Misanthrope*. Elle y parut belle encore, quoiqu'elle eût depuis longtemps passé l'âge où Mme Préville pensait qu'il ne pouvait plus y avoir de Célimène : elle avait un peu plus de trois fois les années de la jeune veuve; mais, sur la scène, l'art parfait a des priviléges.

Nous ne suivrons pas plus loin les Célimènes, par la raison qui nous a défendu de continuer trop près de nous l'histoire du rôle d'Alceste. Il n'y a plus qu'un souvenir à rappeler des représentations du *Misanthrope* dans les derniers temps dont nous venons de parler. Une d'entre elles a marqué particulièrement, sinon par le talent de tous les acteurs, du moins par l'éclat de la grande fête au milieu de laquelle elle fut donnée. Le samedi 10 juin 1837, fut inauguré solennellement le Musée de Versailles, consacré aux gloires de la France. Le soir de ce jour, dans la salle de spectacle du palais, salle de l'opéra construite sous le règne de Louis XV, on joua *le Misanthrope*, certainement une de nos gloires, devant le roi Louis-Philippe et devant ses invités, qui étaient l'élite de la France, dans l'État, dans les lettres et dans les arts. La pièce n'avait jamais été représentée avec une aussi belle mise en scène. Décors, costumes des acteurs donnés par le Roi à la Comédie-Française, tout était magnifique et nouveau. Ceux qui veulent une scrupuleuse exactitude, purent regretter que les habits fussent ceux de la minorité de Louis XIV. Il était plus juste encore de se demander si les chefs-d'œuvre de notre ancien théâtre, dans leur simple et sérieuse beauté, ne se trouvent pas, au milieu de tant de luxe dont on les pare, comme en pays étranger, et si la vaine satisfaction donnée aux yeux ne rend pas l'oreille plus sourde au délicat et beau langage. On s'accorda, dès le lendemain, à dire que l'effet n'avait pas répondu à ce que l'on attendait; que la splendeur de la salle et de la scène, peut-être aussi la distraction des spectateurs, qui n'étaient pas venus là pour goûter le plaisir

du théâtre, avaient étonné et troublé les acteurs. « Il était
impossible, remarque un critique de ce temps-là, de dire au
juste.... quelles étaient ces ombres blafardes de marquis et
de grandes dames et de gentilshommes qui murmuraient les
vers de Molière[1]. » M. Guizot, dans ses *Mémoires*, a parlé de
cette même soirée avec une sévérité qui semblerait ne pas
laisser tout à fait aux interprètes de la pièce l'excuse de la
circonstance, et leur refuser, moins accidentellement, le pouvoir de nous rendre la tradition du grand siècle : « Tout le
matériel de la représentation, dit-il[2],... était excellent, et probablement bien meilleur qu'il n'avait jamais été sous les yeux
de Louis XIV et par les soins de Molière. Mais la représentation même fut médiocre et froide, par défaut de vérité encore
plus que de talent; les acteurs n'avaient aucun sentiment ni
des mœurs générales du dix-septième siècle, ni du caractère
simplement aristocratique des personnages, de leur esprit toujours franc, de leur langage toujours naturel au milieu des
raffinements et des frivolités subtiles de leur vie mondaine.
Les manières étaient en désaccord avec les habits et l'accent
avec les paroles. Mlle Mars joua Célimène en coquette de Ma-
rivaux, non en contemporaine de Mme de Sablé et de Mme de
Montespan; et l'infidélité était plus choquante à Versailles et
dans le palais de Louis XIV qu'à Paris et sur le théâtre de la
rue Richelieu. » Le sentiment d'un tel homme est, même
dans les questions d'art, d'un grand poids. Il pourrait faire
douter des souvenirs que nous avons recueillis, que nous
avons conservés nous-même, du talent de Mlle Mars dans ce
rôle, où nous ne l'aurions pas soupçonné d'être incomplet.
On nous permettra d'attribuer la rigueur d'un jugement si
dur à la mauvaise impression, justifiée sans doute, de la représentation de Versailles, et de faire difficulté de croire que nous
nous soyons tous si longtemps trompés. L'ombre du vieux
Versailles, évoquée dans cette fête au-dessus du Versailles
renaissant, n'avait-elle pas rendu les imaginations, les plus
maîtresses d'elles-mêmes, bien exigeantes, trop défiantes du

1. Jules Janin, dans le feuilleton du *Journal des Débats* du 12 juin
1837.
2. *Mémoires pour servir à l'histoire de mon temps*, tome IV, p. 241.

présent et trop disposées à grandir le passé? Il y avait bien autre chose qu'un joli marivaudage dans la coquetterie toujours noble de notre Célimène. L'image que se font les grands esprits de la noblesse du dix-septième siècle, l'idéal de dignité sévère qu'y éveillent des œuvres telles que *le Misanthrope*, ne permet pas facilement qu'ils soient satisfaits. L'art de notre temps leur paraît impuissant à nous rendre avec vérité le tableau d'une époque que le lointain leur montre encore plus majestueuse. Il peut y avoir là quelque illusion; et s'il nous était donné de revoir sur la scène la première en date des Célimènes, jouant au gré de Molière, est-il certain qu'elle répondrait mieux que Mlle Mars à l'idée que nous voulons avoir du monde des Sablé et des Montespan?

Ne voulant, nous l'avons dit, ni juger nous-même les comédiens d'aujourd'hui, ni rappeler les jugements que d'autres ont portés sur eux, nous allons du moins citer, à l'exemple de ce que nous avons déjà fait pour d'autres pièces, une des dernières distributions des rôles du *Misanthrope*, celle de l'importante reprise du 14 janvier 1878 à la Comédie-Française :

ALCESTE,	MM.	*Delaunay*[1].	CLITANDRE,	MM.	*Boucher.*
PHILINTE,		*Thiron*[2].	UN GARDE,		*Tronchet.*
ORONTE,		*Coquelin* aîné.	ARSINOÉ,	Mmes	*Favart.*
DUBOIS,		*Coquelin* cadet.	CÉLIMÈNE,		*Croizette.*
ACASTE,		*Prudhon.*	ÉLIANTE,		*Broisat.*

En général, nous ne faisons pas l'histoire d'une des pièces de notre auteur sans chercher si quelques imitations s'y peuvent découvrir, et si elle-même aurait été plus tard imitée. Telle est l'originalité du *Misanthrope*, qu'à le bien prendre il serait juste de dire : il n'a pas eu de modèle et est demeuré sans copie. Essayons cependant de suivre jusqu'aux moindres traces.

On a souvent cité une note qui se trouve dans les manuscrits de Trallage. C'est une accusation de plagiat bien complet. Le sieur Angelo, *Docteur* de l'ancienne troupe italienne, avait

---

[1]. Avant lui, le rôle d'Alceste a été rempli par M. Bressant.

[2]. M. Thiron n'a joué le rôle de Philinte que pendant quelques jours ; il a été remplacé par M. Baillet.

parlé à Molière d'une comédie jouée à Naples, sous le titre du *Misanthrope*, et lui en avait rapporté tout le sujet « et même quelques endroits particuliers..., entre autres ce caractère d'un homme de cour fainéant, qui s'amuse à cracher dans un puits pour faire des ronds.... Trois semaines ou tout au plus tard un mois après, on représenta cette pièce (*celle de Molière*). »

Les frères Parfaict[1], qui citent la note de Trallage, y trouvent, avec raison, trop d'invraisemblance pour qu'elle mérite examen. Jamais comédie ne fut plus française que *le Misanthrope*, ne se plaça plus décidément, pour peindre les caractères et les mœurs, au milieu d'un monde qu'on n'aurait pu rencontrer ailleurs que chez nous. Sans doute il serait difficile de prouver qu'aucune pièce du théâtre italien n'eût mis en scène, dans un tout autre cadre, un censeur sévère des vices des hommes, misanthrope en ce sens; mais si cela a été, que de différences devaient le distinguer de l'Alceste français! Ne serait-il pas d'ailleurs fort étonnant que cette comédie de Naples, si elle avait eu quelque valeur, n'eût, en dehors de cette mention obscure, laissé aucun souvenir?

Pour attribuer aux Italiens quelque part au *Misanthrope*, il faudrait revenir à *Dom Garcie*, où se trouve, nous l'avons dit, un premier essai du rôle d'Alceste, et qui est tiré des *Gelosie fortunate* de leur Cicognini. On remonterait ainsi à la source italienne par un bien grand détour; et l'on ne finirait pas même par la rencontrer: c'est par quelques traits seulement de sa passion jalouse qu'Alceste peut être comparé à Dom Garcie; et ces traits-là, quand Molière les a repris à la première en date de ses deux comédies, il ne les a empruntés qu'à lui-même, son *Prince jaloux* ne devant rien à Cicognini que l'intrigue.

Quoique Molière ait trouvé surtout dans son observation personnelle l'idée de sa pièce et le caractère de son misanthrope, il n'est pas invraisemblable qu'une page du *Grand Cyrus* l'ait mis sur la voie. Nous avons plus haut cité le passage[2]. Avoir découvert dans quelques lignes qui n'ont rien

1. *Histoire du Théâtre françois*, tome X, p. 66 et suivantes.
2. Voyez p. 389 et 390.

de très-frappant, toute une admirable comédie, n'ôterait rien à l'originalité. Dans le portrait de Mégabate, nous avons fait remarquer certains traits qui probablement ont remis en mémoire à Molière des vers de Lucrèce. Il a donné, dans un endroit de sa comédie, une charmante imitation de ces vers. En fait d'imitation, en voilà du moins une bien constatée; mais elle porte sur un détail qui ne touche en aucune façon aux idées essentielles de la pièce.

Si très-certainement Molière n'a pris son *Misanthrope* à personne, personne n'a jamais eu le pouvoir de le lui prendre. Ce n'est pas que sa comédie ait échappé à toute tentative d'imitation; mais l'imitation devait rester très-superficielle et, comme dit Regnier[1],

.... *laisser* sur le vert le noble de l'ouvrage.

Très-peu d'années après la mort de Molière, William Wycherley tenta de naturaliser en Angleterre notre *Misanthrope*, mais après l'avoir étrangement transformé : ainsi le voulait son tour d'esprit et le génie de sa nation. Ce fut en 1677 (telle est du moins la date donnée par plusieurs bibliographies anglaises) que Wycherley fit paraître sur la scène son *Plain dealer*, « l'Homme au franc procédé », comédie en prose. L'Alceste anglais (son nom est Manly) hait, comme l'Alceste français, toutes les faussetés que le monde décore du nom de politesse. Dès le début, où l'imitation est flagrante, il est introduit dans la pièce de Wycherley de la même façon qu'Alceste dans celle de Molière. On ne tarde pas à retrouver en lui « l'atrabilaire amoureux, » épris d'une femme qui est indigne de l'attachement d'un honnête homme. Il a son Philinte, le lieutenant Freeman, qui s'accommode aux usages du siècle, « latitudinarien en amitié, » auquel Manly, pour cette raison, déclare qu'il ne saurait être son ami. Deux fats, Novel et lord Plausible, jouent auprès de la femme aimée de Manly les rôles d'Acaste et de Clitandre. Il y a entre eux un dialogue et une communication de leurs billets doux, qui sont des emprunts non dissimulés à la première scène de l'acte III et à

---

[1]. *Satire* IX, vers 61.

la dernière de l'acte V de notre comédie. La scène des portraits satiriques a aussi son pendant chez Wycherley. Olivia, que secondent lord Plausible et Novel, y tient la place de Célimène. Wycherley cependant est le plus libre des imitateurs. Toutes les idées dont il s'empare, il les défigure volontairement, transposant l'œuvre de son modèle dans un ton qui en change la noblesse en la plus indécente grossièreté. Il écrivait sous Charles II, pour l'amusement d'une société qui avait, elle aussi, une façon toute particulière de copier la nôtre, portant, comme elle pouvait, le masque, très-mal attaché, de notre politesse. Rien ne saurait mieux que ce *Plain dealer* faire mesurer la différence du monde anglais et du monde français à cette époque. Wycherley, avec le tempérament moral qui lui était propre, et avec son génie énergique jusqu'à la brutalité, n'était pas homme à rendre le contraste moins frappant. Son Manly, homme de mer, n'a certainement pas dérobé à Alceste sa distinction d'homme de cour. Les gens dont les cérémonies l'irritent, il les injurie et les jette à la porte. « Quand il est dans le salon d'Olivia, dit l'historien français de la littérature anglaise [1], avec « ces perroquets bavards, ces singes, ces échos « d'hommes, » il vocifère comme sur son gaillard d'arrière : « Silence, bouffons de foire ! », et il les prend au collet. « Pas « de caquetage, babouins ! dehors tout le monde, ou bien.... » Voilà les violences de ce furieux. Alceste, en passant le détroit, a changé les éclats de son indignation généreuse en frénésie de butor. Laissons parler Macaulay [2] : « Molière a montré, dans le personnage du Misanthrope, un vertueux et noble esprit qu'a douloureusement blessé le spectacle de la perfidie et de la malveillance, déguisées sous les formes de la politesse.... Il est souvent à blâmer, souvent ridicule, mais c'est toujours un homme de bien ; et le sentiment qu'il inspire est le regret qu'un homme si digne d'estime soit si peu aimable. Wycherley s'est emparé d'Alceste et l'a changé.... en un homme féroce et sensuel, qui se juge lui-même un aussi grand coquin que tout autre homme l'est à ses yeux. L'humeur fière

---

1. M. Taine, *Histoire de la littérature anglaise*, tome III, p. 61.
2. *Comic dramatists of the Restoration*, tome IV des *Critical and historical essays*, édition Tauchnitz, p. 177 et 178.

du héros de Molière est copiée, mais en caricature. Le plus dégoûtant libertinage et la plus lâche tromperie sont substitués à la pureté et à l'honnêteté de la pièce originale. Et, pour comble, Wycherley semble ne pas s'être aperçu que le portrait qu'il traçait n'était pas celui d'un parfait honnête homme. » De leur côté, les marquis de Molière sont devenus les plus misérables vauriens. Au lieu de notre Célimène, dont les élégantes perfidies laissent toujours assez douter de la corruption de son cœur, pour que la passion d'un homme vertueux ne reste pas inexplicable, l'auteur anglais a mis en scène une vénale et impudente courtisane, que Manly aime avec la fureur d'une passion bestiale. Il prend vraiment une peine inutile, quand il demande à une aussi hideuse créature par quel mérite les Plausible et les Novel ont le bonheur de lui plaire si fort, et qu'il traduit à peu près pour elle les vers d'Alceste :

Est-ce par l'ongle long qu'il porte au petit doigt...? etc.

Nous pensons que Voltaire exagérait lorsqu'il disait de la comédie de Wycherley[1] : « Cette pièce a encore en Angleterre la même réputation que *le Misanthrope* en France. » Il reconnaissait que « les mœurs y sont d'une telle hardiesse, qu'on pourrait placer la scène dans un mauvais lieu, attenant un corps-de-garde ; » mais il ne pouvait s'empêcher d'en louer l'intrigue, « plus intéressante » dans sa complication, pensait-il, que celle de notre *Misanthrope*[2], et d'y trouver « la connaissance la plus approfondie du cœur humain, les peintures les plus vraies et les plus brillantes, les traits d'esprit les plus fins. » Il se connaissait en esprit, et avait raison d'en accor-

1. *Avertissement* de *la Prude*, comédie en cinq actes et en vers, jouée, en 1747, chez la duchesse du Maine. Voyez tome V des *OEuvres de Voltaire*, p. 352 et 353.

2. Ce n'est pas seulement dans l'*Avertissement* de *la Prude* que Voltaire a porté ce jugement. Dans la XIXe de ses *Lettres sur les Anglais*[a], il a dit aussi : « L'auteur anglais a corrigé le seul défaut qui soit dans la pièce de Molière ; ce défaut est le manque d'intrigue et d'intérêt. La pièce anglaise est intéressante, et l'intrigue est ingénieuse, mais trop hardie pour nos mœurs. »

[a] Ou *Lettres philosophiques* : voyez tome XXXVII, p. 233-235.

der beaucoup à Wycherley; mais, dans l'éloge, il allait jusqu'à l'excès, par pure reconnaissance pour une comédie dont il avait eu le malheur de tirer sa *Prude*, imitation « voilée de gaze, » ainsi qu'il dit. Malgré ce voile, elle « est encore si forte, ajoute-t-il, qu'on n'oserait pas la représenter sur la scène de Paris. » *La Prude* nous offre la faible esquisse d'un monde qui n'est pas celui de la Restauration anglaise, assurément tout aussi peu le grand monde du siècle de Louis XIV, mais qui porte bien la date de notre temps de Louis XV. On pourrait croire que Voltaire, dans cette pièce, a dû, à travers Wycherley, chercher Molière; mais, averti par son bon sens, il a surtout emprunté à l'auteur anglais une partie de son intrigue, et a eu la prudence de se tenir beaucoup plus loin que celui-ci du modèle par lui profané. C'est à peine si le capitaine de vaisseau, Blanford, prend à Alceste quelques traits de son chagrin contre les vices du genre humain[1], et si Dorfise, la prude, dans un moment où elle passe en revue quelques gens de sa connaissance, essaye de copier, sans y insister beaucoup, les spirituelles méchancetés de Célimène[2]. Il n'y a pas à compter, pour si peu, *la Prude* de Voltaire parmi les imitations du *Misanthrope*.

Il n'en est pas tout à fait de même de la célèbre comédie de Sheridan, *l'École de la médisance*[3]. Notre scène des portraits satiriques, dont Voltaire n'a voulu que très-légèrement marquer le souvenir, avec laquelle Wycherley, dans le siècle précédent, avait plus hardiment tenté de rivaliser, mais dont il avait tourné la finesse en violence outrageante, a, sans aucun doute, été pour beaucoup dans l'inspiration de la pièce de Sheridan; elle doit même lui en avoir fourni la première idée. Sheridan, on l'a déjà souvent remarqué, a combiné une imitation de Molière, dans *le Misanthrope* et dans *le Tartuffe*, avec une imitation de Fielding dans son *Tom Jones*. Sa comédie a certainement la marque de l'esprit anglais; Molière, avec les médisances de Célimène et de ses marquis, n'en a pas moins passé par là. Dans la scène II surtout du second acte

---

1. *La Prude*, acte Ier, scène II.
2. *Ibidem*, acte II, scène I.
3. *The School for scandal* (1777).

de Sheridan, lady Teazle, Backbite et Crabtree font, tout comme nos bons amis de cour, assaut d'épigrammes, et bien des figures ridicules passent ainsi devant nos yeux. La verve de l'auteur anglais est des plus ingénieuses, son esprit étincelle ; mais, quoiqu'il ne donne pas aux satires la brutalité qu'elles ont dans Wycherley, il est loin d'en faire, comme Molière, un simple amusement d'esprit, assez cruel sans doute, mais où le désir de briller se montre beaucoup plus que celui de nuire. Ses « personnages sont féroces, dit M. Taine [1] ; et c'est une vraie curée. » Les railleries de lady Teazle piquent moins qu'elles ne déchirent, et dans la chambre de lady Sneerwell nous chercherions en vain le cercle de Célimène, où règne toujours, jusque dans les propos des impertinents, le ton de la bonne compagnie. Cette fois encore, ce qu'il y a de plus agréable et de plus élégant dans le modèle a échappé à l'imitateur. C'est ainsi qu'on a pu faire quelques larcins à notre chef-d'œuvre, mais sans jamais se l'approprier [2].

Après Sheridan, il y a peu d'intérêt à nommer Palissot, qui, de la scène du *Misanthrope*, où *l'École de la médisance* est en germe, n'a fait qu'une légère imitation de détail dans sa comédie des *Courtisanes* (1775). Ses quatre femmes galantes tiennent cercle [3] avec un certain Mondor, qui ne vient pas du Louvre et du lever, et dont elles provoquent et encouragent les satires par des questions qui rappellent trop celles des marquis du *Misanthrope*, pour que l'emprunt ne soit pas manifeste. Ici nous sommes vraiment trop loin, non-seulement de Molière, mais du spirituel Sheridan.

Schiller a laissé un assez long fragment d'une pièce inachevée, plutôt drame que comédie, dont le titre [4] traduit à peu près

---

1. *Histoire de la littérature anglaise*, tome III, p. 154.

2. M. Paul Lacroix, dans sa *Bibliographie moliéresque* (p. 158, n° 652), compte, parmi les imitations anglaises du *Misanthrope*, le *Double dealer* de Congreve, représenté à Londres en 1692. Dans la scène x de l'acte III, quelques traits de grosse satire en rappellent d'à peu près pareils de Wycherley et de Sheridan. Est-ce assez pour donner lieu à un rapprochement avec Molière ?

3. Acte II, scène vii des *Courtisanes* ou *l'École des mœurs*, comédie en trois actes et en vers.

4. *Der Menschenfeind*, « l'Ennemi des hommes. »

celui de Molière. C'est visiblement tout ce que les deux ouvrages auraient eu de commun. Il suffit d'en avertir ceux qui, sur la foi de ce titre, seraient tentés de soupçonner là une des imitations de notre *Misanthrope*.

Il conviendrait de rayer du nombre de ces imitations deux petites pièces que l'on trouve citées comme telles dans diverses bibliographies du théâtre de Molière : une comédie en un acte, en vers, de Charles Maurice, représentée en 1818 et intitulée *le Misanthrope en opéra-comique;* et *la Cour de Célimène*, opéra-comique de M. Rosier, mis en musique par M. Ambroise Thomas, qui fut joué en 1855. Le sujet de la bluette de Charles Maurice est la bizarre fantaisie d'une dame qui, plus hardie encore que Bensserade, lorsqu'il mit les *Métamorphoses* d'Ovide en rondeaux, veut tourner en opéra-comique la comédie de Molière, qu'elle n'a fait que parcourir. En lui récitant une des belles scènes du *Misanthrope*, on lui ouvre les yeux sur le ridicule de son entreprise. La folie de cette dame n'a nullement été réalisée, comme on pourrait d'abord le croire, par l'opéra-comique de *la Cour de Célimène*. Rien n'y est emprunté au *Misanthrope* que ce nom de Célimène donné à une certaine coquette que rien ne distingue des autres coquettes du théâtre.

A côté des imitateurs, les continuateurs. Nous avons parlé[1] du *Philinte de Molière*, dans lequel Fabre d'Églantine s'est flatté de donner à Molière plutôt encore une leçon qu'une suite. Sans avoir la même prétention de corriger un chef-d'œuvre, Marmontel aussi a voulu le compléter. Dès qu'on ne redoutait pas assez le péril de la tentative, l'idée en venait assez naturellement, parce qu'il reste dans le dénouement du *Misanthrope* quelque chose d'inachevé, les derniers vers mêmes le déclarent; c'est donc à nous de rêver la vraie fin : ce qui n'est pas très-conforme aux habitudes du théâtre, mais nous paraît ici, loin d'être un défaut, avoir un grand charme. Il y avait, ce nous semble, quelque maladresse à tenter de fixer nos incertitudes. Marmontel a écrit, non pas une comédie, mais un simple récit, pour nous faire suivre Alceste dans la retraite où il se préparait à vivre quand il

---

1. Voyez ci-dessus, p. 375 et 376.

a pris congé de Célimène[1]. Ce qu'il devient dans cette retraite, tel est le sujet d'un des *Contes moraux* de l'agréable écrivain, qu'il a intitulé *le Misanthrope corrigé*[2]. Il s'agissait de développer et d'achever la pensée de Molière, comme si on en avait eu le secret; et, les caractères de ses personnages étant donnés, d'en tirer tout ce qu'ils renferment en leur laissant la vérité et la vigueur de leurs traits : tâche difficile ! L'homme d'esprit n'y a pas réussi. Sa petite histoire, d'une sagesse assurément moins profonde, peut-être même moins sensée qu'aimable, est pleine de sentiments honnêtes, mais qui ne sont pas appuyés sur une sérieuse connaissance du monde. Elle est fade et d'un goût douceâtre. Elle nous montre un Alceste bon homme, bien prompt à s'attendrir et qui ne tient pas beaucoup à sa mauvaise humeur, n'ayant jamais eu sans doute qu'une sauvagerie factice. Au lieu d'un Philinte, elle en a deux, qui certes ne sont pas de durs égoïstes comme le Philinte de Fabre, mais d'un optimisme en vérité trop innocent. De ces deux Philintes, il y en a un (celui-là porte jupon) qui convertit notre misanthrope par l'amour. Molière aurait à peine assez compris pour en rire ces enfantillages où s'étale toute la sensibilité du dix-huitième siècle, et dans lesquels il n'aurait reconnu ni la société qu'il avait observée, ni les caractères vivants, les vrais hommes qu'il avait créés.

Le conte de Marmontel a été arrangé pour la scène par Demoustier, sous le titre d'*Alceste à la campagne* ou *le Misanthrope corrigé*. Cette comédie, en trois actes et en vers, qui fut représentée en 1790, suit pas à pas le conte et fait mieux ressortir encore combien il manque de force comique. Elle l'embellit d'un trait fort singulier. Lorsque la jeune fille aimée d'Alceste le décide à renoncer à sa vie sauvage, une des

---

1. Dans *l'Énigme d'Alceste* de M. Gérard du Boulan (voyez ci-dessus, p. 379), nous lisons à la page 189 : « M. Désiré Laverdant a terminé.... un drame en vers intitulé *le Désert d'Alceste*..., suite du *Misanthrope* tout autrement logique que celle de Fabre d'Églantine. » Nous croyons que le drame ici mentionné par M. Gérard du Boulan est resté inédit.

2. Le dernier du tome III dans l'édition de 1765, p. 245 et suivantes.

concessions qu'elle exige de lui, pour l'épouser, est celle-ci[1]:

Qu'il me suive partout, même à la comédie,
Au *Misanthrope*.

Qu'à un nouvel Alceste on fasse voir, avec profit, la comédie de Molière, rien de mieux. Mais le personnage emprunté à notre *Misanthrope* est donné dans la comédie de Demoustier (celui-ci l'avait donc oublié?) pour un être réel, non pour une création de poëte. Cette création comique est censée dès lors ne pas exister.

En résumé, les suites méritent encore moins d'être rattachées au souvenir de notre chef-d'œuvre que quelques-unes des imitations; et cette grande comédie reste sans postérité, de même qu'elle était née sans mère, *proles sine matre creata*.

La première édition du *Misanthrope* porte la date de 1667; c'est un in-12, dont voici le titre:

LE
MISANTROPE,
COMÉDIE.
Par I. B. P. DE MOLIERE.
A PARIS.
Chez Iean Ribov, au Palais, vis à vis la Porte
de l'Eglise de la Sainte Chapelle,
à l'Image Saint Louis.
M.DC.LXVII.
AVEC PRIVILEGE DV ROY.

Le feuillet de titre est précédé d'une estampe, et suivi de dix feuillets, non paginés, qui contiennent: l'avis du *Libraire au lecteur*, la Lettre écrite sur *le Misanthrope*, par de Visé, l'extrait du Privilége et la liste des Acteurs; puis vient la comédie, comprise dans 84 pages numérotées.

L'Achevé d'imprimer pour la première fois est du 24 décembre 1666; le Privilége, du 21 juin, est donné pour cinq

---

1. Avant-dernière scène (VIIe de l'acte III).

années à Molière, qui a cédé son droit « à Jean Ribou, marchand libraire à Paris. »

Le Misanthrope a été souvent traduit, et en différentes langues; au nombre des versions séparées, on en connaît quatre en italien (1745[1], 1749, 1796, 1874); une en roumain (1854); une en anglais (1819); cinq en néerlandais (1682, 1805, 1851, 1872); deux en allemand (1775, 1867)[2]; une en danois (1749); une en suédois (1816); trois en russe (1788, 1816, 1869); une en polonais (1775); une en persan (1869), traduction très-scrupuleusement faite; les noms des personnages y sont changés en noms orientaux. Mentionnons enfin une version en patois languedocien (1797).

1. La pièce italienne de 1745, de Luisa Bergalli, académicienne de Venise, qui, dans la *Bibliographie moliéresque* (n° 602), est donnée pour une traduction intitulée *Misantropo*, ne serait-elle pas cette imitation dont parle Bret dans sa dernière note (édition de 1773, p. 551), où *le Misanthrope*, changeant de sexe, est devenu *la Misanthrope?*

2. On pourrait y joindre la traduction ou imitation allemande de la femme de Gottsched, que celui-ci a insérée, en 1742, dans le tome I de la *Deutsche Schaubühne;* et la traduction d'A. Laun, publiée, en 1865, avec celle du *Tartuffe*, que nous aurions dû mentionner au tome IV, et avec celle des *Femmes savantes*. Dans sa traduction complète de *Molière* (1805 et 1806, tome V), Zschokke a, contre son usage, conservé le titre français de la pièce : *der Misantrop* (sic); et il l'a traduite beaucoup plus fidèlement que le reste du théâtre, tout en donnant aux personnages des noms modernes.

SOMMAIRE

DU *MISANTHROPE* PAR VOLTAIRE.

L'Europe regarde cet ouvrage comme le chef-d'œuvre du haut comique. Le sujet du Misanthrope a réussi chez toutes les nations longtemps avant Molière, et après lui. En effet, il y a peu de choses plus attachantes qu'un homme qui hait le genre humain dont il a éprouvé les noirceurs, et qui est entouré de flatteurs dont la complaisance servile fait un contraste avec son inflexibilité. Cette façon de traiter le Misanthrope est la plus commune, la plus naturelle et la plus susceptible du genre comique. Celle dont Molière l'a traité est bien plus délicate, et, fournissant bien moins, exigeait beaucoup d'art. Il s'est fait à lui-même un sujet stérile, privé d'action, dénué d'intérêt[1]. Son Misanthrope hait les hommes encore plus par humeur que par raison. Il n'y a d'intrigue dans la pièce que ce qu'il en faut pour faire sortir les caractères, mais peut-être pas assez pour attacher : en récompense, tous ces caractères ont une force, une vérité et une finesse que jamais auteur comique n'a connues comme lui.

Molière est le premier qui ait su tourner en scènes ces conversations du monde, et y mêler des portraits. Le Misanthrope en est plein ; c'est une peinture continuelle, mais une peinture de ces ridicules que les yeux vulgaires n'aperçoivent pas. Il est inutile d'examiner ici en détail les beautés de ce chef-d'œuvre de l'esprit, et de montrer avec quel art Molière a peint un homme qui pousse la vertu jusqu'au ridicule, rempli de faiblesses pour une coquette, de remarquer[2] la conversation et le contraste charmant d'une prude avec cette coquette outrée. Quiconque lit doit sentir ces beautés, lesquelles même, toutes grandes qu'elles sont, ne seraient rien sans

1. Et vuide d'intérêt. (1re *édition*, 1739.)
2. Et de montrer avec quel art un homme qui pousse la vertu jusqu'au ridicule est si rempli de faiblesses pour une coquette, de remarquer.... (1739.)

le style. La pièce est d'un bout à l'autre à peu près dans le style des satires de Despréaux[1], et c'est de toutes les pièces de Molière la plus fortement écrite.

Elle eut à la première représentation les applaudissements qu'elle méritait. Mais c'était un ouvrage plus fait pour les gens d'esprit que pour la multitude, et plus propre encore à être lu qu'à être joué. Le théâtre fut désert dès le troisième jour[2]. Depuis, lorsque le fameux acteur Baron étant remonté sur le théâtre, après trente ans d'absence, joua le Misanthrope, la pièce n'attira pas un grand concours : ce qui confirma l'opinion où l'on était que cette pièce serait plus admirée que suivie. Ce peu d'empressement qu'on a d'un côté pour *le Misanthrope*, et de l'autre la juste admiration qu'on a pour lui, prouve peut-être, plus qu'on ne pense, que le public n'est point injuste. Il court en foule à des comédies gaies et amusantes, mais qu'il n'estime guère; et ce qu'il admire n'est pas toujours réjouissant. Il en est des comédies comme des jeux : il y en a que tout le monde joue; il y en a qui ne sont faits[3] que pour les esprits plus fins et plus appliqués.

Si on osait encore chercher dans le cœur humain la raison de cette tiédeur du public aux représentations du *Misanthrope*, peut-être les trouverait-on dans l'intrigue de la pièce, dont les beautés ingénieuses et fines ne sont pas également vives et intéressantes ; dans ces conversations même qui sont des morceaux inimitables, mais qui n'étant pas toujours nécessaires à la pièce, peut-être re-

---

1. Voyez ci-dessus, p. 392, fin, et l'article MOLIÈRE dans le Catalogue des écrivains qui est au-devant du *Siècle de Louis XIV*, tome XIX, p. 161 et 162 de l'édition Beuchot des *OEuvres de Voltaire*.

2. Bien que les premières recettes du *Misanthrope* soient restées, dans leur ensemble, au-dessous de ce qu'on voudrait qu'elles eussent été, il y aurait de l'exagération à dire que le théâtre fut déserté avant la *dixième* représentation (du 27 juin); il se pourrait même, si les deux premières représentations avaient été données au double (avec prix doublé), ce qui n'est pas invraisemblable, quoique rien ne le constate, que la diminution de la recette aux suivantes n'indiquât pas une trop grande diminution dans le nombre des spectateurs ; mais à la dixième s'appliquerait mieux ce que Voltaire dit de la troisième. Voyez le commencement de la *Notice*, et particulièrement le relevé des pages 362 et 363.

3. On lit « faites » dans la 1re édition (1739).

froidissent un peu l'action, pendant qu'elles font admirer l'auteur ; enfin dans le dénouement, qui, tout bien amené et tout sage qu'il est, semble être attendu du public sans inquiétude, et qui venant après une intrigue peu attachante, ne peut avoir rien de piquant. En effet, le spectateur ne souhaite point que le Misanthrope épouse la coquette Célimène, et ne s'inquiète pas beaucoup s'il se détachera d'elle. Enfin on prendrait la liberté de dire que *le Misanthrope* est une satire plus sage et plus fine que celles d'Horace et de Boileau, et pour le moins aussi bien écrite, mais qu'il y a des comédies plus intéressantes, et que *le Tartuffe*, par exemple, réunit les beautés du style du *Misanthrope* avec un intérêt plus marqué.

On sait que les ennemis de Molière voulurent persuader au duc de Montausier, fameux par sa vertu sauvage, que c'était lui que Molière jouait dans le Misanthrope. Le duc de Montausier alla voir la pièce, et dit en sortant qu'il aurait bien voulu ressembler au Misanthrope de Molière.

LE LIBRAIRE AU LECTEUR[1].

Le Misanthrope, dès sa première représentation, ayant reçu au théâtre l'approbation que le lecteur ne lui pourra refuser, et la cour étant à Fontainebleau lorsqu'il parut, j'ai cru que je ne pouvois rien faire de plus agréable pour le public, que de lui faire part de cette lettre, qui fut écrite, un jour après, à une personne de qualité sur le sujet de cette comédie. Celui qui l'écrivit étant un homme dont le mérite et l'esprit est fort connu[2], sa lettre fut vue de la meilleure partie de la cour, et trouvée si juste parmi tout ce qu'il y a de gens les plus éclairés en ces matières, que je me suis persuadé qu'après leur avoir plu, le lecteur me seroit obligé du soin que j'avois pris d'en chercher une copie pour la lui donner, et qu'il lui rendra la justice que tant de personnes de la plus haute naissance lui ont accordée.

1. Cet avis du libraire Ribou, à qui Molière avait cédé son droit de privilége, est placé en tête de la pièce, ainsi que la lettre qui le suit, dans l'édition originale et dans toutes celles dont nous donnons les variantes, sauf les deux de 1734 et de 1773, qui omettent et la lettre et l'avis qui l'annonce.
2. Jean Donneau de Visé, qui fonda le *Mercure galant* en 1672. Voyez ci-après, la note 5 de la page 441.

LETTRE

ÉCRITE

SUR LA COMÉDIE DU *MISANTHROPE*[1].

Monsieur,

Vous devriez être satisfait de ce que je vous ai dit de la dernière comédie de M. de Molière, que vous avez vue aussi bien que moi, sans m'obliger à vous écrire mes sentiments. Je ne puis m'empêcher de faire ce que vous souhaitez; mais souvenez-vous de la sincère amitié que vous m'avez promise, et n'allez pas exposer à Fontainebleau[2], au jugement des courtisans, des remarques que je n'ai faites que pour vous obéir. Songez à ménager ma réputation, et pensez que les gens de la cour, de qui le goût est si raffiné, n'auront pas pour moi la même indulgence que vous.

Il est à propos, avant que de parler à fond de cette comédie, de voir quel a été le but de l'auteur, et je crois qu'il mérite des louanges, s'il est venu à bout de ce qu'il s'est proposé; et c'est la première chose qu'il faut examiner. Je pourrois vous dire en deux mots, si je voulois m'exempter de faire un grand discours, qu'il a plu, et que, son intention étant de plaire, les critiques ne peuvent pas dire qu'il ait mal fait, puisque, en faisant mieux, si toutefois il est possible, son dessein n'auroit peut-être pas si bien réussi.

Examinons donc les endroits par où il a plu, et voyons quelle a été la fin de son ouvrage. Il n'a point voulu faire une comédie pleine d'incidents, mais une pièce seulement où il pût parler contre les mœurs du siècle. C'est ce qui lui a fait prendre pour son héros un misanthrope; et comme misanthrope veut dire ennemi des hommes, on doit demeurer d'accord qu'il ne pouvoit choisir un personnage qui vraisemblablement pût mieux parler contre les

---

1. Voyez ci-dessus la *Notice*, p. 368 et suivantes.
2. La cour était alors à Fontainebleau : voyez plus haut, p. 358.

hommes que leur ennemi. Ce choix est encore admirable pour le théâtre ; et les chagrins, les dépits, les bizarreries, et les emportements d'un misanthrope étants des choses qui font un grand jeu, ce caractère est un des plus brillants qu'on puisse produire sur la scène.

On n'a pas seulement remarqué l'adresse de l'auteur dans le choix de ce personnage, mais encore dans tous les autres ; et comme rien ne fait paroître davantage une chose que celle qui lui est opposée, on peut non-seulement dire que l'ami du Misanthrope, qui est un homme sage et prudent, fait voir dans son jour le caractère de ce ridicule, mais encore que l'humeur du Misanthrope fait connoître la sagesse de son ami.

Molière n'étant pas de ceux qui ne font pas tout également bien, n'a pas été moins heureux dans le choix de ses autres caractères, puisque la maîtresse du Misanthrope est une jeune veuve, coquette, et tout à fait médisante. Il faut s'écrier ici, et admirer l'adresse de l'auteur : ce n'est pas que le caractère ne soit assez ordinaire, et que plusieurs n'eussent pu s'en servir ; mais l'on doit admirer que, dans une pièce où Molière veut parler contre les mœurs du siècle et n'épargner personne, il nous fait voir une médisante avec un ennemi des hommes. Je vous laisse à penser si ces deux personnes ne peuvent pas naturellement parler contre toute la terre, puisque l'un hait les hommes, et que l'autre se plaît à en dire tout le mal qu'elle en sait. En vérité, l'adresse de cet auteur est admirable : ce sont là de ces choses que tout le monde ne remarque pas, et qui sont faites avec beaucoup de jugement. Le Misanthrope seul n'auroit pu parler contre tous les hommes ; mais en trouvant le moyen de le faire aider d'une médisante, c'est avoir trouvé, en même temps, celui de mettre, dans une seule pièce, la dernière main au portrait du siècle. Il y est tout entier, puisque nous voyons encore une femme qui veut paroître prude opposée à une coquette, et des marquis qui représentent la cour : tellement qu'on peut assurer que, dans cette comédie, l'on voit tout ce qu'on peut dire contre les mœurs du siècle. Mais comme il ne suffit pas d'avancer une chose si l'on ne la prouve, je vais, en examinant cette pièce d'acte en acte, vous faire remarquer tout ce que j'ai dit, et vous faire voir cent choses qui sont mises en leur jour avec beaucoup d'art, et qui ne sont connues que des personnes aussi éclairées que vous.

Les choses qui sont les plus précieuses d'elles-mêmes ne seroient pas souvent estimées ce qu'elles sont, si l'art ne leur avoit prêté quelques traits ; et l'on peut dire que, de quelque valeur qu'elles soient, il augmente toujours leur prix[1]. Une pierre mise en œuvre a beaucoup plus d'éclat qu'auparavant ; et nous ne saurions bien voir le plus beau tableau du monde, s'il n'est dans son jour. Toutes choses ont besoin d'y être, et les actions que l'on nous représente sur la scène nous paroissent plus ou moins belles, selon que l'art du poëte nous les fait paroître. Ce n'est pas qu'on doive trop s'en servir, puisque le trop d'art n'est plus art, et que c'est en avoir beaucoup que de ne le pas montrer. Tout excès est condamnable et nuisible ; et les plus grandes beautés perdent beaucoup de leur éclat, lorsqu'elles sont exposées à un trop grand jour. Les productions d'esprit sont de même, et surtout celles qui regardent le théâtre ; il leur faut donner de certains jours, qui sont plus difficiles à trouver que les choses les plus spirituelles ; car enfin il n'y a point d'esprits si grossiers, qui n'aient quelquefois de belles pensées ; mais il y en a peu qui sachent bien les mettre en œuvre, s'il est permis de parler ainsi. C'est ce que Molière fait si bien, et ce que vous pouvez remarquer dans sa pièce.

Cette ingénieuse et admirable comédie commence par le Misanthrope, qui, par son action, fait connoître à tout le monde que c'est lui, avant même d'ouvrir la bouche : ce qui fait juger qu'il soutiendra bien son caractère, puisqu'il commence si bien de le faire remarquer.

Dans cette première scène, il blâme ceux qui sont tellement accoutumés à faire des protestations d'amitié, qu'ils embrassent également leurs amis et ceux qui leur doivent être indifférents, le faquin et l'honnête homme ; et dans le même temps, par la colère où il témoigne être contre son ami, il fait voir que ceux qui reçoivent ces embrassades avec trop de complaisance ne sont pas moins dignes de blâme que ceux qui les font ; et par ce que lui répond son ami, il fait voir que son dessein est de rompre en visière à tout le genre humain ; et l'on connoît par ce peu de paroles le caractère qu'il doit soutenir pendant toute la pièce.

1. Il en augmente toujours leur prix. (1674, 82, 92.) — Il en augmente toujours le prix. (1730, 33.)

Mais comme il ne pouvoit le faire paroître sans avoir de matière[1], l'auteur a cherché toutes les choses qui peuvent exercer la patience des hommes; et comme il n'y en a presque point qui n'ait quelque procès, et que c'est une chose fort contraire à l'humeur d'un tel personnage, il n'a pas manqué de le faire plaider; et comme les plus sages s'emportent ordinairement quand ils ont des procès, il a pu justement faire dire tout ce qu'il a voulu à un misanthrope, qui doit, plus qu'un autre, faire voir sa mauvaise humeur et contre ses juges et contre sa partie.

Ce n'étoit pas assez de lui avoir fait dire qu'il vouloit rompre en visière à tout le genre humain, si l'on ne lui donnoit lieu de le faire. Plusieurs disent des choses qu'ils ne font pas; et l'auditeur ne lui a pas sitôt vu prendre cette résolution, qu'il souhaite d'en voir les effets: ce qu'il découvre dans la scène suivante, et ce qui lui doit faire connoître l'adresse de l'auteur, qui répond si tôt à ses desirs.

Cette seconde scène réjouit et attache beaucoup, puisqu'on voit un homme de qualité faire au Misanthrope les civilités qu'il vient de blâmer, et qu'il faut nécessairement ou qu'il démente son caractère, ou qu'il lui rompe en visière. Mais il est encore plus embarrassé dans la suite, car la même personne lui lit un sonnet, et veut l'obliger d'en dire son sentiment. Le Misanthrope fait d'abord voir un peu de prudence, et tâche de lui faire comprendre ce qu'il ne veut pas lui dire ouvertement, pour lui épargner de la confusion; mais enfin il est obligé de lui rompre en visière: ce qu'il fait d'une manière qui doit beaucoup divertir le spectateur. Il lui fait voir que son sonnet vaut moins qu'un vieux couplet de chanson qu'il lui dit; que ce n'est qu'un jeu de paroles qui ne signifient rien, mais que la chanson dit beaucoup plus, puisqu'elle fait du moins voir un homme amoureux qui abandonneroit une ville comme Paris pour sa maîtresse.

Je ne crois pas qu'on puisse rien voir de plus agréable que cette scène. Le sonnet n'est point méchant, selon la manière d'écrire d'aujourd'hui; et ceux qui cherchent ce que l'on appelle pointes ou chutes, plutôt que le bon sens, le trouveront sans doute bon. J'en vis même, à la première représentation de cette pièce, qui se firent jouer pendant qu'on représentoit cette scène; car ils crièrent

1. Sans avoir matière. (1674, 82.)

que le sonnet étoit bon, avant que le Misanthrope en fît la critique, et demeurèrent ensuite tout confus[1].

Il y a cent choses dans cette scène qui doivent faire remarquer l'esprit de l'auteur; et le choix du sonnet en est un[e], dans un temps où tous nos courtisans font des vers. On peut ajouter à cela que les gens de qualité croient que leur naissance les doit excuser lorsqu'ils écrivent mal; qu'ils sont les premiers à dire : « Cela est écrit cavalièrement, et un gentilhomme n'en doit pas savoir davantage. » Mais ils devroient plutôt se persuader que les gens de qualité doivent mieux faire que les autres, ou du moins ne point faire voir ce qu'ils ne font pas bien.

Ce premier acte ayant plu à tout le monde, et n'ayant que deux scènes, doit être parfaitement beau, puisque les François, qui voudroient toujours voir de nouveaux personnages, s'y seroient ennuyés, s'il ne les avoit fort attachés et divertis.

Après avoir vu le Misanthrope déchaîné contre ceux qui font également des protestations d'amitié à tout le monde, et ceux qui y répondent, avec le même emportement; après l'avoir ouï parler contre sa partie, et l'avoir vu condamner le sonnet, et rompre en visière à son auteur, on ne pouvoit plus souhaiter que le voir[2] amoureux, puisque l'amour doit bien donner de la peine aux personnes de son caractère, et que l'on doit, en cet état, en espérer quelque chose de plaisant, chacun traitant ordinairement cette passion selon son tempérament; et c'est d'où vient que l'on attribue tant de choses à l'amour, qui ne doivent souvent être attribuées qu'à l'humeur des hommes.

Si l'on souhaite de voir le Misanthrope amoureux, on doit être satisfait dans cette scène, puisqu'il y paroit avec sa maîtresse, mais avec sa hauteur[3], ordinaire à ceux de son caractère. Il n'est point soumis, il n'est point languissant; mais il lui découvre librement les défauts qu'il voit en elle, et lui reproche qu'elle reçoit bien tout l'univers; et pour douceurs, il lui dit qu'il voudroit bien ne la pas aimer, et qu'il ne l'aime que pour ses péchés. Ce n'est pas qu'avec

1. Il y a bien ainsi, conformément à l'usage actuel, « tout confus », dans nos textes, même les plus anciens, sauf ceux de 1710 et de 1718, qui portent : « tous confus ». Deux lignes plus bas, ils s'accordent aussi tous, sauf 1733, à donner : « en est un », pour : « en est une ».

2. Que de le voir. (1674, 82.) — 3. Mais avec la hauteur. (*Ibidem.*)

tous ces discours il ne paroisse aussi amoureux que les autres, comme nous verrons dans la suite. Pendant leur entretien, quelques gens viennent visiter sa maîtresse ; il voudroit l'obliger à ne les pas voir ; et comme elle lui répond que l'un d'eux la sert dans un procès, il lui dit qu'elle devroit perdre sa cause plutôt que de les voir.

Il faut demeurer d'accord que cette pensée ne se peut payer, et qu'il n'y a qu'un misanthrope qui puisse dire des choses semblables. Enfin toute la compagnie arrive, et le Misanthrope conçoit tant de dépit, qu'il veut s'en aller. C'est ici où l'esprit de Molière se fait remarquer, puisque, en deux vers, joints à quelque action qui marque du dépit, il fait voir ce que peut l'amour sur le cœur de tous les hommes, et sur celui du Misanthrope même, sans le faire sortir de son caractère. Sa maîtresse lui dit deux fois de demeurer ; il témoigne qu'il n'en veut rien faire ; et sitôt qu'elle lui donne congé avec un peu de froideur, il demeure, et montre, en faisant deux ou trois pas pour s'en aller et en revenant aussitôt, que l'amour, pendant ce temps, combat contre son caractère et demeure vainqueur : ce que l'auteur a fait judicieusement, puisque l'amour surmonte tout. Je trouve encore une chose admirable en cet endroit : c'est la manière dont les femmes agissent pour se faire obéir, et comme une femme a le pouvoir de mettre à la raison un homme comme le Misanthrope, qui la vient même de quereller, en lui disant : « Je veux que vous demeuriez ; » et puis, en changeant de ton : « Vous pouvez vous en aller. » Cependant cela se fait tous les jours, et l'on ne peut le voir mieux représenté qu'il est dans cette scène. Après tant de choses si différentes, et si naturellement touchées et représentées dans l'espace de quatre vers, on voit une scène de conversation, où se rencontrent deux marquis, l'ami du Misanthrope, et la cousine de la maîtresse de ce dernier. La jeune veuve chez qui toute la compagnie se trouve n'est point fâchée d'avoir la cour chez elle ; et comme elle est bien aise d'en avoir, qu'elle est politique et veut ménager tout le monde, elle n'avoit pas voulu faire dire qu'elle n'y étoit pas aux deux marquis, comme le souhaitoit le Misanthrope. La conversation est toute aux dépens du prochain ; et la coquette médisante fait voir ce qu'elle sait, quand il s'agit de le dauber, et qu'elle est de celles qui déchirent sous main jusques à leurs meilleurs amis.

Cette conversation fait voir que l'auteur n'est pas épuisé, puisqu'on y parle de vingt caractères de gens, qui sont admirablement bien dépeints en peu de vers chacun; et l'on peut dire que ce sont autant de sujets de comédies que Molière donne libéralement à ceux qui s'en voudront servir. Le Misanthrope soutient bien son caractère pendant cette conversation, et leur parle avec la liberté qui lui est ordinaire. Elle est à peine finie, qu'il fait une action digne de lui, en disant aux deux marquis qu'il ne sortira point qu'ils ne soient sortis; et il le feroit sans doute, puisque les gens de son caractère ne se démentent jamais, s'il n'étoit obligé de suivre un garde, pour le différend qu'il a eu avec Oronte en condamnant son sonnet. C'est par où cet acte finit.

L'ouverture du troisième se fait par une scène entre les deux marquis, qui disent des choses fort convenables à leurs caractères, et qui font voir, par les applaudissements qu'ils reçoivent, que l'on peut toujours mettre des marquis sur la scène, tant qu'on leur fera dire quelque chose que les autres n'aient point encore dit. L'accord qu'ils font entre eux de se dire les marques d'estime qu'ils recevront de leur maîtresse, est une adresse de l'auteur, qui prépare la fin de sa pièce, comme vous remarquerez dans la suite.

Il y a, dans le même acte, une scène entre deux femmes, que l'on trouve d'autant plus belle, que leurs caractères sont tout à fait opposés et se font ainsi paroître l'un l'autre[1]. L'une est la jeune veuve, aussi coquette que médisante; et l'autre, une femme qui veut passer pour prude, et qui, dans l'âme, n'est pas moins du monde que la coquette. Elle donne à cette dernière des avis charitables sur sa conduite; la coquette les reçoit fort bien en apparence, et lui dit, à son tour, pour la payer de cette obligation, qu'elle veut l'avertir de ce que l'on dit d'elle, et lui fait un tableau de la vie des feintes prudes, dont les couleurs sont aussi fortes que celles que la prude avoit employées pour lui représenter la vie des coquettes; et ce qui doit faire trouver cette scène fort agréable, est que celle qui a parlé la première se fâche quand l'autre la paye en même monnoie.

L'on peut assurer que l'on voit dans cette scène tout ce que l'on peut dire de toutes les femmes, puisqu'elles sont toutes de l'un ou de l'autre caractère, ou que, si elles ont quelque chose de plus ou de moins, ce qu'elles ont a toujours du rapport à l'un ou à l'autre.

Ces deux femmes, après s'être parlé à cœur ouvert touchant leurs

---

1. L'une l'autre. (1674, 82, 92; faute évidente.)

vies[1], se séparent; et la coquette laisse la prude avec le Misanthrope, qu'elle voit entrer chez elle. Comme la prude a de l'esprit, et qu'elle n'a choisi ce caractère que pour mieux faire ses affaires, elle tâche, par toutes sortes de voies, d'attirer le Misanthrope, qu'elle aime. Elle le loue, elle parle contre la coquette, lui veut persuader qu'on le trompe, et le[2] mène chez elle pour lui en donner des preuves : ce qui donne sujet à une partie des choses qui se passent au quatrième acte.

Cet acte commence par le récit de l'accommodement du Misanthrope avec l'homme du sonnet; et l'ami de ce premier en entretient la cousine de la coquette. Les vers de ce récit sont tout à fait beaux; mais ce que l'on y doit remarquer est que le caractère du Misanthrope est soutenu avec la même vigueur qu'il fait paroître en ouvrant la pièce. Ces deux personnes parlent quelque temps des sentiments de leurs cœurs, et sont interrompues par le Misanthrope même, qui paroît furieux et jaloux; et l'auditeur se persuade aisément, par ce qu'il a vu dans l'autre acte, que la prude, avec qui on l'a vu sortir, lui a inspiré ses sentiments. Le dépit lui fait faire ce que tous les hommes feroient en sa place, de quelque humeur qu'ils fussent : il offre son cœur à la belle parente de sa maîtresse; mais elle lui fait voir que ce n'est que le dépit qui le fait parler, et qu'une coupable aimée est bientôt innocente. Ils le laissent avec sa maîtresse, qui paroît, et se retirent.

Je ne crois pas qu'on puisse rien voir de plus beau que cette scène : elle est toute sérieuse; et cependant il y en a peu dans la pièce qui divertissent davantage. On y voit un portrait, naturellement représenté, de ce que les amants font tous les jours en de semblables rencontres. Le Misanthrope paroît d'abord aussi emporté que jaloux; il semble que rien ne peut diminuer sa colère, et que la pleine justification de sa maîtresse ne pourroit qu'avec peine calmer sa fureur. Cependant admirez l'adresse de l'auteur : ce jaloux, cet emporté, ce furieux, paroît tout radouci; il ne parle que du desir qu'il a de faire du bien à sa maîtresse; et ce qui est admirable est qu'il lui dit[3] toutes ces choses avant qu'elle se soit

---

1. Leurs vices. (1675 A, 84 A, 94 B.)
2. Dans l'édition originale, *la*, faute évidente.
3. C'est qu'il lui dit. (1674, 82.)

justifiée, et lorsqu'elle lui dit qu'il a raison d'être jaloux. C'est faire voir ce que peut l'amour sur le cœur de tous les hommes, et faire connoître en même temps, par une adresse que l'on ne peut assez admirer, ce que peuvent les femmes sur leurs amants, en changeant seulement le ton de leurs voix[1], et prenant un air qui paroît ensemble et fier et attirant. Pour moi, je ne puis assez m'étonner, quand je vois une coquette ramener, avant que s'être justifiée, non pas un amant soumis et languissant, mais un Misanthrope, et l'obliger non-seulement à la prière[2] de se justifier, mais encore à des protestations d'amour, qui n'ont pour but que le bien de l'objet aimé ; et cependant demeurer ferme, après l'avoir ramené, et ne le point éclaircir, pour avoir le plaisir de s'applaudir d'un plein triomphe. Voilà ce qui s'appelle manier des scènes, voilà ce qui s'appelle travailler avec art, et représenter avec des traits délicats ce qui se passe tous les jours dans le monde. Je ne crois pas que les beautés de cette scène soient connues de tous ceux qui l'ont vu représenter[3] : elle est trop délicatement traitée ; mais je puis assurer que tout le monde a remarqué qu'elle étoit bien écrite, et que les personnes d'esprit en ont bien su connoître les finesses.

Dans le reste de l'acte, le valet du Misanthrope vient chercher son maître pour l'avertir qu'on lui est venu signifier quelque chose qui regarde son procès. Comme l'esprit paroît aussi bien dans les petites choses que dans les grandes, on en voit beaucoup dans cette scène, puisque le valet exerce la patience du Misanthrope, et que ce qu'il dit feroit moins d'effet s'il étoit à un maître qui fût d'un autre humeur[4].

La scène du valet, au quatrième acte, devoit faire croire que l'on entendroit bientôt parler du procès. Aussi apprend-on, à l'ouverture du cinquième, qu'il est perdu ; et le Misanthrope agit selon que j'ai dit au premier. Son chagrin, qui l'oblige à se promener et rêver, le fait retirer dans un coin de la chambre, d'où il voit[5] aussitôt entrer sa maîtresse, accompagnée de l'homme avec

1. De leur voix. (1697, 1710, 18, 30, 33.)
2. A la prier. (1682, 97, 1710, 18, 30, 33.)
3. Dans toutes nos éditions, sauf les trois étrangères : « l'ont vue représenter ».
4. Nos trois plus anciens textes français s'accordent à faire ici *humeur* du masculin. — D'une autre humeur. (1675 A, 84 A, 92, 94 B, 97, 1710, 18, 30, 33.)
5. Où il voit. (1674, 82.)

qui il a eu démêlé pour le sonnet. Il la presse de se déclarer, et de faire un choix entre lui et ses rivaux : ce qui donne lieu au Misanthrope de faire une action qui est bien d'un homme de son caractère. Il sort de l'endroit où il est, et lui fait la même prière. La coquette agit toujours en femme adroite et spirituelle; et, par un procédé qui paroît honnête, leur dit qu'elle sait bien quel choix elle doit faire, qu'elle ne balance pas, mais qu'elle ne veut point se déclarer en présence de celui qu'elle ne doit pas choisir. Ils sont interrompus par la prude, et par les marquis, qui apportent chacun une lettre qu'elle a écrite contre eux : ce que l'auteur a préparé dès le troisième acte, en leur faisant promettre qu'ils se montreroient ce qu'ils recevroient de leur maîtresse. Cette scène est fort agréable : tous les acteurs sont raillés dans les deux lettres; et quoique cela soit nouveau au théâtre, il fait voir[1] néanmoins la véritable manière d'agir des coquettes médisantes, qui parlent et écrivent continuellement contre ceux qu'elles voient tous les jours et à qui elles font bonne mine. Les marquis la quittent, et lui témoignent plus de mépris que de colère.

La coquette paroît un peu mortifiée dans cette scène. Ce n'est pas qu'elle démente son caractère; mais la surprise qu'elle a de se voir abandonnée, et le chagrin d'apprendre que son jeu est découvert, lui causent un secret dépit, qui paroît jusque sur son visage. Cet endroit est tout à fait judicieux. Comme la médisance est un vice, il étoit nécessaire qu'à la fin de la comédie elle eût quelque sorte de punition; et l'auteur a trouvé le moyen de la punir, et de lui faire, en même temps, soutenir son caractère. Il ne faut point d'autre preuve pour montrer qu'elle le soutient, que le refus qu'elle fait d'épouser le Misanthrope et d'aller vivre dans son désert. Il ne tient qu'à elle de le faire; mais leurs humeurs étants incompatibles, ils seroient trop mal assortis; et la coquette peut se corriger en demeurant dans le monde, sans choisir un désert pour faire pénitence, son crime, qui ne part que d'un esprit encore jeune, ne demandant pas qu'elle en fasse une si grande.

Pour ce qui regarde le Misanthrope, on peut dire qu'il soutient son caractère jusques au bout. Nous en voyons souvent qui ont bien de la peine à le garder pendant le cours d'une comédie; mais si, comme j'ai dit tantôt[2], celui-ci a fait connoître le sien avant que

---

1. Cela fait voir. — 2. Ci-dessus, p. 432, 2ᵈ alinéa.

parler[1], il fait voir, en finissant, qu'il le conservera toute sa vie, en se retirant du monde.

Voilà, Monsieur, ce que je pense de la comédie du Misanthrope amoureux[2], que je trouve d'autant plus admirable, que le héros en est le plaisant sans être trop ridicule, et qu'il fait rire les honnêtes gens sans dire des plaisanteries fades et basses, comme l'on a accoutumé de voir dans les pièces[3] comiques. Celles de cette nature me semblent plus divertissantes, encore que l'on y rie moins haut; et je crois qu'elles divertissent davantage, qu'elles attachent, et qu'elles font continuellement rire dans l'âme[4]. Le Misanthrope, malgré sa folie, si l'on peut ainsi appeler son humeur, a le caractère d'un honnête homme, et beaucoup de fermeté, comme l'on peut connoître dans l'affaire du sonnet. Nous voyons de grands hommes, dans des pièces héroïques, qui en ont bien moins, qui n'ont point de caractère, et démentent souvent au théâtre, par leur lâcheté, la bonne opinion que l'histoire a fait concevoir d'eux[5].

L'auteur ne représente pas seulement le Misanthrope sous ce caractère, mais il fait encore parler à son héros d'une partie des mœurs du temps; et ce qui est admirable est que[6], bien qu'il paroisse en quelque façon ridicule, il dit des choses fort justes. Il est vrai qu'il semble trop exiger; mais il faut demander beaucoup pour obtenir quelque chose; et pour obliger les hommes à se corriger un peu de leurs défauts, il est nécessaire de les leur faire paroître bien grands.

Molière, par une adresse qui lui est particulière, laisse partout deviner plus qu'il ne dit, et n'imite pas ceux qui parlent beaucoup, et ne disent rien.

1. Avant que de parler. (1682.)
2. Il semblerait que de Visé parle ici comme si la pièce avait été d'abord connue sous ce titre : ce que l'on peut rapprocher de ce qui a été dit ci-dessus dans la *Notice*, p. 384.
3. Dans des pièces. (1682, 1730.)
4. M. L. Veuillot, dans *Molière et Bourdaloue*, p. 239, remarque l'originalité et la force de cette expression, qu'il a peine à croire du cru de Donneau de Visé, et dont il conteste vainement la juste application à notre comédie.
5. N'y a-t-il pas là une allusion à quelque tragédie, peut-être à l'*Alexandre* de Racine, qui, depuis le 18 décembre de l'année précédente, avait passé du Palais-Royal à l'Hôtel de Bourgogne? Ce serait dans les scènes où Alexandre semble préférer l'amour de Cléofile à la gloire que de Visé aurait vu sa « lâcheté ».
6. C'est que. (1674, 82.)

On peut assurer que cette pièce est une perpétuelle et divertissante instruction, qu'il y a des tours et des délicatesses inimitables, que les vers sont fort beaux[1], au sentiment de tout le monde, les scènes bien tournées et bien maniées, et que l'on ne peut ne la pas trouver bonne sans faire voir que l'on n'est pas de ce monde, et que l'on ignore la manière de vivre de la cour et celle des plus illustres personnes[2] de la ville.

Il n'y a rien dans cette comédie qui ne puisse être utile, et dont l'on ne doive profiter. L'ami du Misanthrope est si raisonnable, que tout le monde devroit l'imiter : il n'est ni trop ni trop peu critique ; et ne portant les choses dans l'un[3] ni dans l'autre excès, sa conduite doit être approuvée de tout le monde. Pour le Misanthrope, il doit inspirer à tous ses semblables le desir de se corriger. Les coquettes médisantes, par l'exemple de Célimène, voyant qu'elles peuvent s'attirer des affaires qui les feront mépriser, doivent apprendre à ne pas déchirer sous main leurs meilleurs amis. Les fausses prudes doivent connoître que leurs grimaces ne servent de rien, et que, quand elles seroient aussi sages qu'elles le veulent paroître, elles seront toujours blâmées tant qu'elles voudront passer pour prudes. Je ne dis rien des marquis : je les crois les plus incorrigibles ; et il y a tant de choses à reprendre encore en eux, que tout le monde avoue qu'on les peut encore jouer longtemps, bien qu'ils n'en demeurent pas d'accord.

Vous trouverez sans doute ma lettre trop longue ; mais je n'ai pu m'arrêter, et j'ai trouvé qu'il étoit difficile de parler sur un si grand sujet[4] en peu de mots. Ce long discours ne devroit pas déplaire aux courtisans, puisqu'ils ont assez fait voir, par leurs applaudissements, qu'ils trouvoient la comédie belle. En tout cas, je n'ai écrit que pour vous, et j'espère que vous cacherez ceci, si vous jugez qu'il ne vaille pas la peine d'être montré. Ne craignez pas que j'y trouve à redire : je suis autrement soumis à votre jugement qu'Oronte ne l'étoit aux avis du Misanthrope[5].

1. Que les vers en sont fort beaux. (1674, 82.) — 2. Personnages. (*Ibidem.*)
3. Ni dans l'un. (*Ibidem.*) — 4. Sur un grand sujet. (*Ibidem.*)
5. Dans l'édition de 1682 cette lettre se termine ainsi : « Je suis, Monsieur, votre très-humble et très-obéissant serviteur, I. D. D. V. » (Jean Donneau de Visé).

ACTEURS.

ALCESTE[1], amant de Célimène.
PHILINTE, ami d'Alceste.
ORONTE, amant de Célimène.
CÉLIMÈNE, amante d'Alceste[2].
ÉLIANTE, cousine de Célimène.
ARSINOÉ, amie de Célimène.
ACASTE, } marquis.
CLITANDRE, }
BASQUE, valet de Célimène.
Un garde de la maréchaussée de France.
DU BOIS, valet d'Alceste.

La scène est à Paris[3].

1. Ce nom, dans l'usage, répondait à un nom propre grec féminin[a]; Molière l'a fait répondre à un nom masculin, de formation très-régulière, que nous ne trouvons pas employé en grec comme nom propre, mais seulement comme nom commun, avec le sens d'*homme fort, vigoureux champion.* — Sur le costume de Molière dans ce rôle, voyez la *Notice*, ci-dessus, p. 398.
2. L'édition de 1734 omet le qualificatif : « amante d'Alceste. » — Une comédie de Rotrou, jouée en 1633, avait pour titre *la Célimène*, du nom de l'un des personnages : voyez les frères Parfaict, tome V, p. 7.
3. La scène est à Paris, dans la maison de Célimène. (1734.) — D'après le *Mémoire de.... décorations*, le « théâtre est une chambre. Il faut six chaises, trois lettres, des bottes. » Ces bottes devaient servir pour la dernière scène de l'acte IV, et compléter le plaisant *équipage* de Monsieur Du Bois, arrivant sans doute en courrier; tout prêt à prendre la poste avec son maître.

[a] Il y a une tragédie d'*Alceste* de Hardy (1606), dont le sujet est celui de la tragédie d'Euripide et de l'opéra de Quinault.

LE MISANTHROPE[1].

COMÉDIE.

ACTE I.

SCÈNE PREMIÈRE.

PHILINTE, ALCESTE.

PHILINTE.
Qu'est-ce donc? Qu'avez-vous?
ALCESTE[2].
Laissez-moi, je vous prie.
PHILINTE.
Mais encor dites-moi quelle bizarrerie....
ALCESTE.
Laissez-moi là, vous dis-je, et courez vous cacher.
PHILINTE.
Mais on entend les gens, au moins, sans se fâcher.
ALCESTE.
Moi, je veux me fâcher, et ne veux point entendre. 5

1. Sur un ancien sous-titre de la pièce, voyez ci-dessus, p. 384 et p. 440, note 2.
2. ALCESTE, *assis*. (1682, 1734.) — L'estampe de Brisart qui précède la pièce dans l'édition de 1682 représente ce début de scène : Alceste, qui vient de se jeter sur une chaise, ne tourne que la tête du côté de Philinte, debout à sa droite, pour lui adresser une de ses brèves répliques : le geste expressif de la main gauche semble appuyer celle du vers 5. — La méchante estampe qui est au-devant de l'édition originale montre aussi Alceste assis et Philinte debout.

PHILINTE.

Dans vos brusques chagrins je ne puis vous comprendre,
Et quoique amis enfin, je suis tout¹ des premiers....

ALCESTE².

Moi, votre ami? Rayez cela de vos papiers³.
J'ai fait jusques ici profession de l'être;
Mais après ce qu'en vous je viens de voir paroître⁴, 10
Je vous déclare net que je ne le suis plus,
Et ne veux nulle place en des cœurs corrompus.

PHILINTE.

Je suis donc bien coupable, Alceste, à votre compte⁵?

ALCESTE.

Allez, vous devriez mourir de pure honte;
Une telle action ne sauroit s'excuser, 15
Et tout homme d'honneur s'en doit scandaliser⁶.
Je vous vois accabler un homme de caresses,
Et témoigner pour lui les dernières tendresses;
De protestations, d'offres et de serments,
Vous chargez⁷ la fureur de vos embrassements; 20
Et quand je vous demande après quel est cet homme,
A peine pouvez-vous dire comme il se nomme;
Votre chaleur pour lui tombe en vous séparant,
Et vous me le traitez, à moi, d'indifférent⁸.

---

1. L'édition originale a *tous*, faute évidente.

2. ALCESTE, *se levant brusquement.* (1682, 1734.)

3. L'expression est dans *la Comédie des proverbes* d'Adrien de Montluc (1633), acte III, scène III : « Rayez cela de sur vos papiers. » — « On dit *Otez, rayez cela de dessus vos papiers*, pour dire : Ne faites point votre compte là-dessus. » (*Dictionnaire de l'Académie*, 1694.)

4. L'orthographe de la première édition est *parestre*; elle a aussi plus bas, dans un jeu de scène, à la suite du vers 261 : *parêt* pour *paroît*.

5. *Conte*, dans les éditions antérieures à 1710.

6. Doit s'en scandaliser. (Une partie du tirage de 1734, mais non 1773.)

7. Voyez, pour un emploi, remarquable aussi, du mot *charger*, le vers 178 de *Sganarelle* (tome II, p. 177).

8. La mode de ces caresses et embrassades, déjà ridiculisée par Molière dans

ACTE I, SCÈNE I.   445

Morbleu! c'est une chose indigne, lâche, infâme, 25
De s'abaisser ainsi jusqu'à trahir son âme[1];
Et si, par un malheur[2], j'en avois fait autant,
Je m'irois, de regret, pendre tout à l'instant.

PHILINTE.

Je ne vois pas, pour moi, que le cas soit pendable,
Et je vous supplierai d'avoir pour agréable 30
Que je me fasse un peu grâce sur votre arrêt,
Et ne me pende pas pour cela, s'il vous plaît.

ALCESTE.

Que la plaisanterie est de mauvaise grâce!

PHILINTE.

Mais, sérieusement, que voulez-vous qu'on fasse?

ALCESTE.

Je veux qu'on soit sincère, et qu'en homme d'honneur,
On ne lâche aucun mot qui ne parte du cœur.

PHILINTE.

Lorsqu'un homme vous vient embrasser avec joie,

---

les *Précieuses*[a], et dans *les Fâcheux* (vers 99-102, tome III, p. 41), était ancienne à la cour. Monluc en a parlé[b] pour un temps où c'était d'ordinaire de tout autres sentiments que l'indifférence qu'elle servait à couvrir : « Cependant que j'ai été à la cour, dit-il, j'en ai vu plusieurs qui se faisoient faux-feu[c], et se fussent entre-mangés, s'ils eussent pu, qui toutesfois se faisoient bonne mine, s'embrassant et caressant comme s'ils étoient les meilleurs amis du monde. Je n'ai su jamais faire ce métier : j'ai porté au front ce que j'ai dedans le cœur. » Voyez ci-après, p. 446, note 2, et comparez les vers 653-656.

1. Jusqu'à dire le contraire de ce qu'on pense, jusqu'à cette trahison envers soi-même, à ce démenti donné à sa propre pensée. Mlle de Scudery avait dit de même, dans ce portrait de Mégabate cité à la *Notice* (ci-dessus, p. 389 et 390) : « Il.... ne peut abaisser son âme à dire ce qu'il ne croit pas.... Toute la violence de sa passion n'eût pu l'obliger à trahir ses sentiments. »

2. Dans *les Femmes savantes* (acte IV, scène II) on lit aussi :

> Pour moi, par un malheur, je m'aperçois, Madame,
> Que j'ai, ne vous déplaise, un corps tout comme une âme.

a Par le jeu des acteurs certainement, à l'entrée de Jodelet, scène XI (tome II, p. 99).
b Livre VI de ses *Commentaires*, édition de Ruble, tome III, p. 139.
c Qui se faisaient de vaines et fausses caresses; *faire faux-feu* se disait d'une arme dont l'amorce seule prenait feu.

Il faut bien le payer de la même monnoie¹,
Répondre, comme on peut, à ses empressements,
Et rendre offre pour offre, et serments pour serments. 40
ALCESTE.
Non, je ne puis souffrir cette lâche méthode
Qu'affectent la plupart de vos gens à la mode;
Et je ne hais rien tant que les contorsions
De tous ces grands faiseurs de protestations²,
Ces affables donneurs d'embrassades frivoles, 45
Ces obligeants diseurs d'inutiles paroles,
Qui de civilités avec tous font combat,
Et traitent du même air³ l'honnête-homme⁴ et le fat⁵.
Quel avantage a-t-on qu'un homme vous caresse,
Vous jure amitié, foi, zèle, estime, tendresse, 50

1. Sur la prononciation de ce mot au dix-septième siècle, voyez le *Dictionnaire de M. Littré*.

2. M. Moland rappelle le rapprochement que M. Saint-Marc Girardin[a] a fait, avec ces vers de Molière, du passage suivant de *la Mère coquette* de Quinault (acte I, scène III); la pièce avait été jouée en 1664 et imprimée en 1665. Acante dit là au Marquis :

> Estimez-vous beaucoup l'air dont vous affectez
> D'estropier les gens par vos civilités,
> Ces compliments de main, ces rudes embrassades,
> Ces saluts qui font peur, ces bonjours à gourmades?

Voyez ci-dessus, la note du vers 24; et, à la note sur le vers 102 des *Fâcheux* (tome III, p. 41), un passage où Regnard, longtemps après, raillant à son tour ces mêmes affectations de parole et de geste, semble avoir imité Molière et Quinault.

3. *De la même façon*, comme plus loin aux vers 900 et 1351, comme au vers 1921 de *l'Étourdi* (tome I, p. 231), dans *la Critique de l'École des femmes*, tome III, p. 346, et dans *Dom Juan*, ci-dessus, p. 95.

4. *Honnête homme* doit s'entendre ici, comme aux vers 140 et 1507, d'un homme méritant, non-seulement cette espèce de considération que le ridicule fait perdre, mais une estime plus sérieuse encore (voyez au vers 370).

5. Voyez, sur ce mot de *fat*, tome IV, p. 410, note 1; il semble se rapprocher, dans ce vers, du terme plus énergique de *faquin*, qui est quatre vers plus loin, et signifier un homme sans mérite, ou peu digne d'estime, et qui se met en vue.

[a] *Cours de littérature dramatique*, 7ᵉ édition, tome I, p. 367, note 1.

ACTE I, SCÈNE I.

Et vous fasse de vous un éloge éclatant,
Lorsque au premier faquin¹ il court en faire autant?
Non, non, il n'est point d'âme un peu bien située²
Qui veuille d'une estime ainsi prostituée;
Et la plus glorieuse a des régals peu chers³,   55
Dès qu'on voit qu'on nous mêle avec tout l'univers :
Sur quelque préférence une estime se fonde,
Et c'est n'estimer rien qu'estimer tout le monde.
Puisque vous y donnez, dans ces vices du temps,
Morbleu! vous n'êtes pas pour être de mes gens⁴;   60
Je refuse d'un cœur la vaste complaisance
Qui ne fait de mérite aucune différence;

---

1. Homme de valeur ou de caractère équivoque qui se donne un rôle, fait ou cherche à faire figure. Boileau, dans le vers 24 de sa *satire* XI (de 1698), a bien déterminé le sens de ce mot. Dans le monde, dit-il, on voit

.... le plus vil faquin trancher du vertueux.

2. Il n'y a point de cœur un peu bien placé, d'âme un peu haute, un peu fière.
3. A peu de quoi vous régaler, vous réjouir, a peu de prix. Comme le remarque Génin, *cher* a le même sens ici que dans ce vers des *Femmes savantes* (acte V, scène 1, Henriette à Trissotin) :

Portez à quelque autre
Les hommages d'un cœur aussi cher que le vôtre,

d'un cœur d'aussi haut prix. — Boileau citait ce vers à Brossette comme un exemple « du jargon » qui se rencontre quelquefois dans Molière : voyez les notes de Brossette conservées à la Bibliothèque nationale, f° 12 r° et v°, ou p. 515 du volume Laverdet. « M. Despréaux m'a dit, ajoute Brossette à ce propos et à propos d'autres vers, qu'il avoit voulu souvent obliger Molière à corriger ces sortes de négligences, mais que Molière ne pouvoit jamais se résoudre à changer ce qu'il avoit fait. » Le temps manquait à Molière et il pouvait avoir d'autres raisons encore pour ne pas se rendre à toutes les critiques (voyez ci-dessus à la *Notice*, p. 392, note 4).

4. Auger remarque que ce tour, qu'on a déjà rencontré dans les pièces antérieures ᵃ, est surtout fréquent dans *le Misanthrope* : voyez les vers 259 et 260, 673, 1607, 1781 et 1782.

ᵃ Voyez le vers 732 des *Fâcheux* (tome III, p. 89), la scène 1ʳᵉ de *l'Impromptu de Versailles* (tome III, p. 392), et le vers 1720 du *Tartuffe* (tome IV, p. 511).

Je veux qu'on me distingue; et pour le trancher net,
L'ami du genre humain n'est point du tout mon fait.

PHILINTE.

Mais, quand on est du monde, il faut bien que l'on rende
Quelques dehors civils¹ que l'usage demande.

ALCESTE.

Non, vous dis-je, on devroit châtier, sans pitié,
Ce commerce honteux de semblants d'amitié².
Je veux que l'on soit homme, et qu'en toute rencontre
Le fond de notre cœur dans nos discours se montre, 70
Que ce soit lui qui parle, et que nos sentiments
Ne se masquent jamais sous de vains compliments.

PHILINTE.

Il est bien des endroits où la pleine franchise
Deviendroit ridicule et seroit peu permise;
Et parfois, n'en déplaise à votre austère honneur, 75
Il est bon de cacher ce qu'on a dans le cœur.
Seroit-il à propos et de la bienséance
De dire à mille gens tout ce que d'eux on pense?
Et quand on a quelqu'un qu'on hait ou qui déplaît³,
Lui doit-on déclarer la chose comme elle est ? 80

ALCESTE.

Oui.

PHILINTE.

Quoi? vous iriez dire à la vieille Émilie
Qu'à son âge il sied mal de faire la jolie,
Et que le blanc qu'elle a scandalise chacun ?

---

1. Que l'on donne quelques marques extérieures de civilité.
2. De semblant d'amitié. (1734.)
3. S'il arrive qu'on haïsse ou qu'on n'aime point quelqu'un, si l'on a quelque sujet de haïr ou de n'aimer point quelqu'un. Génin rapproche de ce vers, pour le tour, la phrase suivante de *Monsieur de Pourceaugnac* (acte II, scène II) : « Vous avez.... un certain M. de Pourceaugnac qui doit épouser votre fille. » *On a*, *vous avez* équivalent en effet à *il y a*, mais une relation est indiquée avec la personne que désigne le pronom sujet.

ACTE I, SCÈNE I.

ALCESTE.

Sans doute.

PHILINTE.

A Dorilas, qu'il est trop importun,
Et qu'il n'est, à la cour, oreille qu'il ne lasse
A conter sa bravoure et l'éclat de sa race?

ALCESTE.

Fort bien.

PHILINTE.

Vous vous moquez.

ALCESTE.

Je ne me moque point,
Et je vais n'épargner personne sur ce point.
Mes yeux sont trop blessés, et la cour et la ville
Ne m'offrent rien qu'objets à m'échauffer la bile;
J'entre en une humeur noire, en un chagrin profond,
Quand je vois vivre entre eux les hommes comme ils font;
Je ne trouve partout que lâche flatterie,
Qu'injustice, intérêt, trahison, fourberie;
Je n'y puis plus tenir, j'enrage, et mon dessein
Est de rompre en visière à tout le genre humain.

PHILINTE.

Ce chagrin philosophe[1] est un peu trop sauvage,
Je ris des noirs accès où je vous envisage,
Et crois voir en nous deux, sous mêmes soins nourris[2],
Ces deux frères que peint *l'École des maris*,
Dont....

ALCESTE.

Mon Dieu! laissons là vos comparaisons fades.

---

1. Ce chagrin de philosophe; il y a de même plus loin (vers 166) : « Mon flegme est philosophe. » Il est regrettable que cet emploi de l'adjectif *philosophe* ait vieilli : *philosophique* fait moins songer à un homme, à la profession qu'il fait de philosophie, qu'à une doctrine, une méthode.

2. L'édition de 1682 indique par des guillemets que ce vers et les trois suivants étaient supprimés à la représentation.

PHILINTE.

Non : tout de bon, quittez toutes ces incartades.
Le monde par vos soins ne se changera pas ;
Et puisque la franchise a pour vous tant d'appas,
Je vous dirai tout franc que cette maladie, 105
Partout où vous allez, donne la comédie,
Et qu'un si grand courroux contre les mœurs du temps
Vous tourne en ridicule auprès de bien des gens[1].

ALCESTE.

Tant mieux, morbleu! tant mieux, c'est ce que je demande ;
Ce m'est un fort bon signe, et ma joie en est grande : 110
Tous les hommes me sont à tel point odieux,
Que je serois fâché d'être sage à leurs yeux.

PHILINTE.

Vous voulez un grand mal à la nature humaine !

ALCESTE.

Oui, j'ai conçu pour elle une effroyable haine.

PHILINTE.

Tous les pauvres mortels, sans nulle exception, 115
Seront enveloppés dans cette aversion ?
Encore en est-il bien, dans le siècle où nous sommes....

ALCESTE.

Non : elle est générale, et je hais tous les hommes :
Les uns, parce qu'ils sont méchants et malfaisants,
Et les autres, pour être aux méchants complaisants[2], 120

---

1. Vous fait passer pour un ridicule, fait de vous un (homme) ridicule. *Ridicule* est sans doute pris ici au même sens que ci-après, dans le vers 568 ; comparez tome III, p. 185, vers 331, et surtout même tome, p. 335, à la fin.

2. On peut croire avec Auger que Molière se souvenait ici du mot qu'Érasme rapporte de Timon, au livre VI de ses *Apophthegmes* (édition de la Haye, 1641, p. 486) : *Timon atheniensis dictus* μισάνθρωπος, *interrogatus cur omnes homines odio prosequeretur :* « *Malos, inquit, merito odi ; cæteros ob id odi quod malos non oderint.* » « On demandait à Timon d'Athènes, appelé le Misanthrope, pourquoi il poursuivait tous les hommes de sa haine : « Les « méchants, répondit-il, je les hais à bon droit ; les autres, je les hais de ne « point haïr les méchants. » La même réponse est citée, en grec et en latin,

Et n'avoir pas pour eux ces haines vigoureuses
Que doit donner le vice aux âmes vertueuses.
De cette complaisance on voit l'injuste excès
Pour le franc scélérat avec qui j'ai procès :
Au travers de son masque on voit à plein[1] le traître ; 125
Partout il est connu pour tout ce qu'il peut être ;
Et ses roulements d'yeux et son ton radouci
N'imposent qu'à des gens qui ne sont point d'ici.
On sait que ce pied plat[2], digne qu'on le confonde,
Par de sales emplois s'est poussé dans le monde, 130
Et que par eux son sort de splendeur revêtu
Fait gronder le mérite et rougir la vertu.
Quelques titres honteux qu'en tous lieux on lui donne,
Son misérable honneur ne voit pour lui personne[3] ;
Nommez-le fourbe, infâme et scélérat maudit, 135
Tout le monde en convient, et nul n'y contredit.
Cependant sa grimace est partout bienvenue :
On l'accueille, on lui rit, partout il s'insinue ;
Et s'il est, par la brigue, un rang à disputer,

dans le troisième dialogue des *Historiæ poetarum* de Giraldi (Bâle, 1545, p. 294), mais là encore sans qu'aucune source soit indiquée.

1. *A plein* (comparez le vers 1543) a été employé ainsi par Vaugelas et par Pascal : voyez le *Dictionnaire de M. Littré*, à l'article PLEIN, 25° ; à l'Historique, il donne cet exemple de Rabelais (livre II, *Pantagruel*, chapitre XXI, tome I, p. 323) : « Déjà elle m'aime tout à plein ; » et d'autres beaucoup plus anciens.

2. Cette locution se trouve déjà dans la 1re scène du *Tartuffe* (vers 59, tome IV, p. 402). Il semble qu'elle répondait d'abord à quelque idée de mépris et de ridicule attachée à certaine conformation vicieuse ou inélégante du pied, chez l'homme ou chez le cheval ; d'après M. Littré, la locution « vient d'une différence de chaussure entre les gens du peuple et les gentilshommes, ceux-ci portant des souliers avec des talons.... très-relevés, tandis que les ouvriers et les bourgeois portaient des souliers plats ; » il en résultait naturellement une différence d'allure et d'attitude. Quoi qu'il en soit, et bien que l'Académie, en 1694, n'explique *pied plat* que par « un paysan, un lourdaud, un campagnard grossier », Molière entendait le terme, comme on l'entend aujourd'hui, dans le sens de *plat personnage, homme rampant, sans dignité*.

3. Comparez tome III, p. 403, au 5e renvoi.

Sur le plus honnête homme on le voit l'emporter. 140
Têtebleu! ce me sont de mortelles blessures,
De voir qu'avec le vice on garde des mesures ;
Et parfois il me prend des mouvements soudains
De fuir dans un désert l'approche des humains.

PHILINTE.

Mon Dieu, des mœurs du temps mettons-nous moins en
Et faisons un peu grâce à la nature humaine ; [peine,
Ne l'examinons point dans la grande rigueur,
Et voyons ses défauts avec quelque douceur.
Il faut, parmi le monde, une vertu traitable ;
A force de sagesse, on peut être blâmable ; 150
La parfaite raison fuit toute extrémité,
Et veut que l'on soit sage avec sobriété[1].
Cette grande roideur des vertus des vieux âges
Heurte trop notre siècle et les communs usages ;
Elle veut aux mortels trop de perfection : 155
Il faut fléchir au temps sans obstination ;
Et c'est une folie à nulle autre seconde
De vouloir se mêler de corriger le monde.
J'observe, comme vous, cent choses tous les jours,
Qui pourroient mieux aller, prenant un autre cours ; 160
Mais quoi qu'à chaque pas je puisse voir paroître,
En courroux, comme vous, on ne me voit point être ;
Je prends tout doucement les hommes comme ils sont,
J'accoutume mon âme à souffrir ce qu'ils font ;
Et je crois qu'à la cour, de même qu'à la ville, 165
Mon flegme est philosophe autant que votre bile.

ALCESTE.

Mais ce flegme, Monsieur, qui raisonne si bien[2],
Ce flegme pourra-t-il ne s'échauffer de rien ?

---

1. L'expression semble avoir été suggérée par celle de saint Paul, au verset 3 du chapitre XII de l'*Épître aux Romains* : *sapere ad sobrietatem*.
2. Mais ce flegme, Monsieur, qui raisonnez si bien. (1674, 82, 1734.)

ACTE I, SCÈNE I.

Et s'il faut, par hasard, qu'un ami vous trahisse,
Que, pour avoir vos biens, on dresse un artifice, 170
Ou qu'on tâche à semer de méchants bruits de vous,
Verrez-vous tout cela sans vous mettre en courroux?

PHILINTE.

Oui, je vois ces défauts dont votre âme murmure
Comme vices unis à l'humaine nature[1];
Et mon esprit enfin n'est pas plus offensé 175
De voir un homme fourbe, injuste, intéressé,
Que de voir des vautours affamés de carnage,
Des singes malfaisants, et des loups pleins de rage[2].

ALCESTE.

Je me verrai trahir, mettre en pièces, voler,
Sans que je sois.... Morbleu! je ne veux point parler,
Tant ce raisonnement est plein d'impertinence.

PHILINTE.

Ma foi! vous ferez bien de garder le silence.
Contre votre partie éclatez un peu moins,

---

1. « Ne nous emportons point contre les hommes en voyant leur dureté, leur ingratitude, leur injustice, leur fierté, l'amour d'eux-mêmes et l'oubli des autres : ils sont ainsi faits, c'est leur nature, c'est ne pouvoir supporter que la pierre tombe ou que le feu s'élève. » (La Bruyère, *de l'Homme*, n° 1, 1688; tome II, p. 3.) On peut voir encore dans le traité *de la Colère* de Sénèque les chapitres ix et x du livre II.

2. « Philinte et Alceste, comme on peut le voir, ont exactement la même opinion des hommes. Seulement l'un se résigne, l'autre s'indigne. Or il y a dans l'indignation une sorte d'étonnement : Alceste est encore surpris de trouver l'homme si mauvais. Ce sentiment fait certainement plus d'honneur à l'humanité que celui de Philinte, très-indulgent pour les vices, parce qu'il n'y voit rien d'extraordinaire et qui soit fait pour surprendre[a]; il y a longtemps, on le voit, que son jugement sur l'homme est arrêté : l'opinion d'Alceste est plus récente. A ce point de vue, on peut supposer Alceste plus jeune que Philinte, et il n'y aurait rien d'étonnant qu'un jour Alceste eût les sentiments de Philinte : ce serait celui où il lui serait démontré que l'humanité est incurable. Il en doute encore. » (*Note de M. Despois.*)

[a] « La meilleure philosophie relativement au monde, a dit Chamfort (cha-
« pitre 1er des *Maximes et pensées*, édition Ginguené, tome IV, p. 21), est
« d'allier, à son égard, le sarcasme de la gaieté avec l'indulgence du mépris. »
Cette *indulgence du mépris* est toute la mansuétude de Philinte.

Et donnez au procès une part de vos soins.

ALCESTE.

Je n'en donnerai point, c'est une chose dite.   185

PHILINTE.

Mais qui voulez-vous donc qui pour vous sollicite[1] ?

ALCESTE.

Qui je veux ? La raison, mon bon droit, l'équité.

PHILINTE.

Aucun juge par vous ne sera visité[2] ?

ALCESTE.

Non. Est-ce que ma cause est injuste ou douteuse ?

PHILINTE.

J'en demeure d'accord ; mais la brigue est fâcheuse, 190
Et....

ALCESTE.

Non : j'ai résolu de n'en pas faire un pas.
J'ai tort, ou j'ai raison.

PHILINTE.

Ne vous y fiez pas.

ALCESTE.

Je ne remuerai point.

PHILINTE.

Votre partie est forte,
Et peut, par sa cabale, entraîner....

---

1. Voyez, sur ce tour, tome IV, p. 429, note 1.
2. C'était là une démarche que l'usage prescrivait ; aller solliciter son juge était devenu, en quelque sorte, un devoir de civilité. Souvent les familles des plaideurs se présentaient en corps sur le passage des magistrats, avant l'audience, et, le jugement rendu, d'autres visites leur étaient faites. « Nous avons gagné notre petit procès Ventadour, écrit Mme de Sévigné en 1675 (tome III, p. 509 et 510) ; nous en avons fait les marionnettes d'un grand, car nous l'avons sollicité. Les princesses de Tingry (*parentes des Ventadour*) étoient à l'entrée des juges, et moi aussi, et nous avons été remercier. » Cette coutume si bien établie est blâmée par la Bruyère, en 1688, dans quelques lignes que J.-J. Rousseau a développées : voyez le chapitre intitulé *de Quelques usages*, n° 44 (tome II, p. 185) ; et la *Lettre à d'Alembert*, p. 69 et 70 de l'édition originale (1758).

ACTE I, SCÈNE I.

ALCESTE.

Il n'importe.

PHILINTE.

Vous vous tromperez.

ALCESTE.

Soit. J'en veux voir le succès[1].

PHILINTE.

Mais....

ALCESTE.

J'aurai le plaisir de perdre mon procès.

PHILINTE.

Mais enfin....

ALCESTE.

Je verrai, dans cette plaiderie[2],
Si les hommes auront assez d'effronterie,
Seront assez méchants, scélérats et pervers,
Pour me faire injustice aux yeux de l'univers.   200

PHILINTE.

Quel homme!

ALCESTE.

Je voudrois, m'en coûtât-il grand'chose,
Pour la beauté du fait avoir perdu ma cause.

PHILINTE.

On se riroit de vous, Alceste, tout de bon,
Si l'on vous entendoit parler de la façon.

ALCESTE.

Tant pis pour qui riroit.

---

1. L'issue, le résultat, comme ci-après, au vers 1491, au vers 962 du *Dépit amoureux* (tome I, p. 465), et ailleurs.
2. Le mot n'a pas ici le sens de *plaidoirie* que semble lui avoir donné Amyot[a]; c'est le procès arrivé au temps des plaidoyers, devenu l'affaire des avocats; il est ici méprisant et dit par humeur. Cette forme normande est encore usitée, mais au lieu et au sens de *plaidoirie*, dans la pratique de la cour royale de Guernesey : voyez le *Supplément* de M. Littré.

[a] Voyez à la fin du chapitre v (vi dans l'édition Clavier) de la *Vie de Cicéron*.

PHILINTE.

     Mais cette rectitude   205
Que vous voulez en tout avec exactitude,
Cette pleine droiture, où vous vous renfermez,
La trouvez-vous ici dans ce que vous aimez?
Je m'étonne, pour moi, qu'étant, comme il le semble,
Vous et le genre humain si fort brouillés ensemble, 210
Malgré tout ce qui peut vous le rendre odieux,
Vous ayez pris chez lui ce qui charme vos yeux;
Et ce qui me surprend encore davantage,
C'est cet étrange choix où votre cœur s'engage.
La sincère Éliante a du penchant pour vous,   215
La prude Arsinoé vous voit d'un œil fort doux :
Cependant à leurs vœux votre âme se refuse,
Tandis qu'en ses liens Célimène l'amuse,
De qui l'humeur coquette et l'esprit médisant
Semble¹ si fort donner dans les mœurs d'à présent. 220
D'où vient que, leur portant une haine mortelle,
Vous pouvez bien souffrir ce qu'en tient cette belle?
Ne sont-ce plus défauts dans un objet si doux?
Ne les voyez-vous pas? ou les excusez-vous?

ALCESTE.

Non, l'amour que je sens pour cette jeune veuve 225
Ne ferme point mes yeux aux défauts qu'on lui treuve²,

---

1. *Semble* et non *semblent*, dans tous nos textes, sauf celui de 1773.
2. On a déjà souvent rencontré cette ancienne forme, deux fois dans *les Précieuses ridicules* (tome II, p. 68 et p. 106). Auger assure (en 1820) que, plutôt que de la conserver, on a « longtemps » récité le vers suivant au public :

  De ses défauts en moi n'affoiblit point la preuve^a.

« L'acteur qui joue actuellement le rôle d'Alceste, ajoute-t-il, a adopté un autre changement beaucoup plus heureux, qu'il tient de feu M. le marquis de Ximenez, lequel assuroit le tenir de Voltaire. Le voici :

  Non, sans doute, et les torts de cette jeune veuve
  Mettent cent fois le jour ma constance à l'épreuve. »

^a Cailhava, p. 141, note, impute ce changement à Grandval.

Et je suis, quelque ardeur qu'elle m'ait pu donner,
Le premier à les voir, comme à les condamner.
Mais, avec tout cela, quoi que je puisse faire,
Je confesse mon foible, elle a l'art de me plaire : 230
J'ai beau voir ses défauts, et j'ai beau l'en blâmer,
En dépit qu'on en ait, elle se fait aimer ;
Sa grâce est la plus forte ; et sans doute ma flamme
De ces vices du temps pourra purger son âme.

PHILINTE.

Si vous faites cela, vous ne ferez pas peu. 235
Vous croyez être donc aimé d'elle?

ALCESTE.

Oui, parbleu!
Je ne l'aimerois pas, si je ne croyois l'être.

PHILINTE.

Mais si son amitié pour vous se fait paroître[1],
D'où vient que vos rivaux vous causent de l'ennui?

ALCESTE.

C'est qu'un cœur bien atteint veut qu'on soit tout à lui,
Et je ne viens ici qu'à dessein de lui dire
Tout ce que là-dessus ma passion m'inspire.

PHILINTE.

Pour moi, si je n'avois qu'à former des desirs,
La[2] cousine Éliante auroit tous mes soupirs ;
Son cœur, qui vous estime, est solide et sincère, 245
Et ce choix plus conforme[3] étoit mieux votre affaire.

ALCESTE.

Il est vrai : ma raison me le dit chaque jour ;
Mais la raison n'est pas ce qui règle l'amour.

1. Cette locution *se faire paraître* a été employée, comme *se montrer, se manifester*, au vers 1014 du *Tartuffe* (tome IV, p. 470); on la trouve aussi dans Corneille et Pascal : voyez le *Dictionnaire de M. Littré*, à PARAÎTRE, 14°. Elle a plus de force, le sens de *se faire valoir*, dans la lettre de Visé, ci-dessus, p. 436.

2. Sa. (1682, 1734.) — 3. Plus convenable à votre caractère, mieux assorti.

PHILINTE.

Je crains fort pour vos feux; et l'espoir où vous êtes
Pourroit....

SCÈNE II.

ORONTE, ALCESTE, PHILINTE.

ORONTE[1].

J'ai su là-bas que, pour quelques emplettes,
Éliante est sortie, et Célimène aussi;
Mais comme l'on m'a dit que vous étiez ici,
J'ai monté pour vous dire, et d'un cœur véritable,
Que j'ai conçu pour vous une estime incroyable,
Et que, depuis longtemps, cette estime m'a mis   255
Dans un ardent desir d'être de vos amis.
Oui, mon cœur au mérite aime à rendre justice,
Et je brûle qu'un nœud d'amitié nous unisse :
Je crois qu'un ami chaud, et de ma qualité,
N'est pas assurément pour être rejeté.[2]   260
C'est à vous, s'il vous plaît, que ce discours s'adresse.
(En cet endroit Alceste paroit tout rêveur, et semble n'entendre pas
qu'Oronte lui parle.)

ALCESTE.

A moi, Monsieur?

ORONTE.

A vous. Trouvez-vous qu'il vous blesse?

ALCESTE.

Non pas; mais la surprise est fort grande pour moi,
Et je n'attendois pas l'honneur que je reçoi.

ORONTE.

L'estime où je vous tiens ne doit point vous surprendre,

---

1. ORONTE, à *Alceste.* (1734.)
2. *Pendant le discours d'Oronte, Alceste est rêveur, sans faire attention que c'est à lui qu'on parle, et ne sort de sa rêverie que quand Oronte lui dit.* (*Ibidem.*) — A ce jeu de scène ainsi déplacé l'édition de 1734, non celle de 1773, ajoute inutilement, au-dessus du vers 261 : *à Alceste.*

Et de tout l'univers vous la pouvez prétendre.
ALCESTE.
Monsieur....
ORONTE.
L'État n'a rien qui ne soit au-dessous
Du mérite éclatant que l'on découvre en vous.
ALCESTE.
Monsieur....
ORONTE.
Oui, de ma part, je vous tiens préférable
A tout ce que j'y vois de plus considérable.   270
ALCESTE.
Monsieur....
ORONTE.
Sois-je du ciel écrasé, si je mens!
Et pour vous confirmer ici mes sentiments,
Souffrez qu'à cœur ouvert, Monsieur, je vous embrasse,
Et qu'en votre amitié je vous demande place.
Touchez là, s'il vous plaît. Vous me la promettez, 275
Votre amitié?
ALCESTE.
Monsieur....
ORONTE.
Quoi? vous y résistez?
ALCESTE.
Monsieur, c'est trop d'honneur que vous me voulez faire;
Mais l'amitié demande un peu plus de mystère,
Et c'est assurément en profaner le nom
Que de vouloir le mettre à toute occasion[1].   280
Avec lumière et choix cette union veut naître;
Avant que nous lier, il faut nous mieux connaître[2];

---

1. *Mettre* a ici le même sens d'*employer* qu'il a dans la locution, autrefois fort en usage, *mettre à tous les jours*.
2. Dans la plupart des anciens textes, il y a ici et au vers 1791 *connaistre*, et de même, au vers 1278, dans la 1re édition, *paraistre*, par *a*, à cause de la rime.

Et nous pourrions avoir telles complexions,
Que tous deux du marché nous nous repentirions.

ORONTE.

Parbleu ! c'est là-dessus parler en homme sage, 285
Et je vous en estime encore davantage :
Souffrons donc que le temps forme des nœuds si doux ;
Mais, cependant, je m'offre entièrement à vous :
S'il faut faire à la cour pour vous quelque ouverture,
On sait qu'auprès du Roi je fais quelque figure ; 290
Il m'écoute ; et dans tout, il en use, ma foi !
Le plus honnêtement du monde avecque moi.
Enfin je suis à vous de toutes les manières ;
Et comme votre esprit a de grandes lumières,
Je viens, pour commencer entre nous ce beau nœud,
Vous montrer un sonnet que j'ai fait depuis peu,
Et savoir s'il est bon qu'au public je l'expose [1].

ALCESTE.

Monsieur, je suis mal propre à décider la chose [2] ;
Veuillez m'en dispenser.

ORONTE.

Pourquoi ?

ALCESTE.

J'ai le défaut
D'être un peu plus sincère en cela qu'il ne faut. 300

ORONTE.

C'est ce que je demande, et j'aurois lieu de plainte,
Si, m'exposant à vous [3] pour me parler sans feinte,
Vous alliez me trahir, et me déguiser rien.

---

1. Oronte apparemment songe à le faire insérer dans le *Recueil des pièces choisies* (voyez aux *Précieuses ridicules*, tome II, p. 79).

2. *Mal propre à* se trouve un très-grand nombre de fois dans Corneille, par exemple dans le vers 123 de *Nicomède*, adressé par Laodice à Attale :

Si ce front est mal propre à m'acquérir le vôtre (*votre cœur*).

3. Lorsque je me découvre, lorsque je m'ouvre à vous.

ACTE I, SCÈNE II.

ALCESTE.

Puisqu'il vous plaît ainsi, Monsieur, je le veux bien.

ORONTE.

Sonnet.... C'est un sonnet. *L'espoir....* C'est une dame
Qui de quelque espérance avoit flatté ma flamme.
L'espoir.... Ce ne sont point de ces grands vers pompeux,
Mais de petits vers doux, tendres et langoureux.
(A toutes ces interruptions il regarde Alceste¹.)

ALCESTE.

Nous verrons bien.

ORONTE.

L'espoir.... Je ne sais si le style
Pourra vous en paroître assez net et facile,   310
Et si du choix des mots vous vous contenterez.

ALCESTE.

Nous allons voir, Monsieur.

ORONTE.

Au reste, vous saurez
Que je n'ai demeuré qu'un quart d'heure à le faire.

ALCESTE.

Voyons, Monsieur; le temps ne fait rien à l'affaire².

ORONTE³.

L'espoir, il est vrai, nous soulage,   315
Et nous berce un temps notre ennui⁴;

1. Ce jeu de scène n'est pas dans l'édition de 1734.
2. Du Lorens, dont plusieurs vers ont déjà pu être rapprochés de quelques passages du *Tartuffe*ᵃ, a dit dans sa *satire* XVIII (2ᵈᵉ édition, 1646, p. 137) :

On ne demande point, lorsqu'on voit un tableau
Qui donne dans la vue et que l'on trouve beau,
Quel temps l'excellent peintre auroit mis à le faire,
Étant vrai que cela ne fait rien à l'affaire.

3. ORONTE *lit.* (1734.)
4. Mais quelque fol espoir dont leur orgueil les berce,...

a dit Boileau en 1698, dans sa *satire* XI (vers 25), et à propos de son vers il

ᵃ Voyez *le Tartuffe*, aux vers 70 et 194, tome IV, p. 403 et note 1 ; p. 409 et note 5.

Mais, Philis, le triste avantage,
Lorsque rien ne marche après lui!
PHILINTE.
Je suis déjà charmé de ce petit morceau.
ALCESTE [1].
Quoi? vous avez le front de trouver cela beau ? 320
ORONTE.
Vous eûtes de la complaisance;
Mais vous en deviez moins avoir,
Et ne vous pas [2] *mettre en dépense*
Pour ne me donner que l'espoir.
PHILINTE.
Ah! qu'en termes galants ces choses-là sont mises! 325
ALCESTE, bas [3].
Morbleu! vil complaisant [4], vous louez des sottises?
ORONTE.
S'il faut qu'une attente éternelle
Pousse à bout l'ardeur de mon zèle,
Le trépas sera mon recours.

Vos soins ne m'en peuvent distraire : 330
Belle Philis, on désespère,
Alors qu'on espère toujours [5].

rappelait à Brossette ces deux premiers du sonnet ridicule : voyez les notes manuscrites de Brossette, f° 10 r°.

1. ALCESTE, *bas*. (1682.) — *Bas, à Philinte.* (1734.)
2. Et ne pas vous. (1734, mais non 1773.)
3. *Bas, à Philinte.* (1734.)
4. Hé quoi! vil complaisant. (1682, 1734.)
5. On l'a vu à la *Notice de Dom Juan* (ci-dessus, p. 11 et 12), la chute de ce sonnet avait pu avec quelque vraisemblance être indiquée comme une réminiscence du drame de Tirso de Molina. Dans l'une des scènes du *Burlador de Sevilla* en effet, une bande de musiciens fait entendre à trois reprises un court nocturne, dont les paroles sont :

> *El que un bien gozar espera*
> *Cuanto espera desespera.*

« Qui espère posséder un bien à tant espérer désespère. » Il est bon cepen-

PHILINTE.

La chute en est jolie, amoureuse, admirable.

dant de remarquer que la plaintive antithèse était déjà vieille en Espagne et en France. M. le comte de Puymaigre, il y a dix ans, dans un article sur *les Précurseurs de Don Quichotte*[a], en a fait remarquer un très-ancien exemple. Donnant d'intéressants détails sur un chevalier poëte du quinzième siècle, Lope de Estúñiga, il cite de lui un quatrain, recueilli par M. de los Rios[b] dans un *cancionero*, et dont les deux derniers vers ressemblent fort à ceux d'Oronte :

> *Mas algunos desesperan*
> *Por mucho tiempo esperar.*

« Mais quelques-uns, pour trop longtemps espérer, désespèrent. » D'autre part, Aimé-Martin a rappelé que dans une des chansons de Ronsard qui devait être le plus connue :

> Qui veut savoir Amour et sa nature[c]...,

le même jeu de mots est redoublé dans le second couplet :

> C'est un plaisir tout rempli de tristesse,
> C'est un tourment tout confit de liesse,
> Un désespoir où toujours on espère,
> Un espérer où l'on se désespère.

L'intention de Molière paraît donc avoir été de finir par un trait déjà quelque peu usé le prétentieux sonnet. Car c'est sans doute là un pastiche : s'il eût choisi, comme il fit plus tard pour le sonnet et l'épigramme de Trissotin, quelque pièce imprimée, nous l'aurions appris certainement ; et quant à l'anecdote contée à François de Neufchâteau « dans sa première jeunesse, » et rapportée par lui à Auger, d'après laquelle ce serait une pièce encore inédite de Bensserade que Molière aurait livrée aux risées du public, il faudrait des témoignages moins récents pour l'accréditer.

[a] Voyez *le Correspondant* du 25 octobre 1869, p. 345. M. le docteur Ludovic de Parseval a signalé ce passage et en a donné l'extrait dans ses *Notes à ajouter au commentaire de Molière* qu'a publiées la *Revue de Marseille et de Provence* : voyez le numéro d'août 1873, p. 420 et 421.
[b] Voyez son *Historia crítica de la literatura española*, Madrid, tome VI (1865), p. 431.
[c] Tome Ier, p. 216 et 217, de l'édition de M. Blanchemain. Comme l'indique le commentaire de Belleau, Ronsard avait pris l'idée de cette suite d'oppositions dans *le Roman de la Rose* (vers 4307 et suivants) :

> Amors ce est paix haïneuse,
> Amors est haïne amoreuse,
> . . . .
> C'est paor toute asseürée,
> Espérance désespérée.

Une pièce en tercets du cardinal Bembo, celle sans doute à laquelle Belleau fait aussi allusion et qui se lit à la suite du *sonetto* XXIX (capitolo I, tome II, p. 11, des *Rime*, paginées à part à la fin du volume, dans l'édition in-f° de Venise, 1729), procède à peu près de même, mais n'a pas cette antithèse particulière de mots.

ALCESTE, bas[1].

La peste de ta chute! Empoisonneur au diable[2],
En eusses-tu fait une à te casser le nez[3] ! 335

PHILINTE.

Je n'ai jamais ouï de vers si bien tournés.

ALCESTE[4].

Morbleu !...

ORONTE[5].

Vous me flattez, et vous croyez peut-être....

PHILINTE.

Non, je ne flatte point.

ALCESTE, bas.

Et[6] que fais-tu donc, traître ?

ORONTE[7].

Mais, pour vous, vous savez quel est notre traité :
Parlez-moi, je vous prie, avec sincérité. 340

ALCESTE.

Monsieur, cette matière est toujours délicate,
Et sur le bel esprit nous aimons qu'on nous flatte.
Mais un jour, à quelqu'un, dont je tairai le nom,
Je disois, en voyant des vers de sa façon,

1. *Bas, à part.* (1734.)
2. Empoisonneur digne d'aller au diable. Comparez ci-après le vers 1473 : Alceste dit de même à Du Bois :

Auras-tu bientôt fait, impertinent au diable?

Auger cite un vers des *Fables d'Ésope* (comédie de 1690 appelée aussi *Ésope à la ville*), où Boursault a employé *au diable* avec la même ellipse (acte III, scène IV) :

Il est vrai qu'un flatteur est un monstre effroyable.
— Eh! pourquoi l'es-tu donc, adulateur au diable?

3. Alceste satisfait ici sa mauvaise humeur à peu près de la même manière qu'Albert au vers 727 du *Dépit amoureux* (tome I, p. 448).
4. *Bas, à part.* (1734.)
5. ORONTE, *à Philinte.* (*Ibidem.*)
6. *Bas, à part.* Hé ! (*Ibidem.*)
7. ORONTE, *à Alceste.* (*Ibidem.*)

Qu'il faut qu'un galant homme ait toujours grand empire
Sur les démangeaisons qui nous prennent d'écrire;
Qu'il doit tenir la bride aux grands empressements[1]
Qu'on a de faire éclat de tels amusements;
Et que, par la chaleur[2] de montrer ses ouvrages,
On s'expose à jouer de mauvais personnages.   350

ORONTE.

Est-ce que vous voulez me déclarer par là
Que j'ai tort de vouloir...?

ALCESTE.

Je ne dis pas cela;
Mais je lui disois, moi, qu'un froid écrit assomme,
Qu'il ne faut[3] que ce foible à décrier un homme,
Et qu'eût-on, d'autre part, cent belles qualités,   355
On regarde les gens par leurs méchants côtés[4].

ORONTE.

Est-ce qu'à mon sonnet vous trouvez à redire?

ALCESTE.

Je ne dis pas cela; mais, pour ne point écrire,
Je lui mettois aux yeux[5] comme, dans notre temps,
Cette soif a gâté de fort honnêtes gens[6].   360

---

1.   Que s'ils tiennent la bride à leur impatience....
(Malherbe, *Poésies*, xvIII, tome I, p. 73, vers 107.)

— Comparez cet emploi analogue du verbe *brider*, dans *Dom Juan* (acte I, scène 1, ci-dessus, p. 84) : « La crainte bride mes sentiments. »

2. L'ardente envie. *Chaleur* est employé au sens de *zèle* dans la Préface du *Tartuffe* (tome IV, p. 374 et 375) : « De véritables gens de bien..., qui par la chaleur qu'ils ont pour les intérêts du Ciel.... »

3.   Mais je lui disois, moi qu'un froid écrit assomme,
Qu'il ne faut.... (1674.)

4. Balzac a dit, dans un passage que Molière a en quelque sorte traduit un peu plus loin (voyez p. 466, note 4) : « Quand j'ai dessein de le trouver beau je ne le regarde pas de ce côté-là. »

5.   Vous devriez leur mettre un bon exemple aux yeux.
(*Tartuffe*, vers 27.)

6. Voyez les notes des vers 48 et 370.

MOLIÈRE. v   30

ORONTE.

Est-ce que j'écris mal ? et leur ressemblerois-je ?

ALCESTE.

Je ne dis pas cela[1]; mais enfin, lui disois-je,
Quel besoin si pressant avez-vous de rimer ?
Et qui diantre vous pousse à vous faire imprimer ?
Si l'on peut pardonner l'essor d'un mauvais livre,   365
Ce n'est qu'aux malheureux qui composent pour vivre.
Croyez-moi, résistez à vos tentations[2],
Dérobez au public ces occupations;
Et n'allez point quitter, de quoi que l'on vous somme,
Le nom que dans la cour vous avez d'honnête homme[3],
Pour prendre, de la main d'un avide imprimeur,
Celui de ridicule et misérable auteur[4].

---

1. Dans un dialogue du *Roman comique* de Scarron, au chapitre x de la seconde partie, publiée en 1657 (tome I, p. 330 et 331 de l'édition de M. V. Fournel), il y a un *Je ne dis pas cela* qui revient trois fois, et dont l'effet est assez plaisant pour avoir pu être remarqué de Molière. Ces mots toutefois ont là, dans une situation tout autre, une intention absolument différente.

2. Résistez à vos intentions. (1682, 97, 1710, 18, 30, 33.)

3. De galant homme (vers 345), d'homme du monde accompli, chez qui ne se remarque aucune singularité et surtout aucune prétention : voyez dans le *Lexique de la langue de Corneille*, tome I, p. 483 et 484, la remarque de M. Marty-Laveaux sur cette expression, et les *Pensées* de Pascal, p. 78 et note 6 de l'édition de M. Havet. L'exemple suivant de MM. de Villers, d'étrangers, servira à montrer combien le mot, ainsi entendu, était devenu vulgaire : « Notre cousin de la Platte, disent-ils (p. 87 de leur *Journal*, 1657), a bien raison de souhaiter avec passion de retourner à Paris, où l'on peut acquérir et conserver toutes les qualités qui sont requises à un honnête homme. »

4. Il est certain que Molière avait noté, pour en faire son profit, le passage suivant d'une lettre de Balzac[a] : « Celui dont me parle votre lettre est de ceux dont j'estime plus la personne que les livres, et quand j'ai dessein de le trouver beau, je ne le regarde pas de ce côté-là. Est-il possible qu'un homme qui n'a pas appris l'art d'écrire et à qui il n'a point été fait de commandement de

---

[a] Voyez dans les *Lettres familières de M. de Balzac à M. Chapelain*, publiées à part en 1656, celle du 23 novembre 1637, p. 194 et 195. François de Neufchâteau a le premier, comme le dit Auger, indiqué cette réminiscence dans l'*Essai sur les meilleurs écrits en prose dans la langue françoise...*, qu'il a placé en tête de l'édition des *Provinciales* donnée par Pierre Didot l'aîné en 1816 (p. lxxxviij).

C'est ce que je tâchai de lui faire comprendre.
            ORONTE.
Voilà qui va fort bien, et je crois vous entendre.
Mais ne puis-je savoir ce que dans mon sonnet...? 375
            ALCESTE.
Franchement, il est bon à mettre au cabinet[1].
Vous vous êtes réglé sur de méchants modèles,
Et vos expressions ne sont point naturelles.

  Qu'est-ce que *Nous berce un temps notre ennui?*
  Et que *Rien ne marche après lui?*   380
  Que *Ne vous pas mettre en dépense,*
  Pour ne me donner que l'espoir?
  Et que *Philis, on désespère,*
  Alors qu'on espère toujours?

Ce style figuré, dont on fait vanité,   385
Sort du bon caractère et de la vérité :
Ce n'est que jeu de mots, qu'affectation pure,
Et ce n'est point ainsi que parle la nature.
Le méchant goût du siècle, en cela, me fait peur.
Nos pères, tous grossiers[2], l'avoient beaucoup meilleur,
Et je prise bien moins tout ce que l'on admire,
Qu'une vieille chanson que je m'en vais vous dire :

---

par le Roi, et sur peine de la vie, de faire des livres, veuille quitter son rang d'honnête homme qu'il tient dans le monde, pour aller prendre celui d'impertinent et de ridicule parmi les docteurs et les écoliers ? »

1. C'est-à-dire *à être serré au fond d'un tiroir, à être gardé pour vous seul.* *Cabinet* doit s'entendre ici d'un meuble qui se plaçait souvent dans les cabinets de travail, et qu'Auger décrit ainsi (tome V de son édition, p. 25) : « une espèce de buffet, monté sur des pieds et fermé de deux volets, derrière lesquels étaient des tiroirs ou layettes. » On y mettait des livres de prix, dans quelque compartiment à tablettes, et surtout des papiers dans les tiroirs. Voyez ci-après, p. 552, une addition à cette note.

2. Tout grossiers qu'ils étaient : comparez le vers 1113, et voyez pour ce tour le *Lexique de la langue de Corneille,* tome II, p. 392, fin; pour l'accord de *tout,* voyez le même *Lexique,* à la suite, p. 393.

*Si le Roi m'avoit donné
   Paris, sa grand'ville,
Et qu'il me fallût quitter   395
   L'amour de ma mie,
Je dirois au roi Henri :
« Reprenez votre Paris :
J'aime mieux ma mie, au gué*¹ *!
J'aime mieux ma mie*². »   400

La rime n'est pas riche³, et le style en est vieux :
Mais ne voyez-vous pas que cela vaut bien mieux
Que ces colifichets, dont le bon sens murmure,
Et que la passion parle là toute pure ?

Si le Roi m'avoit donné   405
   *Paris, sa grand'ville,
Et qu'il me fallût quitter
   L'amour de ma mie,
Je dirois au roi Henri :
« Reprenez votre Paris :*   410
*J'aime mieux ma mie, au gué !
J'aime mieux ma mie.* »

Voilà ce que peut dire un cœur vraiment épris.
                                    (A Philinte⁴.)
Oui, Monsieur le rieur, malgré vos beaux esprits,
J'estime plus cela que la pompe fleurie   415
De tous ces faux brillants⁵, où chacun se récrie.

---

1. Oh gay ! (1734 ; ici et plus bas.)
2. Au sujet de cette vieille chanson, voyez ci-après, p. 555.
3. Elle serait même nulle aujourd'hui pour nous. Il y a, pour l'oreille, de simples assonances ; les vieilles chansons populaires s'en contentaient. C'est, à nos yeux, une des raisons de ne pas croire celle-ci un pastiche.
4. L'édition originale et celles de 1674 et de 1682 portent : *A Alceste*, faute évidente. Les textes de 1675 A, 84 A, 92, 94 B, 97, 1710, 18, 30, 33, y substituent : *A Oronte*, qu'elles placent, sauf ceux de 1730 et de 1733, un peu plus bas, après les mots : *pompe fleurie. — A Philinte, qui rit.* (1734.)
5. De tous ses faux brillants. (1682 *seul ;* faute évidente.)

ORONTE.

Et moi, je vous soutiens que mes vers sont fort bons.

ALCESTE.

Pour les trouver ainsi vous avez vos raisons ;
Mais vous trouverez bon que j'en puisse avoir d'autres,
Qui se dispenseront de se soumettre aux vôtres.   420

ORONTE.

Il me suffit de voir que d'autres en font cas.

ALCESTE.

C'est qu'ils ont l'art de feindre; et moi, je ne l'ai pas.

ORONTE.

Croyez-vous donc avoir tant d'esprit en partage ?

ALCESTE.

Si je louois vos vers, j'en aurois davantage.

ORONTE.

Je me passerai bien¹ que vous les approuviez.   425

ALCESTE.

Il faut bien, s'il vous plaît, que vous vous en passiez.

ORONTE.

Je voudrois bien, pour voir, que, de votre manière,
Vous en composassiez sur la même matière.

ALCESTE.

J'en pourrois, par malheur, faire d'aussi méchants ;
Mais je me garderois de les montrer aux gens.   430

ORONTE.

Vous me parlez bien ferme, et cette suffisance....

ALCESTE.

Autre part que chez moi cherchez qui vous encense.

ORONTE.

Mais, mon petit Monsieur, prenez-le un² peu moins haut.

---

1. Je me passerai fort. (1682, 1734.)
2. Même élision qu'au vers 1115 du *Tartuffe* (voyez tome IV, p. 475 et note 4), et que ci-après, au vers 748.

ALCESTE.

Ma foi! mon grand Monsieur, je le prends comme il faut.

PHILINTE, se mettant entre-deux.

Eh! Messieurs, c'en est trop : laissez cela, de grâce.

ORONTE.

Ah! j'ai tort, je l'avoue, et je quitte la place.
Je suis votre valet, Monsieur, de tout mon cœur.

ALCESTE.

Et moi, je suis, Monsieur, votre humble serviteur[1].

SCÈNE III.

PHILINTE, ALCESTE.

PHILINTE.

Hé bien! vous le voyez : pour être trop sincère,
Vous voilà sur les bras une fâcheuse affaire;   440
Et j'ai bien vu qu'Oronte, afin d'être flatté....

ALCESTE.

Ne me parlez pas.

PHILINTE.

    Mais....

ALCESTE.

        Plus de société.

PHILINTE.

C'est trop....

ALCESTE.

    Laissez-moi là.

PHILINTE.

        Si je....

ALCESTE.

            Point de langage[2].

---

1. Sur la manière dont Baron jouait cette scène, voyez à la *Notice*, p. 401.
2. Point d'explication : comparez le vers 131 de *l'École des maris* et le vers 639 de *l'École des femmes*.

PHILINTE.

Mais quoi...?

ALCESTE.

Je n'entends rien.

PHILINTE.

Mais....

ALCESTE.

Encore ?

PHILINTE.

On outrage....

ALCESTE.

Ah, parbleu! c'en est trop; ne suivez point mes pas. 445

PHILINTE.

Vous vous moquez de moi, je ne vous quitte pas.

FIN DU PREMIER ACTE.

ACTE II.

SCÈNE PREMIÈRE.
ALCESTE, CÉLIMÈNE.

ALCESTE.

Madame, voulez-vous que je vous parle net[1] ?
De vos façons d'agir je suis mal satisfait ;
Contre elles dans mon cœur trop de bile s'assemble,
Et je sens qu'il faudra que nous rompions ensemble. 450
Oui, je vous tromperois de parler autrement ;
Tôt ou tard nous romprons indubitablement ;
Et je vous promettrois mille fois le contraire,
Que je ne serois pas en pouvoir de le faire.

CÉLIMÈNE.

C'est pour me quereller donc, à ce que je voi, 455
Que vous avez voulu me ramener chez moi ?

ALCESTE.

Je ne querelle point ; mais votre humeur, Madame,
Ouvre au premier venu trop d'accès dans votre âme :
Vous avez trop d'amants qu'on voit vous obséder,
Et mon cœur de cela ne peut s'accommoder. 460

CÉLIMÈNE.

Des amants que je fais me rendez-vous coupable ?
Puis-je empêcher les gens de me trouver aimable ?
Et lorsque pour me voir ils font de doux efforts,

---

1. Molière, comme le remarque Auger, a manqué ici, après la suspension de l'entr'acte, à la règle de l'alternance des rimes : c'est une fois de plus que nous ne l'avons dit tome I, p. 135, note 1.

Dois-je prendre un bâton pour les mettre dehors?
                    ALCESTE.
Non, ce n'est pas, Madame, un bâton qu'il faut prendre,
Mais un cœur à leurs vœux moins facile et moins tendre.
Je sais que vos appas vous suivent en tous lieux;
Mais votre accueil retient ceux qu'attirent vos yeux;
Et sa douceur offerte à qui vous rend les armes
Achève sur les cœurs l'ouvrage de vos charmes.   470
Le trop riant espoir que vous leur présentez
Attache autour de vous leurs assiduités;
Et votre complaisance un peu moins étendue
De tant de soupirants chasseroit la cohue.
Mais au moins dites-moi, Madame, par quel sort   475
Votre Clitandre a l'heur[1] de vous plaire si fort?
Sur quel fonds de mérite et de vertu sublime
Appuyez-vous en lui l'honneur de votre estime?
Est-ce par l'ongle long qu'il porte au petit doigt[2]
Qu'il s'est acquis chez vous l'estime où l'on le voit? 480
Vous êtes-vous rendue, avec tout le beau monde,
Au mérite éclatant de sa perruque blonde?

1. Sur ce mot, plusieurs fois employé par Molière, entre autres dans le vers 644 du *Tartuffe*, voyez le tome II de la Bruyère, p. 210 et note 2.

2. C'était déjà la mode dans les premières années de Louis XIII : le baron de Fæneste porte un grand ongle [a]. En 1655, Scarron la constate en disant de l'un des personnages de ses nouvelles [b] : « Il se piquoit de belles mains, et s'étoit laissé croître l'ongle du petit doigt de la gauche jusqu'à une grandeur étonnante, ce qu'il croyoit le plus galant du monde. » Dans un opuscule réimprimé par M. Édouard Fournier, d'après un recueil de 1661 [c], il est aussi parlé « de la belle mode qui courut parmi nos godelureaux, il y a quelque temps, de laisser croître l'ongle du petit doigt. » M. É. Fournier, dit une note de M. Despois, « conjecture que cela servait à gratter aux portes, usage poli qui avait remplacé celui de frapper : est-il bien sûr que cela servait à quelque chose? Que de modes qui ne servent à rien! »

[a] Voyez livre III, début du chapitre VI, p. 144, de l'édition Mérimée.
[b] Cité par Bret. Voyez à la page 4 de la IVe des *Nouvelles tragi-comiques*, achevée d'imprimer le 26 octobre 1655 : *Plus d'effets que de paroles*.
[c] Voyez, au tome VII des *Variétés historiques et littéraires*, l'*Histoire du poëte Sibus*, p. 94 et note 3.

LE MISANTHROPE.

Sont-ce ses grands canons[1] qui vous le font aimer?
L'amas de ses rubans a-t-il su vous charmer?
Est-ce par les appas de sa vaste rhingrave[2]   485
Qu'il a gagné votre âme en faisant votre esclave[3]?
Ou sa façon de rire et son ton de fausset
Ont-ils de vous toucher su trouver le secret?

CÉLIMÈNE.

Qu'injustement de lui vous prenez de l'ombrage!
Ne savez-vous pas bien pourquoi je le ménage,   490
Et que dans mon procès, ainsi qu'il m'a promis,
Il peut intéresser tout ce qu'il a d'amis?

ALCESTE.

Perdez votre procès, Madame, avec constance,
Et ne ménagez point un rival qui m'offense.

CÉLIMÈNE.

Mais de tout l'univers vous devenez jaloux.   495

ALCESTE.

C'est que tout l'univers est bien reçu de vous.

CÉLIMÈNE.

C'est ce qui doit rasseoir votre âme effarouchée,

---

1. Voyez à la scène IX des *Précieuses ridicules*, tome II, p. 77, note 2.
2. « Rhingrave[a], lit-on dans le *Dictionnaire* de Furetière (1690), est.... une culotte, ou haut-de-chausse, fort ample, attachée aux bas avec plusieurs rubans, dont un rhingrave ou prince allemand a amené la mode en France il y a quelque temps. » On désignait alors particulièrement sous le titre de *Monsieur le Rhingrave* Frédéric, seigneur de Neuviller, qui était gouverneur de Maestricht pour la Hollande, et mourut en 1673; il avait par sa femme des terres en France et faisait de longs séjours à Paris, comme on le voit en 1657 et en 1658, par le *Journal* de MM. de Villers (p. 67, 114, 447); son fils aîné y affectait fort, disent-ils (p. 59), « de vivre à la courtisane[b]. »
3. En se donnant pour votre esclave, en jouant ce personnage dans le monde. « Je ferai le vengeur des intérêts du Ciel, » dit Dom Juan, qui vient de prendre le masque de la dévotion (ci-dessus, p. 194, au 11ᵉ renvoi).

[a] Dans tous nos textes, *reingrave*. — Au vers 487, partout, avant 1734, *faucet*; c'est aussi l'orthographe de Retz (tome III, p. 458, note 3).
[b] Celui-ci fut tué au service de la Hollande en 1665; Mme de Sévigné parle de son frère, lieutenant du prince d'Orange, mort d'une blessure reçue devant Maestricht en 1676 : voyez ses *Lettres*, tome IV, p. 559 et note 21.

ACTE II, SCÈNE I.

Puisque ma complaisance est sur tous épanchée:
Et vous auriez plus lieu de vous en offenser,
Si vous me la voyiez sur un seul ramasser. 500

ALCESTE.

Mais moi, que vous blâmez de trop de jalousie,
Qu'ai-je de plus qu'eux tous, Madame, je vous prie?

CÉLIMÈNE.

Le bonheur de savoir que vous êtes aimé.

ALCESTE.

Et quel lieu de le croire à mon cœur enflammé [1]?

CÉLIMÈNE.

Je pense qu'ayant pris le soin de vous le dire, 505
Un aveu de la sorte a de quoi vous suffire.

ALCESTE.

Mais qui m'assurera que, dans le même instant,
Vous n'en disiez peut-être aux autres tout autant?

CÉLIMÈNE.

Certes, pour un amant, la fleurette est mignonne,
Et vous me traitez là de gentille personne. 510
Hé bien! pour vous ôter d'un semblable souci [2],
De tout ce que j'ai dit je me dédis ici,
Et rien ne sauroit plus vous tromper que vous-même :
Soyez content.

ALCESTE.

Morbleu! faut-il que je vous aime?
Ah! que si de vos mains je rattrape mon cœur, 515
Je bénirai le Ciel de ce rare bonheur!
Je ne le cèle pas, je fais tout mon possible
A rompre de ce cœur l'attachement terrible;
Mais mes plus grands efforts n'ont rien fait jusqu'ici,
Et c'est pour mes péchés que je vous aime ainsi. 520

---

1.   Et quel lieu de le croire a mon cœur enflammé?
                                (1675 A, 82, 84 A, 94 B, 1773.)
2. Corneille s'est plusieurs fois servi de l'expression *ôter quelqu'un de souci*.

CÉLIMÈNE.
Il est vrai, votre ardeur est pour moi sans seconde.
ALCESTE.
Oui, je puis là-dessus défier tout le monde.
Mon amour ne se peut concevoir, et jamais
Personne n'a, Madame, aimé comme je fais.
CÉLIMÈNE.
En effet, la méthode en est toute nouvelle,   525
Car vous aimez les gens pour leur faire querelle ;
Ce n'est qu'en mots fâcheux qu'éclate votre ardeur,
Et l'on n'a vu jamais un amour si grondeur[1].
ALCESTE.
Mais il ne tient qu'à vous que son chagrin ne passe.
A tous nos démêlés coupons chemin, de grâce,   530
Parlons à cœur ouvert, et voyons d'arrêter[2]....

SCÈNE II.

CÉLIMÈNE, ALCESTE, BASQUE.

CÉLIMÈNE.
Qu'est-ce ?
BASQUE.
    Acaste est là-bas.
CÉLIMÈNE.
                      Hé bien ! faites monter.

---

1. Un amant si groudeur. (1674, 82, 1734.)
2. « En prose, on dirait *voyons à arrêter*, dit Auger. La préposition *à* est incommode en vers.... » Malherbe, même en prose, a plusieurs fois employé ainsi la préposition *de* après *voir* : « Je verrai, si je puis, de ne donner point à un ingrat. » (Traduction du *Traité des bienfaits* de Sénèque, tome II, p. 120.) Dans *les Femmes savantes*, *voir* est suivi de *à* (acte II, scène IV) :

    Parlons à votre femme, et voyons à la rendre
    Favorable....

ACTE II, SCÈNE II. 477

ALCESTE[1].

Quoi ? l'on ne peut jamais vous parler tête à tête ?
A recevoir le monde on vous voit toujours prête ?
Et vous ne pouvez pas, un seul moment de tous[2], 535
Vous résoudre à souffrir de n'être pas chez vous ?

CÉLIMÈNE.

Voulez-vous qu'avec lui je me fasse une affaire ?

ALCESTE.

Vous avez des regards[3] qui ne sauroient me plaire.

CÉLIMÈNE.

C'est un homme à jamais ne me le pardonner,
S'il savoit que sa vue eût pu m'importuner. 540

ALCESTE.

Et que vous fait cela, pour vous gêner de sorte... ?

CÉLIMÈNE.

Mon Dieu ! de ses pareils la bienveillance importe ;
Et ce sont de ces gens qui, je ne sais comment,
Ont gagné dans la cour de parler hautement.
Dans tous les entretiens on les voit s'introduire ; 545

1. SCÈNE III.
CÉLIMÈNE, ALCESTE.
ALCESTE. (1734.)

2. Entre tous. C'est la même construction que dans ces vers de Racine :

Lui seul de tant de rois
S'arme pour ta querelle et combat pour tes droits.
(Prologue d'*Esther*, vers 29 et 30, tome III, p. 462.)

3. Vous avez des égards. (1682, 1734.) — Le mot du texte original doit être maintenu. *Regards* a sans doute ici à peu près le même sens qu'*égards*, comme il a la même étymologie. *Égards* cependant, qui équivaut si souvent à *ménagements*, *déférence*, répondrait peut-être moins nettement à l'idée (qui est bien dans la pensée d'Alceste) d'*attention intéressée à toutes choses*, de *vues*, de *précautions* (vers 551). Calvin a fait de *regard* un emploi bien analogue dans cette phrase citée par M. Littré (*Institution de la religion chrétienne*, livre II, vers la fin du chapitre XI, p. 274, de l'édition de Genève, 1562) : Le médecin « répondra qu'il a toujours une même règle, mais qu'il a regard à l'âge, » qu'il ne perd pas l'âge de vue, qu'il tient compte de l'âge, qu'il prend l'âge en considération.

Ils ne sauroient servir, mais ils peuvent vous nuire ;
Et jamais, quelque appui qu'on puisse avoir d'ailleurs,
On ne doit se brouiller avec ces grands brailleurs.

ALCESTE.

Enfin, quoi qu'il en soit, et sur quoi qu'on se fonde,
Vous trouvez des raisons pour souffrir tout le monde ; 550
Et les précautions de votre jugement....

SCÈNE III.

BASQUE, ALCESTE, CÉLIMÈNE[1].

BASQUE.

Voici Clitandre encor, Madame.

ALCESTE. Il témoigne s'en vouloir aller[2].

Justement.

CÉLIMÈNE.

Où courez-vous ?

ALCESTE.

Je sors.

CÉLIMÈNE.

Demeurez.

ALCESTE.

Pourquoi faire ?

CÉLIMÈNE.

Demeurez.

ALCESTE.

Je ne puis.

CÉLIMÈNE.

Je le veux.

---

1. SCÈNE IV.
ALCESTE, CÉLIMÈNE, BASQUE. (1734.)
2. Ce jeu de scène n'est pas dans l'édition de 1734.

ALCESTE.

Point d'affaire.
Ces conversations ne font que m'ennuyer, 555
Et c'est trop que vouloir me les faire essuyer[1].

CÉLIMÈNE.

Je le veux, je le veux.

ALCESTE.

Non, il m'est impossible.

CÉLIMÈNE.

Hé bien! allez, sortez, il vous est tout loisible.

SCÈNE IV.

ÉLIANTE, PHILINTE, ACASTE, CLITANDRE, ALCESTE, CÉLIMÈNE, BASQUE.

ÉLIANTE[2].

Voici les deux marquis qui montent avec nous :
Vous l'est-on venu dire?

CÉLIMÈNE.

Oui. Des siéges pour tous[3]. 560

(A Alceste.)
Vous n'êtes pas sorti?

ALCESTE.

Non; mais je veux, Madame,
Ou pour eux, ou pour moi, faire expliquer votre âme.

CÉLIMÈNE.

Taisez-vous.

ALCESTE.

Aujourd'hui vous vous expliquerez.

---

1. Molière a souvent employé ce terme énergique; comparez ci-après les vers 576 et 1098.
2. ÉLIANTE, à Célimène. (1734.)
3. Oui. A Basque. Des siéges pour tous. *Basque donne des siéges et sort.* (*Ibidem.*)

CÉLIMÈNE.

Vous perdez le sens.

ALCESTE.

Point. Vous vous déclarerez.

CÉLIMÈNE.

Ah!

ALCESTE.

Vous prendrez parti.

CÉLIMÈNE.

Vous vous moquez, je pense.

ALCESTE.

Non; mais vous choisirez : c'est trop de patience.

CLITANDRE.

Parbleu! je viens du Louvre, où Cléonte, au levé,
Madame, a bien paru ridicule achevé[1].
N'a-t-il point quelque ami qui pût, sur ses manières,
D'un charitable avis lui prêter les lumières ? 570

CÉLIMÈNE.

Dans le monde, à vrai dire, il se barbouille fort[2];
Partout il porte un air[3] qui saute aux yeux d'abord;
Et lorsqu'on le revoit après un peu d'absence,
On le retrouve encor plus plein d'extravagance.

ACASTE.

Parbleu! s'il faut parler de gens extravagants[4], 575
Je viens d'en essuyer un des plus fatigants :

---

1. Voyez ci-dessus, au vers 108.
2. Il se ridiculise. Le mot est bien expliqué dans ce passage du *Chevalier à la mode* de Dancourt (1687, acte III, scène II) : « M. Migaud. Je la connois : elle est d'une humeur violente; elle se croit offensée, et elle est femme à vous barbouiller terriblement dans le monde. Madame Patin. Plaît-il, Monsieur? que voulez-vous dire? Hé! sont-ce des femmes comme moi qu'on barbouille? M. Migaud. Hé, Madame, il n'est rien plus facile aujourd'hui que de donner des ridicules, et même aux gens qui en ont le moins. »
3.   Ce Monsieur Loyal porte un air bien déloyal.
                      (Vers 1772 du *Tartuffe*.)
4. Des gens extravagants. (1674, 82, 1734.)

ACTE II, SCÈNE IV.

Damon, le raisonneur, qui m'a, ne vous déplaise,
Une heure, au grand soleil, tenu hors de ma chaise.
．．．．．．．．．．．．CÉLIMÈNE.
C'est un parleur étrange, et qui trouve toujours
L'art de ne vous rien dire avec de grands discours ; 580
Dans les propos qu'il tient, on ne voit jamais goutte,
Et ce n'est que du bruit que tout ce qu'on écoute.
．．．．．．．．．．．．ÉLIANTE, à Philinte.
Ce début n'est pas mal ; et contre le prochain
La conversation prend un assez bon train.
．．．．．．．．．．．．CLITANDRE.
Timante encor, Madame, est un bon caractère. 585
．．．．．．．．．．．．CÉLIMÈNE.
C'est de la tête aux pieds un homme tout mystère,
Qui vous jette en passant un coup d'œil égaré,
Et, sans aucune affaire, est toujours affairé.
Tout ce qu'il vous débite en grimaces abonde ;
A force de façons, il assomme le monde ; 590
Sans cesse il a, tout bas, pour rompre l'entretien,
Un secret à vous dire, et ce secret n'est rien ;
De la moindre vétille il fait une merveille,
Et jusques au bonjour, il dit tout à l'oreille[1].
．．．．．．．．．．．．ACASTE.
Et Géralde, Madame ?

---

1. Boileau a fait connaître à Brossette l'un des principaux modèles que Molière avait pu observer pour ce portrait, « un nommé M. de Saint-Gilles, » celui-là même qui soutint, pour Bouillon contre la Fontaine[a], une célèbre gageure, où Molière avait d'abord été pris pour juge, et dont décida la *Dissertation* de Boileau *sur la Joconde*. « C'étoit, dit Brossette dans ses notes manuscrites sur Boileau (f° 19 r°), un homme de la vieille cour, qui aimoit fort Molière, et qui l'importunoit sans s'en apercevoir. Saint-Gilles étoit un homme fort mystérieux, qui ne parloit jamais que tout bas et à l'oreille, quelque chose qu'il eût à dire : aussi est-ce lui que Molière a peint dans son *Misan-*

[a] Probablement en 1665 ; voyez l'*Histoire.... de la Fontaine*, par Walckenaer, 4ᵉ édition, tome I, p. 152 et 153.

CÉLIMÈNE.

O l'ennuyeux conteur ! 595
Jamais on ne le voit sortir du grand seigneur[1];
Dans le brillant commerce il se mêle sans cesse,
Et ne cite jamais que duc, prince ou princesse :
La qualité l'entête ; et tous ses entretiens
Ne sont que de chevaux, d'équipage et de chiens ; 600
Il tutaye[2] en parlant ceux du plus haut étage,
Et le nom de Monsieur est chez lui hors d'usage.

CLITANDRE.

On dit qu'avec Bélise il est du dernier bien.

CÉLIMÈNE.

Le pauvre esprit de femme, et le sec entretien !
Lorsqu'elle vient me voir, je souffre le martyre : 605
Il faut suer sans cesse à chercher que lui dire,
Et la stérilité de son expression

---

thrope[a]. » Aimé-Martin dit que Gombauld le désignait dans l'épigramme intitulée *Humeur de Gilles*[b] :

> Gilles veut faire voir qu'il a bien des affaires :
> On le trouve partout, dans la presse, à l'écart ;
> Mais ses voyages sont des erreurs[c] volontaires ;
> Quoiqu'il aille toujours, il ne va nulle part.

Quelques traits du portrait de Théodote dans la Bruyère[d] rappellent celui de Timante : « Il est fin, cauteleux, doucereux, mystérieux ; il s'approche de vous et il vous dit à l'oreille : *Voilà un beau temps ; voilà un grand dégel.* »

1. *Sortir*, non pas sans doute *du rôle de grand seigneur*, mais *des noms de grands seigneurs*, seuls admis dans ses récits.

2. C'est, non l'orthographe, mais la prononciation encore autorisée par l'Académie en 1694. Du Fresny, qui suivait certainement celle de la cour, a employé cette forme en 1700, dans sa petite comédie de *l'Esprit de contradiction* (scène VI) : « Il a encore une autre mauvaise habitude, c'est de tutaïer tout le monde : il tutaye jusqu'à des femmes qu'il n'aura jamais vues. »

[a] Brossette a plus tard donné le même renseignement dans son édition de Boileau, tome II, p. 337, remarque 1.
[b] Au second livre *des Épigrammes* de Gombauld, *divisées en trois livres*, 1657, n° XCIV.
[c] *Erreurs*, entendu comme dans *les erreurs d'Ulysse*.
[d] Voyez le chapitre *de la Cour*, n° 61, 1692, tome I, p. 321.

Fait mourir à tous coups la conversation¹.
En vain, pour attaquer son stupide silence,
De tous les lieux communs vous prenez l'assistance : 610
Le beau temps et la pluie, et le froid et le chaud
Sont des fonds qu'avec elle on épuise bientôt.
Cependant sa visite, assez insupportable,
Traîne en une longueur encore épouvantable ;
Et l'on demande l'heure, et l'on bâille vingt fois, 615
Qu'elle grouille aussi peu qu'une pièce de bois².

ACASTE.

Que vous semble d'Adraste ?

CÉLIMÈNE.

Ah ! quel orgueil extrême !
C'est un homme gonflé de l'amour de soi-même.
Son mérite jamais n'est content de la cour :
Contre elle il fait métier de pester chaque jour, 620
Et l'on ne donne emploi, charge ni bénéfice,
Qu'à tout ce qu'il se croit on ne fasse injustice.

CLITANDRE.

Mais le jeune Cléon, chez qui vont aujourd'hui
Nos plus honnêtes gens, que dites-vous de lui ?

CÉLIMÈNE.

Que de son cuisinier il s'est fait un mérite, 625
Et que c'est à sa table à qui l'on rend visite.

1. Mlle de Scudery avait dit dans *la Clélie* (3ᵉ partie, livre second, tome VI, 1657, p. 724 et 725) : « C'est un homme qui..., par une complaisance lâche, tiède, ennuyeuse et insupportable, fait que la conversation meurt à tous les moments. »
2. Qu'elle s'émeut autant qu'une pièce de bois. (1682, 1734.) — Qu'elle se meut autant, etc. (1692.) — Le mot *grouiller* est noté comme « bas » dans la 1ʳᵉ édition du *Dictionnaire de l'Académie* (1694) ; les comédiens l'avaient sans doute changé avant qu'il le fût dans l'édition de 1682. Molière ne l'a plus fait employer que par Mme Jourdain (acte III, scène v, du *Bourgeois gentilhomme*), et, avec un pronom réfléchi, par la Comtesse d'Escarbagnas (scène 11) ; mais *s'émeut*, que les éditeurs de 1682 ont substitué à *grouille*, est beaucoup moins expressif. Il est douteux que Molière ait lui-même fait ce changement.

ÉLIANTE.

Il prend soin d'y servir des mets fort délicats.

CÉLIMÈNE.

Oui; mais je voudrois bien qu'il ne s'y servît pas [1] :
C'est un fort méchant plat que sa sotte personne,
Et qui gâte, à mon goût, tous les repas qu'il donne. 630

PHILINTE.

On fait assez de cas de son oncle Damis :
Qu'en dites-vous, Madame ?

CÉLIMÈNE.

Il est de mes amis.

PHILINTE.

Je le trouve honnête homme, et d'un air assez sage.

CÉLIMÈNE.

Oui; mais il veut avoir trop d'esprit, dont j'enrage;
Il est guindé sans cesse; et dans tous ses propos, 635
On voit qu'il se travaille [2] à dire de bons mots.
Depuis que dans la tête il s'est mis d'être habile,
Rien ne touche son goût, tant il est difficile;
Il veut voir des défauts à tout ce qu'on écrit,
Et pense que louer n'est pas d'un bel esprit, 640
Que c'est être savant que trouver à redire,
Qu'il n'appartient qu'aux sots d'admirer et de rire,
Et qu'en n'approuvant rien des ouvrages du temps,
Il se met au-dessus de tous les autres gens [3];
Aux conversations même il trouve à reprendre : 645
Ce sont propos trop bas pour y daigner descendre;

---

1. « Il me fait envie de manger à une bonne table où il ne soit point. » (*La Bruyère*, caractère de Cliton, *de l'Homme*, n° 122, 1690, tome II, p. 57.)

2. Qu'il se fatigue. (1682.)

3. « Me laisserai-je éblouir par un air de capacité ou de hauteur qui vous met au-dessus de tout ce qui se fait, de ce qui se dit et de ce qui s'écrit; qui vous rend sec sur les louanges, et empêche qu'on ne puisse arracher de vous la moindre approbation? » (La Bruyère, *des Grands*, n° 20, 1691, tome I, p. 343 et 344.)

ACTE II, SCÈNE IV.

Et les deux bras croisés, du haut de son esprit[1]
Il regarde en pitié tout ce que chacun dit.

ACASTE.

Dieu me damne, voilà son portrait véritable.

CLITANDRE[2].

Pour bien peindre les gens vous êtes admirable. 650

ALCESTE.

Allons, ferme, poussez[3], mes bons amis de cour;
Vous n'en épargnez point, et chacun a son tour :
Cependant aucun d'eux à vos yeux ne se montre,
Qu'on ne vous voie, en hâte, aller à sa rencontre,
Lui présenter la main, et d'un baiser flatteur 655
Appuyer les serments d'être son serviteur[4].

---

1. Une expression analogue de Brébeuf peut être rapprochée de celle-ci; au livre II de *la Pharsale de Lucain.... en vers françois* (p. 52 de l'édition de 1659), dans une apostrophe à Rome, qui n'est pas précisément dans le texte de Lucain (vers 295-297), il fait dire à Caton :

> Tu forces la pitié des Gètes et des Daces !
> Et Caton cependant du haut de sa vertu
> Verra d'un œil égal[a] ton empire abattu[b]?

C'est, ce semble, un souvenir de Stace qu'il introduisait dans sa traduction; on lit dans la *Silve* II du second livre (vers 129-132) :

> Celsa tu mentis ab arce
> Despicis errantes, humanaque gaudia rides.

« Toi, des sublimes hauteurs de ton âme, tu regardes en pitié notre course errante, et tu te ris des joies humaines. » La Bruyère, au chapitre *des Ouvrages de l'esprit*, n° 24 (1689, tome I, p. 122), a dit : « Arsène, du plus haut de son esprit, contemple les hommes, et dans l'éloignement d'où il les voit, il est comme effrayé de leur petitesse. »

2. CLITANDRE, *à Célimène*. (1734.)
3. Dorante dit de même, dans *la Critique de l'École des femmes* (scène VI, tome III, p. 344) : « Pousse, mon cher Marquis, pousse. » Comparez le vers 682.
4. Comparez les vers 17-20, et 43-46.

a Indifférent.
b Caton répond à ce conseil que lui a donné Brutus (p. 51 ; comparez dans Lucain les vers 247 et 248, 266 et 267) :

> Du haut de ta vertu, dans une paix profonde,
> Toujours semblable à toi, vois les troubles du monde.

CLITANDRE.
Pourquoi s'en prendre à nous? Si ce qu'on dit vous blesse,
Il faut que le reproche à Madame s'adresse.
ALCESTE.
Non, morbleu! c'est à vous; et vos ris complaisants
Tirent de son esprit tous ces traits médisants.   660
Son humeur satirique est sans cesse nourrie
Par le coupable encens de votre flatterie;
Et son cœur à railler trouveroit moins d'appas,
S'il avoit observé qu'on ne l'applaudît pas.
C'est ainsi qu'aux flatteurs on doit partout se prendre 665
Des vices où l'on voit les humains se répandre.
PHILINTE.
Mais pourquoi pour ces gens un intérêt si grand,
Vous qui condamneriez ce qu'en eux on reprend?
CÉLIMÈNE.
Et ne faut-il pas bien que Monsieur contredise?
A la commune voix veut-on qu'il se réduise,   670
Et qu'il ne fasse pas éclater en tous lieux
L'esprit contrariant qu'il a reçu des cieux?
Le sentiment d'autrui n'est jamais pour lui plaire;
Il prend toujours en main l'opinion contraire,
Et penseroit paroître un homme du commun,   675
Si l'on voyoit qu'il fût de l'avis de quelqu'un.
L'honneur de contredire a pour lui tant de charmes,
Qu'il prend contre lui-même assez souvent les armes;
Et ses vrais sentiments sont combattus par lui,
Aussitôt qu'il les voit dans la bouche d'autrui.   680
ALCESTE.
Les rieurs sont pour vous, Madame, c'est tout dire,
Et vous pouvez pousser contre moi la satire.
PHILINTE.
Mais il est véritable aussi que votre esprit
Se gendarme toujours contre tout ce qu'on dit,

Et que, par un chagrin que lui-même il avoue, 685
Il ne sauroit souffrir qu'on blâme, ni qu'on loue.

ALCESTE.

C'est que jamais, morbleu! les hommes n'ont raison,
Que le chagrin contre eux est toujours de saison,
Et que je vois qu'ils sont, sur toutes les affaires,
Loueurs impertinents, ou censeurs téméraires. 690

CÉLIMÈNE.

Mais....

ALCESTE.

Non, Madame, non : quand j'en devrois mourir,
Vous avez des plaisirs que je ne puis souffrir;
Et l'on a tort ici de nourrir dans votre âme
Ce grand attachement aux défauts qu'on y blâme[1].

CLITANDRE.

Pour moi, je ne sais pas, mais j'avouerai tout haut 695
Que j'ai cru jusqu'ici Madame sans défaut.

ACASTE.

De grâces et d'attraits je vois qu'elle est pourvue;
Mais les défauts qu'elle a ne frappent point ma vue.

ALCESTE.

Ils frappent tous la mienne; et loin de m'en cacher,
Elle sait que j'ai soin de les lui reprocher. 700
Plus on aime quelqu'un, moins il faut qu'on le flatte;
A ne rien pardonner le pur amour éclate;
Et je bannirois, moi, tous ces lâches amants
Que je verrois soumis à tous mes sentiments,
Et dont, à tous propos, les molles complaisances 705
Donneroient de l'encens à mes extravagances.

1. Qu'*au fond* ou qu'*en arrière* on y blâme. Le jeu d'Alceste et le ton dont il prononce les derniers mots du vers doivent en rendre le sens très-clair, malgré le sous-entendu. Une remarque en ce sens a été faite par Aimé-Martin. Le reproche s'adresse plus directement à Philinte, qui, après avoir parlé de Célimène comme il l'a fait dans la première scène (vers 213-224), vient non-seulement d'être du côté des rieurs, mais de répliquer pour eux à Alceste.

CÉLIMÈNE.

Enfin, s'il faut qu'à vous s'en rapportent les cœurs,
On doit, pour bien aimer, renoncer aux douceurs,
Et du parfait amour mettre l'honneur suprême
A bien injurier les personnes qu'on aime. 710

ÉLIANTE.

L'amour, pour l'ordinaire, est peu fait à ces lois,
Et l'on voit les amants vanter toujours leur choix ;
Jamais leur passion n'y voit rien de blâmable,
Et dans l'objet aimé tout leur devient aimable :
Ils comptent les défauts pour des perfections, 715
Et savent y donner de favorables noms.
La pâle est aux jasmins en blancheur comparable ;
La noire à faire peur, une brune adorable ;
La maigre a de la taille et de la liberté ;
La grasse est dans son port pleine de majesté ; 720
La malpropre sur soi[1], de peu d'attraits chargée,
Est mise sous le nom de beauté négligée ;
La géante paroît une déesse aux yeux[2] ;
La naine, un abrégé des merveilles des cieux ;
L'orgueilleuse a le cœur digne d'une couronne ; 725
La fourbe a de l'esprit ; la sotte est toute bonne ;
La trop grande parleuse est d'agréable humeur ;
Et la muette garde une honnête pudeur.
C'est ainsi qu'un amant dont l'ardeur est extrême[3]
Aime jusqu'aux défauts des personnes qu'il aime[4]. 730

1. *La malpropre sur soi* doit s'entendre sans doute, non pas tant d'une femme prenant peu de soin de sa personne, que d'une femme peu soucieuse de ses habits, de peu d'élégance et de goût dans sa mise ou sa parure : voyez tome II, p. 109, note 2 ; tome IV, p. 531, note 3 ; et ci-après, p. 562, note 1.

2. .... Les soins où je vois tant de femmes sensibles
Me paroissent aux yeux des pauvretés horribles.
(1ʳᵉ scène des *Femmes savantes*, vers 51 et 52.)

3. Dont l'amour est extrême. (1734.)

4. Sur ce couplet d'Éliante, qui est une imitation de Lucrèce (livre IV du

ALCESTE.
Et moi, je soutiens, moi....
CÉLIMÈNE.
Brisons là ce discours,
Et dans la galerie allons faire deux tours.
Quoi? vous vous en allez, Messieurs?
CLITANDRE et ACASTE.
Non pas, Madame.
ALCESTE.
La peur de leur départ occupe fort votre âme.
Sortez quand vous voudrez, Messieurs; mais j'avertis 735
Que je ne sors qu'après que vous serez sortis.
ACASTE.
A moins de voir Madame en être importunée,
Rien ne m'appelle ailleurs de toute la journée.
CLITANDRE.
Moi, pourvu que je puisse être au petit couché[1],
Je n'ai point d'autre affaire où je sois attaché. 740
CÉLIMÈNE[2].
C'est pour rire, je crois.
ALCESTE.
Non, en aucune sorte :
Nous verrons si c'est moi que vous voudrez qui sorte.

---

poëme *de la Nature*, vers 1149 et suivants), voyez une note à la suite de la pièce, ci-après, p. 557.

1. Ce détail marque bien le rang de ceux que Molière jouait sous les noms de Clitandre et d'Acaste. On ne peut supposer que Clitandre se vante ici ridiculement et soit de ces marquis que copiait Mascarille (voyez la fin de la scène VII des *Précieuses ridicules*, tome II, p. 74). Or être admis au petit coucher, être du petit coucher, c'était jouir de la faveur assez grande de pouvoir rester dans la chambre du Roi avec le petit nombre de privilégiés et d'intimes que, après avoir donné le bonsoir au gros des courtisans, il retenait encore jusqu'à son vrai coucher.

2. CÉLIMÈNE, *à Alceste*. (1734.)

SCÈNE V.

BASQUE, ALCESTE, CÉLIMÈNE, ÉLIANTE, ACASTE, PHILINTE, CLITANDRE.

BASQUE[1].

Monsieur, un homme est là qui voudroit vous parler,
Pour affaire, dit-il, qu'on ne peut reculer.

ALCESTE.

Dis-lui que je n'ai point d'affaires si pressées. 745

BASQUE.

Il porte une jaquette à grand'basques plissées,
Avec du dor dessus[2].

CÉLIMÈNE[3].

Allez voir ce que c'est,
Ou bien faites-le entrer[4].

ALCESTE.

Qu'est-ce donc qu'il vous plaît?
Venez, Monsieur[5].

---

1. SCÈNE VI.
ALCESTE, CÉLIMÈNE, ÉLIANTE, ACASTE, PHILINTE, CLITANDRE, BASQUE.
BASQUE, *à Alceste*. (1734.)

2. Pierrot, dans *Dom Juan*, dit aussi : « Il a du dor à son habit » : voyez ci-dessus, p. 106. — Dans les éditions de 1682, 97, 1710, 18, 30, 33, 34, on lit *du d'or* au lieu de *du dor*.

3. CÉLIMÈNE, *à Alceste*. (1734.)

4. *Le* a été ainsi élidé ci-dessus, au vers 433. — L'édition de 1734 fait commencer ici sa scène VII; dans l'indication des personnages, elle remplace le mot GARDE, que nous avons en tête de la scène VI, par ceux-ci, qu'elle rejette à la fin : « UN GARDE de la Maréchaussée. »

5. C'est, non un simple garde, mais sans doute un officier qu'Alceste appelle ainsi. « Le corps de garde établi chez Monsieur le maréchal doyen, dit de Beaufort (tome II, p. 5 : voyez la note 2 de la page 491), est toujours composé d'un lieutenant, d'un exempt, de six gardes, d'un brigadier et d'un sous-brigadier, tous en uniforme complet. » Bret aussi nous apprend que l'uniforme décrit dans les vers 746 et 747 était celui des « exempts des maréchaux ».

SCÈNE VI.

GARDE, ALCESTE, CÉLIMÈNE, ÉLIANTE, ACASTE, PHILINTE, CLITANDRE.

GARDE[1].
Monsieur, j'ai deux mots à vous dire.
ALCESTE.
Vous pouvez parler haut, Monsieur, pour m'en instruire.
GARDE.
Messieurs les Maréchaux, dont j'ai commandement,
Vous mandent de venir les trouver promptement[2],
Monsieur.

1. LE GARDE. (1734; ici et plus bas.)
2. L'édit de septembre 1651, sous lequel on vivait alors, et qui, reprenant les dispositions de plusieurs lois antérieures, entre autres d'une ordonnance rendue à Moulins en 1566, défendait rigoureusement le duel[a], avait en même temps maintenu, pour juger souverainement du point d'honneur entre gentilshommes et officiers d'armée, l'institution d'un tribunal formé de l'assemblée des maréchaux de France et présidé par leur doyen. Ce tribunal ne pouvait être permanent, et n'était réuni par son président que pour les affaires de quelque importance[b]. Dans l'intervalle des convocations, le maréchal doyen, qui avait gardé quelques-unes des prérogatives de nos anciens connétables, exerçait à lui seul une juridiction provisoire. Il exerçait aussi une sorte de police. Toute personne qui avait été témoin d'un différend, d'une provocation pouvant avoir des suites, était tenue de lui en donner avis, afin qu'il pût aussitôt prendre des mesures préventives. Une compagnie entière de gardes, dite de la connétablie, était à sa disposition pour l'exécution de tous ses ordres, et fournissait chaque jour un poste pour son hôtel. Un règlement des maréchaux, du 22 août 1653, assurant l'exécution de l'édit, portait des peines assez sévères contre les auteurs d'injures et d'outrages; mais comme le plus souvent des torts réciproques étaient constatés, le maréchal doyen se bornait presque tou-

[a] Voyez tome III, p. 54, note 5, et sur le tribunal des maréchaux, le *Recueil* cité là, que publia, peu d'années avant la Révolution, de Beaufort, premier lieutenant de la connétablie, particulièrement tome I, p. 86 et suivantes, et tome II, p. 3-6.
[b] Les maréchaux avaient dans les provinces, pour cet office, des suppléants (les gouverneurs ou les lieutenants généraux, ou même, hors des capitales, de simples gentilshommes commis par eux), mais dont les décisions n'étaient pas toujours en dernier ressort.

ALCESTE.

Qui? moi, Monsieur?

GARDE.

Vous-même.

ALCESTE.

Et pourquoi faire?

PHILINTE [1].

C'est d'Oronte et de vous la ridicule affaire.

CÉLIMÈNE [2].

Comment?

PHILINTE.

Oronte et lui se sont tantôt bravés   755
Sur certains petits vers, qu'il n'a pas approuvés;

---

jours aussi à envoyer des gardes aux adversaires, à empêcher d'abord toute rencontre, puis à mander devant lui ceux qu'il avait fait surveiller, pour obtenir d'eux un acte de réconciliation. MM. de Villers, dans le *Journal* de leur voyage à Paris, ont laissé une courte relation d'une affaire, un peu plus grave que celle d'Alceste et d'Oronte, mais qui fut arrêtée et dénouée à peu près de même. A la date des 25 et 27 avril 1657, après avoir raconté une violente querelle survenue, dans un mail où ils jouaient (probablement celui de l'Arsenal), entre un de leurs cousins, Hollandais comme eux, et le comte de la Marck[a], ils donnent les détails suivants, bons, ce nous semble, à rapprocher de ces vers et du premier couplet de l'acte IV : « Nous retournâmes au logis, après avoir laissé le sieur de Speyck (*leur cousin*) chez un de nos amis, où il demeura caché, afin qu'il ne fût pas embarrassé d'un garde comme sa partie, qui en eut un jusques au jour de l'accommodement.... Le 27ᵉ (*surlendemain de la querelle; mais Molière naturellement abrége les délais*), nous fûmes mandés par un garde de la maréchaussée de venir chez M. le maréchal d'Estrées (*frère de la belle Gabrielle*), qui est doyen des maréchaux de France. Ayant ouï les plaintes de part et d'autre, il jugea que le comte de la Marck eût pu se passer de jeter la boule du sieur de Speyck et de lui dire qu'il sauroit son logis, et qu'aussi notre cousin l'ayant appelé fripon, il sembloit que l'injure étoit réciproque : sur quoi il leur ordonna d'être amis et il les fit embrasser, voulant que nous en fissions de même. Nous le remerciâmes de la peine qu'il avoit prise, et nous nous en retournâmes au logis. »

1. PHILINTE, *à Alceste*. (1734.)
2. CÉLIMÈNE, *à Philinte*. (*Ibidem.*)

[a] Henri-Robert Échallard, par sa mère comte de la Marck, qui fut tué à Conz-Saarbrück en 1675 : voyez les *Lettres de Mme de Sévigné*, tomes III, p. 489, et IV, p. 49.

Et l'on veut assoupir la chose en sa naissance.
                    ALCESTE.
Moi, je n'aurai jamais de lâche complaisance.
                    PHILINTE.
Mais il faut suivre l'ordre : allons, disposez-vous....
                    ALCESTE.
Quel accommodement veut-on faire entre nous ? 760
La voix de ces Messieurs me condamnera-t-elle
A trouver bons les vers qui font notre querelle?
Je ne me dédis point de ce que j'en ai dit,
Je les trouve méchants.
                    PHILINTE.
                        Mais, d'un plus doux esprit....
                    ALCESTE.
Je n'en démordrai point : les vers sont exécrables. 765
                    PHILINTE.
Vous devez faire voir des sentiments traitables.
Allons, venez.
                    ALCESTE.
                J'irai ; mais rien n'aura pouvoir
De me faire dédire.
                    PHILINTE.
                Allons vous faire voir.
                    ALCESTE.
Hors qu'un commandement exprès du Roi me vienne
De trouver bons les vers dont on se met en peine, 770
Je soutiendrai toujours, morbleu! qu'ils sont mauvais,
Et qu'un homme est pendable après les avoir faits[1].

---

1. Sur cette boutade, qui a été racontée de Boileau, voyez à la *Notice*, p. 391. — « Il étoit.... assez mauvais poëte, avait dit Scarron dans *le Roman comique*[a], pour être étouffé, s'il y avoit de la police dans le Royaume. »

a 1re partie, chapitre VIII, tome I, p. 45 et 46, de l'édition de M. Victor Fournel.

(A Clitandre et Acaste, qui rient.)

Par la sangbleu¹ ! Messieurs, je ne croyois pas être
Si plaisant que je suis².

CÉLIMÈNE.

Allez vite paroître
Où vous devez.

ALCESTE.

J'y vais, Madame, et sur mes pas 775
Je reviens en ce lieu, pour vuider nos débats.

1. Par le sangbleu! (1674, 82.)
2. Boileau avait été frappé de la manière dont Molière disait ce passage, et un jour, en 1702, il essaya d'en donner quelque idée à Brossette*a* : c'est un des intéressants souvenirs que ce dernier a consignés dans le recueil de ses notes. M. Despréaux, dit-il*b*, « a encore récité cet endroit du *Misanthrope* de Molière où il dit, quand on rit de sa fermeté outrée :

Par le sangbleu! Messieurs, je ne croyois pas être
Si plaisant que je suis.

Molière, en récitant cela, l'accompagnoit d'un ris amer si piquant, que M. Despréaux, en le faisant de même, nous a fort réjouis. Il a dit, en même temps, que le théâtre demandoit de ces grands traits outrés, aussi bien dans la voix, dans la déclamation, que dans le geste. »

a Voyez au tome I des *OEuvres de J. Racine*, p. 224 et 225, ce que Louis Racine dit du talent d'imitation qu'avait Boileau.
b Dans un passage déjà en partie cité page 398 de la *Notice*, et qui se lit f° 18 v° du manuscrit appartenant à la Bibliothèque nationale, p. 522 du volume de M. Laverdet.

FIN DU SECOND ACTE.

ACTE III.

SCÈNE PREMIÈRE.
CLITANDRE, ACASTE.

CLITANDRE.

Cher Marquis, je te vois l'âme bien satisfaite :
Toute chose t'égaye, et rien ne t'inquiète.
En bonne foi, crois-tu, sans t'éblouir les yeux,
Avoir de grands sujets de paroître joyeux ?   780

ACASTE.

Parbleu ! je ne vois pas, lorsque je m'examine,
Où prendre aucun sujet d'avoir l'âme chagrine.
J'ai du bien, je suis jeune, et sors d'une maison
Qui se peut dire noble avec quelque raison ;
Et je crois, par le rang que me donne ma race,   785
Qu'il est fort peu d'emplois dont je ne sois en passe[1].
Pour le cœur, dont sur tout nous devons faire cas,
On sait, sans vanité, que je n'en manque pas,
Et l'on m'a vu pousser, dans le monde, une affaire

---

1. « *Passe* signifie, au jeu du billard et au jeu du mail, cet archet ou porte par laquelle il faut faire passer sa bille ou sa boule. » (*Dictionnaire de l'Académie*, 1694.) *Être en passe* se disoit d'un joueur dont la bille était placée de manière à pouvoir passer par cette porte. L'expression, au sens figuré, se trouve déjà dans *les Précieuses* (tome II, p. 79), et dans *les Fâcheux* (tome III, p. 54, vers 275). Pascal, dans les *Pensées*[a], l'a employée sans complément : « C'est un grand avantage que la qualité, qui, dès dix-huit ou vingt ans, met un homme en passe, connu et respecté, comme un autre pourroit avoir mérité à cinquante ans. »

[a] Édition de M. Havet, p. 70, n° 15.

D'une assez vigoureuse et gaillarde manière. 790
Pour de l'esprit, j'en ai sans doute, et du bon goût
A juger sans étude et raisonner de tout,
A faire aux nouveautés, dont je suis idolâtre,
Figure de savant sur les bancs du théâtre[1],
Y décider en chef, et faire du fracas 795
A tous les beaux endroits qui méritent des has[2].
Je suis assez adroit ; j'ai bon air, bonne mine,
Les dents belles surtout, et la taille fort fine.
Quant à se mettre bien, je crois, sans me flatter,
Qu'on seroit mal venu de me le disputer. 800
Je me vois dans l'estime autant qu'on y puisse être,
Fort aimé du beau sexe, et bien auprès du maître.
Je crois qu'avec cela, mon cher Marquis, je croi
Qu'on peut, par tout pays, être content de soi.

CLITANDRE.

Oui ; mais, trouvant ailleurs des conquêtes faciles, 805
Pourquoi pousser ici des soupirs inutiles ?

ACASTE.

Moi ? Parbleu ! je ne suis de taille ni d'humeur
A pouvoir d'une belle essuyer la froideur.
C'est aux gens mal tournés, aux mérites vulgaires,
A brûler constamment[3] pour des beautés sévères, 810
A languir à leurs pieds et souffrir leurs rigueurs,

---

1. Pour cet usage d'admettre des spectateurs sur le théâtre, voyez au vers 13 des *Fâcheux* (tome III, p. 36, note 1) ; il est encore constaté, et le prix même des places ainsi occupées, dans la scène v de *la Critique de l'École des femmes* (même tome, p. 334 et 335).

2. Des Ab. (1734.) — Ces quatre derniers vers (793-796) sont encore marqués de guillemets dans l'édition de 1682, comme n'étant pas dits à la représentation.

3. Avec constance, comme dans ce passage des *Femmes savantes* (acte V, scène 1re, vers 1549-1551) :

>.... Je ne pensois pas que la philosophie
>Fût si belle qu'elle est, d'instruire ainsi les gens
>A porter constamment de pareils accidents.

A chercher le secours des soupirs et des pleurs,
Et tâcher, par des soins d'une très-longue suite,
D'obtenir ce qu'on nie¹ à leur peu de mérite.
Mais les gens de mon air, Marquis, ne sont pas faits 815
Pour aimer à crédit, et faire tous les frais.
Quelque rare que soit le mérite des belles,
Je pense, Dieu merci ! qu'on vaut son prix comme elles,
Que pour se faire honneur d'un cœur comme le mien,
Ce n'est pas la raison² qu'il ne leur coûte rien, 820
Et qu'au moins, à tout mettre en de justes balances,
Il faut qu'à frais communs se fassent les avances.

CLITANDRE.

Tu penses donc, Marquis, être fort bien ici ?

ACASTE.

J'ai quelque lieu, Marquis, de le penser ainsi.

CLITANDRE.

Crois-moi, détache-toi de cette erreur extrême : 825
Tu te flattes, mon cher, et t'aveugles toi-même.

ACASTE.

Il est vrai, je me flatte et m'aveugle en effet.

CLITANDRE.

Mais qui te fait juger ton bonheur si parfait ?

ACASTE.

Je me flatte.

1. *Nier* a été employé par Molière, avec le sens de *dénier, refuser*, dans le vers 832 de *Dom Garcie de Navarre* (tome II, p. 281), et dans ce vers (le 152ᵉ) de *la Gloire du dôme du Val-de-Grâce :*

.... La voix que la nature
Leur a voulu nier.

2. « Nous nous contentons de la raison, » dit Claudine dans *George Dandin* (acte II, scène 1), c'est-à-dire de ce qui est raisonnable, de ce qu'on peut prendre raisonnablement. Et *c'est la raison* était une locution faite, qui s'employait comme *il est raisonnable, il est juste* :

C'est bien la raison que pour tant de puissance
Nous vous rendions du moins un peu d'obéissance.
(Corneille, *Rodogune*, acte II, scène III, vers 611 et 612.)

CLITANDRE.
Sur quoi fonder tes conjectures ?
ACASTE.
Je m'aveugle.
CLITANDRE.
En as-tu des preuves qui soient sûres ? 830
ACASTE.
Je m'abuse, te dis-je.
CLITANDRE.
Est-ce que de ses vœux
Célimène t'a fait quelques secrets aveux ?
ACASTE.
Non, je suis maltraité.
CLITANDRE.
Réponds-moi, je te prie.
ACASTE.
Je n'ai que des rebuts.
CLITANDRE.
Laissons la raillerie,
Et me dis quel espoir on peut t'avoir donné.   835
ACASTE.
Je suis le misérable, et toi le fortuné :
On a pour ma personne une aversion grande,
Et quelqu'un de ces jours il faut que je me pende.
CLITANDRE.
O çà, veux-tu, Marquis, pour ajuster nos vœux,
Que nous tombions d'accord d'une chose tous deux ? 840
Que qui pourra montrer[1] une marque certaine
D'avoir meilleure part au cœur de Célimène,

---

1. Que si l'un peut montrer. Un tour semblable, où *qui*, avec un futur ou un conditionnel, équivaut à *si quelqu'un* avec un présent ou un imparfait, n'est pas rare dans les comédies de Corneille (voyez le *Lexique de la langue* de ce poëte, tome II, p. 256). En voici un exemple de Mme de Sévigné (lettre du 24 mars 1676, tome IV, p. 391) : « Qui m'auroit fait voir tout d'une vue tout ce que j'ai souffert, je n'aurois jamais cru y résister : et jour à jour me voilà. »

L'autre ici fera place au vainqueur prétendu[1],
Et le délivrera d'un rival assidu ?

ACASTE.

Ah, parbleu! tu me plais avec un tel langage, 845
Et du bon de mon cœur[2] à cela je m'engage.
Mais, chut!

SCÈNE II.

CÉLIMÈNE, ACASTE, CLITANDRE.

CÉLIMÈNE.

Encore ici?

CLITANDRE.

L'amour retient nos pas.

CÉLIMÈNE.

Je viens d'ouïr entrer un carrosse là-bas :
Savez-vous qui c'est?

CLITANDRE.

Non.

---

1. Au vainqueur présumé, au futur vainqueur, par allusion, ce semble, aux expressions *gendre prétendu*, *prétendu mari*, usitées alors ; toutes deux sont employées par Argan dans *le Malade imaginaire* (acte I, scène v, et acte II, scène IV), avec le sens de *futur gendre*, *futur mari*, agréé, reçu comme tel, déjà déclaré tel par les parents. « Nous avons conclu ce mariage-là ce matin,... et demain ce gendre prétendu doit m'être amené par son père. » — « Je marie ma fille, et voilà qu'on lui amène son prétendu mari, qu'elle n'a point encore vu. »

2. Voyez ci-dessus, p. 111, note 4. — Nous rencontrons un emploi remarquable de cette expression dans les *Mémoires de Retz* (tome III, p. 474) : « Elle (*la Reine*) s'abaissa, mais sans feintise et du bon du cœur, jusques à me faire des excuses des défiances qu'elle avoit eues de ma conduite. »

SCÈNE III.

BASQUE, CÉLIMÈNE, ACASTE, CLITANDRE[1].

BASQUE.

Arsinoé, Madame,
Monte ici pour vous voir.

CÉLIMÈNE.

Que me veut cette femme ?

BASQUE.

Éliante là-bas est à l'entretenir.

CÉLIMÈNE.

De quoi s'avise-t-elle et qui la fait venir ?

ACASTE.

Pour prude consommée en tous lieux elle passe,
Et l'ardeur de son zèle....

CÉLIMÈNE.

Oui, oui, franche grimace :
Dans l'âme[2] elle est du monde, et ses soins tentent tout
Pour accrocher quelqu'un, sans en venir à bout.
Elle ne sauroit voir qu'avec un œil d'envie
Les amants déclarés dont une autre est suivie ;
Et son triste mérite, abandonné de tous,
Contre le siècle aveugle est toujours en courroux.　860
Elle tâche à couvrir d'un faux voile de prude
Ce que chez elle on voit d'affreuse solitude ;
Et pour sauver l'honneur de ses foibles appas,
Elle attache du crime au pouvoir qu'ils n'ont pas.
Cependant un amant plairoit fort à la dame,　865

---

1. CÉLIMÈNE, ACASTE, CLITANDRE, BASQUE. (1734.)
2. Voyez dans le *Lexique de Corneille*, au mot ÂME, d'assez nombreux exemples de cette locution.

ACTE III, SCÈNE III.

Et même pour Alceste elle a tendresse d'âme[1].
Ce qu'il me rend de soins outrage ses attraits,
Elle veut que ce soit un vol que je lui fais;
Et son jaloux dépit, qu'avec peine elle cache,
En tous endroits, sous main, contre moi se détache[2]. 870
Enfin je n'ai rien vu de si sot à mon gré,
Elle est impertinente au suprême degré,
Et....

SCÈNE IV.

ARSINOÉ, CÉLIMÈNE[3].

CÉLIMÈNE.

Ah! quel heureux sort en ce lieu vous amène?
Madame, sans mentir, j'étois de vous en peine.

ARSINOÉ.

Je viens pour quelque avis que j'ai cru vous devoir. 875

CÉLIMÈNE.

Ah, mon Dieu! que je suis contente de vous voir![4]

ARSINOÉ.

Leur départ ne pouvoit plus à propos se faire.

CÉLIMÈNE.

Voulons-nous nous asseoir?

ARSINOÉ.

Il n'est pas nécessaire,

---

1. *Il pourroit bien avoir douceur de cœur pour elle*,
dit Dorine dans la scène 1 du IIIe acte du *Tartuffe* (vers 837, tome IV, p. 457).
2. *Se détacher* (par analogie de l'expression *détacher des chiens contre quelqu'un*) est employé ici tout à fait avec le sens qu'a *se déchaîner* dans le vers 992.
3. ARSINOÉ, CÉLIMÈNE, CLITANDRE, ACASTE. (1734.)
4. *Clitandre et Acaste sortent en riant.*
SCÈNE V.
ARSINOÉ, CÉLIMÈNE. (*Ibidem.*)

Madame. L'amitié doit surtout éclater
Aux choses qui le plus nous peuvent importer ; 880
Et comme il n'en est point de plus grande importance
Que celles de l'honneur et de la bienséance,
Je viens, par un avis qui touche votre honneur,
Témoigner l'amitié que pour vous a mon cœur.
Hier j'étois chez des gens de vertu singulière, 885
Où sur vous du discours on tourna la matière ;
Et là, votre conduite, avec ses grands éclats,
Madame, eut le malheur qu'on ne la loua pas.
Cette foule de gens dont vous souffrez visite,
Votre galanterie, et les bruits qu'elle excite 890
Trouvèrent des censeurs plus qu'il n'auroit fallu,
Et bien plus rigoureux que je n'eusse voulu.
Vous pouvez bien penser quel parti je sus prendre :
Je fis ce que je pus pour vous pouvoir défendre,
Je vous excusai fort sur votre intention, 895
Et voulus de votre âme être la caution.
Mais vous savez qu'il est des choses dans la vie
Qu'on ne peut excuser, quoiqu'on en ait envie ;
Et je me vis contrainte à demeurer d'accord
Que l'air dont vous viviez[1] vous faisoit un peu tort, 900
Qu'il prenoit dans le monde une méchante face,
Qu'il n'est conte fâcheux que partout on n'en fasse,
Et que, si vous vouliez, tous vos déportements[2]
Pourroient moins donner prise aux mauvais jugements.
Non que j'y croie, au fond, l'honnêteté blessée : 905
Me préserve le Ciel d'en avoir la pensée !
Mais aux ombres du crime on prête aisément foi,

---

1. Dont vous vivez. (1674, 82, 1734.) — « Pour moi, dit Climène dans *la Critique de l'École des femmes* (tome III, p. 346 et 347),... je vis d'un air dans le monde à ne pas craindre d'être cherchée dans les peintures qu'on fait là. » Voyez ci-dessus, au vers 48, p. 446 et note 3.

2. *Déportements* s'est pris d'abord, comme ici, dans le sens général d'*actions*, de *conduite* : voyez le *Dictionnaire de M. Littré*.

ACTE III, SCÈNE IV.

Et ce n'est pas assez de bien vivre pour soi.
Madame, je vous crois l'âme trop raisonnable,
Pour ne pas prendre bien cet avis profitable, 910
Et pour l'attribuer qu'aux mouvements¹ secrets
D'un zèle qui m'attache à tous vos intérêts.

CÉLIMÈNE.

Madame, j'ai beaucoup de grâces à vous rendre :
Un tel avis m'oblige, et loin de le mal prendre,
J'en prétends reconnoître, à l'instant, la faveur, 915
Par un avis aussi qui touche votre honneur ;
Et comme je vous vois vous montrer mon amie
En m'apprenant les bruits que de moi l'on publie,
Je veux suivre, à mon tour, un exemple si doux,
En vous avertissant de ce qu'on dit de vous. 920
En un lieu, l'autre jour, où je faisois visite,
Je trouvai quelques gens d'un très-rare mérite,
Qui, parlant des vrais soins d'une âme qui vit bien,
Firent tomber sur vous, Madame, l'entretien.
Là, votre pruderie et vos éclats de zèle 925
Ne furent pas cités comme un fort bon modèle :
Cette affectation d'un grave extérieur,
Vos discours éternels de sagesse et d'honneur,
Vos mines et vos cris aux ombres d'indécence
Que d'un mot ambigu peut avoir l'innocence, 930
Cette hauteur d'estime où vous êtes de vous,
Et ces yeux de pitié que vous jetez sur tous,
Vos fréquentes leçons, et vos aigres censures
Sur des choses qui sont innocentes et pures,
Tout cela, si je puis vous parler franchement, 935

---

1. *Et pour l'attribuer à autre chose qu'aux mouvements*, comme l'explique Auger, redressant le commentaire de Bret. L'ellipse est la même que dans cette phrase de *l'Avare* (acte IV, scène 1) : « Je vous crois trop raisonnable pour vouloir exiger de moi que ce qui peut m'être permis par l'honneur et la bienséance »

Madame, fut blâmé d'un commun sentiment.
A quoi bon, disoient-ils, cette mine modeste,
Et ce sage dehors que dément tout le reste ?
Elle est à bien prier exacte au dernier point ;
Mais elle bat ses gens¹, et ne les paye point. 940
Dans tous les lieux dévots elle étale un grand zèle ;
Mais elle met du blanc et veut paroître belle.
Elle fait des tableaux couvrir les nudités ;
Mais elle a de l'amour pour les réalités.
Pour moi, contre chacun je pris votre défense, 945
Et leur assurai fort que c'étoit médisance ;
Mais tous les sentiments combattirent le mien ;
Et leur conclusion fut que vous feriez bien
De prendre moins de soin des actions des autres,
Et de vous mettre un peu plus en peine des vôtres ; 950
Qu'on doit se regarder soi-même un fort long temps,
Avant que de songer à condamner les gens ;
Qu'il faut mettre le poids d'une vie exemplaire
Dans les corrections qu'aux autres on veut faire ;
Et qu'encor vaut-il mieux s'en remettre, au besoin, 955
A ceux à qui le Ciel en a commis le soin.
Madame, je vous crois aussi trop raisonnable,
Pour ne pas prendre bien cet avis profitable,

---

1. La seconde duchesse d'Orléans nous apprend que de fort grandes dames se laissaient aller à ces violences. « Toutes les filles de Monsieur Gaston[a], dit-elle dans une lettre du 16 août 1721[b], avaient la main prompte et étaient fort disposées à battre leurs gens, hommes et femmes ; ce n'est pas sans exemple en France. La princesse d'Harcourt[c], sœur de la duchesse de Brancas, logeait au-dessus de moi à Versailles, et je l'entendais souvent battre ses domestiques ; parfois le bâton dont elle se servait lui échappait des mains et roulait par terre. » Un jour, une de ses femmes riposta, et « depuis, la princesse n'osa plus battre un seul de ses gens : cela divertit toute la cour. »

[a] Le duc d'Orléans, frère de Louis XIII, et père de Mademoiselle (Mademoiselle de Montpensier) et de trois autres filles.
[b] Voyez la *Correspondance.... de Madame, duchesse d'Orléans..., mère du Régent*, traduite par M. G. Brunet (1857), tome II, p. 337 et 338.
[c] Mariée en 1667 ; le prince était cousin germain du comte de Grignan.

ACTE III, SCÈNE IV.

Et pour l'attribuer qu'aux mouvements secrets
D'un zèle qui m'attache à tous vos intérêts.   960

ARSINOÉ.

A quoi qu'en reprenant on soit assujettie,
Je ne m'attendois pas à cette repartie,
Madame, et je vois bien, par ce qu'elle a d'aigreur,
Que mon sincère avis vous a blessée au cœur.

CÉLIMÈNE.

Au contraire, Madame; et si l'on étoit sage,   965
Ces avis mutuels seroient mis en usage:
On détruiroit par là, traitant de bonne foi[1],
Ce grand aveuglement où chacun est pour soi.
Il ne tiendra qu'à vous qu'avec le même zèle
Nous ne continuions cet office fidèle,   970
Et ne prenions grand soin de nous dire, entre nous,
Ce que nous entendrons, vous de moi, moi de vous.

ARSINOÉ.

Ah! Madame, de vous je ne puis rien entendre:
C'est en moi que l'on peut trouver fort à reprendre.

---

1. Dans de sincères entretiens. Traiter signifiait souvent alors, moins négocier, entrer en pourparler, que avoir des relations, avoir un entretien. « Affable à tous avec dignité, dit Bossuet dans l'Oraison funèbre de Madame[a], elle savoit estimer les uns sans fâcher les autres; et quoique le mérite fût distingué, la foiblesse ne se sentoit pas dédaignée. Quand quelqu'un traitoit avec elle, il sembloit qu'elle eût oublié son rang pour ne se soutenir que par sa raison. On ne s'apercevoit presque pas qu'on parlât à une personne si élevée. » On remarquera, dans le passage qui va être cité de l'Abrégé de l'histoire de Port-Royal par Racine[b], la traduction qu'une variante donne en quelque sorte du mot: « Comme il n'y eut jamais d'homme moins maître de lui quand il étoit une fois en colère (il s'agit d'Hardouin de Péréfixe), et que d'ailleurs il n'avoit pas cru devoir être beaucoup sur ses gardes en traitant avec de pauvres religieuses (autre rédaction: n'ayant affaire qu'à de pauvres religieuses) qui étoient à sa merci,... il lui étoit échappé, dans ces deux visites, beaucoup de paroles très-basses et très-peu convenables à la dignité d'un archevêque, et même très-puériles. »

[a] Au dernier alinéa, p. 46 de l'édition originale.
[b] Seconde partie, imprimée d'après l'autographe, tome IV des Œuvres de Racine, p. 557 et 558; la variante est donnée à la page 578.

CÉLIMÈNE.

Madame, on peut, je crois, louer et blâmer tout, 975
Et chacun a raison suivant l'âge ou le goût.
Il est une saison pour la galanterie;
Il en est une aussi propre à la pruderie.
On peut, par politique, en prendre le parti,
Quand de nos jeunes ans l'éclat est amorti : 980
Cela sert à couvrir de fâcheuses disgrâces.
Je ne dis pas qu'un jour je ne suive vos traces :
L'âge amènera tout, et ce n'est pas le temps,
Madame, comme on sait, d'être prude à vingt ans.

ARSINOÉ.

Certes, vous vous targuez d'un bien foible avantage, 985
Et vous faites sonner terriblement votre âge[1].
Ce que de plus que vous on en pourroit avoir
N'est pas un si grand cas[2] pour s'en tant prévaloir;
Et je ne sais pourquoi votre âme ainsi s'emporte,
Madame, à me pousser de cette étrange sorte. 990

CÉLIMÈNE.

Et moi, je ne sais pas, Madame, aussi pourquoi
On vous voit, en tous lieux, vous déchaîner sur moi.

---

1. Corneille avait dit dans *Rodogune* (1644, acte II, scène IV, vers 735) :

> Elle fait bien sonner ce grand amour de mère.

Dans la *fable* III du livre IV de la Fontaine, *la Mouche et la Fourmi*, qui parut deux ans après *le Misanthrope*, en 1668, *sonner* est employé sans adverbe (vers 35) :

> Est-ce un sujet pourquoi
> Vous fassiez sonner vos mérites?

2. N'est pas chose de telle importance. « Eh bien! est-ce un si grand cas? » (Larivey, *le Laquais*, acte I, scène 1re, dans l'*Ancien théâtre français* de Jannet, tome V, p. 13.)

> Ce n'est pas peu de cas de faire un long voyage.
> (Regnier, *épître* II.)
> C'est un grand cas
> Que toujours femme aux moines donne.
> (La Fontaine, *conte* II de la 2de partie,
> *les Frères de Catalogne*.)

Faut-il de vos chagrins, sans cesse, à moi vous prendre?
Et puis-je mais¹ des soins qu'on ne va pas vous rendre?
Si ma personne aux gens inspire de l'amour, 995
Et si l'on continue à m'offrir chaque jour
Des vœux que votre cœur peut souhaiter qu'on m'ôte,
Je n'y saurois que faire, et ce n'est pas ma faute :
Vous avez le champ libre, et je n'empêche pas
Que pour les attirer vous n'ayez des appas. 1000

ARSINOÉ.

Hélas! et croyez-vous que l'on se mette en peine
De ce nombre d'amants dont vous faites la vaine,
Et qu'il ne nous soit pas fort aisé de juger
A quel prix aujourd'hui l'on peut les engager?
Pensez-vous faire croire, à voir comme tout roule, 1005
Que votre seul mérite attire cette foule?
Qu'ils ne brûlent pour vous que d'un honnête amour,
Et que pour vos vertus ils vous font tous la cour?
On ne s'aveugle point² par de vaines défaites,
Le monde n'est point dupe; et j'en vois qui sont faites
A pouvoir inspirer de tendres sentiments,
Qui chez elles pourtant ne fixent point d'amants;
Et de là nous pouvons tirer des conséquences, [ces,
Qu'on n'acquiert point leurs cœurs sans de grandes avan-
Qu'aucun pour nos beaux yeux n'est notre soupirant,
Et qu'il faut acheter tous les soins qu'on nous rend.
Ne vous enflez donc point d'une si grande gloire³
Pour les petits brillants⁴ d'une foible victoire ;
Et corrigez un peu l'orgueil de vos appas,

---

1. Au vers 1536 du *Dépit amoureux* (tome I, p. 505), où la locution *pouvoir mais* est complétée par une proposition précédée de *si*, elle n'est pas non plus accompagnée de la particule *en*.

2. On ne se laisse point aveugler, tromper.

3. D'un si grand orgueil : voyez au vers 1518.

4. Pour l'emploi de ce mot de *brillants*, équivalent d'*éclat*, comparez le vers 85 de *la Princesse d'Élide* et le vers 127 du *Tartuffe* (tome IV, p. 146 et p. 405).

De traiter pour cela les gens de haut en bas. 1020
Si nos yeux envioient les conquêtes des vôtres,
Je pense qu'on pourroit faire comme les autres,
Ne se point ménager, et vous faire bien voir
Que l'on a des amants quand on en veut avoir.

CÉLIMÈNE.

Ayez-en donc, Madame, et voyons cette affaire : 1025
Par ce rare secret efforcez-vous de plaire;
Et sans....

ARSINOÉ.

Brisons, Madame, un pareil entretien :
Il pousseroit trop loin votre esprit et le mien[1];
Et j'aurois pris déjà le congé qu'il faut prendre,
Si mon carrosse encor ne m'obligeoit d'attendre. 1030

CÉLIMÈNE.

Autant qu'il vous plaira vous pouvez arrêter[2],
Madame, et là-dessus rien ne doit vous hâter;
Mais, sans vous fatiguer de ma cérémonie,
Je m'en vais vous donner meilleure compagnie;
Et Monsieur, qu'à propos le hasard fait venir, 1035
Remplira mieux ma place à vous entretenir.
Alceste, il faut[3] que j'aille écrire un mot a lettre,
Que, sans me faire tort, je ne saurois remettre.
Soyez avec Madame : elle aura la bonté
D'excuser aisément[4] mon incivilité. 1040

---

1. Ces deux derniers vers ont été rapprochés des vers 1074 et 1075 de *Dom Garcie de Navarre*, tome II, p. 290.

2. *Arrêter* a déjà été employé avec le sens de *demeurer, rester*, dans le vers 798 de *l'Étourdi* (tome I, p. 158); comparez l'emploi qui en est fait dans le vers 495 des *Fâcheux* (tome III, p. 71), et voyez les exemples cités par M. Littré à l'article ARRÊTER, *verbe neutre*.

3.
SCÈNE VI.
ALCESTE, CÉLIMÈNE, ARSINOÉ.
CÉLIMÈNE.
Alceste, il faut. (1734.)

4. Et cela lui sera aisé.

SCÈNE V[1].

ALCESTE, ARSINOÉ.

ARSINOÉ.

Vous voyez, elle veut que je vous entretienne,
Attendant un moment que mon carrosse vienne ;
Et jamais tous ses soins ne pouvoient m'offrir rien
Qui me fût plus charmant qu'un pareil entretien.
En vérité, les gens d'un mérite sublime 1045
Entraînent de chacun et l'amour et l'estime ;
Et le vôtre, sans doute, a des charmes secrets
Qui font entrer mon cœur dans tous vos intérêts.
Je voudrois que la cour, par un regard propice,
A ce que vous valez rendît plus de justice : 1050
Vous avez à vous plaindre, et je suis en courroux,
Quand je vois chaque jour qu'on ne fait rien pour vous.

ALCESTE.

Moi, Madame ! Et sur quoi pourrois-je en rien prétendre ?
Quel service à l'État est-ce qu'on m'a vu rendre ?
Qu'ai-je fait, s'il vous plaît, de si brillant de soi, 1055
Pour me plaindre à la cour qu'on ne fait rien pour moi ?

ARSINOÉ.

Tous ceux sur qui la cour jette des yeux propices,
N'ont pas toujours rendu de ces fameux services.
Il faut l'occasion, ainsi que le pouvoir ;
Et le mérite enfin que vous nous faites voir 1060
Devroit....

ALCESTE.

Mon Dieu ! laissons mon mérite, de grâce ;
De quoi voulez-vous là que la cour s'embarrasse ?

---

1. SCÈNE VII. (1734.)

Elle auroit fort à faire, et ses soins seroient grands
D'avoir à déterrer le mérite des gens.
ARSINOÉ.
Un mérite éclatant se déterre lui-même : 1065
Du vôtre, en bien des lieux, on fait un cas extrême ;
Et vous saurez de moi qu'en deux fort bons endroits
Vous fûtes hier loué par des gens d'un grand poids.
ALCESTE.
Eh! Madame, l'on loue aujourd'hui tout le monde,
Et le siècle par là n'a rien qu'on ne confonde[1] : 1070
Tout est d'un grand mérite également doué,
Ce n'est plus un honneur que de se voir loué ;
D'éloges on regorge, à la tête on les jette,
Et mon valet de chambre est mis dans la Gazette.
ARSINOÉ.
Pour moi, je voudrois bien que, pour vous montrer mieux,
Une charge à la cour vous pût frapper les yeux.
Pour peu que d'y songer vous nous fassiez les mines[2],
On peut pour vous servir remuer des machines,
Et j'ai des gens en main que j'emploierai pour vous,
Qui vous feront à tout un chemin assez doux. 1080
ALCESTE.
Et que voudriez-vous, Madame, que j'y fisse?
L'humeur dont je me sens veut que je m'en bannisse.

---

1. N'a rien, n'a aucun mérite que par là on puisse distinguer, qu'on puisse reconnaître au seul éloge qui en est fait ; n'a rien qui ne soit confondu dans ce pêle-mêle de l'éloge.

2. Pour peu que vous nous donniez quelques signes de ce désir d'obtenir une charge. M. Littré, bien à propos, rapproche de ce vers la phrase suivante de Mme de Sévigné[a], où *vous m'en faites la mine* doit certainement s'expliquer par *vous me faites la mine de m'accuser* : « Où le petit (*son jeune petit-fils*) a-t-il pris cette timidité? j'ai peur que vous ne m'en accusiez ; il me semble que vous m'en faites la mine. » Reste au compte de Molière le pluriel *les mines*, qu'il a cru permis à la langue des vers.

[a] Lettre à Mme de Grignan, du 8 avril 1676, tome IV, p. 399.

ACTE III, SCÈNE V.

Le Ciel ne m'a point fait, en me donnant le jour,
Une âme compatible avec l'air de la cour;
Je ne me trouve point les vertus nécessaires   1085
Pour y bien réussir et faire mes affaires.
Être franc et sincère est mon plus grand talent;
Je ne sais point jouer les hommes en parlant;
Et qui n'a pas le don de cacher ce qu'il pense
Doit faire en ce pays fort peu de résidence[1].   1090
Hors de la cour, sans doute, on n'a pas cet appui,
Et ces titres d'honneur qu'elle donne aujourd'hui;
Mais on n'a pas aussi, perdant ces avantages,
Le chagrin de jouer de fort sots personnages :
On n'a point à souffrir mille rebuts cruels,   1095
On n'a point à louer les vers de Messieurs tels,
A donner de l'encens à Madame une telle,
Et de nos francs marquis essuyer la cervelle[2].

ARSINOÉ.

Laissons, puisqu'il vous plaît, ce chapitre de cour;

1. « Un homme qui sait la cour est maître de son geste, de ses yeux et de son visage; il est profond, impénétrable; il dissimule les mauvais offices, sourit à ses ennemis, contraint son humeur, déguise ses passions, dément son cœur, parle, agit contre ses sentiments : tout ce grand raffinement n'est qu'un vice, que l'on appelle fausseté.... » (La Bruyère, *de la Cour*, n° 2, 1688, tome I, p. 298.) — Fléchier, dans l'*Oraison funèbre* de Montausier (1690, p. 12-14 de l'édition originale), venu au temps de son entrée à la cour, parle en ces termes de l'attitude qu'il y prit : « On lui dit mille fois que la franchise n'étoit pas une vertu de la cour; que la vérité n'y faisoit que des ennemis; qu'il falloit, pour y réussir, savoir selon les temps, ou déguiser ses passions, ou flatter celles des autres; qu'il y avoit un art innocent de séparer les pensées d'avec les paroles, et que la probité pouvoit souffrir ces complaisances mutuelles, qui étant devenues volontaires, ne blessent presque plus la bonne foi, et maintiennent la paix et la politesse du monde. Ces conseils lui parurent lâches.... Ce commerce continuel de mensonges ingénieux pour se tromper, injurieux pour se nuire, officieux pour se corrompre, cette hypocrisie universelle..., tout cet esprit de dissimulation et d'imposture ne convint pas à sa vertu.... Il fit connoître à ses amis qu'il alloit à l'armée faire sa cour par des services effectifs,... qu'il lui coûtoit moins d'exposer sa vie que de dissimuler ses sentiments, et qu'il n'achèteroit jamais ni de faveur ni de fortune aux dépens de sa probité. »

2. La cervelle légère, leur extravagance d'écervelés.

Mais il faut que mon cœur vous plaigne en votre amour ;
Et pour vous découvrir là-dessus mes pensées,
Je souhaiterois fort vos ardeurs mieux placées.
Vous méritez, sans doute, un sort beaucoup plus doux,
Et celle qui vous charme est indigne de vous.

ALCESTE.

Mais, en disant cela, songez-vous, je vous prie, 1105
Que cette personne est, Madame, votre amie?

ARSINOÉ.

Oui ; mais ma conscience est blessée en effet
De souffrir plus longtemps le tort que l'on vous fait ;
L'état où je vous vois afflige trop mon âme,
Et je vous donne avis qu'on trahit votre flamme. 1110

ALCESTE.

C'est me montrer, Madame, un tendre mouvement,
Et de pareils avis obligent un amant!

ARSINOÉ.

Oui, toute mon amie[1], elle est et je la nomme
Indigne d'asservir le cœur d'un galant homme ;
Et le sien n'a pour vous que de feintes douceurs. 1115

ALCESTE.

Cela se peut, Madame : on ne voit pas les cœurs ;
Mais votre charité se seroit bien passée[2]
De jeter dans le mien une telle pensée.

ARSINOÉ.

Si vous ne voulez pas être désabusé,

---

1. Toute mon amie qu'elle est.

    Toute ingrate, inhumaine, inflexible, chrétienne,
  Madame, elle est mon choix, et sa gloire est la mienne.
        (Corneille, *Théodore*, vers 999 et 1000, tome V, p. 60.)
Comparez ci-dessus le vers 390.

2. Eût bien pu s'abstenir, se dispenser.

    L'Ours boucha sa narine :
  Il se fût bien passé de faire cette mine.
        (La Fontaine, *fable* VII du livre VII, *la Cour du Lion*, vers 16 et 17.)

Il faut ne vous rien dire, il est assez aisé. 1120
ALCESTE.
Non; mais sur ce sujet quoi que l'on nous expose,
Les doutes sont fâcheux plus que toute autre chose;
Et je voudrois, pour moi, qu'on ne me fît savoir
Que ce qu'avec clarté l'on peut me faire voir.
ARSINOÉ.
Hé bien! c'est assez dit; et sur cette matière 1125
Vous allez recevoir une pleine lumière.
Oui, je veux que de tout[1] vos yeux vous fassent foi :
Donnez-moi seulement la main jusque chez moi;
Là je vous ferai voir une preuve fidèle
De l'infidélité du cœur de votre belle[2]; 1130
Et si pour d'autres yeux le vôtre peut brûler,
On pourra vous offrir de quoi vous consoler.

---

1. Du tout. (1682, 97, 1710, 18, 30, 33.)
2. Comme le rappelle Auger, Molière met ici dans la bouche de la prude Arsinoé une antithèse qui se trouve dans une des premières pièces de Malherbe, dans la 1re strophe des *Larmes de saint Pierre*, strophe non imitée du poëme original de Luigi Tansillo[a] :

> Ce n'est pas dans mes vers qu'une amante abusée
> . . . .
> Fait de tous les assauts que la rage peut faire
> Une fidèle preuve à l'infidélité.

Voltaire[b], pour un « abus de mots » semblable, a rapproché ce dernier vers du vers 1147 de *Cinna* (acte IV, scène II) :

> Rends un sang infidèle à l'infidélité.

[a] Tome I du *Malherbe*, p. 4, vers 6.
[b] *Commentaires sur Corneille*, tome XXXV des *Œuvres*, p. 252.

FIN DU TROISIÈME ACTE.

ACTE IV.

SCÈNE PREMIÈRE.

ÉLIANTE, PHILINTE.

PHILINTE.

Non, l'on n'a point vu d'âme à manier si dure,
Ni d'accommodement plus pénible à conclure :
En vain de tous côtés on l'a voulu tourner, 1135
Hors de son sentiment on n'a pu l'entraîner ;
Et jamais différend si bizarre, je pense,
N'avoit de ces Messieurs[1] occupé la prudence.
« Non, Messieurs, disoit-il, je ne me dédis point,
Et tomberai d'accord de tout, hors de ce point. 1140
De quoi s'offense-t-il ? et que veut-il me dire ?
Y va-t-il de sa gloire à ne pas bien écrire ?
Que lui fait mon avis, qu'il a pris de travers ?
On peut être honnête homme et faire mal des vers :
Ce n'est point à l'honneur que touchent ces matières ;
Je le tiens galant homme en toutes les manières,
Homme de qualité, de mérite et de cœur,
Tout ce qu'il vous plaira, mais fort méchant auteur.
Je louerai, si l'on veut, son train et sa dépense,
Son adresse à cheval, aux armes, à la danse ; 1150
Mais pour louer ses vers, je suis son serviteur[2] ;

1. Molière suppose que le tribunal des maréchaux s'était assemblé pour mettre fin à ce piquant démêlé. Voyez ci-dessus, la note sur le vers 752.
2. Voyez les vers de Boileau qui ont été rapprochés de ceux-ci dans la *Notice*, ci-dessus, p. 392.

ACTE IV, SCÈNE I.

Et lorsque d'en mieux faire on n'a pas le bonheur,
On ne doit de rimer avoir aucune envie,
Qu'on n'y soit condamné sur peine de la vie¹. »
Enfin toute la grâce et l'accommodement   1155
Où s'est, avec effort, plié son sentiment,
C'est de dire, croyant adoucir bien son style² :
« Monsieur, je suis fâché d'être si difficile,
Et pour l'amour de vous, je voudrois, de bon cœur,
Avoir trouvé tantôt votre sonnet meilleur. »   1160
Et dans une embrassade, on leur a, pour conclure,.
Fait vite envelopper toute la procédure.

ÉLIANTE.

Dans ses façons d'agir, il est fort singulier;
Mais j'en fais, je l'avoue, un cas particulier,
Et la sincérité dont son âme se pique   1165
A quelque chose, en soi, de noble et d'héroïque.
C'est une vertu rare au siècle d'aujourd'hui,
Et je la voudrois voir partout comme chez lui.

PHILINTE.

Pour moi, plus je le vois, plus surtout je m'étonne
De cette passion où son cœur s'abandonne :   1170
De l'humeur dont le Ciel a voulu le former,
Je ne sais pas comment il s'avise d'aimer;
Et je sais moins encor comment votre cousine

---

1. Racan, dans sa *Vie de Malherbe* (tome I du *Malherbe*, p. LXXIII), raconte l'anecdote suivante : « Un homme de robe longue, de condition, lui apporta des vers assez mal polis, qu'il avoit faits à la louange d'une dame, et lui dit, avant que de les lui montrer, que des considérations l'avoient obligé à faire ces vers. M. de Malherbe les lut avec mépris, et lui demanda, après qu'il eut achevé, s'il avoit été condamné à être pendu ou à faire ces vers-là, parce que, à moins de cela, il ne devoit point exposer sa réputation en produisant des ouvrages si ridicules. » Voyez une lettre de Racan à Chapelain (lettre XI, tome I, p. 344, de l'édition de Racan donnée par MM. de Latour), où est aussi rapporté le mot de Malherbe, et comparez ci-dessus, au vers 372, la citation de Balzac.

2. Adoucir mieux son style. (1734.)

LE MISANTHROPE.

Peut être la personne où son penchant l'incline.

ÉLIANTE.

Cela fait assez voir que l'amour, dans les cœurs, 1175
N'est pas toujours produit par un rapport d'humeurs ;
Et toutes ces raisons de douces sympathies
Dans cet exemple-ci se trouvent démenties[1].

PHILINTE.

Mais croyez-vous qu'on l'aime, aux choses qu'on peut voir ?

ÉLIANTE.

C'est un point qu'il n'est pas fort aisé de savoir. 1180
Comment pouvoir juger s'il est vrai qu'elle l'aime ?
Son cœur de ce qu'il sent n'est pas bien sûr lui-même ;
Il aime quelquefois sans qu'il le sache bien,
Et croit aimer aussi parfois qu'il n'en est rien.

---

1. Il est plusieurs fois parlé de ces *rapports* dans les comédies et les tragédies de Corneille[a]. *Le Ciel*, dit Isabelle à son père dans *l'Illusion*[b],

.... Attache ici-bas avec des sympathies
Les âmes que son ordre a là-haut assorties.

Mais les spectateurs devaient avoir surtout présents les passages que rappellent Auger et Aimé-Martin, et que nous allons citer : quelques vers de *Rodogune*, et un couplet plus célèbre encore de *la Suite du Menteur*, que Corneille lui-même nous apprend avoir « tellement plu, que beaucoup de gens d'esprit n'ont pas craint d'en charger leur mémoire[c]. »

Il est des nœuds secrets, il est des sympathies
Dont par le doux rapport les âmes assorties
S'attachent l'une à l'autre....

(*Rodogune*, 1644, acte I, scène v, vers 359-362, tome IV, p. 444.)

Quand les ordres du Ciel nous ont faits l'un pour l'autre,
Lyse, c'est un accord bientôt fait que le nôtre :
Sa main entre les cœurs, par un secret pouvoir,
Sème l'intelligence avant que de se voir....

(*La Suite du Menteur*, 1643, acte IV, scène I, tome IV, même page 353 où nous venons de renvoyer, à la note *c*, et où tout le couplet est à lire, du vers 1221 au vers 1234.)

[a] Voyez la *Notice* de *la Comédie des Tuileries*, dans le tome II de l'édition de M. Marty-Laveaux, p. 308 et 309.
[b] Acte III, scène 1re, vers 645 et 646, tome II, p. 468 ; la pièce est de 1636.
[c] Voyez tome IV du *Corneille*, p. 353, note 4. Voyez aussi le curieux passage, cité par Aimé-Martin, où Mademoiselle de Montpensier parle de ce même couplet, tome IV de ses *Mémoires*, p. 93 et 94.

####### PHILINTE.

Je crois que notre ami, près de cette cousine, 1185
Trouvera des chagrins plus qu'il ne s'imagine;
Et s'il avoit mon cœur, à dire vérité,
Il tourneroit ses vœux tout d'un autre côté,
Et par un choix plus juste, on le verroit, Madame,
Profiter des bontés que lui montre votre âme. 1190

####### ÉLIANTE.

Pour moi, je n'en fais point de façons, et je croi
Qu'on doit, sur de tels points, être de bonne foi :
Je ne m'oppose point à toute sa tendresse;
Au contraire, mon cœur pour elle s'intéresse;
Et si c'étoit qu'à moi la chose pût tenir[1], 1195
Moi-même à ce qu'il aime on me verroit l'unir.
Mais si dans un tel choix, comme tout se peut faire,
Son amour éprouvoit quelque destin contraire,
S'il falloit que d'un autre[2] on couronnât les feux,
Je pourrois me résoudre à recevoir ses vœux; 1200
Et le refus souffert, en pareille occurrence,
Ne m'y feroit trouver aucune répugnance[3].

####### PHILINTE.

Et moi, de mon côté, je ne m'oppose pas,
Madame, à ces bontés qu'ont pour lui vos appas;
Et lui-même, s'il veut, il peut bien vous instruire 1205
De ce que là-dessus j'ai pris soin de lui dire.
Mais si, par un hymen qui les joindroit eux deux,
Vous étiez hors d'état de recevoir ses vœux,
Tous les miens tenteroient la faveur éclatante
Qu'avec tant de bonté votre âme lui présente : 1210

---

1. Et s'il se trouvait qu'à moi....
2. Que d'une autre. (1734, mais non 1773.)
3. Et, en de telles circonstances, ce n'est pas le refus essuyé ailleurs par celui qui m'adresserait ses vœux, qui me ferait trouver aucune répugnance à les recevoir.

Heureux si, quand son cœur s'y pourra dérober,
Elle pouvoit sur moi, Madame, retomber.

ÉLIANTE.

Vous vous divertissez, Philinte.

PHILINTE.

Non, Madame,
Et je vous parle ici du meilleur de mon âme.
J'attends l'occasion de m'offrir hautement, 1215
Et de tous mes souhaits j'en presse le moment.

SCÈNE II.

ALCESTE, ÉLIANTE, PHILINTE.

ALCESTE[1].

Ah! faites-moi raison, Madame, d'une offense
Qui vient de triompher de toute ma constance.

ÉLIANTE.

Qu'est-ce donc? Qu'avez-vous qui vous puisse émouvoir[2]?

ALCESTE.

J'ai ce que sans mourir je ne puis concevoir; 1220
Et le déchaînement de toute la nature
Ne m'accableroit pas comme cette aventure.
C'en est fait.... Mon amour.... Je ne saurois parler.

ÉLIANTE.

Que votre esprit un peu tâche à se rappeler.

---

1. ALCESTE, *bas.* (1682, 92, 97, 1710, 30, 33.)
2. La ressemblance de cette scène et de la suivante avec trois scènes de *Dom Garcie de Navarre* (joué en 1661), mais aussi une différence essentielle ont été signalées dans la *Notice*, ci-dessus, p. 383 et 384. Ce vers 1219 en particulier et les onze suivants (1220-1230) ont été empruntés à la scène VII de l'acte IV de *Dom Garcie* : voyez tome II, p. 299, vers 1230-1241, et la note 1, où ont été cités, pour y faire remarquer quelques légères modifications, les vers mêmes du *Misanthrope* qui donnent lieu à ce renvoi.

ALCESTE.

O juste Ciel! faut-il qu'on joigne à tant de grâces 1225
Les vices odieux des âmes les plus basses?

ÉLIANTE.

Mais encor qui vous peut....?

ALCESTE.

Ah! tout est ruiné;
Je suis, je suis trahi, je suis assassiné :
Célimène.... Eût-on pu croire cette nouvelle ?
Célimène me trompe et n'est qu'une infidèle. 1230

ÉLIANTE.

Avez-vous, pour le croire, un juste fondement ?

PHILINTE.

Peut-être est-ce un soupçon conçu légèrement,
Et votre esprit jaloux prend parfois des chimères....[1]

ALCESTE.

Ah, morbleu! mêlez-vous, Monsieur, de vos affaires.[2]
C'est de sa trahison n'être que trop certain, 1235
Que l'avoir, dans ma poche, écrite de sa main.
Oui, Madame, une lettre écrite pour Oronte
A produit à mes yeux ma disgrâce et sa honte :
Oronte, dont j'ai cru qu'elle fuyoit les soins,
Et que de mes rivaux je redoutois le moins. 1240

PHILINTE.

Une lettre peut bien tromper par l'apparence,
Et n'est pas quelquefois si coupable qu'on pense.

ALCESTE.

Monsieur, encore un coup, laissez-moi, s'il vous plaît,
Et ne prenez souci que de votre intérêt.

ÉLIANTE.

Vous devez modérer vos transports, et l'outrage.... 1245

---

1. Voyez la fin de la scène VII de l'acte IV de *Dom Garcie*, à partir du vers 1142, tome II, p. 300 et 301, et la note 1 de la page 300.
2. *A Éliante.* (1734.)

ALCESTE.

Madame, c'est à vous qu'appartient cet ouvrage;
C'est à vous que mon cœur a recours aujourd'hui
Pour pouvoir s'affranchir de son cuisant ennui.
Vengez-moi d'une ingrate et perfide parente,
Qui trahit lâchement une ardeur si constante ;   1250
Vengez-moi de ce trait qui doit vous faire horreur.

ÉLIANTE.

Moi, vous venger ! Comment ?

ALCESTE.

En recevant mon cœur.
Acceptez-le, Madame, au lieu de l'infidèle :
C'est par là que je puis prendre vengeance d'elle ;
Et je la veux punir par les sincères vœux,   1255
Par le profond amour, les soins respectueux,
Les devoirs empressés et l'assidu service
Dont ce cœur va vous faire un ardent sacrifice.

ÉLIANTE.

Je compatis, sans doute, à ce que vous souffrez,
Et ne méprise point le cœur que vous m'offrez ;   1260
Mais peut-être le mal n'est pas si grand qu'on pense,
Et vous pourrez quitter¹ ce désir de vengeance.
Lorsque l'injure part d'un objet plein d'appas,
On fait force desseins qu'on n'exécute pas :
On a beau voir, pour rompre, une raison puissante,   1265
Une coupable aimée est bientôt innocente ;
Tout le mal qu'on lui veut se dissipe aisément,
Et l'on sait ce que c'est qu'un courroux d'un amant².

ALCESTE.

Non, non, Madame, non : l'offense est trop mortelle,
Il n'est point de retour, et je romps avec elle ;   1270

---

1. Et vous pouvez quitter. (1734.)
2. *In amore semper mendax iracundia est.* (Publius Syrus.)
« En amour le courroux est toujours menteur. »

ACTE IV, SCÈNE II.

Rien ne sauroit changer le dessein que j'en fais,
Et je me punirois de l'estimer jamais.
La voici. Mon courroux redouble à cette approche¹ ;
Je vais de sa noirceur lui faire un vif reproche,
Pleinement la confondre, et vous porter après 1275
Un cœur tout dégagé de ses trompeurs attraits.

SCÈNE III.

CÉLIMÈNE, ALCESTE.

ALCESTE.

O Ciel! de mes transports puis-je être ici le maître?
CÉLIMÈNE.
Ouais! Quel est donc² le trouble où je vous vois paraître³?
Et que me veulent dire et ces soupirs poussés,
Et ces sombres regards que sur moi vous lancez? 1280
ALCESTE.
Que toutes les horreurs dont une âme est capable
A vos déloyautés n'ont rien de comparable ;
Que le sort, les démons, et le Ciel en courroux
N'ont jamais rien produit de si méchant que vous⁴.
CÉLIMÈNE.
Voilà certainement des douceurs que j'admire. 1285
ALCESTE.
Ah! ne plaisantez point, il n'est pas temps de rire⁵ :

1. Comparez le vers 1255 de *Dom Garcie de Navarre*, tome II, p. 301.
2.   ALCESTE, *à part.*
    O Ciel! etc.
            CÉLIMÈNE, *à part.*
    Ouais! *à Alceste.* Quel est donc. (1734.)
3. Voyez ci-dessus, p. 459, la note du vers 282.
4. Ces quatre derniers vers se trouvaient déjà dans *Dom Garcie de Navarre* (acte IV, scène VIII, vers 1260-1263, tome II, p. 301).
5. Sauf le premier vers, tout ce couplet (vers 1287-1314) avait été mis

Rougissez bien plutôt, vous en avez raison ;
Et j'ai de sûrs témoins[1] de votre trahison.
Voilà ce que marquoient les troubles de mon âme :
Ce n'étoit pas en vain que s'alarmoit ma flamme ;   1290
Par ces fréquents soupçons, qu'on trouvoit odieux,
Je cherchois le malheur qu'ont rencontré mes yeux ;
Et malgré tous vos soins et votre adresse à feindre,
Mon astre me disoit ce que j'avois à craindre[2].
Mais ne présumez pas que, sans être vengé,   1295
Je souffre le dépit de me voir outragé.
Je sais que sur les vœux on n'a point de puissance,
Que l'amour veut partout naître sans dépendance,
Que jamais par la force on n'entra dans un cœur,
Et que toute âme est libre à nommer son vainqueur.   1300
Aussi ne trouverois-je aucun sujet de plainte,
Si pour moi votre bouche avoit parlé sans feinte ;
Et, rejetant mes vœux[3] dès le premier abord,
Mon cœur n'auroit eu droit de s'en prendre qu'au sort.
Mais d'un aveu trompeur voir ma flamme applaudie, 1305
C'est une trahison, c'est une perfidie,
Qui ne sauroit trouver de trop grands châtiments,
Et je puis tout permettre à mes ressentiments.

dans la bouche de Dom Garcie (acte IV, même scène VIII, vers 1274-1301) :
voyez tome II, p. 302 et 303 ; les vers changés, et ceux où se rencontrent
quelques différences de détail, sont signalés là (ainsi qu'aux autres endroits
auxquels nous aurons encore à renvoyer) par les rapprochements qui ont été
faits, en note, des vers du *Misanthrope*.

1. *Témoins*, témoignages, preuves, sans doute, comme plus loin aux vers 1635
et 1679 : voyez le *Dictionnaire de M. Littré*, à TÉMOIN, 1°, et le *Lexique de la
langue de Corneille*.

2. Voyez, à la scène indiquée de *Dom Garcie de Navarre*, tome II, p. 302,
la note 4, et comparez particulièrement ces vers (1227-1229, scène VII, p. 299)
de Dom Garcie :

.... Quand par des soupçons je me sentois troubler,
C'étoit, c'étoit le Ciel dont la sourde menace
Présageoit à mon cœur cette horrible disgrâce.

3. Et, si elle eût rejeté mes vœux.

Oui, oui, redoutez tout après un tel outrage;
Je ne suis plus à moi, je suis tout à la rage : 1310
Percé du coup mortel dont vous m'assassinez,
Mes sens par la raison ne sont plus gouvernés,
Je cède aux mouvements d'une juste colère,
Et je ne réponds pas de ce que je puis faire.

CÉLIMÈNE.

D'où vient donc, je vous prie, un tel emportement[1]? 1315
Avez-vous, dites-moi, perdu le jugement?

ALCESTE.

Oui, oui, je l'ai perdu, lorsque dans votre vue
J'ai pris, pour mon malheur, le poison qui me tue,
Et que j'ai cru trouver quelque sincérité
Dans les traîtres appas dont je fus enchanté. 1320

CÉLIMÈNE.

De quelle trahison pouvez-vous donc vous plaindre?

ALCESTE.

Ah! que ce cœur est double et sait bien l'art de feindre!
Mais pour le mettre à bout, j'ai des moyens tous prêts[2] :
Jetez ici les yeux, et connoissez vos traits[3];
Ce billet découvert suffit pour vous confondre, 1325
Et contre ce témoin on n'a rien à répondre.

CÉLIMÈNE.

Voilà donc le sujet qui vous trouble l'esprit?

ALCESTE.

Vous ne rougissez pas en voyant cet écrit?

CÉLIMÈNE.

Et par quelle raison faut-il que j'en rougisse?

ALCESTE.

Quoi? vous joignez ici l'audace à l'artifice? 1330

---

1. Voyez, tome II, p. 264-266, à la scène v de l'acte II de *Dom Garcie de Navarre*, les vers 550-567, qui répondent à celui-ci et aux dix-sept suivants.
2. Des moyens tout prêts. (1675 A, 84 A, 94 B, 97, 1710, 18, 30, 33, 34.)
3. Votre écriture : il y a un même emploi du mot ci-après, au vers 1687.

Le désavouerez-vous, pour n'avoir point de seing?
CÉLIMÈNE.
Pourquoi désavouer un billet de ma main?
ALCESTE.
Et vous pouvez le voir sans demeurer confuse
Du crime dont vers moi[1] son style vous accuse?
CÉLIMÈNE.
Vous êtes, sans mentir, un grand extravagant. 1335
ALCESTE.
Quoi? vous bravez ainsi ce témoin convaincant?
Et ce qu'il m'a fait voir de douceur pour Oronte
N'a donc rien qui m'outrage, et qui vous fasse honte?
CÉLIMÈNE.
Oronte! Qui vous dit que la lettre est pour lui?
ALCESTE.
Les gens qui dans mes mains l'ont remise aujourd'hui.
Mais je veux consentir qu'elle soit pour un autre[2] :
Mon cœur en a-t-il moins à se plaindre du vôtre?
En serez-vous vers moi moins coupable en effet?
CÉLIMÈNE.
Mais si c'est une femme à qui va ce billet,
En quoi vous blesse-t-il? et qu'a-t-il de coupable? 1345
ALCESTE.
Ah! le détour est bon, et l'excuse admirable.
Je ne m'attendois pas, je l'avoue, à ce trait,
Et me voilà, par là, convaincu tout à fait.
Osez-vous recourir à ces ruses grossières?
Et croyez-vous les gens si privés de lumières? 1350
Voyons, voyons un peu par quel biais, de quel air[3],

---

1. Comparez, pour cet emploi de la préposition *vers*, le vers 1343, et voyez tome IV, p. 525, note 4. Un peu plus loin (au vers 1386), et au vers 1742, la même relation est indiquée par *envers*.

2. Pour une autre. (1682, 92, 1730, 33; faute évidente.)

3. Voyez ci-dessus, au vers 48; mais ici la locution se rapproche peut-être d'une autre, plus énergique : *de quel front?*

ACTE IV, SCÈNE III.

Vous voulez soutenir un mensonge si clair,
Et comment vous pourrez tourner pour une femme
Tous les mots d'un billet qui montre tant de flamme?
Ajustez, pour couvrir un manquement de foi, 1355
Ce que je m'en vais lire....

CÉLIMÈNE.

Il ne me plaît pas, moi[1].
Je vous trouve plaisant d'user d'un tel empire,
Et de me dire au nez ce que vous m'osez dire.

ALCESTE.

Non, non : sans s'emporter, prenez un peu souci
De me justifier les termes que voici. 1360

CÉLIMÈNE.

Non, je n'en veux rien faire; et dans cette occurrence,
Tout ce que vous croirez m'est de peu d'importance.

ALCESTE.

De grâce, montrez-moi, je serai satisfait,
Qu'on peut pour une femme expliquer ce billet.

CÉLIMÈNE.

Non, il est pour Oronte, et je veux qu'on le croie[2]; 1365
Je reçois tous ses soins avec beaucoup de joie;
J'admire ce qu'il dit, j'estime ce qu'il est,
Et je tombe d'accord de tout ce qu'il vous plaît.
Faites, prenez parti, que rien ne vous arrête,
Et ne me rompez pas davantage la tête. 1370

ALCESTE[3].

Ciel! rien de plus cruel peut-il être inventé?
Et jamais cœur fut-il de la sorte traité[4]?

---

1. Sur ce *moi*, ainsi construit, voyez tome IV, p. 437, note 2.
2. Voyez un mouvement semblable dans la scène v de l'acte II de *Dom Garcie de Navarre*, vers 574 et 575 (tome II, p. 266).
3. ALCESTE, *à part*. (1734.)
4. On peut rapprocher de cette exclamation d'Alceste les deux premiers vers d'un couplet de Dom Garcie, d'où Molière a encore transporté dans celui-ci, et presque sans changement, les vers 1381-1384 qu'on va lire. Voyez,

Quoi? d'un juste courroux je suis ému contre elle,
C'est moi qui me viens plaindre, et c'est moi qu'on que-
On pousse ma douleur et mes soupçons à bout, [relle!
On me laisse tout croire, on fait gloire de tout ;
Et cependant mon cœur est encore assez lâche
Pour ne pouvoir briser la chaîne qui l'attache,
Et pour ne pas s'armer d'un généreux mépris
Contre l'ingrat objet dont il est trop épris![1] 1380
Ah! que vous savez bien ici, contre moi-même,
Perfide, vous servir de ma foiblesse extrême,
Et ménager pour vous l'excès prodigieux
De ce fatal amour né de vos traîtres yeux[2]!
Défendez-vous au moins d'un crime qui m'accable,
Et cessez d'affecter d'être envers moi coupable ;
Rendez-moi, s'il se peut, ce billet innocent :
A vous prêter les mains[3] ma tendresse consent ;
Efforcez-vous ici de paroître fidèle,
Et je m'efforcerai, moi, de vous croire telle. 1390

CÉLIMÈNE.

Allez, vous êtes fou, dans vos transports jaloux,
Et ne méritez pas l'amour qu'on a pour vous.
Je voudrois bien savoir qui pourroit me contraindre
A descendre pour vous aux bassesses de feindre,
Et pourquoi, si mon cœur penchoit d'autre côté, 1395
Je ne le dirois pas avec sincérité.
Quoi? de mes sentiments l'obligeante assurance
Contre tous vos soupçons ne prend pas ma défense?
Auprès d'un tel garant, sont-ils de quelque poids?

à l'acte IV, scène VIII, de *Dom Garcie de Navarre*, les vers 1390 et 1391,
1396-1399 (tome II, p. 306 et 307).

1. *A Célimène.* (1734.)

2. Sur les quatre derniers vers (1381-1384), voyez la note 4 de la page précédente.

3. L'emploi qui est fait ici de *prêter les mains* est fort analogue à celui de *donner les mains*, qui se trouve au vers 1761.

… N'est-ce pas m'outrager que d'écouter leur voix?[1] 1400
Et puisque notre cœur fait un effort extrême
Lorsqu'il peut se résoudre à confesser qu'il aime,
Puisque l'honneur du sexe, ennemi de nos feux,
S'oppose fortement à de pareils aveux,
L'amant qui voit pour lui franchir un tel obstacle 1405
Doit-il impunément douter de cet oracle?
Et n'est-il pas coupable en ne s'assurant pas
A ce qu'on ne dit point qu'après de grands combats[2]?
Allez, de tels soupçons méritent ma colère,
Et vous ne valez pas que l'on vous considère: 1410
Je suis sotte, et veux mal à ma simplicité
De conserver encor pour vous quelque bonté[3];
Je devrois autre part attacher mon estime,
Et vous faire un sujet de plainte légitime.

ALCESTE.

Ah! traîtresse, mon foible est étrange pour vous! 1415
Vous me trompez sans doute avec des mots si doux;
Mais il n'importe, il faut suivre ma destinée:
A votre foi mon âme est toute abandonnée;
Je veux voir, jusqu'au bout, quel sera votre cœur,
Et si de me trahir il aura la noirceur. 1420

---

1. Les huit vers qui suivent se lisent, avec quelques variantes, dans la 1re scène de l'acte III de *Dom Garcie de Navarre*, tome II, p. 279 et 280, vers 804-811.

2. Auger préfère à la construction de ces deux derniers vers celle des vers correspondants de *Dom Garcie de Navarre*:

.... Alors qu'il ne croit pas
Ce qu'on ne dit jamais qu'après de grands combats.

Au reste, l'expression de *s'assurer à* est aussi dans *Dom Garcie de Navarre*, au vers 1223:

Faut-il que je m'assure au rapport de mes yeux?

3. .... Je me veux mal d'une telle foiblesse,

dit aussi Done Elvire à Dom Garcie (acte II, scène VI, tome II, p. 274, vers 729).

CÉLIMÈNE.

Non, vous ne m'aimez point comme il faut que l'on aime[1].

ALCESTE.

Ah! rien n'est comparable à mon amour extrême;
Et dans l'ardeur qu'il a de se montrer à tous,
Il va jusqu'à former des souhaits contre vous[2].
Oui, je voudrois qu'aucun ne vous trouvât aimable,   1425
Que vous fussiez réduite en un sort misérable,
Que le Ciel, en naissant[3], ne vous eût donné rien,
Que vous n'eussiez ni rang, ni naissance, ni bien,
Afin que de mon cœur l'éclatant sacrifice
Vous pût d'un pareil sort réparer l'injustice[4],   1430
Et que j'eusse la joie et la gloire, en ce jour,
De vous voir tenir tout des mains de mon amour.

CÉLIMÈNE.

C'est me vouloir du bien d'une étrange manière!
Me préserve le Ciel que vous ayez matière...!
Voici Monsieur Du Bois, plaisamment figuré[5].   1435

1. Comparez le vers 248 de *Dom Garcie de Navarre* (acte Ier, scène III, tome II, p. 248).

2. L'idée et quelques-unes des expressions de ce couplet se trouvent dans la scène III de l'acte Ier de *Dom Garcie de Navarre* (vers 217-226, tome II, p. 247).

3. A votre naissance; tour fort ordinaire chez les écrivains de ce temps.

4. Molière avait dit d'abord, dans *Dom Garcie de-Navarre* (vers 224):

Pût du Ciel envers vous réparer l'injustice.

Plus loin, dans la même pièce, il a dit :

D'un injuste ombrage
Votre raison saura me réparer l'outrage.

Voyez tome II, p. 249, vers 255 et 256, et la note 1.

5. Sous une plaisante figure.

SCÈNE IV.

DU BOIS, CÉLIMÈNE, ALCESTE[1].

ALCESTE.
Que veut cet équipage[2], et cet air effaré ?
Qu'as-tu ?

DU BOIS.
Monsieur....

ALCESTE.
Hé bien ?

DU BOIS.
Voici bien des mystères.

ALCESTE.
Qu'est-ce ?

DU BOIS.
Nous sommes mal, Monsieur, dans nos affaires.

ALCESTE.
Quoi ?

---

1. CÉLIMÈNE, ALCESTE, DUBOIS. (1734.)
2. Cet équipage de courrier : voyez ci-dessus, p. 442, note 3. — « Cet acte est un peu sérieux ; Molière l'a terminé habilement par cette petite scène, d'un comique parfait, qui nous repose et nous laisse sous l'impression qui doit dominer dans toute comédie. » (*Note de M. Despois.*) Comme l'a aussi noté M. Despois, c'est bien probablement une bonne scène de Quinault, quoique assez chargée de bouffonneries et de lazzis, que Molière a eu l'idée de refaire ici de sa main : dans la scène VII de l'acte II de *l'Amant indiscret* ou *le Maître étourdi*, qui est de 1654, et fut imprimé dix ans après[a], un personnage, Carpalin, jouant un rôle de faux messager, retarde par toutes sortes d'explications l'annonce de la nouvelle essentielle qui l'amène, et après avoir feint longtemps de chercher une lettre qu'il est censé apporter, s'écrie tout à coup :

Monsieur, assurément, je l'aurai laissé choir,
Tirant dans le bateau ma bourse et mon mouchoir.

[a] Voyez *les Contemporains de Molière* de M. Victor Fournel ; la scène y est donnée au tome Ier, p. 25-27.

DU BOIS.

Parlerai-je haut?

ALCESTE.

Oui, parle, et promptement.

DU BOIS.

N'est-il point là quelqu'un...?

ALCESTE.

Ah! que d'amusement[1]!
Veux-tu parler?

DU BOIS.

Monsieur, il faut faire retraite.

ALCESTE.

Comment?

DU BOIS.

Il faut d'ici déloger sans trompette.

ALCESTE.

Et pourquoi?

DU BOIS.

Je vous dis qu'il faut quitter ce lieu.

ALCESTE.

La cause?

DU BOIS.

Il faut partir, Monsieur, sans dire adieu.

ALCESTE.

Mais par quelle raison me tiens-tu ce langage? 1445

DU BOIS.

Par la raison, Monsieur, qu'il faut plier bagage.

ALCESTE.

Ah! je te casserai la tête assurément,
Si tu ne veux, maraud, t'expliquer autrement.

DU BOIS.

Monsieur, un homme noir et d'habit et de mine

---

1. Que de retard! *amusement* a ce sens encore ci-après, au vers 1642, et au vers 1848 du *Tartuffe* (tome IV, p. 520).

ACTE IV, SCÈNE IV.

Est venu nous laisser, jusque dans la cuisine, 1450
Un papier griffonné d'une telle façon,
Qu'il faudroit, pour le lire, être pis que démon[1].
C'est de votre procès, je n'en fais aucun doute;
Mais le diable d'enfer, je crois, n'y verroit goutte.

ALCESTE.

Hé bien? quoi? ce papier, qu'a-t-il à démêler, 1455
Traître, avec le départ dont tu viens me parler?

DU BOIS.

C'est pour vous dire ici, Monsieur, qu'une heure ensuite,
Un homme qui souvent vous vient rendre visite
Est venu vous chercher avec empressement,
Et ne vous trouvant pas, m'a chargé doucement, 1460
Sachant que je vous sers avec beaucoup de zèle,
De vous dire.... Attendez, comme est-ce qu'il s'appelle?

ALCESTE.

Laisse là son nom, traître, et dis ce qu'il t'a dit.

DU BOIS.

C'est un de vos amis enfin, cela suffit.
Il m'a dit que d'ici votre péril vous chasse, 1465
Et que d'être arrêté le sort vous y menace.

ALCESTE.

Mais quoi? n'a-t-il voulu te rien spécifier?

DU BOIS.

Non : il m'a demandé de l'encre et du papier,
Et vous a fait un mot, où vous pourrez, je pense,
Du fond de ce mystère avoir la connoissance. 1470

ALCESTE.

Donne-le donc.

CÉLIMÈNE.

Que peut envelopper ceci?

---

1. Être pis qu'un démon. (1682, 1734.) — *Pis*, quelque chose de pis, comme dans *l'Impromptu de Versailles* (tome III, p. 392) : « La prose est pis encore que les vers. »

ALCESTE.

Je ne sais ; mais j'aspire à m'en voir éclairci.
Auras-tu bientôt fait, impertinent au diable[1] ?

DU BOIS, après l'avoir longtemps cherché[2].

Ma foi ! je l'ai, Monsieur, laissé sur votre table.

ALCESTE.

Je ne sais qui me tient....

CÉLIMÈNE.

Ne vous emportez pas, 1475
Et courez démêler un pareil embarras.

ALCESTE.

Il semble que le sort, quelque soin que je prenne,
Ait juré d'empêcher que je vous entretienne ;
Mais pour en triompher, souffrez[3] à mon amour
De vous revoir, Madame, avant la fin du jour. 1480

1. Voyez ci-dessus, au vers 334, p. 464, note 2.
2. *Après avoir longtemps cherché le billet.* (1734.)
3. Permettez.

.... Vos desirs lui seront complaisants,
Jusques.... à lui souffrir....
De courir tous les bals et les lieux d'assemblée ?

(*L'École des maris*, acte I, scène II, vers 221-224, tome II, p. 371 et 372.)

Voyez au tome II du *Lexique de la langue de Corneille*, p. 346, plusieurs exemples analogues.

FIN DU QUATRIÈME ACTE.

ACTE V.

SCÈNE PREMIÈRE.
ALCESTE, PHILINTE.

ALCESTE.
La résolution en est prise, vous dis-je.
PHILINTE.
Mais, quel que soit ce coup, faut-il qu'il vous oblige...?
ALCESTE.
Non : vous avez beau faire et beau me raisonner,
Rien de ce que je dis ne me peut détourner :
Trop de perversité règne au siècle où nous sommes,
Et je veux me tirer du commerce des hommes.
Quoi? contre ma partie on voit tout à la fois
L'honneur, la probité, la pudeur, et les lois;
On publie en tous lieux l'équité de ma cause;
Sur la foi de mon droit mon âme se repose : 1490
Cependant je me vois trompé par le succès[1];
J'ai pour moi la justice, et je perds mon procès!
Un traître, dont on sait la scandaleuse histoire,
Est sorti triomphant d'une fausseté noire!
Toute la bonne foi cède à sa trahison! 1495
Il trouve, en m'égorgeant, moyen d'avoir raison!
Le poids de sa grimace, où brille l'artifice,
Renverse le bon droit, et tourne[2] la justice!

---

1. Par l'événement. Voyez ci-dessus, au vers 195.
2. *Tourne*, dans le sens de *fait plier, fausse, tourne à son gré.*

Il fait par un arrêt couronner son forfait !
Et non content encor du tort que l'on me fait[1],　　1500
Il court parmi le monde un livre abominable,
Et de qui la lecture est même condamnable,
Un livre à mériter la dernière rigueur,
Dont le fourbe a le front de me faire l'auteur[2] !
Et là-dessus, on voit Oronte qui murmure,　　1505
Et tâche méchamment d'appuyer l'imposture !
Lui, qui d'un honnête homme à la cour tient le rang,
A qui je n'ai rien fait qu'être sincère et franc,
Qui me vient, malgré moi, d'une ardeur empressée,
Sur des vers qu'il a faits demander ma pensée ;　　1510
Et parce que j'en use avec honnêteté,
Et ne le veux trahir, lui ni la vérité,
Il aide à m'accabler d'un crime imaginaire !
Le voilà devenu mon plus grand adversaire !
Et jamais de son cœur je n'aurai de pardon,　　1515
Pour n'avoir pas trouvé que son sonnet fût bon !
Et les hommes, morbleu ! sont faits de cette sorte !
C'est à ces actions que la gloire[3] les porte !
Voilà la bonne foi, le zèle vertueux,
La justice et l'honneur que l'on trouve chez eux !　　1520

---

1. La construction de la phrase va être changée brusquement, par véhémence, mais *non content* ne semble pas être (cependant Génin le dit) une sorte d'adverbe, d'équivalent de *nonobstant;* il se rapporte bien à *fourbe,* qui vient au vers 1504, et c'est ce mot qu'il y faut rattacher, malgré l'interruption, comme le vrai sujet.

2. « Les hypocrites, dit Grimarest (p. 186 et 187 de *la Vie de Molière,* 1705), avoient été tellement irrités par *le Tartuffe,* que l'on fit courir dans Paris un livre terrible que l'on mettoit sur le compte de Molière, pour le perdre. C'est à cette occasion qu'il mit dans *le Misanthrope* les vers suivants :

. . . .
Il court parmi le monde un livre abominable.... »

Aucun autre témoignage n'a confirmé celui de Grimarest.

3. L'orgueil, la vanité : le mot *gloire* a la même signification plus haut, au vers 1017.

Allons, c'est trop souffrir les chagrins qu'on nous forge :
Tirons-nous de ce bois et de ce coupe-gorge.
Puisque entre humains ainsi vous vivez en vrais loups,
Traîtres, vous ne m'aurez de ma vie avec vous.

PHILINTE.

Je trouve un peu bien prompt le dessein où vous êtes,
Et tout le mal n'est pas si grand que vous le faites :
Ce que votre partie ose vous imputer
N'a point eu le crédit de vous faire arrêter ;
On voit son faux rapport lui-même se détruire,
Et c'est une action qui pourroit bien lui nuire.   1530

ALCESTE.

Lui? De semblables tours il ne craint point l'éclat ;
Il a permission d'être franc scélérat ;
Et loin qu'à son crédit nuise cette aventure,
On l'en verra demain en meilleure posture.

PHILINTE.

Enfin il est constant qu'on n'a point trop donné   1535
Au bruit¹ que contre vous sa malice a tourné :
De ce côté déjà vous n'avez rien à craindre ;
Et pour votre procès², dont vous pouvez vous plaindre,
Il vous est en justice aisé d'y revenir,
Et contre cet arrêt....

ALCESTE.

Non : je veux m'y tenir.   1540
Quelque sensible tort qu'un tel arrêt me fasse,
Je me garderai bien de vouloir qu'on le casse :
On y voit trop à plein³ le bon droit maltraité,
Et je veux qu'il demeure à la postérité

---

1. On n'a pas donné dans ce mensonge, on ne s'est pas laissé aller à le croire. La première scène a deux exemples (aux vers 59 et 220) de *donner dans....* avec le sens de *se jeter* ou *tomber dans...*, *se laisser prendre par....*

2. Notre procès. (1682 ; faute évidente, qui n'est pas reproduite dans les éditions suivantes.)

3. Voyez au vers 125.

Comme une marque insigne, un fameux témoignage
De la méchanceté des hommes de notre âge.
Ce sont vingt mille francs qu'il m'en pourra coûter;
Mais, pour vingt mille francs, j'aurai droit de pester
Contre l'iniquité de la nature humaine,
Et de nourrir pour elle une immortelle haine. 1550

PHILINTE.

Mais enfin....

ALCESTE.

Mais enfin, vos soins sont superflus :
Que pouvez-vous, Monsieur, me dire là-dessus?
Aurez-vous bien le front de me vouloir en face
Excuser les horreurs de tout ce qui se passe ?

PHILINTE.

Non : je tombe d'accord de tout ce qu'il vous plaît :
Tout marche par cabale et par pur intérêt;
Ce n'est plus que la ruse aujourd'hui qui l'emporte,
Et les hommes devroient être faits d'autre sorte.
Mais est-ce une raison que leur peu d'équité
Pour vouloir se tirer de leur société [1]? 1560
Tous ces défauts humains nous donnent dans la vie
Des moyens d'exercer notre philosophie [2] :

---

1. En somme, l'idéal de Philinte, ce serait le personnage de la Bruyère (chapitre *de l'Homme*, n° 28, 1688, tome II, p. 22) : « Il peut haïr les hommes en général, où il y a si peu de vertu; mais il excuse les particuliers. » La sévérité pour l'espèce est la raison de son indulgence pour les individus. (*Note de M. Despois.*)

2. Ceci rappelait à M. Despois le passage suivant du traité *de la Tranquillité de l'âme* de Sénèque (chapitre VII) : « .... Ce siècle de Caton.... produisit bien des hommes dignes de naître au temps de Caton, et aussi beaucoup d'autres, les plus méchants qu'on eût jamais vus, les plus grands artisans de crimes. Il fallait en effet beaucoup d'hommes de l'une et de l'autre sorte, pour que Caton pût être bien compris : il devait rencontrer et des gens de bien pour mériter leur approbation, et des méchants pour éprouver sa vertu. » (Traduction de M. Élias Regnault.) *Plerosque* (Catoniana ætas) *dignos tulit qui Catonis sæculo nascerentur, sicut multos pejores quam unquam alias, maximorumque molitores scelerum. Utraque enim turba opus erat, ut Cato

C'est le plus bel emploi que trouve la vertu ;
Et si de probité tout étoit revêtu,
Si tous les cœurs étoient francs, justes et dociles, 1565
La plupart des vertus nous seroient inutiles,
Puisqu'on en met l'usage à pouvoir sans ennui
Supporter, dans nos droits, l'injustice d'autrui ;
Et de même qu'un cœur d'une vertu profonde....

ALCESTE.

Je sais que vous parlez, Monsieur, le mieux du monde ;
En beaux raisonnements vous abondez toujours ;
Mais vous perdez le temps et tous vos beaux discours.
La raison, pour mon bien, veut que je me retire :
Je n'ai point sur ma langue un assez grand empire ;
De ce que je dirois je ne répondrois pas, 1575
Et je me jetterois cent choses sur les bras.
Laissez-moi, sans dispute, attendre Célimène :
Il faut qu'elle consente au dessein qui m'amène ;
Je vais voir si son cœur a de l'amour pour moi,
Et c'est ce moment-ci qui doit m'en faire foi. 1580

PHILINTE.

Montons chez Éliante, attendant sa venue.

ALCESTE.

Non : de trop de souci je me sens l'âme émue.
Allez-vous-en la voir, et me laissez enfin
Dans ce petit coin sombre, avec mon noir chagrin.

PHILINTE.

C'est une compagnie étrange pour attendre, 1585
Et je vais obliger Éliante à descendre.

posset intelligi : habere debuit et bonos, quibus se approbaret, et malos, in quibus vim suam experiretur.

SCÈNE II.

ORONTE, CÉLIMÈNE, ALCESTE[1].

ORONTE.

Oui, c'est à vous de voir si par des nœuds si doux,
Madame, vous voulez m'attacher tout à vous.
Il me faut de votre âme une pleine assurance :
Un amant là-dessus n'aime point qu'on balance.
Si l'ardeur de mes feux a pu vous émouvoir,
Vous ne devez point feindre à me le faire voir[2] ;
Et la preuve, après tout, que je vous en demande,
C'est de ne plus souffrir qu'Alceste vous prétende[3],
De le sacrifier, Madame, à mon amour,
Et de chez vous enfin le bannir dès ce jour.

CÉLIMÈNE.

Mais quel sujet si grand contre lui vous irrite,
Vous à qui j'ai tant vu parler de son mérite?

ORONTE.

Madame, il ne faut point ces éclaircissements;
Il s'agit de savoir quels sont vos sentiments.
Choisissez, s'il vous plaît, de garder l'un ou l'autre :
Ma résolution n'attend rien que la vôtre.

---

1. CÉLIMÈNE, ORONTE, ALCESTE. (1734.)

2. *Feindre*, hésiter. Ailleurs, dans la prose de *la Princesse d'Élide* (tome IV, p. 200), et dans *Dom Juan* (ci-dessus, p. 151), *feindre*, pris dans ce sens, est construit avec *de* ; il l'est avec *à*, comme ici, dans *l'Avare* (acte Ier, scène IV) : « Nous feignions à vous aborder. »

3. *Prétendre* est employé de même dans le vers 140 de *Dom Garcie de Navarre* (tome II, p. 243) :

> S'il ne purge ses feux de leurs transports jaloux,...
> C'est inutilement qu'il prétend Done Elvire.

ALCESTE, *sortant du coin où il s'étoit retiré*[1].

Oui, Monsieur a raison : Madame, il faut choisir,
Et sa demande ici s'accorde à mon desir.
Pareille ardeur me presse, et même soin m'amène;
Mon amour veut du vôtre une marque certaine,
Les choses ne sont plus pour traîner en longueur,
Et voici le moment d'expliquer votre cœur.

ORONTE.

Je ne veux point, Monsieur, d'une flamme importune
Troubler aucunement votre bonne fortune.   1610

ALCESTE.

Je ne veux point, Monsieur, jaloux ou non jaloux,
Partager de son cœur rien du tout avec vous.

ORONTE.

Si votre amour au mien lui semble préférable....

ALCESTE.

Si du moindre penchant elle est pour vous capable....

ORONTE.

Je jure de n'y rien prétendre désormais.   1615

ALCESTE.

Je jure hautement de ne la voir jamais.

ORONTE.

Madame, c'est à vous de parler sans contrainte.

ALCESTE.

Madame, vous pouvez vous expliquer sans crainte.

ORONTE.

Vous n'avez qu'à nous dire où s'attachent vos vœux.

ALCESTE.

Vous n'avez qu'à trancher, et choisir de nous deux.

ORONTE.

Quoi? sur un pareil choix vous semblez être en peine!

---

1. *Sortant du coin où il étoit.* (1734.)

ALCESTE.

Quoi? votre âme balance et paroît incertaine!

CÉLIMÈNE.

Mon Dieu! que cette instance[1] est là hors de saison,
Et que vous témoignez, tous deux, peu de raison!
Je sais prendre parti sur cette préférence, 1625
Et ce n'est pas mon cœur maintenant qui balance :
Il n'est point suspendu, sans doute, entre vous deux,
Et rien n'est si tôt fait que le choix de nos vœux.
Mais je souffre, à vrai dire, une gêne trop forte
A prononcer en face un aveu de la sorte : 1630
Je trouve que ces mots qui sont désobligeants
Ne se doivent point dire en présence des gens;
Qu'un cœur de son penchant donne assez de lumière,
Sans qu'on nous fasse aller jusqu'à rompre en visière;
Et qu'il suffit enfin que de plus doux témoins[2] 1635
Instruisent un amant du malheur de ses soins.

ORONTE.

Non, non, un franc aveu n'a rien que j'appréhende :
J'y consens pour ma part.

ALCESTE.

Et moi, je le demande :
C'est son éclat surtout qu'ici j'ose exiger,
Et je ne prétends point vous voir rien ménager. 1640
Conserver tout le monde est votre grande étude;
Mais plus d'amusement[3], et plus d'incertitude :
Il faut vous expliquer nettement là-dessus,
Ou bien pour un arrêt je prends votre refus;
Je saurai, de ma part, expliquer ce silence, 1645
Et me tiendrai pour dit tout le mal que j'en pense.

---

1. *Instance*, demande instante, insistance, comme au vers 1433 du *Tartuffe* (tome IV, p. 494).
2. Voyez au vers 1288.
3. Plus de délai, de remise : voyez ci-dessus, au vers 1440.

ORONTE.

Je vous sais fort bon gré, Monsieur, de ce courroux,
Et je lui dis ici même chose que vous.

CÉLIMÈNE.

Que vous me fatiguez avec un tel caprice !
Ce que vous demandez a-t-il de la justice ? 1650
Et ne vous dis-je pas quel motif me retient ?
J'en vais prendre pour juge Éliante qui vient.

SCÈNE III.

ELIANTE, PHILINTE, CÉLIMÈNE, ORONTE, ALCESTE.

CÉLIMÈNE.

Je me vois, ma cousine, ici persécutée
Par des gens dont l'humeur y paroît concertée.
Ils veulent l'un et l'autre, avec même chaleur, 1655
Que je prononce entre eux le choix que fait mon cœur,
Et que, par un arrêt qu'en face il me faut rendre,
Je défende à l'un d'eux tous les soins qu'il peut prendre.
Dites-moi si jamais cela se fait ainsi.

ÉLIANTE.

N'allez point là-dessus me consulter ici : 1660
Peut-être y pourriez-vous être mal adressée,
Et je suis pour les gens qui disent leur pensée.

ORONTE.

Madame, c'est en vain que vous vous défendez.

ALCESTE.

Tous vos détours ici seront mal secondés.

ORONTE.

Il faut, il faut parler, et lâcher la balance. 1665

ALCESTE.
Il ne faut que poursuivre à garder le silence.
ORONTE.
Je ne veux qu'un seul mot pour finir nos débats.
ALCESTE.
Et moi, je vous entends si vous ne parlez pas.

SCÈNE DERNIÈRE.

ACASTE, CLITANDRE, ARSINOÉ, PHILINTE, ÉLIANTE, ORONTE, CÉLIMÈNE, ALCESTE.

ACASTE[1].
Madame, nous venons tous deux, sans vous déplaire,
Éclaircir avec vous une petite affaire.   1670
CLITANDRE[2].
Fort à propos, Messieurs, vous vous trouvez ici,
Et vous êtes mêlés dans cette affaire aussi.
ARSINOÉ[3].
Madame, vous serez surprise de ma vue;
Mais ce sont ces Messieurs qui causent ma venue :
Tous deux ils m'ont trouvée, et se sont plaints à moi
D'un trait à qui mon cœur ne sauroit prêter foi.
J'ai du fond de votre âme une trop haute estime,
Pour vous croire jamais capable d'un tel crime :
Mes yeux ont démenti leurs témoins[4] les plus forts;
Et l'amitié passant sur de petits discords,   1680

1.   SCÈNE IV.
ARSINOÉ, CÉLIMÈNE, ÉLIANTE, ALCESTE, PHILINTE, ACASTE, CLITANDRE, ORONTE.
ACASTE, à Célimène. (1734.)
2. CLITANDRE, à Oronte et à Alceste. (Ibidem.)
3. ARSINOÉ, à Célimène. (Ibidem.)
4. Les témoins qu'ils interrogeaient et qui les ont instruits, les preuves qu'ils voyaient, qui leur étaient montrées.

ACTE V, SCÈNE DERNIÈRE. 543

J'ai bien voulu chez vous leur faire compagnie,
Pour vous voir vous laver de cette calomnie.

ACASTE.

Oui, Madame, voyons, d'un esprit adouci,
Comment vous vous prendrez à soutenir ceci[1].
Cette lettre par vous est écrite à Clitandre ? 1685

CLITANDRE.

Vous avez pour Acaste écrit ce billet tendre[2] ?

ACASTE[3].

Messieurs, ces traits pour vous n'ont point d'obscurité,
Et je ne doute pas que sa civilité
A connoître sa main n'ait trop su vous instruire ;
Mais ceci vaut assez la peine de le lire. 1690

Vous êtes un étrange homme de[4] *condamner mon enjouement, et de me reprocher que je n'ai jamais tant de joie que lorsque je ne suis pas avec vous. Il n'y a rien de plus injuste ; et si vous ne venez bien vite me demander pardon de cette offense, je ne vous la pardonnerai*[5] *de ma vie. Notre grand flandrin de Vicomte....*

Il devroit être ici.

Notre grand flandrin de Vicomte, par qui vous commencez vos plaintes, est un homme qui ne sauroit me revenir ; et depuis que je l'ai vu, trois quarts d'heure durant, cracher dans un puits pour faire des ronds[6]*, je n'ai*

1. De cet exemple de *se prendre à*, avec un infinitif pour régime, Génin a rapproché celui-ci, où le régime est un nom : « Elle se prend d'un air le plus charmant du monde aux choses qu'elle fait. » (*L'Avare*, acte I, scène II.)
2. L'édition de 1734, ici et au vers précédent, a remplacé les points d'interrogation par de simples points.
3. ACASTE, *à Oronte et à Alceste*. (1734.)
4. Vous êtes un étrange homme, Clitandre, de. (1682, 1734.)
5. Je ne vous le pardonnerai. (1682, 97, 1710, 18, 30, 33, 34.)
6. Molière, dit Grimarest (1705, p. 189), « ne voulut point ôter du *Misanthrope* ce *grand flandrin qui crachoit dans un puits pour faire des ronds*, que Madame défunte (*la première Madame*) lui avoit dit de supprimer, lorsqu'il eut l'honneur de lire sa pièce à cette princesse. Elle regardoit cet endroit

pu jamais prendre bonne opinion de lui. Pour le petit Marquis....

C'est moi-même, Messieurs, sans nulle vanité.

Pour le petit Marquis, qui me tint hier longtemps la main[1], *je trouve qu'il n'y a rien de si mince que toute sa personne; et ce sont de ces mérites qui n'ont que la cape et l'épée*[2]. *Pour l'homme aux rubans verts*[3]....[4]

A vous le dé[5], Monsieur.

Pour l'homme aux rubans verts, il me divertit quelquefois avec ses brusqueries et son chagrin bourru[6]; *mais il est cent moments où je le trouve le plus fâcheux du monde. Et pour l'homme à la veste....*

Voici votre paquet.

Et pour l'homme à la veste[7], *qui s'est jeté dans le bel*

comme un trait indigne d'un si bon ouvrage; mais Molière avoit son original, il vouloit le mettre sur le théâtre. » Voilà encore une anecdote qui n'a d'autre garant que Grimarest.

1. Qui ayant trouvé l'occasion de me mener, put me donner longtemps la main. On l'a vu plus haut, lorsque Alceste, à la fin de l'acte III, accompagne Arsinoé chez elle, c'est, d'après le vers 1128, en lui donnant la main.

2. De ces mérites les plus légers du monde, par allusion aux officiers sans fortune, dont on disait qu'ils n'avaient que la cape et l'épée; nous n'avons pas rencontré d'autre exemple de cette locution prise de la sorte au figuré.

3. Il a été dit ci-dessus, p. 398 de la *Notice*, dans une description authentique, citée au second alinéa, que Molière, pour son costume d'Alceste, avait choisi une garniture de ruban vert. Le vert semble avoir été la couleur favorite de Molière : voyez les *Recherches* de M. Eud. Soulié, p. 85, 86, et 87, 88.

4. *A Alceste.* (1734.)

5. *Votre tour est venu*, par une métaphore empruntée aux jeux où le cornet, le dé passe de main en main.

6. *Bourru*, fantasque, bizarre : voyez au vers 627 du *Tartuffe*, tome IV, p. 441, note 1.

7. *Et pour l'homme au sonnet....*
Voici votre paquet.
Et pour l'homme au sonnet. (1682, 1734 : devant *Voici votre paquet*, l'édition de 1734 a ajouté : *A Oronte.*) — Cette désignation : *l'homme au sonnet*, était faite pour être plus vite comprise de tous les spectateurs ; la lettre de Céli-

ACTE V, SCÈNE DERNIÈRE. 545

esprit et veut être auteur malgré tout le monde, je ne puis me donner la peine d'écouter ce qu'il dit; et sa prose me fatigue autant que ses vers. Mettez-vous donc en tête que je ne me divertis pas toujours si bien que vous pensez; que je vous trouve à dire[1] *plus que je ne voudrois, dans toutes les parties où l'on m'entraîne; et que c'est un merveilleux assaisonnement aux plaisirs qu'on goûte que la présence des gens qu'on aime.*

CLITANDRE.

Me voici maintenant moi.

Votre Clitandre dont vous me parlez, et qui fait tant le doucereux, est le dernier des hommes pour qui j'aurois de l'amitié. Il est extravagant de se persuader qu'on l'aime; et vous l'êtes de croire qu'on ne vous aime pas. Changez, pour être raisonnable, vos sentiments contre les siens; et voyez-moi le plus que vous pourrez, pour m'aider à porter le chagrin d'en être obsédée.

D'un fort beau caractère on voit là le modèle,
Madame, et vous savez comment cela s'appelle[2]?

---

mène est sans doute antérieure à la scène, à l'affaire du sonnet; mais Philis est bien probablement Célimène elle-même, et on peut bien croire qu'Alceste n'avait pas reçu la première confidence du poëte amateur. — Sur la leçon primitive, Auger fait l'observation suivante : « Il est présumable qu'à l'époque où parut le *Misanthrope*, on commençait à porter la veste sous l'habit ou justaucorps, au lieu du pourpoint sous le manteau,... et sans doute Oronte se distinguait des autres personnages par cette veste, qui n'était encore qu'une mode peu suivie. » Il faut plutôt supposer que Célimène raillait Oronte sur quelque légère exagération de la mode nouvelle, car on voit, par l'inventaire déjà cité, qu'Alceste aussi portait la veste.

1. Expression qui appuie moins que *vous me manquez, je vous souhaite*, mais qui fait entendre la même chose : voyez ci-dessus, p. 88 et note 3; le *Lexique de la langue de Corneille*, tome I, p. 304 et 305; et, dans le *Dictionnaire de M. Littré*, à l'article Dire, le n° 13 et les exemples du seizième siècle.

2. Il y a un simple point, au lieu d'un point d'interrogation, dans les éditions de 1674, 1682.

Il suffit : nous allons l'un et l'autre en tous lieux
Montrer de votre cœur le portrait[1] glorieux.
ACASTE.
J'aurois de quoi vous dire, et belle est la matière ;   1695
Mais je ne vous tiens pas digne de ma colère ;
Et je vous ferai voir que les petits marquis
Ont, pour se consoler, des cœurs du plus haut prix[2].
ORONTE.
Quoi? de cette façon je vois qu'on me déchire,
Après tout ce qu'à moi je vous ai vu m'écrire !   1700
Et votre cœur, paré de beaux semblants d'amour,
A tout le genre humain se promet tour à tour !
Allez, j'étois trop dupe, et je vais ne plus l'être.
Vous me faites un bien, me faisant vous connoître[3] :
J'y profite d'un cœur[4] qu'ainsi vous me rendez,   1705
Et trouve ma vengeance en ce que vous perdez.
(A Alceste.)
Monsieur, je ne fais plus d'obstacle à votre flamme,
Et vous pouvez conclure affaire avec Madame.
ARSINOÉ[5].
Certes, voilà le trait du monde le plus noir ;
Je ne m'en saurois taire, et me sens émouvoir.   1710
Voit-on des procédés qui soient pareils aux vôtres ?

---

1. L'image, ces lignes où il s'est peint.
2. De plus haut prix. (1682, 1734.) — L'édition de 1734, qui coupe en cinq cette dernière scène, commence ici la

SCÈNE V.
CÉLIMÈNE, ÉLIANTE, ARSINOÉ, ALCESTE, ORONTE, PHILINTE. (1734.)

3. Dans l'édition originale *connestre*, pour rimer avec *estre* ; dans celles de 1674 et de 1682, *connêtre*.
4. J'y reprends, j'y gagne un cœur.
5. <center>SCÈNE VI.</center>
CÉLIMÈNE, ÉLIANTE, ARSINOÉ, ALCESTE, PHILINTE.
ARSINOÉ, à Célimène. (1734.)

Je ne prends point de part aux intérêts des autres;[1]
Mais Monsieur, que chez vous fixoit votre bonheur,
Un homme comme lui, de mérite et d'honneur,
Et qui vous chérissoit avec idolâtrie,
Devoit-il...?

ALCESTE.

Laissez-moi, Madame, je vous prie,
Vuider mes intérêts moi-même là-dessus,
Et ne vous chargez point de ces soins superflus.
Mon cœur a beau vous voir prendre ici sa querelle[2],
Il n'est point en état de payer ce grand zèle;
Et ce n'est pas à vous que je pourrai songer,
Si par un autre choix je cherche à me venger.

ARSINOÉ.

Hé! croyez-vous, Monsieur, qu'on ait cette pensée,
Et que de vous avoir on soit tant empressée?
Je vous trouve un esprit bien plein de vanité,
Si de cette créance il peut s'être flatté.
Le rebut de Madame est une marchandise
Dont on auroit grand tort d'être si fort éprise.
Détrompez-vous, de grâce, et portez-le moins haut[3] :
Ce ne sont pas des gens comme moi qu'il vous faut;
Vous ferez bien encor de soupirer pour elle,
Et je brûle de voir une union si belle.

(Elle se retire[4].)

---

1. *Montrant Alceste.* (1734.)
2. Plaindre ici sa querelle. (1674.)
3. *Le porter haut*, se montrer fier, hautain. L'expression est dans *le Cid* (acte II, scène I, vers 352) :

    Mon sang un peu trop chaud
 S'est trop ému d'un mot, et l'a porté trop haut.

Génin l'explique avec vraisemblance par porter haut le chef, la tête; Tallemant des Réaux l'a plaisamment ramenée à ce sens originaire (tome VI, p. 87) : « D'Orgeval.... est de bonne famille; mais il le porte plus haut que les tours Notre-Dame; sa femme n'est guère moins fière que lui. »

4. Ce jeu de scène n'est pas dans l'édition de 1734.

ALCESTE[1].

Hé bien! je me suis tu, malgré ce que je voi,
Et j'ai laissé parler tout le monde avant moi :
Ai-je pris sur moi-même un assez long empire,   1735
Et puis-je maintenant...?

CÉLIMÈNE.

              Oui, vous pouvez tout dire :
Vous en êtes en droit, lorsque vous vous plaindrez,
Et de me reprocher tout ce que vous voudrez.
J'ai tort, je le confesse, et mon âme confuse
Ne cherche à vous payer d'aucune vaine excuse.   1740
J'ai des autres ici méprisé le courroux,
Mais je tombe d'accord de mon crime envers vous.
Votre ressentiment, sans doute, est raisonnable :
Je sais combien je dois vous paroître coupable,
Que toute chose dit que j'ai pu vous trahir,   1745
Et qu'enfin vous avez sujet de me haïr.
Faites-le, j'y consens.

ALCESTE.

              Hé! le puis-je, traîtresse?
Puis-je ainsi triompher de toute ma tendresse?
Et quoique avec ardeur je veuille vous haïr,
Trouvé-je[2] un cœur en moi tout prêt à m'obéir ?   1750
            (A Éliante et Philinte[3].)
Vous voyez ce que peut une indigne tendresse,
Et je vous fais tous deux témoins de ma foiblesse.
Mais, à vous dire vrai, ce n'est pas encor tout,
Et vous allez me voir la pousser jusqu'au bout,
Montrer que c'est à tort que sages on nous nomme,   1755

---

1.   SCÈNE VII.
   CÉLIMÈNE, ÉLIANTE, ALCESTE, PHILINTE.
    ALCESTE, *à Célimène.* (1734.)
2. L'orthographe de nos anciennes éditions est, selon le vieil usage, *Trouvai-je.*
3. *Et à Philinte.* (1734.)

ACTE V, SCÈNE DERNIÈRE. 549

Et que dans tous les cœurs il est toujours de l'homme.[1]
Oui, je veux bien, perfide, oublier vos forfaits ;
J'en saurai, dans mon âme, excuser tous les traits,
Et me les couvrirai du nom d'une foiblesse
Où le vice du temps porte votre jeunesse, 1760
Pourvu que votre cœur veuille donner les mains[2]
Au dessein que j'ai fait de fuir tous les humains,
Et que dans mon désert, où j'ai fait vœu de vivre,
Vous soyez, sans tarder, résolue à me suivre :
C'est par là seulement que, dans tous les esprits, 1765
Vous pouvez réparer le mal de vos écrits,
Et qu'après cet éclat, qu'un noble cœur abhorre,
Il peut m'être permis de vous aimer encore.

CÉLIMÈNE.

Moi, renoncer au monde avant que de vieillir,
Et dans votre désert aller m'ensevelir ! 1770

ALCESTE.

Et s'il faut qu'à mes feux votre flamme réponde,
Que vous doit importer tout le reste du monde ?
Vos desirs avec moi ne sont-ils pas contents ?

CÉLIMÈNE.

La solitude effraye une âme de vingt ans :
Je ne sens point la mienne assez grande, assez forte, 1775
Pour me résoudre à prendre un dessein de la sorte.
Si le don de ma main peut contenter vos vœux,
Je pourrai me résoudre à serrer de tels nœuds ;
Et l'hymen....

---

1. *A Célimène.* (1734.)
2. Voyez, tome II, p. 98, la fin de la note. — Comme exemple d'incohérence de métaphore due à l'emploi d'une locution toute faite où entre également le mot *mains*, on peut rapprocher de cet endroit l'exemple suivant de Massillon : « Tel est l'homme, ô mon Dieu, entre les mains de ses seules lumières ; sans cesse il prend le change, et tout se farde et se métamorphose à ses yeux. » (*Sermon pour le quatrième dimanche de l'Avent*, commencement de la seconde réflexion.)

ALCESTE.

Non : mon cœur à présent vous déteste,
Et ce refus lui seul fait plus que tout le reste. 1780
Puisque vous n'êtes point, en des liens si doux,
Pour trouver tout en moi, comme moi tout en vous,
Allez, je vous refuse, et ce sensible outrage
De vos indignes fers pour jamais me dégage.

(Célimène se retire, et Alceste parle à Éliante.)[1]

Madame, cent vertus ornent votre beauté, 1785
Et je n'ai vu qu'en vous de la sincérité ;
De vous, depuis longtemps, je fais un cas extrême ;
Mais laissez-moi toujours vous estimer de même ;
Et souffrez que mon cœur, dans ses troubles divers,
Ne se présente point à l'honneur de vos fers : 1790
Je m'en sens trop indigne, et commence à connaître[2]
Que le Ciel pour ce nœud ne m'avoit point fait naître ;
Que ce seroit pour vous un hommage trop bas
Que le rebut d'un cœur[3] qui ne vous valoit pas ;
Et qu'enfin....

ÉLIANTE.

Vous pouvez suivre cette pensée : 1795
Ma main de se donner n'est pas embarrassée ;
Et voilà votre ami, sans trop m'inquiéter,
Qui, si je l'en priois, la pourroit accepter.

PHILINTE.

Ah! cet honneur, Madame, est toute mon envie,
Et j'y sacrifierois et mon sang et ma vie. 1800

ALCESTE.

Puissiez-vous, pour goûter de vrais contentements,

---

1.   SCÈNE DERNIÈRE.
          ÉLIANTE, ALCESTE, PHILINTE.
            ALCESTE, à Éliante. (1734.)
2. Voyez ci-dessus, p. 459 et note 2.
3. Comparez le vers 1727.

L'un pour l'autre à jamais garder ces sentiments !
Trahi de toutes parts, accablé d'injustices,
Je vais sortir d'un gouffre où triomphent les vices,
Et chercher sur la terre un endroit écarté   1805
Où d'être homme d'honneur on ait la liberté.

PHILINTE.

Allons, Madame, allons employer toute chose,
Pour rompre le dessein que son cœur se propose[1].

1. Voyez ce qui est dit à la *Notice* sur le dénouement du *Misanthrope*, ci-dessus, p. 422, dernier alinéa.

FIN DU MISANTHROPE.

ADDITIONS AUX NOTES DU *MISANTHROPE*.

ADDITION A LA NOTE DU VERS 376 (p. 467).

Le nom et l'usage de ces cabinets a duré du seizième au dix-huitième siècle. « Il fâcha bien à ce petit garçon, dit Agrippa d'Aubigné parlant de lui-même au commencement de ses Mémoires[1], de quitter un cabinet de livres couverts somptueusement et autres meubles par la beauté desquels on lui avoit ôté le regret du pays. » Et dans l'épître xxxiv de Voltaire (celle des *Vous* et des *Tu*[2]), il est encore question de

.... ces cabinets où Martin[3]
A surpassé l'art de la Chine.

Les femmes en avaient de fort beaux en bois rare, de marqueterie, de laque, d'ivoire; c'est d'une de ces curiosités que Sganarelle, dans *l'Amour médecin*[4], propose à Lucinde de parer sa chambre; un chef-d'œuvre en ce genre, commandé par le Roi, fut un des lots de la loterie qu'il fit un jour tirer aux dames à Marly[5]. A la mort de Molière, il s'en trouva deux à inventorier chez lui: un plus simple et massif, probablement à son usage, où il avait peut-être serré plus d'un de ses manuscrits; l'autre de luxe, appartenant sans doute à sa femme : « Un cabinet de racine de noyer, sur son pied, à six colonnes, garni de tiroirs et layettes, fermant à clef. — Un petit cabinet de vernis de la Chine, fermant à clef[6]. »

---

1. Voyez p. 7 de *sa Vie à ses enjants* (année 1562), au tome Ier (1873) de l'édition des *OEuvres complètes* publiées par MM. Réaume et de Caussade.
2. Tome XIII, p. 80.
3. Robert Martin, inventeur d'une sorte de très-beau laque pour meubles et carrosses, mort peintre vernisseur du Roi en 1765, trois mois avant la naissance de son célèbre petit-fils le chanteur Martin : voyez Jal.
4. Acte I, scène ii, ci-dessus, p. 307; voyez encore à la scène ii de *la Jalousie du Barbouillé*, tome I, p. 25.
5. « Le Roi.... en arrivant (*à Marly*),... mena les dames dans son appartement, où il y avoit un cabinet magnifique avec trente tiroirs pleins chacun d'un bijou d'or et de diamants. Il fit jouer toutes les dames à la rafle, et chacune eut son lot. Le cabinet vide fut pour la trente et unième dame. » (*Journal de Dangeau*, au 3 mars 1688.) — Le passage suivant du *Roman bourgeois* de Furetière (1666, tome Ier, p. 72, de l'édition de M. Pierre Jannet) fait bien connaître la destination ordinaire, chez les dames, de ce meuble favori : « Il mena sa maîtresse à la foire Saint-Germain,... lui disant qu'il lui vouloit donner le plus beau cabinet d'ébène qui s'y trouveroit.... Soudain qu'elle eut ce présent, elle y serra avec joie ses plus précieux bijoux, et ne manqua pas surtout d'y mettre sa promesse de mariage qu'elle avoit du marquis. »
6. *Recherches sur Molière* par M. Eud. Soulié, p. 268; voyez encore, p. 85, les vers cités de le Boulanger de Chalussay : celui-ci, dans la description qu'il

ADDITIONS AUX NOTES.   553

Le mot *cabinet* se prêtait quelquefois très-naturellement au double sens de cabinet d'étude et de cabinet-meuble, par exemple dans cette phrase du *Théâtre françois* de Chappuzeau (1674, p. 64 de l'édition de M. Monval) : « Si le comédien à qui l'auteur a laissé sa pièce pour l'examiner, trouve qu'elle ne puisse être représentée, et ne soit bonne que pour le cabinet, comme le sonnet qui cause un procès au Misanthrope, ce seroit une chose inutile au poëte de faire assembler la troupe pour la lui lire [1]. » Mais nous ne doutons nullement que ce ne soit du meuble secrétaire qu'il est parlé dans les passages que nous allons encore citer.

Après que je vous eus confié mes satires, dit Furetière, dans l'*Épître dédicatoire à tous ses amis*, qui précède ses *Poésies diverses* (feuillet é r° et v°, 2de édition, 1664), « vous ne les avez pu tenir secrètes dans votre cabinet. » Et un peu plus loin : « Je donne ce conseil à tous ceux qui se mêlent d'écrire, quand ils auront fait quelque pièce qu'ils jugeront n'être pas assez bonne pour être imprimée, qu'ils la jettent incontinent au feu, et qu'ils ne la gardent point dans leur cabinet, sous prétexte d'une forte résolution qu'ils feront de ne la montrer à personne ou seulement à des amis très-particuliers. » On lit dans les *Mémoires de Mme de Motteville*[2], à propos de vers de Voiture (de l'impromptu de Rueil où il faisait allusion à Buckingham) : « La Reine ne s'offensa point de cette raillerie ; elle les a trouvés si jolis, qu'elle les a tenus longtemps dans son cabinet. Elle m'a fait l'honneur de me les donner depuis. » En 1685, Mme de Sévigné écrit à sa fille (tome VII, p. 428) : « J'ai lu avec plaisir l'histoire de notre vieille chevalerie (*la Généalogie des Rabutin envoyée par Bussy*) : si Bussy avoit un peu moins parlé de lui,... le reste étant vrai, on peut le trouver assez bon pour être jeté dans un fond de cabinet. »

Nous terminerons ces rapprochements en réunissant des exemples où, comme dans ce vers de Molière (un peu pour la facilité de la versification peut-être, mais par une désignation très-naturelle d'un meuble si bien en vue et de si fréquent usage), le mot n'est précédé que d'un simple article[3] :

Les dames cependant se fondent en délices

---

a faite de la chambre de Molière, n'a pas oublié « ces cabinets de prix. » Le mobilier que laissa Madeleine Béjard comprenait aussi « un grand cabinet d'ébène avec plusieurs figures et monté sur ses pieds, garni de plusieurs tiroirs par le dedans. » (*Recherches sur Molière*, p. 250.)

1. Ainsi encore, dans une lettre de Corneille (1649, tome X, p. 449) : « J'espérois que cet hiver me mettroit en état d'accompagner mes remercîments de quelque pièce de théâtre.... Les désordres de notre France ne me l'ont pas permis, et ont resserré dans mon cabinet ce que je me préparois à lui donner. »

2. Tome I, p. 182 (1644).

3. Nous empruntons le premier exemple à une des notes de M. Édouard Fournier sur l'Appendice joint par lui aux *Chansons de Gaultier Garguille*, p. 192 et 193. Le plus probant peut-être, les vers de Montfleury, sont cités dans une remarque du critique Duviquet qu'a reproduite Aimé-Martin.

Lisant leurs beaux écrits, et de jour et de nuit,
Les ont au cabinet sous le chevet du lit[1].
(Regnier, *Satire II*, vers 168-170.)

Allez au cabinet me querir un mouchoir[2] :
J'en ai laissé les clefs autour de mon miroir.
(Corneille, *la Suivante*, vers 435 et 436, tome II, p. 149.)

Montfleury, en 1669, à la fin du *Procès de la Femme juge et partie*, qui, à l'imitation de *la Critique de l'École des femmes* de Molière, est l'apologie de sa pièce, fait ironiquement proposer contre elle, par Dorimène, l'une des femmes assemblées en tribunal, un arrêt, dont la conclusion est qu'en dépit de « son mérite éclatant, » un terme sera mis au scandale d' « un si fameux succès. » *Si vous m'en croyez*, dit Dorimène,

penchons vers la clémence :
Ordonnons par pitié, pour raison de ses faits,
Qu'elle entre au cabinet, et n'en sorte jamais.

Qu'est-ce à dire sinon qu'il faut retirer la comédie de la scène, et, suivant l'expression d'aujourd'hui, la reléguer dans les cartons?

La vraie interprétation du vers 376 paraîtra, croyons-nous, surabondamment établie. Il faut cependant bien ajouter, quelque irrévérence qu'on y puisse trouver au bas de ces pages du *Misanthrope*, qu'une autre explication a été donnée, qui n'a pas absolument répugné à tous, si peu qu'elle tienne compte du ton général de l'œuvre et, comme M. Ludovic Lalanne l'a parfaitement démontré[3], des convenances résultant, non pas de la qualité seule des personnages, mais des relations qu'ils ont, de la situation où ils se trouvent à ce moment de la scène. Dans un livre en effet qui parut avant la fin du siècle, en 1690, mais, il est bon de le remarquer, à l'étranger, en Hollande, deux ans après la mort de l'auteur, et que les éditeurs ne durent pas se faire scrupule d'augmenter et compléter, à savoir dans la première édition du *Dictionnaire de Furetière*, il est nettement affirmé que « *cabinet* se prend quelquefois pour une garde-robe, » et que Molière l'a employé avec cette signification dans ce vers du *Misanthrope;* c'est la première mention qu'on trouve de cet emploi, et c'est l'unique exemple qui en soit donné là ; on en chercherait vainement un dans les écrits antérieurs et dans les quatre premières éditions du *Dictionnaire de l'Académie française* (1694-1762); d'autres mots étaient usités au vrai temps de Molière. C'est de ce temps même que date le livre de

---

1. Il s'agit donc ici d'un petit cabinet, d'une sorte de cassette.
2. On voit par quelques autres vers que c'est un riche mouchoir de cou qui est demandé par une maîtresse à sa suivante. Il y a ici une inversion ; il faut lire : « Allez — au cabinet me querir un mouchoir; » il est clair que le cabinet et le miroir sont dans la même chambre.
3. Voyez l'excellent article qu'il a inséré, sur ce vers du *Misanthrope*, dans *la Correspondance littéraire* du 20 janvier 1859 (tome III, p. 82 et 83).

ADDITIONS AUX NOTES.

Chappuzeau, où M. Despois avait noté, comme excluant toute idée d'équivoque grossière, la phrase qu'on a lue plus haut; on jugera certainement que cette citation témoigne avec plus d'autorité que n'en peut avoir, sur ce point, le dictionnaire posthume de 1690, qu'en 1674 la réponse d'Alceste n'était pas entendue dans le sens que quelques spectateurs purent y attacher plus tard. Mais, pour le repousser, il y a surtout les raisons que M. Lalanne a si bien déduites de toute la marche de la scène. On pensera comme lui qu'il est peu admissible que Molière ait eu l'intention de prêter à l'homme du monde qu'est Alceste un langage analogue à celui qu'il a fait tenir, du moins avec vraisemblance, à Gros-René[1]; qu'il est moins concevable encore qu'une si étrange offense ne provoque pas immédiatement le défi de la fin, qu'elle ne soit pas même relevée d'un mot par Oronte, et qu'il demeure à écouter poliment la double récitation qui lui est faite du vieux couplet.

NOTE DU VERS 400 (p. 468).

Il serait bien intéressant de dire de quel temps est cette chanson, que Molière lui-même, s'il avait entrepris d'en composer une, n'eût peut-être pas réussi à faire aussi naturelle et aussi vieille. L'aurait-il rapportée de loin, de quelque province, ou traduite d'un dialecte du Midi? Elle n'a encore été trouvée dans aucun ancien recueil. Mais voici quelques renseignements qu'on a cru pouvoir donner sur son origine. D'après l'*Histoire archéologique du Vendômois*, par M. J. de Pétigny, correspondant de l'Institut[2], et d'après la *Biographie d'Alfred de Musset*, par M. Paul de Musset[3] (la famille des deux frères est originaire de ce même pays, et a possédé le manoir dont il va être question), il y avait au seizième siècle, dans les environs de Vendôme, sur les bords de la rivière, tout près d'un lieu appelé le Gué-du-Loir, un petit château, où le duc de Vendôme, roi de Navarre, père d'Henri IV, Antoine de Bourbon[4], venait faire de galants et joyeux séjours, et qui avait reçu le nom de la Bonne-Aventure. On improvisait là, quelquefois avec l'assistance de Ronsard, l'un des commensaux de cette cour légère, de gaies chansons. L'une d'elles (M. Paul de Musset dit, en précisant, une « chanson satirique » de l'illustre poëte même, et « sur les fredaines du roi de Navarre ») se terminait par deux vers, contenant quelque allusion au château et à son gué, et qui seuls (on n'en cite pas d'autres du moins) sont parvenus jusqu'à nous :

La bonne aventure au gué,
La bonne aventure.

1. M. Lalanne rappelle le vers 1438 du *Dépit amoureux* (tome I, p. 496).
2. Vendôme, 1849 : voyez p. 342.
3. Édition Alph. Lemerre, 1877, p. 7 et note 1.
4. Antoine de Bourbon épousa Jeanne d'Albret en 1548, et succéda, en 1555, à son beau-père; il fut tué en 1562, au siége de Rouen.

Ce refrain est bien connu; il a été adapté à nombre de couplets, dont il faut constater que la coupe est exactement celle du couplet mis en si bon jour par Molière, et qui tous se chantent sur un même vieil air[1]; il semble même être de tradition de désigner ce chant, dans les répertoires, indifféremment par l'un des deux timbres : *La bonne aventure, ô gué,* ou *Si le Roi m'avait donné*[2]. Le refrain et toute la mélodie populaire de *La bonne aventure* remontent-ils au temps du duc Antoine? M. Paul de Musset l'affirme, et il ajoute : « La chanson citée par Alceste.... dérive évidemment de celle de Ronsard ; mais le refrain : *J'aime mieux ma mie, au gué !* est un de ces non-sens complets dont la poésie populaire ne s'étonne point. » M. de Pétigny avait été plus hardi dans ses conjectures: « Le couplet immortalisé par Molière, dit-il,... ne peut avoir été composé que par Antoine lui-même. » D'où M. Ampère, qui a signalé en 1853[3] et semble avoir adopté l'opinion du savant historien, concluait forcément que le roi Henri dont il y est parlé « n'est point Henri IV, mais Henri II. » Une attribution si précise ne nous semble pas trop justifiée. On peut, en rapprochant les deux refrains, reconnaître, comme M. de Musset, une dérivation, une imitation plus ou moins lointaine. Ainsi la chanson récitée par Alceste a gardé de l'autre, à la place où l'accent musical les avait fortement relevés, les deux mots *au gué*, et la manière dont ils sont écrits dans l'édition originale du *Misanthrope* ne dément pas la présomption d'un emprunt fait au refrain antérieur, d'une vague réminiscence ou allusion ; ils ne paraissent pourtant point avoir eu d'application possible au Gué-

---

1. Voici un de ces couplets, qui n'est peut-être pas fort ancien, mais qui est certainement donné sous les notes de l'ancien air, dans *la Clef des chansonniers* que Ballard publia en 1717 (voyez tome II, p. 240) :

L'Air : La bonne aventure, ô gué, etc.

Belle, regardez ma main, } *bis.*
   Je vous en conjure :
Dois-je soupirer en vain?
Dites-moi pour le certain
La bonne aventure ô gué,
   La bonne aventure.

2. Voyez, à la page 38 de la 4ᵉ édition, *la Clef du Caveau*, publiée par M. P. Capelle, l'ami de Désaugiers. L'air noté dans ce recueil sous le n° 302, tout à fait comme il l'est sous le n° 5 de la *Musique des chansons de Béranger*, est, avec quelques variantes, le même que celui qui a été noté, dans *la Clef des chansonniers* de 1717, pour le couplet cité ci-dessus, à la note 1. — Le vers : *Si le Roi m'avoit donné....* se lit comme timbre, équivalant sans doute à celui de *La bonne aventure*, au-dessus de couplets que Molé, probablement en 1773, composa et chanta en l'honneur de Mlle Dangeville : voyez les *Mémoires de Molé*, p. 21. — Un comédien de nos jours, doué d'une belle voix, a eu la fantaisie, au lieu de dire la chanson, dans cette scène du *Misanthrope*, de la chanter. Mais qu'Alceste chante ici, rien de moins vraisemblable.

3. Voyez à la page 2, note 2, des *Instructions* sur les *Poésies populaires de la France*, qu'on sait avoir été rédigées par lui, et qui ont été publiées en 1853 au nom *du Comité de la langue, de l'histoire et des arts de la France*.

du Loir; ils ont pris le sens d'une énergique ou joyeuse affirmation, ou se sont tout à fait et bien naturellement confondus avec *gai, oh! gai*[1]. Ce qui surtout dans la chanson du *Misanthrope* rappelle celle dont le refrain seul a fait fortune, c'est le nombre, la mesure et le rhythme des vers, en un mot la facture, autant que nous permet d'en juger l'air qui a été choisi, peut-être très-anciennement, pour la chanter, et qu'on peut supposer avec vraisemblance avoir d'abord déterminé la forme de tout le couplet primitif, ou s'être réglé sur celle-ci. Mais que les deux chansons soient nécessairement nées dans le même temps et le même milieu, enfin que la chanson du *Misanthrope*, que ces paroles toutes populaires n'aient pu être trouvées et mesurées sur l'air ancien par d'autres que les chansonniers du manoir de la Bonne-Aventure, cela ne paraît pas du tout prouvé par la petite légende vendômoise.

NOTE DU VERS 730 (p. 488).

Molière, dans ce couplet, a su s'approprier, de la façon la plus heureuse, un passage célèbre du poëme de *la Nature* de Lucrèce. Voici d'abord le texte du poëte latin (les vers 1142-1163[2] du livre IV), puis la traduction en prose, tels que Molière les avait sous les yeux, dans la seconde édition que l'abbé de Marolles avait donnée de l'un et de l'autre en 1659. Molière avait sans doute beaucoup moins consulté l'interprète que celui-ci ne s'en flattait (voyez ci-après, p. 560, note 4); mais cette traduction ne laissait pas d'avoir quelque prix, puisqu'elle avait reçu les corrections de Gassendi :

Et tamen implicitus quoque possis inque peditus
Effugere infestum, nisi tute tibi obvius obstes

---

1. Dans la seule de ses chansons (*la Gaudriole*) que Béranger ait parodiée sur l'air de *La bonne aventure*, il a, pour animer le refrain, ramené, à la même place, cette sorte d'exclamation ; il l'écrit *ô gué*, et non *oh! gai*, par tradition sans doute, et aussi pour mieux rimer avec un autre *é*. — *Oh! gué* n'a plus qu'une valeur musicale, pour ainsi dire, la valeur d'un son doux, dans certains refrains comme celui-ci, que donne *la Clef des chansonniers* de 1717 (tome II, p. 194), et qui est une imitation d'un chant de musette :

O gué lon la lanlire,
O gué lon la.

— Nous ne savons pas le sens des couplets originaux chantés sur le vieil air ; mais puisque, par quelque jeu de mots, on peut le croire, il y devait être question de *bonne aventure*, n'y avait-il pas aussi une allusion aux bohémiens et à ces cris qui prolongent quelquefois leurs refrains? *Au gué!* rappellerait d'une façon assez approchante un cri qu'on entend fort souvent dans le midi de l'Allemagne : *ioug-hé! (juchhe!)*

2. Dans l'édition Lemaire, 1145-1166. Les vers 1149 (dans Marolles, 1146) et suivants ont été seuls imités ; nous commençons la citation un peu plus haut, pour mieux rappeler l'intention de l'original.

Et prætermittas animi vitia omnia primum,
Tum quæ corporis sunt ejus quam præpetis ac vis.
Nam hoc faciunt homines plerumque cupidine cæci,
Et tribuunt ea quæ non sunt his commoda vere.
Multimodis igitur pravas turpisque videmus
Esse in deliciis summoque in honore vigere.
. . . .
Nigra melichrus est ; *immunda et fœtida,* acosmos ;
Cæsia, Palladion ; *nervosa et lignea,* dorcas ;
Parvula, pumilio, Chariton mia, *tota merum sal ;*
Magna atque immanis, cataplexis, *plenaque honoris ;*
Balba loqui non quit : traulizi ; *muta pudens est ;*
At flagrans, odiosa, loquacula lampadion *fit ;*
Ischnon eromenion *tum fit, quum vivere non quit*
Præ macie ; rhadine *vero est jam mortua tussi ;*
At gemina et mammosa Ceres est ipsa ab Iaccho ;
Simula Silena ac Satura est ; labiosa, philema.
Cætera de genere hoc longum'st, si dicere coner.

« Vous en pourrez sortir néanmoins (*des liens de l'amour*), quoique vous soyez captif, si vous n'y apportez point vous-même de résistance ou que vous ne vouliez point considérer (*ou que vous ne vous refusiez point à considérer*) les vices de l'esprit et du corps de la femme que vous aimez et que vous desirez posséder : ce que font d'ordinaire tous les hommes qui sont aveuglés d'amour. Ils leur attribuent même des avantages qui n'y sont point du tout. Nous en voyons donc plusieurs de méchantes et de vilaines, qui sont néanmoins dans leurs délices et qu'ils veulent élever au faîte de l'honneur[1]. La noire, disent-ils, est une belle brune ; la mal-propre et la sale est un peu négligée ; la louche ressemble à Pallas ; celle qui est nerveuse et sèche est une chevrette ; la bassette ou la naine est une petite Charite (*une petite Grâce*), elle est tout esprit ; la grande et la démesurée en hauteur est appelée majestueuse ; on dit de la bègue qu'elle ne se peut donner la peine de parler, et de la muette que la pudeur est cause de sa retenue. Celle qui est ardente, importune, babillarde, a l'esprit brillant. Celle qui est si maigre, qu'elle a même de la peine à vivre, est appelée délicates amourettes, et on nomme la tendrelette celle qui est presque morte de la toux. Mais la grosse et la mammelue n'est autre que cette divine Cérès, qui est si chérie de Bacchus. La camuse est de la race des Silènes et des Satyres, c'est-à-dire des Demi-dieux, et n'est pas de plus mauvaise grâce pour être un peu satyrique. La lippue aux grosses lèvres est appelée le doux baiser. Enfin je serois trop long si je voulois dire toutes les autres choses de cette nature. »

L'idée de ces vers, dont plus d'une réminiscence se trouve chez d'autres

---

1. En marge, on lit : « Il y a ici 3 vers inutiles dans le latin. » Marolles, qui ne les traduit pas, n'a pas été cependant jusqu'à les supprimer dans le texte.

ADDITIONS AUX NOTES.   559

poëtes latins [1], est certainement prise d'un dialogue de la *République* de Platon [2], et le ton même du couplet d'Éliante tient plus de l'aimable enjouement de Socrate que de la raillerie méprisante de Lucrèce ; mais c'est Lucrèce qui est ici directement imité. Il paraît bien prouvé, non pas que Molière eût précisément sur le métier, mais qu'il avait autrefois, au temps de sa jeunesse sans doute et des leçons de son maître Gassendi, entrepris une traduction complète du grand poëme de *la Nature*. Le 25 avril 1662, plus de quatre ans avant *le Misanthrope*, Chapelain écrivait à Bernier : « On dit que le comédien Molière, ami de Chapelle, a traduit la meilleure partie de Lucrèce, prose et vers, et que cela est fort bien [3]. » La date de cette lettre, dit M. Despois [4], « montre assez que cette traduction avait été faite par Molière en ses années de jeunesse et de loisir. Plus tard, il n'avait pas même le temps indispensable à l'achèvement de ses pièces. » Un autre témoignage, un peu tardif en apparence, mais qu'à cause des circonstances qui s'y trouvent précisées on peut croire avoir été dicté par Boileau lui-même, confirme tout à fait celui de Chapelain, et nous permet, en outre, de supposer que Molière avait fait dans le monde des lectures de certains fragments de sa traduction, comme plus tard il y récita son poëme de *la Gloire du dôme du Val-de-Grâce* [5] ; c'est une remarque de Brossette [6] sur la satire II de Boileau : « La même année (1664), l'auteur (*Boileau*) étant chez M. du Broussin, avec M. le duc de Vitri et Molière, ce dernier y devoit lire une traduction de Lucrèce en vers françois, qu'il avoit faite dans sa jeunesse. En attendant le dîner, on pria M. Despréaux de réciter la satire adressée à Molière ; mais, après ce récit, Molière ne voulut plus lire sa traduction, craignant qu'elle ne fût pas assez belle pour soutenir les louanges qu'il venoit de recevoir. » Et ne serait-ce point déjà de Molière que parlait l'abbé de Marolles, en 1659 [7], lorsque dans la *Préface* de sa seconde édition (p. 1 et 2), immédiatement avant l'endroit où il reconnaît les obligations qu'il avait à Gassendi pour les « bons avis » qu'il en avait reçus, et déclare lui

---

1. Voyez dans Horace les vers 38 et suivants de la satire III du Ier livre ; et dans Ovide, au livre II de l'*Art d'aimer*, les vers 657-662.
2. Voyez au livre V, p. 474 d, tome II, p. 100, des *OEuvres de Platon* dans la bibliothèque Didot ; tome IX, p. 307, de la traduction de Victor Cousin.
3. Cité par Sainte-Beuve, en décembre 1857, tome XIV, p. 138, des *Causeries du lundi*. Sainte-Beuve était possesseur de la correspondance manuscrite de Chapelain, et transcrivait l'autographe même, comme le montre le *sic* intercalé par lui, après *fait*, dans cette phrase de Chapelain dont il fait suivre le passage que nous venons de citer : « La version qu'en a fait (*sic*) l'abbé de Marolles est infâme, et déshonore ce grand poëte. »
4. Dans un article (le dernier qu'il a écrit, publié par la *Revue politique et littéraire* le 16 septembre 1876) sur la belle traduction en vers de Lucrèce que venait de faire paraître M. André Lefèvre.
5. Voyez tome IV, p. 366.
6. Déjà deux fois rappelée dans la *Notice*, ci-dessus, p. 357, et p. 392, note 4.
7. C'est bien l'avis de M. P. Lacroix : voyez la *Bibliographie moliéresque*, p. 307, n° 1470.

être « redevable de beaucoup de vues et de corrections importantes.... employées dans cette seconde édition, » il écrivait ces lignes : « On m'a dit qu'un bel esprit[1] en fait une traduction en vers, dont j'ai vu deux ou trois stances du commencement du second livre, qui m'ont semblé fort justes et fort agréables. Je m'assure que de ses bons amis, que je connois et que j'estime extrêmement, ne manqueront pas de nous dire cent fois que le reste est égal, ce que j'aurai bien moins de peine à croire que le poëte n'en doit avoir eu à le composer » ? On ne conservera guère de doute à cet égard, si on rapproche de la *Préface* de 1659 celle de 1677, que l'abbé mit en tête de sa troisième édition[2] : « Plusieurs, dit-il là (p. 3 et 4), ont ouï parler de quelques vers après la traduction en prose qui fut faite de Lucrèce (*la sienne*) dès l'année 1649, dont il y a eu deux éditions (*la première dédiée à Christine de Suède le dernier d'octobre* 1650, *la seconde achevée d'imprimer le* 26 *février* 1659). Ces vers n'ont vu le jour que par la bouche du comédien Molière, qui les avoit faits. C'étoit un fort bel esprit, que le Roi même honoroit de son estime, et dont toute la terre a ouï parler. Il les avoit composés, non pas de suite, mais selon les divers sujets tirés des livres de ce poëte, lesquels lui avoient plu davantage, et (*Marolles songeait aux stances, plus haut mentionnées, du second livre*) les avoit faits de diverses mesures[3]. » Malheureusement, de la traduction de Molière tout sans doute est perdu[4]. Cette prose à laquelle le grand poëte avait, provisoirement au moins, eu recours, pour relier l'un à

---

1. Le grand public même connaissait *l'Étourdi* et le *Dépit amoureux* depuis novembre 1658, mais il ne connaissait pas encore *les Précieuses* (qui sont de novembre 1659) au moment où parut cette préface, à la fin de février.

2. Dans cette troisième édition, qui fut imprimée in-quarto (les deux autres l'avaient été in-douze), la traduction est en vers, sans y avoir, on peut le dire, ni gagné ni perdu. — Les passages de la *Préface* qui se rapportent à Molière ont été relevés par Raynouard dans le *Journal des savants* de janvier 1824, p. 43.

3. L'abbé de Marolles se vante ensuite que Molière s'était, de son propre aveu, beaucoup aidé de la version en prose qu'il avait fait paraître dès 1650 : « Je ne sais, dit-il, s'il se fût voulu donner la peine de travailler sur les points de doctrine et sur les raisonnements philosophiques de cet auteur, qui sont si difficiles; mais il n'y a pas grande apparence de le croire, parce que, en cela même, il lui eût fallu donner une application extraordinaire, où je ne pense pas que son loisir, ou peut-être quelque chose de plus le lui eût permettre, quelque secours qu'il en eût pu avoir d'ailleurs, comme lui-même ne l'avoit pas nié à ceux qui voulurent savoir de lui de quelle sorte il en avoit usé pour y réussir aussi bien qu'il faisoit, leur ayant dit plus d'une fois qu'il s'étoit servi de la version en prose dédiée à la Sérénissime Reine Christine de Suède. »

4. On ne sait au juste ce qu'elle est devenue; d'après Grimarest (1705, p. 312), le poëte un jour la jeta au feu ; au contraire, d'après une note de Trallage, dont parle M. Paul Lacroix dans le même article 1470 de sa *Bibliographie moliéresque*, elle se retrouva encore à sa mort et fut par sa veuve vendue à Claude Barbin. Voyez quelques autres détails, tirés probablement aussi de la note de Trallage, dans *les Points obscurs de la vie de Molière* par M. J. Loiseleur, p. 49 et 50.

ADDITIONS AUX NOTES.

l'autre les morceaux qu'il fut tout d'abord tenté de mettre en vers, indique bien son intention d'exactitude, et qu'il ne s'était pas contenté d'une suite d'imitations semblables à celle qu'il a pu si naturellement mettre dans la bouche d'Éliante.

On a vu à la *Notice* (ci-dessus, p. 389 et 390, et p. 417) que c'était bien probablement une allusion faite aux vers de Lucrèce, par Mlle de Scudéry, dans le portrait de *Mégabate*, qui avait suggéré à Molière l'idée d'introduire ce charmant couplet dans le dialogue de sa comédie. Il ne serait pas, croyons-nous, difficile de trouver maint autre passage, sur les illusions ou les ruses de l'amour, rappelant plus ou moins celui dont s'est inspiré Molière. Jal (p. 876 de son *Dictionnaire*) en a indiqué un assez curieux dans un livre de Faret, souvent réimprimé à partir de 1630 et intitulé *l'Honnête homme* ou *l'Art de plaire à la cour*. Mais le plus intéressant rapprochement sans doute est celui qu'ont fait Génin (tome I, p. 216, des *Récréations philologiques*) et Castil-Blaze (tome I, p. 209 et 210, de *Molière musicien*), en signalant les vers suivants, où, dans une comédie jouée vingt ans avant *le Misanthrope*, dans *les Trois Dorothées* ou *le Jodelet souffleté*[1], Scarron avait à sa manière tiré parti de Lucrèce ou d'Ovide. C'est Dom Félix qui parle et révèle à Jodelet le secret de ses conquêtes galantes :

> . . . .
> Enfin également de toutes je me joue.
> De ce qu'elles ont moins, c'est dont plus je les loue :
> Aux sottes, de l'esprit ; aux vieilles, de l'humeur[2] ;
> Aux jeunes, qu'avant l'âge elles ont l'esprit meur ;
> La grasse se croit maigre, et la maigre charnue,
> Aussitôt que de nous elle est entretenue ;
> Aux petites je dis que leur corps est adroit ;
> Aux grandes, que leur corps, quoique en voûte, est bien droit ;
> A celle que je vois d'une taille bizarre,
> Qu'ainsi le Ciel l'a faite afin d'être plus rare ;
> Aux minces, qu'une reine a moins de gravité ;
> Aux grosses, qu'elles ont beaucoup d'agilité ;
> Aux propres[3], que j'admire en eux[4] la nonchalance.

---

1. Voyez la scène 1re, p. 10 et 11 de l'édition originale (achevée d'imprimer le 15 mars 1647) ; Scarron donna plus tard à sa pièce le titre de *Jodelet duelliste*.

2. *Humeur* ici, agréable humeur, belle humeur : voyez Génin à l'endroit cité.

3. A celles qui mettent de la recherche dans leurs habits et leur parure : voyez tome II, p. 109, note 2 ; tome IV, p. 531, note 3 ; et comparez plus haut le vers 721.

4. « Le quinzième siècle, dit Génin, employait de même *ils* (et *eux*) pour les deux genres. »

TABLE DES MATIÈRES

CONTENUES DANS LE CINQUIÈME VOLUME.

DOM JUAN ou LE FESTIN DE PIERRE, comédie....... 1

 Notice... 3

 Sommaire de Voltaire............................. 73

Dom Juan... 79

Appendice à *Dom Juan*.

 I. Scènes extraites de la comédie des *Fragments de Molière*, de Champmeslé..................... 205

 II. Écrits contre et pour *Dom Juan* :

  Observations sur une comédie de Molière intitulée LE FESTIN DE PIERRE, *par* B. A. S^r *de* R[ochemont], *avocat en Parlement*........................ 217

  Réponse aux Observations, etc................. 232

  Lettre sur les Observations, etc............... 240

 III. Programme-annonce du FESTIN DE PIERRE, représenté en province au dix-septième siècle: *la Description des superbes machines et des magnifiques changements de théâtre du* FESTIN DE PIERRE *ou* L'ATHÉE FOUDROYÉ *de M. de Molière*....................... 256

TABLE DES MATIÈRES.

L'AMOUR MÉDECIN, comédie...................... 261
    Notice.............................. 263
    Sommaire de Voltaire...................... 292
    Au lecteur............................. 293
    Prologue.............................. 301
    L'Amour médecin......................... 303

LE MISANTHROPE, comédie....................... 355
    Notice................................ 357
    Sommaire de Voltaire...................... 426
    Le libraire au lecteur..................... 429
    Lettre écrite sur la comédie du Misanthrope........... 430
    Le Misanthrope......................... 443
    Additions aux notes du *Misanthrope*............... 552

FIN DE LA TABLE DES MATIÈRES.

11519. — Typographie A. Lahure, rue de Fleurus, 9, à Paris.

PARIS. — TYPOGRAPHIE A. LAHURE
Rue de Fleurus, 9

www.ingramcontent.com/pod-product-compliance
Lightning Source LLC
Chambersburg PA
CBHW060510230426
43665CB00013B/1467